Dietrich Bonhoeffer Werke
Band 9

DIETRICH BONHOEFFER WERKE

Herausgegeben von
Eberhard Bethge, Ernst Feil,
Christian Gremmels, Wolfgang Huber,
Hans Pfeifer, Albrecht Schönherr,
Heinz Eduard Tödt

Neunter Band

DIETRICH BONHOEFFER

JUGEND UND STUDIUM
1918–1927

Herausgegeben von
Hans Pfeifer
in Zusammenarbeit mit
Clifford Green
und Carl-Jürgen Kaltenborn

EVANGELISCHE VERLAGSANSTALT BERLIN

CIP-Kurztitelaufnahme:
Bonhoeffer, Dietrich: Jugend und Studium : 1918-1927 / hrsg. von Hans Pfeifer. In Zsarb. mit Clifford Green u. Carl-Jürgen Kaltenborn. – 1. Aufl. ; unveränd. Nachdr. d. Orig.-Ausg. München 1986. – Berlin : Evangelische Verlagsanstalt, 1988. – 712 S. – (Werke / Dietrich Bonhoeffer ; 9)
NE: Hrsg.

Dietrich Bonhoeffer, Werke:
ISBN 3–374–00311–7
Band 9: ISBN 3–374–00471–7
Bereits erschienen:
Band 1: ISBN 3–374–00002–9

Nur zum Vertrieb und Versand in der DDR und im sozialistischen Ausland
Mit freundlicher Genehmigung des Chr. Kaiser Verlags, München,

1. Auflage
Evangelische Verlagsanstalt GmbH Berlin 1988
Lizenz 420.205-2-88. LSV 6010. H 5847
Umschlag: Ingeborg Geith
Printed in the German Democratic Republic
Druck: Graphischer Betrieb Jütte, Leipzig
03100

Inhalt

Vorwort des Herausgebers

Dieser Band enthält Texte aus der Zeit zwischen *Januar 1918 und Januar 1928.* Es ist das Jahrzehnt, in dem Dietrich Bonhoeffer zum Theologen wurde. Biographisch fällt der Zeitraum zusammen mit der Spanne zwischen seinem 12. und 22. Geburtstag; er umfaßt die letzten Schuljahre und das Studium bis zur Promotion und dem Ersten Theologisch-kirchlichen Examen. Vor allem aus biographischen Gründen erschien es sinnvoll, mit Texten aus dem letzten Jahr des Ersten Weltkriegs zu beginnen. Biographisch, zeitgeschichtlich und theologisch hat Bonhoeffer in diesen frühen Jahren Erfahrungen gemacht, Erkenntnisse gesammelt und – im Rahmen einer suchenden, fragenden Grundhaltung – erste Positionen eingenommen, ohne die seine Entwicklung in den folgenden Jahren nicht denkbar gewesen wäre. Es sind erste, aber wichtige Schritte auf dem Weg, den man später seine „Reise nach der Wirklichkeit" nennen wird (C. F. v. Weizsäcker).

Natürlich zeigen Bonhoeffers Persönlichkeit und Theologie in diesem frühen Lebensabschnitt erst Ansätze zu einem ausgereiften und endgültigen Charakter. Seine Stärke lag damals besonders in der Fähigkeit zur Aufnahme und selbständigen Verarbeitung neuer und ganz verschiedener Eindrücke. Das zeigt sich sowohl in seinen Berichten von Wanderungen, Reisen, vom Tübinger Studentenleben und der militärischen Kurzausbildung, als auch in seiner Reflexion der politischen Ereignisse im Krieg und den ersten Jahren der Republik. Wissenschaftlich ist er sehr zielstrebig vorgegangen. Einmal als richtig erkannte theologische Inhalte bilden das kritische Raster der weiteren Arbeit, ohne doch die Fähigkeit zur Aufnahme weiterer theologischer und philosophischer Anregungen im geringsten zu beeinträchtigen. Dabei fällt dem heutigen Leser ein recht großzügiger Umgang mit den Quellen auf. Zweifellos hat Bonhoeffer sich nicht lange mit Detailfragen aufhalten mögen, aber seine Arbeitsweise ist nur zum Teil auf jugendlichen Unbedacht zurückzuführen. Zunächst ist zu bedenken, daß ein Teil der studentischen Arbeiten als Referate für den mündlichen Vortrag von ihm ausgearbeitet wurden. Hierfür wurden damals auch von den Dozenten keine ausführlichen Literaturangaben erwartet. Aber darüber hinaus ist deutlich, daß seine Argumentation von seinen Lehrern beeinflußt ist. Wenn ihm inhaltliche Aussagen wichtiger waren als der Aufweis von literarischen Beziehungen, dann kann man gerade darin den theologischen Stil Harnacks und Seebergs wiedererkennen. Eine Neigung zu systematischem Denken hat er dabei sicher mitgebracht. Bemerkenswert ist, wie schnell Bonhoeffer sich ein hohes wissenschaftliches Niveau erworben hat. Einige seiner Arbeiten, z. B. die über den I. Clemensbrief oder über Luthers Stimmungen gegenüber seinem Werk, sind selbständige Weiterführungen der Forschungen seiner Lehrer. Doch läßt er sich einer bestimmten Schule nicht einfach zurechnen. K. Holl, R. Seeberg und K. Barth haben ihn beeinflußt, von allen dreien hat er Entscheidendes übernommen, allen dreien gegenüber wahrte er Selbständigkeit des theologischen Fragens und Suchens. Das eigentliche Ziel seiner Theologie ging auch damals schon über die reine Wissenschaft hinaus. Was ihm wirklich wichtig war, läßt sich nur erkennen, wenn man die katechetischen und homiletischen Stücke dieses Bandes mit heranzieht (vgl. das Nachwort).

Das *literarische Material*, das aus dieser Zeit erhalten geblieben ist, besteht einerseits aus Briefen von und an Dietrich Bonhoeffer, aus Urkunden, Zeugnissen, Lebensläufen und einem Tagebuch, andererseits und zum größeren Teil aus Schüleraufsätzen, studentischen Referaten, Seminararbeiten, Notizen, Kindergottesdienstansprachen, Seminarkatechesen und frühen Predigten. Dabei wird man beachten, daß – mit Ausnahme der Promotionsthesen – nichts von dem, was jetzt im Druck vorliegt, von Bonhoeffer selbst zur Veröffentlichung bestimmt war. Der Zustand der sprachlichen Ausformulierung und der inhaltlichen Vollendung dieser Manuskripte ist sehr unterschiedlich. Neben ausgearbeiteten Manuskripten, die einem Dozenten oder Prüfer vorgelegen haben, finden sich Vortragsvorlagen, die nur als Rohentwürfe vorhanden sind. So konnte der Grad literarischer Vollendung nicht ausschlaggebend sein für die Auswahl der aufzunehmenden Stücke. Es erschien vielmehr wichtig, Bonhoeffers theologische und biographische Entwicklung zu dokumentieren, wozu sich – nicht zuletzt – Texte eignen, die unfertigen Charakter tragen. Andererseits galt es, Wiederholungen zu vermeiden und die Fülle des Materials auf einen vertretbaren Umfang zu reduzieren.

So hat der Herausgeber sich bemüht, die Texte zum Abdruck zu bringen, die für Bonhoeffers Jugend und Studium biographisch, zeitgeschichtlich und theologisch besonders charakteristisch sind. Da der gesamte Nachlaß auf microfiches aufgenommen und mit Hilfe eines von Dietrich Meyer und Eberhard Bethge erarbeiteten Verzeichnisses zugänglich gemacht worden ist, besteht die Möglichkeit, auch fehlende Stücke einzusehen, über die eine Liste im Anhang Auskunft gibt. Von den Briefen Bonhoeffers aus diesem Zeitraum gelangen etwa zwei Drittel zum Abdruck, während von den an ihn gerichteten Briefen nur einige aufgenommen wurden. (Eine Ausnahme bilden die theologisch wichtigen Briefe Richard Widmanns, die vollständig veröffentlicht werden.) Auch unter den wissenschaftlichen und praktisch-theologischen Arbeiten mußte eine Auswahl getroffen werden. Nicht aufgenommen wurden Vorlesungsnachschriften, Materialsammlungen, Ausarbeitungen und Nachschriften von anderen, Gelegenheitsgedichte für Familienfeste und Gästebucheintragungen.

Die Texte gelangen – grundsätzlich ungekürzt, mit Ausnahme eines sehr langen Briefes von Wilhelm Dreier – in *drei Abteilungen* zum Abdruck: I. Briefe, Tagebuch, Lebensläufe und Dokumente; II. Schülerarbeiten, Seminararbeiten und -referate, Notizen, Promotionsthesen; III. Predigten, Kindergottesdienstansprachen, Seminarkatechesen. Diese Einteilung macht unterschiedliche Arten der literarischen Produktion sichtbar, denen auch ein unterschiedlicher Aussagecharakter zukommt. Innerhalb der drei Abteilungen sind die Texte streng chronologisch geordnet. Über einige schwierige Fragen der Chronologie gibt eine Darstellung im Anhang Auskunft.

Für die *Erstellung des Textes* in DBW 9 wurden die microfiches des Bundesarchivs zu Grunde gelegt. Wo es nötig war, wurden die Originale herangezogen und frühere Drucke, vor allem aus GS, verglichen. Wenn nur Transkriptionen zugänglich waren, wurde der Name der für die Transkription verantwortlichen Person genannt.

Die Texte werden in der letzten vorliegenden Fassung Bonhoeffers abgedruckt. Kürzungen und stilistische Glättungen sind unterblieben. Die Orthographie Bonhoeffers konnte unverändert übernommen werden. Die Zeichensetzung wurde hingegen im Interesse der Lesbarkeit vorsichtig ergänzt und geändert, die häufigen Abkürzungen wurden, mit Ausnahme einiger als allgemein bekannt vorauszusetzender Wendungen, vor allem im Interesse der Leser aus dem außerdeutschen Sprachraum, aufgelöst. Streichungen oder Textveränderungen Bonhoeffers sind nur dann in den Anmerkungen wiedergegeben, wenn sie eine gedankliche Entwicklung oder eine inhaltliche Veränderung erkennen lassen. Zitate oder Literaturhinweise im Text sind unverändert übernommen und, wenn nötig, in den Anmerkungen korrigiert oder ergänzt worden. Unterstreichungen sind kursiv wiedergegeben. Bearbeiterzusätze sind durch eckige Klammern kenntlich gemacht und im Text auf ein Mindestmaß reduziert. Nicht von Bonhoeffer stammende Texte sind durch eine kleinere Type kenntlich gemacht. (Aus satztechnischen Gründen wird nur in der von Frau Ludwig und Bonhoeffer gemeinsam angefertigten Arbeit über die „Freude bei Johannes" anders verfahren. Hier sind die Passagen von Frau Ludwig kursiv gesetzt.) Fremdsprachige Zitate sind übersetzt.

Bei der *Kommentierung* ist zwischen Anmerkungen Bonhoeffers und denen der Bearbeiter zu unterscheiden. Sie sind deutlich voneinander abgesetzt: Bonhoeffers Anmerkungsziffern erscheinen, ähnlich seiner eigenen Praxis, mit einer kleinen Klammer; die Anmerkungen der Bearbeiter dagegen erscheinen als Ziffern ohne Zusatz. Anders als in Bonhoeffers Manuskripten sind seine Anmerkungen in jedem Stück fortlaufend numeriert. In die Bearbeiteranmerkungen sind dreierlei Kommentierungen aufgenommen:

1. *Editorische und textkritische Erläuterungen.* Sie gelten dem Text, seiner Gestalt und Lesbarkeit. Hierfür werden Kürzel verwandt, die im Abkürzungsverzeichnis erläutert sind.

2. *Randbemerkungen von Lehrern, Dozenten und Prüfern.* Sie werden mit ‚Korr:' eingeleitet und stehen in Anführungszeichen.

3. *Sachinformationen der Bearbeiter.* In Teil II und III die-

nen die Anmerkungen vor allem der Erschließung der von Bonhoeffer benutzten Quellen und der Übersetzung fremdsprachiger Texte. Bonhoeffers Literaturangaben sind im Literaturverzeichnis a) zusammengestellt und verifiziert. Dort finden sich auch Hinweise auf leichter zugängliche Ausgaben. Hin und wieder notwendige Korrekturen der sachlichen Aussagen Bonhoeffers wurden nur in Ausnahmefällen gemacht. Auch Erläuterungen theologischer Zusammenhänge und Begriffe konnten nur gelegentlich aufgenommen werden, um den Rahmen der Bearbeiteranmerkungen nicht zu sprengen.

Besondere Probleme ergaben sich in Teil I. Hier bestand die Aufgabe des Bearbeiters darin, Personennamen, geographische Angaben, historische Ereignisse, literarische Anspielungen u. a. so weit als möglich zu identifizieren. Die Anmerkungen enthalten deshalb kurze biographische Hinweise. Auf die am Ende des Bandes zusammengefaßten Biogramme der Familienangehörigen verweist ein Pfeil ▷ vor dem Namen. Für Autoren, die durch ihre Werke im Literaturverzeichnis erscheinen, sind Biogramme nur dann beigegeben, wenn sie zu den Lehrern Bonhoeffers gehörten. Allgemein bekannte Namen wurden nicht nachgewiesen; so fehlen Biogramme für Luther, Marx, Kant, Mussolini und Raffael, während z. B. Tertullian, Saint-Simon, Scheidemann und Max Klinger mit Biogrammen vertreten sind. Mit Dank sind Eberhard Bethges Anmerkungen aus den „Gesammelten Schriften" verwendet worden. Eine Reihe von Anhängen ergänzen die Hinweise in den Fußnoten.

Außer dem Herausgeber haben H. Anzinger (Heidelberg), C. J. Green (Hartford, USA), C.-J. Kaltenborn (Berlin, DDR), Th. Mahlmann (Marburg) und J. v. Soosten (Heidelberg) an der Kommentierung mitgewirkt. Die jeweiligen Bearbeiter sind in den Anmerkungen genannt. C. J. Green und C.-J. Kaltenborn haben als Mitherausgeber die Konzeption mit beraten. Die Kollationierung hat H. Anzinger vorgenommen, die Überarbeitung zur druckfertigen Vorlage ist von U. Kabitz (München) geleistet worden. Von seiten der Gesamtherausgeber hat Chr. Gremmels (Kassel) die Erstellung des Bandes begleitet. Die Übersetzung der lateinischen Luther-Zitate wurde von St. Rhein (Heidelberg) angefertigt. Ohne die ständige Beratung und Unterstützung durch Renate und Eberhard Bethge wäre dieses Unternehmen nicht möglich gewesen. Außer ihnen allen gilt der Dank einer großen Zahl von Personen, die die Arbeit durch Hinweise und Auskünfte gefördert haben, aber aus Platzgründen nicht alle genannt werden können. Stellvertretend für diese Gruppe seien Susanne Dreß, geb. Bonhoeffer, und Hans Christoph v. Hase genannt.

Hans Pfeifer Freiburg, den 1. März 1986

TEIL I:

Briefe, Tagebuch, Dokumente

a) Der Erste Weltkrieg und die Anfänge der Republik. Letzte Schuljahre. Januar 1918 – März 1923

1. AN JULIE BONHOEFFER[1]

23. 1. 1918

Liebe Großmama!

Komm doch schon am 1. Februar; dann wärst Du doch noch an unserm Geburtstag[2] bei uns. Das wär doch viel netter, wenn du dann hier wärst. Entschließ dich nur ruhig mal rasch und komm doch bitte am 1.

Karl-Friedrich[3] schreibt jetzt öfters. Neulich schrieb er, er habe bei einem Wettlauf, bei dem alle Unteroffiziere aus seiner Kompagnie mitgelaufen sind, den ersten Preis bekommen; und der Preis bestand aus 5 Mark.

Neulich waren wir alle abends zum Essen bei Schönes.[4] Zuerst gab's eine wundervolle Wurstsuppe – sie hatten nämlich grade ein Schwein geschlachtet – dann einen Kalbsbraten, den Tante Johanna[5] mit aus Timmendorf mitgebracht. Dazu gab es Gemüse von Spargeln und Morüben. Dann gab's wunderbares Kompott und dann Kaffee.[6] Dann musizierten wir, unterhielten uns, dann kam Tee und Quarkkuchen, um 10 Uhr etwa gingen

---

1 NL A 3,2(1); hsl. Aus Berlin-Grunewald, Wangenheimstr. 14, seit März 1916 Wohnung der Familie B. (vgl. DB 51 f). Frau ▷ Julie B. wohnte damals in Tübingen, Neckarhalde 38. □ **2** 4. 2. 1906, der Geburtstag der Zwillinge ▷ Dietrich und ▷ Sabine B. □ **3** ▷ Karl-Friedrich B., beim Militär. □ **4** ▷ Richard Schöne, Prof. der Archäologie, Generaldirektor der Königl. Preußischen Museen; verh. mit ▷ Helene geb. Härtel, einer Kusine von ▷ Karl Alfred v. Hase; befreundet mit ▷ Richard Volkmann-Leander (s. u. Anm. 12). Schönes wohnten Wangenheimstr. 13–15. □ **5** ▷ Johanna Schöne, Tochter von Richard und Helene Schöne, Malerin und Bildhauerin. □ **6** Die Schilderung einer festlichen Mahlzeit steht vor dem Hintergrund der katastrophalen Versorgungslage im Kriegswinter 1917/18, in dem der Zwölfjährige oft „wahnsinnigen Hunger" verspürte (S. Leibholz, Vergangen, erlebt, überwunden, 53; vgl. auch K. Bonhoeffer, Lebenserinnerungen, 90).

wir drei[7] mit Fräulein Käthe[8] nach Haus; die andern kamen um 10 ¾ Uhr nach. Übrigens gab es auch sehr guten Wein, von dem wir alle ziemlich viel bekamen.-----

Heut waren Fräulein Käthe und Ursel[9] in „Don Carlos". Es war eine prachtvolle Aufführung. Sonnabend kommt Walter[10] wieder. Heute kamen von der Ostsee aus Boltenhagen[11] 17 feine Schollen, die wir heute abend essen. Wir haben auch schon Tante Tony Volkmann[12] und Tante Johanna Schöne zu eingeladen. Komm bitte recht bald. Viele Grüße von Deinem Enkel

Dietrich

2. AN URSULA BONHOEFFER[1]

Liebe Ursel!

Nun sind wir schon einen ganzen Tag hier gewesen, und der ist noch dazu so entsetzlich schnell vergangen. Als wir am Sonnabend mit einer ¼ Stunde Verspätung in Klütz[2] ankamen, war Herr Qualmann nicht da, nur ein Omnibus und verschiedene Privatwagen. Wir warteten nun bis ungefähr ¾ 4 Uhr und dann läutete Fräulein Horn[3] nach Boltenhagen an, warum Herr

---

7 Die drei jüngsten Kinder: Dietrich, Sabine und ▷ Susanne B., später verh. Dreß. □ **8** Katharina Horn, gen. Käthe (1893/Schweidnitz, heute Swidnica–1977/Berlin), Erzieherin in Hamburg und Berlin, hatte die Zwillinge mehrere Jahre lang unterrichtet; später Grundschullehrerin in Havanna/Cuba, wo B sie 1930 besuchte (vgl. DBW 10). □ **9** ▷ Ursula B., später verh. Schleicher. □ **10** ▷ Walter B., beim Militär. □ **11** Ostseebad zwischen Lübeck und Wismar. Mehrere Jahre Sommerferienort der Familie B. (s. u. Brief Nr. 2). □ **12** ▷ Toni Volkmann, Adoptivtochter von Dr. Richard Volkmann, gen. Volkmann-Leander (Vf. von: „Träumereien an französischen Kaminen", 1871), mit der Familie v. Hase verwandt.

1 NL A 3,3(1); hsl. Aus Boltenhagen, Pension Qualmann; erschlossenes Datum: 17. 6. 1918. Zur Reisegruppe gehörten: Maria Horn (s. Anm. 3), ▷ Hans Christoph v. Hase, Dietrich, Sabine und Susanne B. □ **2** Letzte Bahnstation vor Boltenhagen. □ **3** Maria Horn, gen. Hörnchen (1884/Gnadenfrei–1967/Berlin), Schwester von Käthe Horn, 1908 bis zu ihrer Verheiratung mit Dr. Richard Czeppan (s. Brief Nr. 11 Anm. 4) 1923 Erzieherin im Hause B. Ihre

Qualmann denn nicht käme. Aber der sagte, es seien in dem Omnibus, der rappelvoll war, noch für uns Plätze reserviert gewesen. Aber es käme jeden Moment ein anderer Wagen mit Leuten herunter, der würde uns mit raufnehmen. Na, um ¼ 5 Uhr kam dann auch schließlich ein Wagen und um 5 Uhr langten wir in Boltenhagen an. Das Meer war gerade ziemlich stürmisch, und die Wellen schlugen ganz ordentlich gegen den Strand. Jetzt tranken wir Vesper, gingen aber dann wieder ans Meer. Nun wollten wir aber auch unsere Schaufeln kaufen; wir gingen in eine Bude, und in der besorgten wir alles. Auch eine Fahne haben wir uns gekauft. Gleich von der Bude aus gingen wir an die Brandungsbrücke, dann gingen wir am Strande wieder nach Hause. Wieviel Quallen da ans Land gespült wurden, kann ich Dir gar nicht sagen. Jedenfalls bückten wir uns die ganze Zeit, um sie wieder ins Wasser zu werfen. Sie sind aber in ganz verschiedenen Formen: Dick, dünn, rund und was man sich noch für Gestalten vorstellen kann. Nun mußten wir aber Abendbrot essen, danach gingen wir noch einmal ans Meer und dann ins Bett. Am Sonntag um ½ 8 Uhr standen wir auf. Wir frühstückten zuerst – jeder ein Ei, Schinken, Butter und Milch und Wurst. – Darauf liefen wir an die See und bauten uns eine wundervolle Sandburg, dann machten wir einen Wall um den Strandkorb, dann arbeiteten wir weiter an der Festung. Als wir sie aber auf 4–5 Stunden zum Mittagessen und Vesper allein ließen, war sie ganz und gar vom Meer zerspült, unsere Fahne haben wir aber mit raufgenommen gehabt. Nach der Vesper gingen wir wieder herunter und bauten uns Kanäle. Wie die heute aussehen, weiß ich nicht. Dann fing es an zu regnen, und dann sahen wir zu, wie die Kühe von Qualmann gemolken wurden.

Hoffentlich geht es Dir wieder besser. Ich laß auch der Mama sehr für die Sachen danken. Viele Grüße

Dein Dietrich

---

durch die Herrnhuter Brüdergemeine geprägte Frömmigkeit beeinflußte die Entwicklung der jüngeren Kinder B. Zeitlebens blieb sie mit der Familie befreundet.

3. AN JULIE BONHOEFFER[1]

Liebe Großmama!

Gestern abend – wir saßen grade im Sand – sehen wir zwei Flieger ankommen. Es waren beides Wasserflugzeuge. Sie gingen beide ziemlich weit herunter. Darauf ging das eine plötzlich ganz hoch und im nächsten Moment stürzte es kopfüber herunter. Ich dachte, es hätte einen Sturzflug gemacht, den sie so oft in Grunewald üben. Aber bald sahen wir eine dicke schwarze Rauchsäule aufsteigen und daran erkannten wir, daß es abgestürzt sei! Wir gingen nun an das andre Flugzeug, das unterdessen aufs Wasser gelandet war und ans Land fuhr. Da kamen auch schon einige Leute, die sagten, es sei nur ein Mensch drin. Aber der vom anderen Apparat sagte, es müßten zwei sein. Nun wurde wieder gesucht und gemerkt, daß der eine ganz verbrannt sei, der andre aber herausgesprungen sei und nur eine Wunde an der Hand habe. Nachher kam er und man sah, daß die ganzen Augenbrauen versengt waren. Dann gingen wir wieder weg.[2]

Als wir abends im Bett lagen und bald einschliefen, wachten wir alle allmählich hintereinander auf. Das kam daher, daß das Meer plötzlich ganz toll wütete. Es hatte unsere ganze Burg weggespült und war ungefähr 20 Meter ins Land eingedrungen. Die Strandkörbe standen im Sand bis zu den Sitzen. Heute ist leider wieder schlechtes Wetter, deshalb sitzen wir auch im Zimmer. Wir hatten schon mehrere Tage schönes Wetter gehabt und auch schon gebadet. Zwei Flöße hatten wir uns auch gebaut.

Neulich nachmittag (Sonntag) haben wir in der Sandburg geschlafen und sind alle ziemlich verbrannt. Am Nachmittag sind wir dann nach Ternewitz[3] gelaufen und haben dort zuerst ein Stückchen Kuchen gegessen. Wir fragten noch nach Brot, wir sagten, wir hätten auch Brotmarken, aber sie sagte, sie könnte es nicht geben. Nachher ging ich nochmal herein und

---

1 NL A 3,2(3); hsl. Aus Boltenhagen, Poststempel: 3. 7. 1918. □ **2** Am gleichen Tag schreibt B den Eltern (NL A 3,1 (4)), daß in Boltenhagen die Familie des bekannten U-Boot-Kommandanten Otto v. Weddigen lebt. □ **3** Etwa

wollte für jeden noch ein Stück Kuchen, aber sie sagte, sie habe nur noch ein Stück. Als ich dann noch wegen Brot bettelte, sagte sie, sie würde es uns mal geben. Gerne täte sie es zwar nicht.

Wir reisen nun am Freitag nach Berlin. Besorgen können wir Dir nur Suppenpulver und Kaffeezusatz zu 4 Mark das Pfund. Sonst gibt es hier einfach gar nichts, nur wenn man z. B. Petroleum, Stoff oder andre Sachen zum Eintausch hat.

Karl-Friedrich[s] Kursus ist am 3. 7. zu Ende, er ist aber schon am 2. nach Haus gekommen.

Nachmittags müssen wir jetzt immer schlafen. – Hier sind auch noch zwei andere Jungens, einer ist 10, der andere 14 Jahre. Es ist auch noch ein kleiner Judejunge da. Wir spielen öfters mit den zwei andern. Gestern abend haben wir Quartett und Schreibspiele gespielt.

Gestern abend ist wieder alles mit Scheinwerfern abgeleuchtet worden, sicherlich wegen Fliegern. Mein Schiff stand im Strandkorb, aber als wir heute rauskamen, war es ganz weit weggeschwemmt, vom Meer ans Land.

Jetzt, die letzte Zeit ist das Essen tadellos. Wir sparen immer etwas Käse und Honig für den Karl-Friedrich auf. Morgen – am letzten Tag – wollen wir noch eine Guirlande aus Eichenblättern für Walter[s] Grab[4] machen.

Vielmals grüßt Dich Dein Enkel

Dietrich

4. AN HANS CHRISTOPH VON HASE[1]

den 15. 7. 1918

Lieber Hans-Christoph!

Ich warte schon die ganzen Tage auf einen Brief von Dir, und es kommt keiner. Warum schreibst du den nicht? Hast Du schon

4 km östl. von Boltenhagen gelegen. □ 4 Walter B. war am 28. 3. 1918 einer Verwundung bei Marcel Cave in Frankreich erlegen.

1 NL A 3,3(2); hsl. Aus Berlin-Grunewald. Abdruck: DB 51. Hans Christoph v. Hase verbrachte bis in die Studentenzeit oft die Ferien mit B (vgl. z. B. DB

mal geschrieben, und der Brief ist nicht angekommen? Ich kann doch sonst nicht kommen. Es wird auch schon überhaupt nicht mehr von mir gesprochen, daß ich zu Euch komme, immer nur von den Mädels. Also schreibe, sooft Du kannst!!

Ich fänd es auch furchtbar schade, wenn ich nicht kommen könnte, denn aus unsern wunderbaren Plänen würde doch dann natürlich auch nichts werden. Und das wäre doch zu schade!

Haben den Schwestern die Sachen gefallen? Wir machen jetzt eine unterirdische Höhle und Gang. Er geht von der einen Seite der Laube bis zur Höhle. Er ist dazu, daß wenn wir wieder mal uns mit dem Klaus[2] hauen, wir entweder der Höhle Entsatz bringen können oder den Feind vom Rücken angreifen können. Vor die Höhle machen [wir] einen Wall und eine Fallgrube und ein ganz tiefes Loch; denn wenn da mal jemand reinfällt, daß wir ihn gleich in das Loch zerren.

Grüße bitte Onkel Hans, Tante Elisabeth und die Cousinen.[3] Vergiß nicht zu schreiben!

Viele Grüße von Deinem

Dietrich

5. AN DIE GESCHWISTER UND MARIA HORN[1]

Freitag, den 12. [9.] 1918

Liebe Geschwister und liebes Fräulein Horn!

Eben finde ich, daß der Brief, den ich an Euch geschrieben habe, noch gar nicht abgegangen ist und sogar der erste Teil fehlt. Dir, liebe Bina[2], danke ich sehr für Deine Karte. Ich weiß nun nicht, ob ich Euch schon geschrieben habe, daß wir Rebhuneier gefunden haben und 4 ausgekrochen sind. Zweien

103). □ **2** ▷ Klaus B. □ **3** ▷ Hans v. Hase, Bruder von Paula B. u. B's Patenonkel, Superintendent des Kirchenkreises Liegnitz (heute Legnica), verh. mit ▷ Ada geb. Schwarz; v. Hases Wohnsitz war Waldau, 2 km westl. von Liegnitz. ▷ Elisabeth v. Hase, Schwester von Hans v. Hase und Paula B. Die „Cousinen": ▷ Klara, Dorothea, Renate, Rosemarie und Traute v. Hase.

1 NL A 3,3(3); hsl. Aus Waldau. Monatsdatum erschlossen. □ **2** Sabine B.

haben wir zwar helfen müssen, weil sie nicht herauskamen. Die Glucke, der wir sie untergelegt hatten, zeigt ihnen aber gar nicht, wie sie fressen sollen, und nun wissen wir nicht, wie wir's ihnen beibringen sollen. Ich helfe jetzt öfters mit Hänschen[3] beim Einfahren. Ich ‚rücke immer vor', das heißt ich lenke die Tiere zu den verschiedenen Puppen[4], die aufgeladen werden sollen. Und neulich habe ich sogar ein ganz ordentliches Stück mit einigen Ecken den Wagen gelenkt.

Gestern sind Klärchen[5] und ich geritten. Es war sehr hübsch. – Wir lehsen[6] hier furchtbar oft, und so kommt wenigstens eine ganze Menge zusammen. Heute will ich wieder dreschen und es durch die Sortiermaschine gehen lassen. Daß man soviel kriegt, kommt daher, daß wir uns immer die Erlaubnis holen, auf ungerechten Feldern zu lehsen. Und da geht es natürlich viel schneller.

Habt Ihr die Karte mit der Frage nach dem Lateinbuch nicht gekriegt? Denn so muß ich immer mit Hänschen Stunde nehmen. Die Obsternte ist hier leider nicht so besonders. Aber dafür sind die Rüben und das Getreide glänzend. Auch die Kartoffeln stehen sehr gut. Hier im Garten gibt es zwar ziemlich viel Obst, besonders Aprikosen und Weintrauben. Pflaumen gehen auch noch, aber von den Birnen ist das Zehntel da, wie das letzte Jahr. Zwar sind sie jetzt ein großes Stück größer. Aber eben nicht, daß es sich ausgleicht.

Heute wollen wir nachmittags nach dem Pansdorfer-See[7] rudern gehen. Ich komme übrigens um 12^{40} in Berlin, Charlottenburger Bahnhof, an, aber ohne Christel[8], die kommt erst nachmittags über Breslau. Ich fahre nicht über Breslau, weil ich da doch nur ½ Stunde Aufenthalt habe und so 3 Stunden unnötige Fahrerei. Also am Sonntag! Es grüßt Euch und die Mädchen

Euer Dietrich

---

3 Hans Christoph v. Hase. □ **4** Auf dem Feld zusammengestellte Garben. □ **5** Klara v. Hase. □ **6** Nachlese auf den Getreidefeldern nach dem Einfahren der Ernte, willkommene Ergänzung der knappen Lebensmittel im Winter 1918/19. □ **7** 2 km westl. von Waldau. □ **8** ▷ Christine B., später verh. v. Dohnanyi.

6. AN DIE ELTERN[1]

Liebe Eltern!

Gestern haben wir mein Gelehsenes zum Mahlen getragen. Es werden sogar 10–15 Pfund mehr sein, als ich angenommen habe, es kommt darauf an, wie weiß es gemahlen wird. Eigentlich müßten es 18 Pfund mehr werden, aber wer weiß, wie die mahlen.

Heute vormittag haben wir gekocht. Bei uns ist das Wetter jetzt prachtvoll, fast die ganze Zeit Sonnenschein. Nächster Tage werden wir die Kartoffeln herausnehmen. Sie stehen hier übrigens gar nicht so schlecht und sind gar nicht so faul, wie es bei uns heißt. Ich arbeite hier jeden Tag mit Hänschen und Onkel Hans. Da übersetzen wir Latein. Wirst Du nun nach Breslau kommen, liebe Mama, weil doch Karl-Friedrich in Ruhe[2] ist, dann hole mich doch in Waldau ab. Es grüßt Euch und alle anderen vielmals Dein

Dietrich

7. AN JULIE BONHOEFFER[1]

Sonntag, den 8. 12. 18

Liebe Großmama!

Mama geht es nun schon ein ganzes Ende besser.[2] Morgens fühlt sie sich zwar noch immer sehr schwach, aber nachmittags wieder ganz ordentlich. Leider ißt sie noch ziemlich wenig. Herr Senz[3] meinte, sie müßte noch acht Tage im Bette fest liegen und dann stundenweise immer etwas aufstehen. Also wird sie wohl Weihnachten bei uns sein können, wenn auch nicht den ganzen Tag. Neulich bekamen wir plötzlich die

1 NL A 3,1(6); hsl. Postkarte aus Waldau, Poststempel: 30. 9. 1918. □ 2 Zeitweiliger Aufenthalt in der Etappe zwischen den Fronteinsätzen der Truppe.
1 NL A 3,2(5); hsl. Aus Berlin-Grunewald. □ 2 Nach Walters Tod (s. Brief Nr. 3 Anm. 4) war die Mutter schwer erkrankt. □ 3 Hausarzt der Familie B.

Nachricht, wir bekämen Einquartierung: 2 Köpfe, nur Mannschaft. Wir machen nun alles in einem Mädchenzimmer zurecht. Aber den ganzen Tag lang kam nichts. Die Mädchen legen sich wieder in ihre alten Betten, aber urplötzlich um ½ 2 Uhr nachts klingelt es Sturm. Wir wissen gar nicht, was es bedeuten soll. Aber als wir herauskommen, sehen wir, daß es die Einquartierung ist und zwar nicht zwei Mannschaften, sondern Offizier und Bursche. Die mußten nun zusammen schlafen. Aber den nächsten Tag mußte ich mein Zimmer für den Leutnant hergeben. Er wird wahrscheinlich vier bis acht Tage da bleiben. Aber genau weiß man es noch nicht.

Der Gauwald[4], ein Kamerad von Karl-Friedrich, ist auch da: Er war gefangen und ist ausgekniffen. Er ist mal, als keine Wache dastand, aus dem Lager gegangen und ohne Karte nur der Richtung nach, zu unseren Stellungen gekommen. Fünf Tage lang hatte er nichts zu essen. Nur mal ein paar Schlehen.

Die Ursel sagte mir, ich sollte Dir doch einen Wunsch zu Weihnachten sagen. Ich habe gar kein Briefpapier und Karten mehr, also würde ich natürlich furchtbar gern welches haben. Bei uns ist augenblicklich ganz erbärmliches Wetter. Es liegt ganz dicker Nebel, und es ist solche naß-kalte Luft.

Heute gehen Klaus und ich zu dem Theodor Dieterich[5], der doch hier verwundet in der Charitée[6] liegt. – Vor acht Tagen waren wir alle Kinder den ganzen Tag bei Krückmann's.[7] Am Montag fahren Tante Elisabeth und Onkel Benedikt[8] nach Waldau. Viele Grüße an Dich von Deinem dankbaren

Enkel Dietrich

---

4 U. L., vielleicht: „Hauwald", n. i. □ **5** N. i. □ **6** Richtig: „Charité", Name der Berliner Universitätskliniken. □ **7** Emil Krückmann (1865–1944), Prof. für Ophthalmologie, seit 1912 Direktor der Universitätsaugenklinik Berlin. □ **8** Elisabeth und ▷ Benedikt v. Hase, gen. Onkel Bubi, Kunstmaler und Radierer, Bruder von Paula B.

8. AN JULIE BONHOEFFER[1]

Liebe Großmama!

Vielen Dank für die feinen Postsachen. Sie sind wirklich wundervoll, besonders diese Postkarten in diesem kleinen Buch. Ich habe mich sehr darüber gefreut. Wir haben alle wieder furchtbar viel Sachen bekommen. Ich habe eine Erweiterung zu meinem „Jung-Deutschland Spiel"[2], mit den Schlachtenplänen von diesem Kriege bekommen. Dann noch verschiedene Bücher, unter denen aus Walters Bücherschrank „Im Wasgenwald"[3], das Du ihm zu Weihnachten 1917 geschenkt hast. Auch haben wir alle wieder ‚süße Teller' gekriegt. Sonst habe ich noch verschiedene andre Sachen gekriegt.

Vorgestern schneite es, aber am 24. war leider schon alles wieder weggetaut, und so ist heute ziemlich ekelhaftes Wetter. Aber es ist ja ganz gut, daß kein Schnee liegt; denn sonst würden ja die Transportschwierigkeiten[4] noch viel schwerer sein. Der Theodor Dieterich[5] ist leider nicht zu uns gekommen, da ihm am 23. noch ein Knochensplitter hatte entfernt werden müssen. Aber wir sind zu ihm hingegangen und haben ihm Weihnachtssachen gebracht. Es geht ihm auch wieder ganz gut und so denken wir, er könnte vielleicht Silvester zu uns hinüberkommen.

Am 27. kommen Oluf und Püppi Krückmann[6] über den ganzen Tag zu uns. Ich danke Dir nochmals vielmals für Deine Sachen. Es grüßt Dich dein dankbarer Enkel

Dietrich

---

1 NL A 3,2(6); hsl. Aus Berlin-Grunewald, Poststempel: 25. 12. 1918. ☐ **2** Vgl. S. 23 u. 503 f. **3** Ein 1917 erschienener „Jäger- und Kriegsroman aus dem Grenzland" von F. v. Raesfeld. ☐ **4** Um einem franz. Ultimatum vorzubeugen und eine Verlängerung des Waffenstillstands zu erreichen, hatte die dt. Waffenstillstandskommission am 1./2. Dezember die Auslieferung der besten und schwersten Lokomotiven zusagen müssen. ☐ **5** N. i. (vgl. Brief Nr. 7). ☐ **6** Kinder von Emil Krückmann (s. Brief Nr. 7 Anm. 7).

9. AN JULIE BONHOEFFER[1]

den 11. I. 1919

Liebe Großmama!

Der Mama geht es schon wieder ganz ordentlich trotz dieser Unruhen. Sie hat mal eine Zeit lang bei Schöne's gegenüber gewohnt. Seitdem geht es ihr bedeutend besser. Du wirst wohl in der Zeitung von dem Angriff auf den Halensee-Bahnhof[2] gelesen haben. Das war aber gar nicht so gefährlich. Wir haben zwar sehr genau hören können, da es ja in der Nacht war. Die ganze Geschichte dauerte etwa eine Stunde. Dann waren diese Kerle abgeschlagen. Aber um 6 Uhr morgens haben sie es noch einmal versucht, aber sie haben sich auch da blutige Köpfe geholt. Heute früh hörten wir Artillerie-Feuer; wir wissen noch nicht, wo es gewesen ist. Augenblicklich bumst es wieder, aber scheint's nur aus der Ferne.

Karl-Friedrich ist aus der Charitée endlich entlassen. Er möchte sich irgendwie an der Sache beteiligen, aber Mama und Papa sind noch nicht ganz damit einverstanden. Augenblicklich geht es ja Gott sei Dank den Regierungstruppen besser. Unsere Ferien werden bis zum 17. des Monats verlängert. Entweder wegen der Unruhen oder wegen der Kohlen, die unsere Schule nur sehr wenig hat, so daß sie nur für kurze Zeit reichen. Hoffentlich haben all diese Sachen bald ein Ende. Es grüßt Dich vielmals Dein dankbarer Enkel

Dietrich

---

1 NL A 3,2(7); hsl. Aus Berlin-Grunewald. Teilweiser Abdruck: DB 54. □

2 Die am 30./31. 12. 1918 gegründete „Revolutionäre Kommunistische Partei/Spartakusbund" wollte die Wahlen zur Nationalversammlung verhindern und in Deutschland eine Räterepublik errichten. Deshalb löste sie in Berlin einen bewaffneten Aufstand und einen Generalstreik aus, der bis zum 12. Januar dauerte. – Der Bahnhof Halensee war ca. 800 m Luftlinie von der Wohnung B. entfernt.

10. AN JULIE BONHOEFFER[1]

Grunewald, den 10. II. 1919

Liebe Großmama!

Ich danke Dir vielmals für das feine Ulmer-Brot und das Buch. Die Tiergeschichten sind ja furchtbar komisch. Wir haben sie mal nach dem Abendbrot zusammen gelesen. Mir gefallen sie jedenfalls sehr gut. Das Ulmer-Brot schmeckte auch wundervoll. Ich habe noch eine Menge andre Sachen bekommen: Meine Uhr, die kaputt war, zurück, einen Füllfederhalter, Stelzen, viele Bücher über Komponisten und furchtbar viel zu essen.

Wir laufen hier sehr oft Schlittschuh; aber das wird wohl jetzt aufhören, denn es fängt jetzt an zu tauen. Wir rodeln auch manchmal. – Der Mama geht es jetzt wieder ganz ordentlich, sie soll im Mai einen Monat wahrscheinlich nach Kissingen.

Den Georg Konrad hat Tante Hannah[2] wieder aus Berau[3] von der Ausbildung holen lassen, weil es ihr unangenehm war, daß er in Berau ist. Wir sollen aber nicht davon reden, daß sie ihn hat holen lassen, denn es wird ihm dort gesagt, er könne jetzt nicht ausgebildet werden.

Übrigens hatte ich an meinem Geburtstag keine Nachmittagsschule; ich bin nämlich gar nicht gegangen, weil ich ein scheußlichen Furunkel hatte. Direkt anschließend bekam ich einen Hexenschuß, so daß ich erst Freitag wieder gehen konnte.

Es ist doch toll[4], daß Scheidemann Ministerpräsident ist und Ebert provisorischer Präsident werden soll.[5]

Es grüßt Dich vielmals Dein dankbarer Enkel

Dietrich

---

1 NL A 3,2(8); hsl. □ 2 ▷ Hannah Gräfin v. d. Goltz, geb. v. Hase, verh. mit ▷ Rüdiger Graf v. d. Goltz (s. Brief Nr. 14 Anm. 3), Schwester von Paula B. ▷ Georg Conrad Graf v. d. Goltz, Dr. jur., deren Sohn. □ 3 Im südl. Schwarzwald b. Waldshut. Der sachliche Hintergrund ist ungeklärt. □ 4 Von B überwiegend negativ gebrauchtes Prädikat (vgl. Briefe Nr. 24, 44 u. 48). Der erste Schrecken über die politische Entwicklung wich bald einer weit positiveren Einschätzung der neuen Republik, wie B's Empörung über den Rathenau-Mord zeigt (DB 57 und hier S. 43 f). □ 5 Friedrich Ebert (1871-1925), sozialdemokratischer Politiker, seit 1912 im Reichstag, 1913 neben H. Haase Nachfolger Bebels als Parteivorsitzender der SPD; am 10. 11. 1918 nach Ausrufung der

11. AN DIE ELTERN[1]

den 20. V. 19

Liebe Eltern!

Neulich kam der Direktor plötzlich mal rein in die Lateinstunde.[2] Er hat einige Zwischenfragen. Ich bin auch drangekommen und habe es gekonnt. Wir haben schon Latein, Mathematik und Französisch geschrieben. In Latein eine 3, die drittbeste Arbeit. In Mathematik eine II–, mit Maria[3] zusammen die beste; in Französisch eine 3, auch eine unter den besten. Im ganzen bin ich mit der Maria zusammen wohl der beste. Die Klasse ist eben einfach wahnsinnig schlecht. Sie kann einfach nichts, Geschichte ein bißchen.

Klaus ist heute bei Czepan[4], der hat ihn eingeladen zum Abendbrod. Nachher soll er mit ihm ein bißchen musizieren.

Was meint Ihr zu den Friedensbedingungen?[5] Ich glaube

Republik neben H. Haase Vorsitzender im Rat der Volksbeauftragten; am 11. 2. 1919 von der Weimarer Nationalversammlung zum Reichspräsidenten gewählt; bis 1925 in diesem Amt. – Philipp Scheidemann (1865-1939), sozialdemokratischer Politiker und Journalist, rief am 9. 11. 1918 die Republik aus; Febr. – Juni 1919 erster Ministerpräsident der Weimarer Republik, trat aus Protest gegen den Versailler Vertrag zurück; 1920-25 Oberbürgermeister von Kassel.

1 NL A 3,1(7); hsl. Aus Berlin. Teilweiser Abdruck: DB 54 f. ☐ **2** Ostern 1919 wechselte B vom Friedrich-Werder'schen auf das (ebenfalls humanistische) Grunewald-Gymnasium (vgl. S. 47 f und 55, ferner die Festschrift: 75 Jahre Walther Rathenau-Oberschule (vormals Grunewald-Gymnasium) 1903–1978). – Dr. Wilhelm Vilmar (1870–1942), seit 1916 der Direktor des Gymnasiums, später B's Deutschlehrer, verkehrte im Hause des Historikers Hans Delbrück (1840–1929), dessen Familie mit der Familie B. befreundet war und in der Nachbarschaft wohnte (vgl. FT 174 ff). ☐ **3** Maria Weigert (geb. 1903), Tochter des Landgerichtsdirektors Dr. Erich Weigert (1872–1943), studierte später Archäologie, verh. mit Dr. Otto Brendel. Sie mußte aufgrund der NS-Rassegesetze auswandern. Weigerts wohnten Wangenheimstr. 12, direkt neben B. Maria und B machten abwechselnd füreinander die Hausaufgaben und musizierten zusammen. Sie war das erste Mädchen auf einem preuß. Jungengymnasium. ☐ **4** Richard Czeppan (1883–1945), Dr. phil., Altsprachler am Friedrich-Werder'schen Gymnasium, Lehrer von Klaus B. und bis 1919 von B, mit beiden befreundet, häufig Klavierpartner von B; 1923 verh. mit Maria Horn, konservativ, später ‚Blockwart' der NSDAP, äußerte aber auch Kritik, z. B. gegen die ‚Kristallnacht'. ☐ **5** Am 7. 5. 1919 waren den dt. Vertretern die

kaum, daß man in dieser Form annehmen kann. Denn auf die Demonstrationen hin würde doch wohl eine allgemeine Bewegung entstehen. Zwar muß man auch daran denken, daß die Feinde eventuell sagen, daß wir keine Lebensmittel bekämen, bis wir annehmen. Auf das Saargebiet und Oberschlesien zu verzichten, hieße doch den vollkommenen wirtschaftlichen Zusammenbruch. Aber dasselbe käme natürlich, wenn wir keine Lebensmittel kriegten. Ich hoffe, Ebert wird eine Volksabstimmung machen, damit er doch nicht die Verantwortung allein auf sich lädt.

Eben schlägt es 9 Uhr, ich muß in's Bett. Es grüßt Euch vielmals

Euer Dietrich

12. AN JULIE BONHOEFFER[1]

den 15. 8. 1919

Liebe Großmama!

Ich gratuliere Dir vielmals zu Deinem Geburtstag[2] und wünsche Dir ein recht gutes Neues Jahr.

Am Sonntag kommen nun Ursel und Karl-Friedrich; wir freuen uns schon sehr auf sie. Nur schade, daß sie so bald wieder wegreisen.

In Friedrichsbrunn[3] war [es] sehr nett; aber es war zu dumm, daß ich gerade, als Mama und Klaus heraufkamen, krank wurde.

Gestern waren wir mit unserer Klasse im Naturkundemuseum. Der Schülerrat in unserer Schule hat nämlich beschlossen, daß jeden Monat ein freier Tag für belehrende Ausflüge sein soll, und da waren wir eben im Naturkunde-Museum. Andere Klassen haben auch richtige Ausflüge gemacht.

Heute ist es wohl der heißeste Tag im Jahr; jedenfalls in Berlin. Es hat 26° im Schatten, d. h. über 30° in der Sonne. Aber

---

Friedensbedingungen übergeben worden.
1 NL A 3,2(10); hsl. Aus Berlin. □ 2 21. 8. 1842. □ 3 Ortschaft im Harz, wo

gerade heute kann ich nicht schwimmen gehen, weil ich Klavierstunde habe. Wir spielen hier ziemlich oft Tennis, entweder wir allein oder mit welchen aus unserer Schule.

An Susis Geburtstag bin ich leider nicht zu Hause; ich habe nämlich rudern und da kann ich nicht fehlen. Klaus fehlt vielleicht, aber er weiß es auch nicht genau, da er schon das letzte Mal weggeblieben ist. Ich bin hier auch bei den Pfadfindern eingetreten; da machen wir immer Sonntag vormittags Übungen, Kriegsspiele[4], oder so was. Es ist immer sehr nett. Das nächste Mal gehe ich aber nicht hin; denn da kommen doch die Geschwister und die holen wir doch ab.

Christel ist ja seit den ‚großen Ferien' auch in unserer Grunewaldschule. Es sind jetzt schon eine ganze Menge Mädels drin. In der Unterprima R 5, in der Obersekunda R eine und H die Christel. In unserer Klasse zwei und in der Untersekunda R auch zwei. So also im ganzen 11. Zu uns kommt vielleicht auch noch eine. Wir sind ja in unserer Klasse nur 11 Jungens und zwei Mädels.

Am Sonnabend war ein Freund von mir da. Wir haben ein paar Schreibspiele gespielt und uns dann unterhalten. Es war sehr nett. Ich wünsche Dir nochmals ein recht gutes Jahr. Bitte grüße doch die Eltern und die Geschwister und sei selbst herzlich gegrüßt von Deinem dankbaren Enkel

Dietrich

13. AN JULIE BONHOEFFER[1]

den 22. XII. 19

Liebe Großmama!

Ich wünsche Dir ein recht gutes Fest und schicke Dir eine Mappe für die Briefe des Jahres 1920. Vor kurzem war Onkel Otto[2] bei uns, und bald kam auch Lothar[3], der zu Krückmann

---

die Familie B. seit 1913 ein ehemaliges Forsthaus als Sommerhaus besaß (vgl. DB 47). □ 4 Vgl. hierzu S. 18 und 503 f.

1 NL A 3,2(11); hsl. □ 2 ▷ Otto B., Leiter der Elberfelder Werke der I. G. Farben, Bruder von Karl B. und Vater von Lothar B. (s. Anm. 3). Er verlor im 1. Weltkrieg zwei Söhne. □ 3 ▷ Lothar B., 1914 schwer kriegsverletzt und

wegen seiner Augen wollte; der war ganz begeistert von ihm und sagte, es sei fabelhaft, was er mit seinen bißchen noch leiste. Lothar ist am Mittwoch abend wieder heimgereist.

Wir haben jetzt zu Weihnachten Zensuren gekriegt; von den Jungens habe ich die beste, aber ein Mädel, was in unserer Klasse ist, hat noch eine bessere Zensur. – Bei uns ist augenblicklich ganz furchtbares Wetter; es regnet und schneit durcheinander, so daß ein toller Matsch ist.

Am Sonnabend nachmittag ist eine Aufführung von den Pfadfindern, in der ich auch Klavier spielen soll. Ich spiele eine Schubert-Impromtu, ein Haydn-Trio und ein Stück mit einem, der Cello spielt. Heute gehe ich in ein Konzert von einem Klavierspieler. Ich freue mich schon sehr darauf. Es ist erst ein 15jähriger Junge, der dort spielt. – Tanzstunde habe ich auch dieses Jahr. Wir lernen dort die modernen Tänze.

Nochmals frohe Festtage und ein gutes Neues Jahr wünscht Dir, liebe Großmama, Dein dankbarer Enkel

Dietrich

14. AN JULIE BONHOEFFER[1]

Liebe Großmama!

Vielen Dank für das schöne Buch, das Du mir geschickt hast; ich habe es schon angefangen zu lesen und es gefällt mir sehr gut. Ich habe noch sehr viel andere Sachen bekommen, den Werwolf von Alexis, die schwarze Galeere von Raabe, Knulp von Hesse[2], einen Schlitten und noch vieles andere.

Nur war die Ursel leider krank; aber sie konnte trotzdem herunterkommen und heute hat sie nur noch 36°[3]. Am Sonnabend kommen lauter Leute zu uns, und da werden wir wahrscheinlich tanzen und sonst noch was spielen. Heute kommen

---

fast erblindet, später Direktor der Behring-Werke (I.G. Farben) in München, verh. mit ▷ Lola geb. Schattenmann.

1 NL A 3,2(12); hsl. Aus Berlin, Weihnachten 1919. □ **2** „Der Werwolf", Roman von Willibald Alexis, „Die schwarze Galeere" von Wilhelm Raabe, „Knulp", Roman von Hermann Hesse. □ **3** U. L., vielleicht: „36⁹".

Goltzes[4] zu uns zu Mittag. Am Sonnabend nachmittags muß ich in einer Aufführung von den Pfadfindern spielen. Zu Weihnachten hat uns Herr Schäffer, der Klavierlehrer von Karl-Friedrich, ein Stück komponiert, das wir Mama und Papa vorgespielt haben.

Wir würden uns alle sehr freuen, wenn Du bald zu uns kämst, dann wärst Du doch noch zu unserm Geburtstag da. Deine Laugenbretzeln schmecken ausgezeichnet, Papa hat uns jedem welche gegeben. Unsere Ferien werden wahrscheinlich um etwa 14 Tage verlängert werden, wegen der Kohlen.

Viele Grüße sendet Dir Dein dankbarer Enkel

Dietrich

15. AN KLAUS BONHOEFFER[1]

den 20. VII. 1920

Lieber Klaus.

Endlich muß ich Dir doch auch mal schreiben. Ich hab's doch bis jetzt erst einmal getan. Also bevor wir hierher fuhren, habe ich noch eine zweitägige Rudertour gemacht mit welchen aus meiner Klasse. (Hast Du übrigens die Karte verstanden, die wir von der Rudertour mit Justus[2] und Bornitz[3] geschrieben haben? Wir waren nämlich damals in zu blödsinniger Stimmung.) Wir sind nach Ketzin[4] ungefähr gefahren und haben im Freien übernachtet. Trotzdem es am Tage wahnsinnig heiß war, wurde es doch so gegen 3 Uhr so kalt, daß ich mich mit jemand zusammen in eine Decke gehüllt habe. Früh um ½ 5 haben wir dann schon gebadet und sind dann nach Haus gefahren.

---

4 ▷ Rüdiger Graf v. d. Goltz, gen. Onkel Rudi, Generalleutnant, Kommandeur der dt. ‚Ostseedivision', die 1919 in Finnland eingesetzt war (vgl. Nr. 10 Anm. 2).

1 NL A 4,3(2); hsl. Aus Friedrichsbrunn. □ 2 Justus Delbrück (1902–1945), Sohn von Hans Delbrück, seit seiner Kindheit mit den Kindern B. befreundet. Später Regierungsrat in Stade, verließ nach 1933 den Staatsdienst aus Protest gegen die NS-Diktatur, übernahm auf Bitten von Peter Leibholz dessen Tuchfabrik, als dieser den NS-Rassegesetzen unterworfen war. Vgl. E. und Renate Bethge (Hg.), Letzte Briefe, 93–110. □ 3 Vermutlich Gerhard Bornitz, ein Klassenkamerad Hans v. Dohnanyis. □ 4 ca. 13 km nordwestl. von Pots-

Hier haben wir mit dem Wetter großes Glück, fast die ganze Zeit Sonnenschein. Morgen wollen wir mal nach dem Auerberg[5] gehen. Ich hoffe, daß ich nach der Karte finden werde; denn die andern wissen nicht, wie wir damals gegangen sind.

Dies Jahr gibt es unglaublich viel Pilze. Wir trocknen sie schon. Frag doch mal Großmama, ob ihr was daran liegt, wenn wir ihr zum Geburtstag welche trocknen. Neulich waren wir nach Hänichen[6] gegangen um Himbeeren zu holen und da haben wir nur im Vorbeigehen 15 Pfund Steinpilze gefunden.

Hier werden schon die Buden fürs Schützenfest aufgebaut. Hänschen[7] hilft Herrn Sanderhoff dabei. Der Vater von der Leni Küstermann[8] ist auch hier und mit dem gehen wir ziemlich viel spazieren. Vielleicht mache ich mit ihm eine Tour auf den Brocken.[9] Aber weil er nicht übernachten will, wollen wir hin fahren und zwar vom Bahnhof Bodetal[10] aus.

Wir kommen hier furchtbar viel zum Lesen und das ist fein, denn sonst kann man es doch nicht. Ich habe schon den Kampf um Rom, Augustin, Tolstois Gespräche mit Teneromo gelesen; ich will jetzt den Stechlin lesen. Kennst Du die Gespräche Tolstois?[11] Da ist nämlich eine Geschichte „die zwei Greise" drin, die aber gar nicht so ist wie die richtige und die ist ganz merkwürdig. Ich weiß gar nicht, was es bedeuten soll.

Mit meinem Rad ist das doch eine furchtbare Gemeinheit, einem das im Lauf von 2 Minuten wegzuklauen. – Wann machst Du eigentlich die Tour mit Karl-Friedrich? und wann kommst Du zurück? – Wir fahren erst am 8. August zurück; ich glaube aber wir werden da in tollen Ferientrubel kommen.

Bitte grüße alle vielmals von allen. Es grüßt Dich Dein

Dietrich

---

dam an der Havel. ☐ **5** Bei Stolberg im Südharz. ☐ **6** Kurhaus Hänichen bei Alexisbad im Harz. ☐ **7** Hans Christoph v. Hase. ☐ **8** ▷ Karl Brückner aus Meiningen, Vater von ▷ Helene Küstermann, gen. Leni, die mit ihren Töchtern häufig im Hause B. verkehrte. ☐ **9** Siehe den Brief Nr. 16 vom 29. 7. 1920. ☐ **10** Zweiter Bahnhof in Thale, 5 km südwestl. von Quedlinburg. ☐ **11** „Ein Kampf um Rom", Roman von Felix Dahn. „Der Stechlin" von Theodor Fontane. – Die in „Gespräche mit Tolstoj" von J. Teneromo erwähnte Legende von den „zwei Greisen" (Ausgabe Berlin 1911, 117 ff), auf die sich B im folgenden bezieht, handelt von der Korruption der Wahrheit durch die Teilnahme an sozialer Ungerechtigkeit. Daß Tolstoi dies auf sich selbst bezieht, vermag der junge B nicht zu erkennen.

16. AN DIE ELTERN[1]

den 29. VII. 1920

Liebe Eltern!

Gestern bin ich von meiner Tour zurückgekommen; es war wirklich wunderschön. Am Montag früh um 3 standen wir auf und liefen nach Thale und fuhren zunächst nach Blankenburg. Von dort aus gings weiter nach Elbingerode. Diese Strecke war einfach herrlich; immer zwischen Tälern, Wäldern und Schluchten durch. Wir fuhren mit der Zahnradbahn, weil wir sehr stark stiegen. Von Elbingerode über Rübeland nach Dreiannen-Hohne.[2] Und jetzt kam die schönste Strecke: von Dreiannen-Hohne nach dem Brocken. Wir stiegen immer höher und sahen unter uns im Tale die verschiedenen Dörfer liegen. Schierke[3] liegt ja doch wunderhübsch. Je höher wir aber kamen desto kälter wurde es, und als wir schließlich oben waren, war's wie im Winter; die Finger froren einem vollkommen ab und auf dem Aussichtsturm blies ein solcher Wind, daß man kaum oben stehen konnte. Herr Brückner sagte immer, „daß Du Dich bloß nicht erkältest" und am nächsten Tag hatte er einen solchen Katarrh weg, daß er kaum sprechen konnte. Nach einer Stunde fuhren wir nach Dreiannen-Hohne zurück und von dort nach Nordhausen. Auch diese Fahrt war wunderschön. Sie erinnerte mich direkt an den Thüringer Wald, an dem wir vorbeifuhren, als wir nach Tübingen gingen. Immer Birken-[4] und Fichtenwald. Nachher gings durch die ‚goldene Au'[5] bis Nordhausen. Das ist ein ganz wunderschönes altes Städtchen, mit einem prachtvollen romanischen Dom. Wir waren drin. Er wird offenbar noch jetzt als katholische Kirche gebraucht. Es war das erstemal, daß ich doch in einer katholischen Kirche war, und ich war ganz erstaunt von dieser Pracht. Der ganze Altar war vergoldet, überall Heiligen- und Marienbilder, wohl noch von

---

1 NL A 4,1(2); hsl. Aus Friedrichsbrunn. □ 2 Thale, Blankenburg, Rübeland, Elbingerode, Dreiannen-Hohne: Orte an der Bahnstrecke von Quedlinburg zum Brocken. B verwechselt die Reihenfolge von Rübeland und Elbingerode. □ 3 Dorf, 5 km südöstl. vom Brocken. □ 4 U. L. □ 5 Das fruchtbare Helmetal zwischen Nordhausen und Sangerhausen am Südrand des Ostharzes. □

ganz alten Künstlern. Da versteht man erst, wie so etwas die kleinen Leute ziehen kann.

Dann waren wir noch im Rathaus, auch ein ganz alter Bau, und an der alten Stadtmauer, die die alte von der neuen Stadt abschließt. Auf dem Rückweg kamen wir noch am Haus des Erfinders des Pianoforte vorbei, der dort geboren und gestorben war. Er hieß Schröter.[6] Dann gingen wir ins Hotel und legten uns ins Bett.

Am nächsten Morgen fuhren wir nach Kelbra und liefen auf den Kyffhäuser.[7] Der ist nun sehr interessant. Die Krieger von 1870 haben dort ein Denkmal für den alten Kaiser aufgerichtet, das etwa 40–50 Meter hoch ist; von dort hat man eine feine Aussicht. Über die ganze goldene Aue in den Thüringer Wald. Friedrichsbrunn verdeckte gerade der Auerberg. Vom Kyffhäuser aus liefen wir nach der Rothenburg; das ist eine Burg ungefähr von 1100 her, die aber durch die Bauernkriege zerstört worden ist, und von der man nicht mehr viel sieht. Auch von hier hatten wir einen feinen Blick auf Roßla[8], Kelbra und die umliegenden Dörfer und Städte. Zuletzt gingen wir nun von der Rothenburg nach Kelbra zurück und fuhren noch zusammen nach Sangerhausen; dort trennten wir uns. Herr Brückner fuhr nach Erfurt und ich nach Suderode[9]; die andern waren mir ein bißchen entgegen gegangen: es war etwa 8 als ich zu Haus [war].

Wie geht es übrigens Großmama und Christel. Kommt Großmama oder nicht? Dies Jahr vergehen die Ferien so furchtbar schnell. Ich hatte mir noch so viel vorgenommen zum Lesen. Neulich habe ich den Stechlin gelesen. Ich fand ihn sehr fein; die einzelnen Leute sind doch glänzend charakterisiert. Ich will den „weimarischen Musenhof"[10] lesen. Viele Grüße von allen und besonders von Eurem dankbaren

Dietrich

---

6 Christoph Gotthard Schröter, ein Zeitgenosse J. S. Bachs, zählt neben B. Cristofori und G. Silbermann zu den Erfindern des Hammerklaviers. □ **7** Kyffhäuser-Gebirge, südl. der ‚Goldenen Aue'. Kelbra, 5 km nordwestl. des Kyffhäuser. □ **8** 4 km nordöstl. von Kelbra. □ **9** Bad Suderode, heute Ortsteil von Gernrode, am Nordrand des Ostharzes □ **10** W. Bode, Der weimarische Musenhof, Berlin 1917.

17. AN DIE ELTERN[1]

den 23. VIII. 20

Liebe Eltern!

Heute nach der Konfirmandenstunde kommt Priebe[2] zu mir vor und sagt ich möchte Euch doch dies sagen. Die Gemeinde Grunewald will ein Gedenkbuch für die Gefallenen herausgeben und da soll jeder Gefallene ein Ehrenblatt bekommen, worauf kurz dessen Leben angegeben ist, wer seine Eltern sind usw. Und da möchtet Ihr das doch mal kurz aufschreiben.

Hier allein ist es auch mal ganz hübsch. Abends musizieren wir meistens oder sind jedenfalls zusammen. Wir lassen auch vorsichtshalber alle Jalousien herunter. Ist das nicht unglaublich? Hier sind jetzt schon Frauen Diebe, wie neulich im Grunewaldblättchen stand.

Heute hatte Ursel eine kleine Einladung von einigen Mädels aus dem Pestalozzi-Fröbel-Haus[3]. Da haben wir auch musiziert. Eine sang ganz hübsch. – Gestern vormittag war ich in der Klingerausstellung[4] im alten Museum. Die andern hatten alle keine Zeit. Es war einfach wundervoll. Es sind alle Zeichnungen. Aber ich glaube, die schönsten, die ich bis jetzt gesehen habe, jedenfalls teilweise; besonders das „vom Tode"[5]. Am Lehrter Bahnhof ist auch wieder eine Kunstausstellung, die soll aber diesmal nicht so besonders schön sein. Ich muß Schluß machen, weil ich in[s] Bett muß und morgen um 4 Uhr zur Schule. Es grüßt Euch und alle Andern vielemals Euer

Dietrich

---

1 NL A 4,1(3); hsl. Aus Berlin-Grunewald. □ **2** Hermann Priebe (1871-1961), Pfarrer der Gemeinde Berlin-Grunewald. □ **3** 1873 gegründete Ausbildungsstätte für Kindergärtnerinnen u. Sozialarbeiterinnen, hauswirtschaftliche Berufsschule. □ **4** Max Klinger (1857–1920), neoklassizistischer Maler, Radierer und Bildhauer. □ **5** Die beiden Radierungsfolgen „Vom Tode I und II" stammen aus den Jahren 1889, 1898 und 1910. Zur Thematik vgl. GS VI 232ff u. DB 62ff.

18. AN DIE ELTERN[1]

den 1. XI. 20

Liebe Eltern!

Vorgestern sind die Friedrichsbrunner angekommen. Ich habe sie vom Potsdamer Bahnhof abgeholt. Fräulein Horn ist gleich am nächsten Tag nachmittag um 5 Uhr weitergefahren. Fräulein Polte[2] kam gestern abend. Tante Elisabeth fährt erst übermorgen wieder. Gestern kam Onkel Otto für eine Stunde zur Vesper. Er läßt Euch schön grüßen.

Wir haben jetzt etwas furchtbar Komisches in der Schule gemacht. Unser griechischer Lehrer sagte zu uns, wir würden in nächster Zeit schreiben. Er gab uns einige Vokabeln dazu. Wir sagten, nun da würden wir die Arbeit schon rauskriegen. Er meinte aber, wir kriegten die nie raus und wir sollten's nur versuchen. Da habe ichs aber doch aus dem Lexikon rausgekriegt und allen andern aus der Klasse gesagt. Unser griechischer Lehrer war nun für einige Tage verreist und ließ die Arbeit durch den Lateinlehrer diktieren. Der hörte nun wieder irgendwie durch Justus, daß wir es raus hatten. Er hat es nun dem ganzen Lehrerkollegium erzählt, nur dem griechischen Lehrer nicht. Und so haben wir alle ordentliche Arbeiten geschrieben und der weiß *nichts*.

Habt Ihr übrigens an Priebe wegen der Gedenkschrift geschrieben? Bitte tut es doch recht bald.[3]

Unser Direktor hat uns wiedermal ganz blödsinnige Aufsätze gegeben. Alle ganz phrasenhaft. Einer heißt: Was mir die Bäume erzählen. Da will er natürlich furchtbares Phrasenzeug[4] haben. Ich laß mir aber von Christel den Aufsatz machen und zwar ganz wissenschaftlich über Anatomie und Physiologie der Bäume. Und das erzählen mir dann eben die Bäume.

Dir, liebe Mama, danke ich sehr für den Brief. Es grüßt Euch Euer

Dietrich

---

1 NL A 4,1(4); hsl. Aus Berlin-Grunewald; Datum wahrscheinlich verschrieben, eher 1. IX. 20. Teilweiser Abdruck: DB 66. □ **2** Hatte in Breslau (heute: Wroclaw) für Familie B. genäht, kam zeitweise auch nach Berlin zum Nähen. □ **3** Siehe Brief Nr. 17. □ **4** Vgl. WEN 300.

19. KONFIRMATIONSSCHEIN[1]

Konfirmationsschein

Römer 1,16

Οὐ γὰρ ἐπαισχύνομαι τὸ εὐαγγέλιον τοῦ Χριστοῦ· δύναμις γὰρ θεοῦ ἐστιν εἰς σωτηρίαν παντὶ τῷ πιστεύοντι.[2]

Dietrich Bonhoeffer

geboren am *4. Februar 1906*, getauft am *18. März 1906*,
ist in der hiesigen evangelischen Kirche
am *15. März 1921* konfirmiert worden.
Berlin-Grunewald, den *15. März 1921*
Evangelisches Pfarramt
H. Priebe,
(Siegel)[3] *Pfarrer*

20. VON RICHARD CZEPPAN[1]

Ratibor, 15. III. 21

Lieber Dietrich!

Zu Deiner heutigen Konfirmation sende ich Dir herzliche Glückwünsche. Der Tag ist für Dich, den angehenden Theologen, besonders wichtig; trittst Du doch mit dem heutigen Tage als vollberechtigtes Mitglied in die evangelische Gemeinde ein.

Als kleine Überraschung wird Dir Klaus ein ganz interessantes

---

1 NL D 11 (7); Formular mit hsl. Eintragungen, die kursiv gesetzt sind. Zwischen Überschrift und Konfirmationsspruch ein Bild der Grunewald-Kirche. Der 15. 3. 1921 war Palmsonntag (vgl. DB 61). □ 2 Dt.: „Denn ich schäme mich des Evangeliums von Christo nicht; denn es ist eine Kraft Gottes zum Heil für jeden, der daran glaubt." – Das τοῦ Χριστοῦ nach εὐαγγέλιον war bis zur 6. Aufl. des Nestle, Novum Testamentum Graece, 1906, Bestandteil des Textes, später nur noch im Apparat. Am Schluß fehlt: Ἰουδαίῳ τε πρῶτον καὶ Ἕλληνι („. . . für den Juden zuerst und [dann auch] für den Griechen."). □ 3 Text des Siegels: „Siegel der Evang. Kirchengemeinde Berlin-Grunewald".

1 NL C 9(2); hsl. Aus Ratibor (heute Raciborz), Kreisstadt in Oberschlesien, beiderseits der Oder.

kleines Buch historisch-theologischen Inhalts übergeben; es stammt aus meiner Kriegsbibliothek und war mit an der Westfront.

Gestern Nachmittag fuhr ich mit einem der vielen Abstimmungszüge vom festlich geschmückten Schlesischen Bahnhof ab.[2] Bei der Abfahrt und unterwegs auf den größeren Bahnhöfen spielten Kapellen patriotische Lieder. Es herrschte echte Begeisterung, die ein gutes Abstimmungsergebnis erhoffen läßt; ich nehme 80% deutsche Stimmen als erreichbar an, in meiner Heimatstadt Ratibor wird sicherlich der Prozentsatz noch höher sein.

Die Paß- und Gepäckkontrolle an der ‚Grenze', die durch zwei italienische Soldaten mit Stahlhelm und aufgepflanztem Seitengewehr äußerlich sichtbar gemacht wurde, war nicht streng.

Heut kurz nach 6 kam ich in Ratibor an. Die Sonne ging hinter einer Dunstwand prachtvoll auf, hoffentlich ein glückverheißendes Symbol für das Abstimmungsergebnis.

Die Fahrt machte ich zusammen mit einem Freunde, der einige Jahre vor dem Kriege den Doktor in den orientalischen Wissenschaften gemacht hatte und bei Kriegsausbruch in Konstantinopel war.

Meine Verwandten treffen dieser Tage ein.

Ein 95jähriger Ratiborer wird bestimmt erwartet. In meinem Abstimmungszug befanden sich alte Leute, die schwer gestützt, ja gefahren werden mußten.

Frühjahrsbeginn 1921 wird einen großen politischen Sieg zeitigen. Endlich wieder mal etwas Erfreuliches in den heutigen düsteren Zeiten!

Indem ich Deinen werten Angehörigen und Dir gesunde und frohe Feiertage wünsche, bin ich mit vielen Grüßen

Dein R. Czeppan

---

2 Der Versailler Vertrag hatte bestimmt, daß u. a. in Oberschlesien Abstimmungen über die künftige Zugehörigkeit zum Deutschen Reich stattfinden sollten. Da alle dort geborenen Bürger in ihren Heimatorten stimmberechtigt waren, ließ die Reichsbahn Sonderzüge zur Abstimmung fahren. Die Abstimmung am 20. 3. 1921 fiel zu Gunsten Deutschlands aus, in Ratibor mit einer Dreiviertelmehrheit.

21. AN JULIE BONHOEFFER[1]

den 7. IV. 21

Liebe Großmama!

Eigentlich wollte ich Dir ja einen Brief ohne Anfang schreiben, aber dann wäre es ja gar nichts geworden und so soll das für diesmal einer sein.

Am Dienstag früh um 4 Uhr sind wir aus Friedrichsbrunn nach Thale losgegangen und so waren wir schon um 2 in Berlin mit 2 Stunden Aufenthalt in Magdeburg.

In Friedrichsbrunn war es sehr hübsch; wir hatten fast ausschließlich schönes Wetter, so daß wir viel zum Spazierenlaufen kamen. Dort habe ich zum ersten Mal seit dem Krieg wieder mal Schlagsahne gegessen. – Wir haben dort drei Tage hintereinander Waldbrände gelöscht; den ersten in Friedrichsbrunn, den 2. auf einem Spaziergang nach Siptenfelde[2], einen Schonungsbrand, bei dem man den Anstifter gefaßt hat, der offenbar schwachsinnig ist und das schon öfters gemacht hat. Der dritte Brand war der tollste. Papa und wir drei Jungens machten einen Tagesausflug nach Ballenstedt. Als wir vielleicht eine halbe Stunde aus der Stadt waren, kommen wir in einen großen Eichen- und Tannenwaldbrand, der sich etwa 800[3] Meter weit ausdehnte. Wir waren anfangs mit 2 andern die einzigen und wußten nicht, was machen. Dann kamen aber Förster, mit denen wir ein Gegenfeuer anlegten, sodaß die größte Gefahr nach etwa 1 ½ Stunden vorbei war. Und so konnten wir weiter, besonders wo Leute mit Hacken kamen.

Heute bin ich den ersten Tag wieder richtig in die Schule gegangen. Bis jetzt war es ja ganz nett, weil wir bei andern Lehrern Stunde hatten, aber es wird schon wieder langweilig werden!

Heute abend kommen Anschützens mit Lilo[4], der ich mein Zimmer räumen muß.

---

1 NL A 4,2(3); hsl. Aus Berlin-Grunewald. □ **2** 6 km westl. von Alexisbad im Harz. □ **3** U. L., vielleicht auch „400“ oder „500“. □ **4** Gerhard Anschütz (1867–1948), 1899 Prof. für Staatsrecht in Tübingen, 1900 in Heidelberg, 1908 in Berlin, 1916–33 wieder in Heidelberg; Vf. von: Die Verfassung des Deutschen Reichs vom 11. August 1919, Teil I–II, 1921. Lilo war dessen Tochter.

Ich habe noch von Tante Lina[5] zur Konfirmation ein Buch von Urgroßvater Hase und von dem Patenonkel Heine[6] Bismarcks „Gedanken und Erinnerungen" bekommen. Am 18. IV. ist bei uns eine Feier für Luthers Wormser Auftreten[7]. Viele Grüße von Deinem Enkel

Dietrich

22. VON KLAUS BONHOEFFER[1]

Lieber Dietrich,

Für Deinen Brief danke ich Dir sehr. Von Christel erfahre ich erst indirekt durch Justus, daß Deine Grippe sich so langweilig hingezögert hat. Ich hoffe aber sehr, daß Du jetzt wieder so weit bist und daß Du das Aufpäppelungsstadium durchmachst. Daß Du die Schule so lang verpaßt hast, ist ja wohl kein Verlust für Dich. Habt Ihr eigentlich warmes Sommerwetter? Hier ist ganz komisches Klima. Wenn die Sonne es einen halben Tag riskiert zu scheinen, wird es gleich blödsinnig heiß und schwül. Dann gibt es Gewitterwetter, das selten zum Ausbruch kommt.

Vorgestern habe ich mit Justus eine sehr schöne Tour durch den Odenwald gemacht. Wir gingen auf allerhand Umwegen nach Hirschhorn, das ist ein wunderhübsches altes Städtchen im Neckartal mit einer alten Schloßruine und einem Kloster auf dem einen ziemlich steilen Neckarufer. Man braucht hier nur in irgendeiner Richtung loszugehen, dann kommt man eigentlich schon sehr bald in eine wunderhübsche Gegend. Besonders liebe ich immer die Wege oben an der Bergstraße lang, wo man dann noch den Blick in die Rheinebene hat. Die ist von Weitem immer sehr schön, weil sich dort eine ganz wunderbar dunstige Atmosphäre bildet; nur so kann ich mir die merkwürdigen Beleuchtungen erklären.

Jetzt bin ich wieder so weit, ordentliche Touren zu machen. In der Zeit direkt nach den Pfingstferien sind wir alle seßhaft geworden.

---

5 Bisher n. i.; vielleicht ist die Großtante Pauline Gräfin v. Kalckreuth gemeint. K. A. v. Hases „Gnosis oder protestantisch-evangelische Glaubenslehre für die Gebildeten in der Gemeinde" (Leipzig 1870), mit ihrem Namenszug versehen, befand sich in B's Bibliothek □ **6** Prof. Dr. med. Leopold Heine, Breslau. □ **7** „Wormser Auftreten" ersetzt: „Thesenanschlag".

1 NL D 1,11(22); Transkription Emmi Bonhoeffer. SS 1921. Klaus B. studierte

Georg Konrad ist jetzt dauernd mit seinen Verbindungsleuten zusammen, d. h. solange Wanda hier war, *nicht*![2] Nächstens gehe ich mit ihm zur Mensur und gucke mir einmal an, wie sie fechten und sich die Gesichter schnitzeln. Es sollen bei seiner Verbindung einige besonders gut fechten. G. K. muß erst im nächsten Semester antreten, jetzt hat er aber fast jeden Tag Fechtstunde. Bei den meisten Verbindungen ist wieder der alte Betrieb wie vor dem Kriege im Gange. Abends so gegen ½ 12 wimmelt es überall von betrunkenen Studenten. Die sind ja mitunter sehr amüsant. Neulich verabredete ich mich mit einem früh morgens, d. h. 8 Uhr in der Universität. Der kam aber nicht, weil er am Abend so gekneipt hatte, daß er sein Haus nicht finden konnte und auf einer Bank am Neckar übernachten mußte. Am nächsten Tag um 11 Uhr wurde er von andern ganz angezogen mit Stiefeln aus dem Bett geholt. – So ein oder zweimal ist ja all so was ganz nett, aber daß so Vielen jetzt noch nicht ein vernünftiger Sport eingefallen ist!

Gestern war ich in einem russischen Balaleika Konzert, wo Volkslieder von etwa 20 Balaleikaspielern gespielt wurden, sehr schwermütig, und dann wieder wild leidenschaftlich. Dazu wurde auch getanzt, alle in russischen Hemden. Der Mann tanzt am Schluß so wild, als wäre er wahnsinnig, sprang ab und zu mindestens 1,50 Meter hoch und juchzte und schrie. Die Frau tanzt ruhiger, aber trotz ihrer Schaftstiefel fabelhaft graziös.

Ich muß schleunigst in meine Übung rasen. Onkel Gerhard[3] kommt Freitag nacht zu Euch. Er schrieb ja wohl selbst.

Besten Gruß Dein Klaus

23. AN JULIE BONHOEFFER[1]

3. V. 21.

Liebe Großmama!

Eben bekamen wir Deinen lieben Brief, über den wir uns sehr freuten, vielen Dank dafür.

Von Ursel haben wir schon einen Brief aus Arendsee[2]. Sie hat ein Zimmer, dessen Tür 1,20 Meter hoch ist und wo nur ein

---

in Heidelberg Jura. □ 2 Georg Conrad Graf v. d. Goltz und ▷ Wanda Hjort, später mit ihm verheiratet. □ 3 Vgl. Brief Nr. 21 Anm. 4.

1 NL A 4,2(1); hsl. Aus Berlin-Grunewald. □ 2 Ostseebad, heute Kühlungsborn, Kreis Doberan.

Bett mit einem Nachttisch (kein Stuhl!) hineingeht und das von 3 Seiten Fenster mit einem Blick aufs Meer hat. Sie muß schon früh um 5 Uhr aufstehen, um 270 Schnitten für die Kinder zu streichen usw. Im ganzen gefällt es ihr aber sehr gut dort. Klaus hat noch nicht richtig ausführlich geschrieben. Ob er wohl zu Pfingsten zu Dir kommt?

Ich mache vielleicht mit Dr. Czeppan, einem früheren Lehrer, eine mehrtägige Radeltour nach Mecklenburg. Nur wird es sehr teuer werden, weil man auf dem Rad nichts mitnehmen kann. – Mit der Reise zu Dir haben wir uns das ungefähr so gedacht: Ich fahre 4. [Klasse] und zwar in Etappen. In einem Tag nach Meiningen, wo wir ja viele Verwandte haben.[3] Und dort bleibe ich einen Tag und fahre von dort, wenn es passende Züge gibt nach Stuttgart, wo ich ja wohl eventuell auch noch übernachten könnte. Und so würde die Reise ja weit billiger sein; denn sonst kostet es 160,-.

Hoffentlich hat man von Meiningen nach Stuttgart gute Verbindungen, daß man nicht noch eine Station machen muß, obwohl man so die Gegend kennenlernt.

H. Ludloff[4] ist nun bei uns zum Studium und kommt alle Sonntage heraus zu uns; denn er konnte nicht bei uns wohnen, weil er schon ein Zimmer gemietet hatte. – Susi ist in der augenblicklichen Schule direkt ein ‚Glanzpunkt'. Neulich hat sie sogar was erklären gekonnt, was die Lehrerin den Mädels nicht beibringen konnte!

Neulich abend war ich mit Sabine in der „Antigone" von Sophokles in der Volk[s]bühne. Es war wirklich eine ausgezeichnete Aufführung. Besonders schön waren die Chöre, die ja eine Riesenarbeit machen müssen, um sie einzustudieren. Am Sonntag gehe ich in die Eroica. Czeppan hat mich eingeladen. Bärbel Hildebrandt[5] hat jetzt schon eine Woche lang kein Fieber mehr, aber der Leib ist noch so geschwollen, daß man ihre gewöhnlichen Kleider gar nicht zumachen kann. Sonnabend liegt sie ¼ Jahr!

---

3 U. a. Familie Brückner, Familie Leubuscher, Familie Küstermann. □ 4 Hanfried Ludloff aus Breslau, Freund von Karl-Friedrich B., studierte Physik. □ 5 Bärbel Hildebrandt, später verh. Kempner, beste Freundin von Christine B., war nach 1933 aufgrund der NS-Rassegesetze zur Auswanderung gezwungen.

Ich habe jetzt einen 4stimmigen Chor mit Trio komponiert nach dem Text aus dem Psalm 42,6[6]. Wir werden es vielleicht zu Pfingsten den Eltern zur Überraschung aufführen können. Nur schade, daß Klaus und Ursel gerade weg sind. In letzter Zeit haben wir fast nur gutes Wetter gehabt, gar nicht so wie bei Euch.

Was wird wohl die Entente auf unser Angebot anworten?[7] Sicher nichts allzu Günstiges! Aber ich glaube auch, daß sie bei unsrer Ablehnung viel zu große Angst vorm Kommunismus haben, als daß sie einmarschieren.[8] Es grüßt Dich, liebe Großmama

Dein Dietrich

Auf Tübingen freue ich mich schon furchtbar.

24. AN DIE ELTERN[1]

Liebe Eltern!

Das war wirklich sehr dumm, daß ich mich nochmal hingelegt habe, aber nun ist die Hauptsache ja wohl vorbei. Aber Sabine hat sich heute zu meiner Gesellschaft hingelegt mit irgendeiner Magengeschichte. Sie mußte sich gestern immer übergeben, wenn sie was gegessen hatte und dann nach dem Ausflug, den sie gemacht haben dazu, da wird sie sich richtig den Magen wohl verkorxt haben. Sie hat heute mittag 38°, schläft ziemlich viel, sonst macht sie aber Witze und ist ganz munter. Vielleicht steh ich morgen, sonst übermorgen schon ein bißchen auf. Wegen der Schule finde ich das auch sehr ärgerlich, weil man dann doch bloß wieder irgendwas nachholen kann.

---

6 „Was betrübst du dich, meine Seele, und bist so unruhig in mir? Harre auf Gott! denn ich werde ihm noch danken, daß er mir hilft mit seinem Angesicht." □ 7 Die Reparationskommission hatte am 27. 4. 1921 die Höhe der dt. Gesamtreparationen auf 132 Milliarden Goldmark festgelegt und am Tag darauf dem dt. Botschafter in London ein Ultimatum übergeben. Die dt. Gegenvorstellungen blieben erfolglos. □ 8 Das Ultimatum hatte eine Besetzung des Ruhrgebiets angedroht.

1 NL A 4,1(11); hsl. Aus Berlin, Ende August 1921.

Habt Ihr mal wegen des Rads nach Waldau geschrieben? Es scheint sehr eilig, denn sie telefonierten hier an. Die Leute im Geschäft meinten, hier bekäme ich es doch nicht los, weil man gerade augenblicklich nicht gern englisches Fabrikat kauft.[2] Umstände hat es ja eigentlich nicht z. B. wegen der Bereifung, daß man es deshalb etwa nicht den Waldauern geben wollte, denn es ist ganz auf deutsches Fabrikat umgearbeitet, damals als ich es bekam.

Von Klaus haben wir eine Karte bekommen, an dem Tag, an dem der lange Brief an ihn von Euch mitkam. Er schreibt ja sehr vergnügt, und wenn er immer nur so kurz bei den einzelnen Leuten bleibt, wird er ja viel sehen.

Wie nimmt man eigentlich in Süddeutschland die Ermordung von Erzberger[3] auf? Hier wird es am Mittwoch, an seiner Beerdigung, große Sachen geben. Herr Weigert, der doch damals den Hirschfeld[4], der den Erzberger angeschossen hatte, verurteilt hat, hält es für ganz ausgeschlossen, daß der es nochmal gewesen ist. Er wäre auch nur wegen Krankheit beurlaubt worden. Es [ist] übrigens ganz toll, daß wir keine Zeitung haben, denn wir hören gar nichts von den ganzen Sachen und jetzt kauft sich jeder täglich eine, sodaß es viel kostspieliger wird. Viele Grüße von Eurem dankbaren

Dietrich

2 Infolge des Londoner Ultimatums (vgl. Brief Nr. 23 Anm. 6) kam es zu einem weitgehenden Boykott engl. Waren. □ 3 Matthias Erzberger (1875–1921), 1903 Reichstagsabgeordneter des Zentrums, Leiter der dt. Waffenstillstandskommission, 1919 Reichsfinanzminister, Rücktritt im März 1920 nach dem Helfferich-Prozeß (s. Anm. 4); wurde von zwei ehemaligen Marine-Offizieren ermordet. □ 4 Oltwig v. Hirschfeld hatte im Januar 1920 Erzberger zu ermorden versucht, als dieser nach einem Prozeßtermin gegen Dr. Karl Helfferich das Landgericht Moabit verließ. Helfferich war wegen seiner Schrift „Weg mit Erzberger“ angeklagt (vgl. F. A. Krummacher/A. Wucher, Die Weimarer Republik, 99f; Th. Eschenburg, Matthias Erzberger, 118).

25. AN SABINE BONHOEFFER[1]

23. 5. 1922

Liebe Sabine!

Schönen Dank für Deinen Brief. Ich wollte Dir eigentlich erst schreiben, wenn Du mal von keinem von uns sonst einen Brief kriegst; aber das kommt nie vor; denn jetzt kommt ja wieder Ursels Brief und einmal muß ich Dir doch antworten. Also, erst mal Deine Fragen:

Das Reiten will Mama mir spendieren, wenn Du Dich noch gedulden kannst. Ich bringe noch eine Peitsche mit.

Französische Stunden hatte ich bei einer Fräulein Lindauer, Großmama wird es ja wissen.[2] Mit meinen Sommerferien hatten wir schon große Pläne; denn wir konnten Susi gar nicht unterbringen. Wir überlegten schon, ob ich mit Hans-Christoph nach Siebenbürgen gehe[3] oder mit Gilberts[4] nach Salzburg. Aber es hat sich anders gelöst. Susi geht vielleicht mit Fick's[5] nach Innsbruck. Ursel nach Elmau, und das andere bleibt. Karl-Friedrich hat Pläne nach Kärnten, Steiermark und vielleicht (!!!) ein bißchen Italien. Klaus will wohl in die Alpen.

Ob Papa nach Genf fährt, ist noch nicht sicher, aber wahrscheinlich. München ist ja nun wohl aus. Wir sind alle ziemlich wütend.[6] Nach Pfingsten kommt Onkel Hans zu uns auf etwa vier Wochen. Ich freue mich sehr.

Gestern vormittag war die Enthüllung des Gefallenendenkmals in Spandau. Es ist ein sehr schönes Denkmal. Ein Mann in der Art des sterbenden Galliers mit einem Stahlhelm, und neben ihm der Reichsadler.[7] Die Reden, die gehalten wurden,

---

1 NL Anh. A 5(1); Transkription Sabine Leibholz. Aus Berlin. □ **2** Sabine B. verbrachte im Sommer 1922 einige Monate bei der Großmutter. □ **3** Sog. ‚Grenzlandfahrten' waren in der Jugendbewegung nach 1918 ‚Ehrensache'. □ **4** Felix und Mary Gilbert, Nachkommen von Felix Mendelssohn-Bartholdy, lebten in Berlin bei der Großmutter Mendelssohn. Mary Gilbert war mit Ursula B. befreundet. □ **5** Rudolf Fick (1866–1936), Prof. für Anatomie, 1892–1905 in Leipzig, ab 1909 in Innsbruck, 1917–34 in Berlin. In Innsbruck besaßen Ficks ein Haus als Ferienaufenthalt. □ **6** Der Vater hatte eine Berufung nach München abgelehnt (vgl. K. Bonhoeffer, Lebenserinnerungen, 96). □ **7** Am 21. 5. 1922 wurde das Denkmal „Die Wacht", geschaffen von Prof. August Schreitmüller, in Spandau enthüllt; es befindet sich heute im Stabburg-

waren nicht so besonders schön. – Am Abend wurde es noch sehr nett. Es waren Brandt's, Fräulein Rubba, Lene Delbrück, Schleichers und Lotte Leu.[8] Wir musizierten ein bißchen und sangen.

Daß Du jetzt dort im Streichorchester bist, ist ja sehr nett. Wie spielt denn deine Okkarina? Ich habe vor 8 Tagen Kreutzer[9] vorgespielt. Er kann mich aber nicht nehmen, weil er nur Leute nimmt, die sich ausbilden lassen wollen. Es gefiel ihm aber offenbar ganz gut, und er lobte sehr die Schule von Fräulein Grußendorff[10] und ich solle doch bei ihr noch ruhig das Jahr bleiben und zu ihm auf die Hochschule kommen.

Wir, Klaus, Ursel, Schleicher, [. . .] und ich – waren am Sonnabend noch in der Matthäuspassion und es war zwar nicht so schön wie damals, aber [so] – es kostete 12 Mark – konnte man es noch mal billig kennen. Emmi[11] ist vorgestern höchst vergnügt abgereist.

Seit sie nicht mehr da ist, wird immer bei uns viel zu viel gekocht. Anna[12] muß sich erst umstellen.

Wenn Du übrigens nach Stuttgart gehst, mußt Du unbedingt zu Eugen Bonhoeffer's.[13] Da ist es nämlich besonders nett. Schreib ihm nur mal vorher. Mit Susi sind jetzt in der Schule schwere Nöte; sie hat kolossal viel aufzuarbeiten. Augenblicklich ist sie schwimmen gegangen. Wir wollen jetzt in der Schule den „Egmont" aufführen. Ulla Andreae[14] soll Klärchen und ich den Egmont spielen.

---

garten. □ **8** Irene Brandt, Freundin von Ursula B.; Klaus Brandt gab Klaus B. zeitweise Nachhilfeunterricht; beide mußten nach 1933 aufgrund der NS-Rassegesetze auswandern. Frl. Rubba: n. i. Lene Delbrück (1898/Berlin–1980/Berlin), später verh. Hobe, Tochter von Hans Delbrück. ▷ Rüdiger Schleicher, später verh. mit Ursula B., und dessen Bruder Jörg (s. Brief Nr. 32 Anm. 3). ▷ Charlotte Leubuscher, gen. Lotte Leu, Kusine 2. Grades von B, Prof. für Kolonialrecht. □ **9** Leonid Kreutzer (1884–1953), Pianist, von 1921 bis 1933 Prof. für Klavier an der Staatl. Hochschule für Musik in Berlin. 1933 Emigration nach Amerika. □ **10** Klavierlehrerin der Kinder B. □ **11** ▷ Emmi Delbrück, Tochter von Hans Delbrück, später verh. mit Klaus B. □ **12** Köchin im Hause B. □ **13** ▷ Eugen Bonhöffer, Pfarrer und Lehrer, Direktor der Höheren Handelsschule in Stuttgart, entfernter Vetter von Karl B., beschäftigte sich mit Ahnenforschung der Familie B. □ **14** Ursula-Ruth Andreae (geb. 1904), Nichte von Walther Rathenau, Klassenkameradin von B, später verh. mit Dr. jur. Hans v. Mangoldt-Reiboldt, Schriftstellerin und Verlegerin, Dr. theol. (vgl. Marion Yorck v. Wartenburg, Die Stärke der Stille, 13 ff).

Ich weiß noch nicht, ob ich es tue; denn es ist doch sehr schwer, den gut zu spielen.

Wie geht es Großmama? Ich freue mich schon furchtbar auf die Sommerferien bei Euch. Bitte grüße sie sehr. Für Pfingsten habe ich noch nichts vor. Vielleicht entschließt sich Max[15] zum Laufen. Sonst gehe ich vielleicht mit.

Grüße auch Gaupps[16] und [. . .][17] und alle anderen sehr von mir. Die Großmama und Dich grüßt vielmals Euer

Dietrich

26. AN DIE ELTERN[1]

den 7. VI. 22

Liebe Eltern!

Vorgestern bin ich aus der Heide zurückgekommen. Es war wirklich wunderschön. Wir[2] hatten ja herrliches Wetter. Nur am ersten Pfingstfeiertag morgens regnete es etwas. Aber da war es gerade besonders stimmungsvoll in der Heide; diese dunkle Färbung des Krauts und darauf die Birken und der Wacholder, der fast den Eindruck von Zypressen macht, war in dem strömenden Regen besonders schön. Wir waren da gerade bei Wilsede[3]; dann gingen wir nach Soltau, wo wir zwei Tage blieben. Von dort aus machten wir eben z. B. die Tour nach den Hünengräbern, von der ich Euch ja schrieb.

Leider wird ja schon sehr viel von der Heide urbar gemacht, so schlecht wie es auch irgendetwas trägt. Wir gingen auch mal zu einem von den vielen Mooren, leider kein Hochmoor.

---

15 Max Delbrück (1906/Berlin–1971/Pasadena, Cal.), Sohn von Hans Delbrück, Prof. für Biophysik, 1937 am Cal. Institute of Technology, 1940 an der Vanderbilt University, Nash., 1969 Nobelpreis für Medizin. □ **16** Robert Gaupp (1870–1953), Prof. für Psychiatrie, 1906–36 in Tübingen. Gaupp und Karl B. waren Studienfreunde, die Familien blieben auch später freundschaftlich miteinander verbunden. □ **17** Unl.

1 NL A 4,1(12); hsl. Aus Berlin-Grunewald. □ **2** Zu Pfingsten hatte B mit Max Delbrück eine Wanderung gemacht. □ **3** Naturschutzgebiet in der Lüneburger Heide, 20 km nördl. von Soltau.

Wunderhübsch sind ja die vielen Schnuckenherden mit ihren Hirten. Die Leute dort sind immer sehr nett und freundlich, aber furchtbar geizig. Wir haben doch in der ganzen Heide kein einziges Glas Milch bekommen, weil sie das in der Stadt besser verkaufen können. Sehr interessant waren auch die alten Bauernhäuser mit den alten Sprüchen und Möbeln. In jedem Hause, in dem ich war, hingen doch auch tatsächlich noch unglaubliche Mengen von Schinken ob[en] an der Decke zum Räuchern. Ich glaube, die Leute werden trotz der unfruchtbaren Gegend allein mit ihrem Vieh sehr reich. Am letzten Tag sahen wir uns noch in der Nähe von Hannover ein 900 Meter tiefes Kalibergwerk an. Es war sehr interessant. Mit einer unglaublichen Geschwindigkeit saust man da runter, fast wie ein freier Fall. Aber eigentümlicherweise merkt man im Dunkeln gar nichts davon; man könnte gerade so gut stehen, so ruhig fährt man. Unten ging man nun in riesigen Salzgewölben im Arbeiteranzug mit Karbidlampen rum. Sie arbeiten jetzt fast ausschließlich mit Lokomotiven unten, kaum mehr mit Pferden. Nur drei haben sie dort noch.

Gestern kam Onkel Hans, der heute wieder fort ist, nach Rügen. Er sah eigentlich ganz gut aus. Die zwei Finnen sind noch da: ein Volksschullehrer und ein Eisenbahnbeamter.[4] Sie können kaum Deutsch und so kommen wir kaum zusammen. Sonst ist, so gut ich weiß, nichts vorgefallen. Viele Grüße von allen, an Großmama und Sabine, besonders aber von Eurem dankbaren

Dietrich

Übrigens ist Diels[5] gestorben.

---

4 N. i. □ **5** Hermann Diels (1848–1922), Prof. für Klass. Philosophie, seit 1882 in Berlin. B's Lehrer W. Kranz hatte mit Diels zusammengearbeitet (vgl. Nr. 31 Anm. 7).

27. AN SABINE BONHOEFFER[1]

Liebe Sabine,

schönen Dank für Deinen Brief. In 2 Wochen bin ich bei Euch. Ich freue mich schon sehr, mal endlich wieder für längere Zeit aus dem ‚Loch' herauszukommen. Aller Voraussicht nach komme ich am 7. an, vielleicht früh, wenn ich die Nacht fahre, oder am Nachmittag. Aber sag' doch Deine Tanzerei[2] ja nicht ab, denn so sehr sicher ist es doch noch nicht, besonders, da Christel heute noch schrieb, ich solle doch über Heidelberg kommen[3], und dann würde es doch später werden.

Gestern hatten wir einen sehr aufregenden Tag. Morgens um 9 Uhr wurde ich – ich war noch zu Haus – vom Direktor der Mädchenschule[4] antelephoniert, der Mama dringend sprechen wollte und sagte, Susi wäre von einer Leiter beim Turnen gestürzt und bewußtlos und hätte eine Blutung am Rückgrat. Wir erschreckten natürlich furchtbar und Mama, Onkel Hans und Klaus rannten hin. Ich blieb und bestellte ein Krankenauto bei Fr. Meyer, in dem nach einer guten halben Stunde Susi hergebracht wurde. Papa war nicht zu erreichen. Aber eine Schwester vom Grunewald-Sanatorium war da, und es war natürlich nicht halb so schlimm, wie der blöde Direktor gesagt hatte. Am Rückgrat war gar nichts. Sie war von einer lockeren Stufe einer Leiter abgeglitten und wohl im Fallen und aus Schreck bekam sie eine ziemlich tiefe Ohnmacht. Papa hat sie nochmal untersucht, sie hat sich wohl ein bißchen verzerrt. Ein Glück, wie es abgegangen ist. Heute früh kam die Turnlehrerin mit einer Tafel Schokolade zur Tröstung.

Als der Schreck überwunden war, ging ich in die Schule nach der dritten Stunde, und kaum war ich da, da hörte man im Hofe ein eigentümliches Knallen. Es war die Ermordung Rathenaus[5]

---

1 NL Anh. A 5(2); Transkription Sabine Leibholz. Erschlossenes Datum: 25. 6. 1922. Aus Berlin nach Tübingen. □ **2** Bei der Stuttgartia, der Verbindung Gerhard v. Rads (s. u. Brief Nr. 29 Anm. 3). □ **3** Wo damals Christine und Klaus B. studierten. □ **4** Das Bismarck-Lyceum in Grunewald. □ **5** Walther Rathenau (1867-1922), Industrieller und Politiker; Sohn des Begründers der AEG; seit 1915 Aufsichtsratsvorsitzender der AEG; 1. 2. 1922 Reichsaußenminister, schloß den Rapallo-Vertrag ab; wurde am 24. 6. 1922 auf der Fahrt ins

– kaum 300 Meter von uns entfernt. Ein Schweinevolk von Rechtsbolschewisten. Bloß, weil er einem Gecken, einem blödsinnigen, nicht behagt, wird so einer umgebracht! Bei uns in Berlin ist eine wahnsinnige Aufregung und Wut. Im Reichstag prügeln sie sich.

Am Dienstag will Onkel Hans weg, da ist aber gerade Generalstreik[6] angesagt. – Neulich war ich mit Czeppan in der „Versunkenen Glocke"[7]. Bis auf einige schreckliche Kulissen war es eine sehr schöne Aufführung. – Also, voraussichtlich am 7., liebe Sabine (aber nicht mit Ferienzug). Grüße Mama[8] sehr und sei selbst schön gegrüßt von Deinem

Dietrich

28. AN DIE ELTERN[1]

7. VII. 1922

Liebe Eltern!

Ganz pünktlich bin ich heute hier angekommen und habe alles gesund vorgefunden. Nachts konnte ich ganz gut schlafen, mit dem Kissen besonders. Der eine Mann fing wirklich, kaum, daß er ins Coupée gekommen war, an zu politisieren und zwar wirklich ganz borniert rechts. Ich glaube fast, daß er der Verbindung C[2] angehören könnte. Sein Hakenkreuz hätte er nur vergessen. Ich hätte fast auch angefangen, aber ließ es lieber sein.

Großmama läßt Euch sehr für die Sachen danken und auch Sabine, die sich furchtbar über unsre Reisepläne freut. Auf das ‚Igelfest' legt sie anscheinend nicht besonderen Wert. Heute abend geht sie zu den Stuttgartern.[3] Sie konnte nicht mehr absagen. Wir werden noch zu Frau Wild[4] gehen, bei der eine

---

Ministerium in der Königsallee von zwei ehemaligen Offizieren, Angehörigen der ‚Organisation Consul', erschossen (vgl. DB 57 f). □ **6** Vgl. A. Schwarz, Die Weimarer Republik, 83 ff. □ **7** „Die versunkene Glocke" von Gerhart Hauptmann, 1896 in Berlin uraufgeführt. □ **8** Muß heißen: „Großmama".

1 NL A 4,1(13); hsl. Postkarte aus Tübingen. □ **2** N. i., vielleicht ist die in Brief Nr. 27 Anm. 5 erwähnte ‚Organisation Consul' gemeint. □ **3** Vgl. Brief Nr. 27 Anm. 2. □ **4** N. i.

‚Königin der Nacht' blüht. Viele Grüße an alle von Eurem dankbaren

Dietrich

Mein Waschzeug habe ich vergessen.

29. AN HANS VON DOHNANYI[1]

den 19. VII. 22

Lieber Hans![2]

Wir sind also, weil Christel uns schrieb, wir sollen nun mal definitiven Bescheid geben, zum Resultat gekommen uns in Freiburg zu treffen. Es schien das der einzigste Ort, der möglich war, wenn man nicht einen ganzen Tag verlieren wollte. Die Zugverbindungen sind zu schlecht. Schon dorthin müssen wir 5 × umsteigen. Ich hoffe, daß Ihr einverstanden seid. Und 2. wollen wir uns schon am 31. VII. dort treffen, weil Rad[3] sonst nicht kann. Wir werden zwar den Blauen schießen lassen müssen, aber er soll auch gar nicht so besonders schön sein. Am 1. VIII. gehen wir dann auf den Belchen[4] und dann in der Richtung Bodensee bis zum 3. rüber. Am 4. mittags wollen wir sicher da sein und bis zum 6. bleiben. Am 6. nachmittag Bregenz – Bludenz oder noch weiter. Eigentlich müßten wir ja den andern die Scesaplana zeigen. Ich hätte Lust noch mal rauf zu gehen und Du? Am 7. 8. 9. ganz in den Alpen und am 10. heim nach Tübingen. Vielleicht geht es bei Großmama, ich denke sicher, aber schreibe Du nichts davon, ich schreibe noch Genaueres. Dann könnten wir zusammen am 12. heim. Ihr seid

---

1 NL A 4,3(3); hsl. Postkarte aus Tübingen. □ **2** ▷ Hans v. Dohnanyi, später verh. mit Christine B. □ **3** Gerhard v. Rad (1901–1971), später Prof. für AT in Jena, Göttingen und Heidelberg. Veröffentlichungen u. a.: Das erste Buch Mose, 1949; Die Theologie des Alten Testaments, Bd. I–II, 1957–60. In Jena war v. Rad Mitglied der Bekennenden Kirche, später stand er persönlich wie politisch Gustav Heinemann nahe. Über seine Großmutter, die in Tübingen mit Julie B. befreundet war und in deren Nachbarschaft lebte, hatte er schon früh die Kinder B. kennengelernt. Er studierte in Tübingen SS 1922-WS 1923/24. □ **4** Blauen u. Belchen, Hauptgipfel des südl. Schwarzwalds.

übrigens am 31. VII. um 1^{02} in Freiburg und wir 3^{52} am Hauptbahnhof. Punkt 8^{00} fahrt Ihr in Heidelberg ab.

Wenn Ihr wirklich noch was ändern wollt, dann schreibt auch mit den Zügen alles genau; denn das ist das Schwierigste. Aber hoffentlich paßt es Euch. Das wäre alles. Hoffentlich kannst Du alles lesen. Kommt Leibholz?[5] Czeppan ist auch in der Nähe; wie wir in Hütten in den Alpen unterkommen, ist mir noch rätselhaft. Schreib doch auf alle Fälle noch mal an Christel und mich, damit wir sicher einig sind. Auf Wiedersehen in 1 ½ Wochen.

Dein Dietrich

30. AN JULIE BONHOEFFER[1]

den 18. VIII. 22

Liebe Großmama!

Zu Deinem 80. Geburtstag gratuliere ich Dir sehr und wünsche Dir, daß Du das ganze nächste Jahr so frisch und gesund bist, wie Du es hoffentlich am Geburtstag bist. Es ist wirklich schade, daß ich nicht noch dasein konnte und stattdessen hier wieder in der Schule sitze. Wir hätten doch irgendwas musiziert. Hoffentlich habt Ihr zum Fest etwas besseres Wetter, als wir es augenblicklich haben. Es regnet den ganzen Tag. Wir begehen hier Deinen Geburtstag auch. Mama hat gesagt, wir sollten uns alle Eis bestellen.

Gestern Abend war Toni Volkmann da, die jetzt nach Friedrichsbrunn ins Häuschen fährt mit ein paar Freunden, und von der ich Dich auch sehr grüßen soll.

Mit meiner Euripidesarbeit[2] geht es so allmählich weiter. Ich denke, daß ich sie ungefähr in 4–6 Wochen abgeben kann. Wenn ich die dann gut geschrieben habe, tu ich überhaupt nichts mehr fürs Abitur; denn sie soll ja sogar mehr gewertet werden als das Examen.

---

5 ▷ Gerhard Leibholz, gen. Gert, Jurist, später verh. mit Sabine B.

1 NL A 4,2(4); hsl. Aus Berlin-Grunewald. □ **2** Vgl.: „Euripides' Philosophie" (NL A 5,2).

Sonntag hat Susi hier große Einladung als Vorfeier für den Geburtstag.

Also nochmal alles Gute fürs kommende Jahr wünscht Dir Dein dankbarer

Dietrich

31. ABITURZEUGNIS[1]

Entwurf

Reform-Realgymnasium und Reform-Gymnasium in Berlin-Grunewald

Zeugnis der Reife
des Gymnasiums

Dietrich Bonhoeffer, geboren *den 4. Februar 1906* zu *Breslau* Sohn des *Universitätsprofessors Geh. Med. Rat Dr. Karl Bonhoeffer* zu *Berlin-Grunewald* war *4* Jahre auf unserer Schule und zwar *2 Jahre in der Prima* des Gymnasiums.

I. Betragen und Fleiß

Betragen: *Sehr gut*
Fleiß: *Gut*
Er wurde von der mündlichen Prüfung befreit

II. Kenntnisse und Fertigkeiten

Religionslehre: *Gut*
Deutsch: *Klassenleistungen: Gut*
Schriftliche Prüfung: Sehr gut *Gut*
Lateinisch: *Gut*
Griechisch: *Gut (bei erhöhten Anforderungen)*

1 NL D 14; Xerokopie der in der Schule verbliebenen Zweitschrift. Formular mit hsl. Eintragungen, die hier kursiv gesetzt sind. Im Formular vorgesehene Rubriken für Fächer, in denen B keine Noten erhalten hat, sind hier nicht aufgeführt. Die Schule war „eine sogenannte Aufbauschule, in der man ab Untersekunda Fächer dazuwählen oder aber die regulären intensiver belegen konnte" (Marion Yorck v. Wartenburg, Die Stärke der Stille, 13, vgl. 14 f; ferner N. Sombart, Jugend in Berlin, 1984, 15 f). B hatte einen ‚Intensivkurs' in Griechisch belegt.

Englisch:	*Genügend*	
Hebräisch:	*Gut*	
Geschichte Erdkunde }	*Genügend*	
Philosophie:	*Gut*	
Mathematik:	*Klassenleistungen: Genügend* *Schriftliche Prüfung: Gut*	*Genügend*
Gesang:	*Gut*	
Turnen:	*Klassenleistungen: Sehr gut* *Prüfung: Gut*	*Sehr gut*
Handschrift:	*Nicht genügend*	

Die unterzeichnete Prüfungs-Kommission hat ihm demnach, da er jetzt die Anstalt verläßt,

das Zeugnis der Reife

eines Gymnasiums zuerkannt.
Dietrich Bonhoeffer beabsichtigt *Theologie zu studieren.*
Die Schule entläßt ihn *mit den besten Wünschen.*
Berlin-Grunewald, *den 1. März 1923*

Die Prüfungskommission
Sattert Staatlicher Kommissar
D. Dottermann[2] Vertreter des Kuratoriums
Dr. Vilmar[3] Direktor

Grunow, Oberstudienrat
Simons, Studienrat
Prof. Dr. Kappus, Studienrat[4]
Heiniger, Studienrat

Havenstein, Studienrat[5]
Dr. Fritz Resa, Oberstudienrat
Dr. Kranz, Studienrat[6]
Nötzky, Studienassessor

---

2 U. L., vielleicht: „Dr. Boltermann", OStDir. des Bismarck-Gymnasiums. ☐ 3 Vgl. Brief Nr. 11 Anm. 2. ☐ 4 Carl Kappus, Hebräischlehrer von B (vgl. Marion Yorck v. Wartenburg, a. a. O., 15). ☐ 5 Martin Havenstein (1871–1945), Germanist und Philosoph, Philosophielehrer von B. Veröffentlichte u. a.: Nietzsche als Erzieher, Berlin 1922. ☐ 6 Walther Kranz (1884–1960), Gräzist, Griechisch- und Latein(?)lehrer von B, später Prof. in Halle, Konstantinopel und Bonn, Veröffentlichungen u. a.: Kosmos und Mensch in der Vorstellung des frühen Griechentums, 1938; Geschichte der griech. Literatur, 1940; Wortindex zu H. Diels, Die Fragmente der Vorsokratiker.

b) Studentenleben in Tübingen. April 1923 – Februar 1924

32. AN DIE ELTERN[1]

Liebe Eltern!

Unsere Fahrt[2] war so, wie man es nicht besser wünschen konnte. Den größten Teil fuhren wir allein, bis auf ein paar Stunden, wo noch ein Mann dazustieg. Jedenfalls konnten wir immer auf den Bänken lang liegen. Kurz vor Suhl blieben wir wegen eines Maschinendefekts 50 Minuten stehen und kamen in Stuttgart mit derselben Verspätung an. Wir trafen aber trotzdem noch den Jörg Schleicher[3], mit dem wir nach Hause gingen, weil unser Zug nicht durch Tübingen fuhr – obwohl es uns während der Fahrt zweimal versichert worden war – und der Anschlußzug uns vor der Nase wegfuhr. So kamen wir erst um ½ 3 Uhr hier an, wo der Jörg mitfuhr. Wir fanden hier alles heil und gesund vor. Ich ging gleich Besorgungen machen und da bemerkten wir zu unserem großen Betrüben, daß wir den Kaffee wohl zu Haus liegen gelassen hatten. Ich habe eben allein abgewaschen und abgetrocknet, während Christel noch mehr Besorgungen macht. Hag[4] kam auch eben schon ran, heute abend wird wohl noch der Jörg kommen.

Kurz nachdem wir aus Berlin rausfuhren, kam ein Kontrolleur zu uns und als er sah, daß wir gerade etwas auspackten, meinte er, wir sollten nur mal ordentlich aufpacken, er äße auch

---

1 NL A 7,1(1); hsl. Aus Tübingen, Ende April 1923. Abdruck: GS VI 26. □ 2 B fuhr mit Christine nach Tübingen, die dort Biologie studierte. Die Geschwister wohnten zunächst bei der Großmutter. □ 3 Jörg Schleicher (1904/Stuttgart–1977/München), Bruder von Rüdiger Schleicher, studierte Architektur an der TH Stuttgart, dann Architekt in Berlin, baute die Häuser der Familien B. und Schleicher in der Marienburger Allee; später Schauspieler in Tübingen, Augsburg und München. □ 4 Gemeint ist Erich Haag (geb. 1901), stud. phil., Mitglied des ‚Igel' seit WS 1919/20 in Tübingen. Zur Studentenverbindung ‚Igel' vgl. DB 74 ff.

gern ein belegtes Brötchen mit. Dann war er sehr angetan, als wir ihm etwas Schokolade und zwei Schnitten gaben.

Übrigens sind wir eine sehr eigenartige Strecke gefahren, statt über Meiningen über Grimmenthal[5] und dann über Heilbronn. Aber ich glaube, daß der Zug doch über Tübingen gehen müßte, wenn er von Stuttgart nach Immendingen fuhr.

Grüßt doch bitte Großmama sehr und sagt ihr, die Briefe wären erledigt. – Die Obstbäume sind hier schon fast wieder im Abblühen, die Maiglöckchen kommen raus und überall sah man Himmelschlüssel. Das Wetter ist übrigens nicht gerade schön, es ist kühl und etwas regnerisch. Bitte grüßt das Brautpaar[6], besonders von Schleichers[7]. Euch alle grüßt Euer dankbarer

Dietrich

33. AN DIE ELTERN[1]

Liebe Eltern.

Gestern abend war ich oben im Igelhaus[2] und habe mirs mal angesehen und heute nachmittag bin ich mit ein paar Igeln gerudert. Eben sprach ich nun mit dem Hag[3] über die ganze Sache und der sagte, Württemberger müßten mindestens 3, Norddeutsche aber auch zwei Semester dableiben. Mir haben die Leute eigentlich ganz gut gefallen, so daß ich für das eine Semester, das ich hier bin, ganz gerne reingegangen wäre. Nun weiß ich aber nicht, wie Ihr dazu steht, wenn ich auch das zweite Semester dabliebe.[4] Ich habe dem Hag nun gesagt, daß

---

5 5 km östl. von Meiningen. □ **6** Ursula B. und Rüdiger Schleicher. □ **7** Jörg und Dr. med. Otto Schleicher, Stuttgart, der Vater der beiden Brüder.

1 NL A 7,1(2); hsl. Aus Tübingen, Anfang Mai 1923. Abdruck: GS VI 27 f. □ **2** Vgl. den Lebenslauf, Nr. 37 Anm. 2. □ **3** Vgl. Brief Nr. 32 Anm. 4. □ **4** Wegen der Inflation (vgl. Brief Nr. 34 Anm. 6) war ein zweites auswärtiges Semester finanziell schwer zu verkraften. Drei Semester wurden von den Schwaben erwartet, weil das erste als Fuxensemester, das zweite als erstes aktives Semester galt und man im dritten in der Regel für Verbindungsämter zur Verfügung stehen sollte, wofür Auswärtige weniger in Betracht kamen.

ich ihm zunächst natürlich noch nichts Genaues sagen könnte, aber gleich an Euch schreiben würde. Als ich ihm sagte, daß ich fürchtete, im Winter nicht zum Klavierüben zu kommen, sagte er, sie hätten jetzt auf dem Haus ein neues Klavier angeschafft, auf dem ich jederzeit spielen könne. Dasselbe sagte mir auch der Pressel[5]. Im übrigen wird dort ziemlich viel Musik gemacht. Morgen werde ich mit zweien Trio spielen. Bitte schreibt doch nun gleich, was Ihr dazu denkt, wenn ich das zweite Semester hier bliebe. Ich möchte oben möglichst bald endgültigen Bescheid geben können und mich nicht immer wieder einladen lassen, wenn ich nachher doch nicht dabliebe. Im übrigen würde ich auch natürlich allein wegen der Fakultät gern ein zweites Semester dableiben, da ich manche Dozenten noch garnicht hören kann, die ich sehr gern hören würde.

Heute kam Deine Karte, liebe Mama; sehr schönen Dank. Bitte grüßt alle sehr von mir und schreibt doch sehr bald, wenn auch nur ganz kurz, denn ich möchte denen bald Bescheid sagen.

Meine Vorlesungen haben seit Mittwoch angefangen, jedenfalls zum Teil. Am meisten interessierte mich bis jetzt Schlat-|ter[6]. Morgen fängt Hauer[7] Religionsgeschichte an, auf die ich mich sehr freue.

Es grüßt Euch sehr

Euer dankbarer Dietrich

---

5 Wilhelm Pressel (geb. 1895), cand. theol., seit 1925 Pfarrer; Mitglied des ‚Igel' seit WS 1913/14, Freund von Rüdiger Schleicher. Da er Anfang 1933 Mitglied der NSDAP wurde, wählte man ihn zum Vorsitzenden des Altenvereins des ‚Igel'. Im Herbst 1933 wurde er als Vertrauter von Bischof Wurm Mitglied des Oberkirchenrats in Stuttgart; daraufhin als Vorsitzender des Altenvereins abgelöst, trat er Ende 1934 aus dem ‚Igel' aus. □ **6** Adolf Schlatter (1852–1938), Prof. für NT in Greifswald, Berlin und seit 1898 in Tübingen. Zahlreiche exegetische und systematische Veröffentlichungen. □ **7** Jakob Wilhelm Hauer (1881–1962), 1907–11 Missionar in Indien, Religionswissenschaftler, 1921 Privatdozent in Tübingen, 1925 Prof. in Marburg, 1927 in Tübingen. Gründete 1934 als Sammelbecken verschiedener Gruppen der nordisch-völkischen Weltanschauung die ‚Deutsche Glaubensbewegung'.

34. AN DIE ELTERN[1]

Liebe Eltern.

Eben jetzt um ½ 8 Uhr bin ich durch einen ungeheuren Wolkenbruch von meinem Nachmittagsschlaf aufgewacht und da ich morgen ja weggehe, will ich Euch nur noch schnell schreiben, wie alles steht. Die Reise ging sehr gut[2]; bis Großmama zu Bett ging, saß ich bei ihr und kam am Morgen wieder, wo sie eigentlich unvermutet munter war. Sie selbst war auch sehr befriedigt.

Nun war ich heute schon bei Fräulein Jäger[3], die mich schon am Mittwoch nehmen will, vielleicht muß ich aber noch 8 Tage warten, da sie noch Logisbesuch erwartet. Jedenfalls habe ich es aber festgemacht. Das Zimmer ist wirklich sehr billig, 6000 Mark mit allem. Der Frau Koken[4] habe ich abgesagt.

Ich habe mir heut gleich schon den Müller[5] gekauft, denn er war schon gegen damals gestiegen und ich wollte nicht warten, bis er noch mehr kostet.[6] Mit 25% Ermäßigung kostete er etwas über 70tausend. Ich freue mich sehr, daß ich ihn habe, und nochmal sehr schönen Dank dafür. Mehr ist in den 10 Stunden hier noch nicht vorgefallen. Hoffentlich weckt mich mein Wecker morgen um ¼ 6. Wir fahren nach Ellwangen zu.[7] Wenn das Wetter aber so bleibt, wird es nicht sehr erfreulich werden; denn es gießt unausgesetzt.

Ich muß jetzt noch schnell in eine Vorbesprechung für morgen ins Studentenheim.

Grüßt bitte Alles. Euch grüßt

Euer dankbarer Dietrich

---

1 NL A 7,1(3); hsl. Aus Tübingen, zweite Maihälfte 1923. Abdruck: GS VI 28. □ 2 Rückkehr nach der Hochzeit von Ursula und Rüdiger Schleicher, 15. 5. 1923 in Berlin. □ 3 B's Vermieterin (vgl. Brief Nr. 35). □ 4 U. L.; n. i. □ 5 Karl Müller (1852–1940), Prof. für Kirchengeschichte in Tübingen; beeinflußt von Ritschl und Harnack. Veröffentlichungen u. a.: Kirchengeschichte I und II, 1892 ff. □ 6 Hinweis auf die Inflation. Die seit Kriegsende schleichende Geldentwertung hatte sich im Frühjahr 1923 zur galoppierenden Hochinflation entwickelt. Im Juli war der Dollar 353 581 Papiermark und im Oktober bereits 25 271 400 000 Papiermark wert. □ 7 Siehe den folgenden Brief.

35. AN DIE ELTERN[1]

Liebe Eltern.

Ich hatte Euch zwar schon gleich geschrieben, aber gestern abend fand ich den Brief noch uneingesteckt im Eßzimmer. Gleich am Tag, nachdem ich ankam, mußte ich auf die Werbefahrt für die Studentenhilfe in die Nähe von Hall. Es war eine sehr hübsche und nach den Erfolgen sehr reiche, katholische Gegend. Die Leute waren eigentlich alle sehr freundlich und entgegenkommend, aber ich habe mit vielen, die in evangelischen Gemeinden gesammelt haben, gesprochen und die mir sagten, daß sie da ganz anders behandelt worden seien, kaum jemand habe mal was gegeben. Am Dienstag kam ja Großmama und Christel und ich wohne seit gestern abend hier in der Uhlandstraße 10 bei Fräulein Jäger. Die Bude ist klein und ruhig, aber sehr kahl, nur vier nackte Wände, ein Tisch, ein Bett, zwei Stühle und zwei Fenster, das ist fürs erste die Hauptsache. Ich will mir Blumen- oder irgendwas reinsetzen. Arbeiten kann man hier aber viel besser, weil alles so still ist und niemand was von einem will.

Die Kirchengeschichte von Müller habe ich mir gleich am ersten Tag gekauft, sie kostete aber schon wieder statt 55 000 70tausend Mark. Aber ich dachte, sie würde doch noch teurer und da habe ich sie sofort gekauft. Ich bin furchtbar froh, daß ich sie habe, man arbeitet doch viel besser nach einem Buch als nach dem Kollegheft und Müller liest ja eigentlich nur sein Buch im großen Auszug.

Am Donnerstag habe ich mir meinen Leibburschen[2] genommen. Ich habe den Sohn vom hiesigen Philosophen Schmid[3] genommen, der im 3. Semester ist und Zoologie studiert. Im

---

1 NL A 7,1(4); hsl. Aus Tübingen, Ende Mai 1923. Abdruck: GS VI 29f. □ 2 Wer als neues Mitglied, genannt ‚Fux', in eine Verbindung eintritt, muß sich einen älteren ‚Bundesbruder', gen. Leibbursche, als besonderen Betreuer wählen. □ 3 Gemeint ist: Wilhelm Schmid (1859–1951), 1898–1926 Prof. der Altklass. Philologie in Tübingen; Veröffentlichungen u. a.: Geschichte der griech. Literatur I–V, 1887ff. Mitglied des ‚Igel' seit WS 1877/78, Vater von Fritz Schmid (geb. 1904), stud. rer. nat.

übrigen spielt er sehr viel Geige, so daß wir öfter zum Musizieren kommen.

Pressel schwärmt jetzt noch jeden Tag von den schönen Tagen in Berlin und überall werde ich auf die Hochzeit ange- | sprochen. – Heute heiratet Rüdigers Freund Scharpf[4]. Ob er es weiß?

Leider wird hier alles Essen teurer. Das Brot kostet schon 1100 Mark und meine Wurst haben leider die andern aus Versehen bis auf ein Stückchen schon aufgegessen.

Hier ist das Tennisspielen noch verhältnismäßig billig. Für das ganze Semester 5000 Mark. Ich habe nur leider keinen Schläger da und das Leihen kostet ziemlich viel. Christel spielt heute mit einer andern Studentin zusammen.

Am Donnerstag war ich auf der Fronleichnamsprozession in Rottenburg, die mir einen gewaltigen Eindruck gemacht hat. Ich sah zum ersten Mal eine so große Prozession (Rottenburg ist nämlich Bischofssitz). Es macht doch einen sehr eigenartigen Eindruck, wenn man schon aus großer Ferne die Leute im Zuge betend herankommen hört. Dabei die Mädchen in weißen Kleidern und Kränzen, alle Straßen voll Blumen und Birkenzweigen. Aus den Fenstern hängen Heiligen- oder Marien- und Jesusbilder. Und alles schien mit so großem Ernst bei der Sache zu sein. Das Ganze ist eben ein großes religiöses Volksfest. Das Theaterhafte verschwand doch sehr. – Aber ich muß zum Mittagessen. Grüßt bitte all sehr, besonders das Ehepaar. Euch grüßt

Euer dankbarer Dietrich

4 Walter Scharpff (geb. 1894), Dr. med., Mitglied des ‚Igel' seit WS 1912/13, schrieb den Nachruf auf Rüdiger Schleicher in „Igel Schnauze", Mai 1954, 191 ff.

36. LEBENSLAUF[1]

Am 4. Februar 1906 erblickte ich mit meiner Zwillingsschwester zum erstenmal in Breslau das Licht der Welt als Sohn des damaligen Universitätsprofessors Alter Herr[2] Karl Bonhoeffer und meiner Mutter, geb. von Hase. Mit 6 Jahren verließ ich Schlesien, und wir zogen nach Berlin, wo ich in das Friedrich-Werder'sche Gymnasium eintrat. Durch unseren Umzug in den Grunewald kam ich in die dortige Schule, wo ich Ostern 1923 das Abitur bestand.

Schon seit meinem 13. Lebensjahr war mir mein späteres Studium der Theologie klar. Nur die Musik machte mich in den letzten zwei Jahren noch schwankend. Mein erstes Semester studiere ich hier in Tübingen, wo ich dann auch den üblichen Schritt jedes Altherrensohnes unternahm und Igel wurde. Zum Leibburschen wählte ich mir hier Fritz Schmid; mehr Vorteilhaftes habe ich über mich nicht zu bemerken.

Dietrich Bonhoeffer

37. AN DIE ELTERN[1]

Donnerstag den 7. Juni

Liebe Eltern.

Jetzt habe ich mich in meiner Bude schon ganz gut eingelebt und bin sehr froh, daß ich hier statt bei Frau Koken wohne. Ich sehe jeden oder jeden zweiten Tag rüber nach der Großmama, wenn ich aufs Haus[2] gehe. Nun merke ich hier erst, wie schrecklich teuer alles ist und immer noch mehr wird und ich fürchte, daß ich mit meinem Geld garnicht reichen werde. Neulich habe ich mir 1 Pfund Wurst für 14 000 Mark kaufen

---

1 NL Anh. A 17; hsl. Eintragung im Fuxenbuch des ‚Igel' vom SS 1923. □
2 Bezeichnung für ehemalige Mitglieder einer Verbindung, die nach dem Studium in einer besonderen Vereinigung, beim ‚Igel' Altenverein genannt, mit den ‚aktiven' Studenten verbunden bleiben.
1 NL A 7,1 (5); hsl. Aus Tübingen, 1923. Abdruck: GS VI 30 f. □ 2 Haus des ‚Igel' auf der Höhe hinter den Quadermauern der Burg „Twingia" (vgl. DB

müssen, die Wäsche von einem Mal kostet über 10 000 Mark und das Essen auf dem Haus wird auch teurer. Meinen Tee und | Kaffee muß ich selbst kaufen, den mir meine Wirtsleute machen. Jetzt habe ich ja nun auf einige Zeit Vorrat. Wenn Ihr mir noch ein bißchen Geld oder Wurst oder sowas schickt, wäre mir das sehr recht; denn meine Bude und das Fechten[3] muß ich ja auch noch zahlen.

Ich muß jetzt viele Besuche machen bei alten Herrn von uns und das ist sehr langweilig und nimmt mir immer Sonntag oder Donnerstag vormittag.

Übrigens läßt der Professor Schmid[4] Euch sehr grüßen, er habe Euch beim Stiftungsfest kennen gelernt. Mit dem Fritz Schmid bin ich nun viel zusammen; dort im Haus wird ja sehr viel und gute Musik gemacht. Konzerte sind ja sonst hier nicht viel, und so ist das sehr hübsch.

Haben wir zu Haus irgendeine „Logik"? Ich würde sehr gern eine zum Mitarbeiten haben. Und ich glaube, Du, Papa, sagtest doch mal, Du habest den Sigwart[5]. Wenn sie da ist, könnte sie doch die Sabine, wenn sie Anfang Juli kommt, mitbringen. Bitte grüßt sie sehr und das Ehepaar[6] und alle andern.

Euch grüßt Euer dankbarer

Dietrich

38. AN PAULA BONHOEFFER[1]

den 19. VII. 23

Liebe Mama.

Sehr schönen Dank für Deinen Brief. Mit meinen Anzügen ist es so, daß der Schilfleinene mir doch zu klein ist und infolgedessen überall ausplatzt. Der Kaki ist gut. Ebenso der blaue und

---

74). □ **3** Vgl. Nachwort, S. 622. □ **4** Vgl. Brief Nr. 35 Anm. 3. □ **5** Christoph Sigwart (1830–1904), Prof. für Philosophie in Tübingen. Veröffentlichungen u. a.: Logik I (1873) u. II (1878). □ **6** Ursula und Rüdiger Schleicher.

1 NL A 7,1(6); hsl. Postkarte aus Tübingen. Abdruck: GS VI 31 f.

der neue helle, aber der alte helle muß wohl doch mal chemisch gereinigt werden, denn er ist sehr schmutzig. Außerdem wird auch die Hose sehr dünn und es gibt ab und zu kleine Löcher. Nun haben wir aber keinen Stoff zum untersetzen. Bei dem hellen Anzug, den Ihr mir nachgeschickt habt, ist die Hose zu klein. Augenblicklich habe ich den Kaki an, aber wenn der schmutzig ist, muß ich den guten hellen anziehen, da der andere tatsächlich zu grau ist. So wäre es mir ganz recht, ich bekäme für Friedrichsbrunn noch einen Sommeranzug; denn | der gereinigte wird noch nicht fertig sein; den muß ich dann für Berlin haben. Also vielleicht noch einen größeren Schilfleinenen oder sonst was kurzhosiges.

An Stiefel trage ich regelmäßig die Haferlschuhe; da ist alles in Ordnung. Einen Hut haben wir gekauft für 60 000. Wäsche ist alles gut. Die 70tausend habe ich bekommen. Ich danke Euch sehr.

Übrigens wird am 1. 8. der Fahrpreis 250% teurer! Die Vorlesungen schließen am 31. Grüß bitte den Papa und alle anderen sehr. Dich grüßt Dein dankbarer

Dietrich

Frau Scharpff läßt Euch und Rüdigers grüßen.

39. AN DIE ELTERN[1]

Friedrichsbrunn, den 16. August 23

Liebe Eltern.

Gestern habe ich Susi in Halberstadt in den D-Zug gesetzt, wo sie auch einen guten Platz bekam. Leider hatte der Zug Verspätung, sodaß es mir unmöglich war, noch den Dom anzusehen. Ich bin dann über den Hexentanzplatz[2], wo gerade die Sonne über den hintersten Bergen unterging und die Felsen wunderbar zeichnete, nach Hause gelaufen. Die andern waren nach allen Richtungen ausgeflogen. Heut nachmittag werde ich viel-

1 NL A 7,1(7); hsl.; Abdruck: GS VI 32 f. Auf demselben Bogen findet sich ein Brief von Christine B. an die Eltern. □ 2 Aussichtspunkt hoch über dem Tal

leicht in den Erichsberger Teich schwimmen gehen, denn es ist hier glühend heiß, heute allerdings mehr Gewitterstimmung. Augenblicklich sind die Mädels fort und Klaus und Justus werden auch gleich gehen. Ich laufe vielleicht auch noch ein Stückchen. Im übrigen lese ich ziemlich viel, habe aber leider gemerkt, daß ich viel zu wenig mit habe, so werde ich wohl zum Pfarrer gehen und mir was borgen. Ich bin jetzt gerade bei den Schleiermacherschen Reden über Religion[3], die mich jetzt zum zweitenmal weit mehr interessieren, wo ich sie systematisch durcharbeite, weil ich ja im nächsten Semester ein Kolleg drüber hören will. Morgen kommt Hans, den Christel und Grete[4] in Treseburg abholen | wollen, dann mit ihm über Thale, wo Hans seinen Vetter in den Berliner Zug setzt, hierher laufen. Justus läuft noch 3 Tage im Harz und will sich auf dem Rückweg mit Klaus in Halberstadt treffen, das sie sich zusammen ansehen und dann nach Berlin fahren wollen. Wir werden wohl noch 14 Tage bleiben? Ich freue mich aber auch schon wieder aufs Klavier und meine Bücher. Kommt Tante Elisabeth eigentlich und wann? Toni und Fräulein Böse[5] wollen es nämlich wissen. Im übrigen hat, wie Christel mir sagte, Toni die Absicht Euch Schauergeschichten über die Schwierigkeit der Lebensmittelbeschaffung zu erzählen, aber es sei längst nicht so schlimm, man bekäme alles, was man wolle besser als in Berlin und mit dem Geld habe es auch keine Schwierigkeiten. Ihr möchtet Euch darum also nicht besorgen. Fräulein Böse und Tante Toni sind sonst aber sehr vergnügt und nett und haben sich sehr gut eingerichtet. Anna[6] war vom Hexentanzplatz so entzückt, daß sie immer wieder versicherte, das werde sie nie im Leben vergessen und sie will immer wieder hin. Die Ruhrleute[7] sind sehr ruhig und ordentlich, man merkt kaum etwas von ihnen.

Über die politische Lage unterrichten wir uns zur Zeit aus dem „Vorwärts“[8], den wir mit einem Förster zusammen halten.

---

der Bode vor deren Austritt aus dem Harz in das nördl. Vorland. □ **3** B besaß: Friedrich Schleiermachers Reden über die Religion. Krit. Ausgabe, hg. v. B. Pünjer, 1879. □ **4** Hans und ▷ Margarete v. Dohnanyi, 1930 verh. mit Karl-Friedrich B. □ **5** Toni Volkmann und deren Freundin, Frl. Böse. □ **6** Köchin der Familie B. □ **7** Flüchtlinge aus dem Ruhrgebiet, das seit 11. 1. 1923 von franz. und belg. Truppen besetzt war. □ **8** Sozialdemokr. Zeitung.

Der Dollarsprung auf 7 Millionen erregte unter den Arbeitern in Thale große Unruhe. Ich hörte es gerade, als ich in der Bahn mit ihnen fuhr.

Es grüßen Euch alle sehr, besonders Euer dankbarer

Dietrich

40. AN DIE ELTERN[1]

Friedrichsbrunn, den 23. August 23

Liebe Eltern!

Ich soll Euch schreiben, wann wir kommen. Wir dachten, weil Dohnanyis am 28. zurück müssen, da auch mitzufahren. Wir werden in Thale um 12^{35} abfahren, zunächst nach Halberstadt und dort noch ein paar Stunden die Stadt ansehen, dann 7^{20} dort abfahren und 11^{10} in Berlin sein. Hoffentlich ist es Euch so recht, sonst könnten wir natürlich auch schon früher fahren. Die Pakete gehen heute ab.

Gestern war Frau Hansen[2] aus Quedlinburg hier bei Tante Elisabeth. Wir brachten sie ein Stück über die Waldwiese runter und machten anschließend daran noch einen wunderschönen Mondspaziergang auf die Georgshöhe. Tags ist es meist regnerisch, aber desto herrlichere Nächte. Bei Vollmond wollen wir noch mal auf den Hexentanzplatz. Neulich abend war Anna[3] mit auf einem Spaziergang und war ganz begeistert über die „romanische" Landschaft, die „ja genauso wäre, wie auf einer schönen Postkarte". Sie scheint sich hier überhaupt gut erholt zu haben und klagt gar nicht mehr über Kopfschmerzen. Tante Toni wird nun wohl mit Tante Elisabeth Rüdigers[4] abwarten. Hier ist Tante Toni von einer Bremse so ins Ohr gestochen worden, daß die ganze Ohrenpartie stark geschwollen ist.

Von unserer wundervollen Tour hat Euch Sabine ja leider schon ausführlich erzählt. (Sie war nicht teurer, als sonst 2 Tage hier im Haus, da die Eisenbahn ja noch so billig war). Es war

---

1 NL A 7,1(8); hsl.; Abdruck: GS VI 33 f. □ 2 ▷ Elisabeth Hansen geb. Brückner, Kusine 2. Grades von B. □ 3 Siehe Brief Nr. 39 Anm. 6. □ 4 Gemeint sind Schleichers.

ganz herrlich, die beiden alten Städte anzusehen und ich danke Euch sehr dafür. |

Eben sagt mir Tante Toni sehr unglücklich, ich möchte Euch noch schreiben, daß ihr Voranschlag auf 10 Millionen nicht reichte. Wir brauchten täglich ½ Million [für] Brot. Da Euer Brief noch nicht da ist mit der Nachricht über das, was wir schicken sollen, werden wir noch teure Pakete schicken müssen. Bis jetzt schicken wir unsere Sachen, damit wir möglichst viel vom andern selbst tragen können. Die Reise kostet auch je ½ Millionen. Und so möchte sie gern noch um 10 Millionen bitten. Aber vielleicht ist es doch besser, wir fahren dann früher; denn zwei getrennte Haushalte sind eben doch teurer und es war ja bis jetzt sehr schön. Es grüßen Euch alle sehr, auch Rüdigers und alle andern

Euer dankbarer Dietrich

41. AN DIE ELTERN[1]

den 27. Oktober 23

Liebe Eltern.

Jetzt habe ich genaues über unsre Essenspreise erfahren. Jedes Essen kostet 1 Milliarde. Man kann aber im voraus bestellen für 2–3 Wochen, und das ist vorteilhafter, weil die Preise ja fürs erste noch dem Dollar nachsteigen müssen. Soviel Geld habe ich nun natürlich nicht vorrätig. Für Brot habe ich 6 Milliarden geben müssen. Margarine kostet 20 M.[2] Außerdem habe ich bis zum 6. XI. ca. 35 M. für die Universitätsgebühren zu bezahlen, die Semesterstunden ½ M. Und dazu als Studiumsgebühr 15 M. Dann noch Bibliothek, Krankenkasse usw. Für den Igel haben wir monatlich 40 Pfennig zu zahlen. 20 habe ich schon bezahlt.

---

1 NL A 7,1(9); hsl. Postkarte aus Tübingen. Abdruck: GS VI 34. □ 2 „M." sonst Abkürzung für Mark, hier offenbar für Milliarden Mark. Zu weiteren Preisangaben in diesem Brief: Am 16. 10. 1923 war die Dt. Rentenbank geschaffen worden, die die Währung mit Hilfe der Rentenmark sanierte. Allerdings wurde die Rentenmark erst ab 15. 11. 1923 ausgegeben; sie lief eine Zeitlang parallel zur Papiermark.

Der Kommentar für das Alte Testament ist hier nirgends zu kriegen, käme ja auch bei dem heutigen Buchschlüssel nicht in Frage.

Aber bei der Dogmatik, die ich höre, legt Heim[3] seinen Leitfaden zu Grunde, der 1 Mark 50 Pfennig kostet, den ich mir bisher geborgt habe von einem, der ihn aber wieder brauchte. Das sind meine augenblicklichen Bedürfnisse, es sind ja schreckliche Zahlen, aber wenn das erstmal erledigt ist, brauche ich ja nicht mehr soviel. Soll ich etwa die Schweizer Franken umtauschen? Hoffentlich hält sich wenigstens das wertbeständige Geld. Übrigens sollen die 5-Frankenscheine bald eingezogen werden, falls Ihr noch welche habt. Großmama geht es zur Zeit nicht besonders; sie schläft schlecht und unruhig und hat viel Kopfschmerzen und Schwindel. Heute hat sie viel auf dem Balkon in der Sonne gelegen, was ihr sehr gut tat. Sie grüßt Euch sehr und Euer dankbarer

Dietrich

42. AN DIE ELTERN[1]

Tübingen, den 3. November 1923

Liebe Eltern.

Vor der neuen Erhöhung der Posttarife will ich nochmal schreiben. Heute hatte Großmama wieder eine Auseinandersetzung mit dem Ba.[2], der sich ganz pöbelhaft aufführte. Großmama hatte sich nach der Grundmiete erkundigt beim Mietseinigungsamt, worauf der Ba. ohne Begründung ein fünftel mehr verlangte. Als ich ihm sagte, daß er das doch noch von den

---

3 Karl Heim (1874–1958), Prof. für Syst. Theologie in Münster, seit 1920 in Tübingen; dem Erbe des Schwäbischen Pietismus verbunden. Erwähnt ist hier sein „Leitfaden der Dogmatik, zum Gebrauch von akademischen Vorlesungen", Halle [3]1923. B hat sich später zu Heim kritisch geäußert (vgl. GS I 63 f u. GS III 138 ff).

1 NL A 7,1(10); hsl.; Abdruck: GS VI 34 f. □ 2 N. i.

Verhandlungen im Frühjahr, auf die er sich berief, schriftlich haben müsse, sagte er, er habe das nicht und brauche das auch nicht, und im übrigen habe er schon oft gesagt, Großmama solle sich nach einer andern Wohnung umsehen. Wir sagten ihm, daß das ja gar nicht in Frage käme und er das Geld nur bekäme, wenn er sich schriftlich ausweisen könne. Darauf stand er auf, „er empfehle sich, Großmama solle sehn, wo anders unterzukommen" und rannte zur Türe hinaus. Nachmittag waren wir beim Rechtsanwalt, der nichts von der Abmachung, die Ba. mit ihm gemacht zu haben behauptete, wußte und sagte, man solle ihn ruhig reden lassen und nichts mehr bezahlen. Der Ba. wird immer versoffener und geiziger und schikaniert eben die Großmama, wo er kann.

Großmama nimmt diese Sachen nun immer sehr schwer und spricht immerfort davon, hier nicht bleiben zu wollen, sondern eben entweder nach Stuttgart zu ziehen oder sich hier in ein Heim geben zu wollen. Außerdem sagte sie eben, | als ich ihr nochmal von unserm Plan erzählte, auf Besuch würde sie gerne kommen, aber auf immer könne sie das Euch nicht zumuten. Und ich glaube nicht, daß das mehr der Grund dafür ist, daß sie sich nicht entschließen kann, ihre Wohnung aufzugeben, da sie ja sogar an die andern Möglichkeiten dachte, sondern wirklich meint, es könne in den Haushalt nicht noch ein Mensch dazukommen. Ich glaube, wenn Ihr einmal schriebt, wäre ihr das eine Beruhigung. Die Pension ist auch bummelig. Im Oktober bekam [sie] 85 M. und 65 kostete allein die Miete. Nur durch die Dollar kann sie die Sache noch leisten. Sie bekommt hier monatlich 10. Die Nächte sind bei ihr offenbar nicht sehr gut, jedenfalls sagt sie oft, sie schliefe sehr schlecht. Sie ist aber ganz deutlich sehr beunruhigt wegen des Winters und dem Ba.

Mit Vorräten bin ich jetzt ziemlich eingedeckt. Ich habe 1 Pfund Margarine, 1 Pfund Käse und Marmelade gekauft. Außerdem 50 Mittagessen im voraus, die jetzt schon 2 ½ kosten würden und die ich vor 3 Tagen noch für 1 M. bekam. Nur die Wäsche kostet ungeheuer. 1 steifes Hemd vor ein paar Tagen 15 M. – Augenblicklich ist eine Beschwerde gegen das Universitätskassenamt im Gange, wegen der Bummelei mit den Angaben über die Gebühren und daß die einen am 1., die letzten erst am 12. November zahlen mußten. Viel wird wohl nicht dabei herausspringen. – Im übrigen hat sich Jutta Köhler mit einem Privatdozenten Jessen verlobt.[3]

Heute fing das Seminar über die Kritik der reinen Vernunft an bei Groos[4], das mir sehr gefiel. Das Buch von Heim für 1,50 M. habe ich mir noch nicht gekauft. Ich hoffe auf das wertbeständige Geld. Hoffentlich kriegt Ihr in Berlin keine Unruhen[5], denn die werden ja hier alle schrecklich übertrieben, aber wenn es einen selbst angeht, glaubt man es eben komischerweise doch eher. Die Nachrichten, die wir hier bekommen, sind ja durchweg schon einen Tag alt und das ist auch unangenehm.

Heute fand sich plötzlich Otto Koffka[6] bei mir ein, der auch hier studiert und ganz nett geworden ist. Über Karl-Friedrichs Freund Walker habe ich nichts erfahren können, die Listen sind schon vergraben.[7] – Ich erwarte jetzt täglich mein Paket, dem hoffentlich nichts zugestoßen ist. Meine Schuhe brauche ich nämlich notwendig. – Heidenhains lassen sehr grüßen, auch Hilde[8], die ihre Stelle nicht mehr behalten konnte und nun hier ist und sich nach einer neuen umsehen muß; ob Ursel ihr da nicht behülflich sein kann? Klaus wird wohl in den nächsten Tagen ins Examen steigen. Wie wird es mit Rüdiger? Grüßt bitte alle sehr von Großmama und mir, auch Czeppans. Euch grüßt herzlich

Euer dankbarer Dietrich

---

3 Jutta Köhler, Freundin von Ursula Schleicher; Dr. Otto Jessen, später Prof. für Geographie in Köln. □ **4** Karl Groos (1861–1957), Prof. der Philosophie in Basel, Gießen und Tübingen. B nahm an seinem Seminar über Kants „Kritik der reinen Vernunft" teil (vgl. S. 306 Anm. 7). □ **5** In Bayern war am 26. 9. 1923 der Monarchist Gustav Ritter v. Kahr zum ‚Generalstaatskommissar' ernannt worden, der die Konfrontation mit der Reichsregierung unter Stresemann suchte und scharf gegen die Linken in Bayern vorging. Er hielt Kontakt zu Ludendorff und Hitler, die den Putsch vom 8./9. 11. 1923 vorbereiteten. In West-, Mittel- und Norddeutschland erwartete man kommunistische Aufstände. In Hamburg wurde ein solcher am 22.–24. Oktober niedergeworfen. Im Rheinland kam es am 21./22. Oktober unter dem Schutz der franz. Besatzung zu separatistischen Aufständen. □ **6** Am ‚Igel' interessiert. □ **7** Maßnahme in Erwartung von Aufständen. □ **8** Hilde Heidenhain, Tochter von Martin Heidenhain (1864–1949), Prof. für Anatomie in Breslau, seit 1917 in Tübingen. Seit Familie B. in Breslau gewohnt hatte (1898–1912), waren die Familien miteinander befreundet.

43. AN HELENE YORCK VON WARTENBURG[1]

Tübingen, den 3. November 1923

Liebe Tante Helene![2]

Mama schrieb mir aus Berlin, Du hättest mir so schöne Bücher geschenkt, worüber ich mich sehr freue. Den Köstlin[3] hatte ich mir schon lange gewünscht, um meine Bibliothek über Luther zu vervollständigen. Ich glaube, daß ich jetzt alle größeren Sachen, die über ihn geschrieben sind, besitze und nur der Köstlin war mir noch eine bedauerliche Lücke. So bin ich ganz besonders erfreut, daß Du mir den schenkst. Ebenso danke ich Dir sehr für die beiden Evangelien, Mama schrieb mir leider noch nichts Genaues über sie.

Ich bin nun hier in Tübingen mit großer Freude und Dankbarkeit gegen die Eltern, die es trotz der schwierigen Zeiten möglich gemacht haben, daß ich hier studieren kann. Die Vorlesungen sind fast alle dieses Semester besonders verlockend auf meinem Gebiet, so daß ich fast den ganzen Tag im | Kolleg sitze. Großmama, bei der ich ja wohne[4], läßt Dich sehr herzlich grüßen. Sie ist recht gesund und zu unsrer Freude sehr rüstig.

Wir hoffen, daß sie sich entschließt, vielleicht ganz zu uns zu ziehen, da ihr das Alleinsein hier doch immer sehr schwer und schmerzlich ist. Zudem hat sie ein ganz schwermütiges Mädchen, das ihr die Lage also auch nicht erleichtert.

In den letzten Tagen haben wir uns hier mit Wintervorräten eingedeckt, wir haben Kartoffeln und Holz geholt. Glücklicherweise war das Wetter bis[her] warm, wie im Sommer, leider ist es gestern umgeschlagen und wir müssen anfangen zu heizen. Wir sitzen in dickem Nebel, der vom Neckartal aufsteigt und von unserm schönen Balkon, von dem wir sonst herrliche Aussicht ins ganze Tal haben, sehen wir nicht die Hand vor den Augen.

---

1 NL A 7,2(1); hsl.; Abdruck: GS VI 35 f. □ **2** ▷ Helene Gräfin Yorck v. Wartenburg, Schwester der Großmutter Klara v. Hase (vgl. DB 24 u. 35). □ **3** J. Köstlin, Luthers Leben, 1891. □ **4** Das eigene Zimmer war zu teuer geworden: vgl. S. 52 Anm. 6.

Ich muß ins philosophische Seminar! Lebe wohl, liebe Tante Helene. Laß es Dir recht gut gehen, soweit das jetzt überhaupt möglich ist. Von Herzen wünscht Dir Alles Gute und grüßt Dich

Dein dankbarer Dietrich

44. AN DIE ELTERN[1]

den 8. 11. 23

Liebe Eltern.

Eben bekam ich Karl-Friedrichs Geld, ich habe mir Käse und ein paar Schnürsenkel gekauft. Für Deinen Brief, liebe Mama, sehr schönen Dank. Daß es nicht so toll bei Euch aussieht, als hier berichtet wird, ist beruhigend.[2] Was es allerdings jetzt nach den neuesten Nachrichten geben wird, kann man gar nicht voraussehen. Dummerweise muß ich gerade morgen auf die landwirtschaftliche Werbefahrt für die Studentenküche, so daß ich gar nicht weiteres erfahren werde, auch von Euch eben leider nichts. Sabine geht es hoffentlich wieder ordentlich. Ich fahre auf dieser Werbung nach Küntzelsau[3], wo gerade Kirchweih ist, das Wetter ist hübsch, aber hoffentlich dauert die Sache nicht zu lang, denn jetzt mehrere Tage ohne Zeitung zu sein, ist un- | behaglich, wenn auch die Zeitungen einen nicht gerade beruhigen mit ihrer Sensationsmacherei.

Das blaue Bankbuch, von dem Du schreibst, liebe Mama, habe ich damals gar nicht bekommen, soweit ich mich erinnern kann, sondern nur das Geld. Sabine war ja mit!

Großmama fühlt sich nicht recht wohl, die Politik bedrückt sie eben auch sehr und sie macht sich noch immer zu viel zu schaffen mit Besorgungen. Sie schreibt noch vor der Preiserhöhung.

---

1 NL A 7,1(11); hsl. Postkarte aus Tübingen. Abdruck: GS VI 36 f. □ 2 Vgl. Brief Nr. 42 Anm. 5. □ 3 In Künzelsau waren Pfr. Konstantin Boeckheler und später dessen Sohn Nathanael Dekane gewesen, mit denen B's Großeltern freundschaftlich verbunden waren. 1923 war auch der jüngere Boeckheler schon gestorben.

Viele herzliche Grüße an alle und Euch besonders von Eurem dankbaren

Dietrich

Meine Mappe und Pelzmütze kommt noch?

45. AN KARL BONHOEFFER[1]

Mittwoch, den 14. November 1923

Lieber Papa.

Deine Karte kam heute. Vielen Dank. Gestern abend bin ich zurückgekommen und als ich heute in die Universität komme, erfahre ich folgendes: die militärischen Übungen am Nachmittag sind aufgeflogen, weil sie in Tübingen, und dort eben unter Gefahr vor Spitzeln, abgehalten werden müßten. Statt dessen rücken fast ausnahmslos sämtliche Verbindungen Tübingens, sowie viele Freistudenten, morgen früh nach Ulm zu 14tägiger Ausbildung.[2] Zuerst sagte ich, ich könne das unmöglich mitmachen und würde es irgendwann in den Ferien tun; als ich aber erfuhr, daß vom 1. Dezember Kontrollkommissionen der Entente die Ausbildung überwachen sollten, überlegte ich mir die Sache doch. Ich sprach nun mit ein paar Leuten, die auch hingehen – der Igel und überhaupt die Verbindungen gehen vollzählig –, so auch mit dem Rad, der aber wegen Schwächlichkeit zurückgestellt wurde[3], die alle sehr rieten, das noch so schnell wie möglich zu unternehmen. Die Sache ist die, daß die

1 NL A 7,1(12); hsl. Aus Tübingen. Abdruck: GS VI 37f. □ **2** Schon im März 1919 waren in Tübingen auf Wunsch der württ. Landesregierung studentische ‚Reserve-Sicherheitskompanien' gebildet worden, die bei einem Generalstreik am 1. 4. 1919 in Stuttgart eingesetzt wurden. Die Verbindungen bildeten die einzelnen Züge dieser Kompanien. W. Pressel hatte damals einen Zug mit Studenten des ‚Igel' angeführt. Wegen dieser Aktivitäten war Karl-Friedrich B. nicht in den ‚Igel' eingetreten (vgl. DB 76). Nach diesem Modell wurden angesichts der von der württ. Regierung befürchteten Aufstände die Tübinger Studenten wiederum einberufen. □ **3** G. v. Rad hatte in diesem Jahr wegen einer hartnäckigen Bronchitis im Krankenhaus gelegen.

Reichswehr mit persönlicher Erlaubnis Reinhardts[4] Studenten und andere Leute ausbildet in Ulm und Konstanz und zwar auf 14 Tage, die aber nun dummerweise nicht in die Ferien zu legen sind. Es besteht eintägige | Kündigung und wird natürlich in kritischen Fällen kein Zwang ausgeübt. Der Zweck ist nur, vor der Einsetzung der Kontrollkommission[5] noch möglichst viel auszubilden. – Da tägliche Kündigung besteht, außerdem alle Igel bis ins 7. Semester mitgehen und es Schwierigkeiten gäbe, wenn gleich anfangs einer weniger als angemeldet hinkäme, habe ich gesagt, ich würde fürs erste, bis Euer Bescheid kommt, d. h. ungefähr Dienstag mitgehen; falls Ihr nun aber was Bestimmtes dagegen haben würdet, zurückreisen.

Ich selbst fand am Anfang ja, es habe vielleicht noch Zeit und es sei richtiger, sein Semester nicht zu zerreißen, glaube aber jetzt doch, daß es je eher, je besser ist, daß man die Sache hinter sich bringt, um für kritische Lagen ein gesichertes Gefühl zu haben, mithelfen zu können.

Großmama ist traurig, 14 Tage allein sein zu müssen, meint aber auch, ich solle das nur machen. Jörg Schleicher macht auch mit. Bitte schreibt gleich Eure Meinung.

Der Mama sehr vielen Dank für ihren lieben Brief und Karte. Grüße an alle. Dich grüßt herzlich Dein dankbarer

Dietrich

---

4 Walther Reinhardt (1872–1930), General, 1919 letzter preuß. Kriegsminister, Okt. 1919 Chef der Heeresleitung. Rücktritt nach dem Kapp-Putsch, den er abgelehnt hatte. Bis 1925 Befehlshaber im Wehrkreis 5 (Stuttgart). □ **5** 1922/23 wurden die studentischen ‚Reserve-Sicherheitskompanien' zu paramilitärischen Heim- bzw. Einwohnerwehren erklärt. Die Alliierten kündigten Kontrollen an.

46. AN DIE ELTERN[1]

Ulm, den 16. November 23

Liebe Eltern!

Ihr werdet ja inzwischen meinen Brief bekommen haben und heute bin ich nun schon Soldat. Wir wurden gestern gleich, als wir ankamen, eingekleidet und kriegten unsere Sachen. Heute bekamen wir Granaten und Gewehre. Bis jetzt haben wir allerdings noch nicht[s] getan als Bett bauen und wieder abreißen, aber morgen beginnt der Dienst. Wir stehen um ½ 6 Uhr auf, beginnen ½ 7 mit dem Dienst bis 11 Uhr, haben dann frei bis 2, dann wieder bis 5 oder ½ 6 Dienst und Schluß.

Abends können wir ausgehen oder sonst irgendwas tun. Das Essen ist ganz ausgezeichnet, Löhnung gibt es keine; aber ich | brauche ja auch nichts. Ich habe mir viel zu lesen mitgenommen, man hat ja genug Zeit zum Arbeiten.

Zeitungen bekommt man hier leider sehr schwer. Aber für den Augenblick schien die Lage ja ruhig bleiben zu wollen. Wenn irgendwas ist, kann ich ja jederzeit weg.

Sabine geht es wohl wieder ordentlich, Hörnchen ist ja mit ihrem Ischias wirklich schrecklich geplagt. – Ich hoffe jeden Tag, den Jörg irgendwo zu entdecken, der ja auch beim Militär ist. Meine Adresse ist: Jäger (nicht stud. theol.) D. B. Ulm, 13. Inf. Reg. 10. Kompagnie, 1. Korporalschaft.

Bitte grüßt alles. Euch grüßt herzlich Euer dankbarer

Dietrich

---

1 NL A 7,1(13); hsl. Aus der Kaserne Wilhelmsburg, Ulm. Abdruck: GS VI 38 f.

47. AN DIE ELTERN[1]

den 20. November 23

Liebe Eltern.

Heute bekam ich zu meiner großen Freude drei Briefe, einen davon von Dir, liebe Mama, mit der Nachricht, daß Euch die Sache so recht ist. Die Ausbildung verpflichtet natürlich zu gar nichts anderem und im Bedarfsfalle werden nur die Württemberger aufgefordert, wieder zu diesem Regiment zu kommen. Bei den Norddeutschen komme das selbstverständlich nicht in Frage. Bisher ist die Ausbildung noch gar nicht sehr anstrengend. Täglich etwa 5 Stunden Exerzieren, Schießen, Turnen und 3 Instruktion und anderes. Die übrige Zeit ist frei.

Wir wohnen zu 14 im Zimmer, leider ist gerade heute einer der nettesten Igel[2] zurückgestellt worden. Bei der Untersuchung sind nur meine Augen schlecht weggekommen, ich muß wohl zum Schießen eine Brille tragen. Der Gefreite, der uns ausbildet, ist sehr gutmütig und nett; ich habe mir den Ton dieser Leute ganz anders vorgestellt, und sie sind auch nicht nur zu uns so, sondern auch die Mannschaften der Reichswehr selbst werden wohl doch ganz anders behandelt als früher.

Das Essen ist ganz ordentlich, wenn auch nicht gerade sehr viel, aber man kommt gut aus, weil es viel Fleisch gibt. Sabines Brief bekam ich heute. Ich danke ihr sehr schön und | schreibe ihr bald mal wieder. Daß Klaus mit seinen Klausuren zufrieden ist, ist ja fein. Christel ist mit ihren Ohren wirklich zu dumm dran. Hörnchen ist ja glücklicherweise von ihrer Geschichte erlöst. Karl-Friedrich lasse ich schön für das Geld danken; ich habe auf diese Art heute 4 ½ Billionen bekommen und habe sie sofort in Geldanleihen umgetauscht.

Ich muß jetzt zur Instruktion.

Herzliche Grüße an alles. Euch grüßt Euer dankbarer

Dietrich

---

1 NL A 7,1(14); hsl. Aus Ulm. Abdruck: GS VI 39 f. □ 2 Wahrscheinlich Udo Weynand (1904–1925), stud. phil. und jur., Confux von B.

48. AN SABINE BONHOEFFER[1]

Ulm, den 24. November 1923

Liebe Sabine!

Schönen Dank für Deinen Brief, den ich hierher nachgeschickt kriegte, und mich hier umso mehr freute, als man hier oft Langeweile hat, aber sich auch nicht aufraffen kann, was wichtiges zu tun. Daß Du gar nicht mehr geigst, finde ich ganz toll und dumm von Dir. Wie wäre denn das mit Eberhardt.[2] Ich hatte schon von ihm eine ganze Menge als besonders guten Lehrer gehört und täglich eine halbe Stunde könntest Du doch sicher zum Üben aufbringen. Übe doch für Weihnachten ein Trio, daß wir eins machen können.

Wie ich allerdings dann spielen werde, ist mir noch rätselhaft. Denn augenblicklich habe ich an jedem Finger ein Pflaster und gelenkiger werden sie hier auch nicht. Der Dienst ist sehr unterschiedlich. Gestern war es zum erstenmal sehr anstrengend. Wir hatten Geländeübung mit Sturmangriffen und solchen Dingen. Besonders scheußlich ist das Hinwerfen auf dem gefrorenen Acker mit Gewehr und Tornister. Morgen haben wir große Marschübung mit voller Ausrüstung und am Mittwoch Bataillonsmanöver. Und dann ist ja die Zeit auch gleich zu Ende. Die Fettflecken auf diesem Bogen stammen nicht etwa von den Pfannkuchen, die es heute mittag gab, sondern vom Gewehrputzen. Wir stehen hier um ½ 6 Uhr auf, haben dann bis Mittag 11 ½ Uhr Dienst, dann wieder von 2–6 Uhr. Dann kann man ins Bett, wenn man nichts zu nähen, putzen oder schreiben hat. Die Essenseinteilung ist auch komisch. Morgens gibt es nur Kaffee und trockenes Brot, dafür zu Mittag sehr nahrhaft und meist reichlich, abends auch wieder Kaffee und entweder Käse oder Honig oder Wurst. Jedenfalls kommt man bei der Verpflegung nicht runter. Ulm ist eine hübsche, alte Stadt, soviel ich bis jetzt davon gesehen habe. Wir liegen auf einer, die ganze Stadt überblickenden Anhöhe, besonders schön ist der Blick bei Sonnenaufgang. Vom Münsterturm hatte ich neulich einen wunderschönen Alpenblick. Den

---

1 NL Anh. A 5(3); Transkription Sabine Leibholz. □ 2 N. i.

Säntis und die Bayerischen Alpen sah man deutlich. Ich muß jetzt zum Dienst; grüße alle, Hörnchen und Czeppan lasse ich sehr für ihre Karte danken. Dich grüßt sehr

Dein Dietrich

49. AN DIE ELTERN[1]

Sonntag, den 25. November 23

Liebe Eltern.

Heute am Sonntag ist bei uns nichts los. Ich werde wohl den ganzen Tag hier bleiben, denn es ist neblig und die Kaserne sieht trübselig aus. Bis jetzt war ja das Wetter ganz prachtvoll, aber nun scheint es damit endgültig zu Ende zu sein. Gestern fing es schon mit etwas Regen an. Gestern hatten wir eine sehr interessante Gelände- und Marschübung; unangenehm daran waren nur die Blasen, die ich und die meisten andern sich in den hohen Schaftstiefeln gelaufen [haben]. Aber im ganzen haben natürlich diese Übungen viel mehr Sinn für uns als das Griffekloppen und diese Sachen in den 2–3 Wochen, die wir da sind. Dein[en] Brief, liebe Mama, bekam ich gestern mit dem Geld. Vielen Dank, das Geld kam mir sehr gelegen und ich hatte auf Nachricht sehr gewartet. Daß der Becker[2] Franzose geworden, finde ich wirklich so bodenlos, daß man es gar nicht glauben kann. Über die Dauer der Ausbildung ist die Sache noch nicht im Klaren. Eigentlich hatten wir uns ja nur für 14 Tage angemeldet, es wird aber wohl doch 3 Wochen dauern, das aber als längstes, und ich halte es für möglich, daß die Ausbildung nach 14 Tagen abgeschlossen ist für solche, die gehen wollen, und dann soll, wie ich hörte, nur noch Einzelausbildung sein, d. h. etwas, was für uns ja gar nicht nötig wäre. Spätestens bin ich wieder am Donnerstag, den 6. in Tübingen. Die Pelzmütze wird kaum mehr nötig sein. Am 15. Dezember soll das Semester | aufhören, dann würde ich am 16. fahren und zu Klausens Referendar da sein. Soll ich in Tübingen irgendetwas zu Weih-

1 NL A 7,1(15); hsl. Aus Ulm. Abdruck: GS VI 40 f. □ 2 N. i. Zu der scharfen Bemerkung im Blick auf die Separatistenbewegung vgl. Brief Nr. 42 Anm. 5.

nachten für Großmama besorgen? Es ist doch näher und billiger.

Gestern traf ich einen Igel, Rektor Schott[3], der Dich, lieber Papa, gut kennt und Dich sehr grüßen läßt.

Eben höre ich, daß einer von unsern Leuten beim Maschinengewehr schwer verunglückt ist. Er wird ins Krankenhaus transportiert. Es ist der Sohn von dem Kraus[4] in Kennenburg, der auch Igel ist. Sein Knie soll ganz zerschlagen sein. Ich will nachmittag mal zu ihm gehen. Es ist scheußlich für ihn, denn er ist im 7. Semester und hat sich mit Müh und Not die 3 Wochen abgerungen.

Stresemann soll abgedankt haben[5], heißt es bei uns gerüchtweise. Man erfährt hier gar nichts Genaues.

Bitte grüßt alles sehr.

Nächsten Sonntag ist erster Advent!

Herzlich grüßt Euch Euer dankbarer

Dietrich

50. AN DIE ELTERN[1]

Tübingen, den 1. Dezember 23

Liebe Eltern!

Heute bin ich nun wieder Civilist und fühle mich auch hier wieder sehr wohl. Ich hatte schon am Mittwoch dem Leutnant gesagt, daß ich nach 2 Wochen gehen wolle, besonders nämlich auch aus dem Grunde, weil die Studenten jetzt begannen, Wache schieben zu müssen und Kasernendienst zu machen und dafür fand ich nicht gerade nötig, Semester zu schwänzen. Die 2 Wochen über war der Dienst im ganzen, glaub ich, doch ganz vernünftig. Man fing an mit den Gruppenübungen und kam dann aber doch bald zum richtigen Felddienst und zum Schie-

3 Emil Schott (1871–1932), Dr. phil., OStDir. in Ulm. Mitglied des ‚Igel' seit WS 1889/90. □ 4 Paul Kraus, stud. med., heute Prof. Dr. med. in Göppingen. □ 5 Rücktritt nach Ablehnung eines Vertrauensantrags am 23. 11. 1923.

1 NL A 7,1(16); hsl.; Abdruck: GS VI 41 ff u. teilweise DB 79 f.

ßen. Und das war ja die Hauptsache. Als am Freitag Dein Brief kam, lieber Papa, war die Sache schon ganz im Gange, ich habe ihn aber noch dazu gegeben. Was die Anstrengungen betrifft, so habe ich sie weitaus am leichtesten von allen andern Studenten in unserer Stube ausgehalten, so wunderte ich mich über Deine Nach- | richt. Gestern früh bekam ich die Entlassung und fuhr nachmittag wieder nach Tübingen, wo ich um ½ 8 Uhr hinkam. Es war ganz wunderbar, wiedermal an einem gedeckten Tisch mit Messer und Gabel zu essen und in einem Zimmer für sich in seinem eigenen Bett zu schlafen und besonders sich warm waschen zu können. Aber trotzdem merke ich, glaube ich, die 2 Wochen sehr gut, in denen ich nun nur körperlich gearbeitet habe, an den Muskeln, die man gekriegt hat, ebenso allerdings an den zerschundenen Händen. Das Wetter war ja im Ganzen schön da oben und besonders im Schnee war es landschaftlich oft sehr hübsch. Besonders schön habe ich einen Morgen in Erinnerung, wo wir noch in größter Finsternis mit einigen andern Kompanien, M. G.'s usw. in ein Manöver gingen. Da hoben sich die dunklen Umrisse wunderbar durch die aufgehende Sonne vom Schnee ab und eine halbe Stunde später waren die Alpen herrlich klar und nah zu sehen.[2]

Die Reichswehrmannschaften machen im Ganzen einen sehr guten Eindruck, fast alle allerdings stark reaktionär, aber sehr kameradschaftlich und anständig auch gegen uns Studenten. Alles wartet dort nur auf den Augenblick, wo Ludendorff mit besserer[3], d. h. Reichswehrunterstützung die Sache rausreißen wird, das reine Gegenteil zu den Leuten hier auf dem Haus, die den Ludendorff sämtlich umbringen wollen. Alle Leute sind eben heute nach irgendeiner Richtung verhetzt.

Großmama traf ich gesund an, nur das Mädchen wird immer schlimmer, es heult ohne Sinn und Unterlaß. Großmama muß von jetzt an ihre Miete in Gold bezahlen (12 Mark). Eure letzte Geldsendung habe ich bekommen, die an Christel adressiert war. Christel wollte mir übrigens irgendwas schreiben, sie soll es nur tun, ich warte drauf. – Heute mittag war ich bei Heidenhains, die Euch sehr grüßen lassen, ebenso Fräulein

---

2 Vgl. S. 86 u. 97. □ 3 „Besser" als beim Hitler-Putsch am 9. 11. 1923.

Rothmann[4]. – Großmama ist augenblicklich damit beschäftigt, die Kinder-Höschen zu stricken. Ich weiß nicht, ob als Weihnachtsgeschenk oder wie [es] sonst gemeint ist.

Ihr werdet wohl heute am 1. Advent abends irgendwas zu- | sammen unternehmen. Ich werde der Großmama Wilhelm Meister[5] weiter vorlesen, den wir noch mit dem Semester zu Ende bringen wollen. Morgen gehts endlich wieder ins Kolleg. Herzliche Grüße an Euch alle von Großmama und Eurem dankbaren

Dietrich

51. AN PAULA BONHOEFFER[1]

Liebe Mama!

Hab herzlichen Dank für Deinen Adventsgruß, der mich sehr überraschte und ebenso erfreute und Deinen Brief, der heute ankam. An Wünschen habe ich aus Großmama herausgebracht, daß sie einen Stock und ein paar Handschuhe sehr nötig hätte, an Lebensmitteln Trockenmilch. Meine Grippe ist ziemlich wieder weg. Großmama ist heute nachmittag bei Heidenhains. Ich muß eilig ins Kolleg, die übrigens am 15. aufhören, so daß ich am 17. zu Haus sein kann. Grüße bitte alles herzlich. Viele herzliche Grüße von

Deinem dankbaren Dietrich

Die Größe des Mädchens ist so wie Großmamas.

---

4 N. i. □ **5** J. W. v. Goethe, Wilhelm Meisters Lehr- und Wanderjahre.
1 NL A 7,1(17); hsl. Postkarte aus Tübingen, Poststempel: 5. 12. 1923. Abdruck: GS VI 43.

52. AN SABINE BONHOEFFER[1]

Für Sabine, bitte schnell zu befördern

Liebe Sabine!

Macht Ihr eigentlich gar nichts zu Klaus' [. . .][2] Referendar? Ich würde es ganz gern wissen. Was für ein Trio wollten wir spielen? Irgendwas werden wir doch machen. Ich allein werde nichts spielen können, denn ich bin entsetzlich raus. Bitte doch mal die Mama, wenn möglich, daß sie uns Karten für das Weihnachtsoratorium schenkt und besorge welche. Ich möchte nämlich furchtbar gern mal wieder ein schönes Konzert hören. Hier ist rein gar nichts in dieser Beziehung. Was wünschst Du Dir zu Weihnachten? Etwa so einen „Liebermann-Knackfuß"?[3] Hier gibt es einen, antiquarisch, den ich erschwingen könnte. Oder Springerle? Zimtsterne? Davon werde ich allerdings sowieso dem Papa was mitbringen. Was ich der Mama schenken soll, weiß ich noch überhaupt nicht, auch noch nichts für den Papa. Schreibe mir mal, ob Du was weißt!

Ich komme am 7. 12.[4] früh bei Euch an, wahrscheinlich sehr bepackt mit Großmamas Weihnachtsgeschenken. Wann macht Rüdiger seinen Doktor? Hat er ihn etwa schon? Also, antwortet mir mal bald auf diese vielen Fragen. Ich muß schnell weg!

Viele Grüße

Dein Dietrich

---

1 NL Anh. A 5(2); Transkription Sabine Leibholz. Datum: ca. 10. 12. 1923. □ **2** Unl. □ **3** U. L., wahrscheinlich: H. Knackfuß/M. G. Zimmermann, Allgemeine Kunstgeschichte, Bielefeld und Leipzig 1914. □ **4** Muß heißen: 17. 12.

53. AN DIE ELTERN[1]

den 12. 12. 23

Liebe Eltern!

Heute bin ich gleich, als Eure Karte kam, zum Ba.[2] gegangen und die Sache hat sich ganz gut gelöst. Er gab zu, daß es ein Irrtum sei und bat sogar ganz ängstlich um Entschuldigung. Er hatte anscheinend ein furchtbar schlechtes Gewissen und Fräulein Ba. wußte sich gar nicht zu lassen vor Freundlichkeiten und Entschuldigungen. Ich glaube allerdings, daß er das nächstemal die Sache geradeso versuchen wird und Großmama wirklich kein angenehmes Leben mit ihm hat.

Ich habe mir jetzt überlegt, daß ich ja geradesogut schon am Sonnabend wie am Sonntag fahren kann, da ich Samstagnachmittag doch kein Kolleg mehr habe. Außerdem komme ich dann nicht um mein warmes Bad, wonach ich mich sehr sehne. Zudem bekam ich von Czeppans eine schriftliche Einladung zu ihrem großen Fest, so daß ich da vielleicht auch noch hingehe.

Großmama hatte in den letzten Tagen Hexenschuß. Heute geht es besser. Sie macht sich viel zu schaffen mit Weihnachtsvorbereitungen und läßt sich nicht davon abbringen. Sie sagt immer, man halte sich am ehesten widerstandsfähig, wenn man ordentlich mittäte, so geht sie auch noch viel auf Besorgungen und Besuche.

Übrigens hat unser Mädchen Schuhnummer 40–41; sie ist eine sehr überproportionierte Gestalt, so stimmt das zu ihrer Größe.

Bitte grüßt Rüdigers sehr, es würde uns interessieren, wann er seinen Doktor macht. Ich freue mich sehr bis ich wieder bei Euch bin. – Großmama läßt auch sehr schön grüßen. Euch alle, auch Tante Elisabeth sehr, grüßt herzlich Euer dankbarer

Dietrich

Schlüssel und Wecker[3] habe ich!

---

1 NL A 7,1(18); hsl. Postkarte aus Tübingen. Abdruck: GS VI 43. ☐ **2** Vgl. Brief Nr. 42 ☐ **3** U. L.

54. AN SABINE BONHOEFFER[1]

5. Februar 24

Liebe Sabine!

Diesmal will ich Dir ausführlicher schreiben als zu Deinem Geburtstag. Die Eltern sagen[2], Du habest mir auch geschrieben, bis jetzt ist leider noch nichts da. Ich habe allerhand fabelhafte Herrlichkeiten bekommen, von den Büchern wirst Du ja wissen, aber noch etwas, das Du gar nicht erwartest, nämlich eine prachtvolle Guitarre! Du wirst mich wohl sehr beneiden, denn sie | hat einen wunderbaren Klang. Papa hatte mir nämlich 50 Mark geschenkt für irgendetwas, was ich noch haben wollte und da habe ich mir eine Guitarre gekauft und bin sehr froh darüber. Und damit Du nicht aus dem Schrecken herauskommst, will ich Dir gleich noch das nächste, ganz Unglaubliche schreiben. Denk bloß mal, es ist nicht ausgeschlossen, daß ich das nächste Semester – in Rom studiere!! Es ist ja natürlich noch gar nicht sicher, aber es wäre doch überhaupt das fabelhafteste, was mir blühen könnte. Ich kann mir's noch gar nicht vorstellen, wie schön das wäre! Die Eltern wollen sich bei Axel Harnack[3] erkundigen und jedenfalls denken sie doch ernsthafter dran. Es wäre ganz unglaublich! Redet Ihr alle doch ordentlich zu, und seid nicht allzu neidisch dabei. Ich erkundige mich hier auch schon überall und alle Leute reden zu, es sei so billig. Papa meint immer, ich solle es doch später machen, aber ich habe schon durch den Gedanken eine solche Lust dazu, wie ich sie, glaube ich, gar nicht größer haben kann. Also tu Du das Deinige, damit was draus wird; ich würde dann über Ostern wohl gar nicht heimkommen, damit die Reise nicht so maßlos wird und gleich von hier hinfahren. Sprich zu Haus nur oft davon, damit ist der Sache schon geholfen und horche Dich doch auch um.

---

1 NL A 7,2(4); hsl. Aus Tübingen. Abdruck: GS VI 43 f. □ 2 Die Eltern besuchten B zu seinem Geburtstag in Tübingen, da er beim Eislaufen gestürzt war und eine Gehirnerschütterung erlitten hatte; vgl. DB 83. □ 3 Axel v. Harnack (1895–1974), Sohn von Adolf v. Harnack, Bibliotheksrat zunächst an der Preuß. Staatsbibliothek Berlin, seit 1944 in Tübingen. Seit 1947 Dozent der Bibliothekswissenschaft. Er hatte sich eine Zeitlang in Italien aufgehalten.

Wir haben den gestrigen Tag sehr nett gefeiert, d.h. wir haben ja nicht Größeres unternommen, aber gemütlich beisammen gesessen und ab und zu an Rom gedacht! Ihr werdet ja sicher in größerem Maßstabe was unternommen haben. Dabei hätte ich tatsächlich fast vergessen, Dir für Deine fabelhaften Anstrengungen zu danken, so verschiedenartig und meinem Geschmack entsprechend hast Du Dich betätigt, daß es ja fabelhaft ist. Alles andre werden Dir ja die Eltern erzählen. Mir geht es wieder ordentlich. Nach dem Kolleg treffe ich mich mit den Eltern bei Walz[4].

Grüß alles sehr, ich kann unmöglich an alle heute noch was anderes schreiben. Dank ihnen einstweilen in meinem Namen. Wir freuen uns auf Rüdiger. „Wer weiß wann wir uns wiedersehen?!" Sei herzlich gegrüßt und beneide nicht allzu sehr

Deinen Dietrich

Grüß bitte Grete[5] sehr schön.

55. AN DIE ELTERN[1]

12. Februar 1924

Liebe Eltern!

Endlich habe ich auf dem Asta den Studenten getroffen, der für Leute, die im Ausland studieren wollen, da ist. Zufällig | ist es grade einer aus der Nähe von Rom gewesen und er konnte mir sehr gute Auskunft geben; also erst das Unangenehme: In Rom gibt es keine Semestereinteilung, sondern das Jahr läuft vom 1. November – 1. November nächsten Jahres, so würde es also Schwierigkeiten haben, das Semester angerechnet zu kriegen. Dann das Angenehme: Erstens es sei also tatsächlich das Studium dort viel billiger; als Ausländer habe man für die Gebühren komischerweise weniger zu bezahlen; das Wohnen sei ganz billig und einfach, was zu bekommen, Essen ebenfalls; außerdem seien sehr viel Deutsche da. Es gäbe dort eine italienische,

---

4 Konditorei und Café in Tübingen, Kronenstr. 19. □ **5** Grete v. Dohnanyi.
1 NL A 7,1(19); hsl. Aus Tübingen. Abdruck: GS VI 44 f.

d. h. päpstliche Universität und das Germanicum[2], auf welche beide man zugelassen würde. Der Student will nun gleich hinschreiben und sich nach allem noch einmal genau erkundigen. Das Reisen innerhalb Italiens sei billiger, nur das Visum sei teuer, 15–20 Mark. Er riet mir, nicht in einem Hospiz zu wohnen, sondern in einer Bude, das sei billiger und sicherer mit den Sachen, die einem im Hospiz gestohlen würden. – Im Ganzen, meinte er sogar, werde das Studium nicht teurer werden als hier, und das behauptete er sicher zu wissen.

Ich bin sehr gespannt zu hören, was Ihr jetzt zu der Sache denkt. – Ich habe hier einen Igel[3], der vielleicht auch hingeht, das ist aber auch noch sehr unsicher.

Großmama geht es ordentlich, die Tage haben sie auffallend wenig strapaziert. Rüdiger reist in 1 Stunde und ich sitze in der Bibliothek in einer Zwischenstunde. – Bitte schreibt doch bald!

Herzlich grüßt Euch und Alles Andre Euer dankbarer

Dietrich

56. AN DIE ELTERN[1]

Tübingen, den 18. Februar 1924

Liebe Eltern!

Gestern und vorgestern war ich mit dem Held[2] im Schwarzwald vom Kniebis zur Hornisgrinde[3] hin. Es war ganz prachtvoll und ebenso billig. Es war der letzte freie Sonnabend-Sonntag, den wir hier sind – denn am nächsten werden wir

---

2 Pontificia Universitas Gregoriana; päpstl. Universität, 1551 von Julius III. auf Anregung von Ignatius v. Loyola als ‚Collegium Romanum' gegr. – Und: ‚Collegium Germanicum', dt. Priesterseminar, 1552 von Julius III. gegr. und der Leitung der Jesuiten unterstellt. □ **3** Udo Weynand.

1 NL A 7,1(20); hsl.; Abdruck: GS VI 45 f. □ **2** Robert Held (geb. 1905), jur. Studium in Tübingen und Berlin (WS 1924/25 und SS 1925), Dr. jur., Rechtsanwalt und Steuerberater, lebt in Stuttgart. □ **3** Kniebis, Hochfläche im nördl. Schwarzwald, östl. von Offenburg; Hornisgrinde, 15 km nordwestl. davon bei Achern.

wohl die Wagenfahrt von den 50 Mark machen und am übernächsten fahre ich ja schon nach Haus –, und den wollten wir noch ausnützen. Das Wetter war schön, oben lag ungeheuer tiefer Schnee, so daß man nichts als das glitzernde Eis und den blauen Himmel sah. Die Bäume waren vollständig in Eis gehüllt, so sah man nur noch ganz phantastische Gestalten sich gegen den Himmel abheben.

Daß Klaus jetzt schon nach Italien geht, ist ja wunderbar, besonders daß er gleich bis Neapel runter geht. Ich warte immer gespannter auf Nachricht aus Rom, sowohl von Euch, als von hier aus, wo sich der Mann vom Asta ja erkundigen wollte. Es wäre mir natürlich sehr angenehm, wenn ich bis | Semesterschluß irgendwas Bestimmtes erfahren könnte, damit ich hier auch Bescheid sagen kann. Eben kam Deine Karte, liebe Mama; daß Axel Harnack an den deutschen Geistlichen[4] schreiben will, wird ja sicher ganz gut sein. Pressel[5] geht in den Osterferien auch hin mit einer kleinen Tübinger Reisegesellschaft.

Übrigens habe ich mich für Karl-Friedrich erkundigt nach seinem Balten. Seine Adresse ist also: Dr. N.[6] Walker, Derendingen, bei Eckhof. – Der Sabine lasse ich schön für ihren Geburtstagsbrief und das Gedicht danken. Vielleicht schreibe ich ihr noch mal, aber vielleicht schiebe ich es auch bis in 14 Tagen auf.

Ich bin in großen Überlegungen, wie ich meine Laute transportieren soll, denn ich habe doch sowieso schon zwei Koffer und einen Rucksack, vielleicht werde ich den einen Koffer doch aufgeben müssen, dann kann ich mir auch das Paketschicken ersparen.

Großmama ist wohl und läßt Euch herzlich grüßen. Du, liebe Mama, bist hoffentlich bald wieder in Ordnung; hier ist die Grippe noch nicht wieder hergekommen.

Viele herzliche Grüße Euch und dem ganzen Haus von Eurem dankbaren

Dietrich

---

4 Pastor Dr. Ernst Schubert, Pfarrer der dt. Gemeinde in Rom (vgl. Nr. 71). □ **5** Vgl. Brief Nr. 33 Anm. 4. □ **6** U. L., vielleicht: „W.“.

c) Italienische Reise. April – Juni 1924

57. ITALIENISCHES TAGEBUCH[1]

Tagebuch

Abfahrt von Berlin am 3. April abends. Die Vorbereitungen waren getrübt durch Ursels Krankheit[2]; italienische Stunden nahm ich bei R. Czeppan[3] und konversierte manchmal mit Tante Elisabeth. Den Bädeker[4] konnte ich bei Antritt der | Reise auswendig. Der erste Gedanke an meine Reise entstand im Krankenbett in Tübingen, wo ich die Nachricht bekam, die Eltern würden nach Rom fahren. Kaum in Tübingen angekommen, wurde ihnen der Plan unterbreitet und sie waren nicht ganz abgeneigt, so daß ich weiter an meinen Plänen spann und Reisegenossen suchte. Weynand wollte der einzige Getreue werden, aber auch er ließ mich im Stich. So ging es am dritten April denn endlich los. In Berlin hatte ich eine Arbeit begonnen, die ich in Rom fortsetzen werde.[5]

Die Fahrt ging über München, Kufstein, Brenner, Bozen, Verona, Bologna, Florenz, nach Rom. Wenn man zum erstenmal die Grenze nach Italien überschreitet, ist es einem eigenartig zumute. Die Phantasie fängt an, sich in Wirklichkeiten zu verwandeln. Wird es wirklich schön sein, alle seine Wünsche

---

1 NL A 8; hsl.; 3. 4.–4. 6. 1924. Abdruck: GS VI 58–90. – Die Tatsache, daß von der Italienreise sowohl Briefe als auch ein Tagebuch erhalten sind, lädt zum parallelen Lesen gleichzeitiger Texte ein. Während das Tagebuch von B für die Aufnahme unmittelbarer Eindrücke und Einfälle benutzt wurde, geben die Briefe und Karten bereits das Ergebnis einer ersten Sichtung wieder (vgl. etwa die Tagebucheintragungen zur Osterwoche und den gleichzeitigen Brief an die Eltern S. 92 f u. Nr. 61, und besonders die Briefe aus Nordafrika Nr. 65 u. 66 mit dem Tagebuch S. 100 f). Die Briefe an die Eltern enthalten z. B. nichts von dem im Tagebuch mehrfachen erwähnten „Schreck", von der Situation „ohne Maßstab" (S. 101) des Aufenthalts in Libyen. Um den Vergleich zu erleichtern, sind an den entsprechenden Stellen Verweise auf zeitgleiche Texte eingetragen. ☐ **2** Schweres Wochenbettfieber. ☐ **3** Vgl. den Brief Nr. 75. ☐ **4** B benutzte K. Baedeker, Mittelitalien und Rom, [13]1903. ☐ **5** Titel und Inhalt unbekannt.

erfüllt zu sehen? Oder wird man nicht vielleicht doch sehr ernüchtert nach Hause kommen? Aber die Wirklichkeit ist eben immer noch schöner als die Phantasie; das zeigte sich zum erstenmal beim Bozener Rosengarten. Aus der winterlichen Alpenlandschaft tritt man wie mit einem Schlag hinaus in ein mächtig weites, üppig blühendes Tal, und in der Ferne sah man im Abendrot die Dolomiten herrlich schön. In Bozen umsteigen. Der Zug war nun zum erstenmal voll von Italienern. Es war wieder Nacht geworden. Im Wagen herrschte sehr vergnügtes Treiben. Die Italiener sind liebenswürdig zu den Fremden und schwatzen gern mit ihnen. Um 2 Uhr nachts kamen wir nach Bologna. 4 Mann hoch (darunter ein katholischer Theologe und ein Bankmann[6]) zogen wir in die Stadt, wo noch ziemlich Lebhaftigkeit herrschte. Bald trafen wir einen Mann, den wir um eine Straße anfragten und der uns selbst durch die ganze Stadt führte. Auf der Hauptstraße große Kolonnaden, dann an den Dom, Markt- | platz, schöner klarer Mondschein. Es war ganz wunderschön. Mit diesem Mann hatte ich meine erste italienische Unterhaltung, es ging zu meinem Erstaunen ganz gut. 7 Uhr morgens Florenz, dann endlich 2^{20} in Rom. Schon vor der Einfahrt sieht man St. Peter liegen, ein seltsamer feierlicher Augenblick. Auf dem Bahnhof schon begann allerdings die Gaunerei. Auf unserer Droschke, begleitet von einem italienischen Jungen, für den wir nachher mitbezahlen mußten und der selbst ein hohes Trinkgeld verlangte, wenn auch nicht bekam, kamen wir auf dem Pincio[7] in die Via Lazio. Dort wurde uns als erstes mitgeteilt, daß unser Zimmer seit zwei Tagen bereit stehe und „fara prezzo"[8]. Nach diesem Beginn Besuch bei Signora Jocca[9] und Axel von Harnack. Beide nicht zu Hause.

Dann zum erstenmal nach St. Peter. Der erste Eindruck ist hier nicht der größte, wie immer, wenn man sich etwas jahrelang ausgemalt mit den buntesten Farben der Phantasie und es

---

6 Außer dem Bankkaufmann, Klaus und Dietrich B., die die Reise gemeinsam machten, der kath. Priesterseminarist Platte-Platenius (n. i.). □ **7** 1890 ff angelegter Park auf dem nördlichsten Hügel Roms, oberhalb der Piazza del Popolo. □ **8** Dt.: „entsprechend zu bezahlen sei". □ **9** Deutsche Ehefrau eines Italieners, die den Brüdern als Kontaktadresse empfohlen war.

nachher in Wirklichkeit viel natürlicher sieht. Immerhin ist man schon vom ersten Anblick überwältigt. Das Fehlen der Sitzbänke läßt die Architektonik viel gewaltiger heraustreten. Die Kuppel mit dem „Tu es Petrus . . ." ist das erste, was einem aus der Größe klar zu Bewußtsein kommt, sonst ist eine einheitliche Anschauung noch nicht zu bekommen.[10]

Um 7 nach Hause durch ungeheures Getriebe auf den Straßen, Autos in rasendem Tempo, Ausschreier, bei deren Rufen man an furchtbare Hilferufe denkt, Kinder mit ihrem „Santo". Ein Kind wirft eine Kupfermünze in die Luft, ruft „Santo", lupft die Mütze und hofft auf einen guten Ausgang des Wurfes. Je nach der oben liegenden Seite gehört die Münze ihm oder dem Mitspieler; die Läden bis auf die Straße gebaut, Frauen mit Blumenkörben, die bunten Ölwagen, mit großem Geschrei und Geschicklichkeit durch die Menge jon- | gliert, verwirren einen, sogar wenn man aus Berlin kommt, und machen einem das Zurechtfinden nicht leichter. Endlich pünktlich nach Haus gekommen, wagten wir uns nach dem Essen noch einmal in die Stadt. Je später es wird, desto größer wird das Getöse auf den Straßen, das schlimmste sind die Autos in den engen winkligen Straßen.

Sonntag den 6. war unser erster Gang zum Kolosseum. Das ist allerdings ein Bau von solcher Wucht und Schönheit, daß man schon beim ersten Anblick glaubt, nie so etwas gesehen zu haben, noch sich überhaupt habe vorstellen können. Die Antike ist ja gar nicht tot, das Wort Πᾶν ὁ μέγας τέθνηκεν[11] ist falsch, das wird einem ganz klar nach wenigen Augenblicken. Das Kolosseum ist umwachsen, umrankt von üppigster Vegetation, Palmen, Zypressen, Pinien, Kräuter und allerlei Gras; fast eine Stunde habe ich dort gesessen, dann ging es ins Forum. Es war geschlossen, wegen der Wahlen. Aber schon von außen war der Eindruck gewaltig. Der Blick von dem Severusbogen[12] auf den Palatin nahm mich die ganze Zeit gefangen. Ich ging nach

---

10 Dt.: „Du bist Petrus. . ." (nach Mt 16, 18). – Vgl. Postkarte an die Eltern vom 6. 4. 1924 (Nr. 58). □ **11** Dt.: „Der große Pan ist tot" (Plutarch, Moralia 419 B-E). Siehe auch PAM I 148. □ **12** Ehrenbogen des Kaisers Septimius Severus (193–211), erbaut 203, an der Ostseite des Forums.

Hause immer wieder mit dem Gedanken: „der große Pan ist nicht tot“.

Nachmittag Einladung bei Signora Jocca. Zu meinem großen Schrecken auf eine ganze Stunde mein sämtliches Reisegeld verlegt, und so zu spät zur Einladung. Dort noch Mutter und Junge. Unterhaltung halb Deutsch, halb Italienisch. Kleiner Spaziergang. Überall Autos mit Fascisten, die Flugblätter auf die Straßen warfen.

Montag nachmittag. Peterskirche mit unserem Reisekameraden, dem Priesterschüler. *Montag* vormittag Forum und Palatin. Der Palatin ist nach dem Pincio wohl der schönste Ort in Rom, die herrlichen Anlagen, die weite Aussicht, die antiken Baureste, oft noch gut erhalten, machen die Gegend märchenhaft. Danach das Kapitol, das mich enttäuschte, in | seinem Renaissancestil. Warum hat man nicht die paar alten Trümmer da gelassen mit der großen Freitreppe, es wäre noch immer schöner gewesen als dieser Neubau an solchem Orte. Zwischen Antike und ihrer ‚Wiedergeburt‘ ist eben doch ein gewaltiger Unterschied.

Dienstag Nachmittag das Pantheon. Dieser von außen so wunderbar einheitliche Bau ist innen von einem der seltsamerweise nicht seltenen stil- und geschmacklosen Päpste entsetzlich zugerichtet. (Ich bin froh, daß der Zugang Eintritt kostet!) So wird einem leider die Wirkung des Ganzen stark beeinträchtigt. Dann zu Signora Jocca. *Dienstag* Vormittag Thermenmuseum mit Bab's[13]. Am meisten beeindruckte mich ein Fragment einer schlafenden Furie, nur noch der Kopf als Relief erhalten und das Original des Aristoteles. Nachmittag S. Pietro in Vincoli[14] mit dem Moses von Michelangelo, der mir nicht besonders gefiel. Es wird hier die Kette gezeigt, mit der Petrus gefesselt worden sein soll. Darauf in die weit schönere S. Maria Maggiore.[15] Große Basilika. Es war gerade Vesper von Kanonikern gehalten. Ich stahl mich in die Ecke von der kleinen Seitenkapelle und konnte alles verfolgen. Danach Klaus nach Haus, ich noch kurz nach St. Peter. Vor dem Eingang wird man

---

13 N. i. □ 14 Dreischiffige Basilika (442), im 15. Jh. erneuert. □ 15 Eine der fünf Patriarchalkirchen, 5. Jh., im 16./17. Jh. umgebaut; Mosaiken aus dem 5. Jh.

jedesmal ernüchtert durch irgendeinen frechen Händler, der einem seine Sachen andrehen will. Ich erhandelte mir hier 20 Karten für 2 Lire = 40 Pfennig. – Das Wetter ist leider unbeständig, bald Regen, bald Sonne.

Mittwoch (vatikanische Sammlungen, nicht mehr dazu gekommen) Sixtina, furchtbare Fülle. Nur Ausländer, trotzdem der Eindruck unbeschreiblich. – Nachmittag Pincio, herrlichste Aussicht. Ponte Molle[16] nichts mehr zu sehen von hübscher Aussicht. – Abends Axel abgefeiert an der Fontana Trevi[17], in einer Trattoria, Guitarrespieler usw. |

Donnerstag, den 10. 4. Santa Maria sopra Minerva.[18] Michelangelo und Bernini am Altar, jeder einen Christus mit dem Kreuz.[19] Außerdem Lippi u. a. Die Kirche ist gotisch, was hier sehr auffällt. Nachmittag Laterankirche. Nur der Teil hinter der Konfessio für meinen Geschmack schön, die Propheten[20] aus der Berninischen Schule nehmen dem sehr hell gehaltenen Raum das Mysteriöse; danach Kallistus-Katakomben[21] mit schlechter Führung eines Dominikaners, dann noch Via Appia. – Abends mit unsern Pensionsgenossen; ein Russe, Levintoff, spielte sehr gut Klavier, dabei seine Braut, Italienerin, Schwägerin, Griechin, deren Freundin, Französin, und 2 Freunde und unsre deutsch-russische Tischgenossin.

Freitag früh: Villa Borghese. Die unteren Säle sind schlecht eingerichtet, oben sind fabelhafte Originale; Tizian: Himmlische und irdische Liebe, Raffael: Grablegung u. a., Leonardo, Andrea del Sarto und Niederländer.

Erst heute habe ich mich entschlossen zu schreiben; bis jetzt war man vom vielen Sehen zu müde. Heute nachmittag auf dem Trajansforum. Die Säule ist herrlich, aber das andere sieht aus

---

16 Ponte Milvio, gen. Ponte Molle, für die Via Flaminia 220 v. Chr. erbaut, 109 in Stein erneuert; 312 erfocht hier Konstantin den entscheidenden Sieg über seinen Gegner Maxentius. □ **17** Fontana di Trevi, monumentaler Barockbrunnen. Wer in das Brunnenbecken eine Münze wirft, kehrt nach volkstümlicher Überlieferung gewiß nach Rom zurück. □ **18** 800 auf den Trümmern von Domitians Minervatempel erbaut, 1280 erneuert; Roms einzige mittelalterliche Kirche gotischen Stils. □ **19** Von Michelangelo stammt nur ein Christus; ein Johannes d. Täufer von unbekanntem Künstler. □ **20** Es handelt sich um Apostel. □ **21** An der Via Appia, mit mehreren Papstgräbern aus dem 3./4. Jh.

wie ein abgepflückter Gemüsegarten. Ich war nach meinen großen Erwartungen nach Bädeker sehr enttäuscht, und wir hatten nicht Eiligeres zu tun, als uns in die Bahn zu setzen und nach San Paolo fuori le mura[22] zu fahren. Eine herrliche alte Basilika, leider oft restauriert, im Bau genau wie der Lateran: 5 Lang- und 1 Querschiff, die Apsis hier etwas kleiner. Im Ganzen ist diese Kirche viel stilreiner und einheitlicher als der Lateran[23], auch dunkler gehalten; als wir hereinkamen, hörte man aus einer Nebenkapelle Orgelspiel | und Gesang. Es war schon gegen Abend und sehr stimmungsvoll. Herrlicher Kreuzgang; die alle voneinander verschiedenen Säulen mit mühseligster Mosaikarbeit geziert. Der Eindruck ist etwas orientalisch. – Darauf gingen wir noch ein Stück auf der Via antica Ostiensis und beobachteten einen großartigen Sonnenuntergang. Die Sonne ging vom grellsten Gelb allmählich ins Rötliche, Bläuliche über. Es entstanden merkwürdige Wolkenfärbungen. Große gerissene Fetzen schillerten bald ganz ins Rote, der Himmel wurde tiefblau und die Wolken schwarz, davor die noch als tiefgrün zu unterscheidenden Zypressen und Pinien und die im Abendlicht immer gelblich erscheinenden Häuser der Stadt.

Ich habe aber bisher noch nichts geschrieben von unsrer Wohnung. Wir wohnen in einem sauberen Hause in unmittelbarer Nähe des Pincio, auch das Zimmer ist nett und säuberlich. In den Betten muß man wohl in Italien frieren, ich tue es zwar nicht, aber sonst alles. Leider sind wir an Mahlzeiten gebunden, sonst würden wir öfter in eine Trattoria gehen; dem Preis und der Abwechslung zuliebe. Unsere Wirtsleute sprechen nur Italienisch, was mir sehr gelegen ist, zumal da Klaus mir nicht die Gelegenheit zu sprechen nimmt, er hält sich in vornehmer Unkenntnis der Sprache. Bei Tisch ist der Turmbau zu Babel leibhaftig da: Italiener, Russen, Griechen, Franzosen, Engländer, und wir Deutschen. Am meisten Sprachen beherrschen die Russen, am schlechtesten die Engländer, dann die Deutschen.

---

22 Eine der fünf Patriarchalkirchen, 324 unter Konstantin erbaut; nach einem Brand 1823 nach den ursprünglichen Plänen neu errichtet. □ **23** S. Giovanni in Laterano, Patriarchalkirche, von Konstantin gegründet; heutige barocke Gestalt Mitte des 16. Jh.

Sonnabend den 12. Als wir aufstanden, Regenwetter, ein bißchen im Heiler[24] gelesen; dann hellte es sich auf, und wir gingen in Maria dei Capuccini[25], ein großer Gang mit mehreren einzelnen Abteilen ist hier ausgeschmückt mit den Ge- | beinen von 4000 toten Mönchen; manche sind als ganz eingetrocknete Leichen noch aufgesetzt und mit den Gebeinen der anderen umrahmt, wohl die Äbte.[26] Seit 1627 ist das begonnen, 1870 vom Staat verboten. Der katholische Auferstehungsgedanke scheint durchkreuzt (siehe Ketzerverbrennung). Die religionsgeschichtliche Vorgeschichte muß ich erkunden. – Dann Palazzo Barberini[27] mit wenigen, aber umso schönern Sälen: Andrea del Sarto, Reni, Tizian. Die Niederländer kann man in solcher Umgebung nicht begreifen. Während mir in Berlin doch der rechte Sinn für italienische Malerei, wie ich erst jetzt merke, gefehlt hat, so fehlt er mir hier für die in Berlin von mir am meisten geliebten Niederländer. Es ist seltsam, wie schnell die andere Atmosphäre, Flora und sonstige Umgebung sich selbstverständlich macht und einen ganz heimatlich anmutet.

Nach Haus gekommen fand ich unsre Rechnung vor, die mich sehr entzückte, denn sie war um ⅓ kleiner als ich gedacht hatte, so konnte ich ohne Bedenken in die nächste Woche gehen. Vor Freude gingen wir in eine Trattoria an der Fontana Trevi und tranken zusammen mit Maria Weigert einen ausgezeichneten Vino Bianco und aßen Landkäse. Dann wieder mal aufs Forum, wo ich auf einer umgestürzten Säule eine Stunde in herrlichsten Träumen zubrachte, der Himmel war klarblau geworden, davor nur die drei Säulen des Castor- und Polluxtempels, außerdem einen guten schweren Landwein im Magen, alles das verhalf zu einer herrlichen Stunde, die mich ganz in die Antike versetzte. Dann Palatin mit schönster Aussicht. Der Sonnenuntergang auf dem Pincio ist aber noch schöner; Droschkenfahrt nach dem Pincio, dort um ¼ 8, als schon die

---

24 Friedrich Heiler (1892–1967), Prof. für vergleichende Religionsgeschichte in Marburg, urspr. kath., konvertierte 1919 in Schweden unter Söderbloms Einfluß. Gemeint ist wahrscheinlich „Der Katholizismus" (1923). □ **25** Sa. Maria della Concezione (1624), eine Kirche der Kapuziner. □ **26** Die Kapuziner bezeichnen ihre Oberen nicht als Äbte. □ **27** 1626 von Carlo Maderna begonnen, 1633 von Borromini und Bernini vollendet; enthält die Galleria Nazionale d'Arte Antica.

Dämmerung stark hereinbrach. Der Tageshimmel ist hier nicht sehr von der Färbung bei uns unterschieden, erst der Nachthimmel oder vielmehr der der | Dämmerung, wenn das tiefe Blau den Hintergrund für leuchtende Orangenbäume bietet, ein violettes Blau, wie wir es gar nicht kennen. – Es ist schon wieder ½ 11 Uhr geworden, eben habe ich noch zum Schluß ein Viertelchen Wein mit Klaus zusammen getrunken. – Morgen früh Messe in der Peterskirche, ich freue mich sehr.

Palmsonntag. Ich sitze im Kolosseum bei herrlichem Wetter, es ist 4 Uhr. Heute vormittag von 10–½ 1 Uhr Messe in St. Peter, von einem Kardinal gehalten. Das unglaublichste war der Knabenchor. Zum Teil haben sie ausgebildete Stimmen wie Frauen, es sollen Kastrierte[28] sein. Zum Teil aber noch herrliche ausgesprochene Kinderstimmen. Mit dem Berliner Domchor ist der Vergleich lächerlich. Der Palmsonntag steht in der katholischen Kirche schon ganz unter dem Eindruck der Passion, die ganze Passionsgeschichte wird verlesen im Wechselgespräch zwischen Evangelisten, Jesus, Pilatus usw. und Chor. Bei uns ist Palmsonntag doch eher der Tag der höchsten Freude, wenn natürlich auch der Gedanke an das Kommende, aber doch nur unwillkürlich, mitspricht. Am Altar standen außer dem Kardinal noch viele hohe Geistliche, Seminaristen, Mönche. Fabelhaft wirkt die Universalität der Kirche, Weiße, Schwarze, Gelbe, alle in geistlichen Trachten vereint unter der Kirche, scheint doch sehr ideal. Bei der großen Prozession wurden die Palmen gesegnet: große, gelbe, geflochtene Zweige. Ich hatte das Glück, neben einer Katholikin zu stehen, die das Messebuch hatte, so daß ich alles verfolgen konnte. Herrlich war das Credo des Chors und darin das ja fast in allen Messen schönste conceptus de spiritu sancto natus ex Maria virgine[29], die Stimmen waren hier so zart und klangvoll, wie ich es wohl nie gehört | hatte. Ich muß jetzt nach Trinità dei Monti[30] zum Nonnenvespergesang.

---

28 Die Aufnahme von Kastraten in den sixtinischen Chor war unter Leo XIII. (1878–1903) verboten worden. □ **29** Dt.: „Empfangen von Hl. Geist, geboren aus der Jungfrau Maria". – B zitiert hier das Apostolicum; wahrscheinlich wurde aber der nicänische Text gesungen: „Incarnatus est de Spiritu Sancto ex Maria virgine" („Fleisch geworden vom Hl. Geist aus der Jungfrau Maria"). □
30 Auf dem Pincio gelegene, 1495 gestiftete franz. Kirche St. Trinità dei Monti.

Schon wieder habe ich 2 Tage ausgesetzt mit Schreiben! Also am Sonntagnachmittag in Trinità dei Monti. Es war fast unbeschreiblich. Um 6 Uhr kamen etwa 40 junge Mädchen, die Nonnen werden wollen, in feierlichem Zuge, Nonnenkostüme mit blauer oder grüner Schärpe, hineingezogen. Die Orgel setzt ein und mit unglaublicher Einfachheit und Anmut singen sie mit großem Ernst ihren Vespergesang, während am Altar ein Priester amtiert. Der Eindruck war bei diesen Novizinnen[31] noch viel größer, als er bei richtigen Nonnen gewesen wäre, weil so jegliche Spur von Routine fehlte, ja der Ritus nicht mehr nur Ritus war, sondern Gottesdienst in wahrem Sinne. Das Ganze machte einen unerhört unberührten Eindruck tiefster Frömmigkeit. Als sich nach dem halben Stündchen die Tür wieder öffnete, hatte man den herrlichsten Blick über die Kuppeln von Rom bei untergehender Sonne. Ich ging nun noch etwas auf dem Pincio spazieren. Der Tag war herrlich gewesen, der erste Tag, an dem mir etwas Wirkliches vom Katholizismus aufging, nichts von Romantik usw., sondern ich fange, glaube ich, an, den Begriff ‚Kirche' zu verstehen.[32]

Montag, den 14. Vormittag im Vatikan nur Antike, allein. Gleich als erstes konnte ich mich nicht in den Anfangssälen aufhalten, sondern ging vor Begierde gleich ins Belvedere. Als ich da zum erstenmal den Laokoon sah[33], durchfuhr mich tatsächlich ein Schrecken, denn er ist unglaublich. Ich habe lange Zeit hier und beim Apollon[34] zugebracht, dann mußte ich mich aber losreißen zu den anderen Sachen. Ich will hier nicht aufzählen. Der Perikleskopf war fabelhaft, aber noch vieles andre. |

Nachmittag Maria Maggiore, großer Beichttag, alle Beichtstühle besetzt und von Betenden umdrängt. Man sieht hier so erfreulich viel ernste Gesichter, bei denen alles, was man gegen den Katholizismus sagt, nicht zutrifft. Auch Kinder beichten

---

31 Wahrscheinlich nicht Novizinnen, sondern Schülerinnen des Internats der franz. Sacré Coeur-Schwestern im Kloster (vgl. Baedeker, a. a. O.; s. auch WEN 245); den Gesang an diesem Ort hat bereits Felix Mendelssohn-Bartholdy gerühmt. □ **32** Vgl. Nr. 93 und PAM I 165 f. □ **33** Marmorgruppe des Agesandros, 1. Jh. n. Chr. (vgl. WEN 218 u.238). □ **34** Apollo von Belvedere, von Leochares, um 350 v. Chr.

mit wirklicher Inbrunst, das ist sehr ergreifend zu sehen. Die Beichte ist für viele von diesen Leuten kein ‚Muß' mehr, sondern Bedürfnis geworden. Die Beichte muß nicht zur ‚Skrupulosität' führen, so oft das vorkommen mag und gerade bei den Ernstesten immer wieder wird. Sie ist auch nicht nur Pädagogium, sondern für primitive Menschen die einzige Möglichkeit, mit Gott sprechen zu können, für religiös Weiterblikkende die Vergegenständlichung der Idee der Kirche, die sich in Beichte und Absolution vollzieht.

Dienstag, den 15. Vormittags kapitolinisches Museum. Begeistert hat mich die lupa Capitolina und der Dornauszieher[35] am meisten. Außerdem ist ein glänzender Kopf einer „Vecchia"[36] da, sonst ist das Museum meinem Geschmack nach nicht so gewaltig, d. h. der „sterbende Gallier" ist nicht zu vergessen. – Nachmittags wieder Maria Maggiore. Ich traf hier zum 2. Mal einen kleineren Jungen, der hier mit seinem Vater hinkam, um zu beichten. Offenbar hatte er etwas bei der vorigen Beichte vergessen, er kam das zweitemal recht aufgelöst vom Beichtstuhl zurück, oder der Vater erzieht das Kind geradezu zum Skrupulanten, das größte Verbrechen, was man an einem Kinde tun kann in kirchlicher Beziehung. Ich werde wohl oft in diese Kirche gehen, mehr um kirchliches Leben zu beobachten als aus künstlerischen Gesichtspunkten, obwohl sie auch hierin mit zum Schönsten gehört.

Mittwoch, den 16. Vormittags waren wir zusammen in der Villa Farnesina, die Raphaels anzusehen.[37] Sie sind scheußlich renoviert mit einem Hintergrund in preußisch-blau, so fällt es einem schwer, sich dafür zu begeistern. Im Nebensaal die „Galathea", die ganz besonders schön ist. |

Nachmittag zu Haus, dann kurzer Spaziergang nach „Gesù"[38], wo gerade die Lamentationen[39] waren. Die sehr

---

35 Kapitolinische Wölfin, etrusk. Bronze, 5. Jh. v. Chr.; Dornauszieher: Bronzestatue aus dem 1. Jh. v. Chr. □ 36 Dt.: „einer Alten". □ 37 1508–11 von Peruzzi erbaute Villa im Stadtteil Trastevere, Fresken von Raffael und seinen Schülern (z. B. „Triumph der Galatea" u. a.). □ 38 1568–75 erbaute Hauptkirche der Jesuiten mit dem Grab des Ignatius v. Loyola. □ 39 Einzelne Abschnitte aus den Klageliedern Jeremias, die in den Trauermetten am Vorabend von Gründonnerstag, Karfreitag und Karsamstag gesungen werden.

prunkvolle Kirche, deren rechter Nebenaltar wie ein großes Blumenmeer, z. T. vom Volk geschmückt, aussah, war nur durch die allmählich ausgelöschten Altarkerzen und ganz wenig Gas beleuchtet, vorn standen die weißgekleideten Jesuiten und vollführten kunstvolle Zeremonien.[40]

Gründonnerstag früh St. Peter um 10 Uhr. Plätze durch den Kirchendiener Eusebius, die Feierlichkeiten hatten schon angefangen. Am Altar der Kardinal, zu beiden Seiten des Altars dem Rang nach hintereinander sitzend waren die Kinder aus den Seminaren, Priester, Bischöfe usw. Der Papst scheint dieses Jahr nicht zu kommen. Zuerst der Messegesang, dann große Kommunion, für alle Geistlichkeiten. Der Chorgesang dazu war unglaublich eindrucksvoll.

Nachmittags wieder St. Peter. Wieder wurde mit Lamentationen begonnen, natürlich für jeden Tag verschieden, darauf das Miserere, mein Meßbuch stimmte nicht gut überein, so konnte man schlecht verfolgen. Dann große Prozession auf den päpstlichen Altar. Jeder der Geistlichen und Seminaristen bekam einen Stock mit einem Büschel in die Hand, dann begann die Prozession, zuerst bestieg der Kardinal, dann nacheinander alle andern den Altar und fegten, nachdem er von allen darauf befindlichen Dingen (Decke, Kruzifix) entblößt war, als Symbol übrigens für den Raub der Kleider Jesu, über ihn weg, zum Zeichen der Reinwaschung. – Darauf zogen sie in die Kapelle zum Allerheiligsten, dabei schöner Gesang.

Karfreitag früh St. Peter um 9 Uhr, wieder gute Plätze. Verlesung des Evangeliums; dann die ungemein feierliche adoratio crucis; der Celebrant holt selbst vom Altar das Kreuz herunter; darauf Anbetung durch alle Geistlichkeiten, Niederknien und Küssen des Kreuzes. Dazu herrlicher Gesang und Antwort im Chor, dann Prozession zum Aller- | heiligsten, wo's in einer Urne begraben wird. Bis Karsamstag gibt es jetzt kein Allerheiligstes mehr.

Nachmittag wieder St. Peter um ½ 5 Uhr mit unserm katholischen Priesterseminaristen Platte-Platenius. Jetzt ging mir zum erstenmal die Meßordnung auf, da er das Missale

---

40 Vgl. die Postkarten an die Eltern und an Sabine B. vom 16. 4. 1924 (Nr. 59 u. 60).

Romanum mithatte. Die Liturgie war fabelhaft zusammengestellt, interessant, wie die katholische Kirche Psalmen für ihre Zwecke auslegt, die ganz andere historische Bedeutung haben.[41] Das „Christus factus", „Benedictus" (Luk. 1–2) und Miserere (Ps. 50) im Chor einfach unbeschreiblich, drei Soli für Alt, von einem Kastraten, von denen gewöhnlich 2 im Chor mitsingen, Tenor und Baß. Die Kastraten sind ein Orden, die in alle Chöre einzelne besonders hervorragende Sänger schicken. Sie haben in ihrer Art zu singen etwas durchaus unmenschliches, englisches, ohne Leidenschaft, in eigenartig schwärmerischer Verzückung. – Auf dem Rückweg lange Unterhaltung mit Platte-Platenius über die Bedeutung des Opfers in der katholischen Kirche. Der moderne Katholizismus symbolisiert, was er verstandesmäßig nicht begreifen kann; der Protestantismus läßt hier auch noch die Symbole fallen, ist traditionsloser und ehrlicher. Platte-Platenius verstieg sich zu dem Urteil, im Grunde genommen wäre der heutige Katholizismus noch Urchristentum, die Tradition der 19 Jahrhunderte habe verklärt; mir scheint wahrscheinlicher, daß zwar die Tradition von 1900 Jahren vergeistigt und insofern verklärt hat, in dieser Vergeistigung aber das ursprünglich viel Sinnlichere verfälscht hat; daher die Berechtigung der Reformation, die die katholische Kirche vom anderen Standpunkt aus bestreitet.[42]

Ostersonnabend: Morgens im Lateran, leider um 8 Uhr schon Feuerweihe vorbei, dann folgte die Weihung des Taufwassers im Baptisterium. Das Taufbecken, schön geschmückt, umstanden die Geistlichkeiten, unter ihnen der Celebrant Kardinal Pamphili, Stellvertreter des Papstes.[43] Es herrschte eine erfreulich lebhafte, freudige Stimmung unter dem Klerus, Vorfreude auf's große „Gloria" in der Messe, d. h. auf die Auferstehungsbotschaft. Diese Vorwegnahmen der Stimmungen muten uns ja eigenartig an, die wir Ostersamstag doch noch unter dem Eindruck des Karfreitag begehen. So scheiden sich zwei Menschentypen ganz klar, ein Typus, der immer schon unter

41 Zur Diskussion über den Katholizismus vgl. S. 94, 579 ff und PAM I 165 f.
□ 42 Gestr.: „Beim Katholizismus spielt eben nie die *Sache* die größte Rolle."
□ 43 Gemeint ist offenbar Basilio Pompilj (1852–1931), Kardinal u. Vicar von Rom. – Vgl. im übrigen Nr. 61.

dem Eindruck des Kommenden steht und darüber die Sachlichkeit für den Augenblick verliert, die der zweite Typus in besonderem Maße hat. Das eine sind die Propheten, Schwärmer, die Erwarter, die andern die Sachlichen, oft Tieferen, bis auf den Rest Auskostenden, die einen die mehr Spekulativen, die andern die mehr Grüblerischen. – Nach der Wasserweihe wieder Prozession in der Kirche: Weihe der 7 theologischen Rangstufen.[44] Zu allererst die Tonsurschneidung der Jüngsten, dann die erste Weihung zum Ostiarier (Berührung des Schlüssels, Läuten der Glocken), dann zum Lektoren (Berührung des Buchs), zum Exorcisten (Berührung des Beschwörungsformelbuchs), zum Akolythen (Berührung der Kerze und des Kelchs). Nach den 4 niederen die 3 höheren: Subdiakon, der Ehelosigkeit und Befolgung des Breviergebets geloben muß; Diakone, die predigen dürfen; dann zuletzt Priesterweihe. Alle drei letzten eng an die Messe angefügt mit Präfation. Die Priesterweihe fällt in mehrere Teile: 1. wie bei allen andern Umhängung des Dienstkleides und Segen, 2. Salbung und Bindung der Hände, 3. Berührung des Kelchs und Platte[45] mit den gebundenen Händen, 4. Kommunion und Übertragung der Gewalt, Sünden nachzulassen. |

Nachmittag in armenischem Auferstehungsfest.[46] Der Eindruck war der eines orientalischen Märchenspiels, mit ungeheurem Prunk und Kunstaufwand das ganze Zeremoniell durchgeführt. Der Chor war gut, die Melodien alt und sehr interessant. Ein Junge von vielleicht 12 Jahren hielt als einziger Sopran mit gewaltiger und schöner Stimme die Melodie gegen einen ganzen Männerchor. Die jungen Leute waren mit einem braunen Rock mit rotem Obergewand oder rotem Rock mit buntgesticktem Obergewand angetan; die beiden Bischöfe mit weißen Kleidern (goldbestickt), gewaltigen Mitras, ihren langen weißen Bärten und ihrem scharfgeschnittenen ernsten Gesicht machten einen sehr ehrwürdigen Eindruck. Eigenartig theatralisch wirkte das

---

44 Im folgenden werden die sieben Weihen des kath. Priesters einzeln aufgezählt. □ **45** Gemeint ist die Patene. Nicht eigens erwähnt B, daß die eigentliche Weihe durch die Handauflegung des weihenden Bischofs (und der übrigen Priester) erfolgt. □ **46** Ritus der mit der röm. kath. Kirche unierten armenischen Kirche, wahrscheinlich in S. Niccolò da Tolentino.

wiederholte Auf- und Zuziehen des vor dem mit Kerzen sehr poetisch beleuchteten Altar befindlichen Vorhangs. Die Gesichter der jungen Leute, im ganzen zwischen 17 und 20, waren gebildet und ernst.

Nach der Kirche Marion Winter[47] getroffen. Mit Platte-Platenius nach Haus. Lange beiderseitig lebhaft geführte Unterhaltung, er versuchte Kant zu bekämpfen, geriet aber dabei wider Willen in die üblichen katholischen circuli vitiosi, glaubt außerdem an den Gottesbeweis aus der Zweckmäßigkeit der Welt als Erkenntnis und verwirrte dabei natürlich immer logische und Glaubens,erkenntnis', daher die Zirkelschlüsse. Er möchte mich gern bekehren und ist in seiner Art sehr ehrlich überzeugt. So bringt er es am wenigsten zustande! Durch dialektische Kunstgriffe, die er allerdings nicht als solche gebraucht. Durch diese Unterhaltung bin ich mit meiner Sympathie doch wieder weit zurückgegangen. Die katholische Dogmatik verhängt alles Ideale am Katholizis- | mus, ohne es zu wissen. Beichte und Beichtdogmatik ist ein gewaltiger Unterschied. ,Kirche' und ,Kirche' in der Dogmatik leider ebenso!

Ostern morgens um 10 Uhr Hochamt in der Peterskirche; der Priester war wieder mit und ich konnte so alles verfolgen. Die Sixtinische Kapelle sang – man kann es sich kaum denken – noch viel schöner als der Chor bisher. Ich kann nicht sagen, daß mich gerade dieser Gottesdienst am meisten beeindruckt hat.

Am Nachmittag bei Joccas; die Frühlingssonate gespielt: ein merkwürdiger Eindruck, auf italienischem Boden ein so charakteristisch nicht italienisches Stück zu hören, gespielt mit italienischem Pathos und Leichtlebigkeit.

Am Abend Vorbereitungen für die Reise nach Sizilien. Mit schwerem Herzen trennte ich mich, wenn auch nur auf 14 Tage, wenn es auch nach Neapel und Sizilien gehen sollte, von Rom, das mir schon in den 2 ½ Wochen lieber und vertrauter als jede andre Stadt geworden war, das mich in 2 Wochen mehr hat lernen lassen als jede andre Stadt, das einmal auf lange Zeit verlassen zu müssen, wie es mir ja schon in 6 Wochen bevorsteht, mir noch ein ganz unfaßbarer Gedanke ist.

---

47 Ehemalige Klassenkameradin, spätere Gräfin Yorck v. Wartenburg (vgl. DB 58, ferner Marion Yorck v. Wartenburg, Die Stärke der Stille, 14).

Sizilien[48]

Palermo: Am 21. früh stiegen wir in den Zug nach Neapel, wo wir auch noch bei mäßigem Wetter eintrafen, ½ 2 Uhr. Nach langem Suchen nach irgendeiner Trattoria wurde ich in eine „buona trattoria" gewiesen, die allerdings so unglaublich drekkig war wie in Deutschland das schlimmste Bauernhaus. Hühner und Katzen, schmutzige Kinder und nicht angenehme Wohlgerüche umgaben uns, um uns flatterte getrocknete Wäsche. Aber Hunger, Müdigkeit und Unkenntnis | der Lage veranlaßten uns, uns niederzulassen. Wir aßen natürlich pasta asciutta, tranken ein Viertel etwas ekelhaft süßen klebrigen Wein und bezahlten nach einigem Handeln unsre Rechnung, standen erleichtert auf und gingen, unser Seebillet zu lösen. Darauf machten wir für die Seefahrt [Einkäufe], nach Klausens Meinung lebenswichtige Dinge: Schnaps, Zitronen, Schokoladen, Sardinen, Apfelsinen u. a., gingen dann zur letzten Ölung in ein Restaurant, um noch einmal pasta asciutta zu essen, und stiegen aufs Schiff. Klaus hat alles nichts geholfen. Schon nach 4 Stunden lag er da und hatte reichlich genug, das Meer stellte große Ansprüche an ihn, die er nur kurze Zeit zu verweigern vermochte. Mich lud es erst beim ersten Anblick des herrlich besonnten Felsengebirges ein, auch meine Pflicht zu erfüllen. Es war aber im ganzen sehr gnädig. Um ½ 9 kamen wir an. Merkwürdig war auf dem Meer der Mondaufgang gewesen, wie ein goldener Fisch stieg er allmählich aus dem Meer. Es war ein phantastischer Anblick. Der Sonnenaufgang war leider umhüllt. Die Ankunft und Anfahrt auf Sizilien zu war wunderbar schön. Der Hafen lag in herrlicher Sonne da. Schon am Hafen wurde uns ein Zimmer im Hotel Veronika angeboten, wo wir mit einem Wagen hinfuhren. Wir legten uns nach einem Teefrühstück sofort aufs Bett und schliefen unter dem Vorsatz einer halben Stunde bis 1 Uhr, gingen in ein Restaurant, aßen zu Mittag und gingen dann zum Dom; von außen wunderschön, bin ich beim Anblick des Inneren wirklich erschrocken, daß das der vielgerühmte Dom sein sollte, in dem Friedrich II.

48 Vgl. den Brief an die Eltern vom 22. 4. 1924 (Nr. 62).

und Heinrich VI. begraben liegen.[49] Aber er war es wirklich, es ließ sich nichts daran ändern und so bemühte ich mich vergeblich verzweifelt, ihn wenigstens irgendwie würdigen zu können. Aber es ging nun einmal nicht, die Stillosigkeit hatte gesiegt; hier läßt sie sich nicht, wie in Rom so oft unter höhere Gesichtspunkte stellen, selbst die historischen versagten, die sonst so oft Wunder tun. Ich ging hinaus | und begeisterte mich nun doppelt am Äußeren. Die Architektonik war allerdings schwierig zu übersehen, aber das Ganze machte doch wenigstens einen einheitlichen Eindruck. – Von hier nach Abstempelung unseres Reisebillets (übrigens nur 27 Mark Brenner-Brenner 3. Klasse) in die englischen Gärten. Hier wandelten wir zum erstenmal wirklich unter Palmen. In Rom ist die Palme doch weit mehr Zierbaum, hier ist sie durchaus Straßenbaum.

Am Abend legten wir uns in[s] Bett und wollten eine Abrechnung machen. Zu unserm nicht geringen Erstaunen fehlten mir 400 Lire, Klaus 150. Nachdem wir lange vergeblich gerechnet hatten, schliefen wir recht deprimiert ein; als wir am *Mittwoch, dem 23.* aufwachten, fand ich bei neuer Zählung meines Geldes, daß ich mich am Abend zuvor zu meinen Ungunsten verzählt hatte und obwohl Klaus seins nicht wiederfand, waren wir doch sehr froh und hoffen mit den 170 Lire von Klaus und 800 von mir die Sache durchzuhalten. Mit einigen Flüchen und Sentenzen über die Verwerflichkeit und sonstige andere unangenehme Eigenschaften des Geldes gingen wir an unser Tagewerk, indem wir zuerst in unsre Trattoria in der Via Roma gingen, um dann nach San Giovanni dei Eremiti[50] zu gehen.

Wieder seit 5 Tagen habe ich nicht geschrieben[51], die allerdings sehr ereignisreich waren. Also am Vormittag gingen wir noch nach San Giovanni, das mich ungeheuer reizte mit seinem durchaus orientalischen Ansehen. Unglaublich verlockend stiegen süße Düfte im Garten von allerhand wunderlichen Blumen

---

49 Der 1170 von den Normannen erbaute Dom ist im Inneren 1781–1801 in spätbarockem Stil verändert worden, so auch im Äußeren durch den Einbau einer Kuppel. □ **50** San Giovanni degli Eremiti, 1132 von den Normannen im Stil einer Moschee erbaut. □ **51** Datum der Niederschrift also 26. oder 27. 4. 1924.

auf. Man ahnte den Orient voraus, ohne zu wissen, daß man ja bald all das als selbstverständliche Umgebung täglich um sich sehen sollte und phantasierte sich vieles zusammen, so wie man es in Deutschland über Italien getan hatte. Und immer wieder merkt man: diese Phantasien sind so ganz anders als die Wirklichkeit, so viel schwülstiger, farbiger, und erst die Wirklichkeit bringt Plastik in dieses Bild, durch Phantasieen erweitert sich der Horizont nie, nur weil die plastischen Perspektiven fehlen; man kann über ein Land lesen, was man will: es bleibt jede Vorstellung gleichsam ein Gemälde in herrlichsten Farben, aber auf heimatlicher Leinwand gemalt; wenn nun erst dieser heimatliche Hintergrund fehlt, sind auch die herrlichsten Farben nichts mehr und so steht man im Orient, wenn erst einmal heimatliche Vorurteile gefallen sind und damit herrliche Phantasieen vor etwas ganz und gar Neuem mit unsern Maßstäben Unmeßbarem und erst jetzt beginnt allmählich sich das verschwommene Bild von früher zu konsolidieren, plastischer zu werden und es entsteht in einem eine neue Welt, von jeder Seite, aus jeder Straßenecke wächst sie einem zu, alte Schleier fallen und weit schönere Dinge werden wirklich. Die erste Reise in den Orient ist einem herrlichen Sonnenaufgang zu vergleichen.[52] Herrliche Nebel künden in phantastischen Farben mit unwiderstehlichem Reize das Kommen der Sonne an. Aber sie künden doch nur an. Leise, aber nur in fernster Ferne ahnt man das, was werden soll, immer herrlicher werden die Schleier; aber kaum ist der erste Strahl der Sonne selbst gekommen, als auch schon die Wolken und Nebel fliehen müssen und je größer der Ball der Sonne wird, desto mehr verschwinden die Nebel im Gleichgültigen, bis sie endlich da ist ganz in ihrer Herrlichkeit und alle Phantasieen waren umsonst, denn sie ist da als gegebene Größe und wir stehen stumm und müssen hinnehmen was da ist. –| Aber ich bin ja noch in Palermo und muß vorerst noch nach Girgenti[53] und Syrakus, was ich hier kurz abmachen will, denn es drängt mich Afrika.

In Palermo gingen wir noch nach Monreale[54], was auf mich

---

2 Vgl. S. 73 u. 86. □ **53** Unter Mussolini wieder in Agrigent umbenannt. □ **54** 1174 erbauter roman., arab. beeinflußter Dom, im Inneren völlig von Mosaiken bedeckt.

keinen besonderen Eindruck machte. Ganz anders die Capella Palatina[55], die Schloßkapelle in normannischem Stil. Man kann hier interessante Beobachtungen über Sinn und Begrenzung der Mosaikarbeit anstellen. Ohne Zweifel hat das Mosaik im wesentlichen ornamentalen Charakter und so scheinen mir die gewaltigen Mosaikgemälde in St. Peter in ihrer ursprünglichen Bedeutung verfehlt. Die kirchlichen Bedeutungen sind natürlich ganz andre. Gerade im Ornamentalen liegt ungeheuer viel Mystik; das wäre eine andre Seite des Mosaiks; in der Ornamentalisierung der heiligen Geschichten wieder liegt unzweifelhaft ein unbewußter Zug, diese historischen Dinge metaphysisch festzulegen. Auch *kunstgeschichtlich* ist das Mosaik natürlich von besonderem Interesse. – Monte Pellegrino[56] bei Sonnenuntergang; am nächsten Abend St. Maria di Gesù, wohl landschaftlich der schönste Punkt Italiens, den ich bisher gesehen habe.

Freitag, den *25. Abfahrt nach Girgenti.* Erste ernstere afrikanische Besprechungen mit einem Mitreisenden. In Girgenti nach Quartierbeschaffung auf nach den Tempeln.[57] Ich konnte leider die ganzen Tage über nicht zur Stimmung für den Genuß der klassischen Kultur rein als solcher kommen; ich genoß weit mehr das Landschaftliche. Eine Überschätzung der Kunstwerke wird wohl nicht in der Berühmtheit der Tempel liegen, die Schuld lag wohl sicher an mir. Ich war von Rom her noch zu überladen, so daß mir Landschaft jetzt wichtiger war als Antike. In Girgenti lernten wir 3 deutsche Wandervögel kennen, einen Studenten, einen Kunsthändler, ein sehr sympathischer und intelligenter Mensch, und einen Handwerker, den | wir dann nach Afrika mitnahmen. Wir unternahmen einiges zusammen.[58]

Drei Tage hielten wir uns in Girgenti auf, dann ging es auf einen Tag nach Syrakus, nachdem wir allmählich unsere zunächst ganz phantastischen Gedanken, nach Afrika zu reisen,

---

55 Unter Roger II. 1132–40 erbaut, mit byzant. Mosaiken, gegen die nach B's Meinung die Mosaiken von Monreale, vor allem der Christus Pantokrator in der Apsis, unvorteilhaft abstechen. □ **56** Auf 600 m steil ansteigender Felsen am nördl. Ende der Bucht von Palermo. □ **57** Fünf dorische Tempel aus dem 6./5. Jh. v. Chr. □ **58** Vgl. den Brief an Sabine B. vom 28. 4. 1924 (Nr. 63).

durch noch phantastischere Unterhaltungen der Wirklichkeit auf sonderliche Weise nähergebracht hatten und uns, nachdem wir noch in Palermo glaubten, kaum zu zweien auch nur die Zeit in Sizilien durchhalten zu können (in Anbetracht unsrer Finanzen), dahin verstiegen, den sehr unternehmungslustigen Handwerker ganz einzuladen, mit uns nach Tripoli zu fahren. Unsere feudale Lebensweise, dreimal am Tag zu essen, wurde in die des ein- bis höchstens 2maligen Essen umgeändert; auch unsere Gasthäuser nahmen andere Gestalt an. So bestiegen [wir] nach einem Tag Aufenthalt in Syrakus, an dem am schönsten die Lage ist, das Schiff nach Tripoli.

Mit Hilfe eines Italieners bekamen wir noch die nötigen Erlaubnisscheine, und so konnten wir am 29.[59] Europa zum erstenmal verlassen. Die Fahrt war ruhig, Klaus tat zwar wie immer seine Schuldigkeit. Ich kam in nette Unterhaltungen mit italienischen Soldaten. Auch spielten wir zusammen und sangen zur Guitarre. So ging trotz eines 6stündigen Aufenthalt[s] in Malta, wo wir nicht an Land durften, die Fahrt schnell vorbei und als wir uns am 1. Mai von unserm Strohlager erhoben, sahen wir zum erstenmal Afrika in schöner Sonnenbeleuchtung vor uns liegen.

Tripoli[60]

Nur kurze Angaben, da es sonst viel zu viel werden würde. Gleich zu Anfang einen Stuttgarter Photografen getroffen. Wir kampierten im ersten Hotel der Stadt „Patria" für 1 Mark. | Unsre Ankunft war im „Corriere di Tripoli" gemeldet. – Spaziergang durch die Stadt. Nächsten Morgen in der Oase zum Freitagsmarkt. Abends 2 österreichische Soldaten[61] kennengelernt, mit denen wir nun oft zusammen waren. – Spaziergänge ans Meer zum Baden, an die kleine Moschee, in die Wüste (übrigens Mittag zwischen 11 und 4 Uhr). Fahrt nach Garian[62] – Gibli[63] – Autofahrt. Empfang in Garian – Beduinen

59 29. 4. 1924. □ **60** Vgl. die Briefe an die Eltern vom 5. und 9. 5. 1924 (Nr. 64 u. 65). □ **61** Südtiroler (vgl. S. 125). □ **62** 100 km südl. von Tripoli im Dschebel, einer 600–850 m ü. d. M. hohen Landstufe gelegen. Südl. davon beginnt die Wüste. □ **63** „Vom Dschebel her kommend", heißer Wind aus dem Süden.

– [. . .][64] krank, mit Offiziersauto abtransportiert als unliebsame Gäste.[65]

Sonnabend den 10. V.: abends nach vielen Schwierigkeiten Abfahrt nach Europa. – Unvorbereitet darf man nicht länger nach Afrika gehen, der Schreck ist zu groß und steigert sich von Tag zu Tag, so daß man sich freut, wieder nach Europa zu kommen.

Ruhige Überfahrt nach Syrakus, von dort gleich weiter nach *Taormina*. Wir blieben in einem Gasthause in Giardini und gingen nach den nötigen Besorgungen gegen 5 Uhr hinauf nach Taormina und trafen so etwa um Sonnenuntergangszeit im griechischen Theater ein. Vor uns, zwar leicht im Nebel, der Ätna; recht[s] schließen sich unweit schön geformte Bergzüge an, die bis ans griechische Theater herankommen; unmittelbar hinter ihnen ging die Sonne unter. Im Vordergrund von allem immer das an Kunst- und Kulturwert zwar nicht hervorragende, aber durch seine Ruinen in seinem Stimmungsgehalt unbeschreiblich schöne griechische Theater.

Zum erstenmal atmete man wieder auf, wie Fesseln war es, die einem von den Gliedern genommen wurden, man sah wieder europäische Bäume und Üppigkeit im Land. Denn nach nichts hatte man sich ja in Afrika so gesehnt wie nach einem schönen deutschen Wald; und obwohl diese Sehnsucht gar nicht in Erfüllung gegangen war, so kamen einem doch schon die Zitronen- und Orangenwälder ganz heimisch vor. | Lange, lange saßen wir dort am Theater und sahen auch immer wieder nach dem im Abenddunst liegenden italienischen Ufer, das in milden Farben sich steil aus dem Meere hervorhebt. Das Meer war spiegelglatt und rein, in der Ferne noch einige Segelschiffe und immer wieder vor uns der alte Ätna mit seinen vielen Kindern. Als endlich die Nacht da war und die Sterne, da machten wir uns schleunigst auf den Weg nach Giardini und

---

64 Unl., vielleicht: „Hommel". □ **65** Tripolitanien, heute Teil von Libyen, wurde von den Italienern 1911/12 im Krieg mit der Türkei erobert. Das Hinterland konnte aber erst nach dem 1. Weltkrieg unterworfen werden; deshalb die von den Brüdern beobachtete starke militärische Präsenz. Sie befanden sich in kaum befriedetem Hinterland, was die nervöse Reaktion der Militärbehörden erklären mag.

legten uns ins Bett in merkwürdig freudig erregter Stimmung. Man war wieder zu Hause; hatte man in Afrika alles hinnehmen müssen ohne Maßstab, ja überhaupt ohne die Möglichkeit mitzuempfinden, war man also zur vollständigen Passivität verdammt, so nahm dies einen plötzlichen Umschwung in Europa; hatte man in Afrika oft so vergeblich versucht und herumgeirrt, um sich in eine Stimmung der Situation entsprechend zu versetzen, war man so also oft zur einfachen Aufnahme und vielleicht späterer Verarbeitung genötigt, so schwoll Empfindung und Verständnis für europäisches Land immer mehr an, und mit Begeisterung schwelgte man in einer Landschaft seines Heimatgefühles.

Es war, als seien in Afrika in ein noch ganz leeres Gefäß ungeheure Mengen schwersten Materials geworfen und dieses Gefäß sei nicht genügend fundiert und drohe, wenn nicht bald Unterstützung komme, durchzubrechen und das Material werde in unermessene Tiefen fallen, verlorengehen und dabei manchen Schaden anrichten. War nun auch dieses Gefäß durch die neuen Eindrücke unterstützt worden, so wurde doch wenigstens für einige Zeit die Aufmerksamkeit auf etwas andres gelenkt, derweil sich das Material im Gefäß setzen und festigen konnte. Bald aber ist wirkliche Unterstützung durch eingehende Studien vonnöten, damit nicht die Katastrophe geschieht; denn es war ungeheuer, was man gesehen hatte.

Noch einen Tag in Taormina, dann Fahrt nach Neapel über Messina und die herrliche süditalienische Westküste. Beson-| ders schön lag in der Abendsonne das kleine Städtchen Scilla[66] auf einem Felsen ins Meer vorgebaut.

Morgens um ½ 5 Uhr stiegen wir aus und machten einen kleinen Morgenspaziergang nach *Pästum*. Hatten mir die Tempel in Girgenti nicht so sehr viel gesagt, so war hier der Eindruck ungeheuer. Allerdings am meisten am Poseidonstempel[67], an dem ich fast 4 Stunden saß und mich auch dann nur schwer trennte. Die Sonne ging über den Bergen auf und warf

---

66 Am nördl. Eingang der Straße von Messina gelegen. □ 67 Heratempel II, um 460 v. Chr.; sog. Poseidontempel in Poseidonia, später Paestum, 30 km südl. von Salerno an der Küste.

ihr schönstes Morgenlicht auf die Tempel, als noch das Gras vom Tau glitzerte. Unendlich viele Vögel umschwärmten den Tempel und Eidechsen versuchten in großer Zahl, ob die Sonne schon ihre Pflicht tue. Der Morgen ist mir unvergeßlich in seiner Stimmungsreinheit und -vielseitigkeit.

Um 9 Uhr gings mit dem Zug nach Neapel. Nachmittags Posilipp, nächsten Tag Pompeji und Vesuv. Der Aufstieg zum Vesuv war mühsam und bis auf den Ausblick und 2 Flaschen Lacrimae Christi reizlos. Oben trafen wir Kranz und Heinrichs[68] ganz zufällig; der Vesuv war in guter Arbeit und spie ab und zu ein bißchen Lava. Dort oben glaubt man sich vor Erschaffung der Welt zurückversetzt und der Blick hinunter kann dem ins Paradies kaum nachgestanden haben.

Abends in einer Kneipe in Torre Anunziata[69] zu Abend gegessen (vgl. Auerbachs Keller!), dann Rückfahrt nach Neapel. Von dort am nächsten Morgen Fahrt nach Rom.

Rom: zweiter Aufenthalt

Ich muß sagen, daß mir die Trennung von Neapel nicht so schwer fiel im Hinblick auf Rom. Ich brauchte nur daran zu denken, so war alle Trauer über das, was ich verließ, ganz | klein. Ich konnte nicht sagen, war es dieses oder jenes, was mich so unwiderstehlich zurückzog; und wenn ich auch gesagt hätte: St. Peter, so war es nicht die Kirche, nein, es war ganz Rom, was sich in St. Peter eben am klarsten zusammenfassen läßt. Es war das Rom der Antike, des Mittelalters und ebenso der heutigen Tage, ganz einfach der Angelpunkt europäischer Kultur und europäischen Lebens. Mir schlug tatsächlich das Herz vernehmlich, als ich zum zweitenmal die alten Wasserleitungen uns begleiten sah bis an die Mauern der Stadt heran.

Nach Abstieg in St. Chiara, dort doch kein Platz, auf einige Tage in ein sehr mäßiges Hotel in der Nähe des Pantheons. Abends Pincio, für mich der Anfang einer neuen Epoche, für Klaus der Abschluß der ersten.

---

68 Vgl. S. 48 Anm. 6. Heinrichs: u. L. □ **69** ca. 20 km südl. von Neapel. – Zu „Auerbachs Keller“ vgl. J. W. v. Goethe, Faust I, 2073-2347.

Der 17.[70] Sonnabend früh Pinakothek, wo mich eine Madonna von Gentile[71] sehr begeisterte; die Auffassung ist durchaus originell und interessant: Maria ist die natürliche Mutter ihres natürlichen Sohnes, ist Zimmermannsfrau und das Kind entsprechend im Ausdruck und Kleid. – Dann St. Peter. Klaus ging zum letzten Mal. Als ich mich in seine Lage versetzen wollte, wurde mir sehr anders zumute und schnell hoffte ich auf 4 herrliche Wochen. Nachmittag um 2 Uhr fuhr Klaus. – Ich suchte mir eine Wohnung und fand sie bei Frau Prof. Bigi, Via Quintino Sella 8, gut, billig und einfach.

Sonntag den 18. vormittag Thermenmuseum ohne viel Genuß. Nachmittag Pincio, Kant gelesen, dann einige Stunden mit Signora Jocca musiciert: Bach, Brahms, Dohnanyi, Mozart. Abends Kranz abgeholt.

Montag den 19. S. Croce, das mich enttäuschte, Lateran studiert, S. Clemente[72], mit Unterkirchen. Sehr interessant. Nachmittags Kolleg und zu Haus gearbeitet.

Dienstag S. Maria della Pace[73]: Die Raffaelischen Sybillen muß man gesehen haben, um die Michelangeloschen um so mehr lieben zu können. Sie gehören meiner Ansicht | nach zum Schönsten von Raffael'schen Werken. – Sta. Maria dell' Anima[74]: Die katholische Kirche geht sogar soweit, daß sie antike Statuen in Heiligenbilder umarbeitet (Apoll – Sebastian)! Die Kirche ist architektonisch nicht sehr interessant. St. Luigi dei Francesi[75], mit guten Bildern (Raffael, Reni) – Kolleg etc.

Donnerstag: Galleria Colonna: Schöne Säle, Leonardo: Heilige Familie, Caravaggio, Bordone: Sebastian, Botticelli: Madonna, sonst viel Langweiliges und auch viel Poussins. Nachmittag S. Lorenzo fuori.[76] Wunderbarste Mosaiken in der Unterkirche, nicht so sehr inhaltlich als in der Kunst der Sache.

---

70 Vgl. die Post an die Eltern, Julie und Sabine B. von Mitte Mai 1924 (Nr. 68-70). □ **71** Gentile da Fabriano (1370–1427), Maler des sog. weichen Stils am Ende der Gotik. □ **72** Sa. Croce in Gerusalemme, eine der sieben Pilgerkirchen, Außenmauern aus dem 4. Jh., dreischiffige roman. Basilika, 1144 erbaut, 1743 in barockem Stil erneuert. – S. Clemente, 1108 über einem Mithrasheiligtum erbaute Basilika, mit Wandmalereien in der Unterkirche aus dem 8.–11. Jh. □ **73** 1480 erbaut. □ **74** 1500–14 erbaute frühere Nationalkirche der Deutschen. □ **75** 1589 geweihte Nationalkirche der Franzosen. □ **76** S. Lorenzo fuori le mura, von Konstantin gegr., im 6. und 13. Jh. umgebaute Patriarchalkirche.

Mittwoch: Campo di Fiori mit dem Versuch, irgendwas Hübsches zu kaufen, von dem mir aber alles über die Finanzkräfte ging. Kein eigentlich italienischer Markt, wie z. B. in Palermo oder Neapel. – Kolleg.

Freitag[77] Galleria Doria[78]. Velasquez, Rondinello: Madonna, Tizian: Tritone und sehr, sehr viel anderes Hervorragende. Eine der vielseitigsten Galerien Roms. Z. B. Claude Lorrain sehr gut vertreten. Kaum ein minderwertiges Bild dabei und mit Geschmack ausgesucht.

Nachmittag: Cälius[79] mit Kirchen. St. Gregorius mit 3 Nebenkapellen. Etwas bezaubernd Schönes ist das Engelkonzert von Reni.[80] Kein Mensch darf Rom verlassen ohne dieses Werk gesehen zu haben. Es ist unbedingt vollendet in seinem Sinne und gehört unzweifelhaft zu den ersten Kunstwerken Roms. Die beiden von Michelangelo begonnenen Büsten lassen kalt, besonders der Papst, finde ich, ohne jede Problematik in der Kunst noch im Ausdruck. Architektonisch reinster Basilikastil (vgl. Sixtina). |

Die verunstaltete S. Paolo e Giovanni.[81] Unterkirche nicht gesehen.

S. Maria Navicella.[82] Architektonisch wirkt die Breite des Mosaikgewölbes mißglückt, da kaum beabsichtigt. Die Mosaiken finde ich trotz Burckhardt[83] ganz hervorragend; sie passen scheints nicht in sein System der Typen. Die Kirche als Ganzes ist sehr lieblich und liegt idyllisch. Daneben St. Stephano Rotondo.[84] Alte Markthalle, die aber als Kirche nicht schlecht wirkt, wie überhaupt die runde Form den Kirchen intimeren Charakter verleiht (vgl. Baptisterium im Lateran). Ein Zank mit

---

77 Vgl. die Postkarte an die Eltern vom 21. 5. (Nr. 71) und den Brief an Sabine B. vom 22. 5. 1924 (Nr. 73). □ **78** Im Palazzo Doria, 17. Jh. □ **79** Monte Celio, auf dem sich die folgenden Kirchen befinden. □ **80** Guido Reni (1575–1642), Maler des Frühbarock; S. Gregorio Magno, 575 gegr., im 17./18. Jh. völlig erneuert. □ **81** SS. Giovanni e Paolo, 400 gegr., mehrfach umgebaut, sehr alte Fresken in der Unterkirche. □ **82** Gemeint ist Sa. Maria in Domenica an der Piazza della Navicella. □ **83** J. Burckhardt, Der Cicerone, 443: „In den nächsten Pontifikaten wird von Mosaik zu Mosaik die Arbeit roher und lebloser bis zu unglaublicher Mißgestalt . . . Santa Maria della Navicella (817–824).“ □ **84** St. Stefano Rotondo, 460–480 über einem Mithrasheiligtum errichtete Rundkirche.

der gaunerischen Kirchendienersfrau konnte doch die idyllische Stimmung des Ganzen nicht nehmen.

Sonnabend den 24. Vormittag zuerst auf dem Quirinal zum Legislaturfest.[85] Die Königsfamilie, Minister, darunter auch Mussolini fuhren in feierlichem Zug durch die Stadt zum Reichstag. Die Menge klatschte ohne suggerierte Begeisterung dem König zu, ein betender Mönch konnte im Augenblick, als der königliche Wagen vorbeifuhr, sein Gebet nicht beenden, sondern fing in rührender Begeisterung zu klatschen an.

Dann Vatikan. Zuerst die Stanzen[86], die mich nicht sehr fesselten. Historische Malerei in jedem Sinne scheint mir stillos. Ich muß das noch genauer bedenken, warum? – Dann Sixtinische Kapelle, genau studiert mit immer wachsender Begeisterung, zuerst die Fresken (Perugino!!), dann nach der Reihe die Deckenmalerei. Aber über den Adam wäre ich fast nicht hinausgekommen, es ist eine so unerschöpfliche Gedankenfülle in dem Bild: in der Gestalt Gottes, dessen riesiger Macht, zärtlicher Liebe oder vielmehr aller, über dieses beides so Menschliche weit entfernt liegender ‚Eigenschaften'; und des Menschen, der zum ersten Leben erwachen soll, auf der spros- | senden Wiese vor unendlichen Bergen, auf sein späteres Los deutend, ganz irdisch und doch ganz rein. Kurz: man kann es nicht ausdrücken.

Das größte malerische Kunstwerk ist wohl der Jonas, man beachte nur die unglaubliche Kunst der perspektivischen Verkürzung. – Schluß davon, sonst wird's zu lang.

Nachmittag Vestatempel[87] mit reizendem Barockbrunnen. Dahinter, Maria in Cosmedin[88], eine hübsche alte romanische Hauskirche. In der Sakristei ein schönes Mosaikfragment: Drei Könige. Villa Malta[89] mit dem Garten und Schlüsselloch.

Sonntag Vormittag Villa Borghese.[90] Gleich zum Tizian: „Himmlische und irdische Liebe", lange ohne Erfolg an der

---

85 Tag der Parlamentseröffnung. □ **86** Die von Raffael und seinen Schülern ausgemalten Räume des Vatikan. □ **87** Auf dem Forum Romanum. □ **88** Im 5. Jh. auf den Fundamenten eines Heraklestempels erbaut. □ **89** Villa des Malteser-Priorats; die runde Öffnung oberhalb des Schlüssellochs gewährt einen überraschenden Durchblick zur Peterskirchenkuppel. □ **90** Im 17. Jh. erbaut, in prächtigem Park gelegen; darin die Galleria Borghese, in der u. a. das berühmte Bild Tizians hängt.

richtigen Deutung rumgerätselt. Burckhardt hat wohl kaum recht: „Liebe und Sprödigkeit“ (amore profano und sacro!?).[91] Im selben Saal interessanter el Greco. Dann Leonardo, Perugino „Madonna“ und Heiliger Sebastian; Botticelli, vielleicht etwas technisch, deshalb maniriert scheinend, Bronzino. Es macht mir augenblicklich viel Freude, die Schulen und einzelnen Künstler zu erraten und ich glaube überhaupt allmählich etwas mehr von den Sachen zu verstehen als vorher, obwohl man als Laie ja vielleicht ganz schweigen muß und alles den Künstlern selbst lassen; denn das Schlimmste ist ja der übliche Kunsthistoriker, auch besseren Stils, bis zu Scheffler und Worringer[92] hin, der dann beliebig deutet, deutet und immer weiter und es gibt kein Kriterium für dieser Deutung Sinn und Richtigkeit. Das Deuten ist überhaupt eins der schwierigsten Probleme, und doch ist unser ganzes Denken darauf eingestellt; wir müssen deuten, Sinn geben, damit wir leben und denken können. Es ist das alles sehr schwierig; aber wenn man nicht deuten muß, dann lasse man es doch; und ich glaube, bei der Kunst ist das nicht nötig. Man hat nicht mehr davon zu wissen, ob das der ‚gotische Mensch‘ ist, der sich darin ausspricht, oder der ‚primitive‘ usw. Ein Kunstwerk mit klaren Sinnen und Verstand aufgenommen tut im Unterbewußtsein das Seine, und | das Verstehen des Kunstwerkes wird kein Deuten mehr nötig haben, sondern man sieht entweder intuitiv das Richtige oder nicht. Das nenne ich Kunstverständnis, daß man nach gründlicher Arbeit bei der Aufnahme das unbedingt sichere Gefühl hat: hier habe ich den Kern gefaßt, auf Grund irgendwelcher unbewußter Vorgänge; die intuitive Sicherheit entsteht. Dieses Ergebnis dann aber in Worte zu fassen zu einer Deutung, ist sinnlos für andere, da es den einen nicht hilft, die andern es nicht brauchen, und bringt der Sache selbst keinen Vorteil. Es geht hier leider immer um schwer meßbare Größen und Werte und gelöst ist die Sache natürlich noch lange nicht.

---

91 Dazu J. Burckhardt, Der Cicerone. 583: „Amor sacro e profano, d. h. Liebe und Sprödigkeit.“ □ 92 Karl Scheffler (1869–1951), neben Julius Meyer-Graefe führender Kunstschriftsteller seiner Zeit; Wilhelm Worringer (1881–1965) hatte mit seinen Deutungen der Kunst (z. B. in: „Abstraktion und Einfühlung“, 1908) großen Einfluß.

Nachmittag: Ponte Molle, hübscher Bau der Brücke und freundliche, liebliche Aussicht. – Ich bin viel mit Maria Weigert zusammen, die einem erstaunlich wenig unangenehm ist in ihren sonstigen Eigenheiten. Übrigens scheint sie tatsächlich von Kunstdingen was zu ‚verstehen' oder, sagen wir, jedenfalls wirkliche Freude zu haben. Sie ist etwas akademisch in der Betrachtung; und das langweilt auf die Dauer.

Montag den 26. S. Ignatio[93], ähnlich wie Gesù und SS. Apostoli. Museo Kircheriano[94], man kann sich jetzt keine so fernliegenden Sachen ansehen; man wird hier immer spezialisierter, so bin ich augenblicklich mit meinen ganzen Gedanken bei der frühchristlichen Kunst, von den Katakomben bis zu den Mosaiken hin, die ich genau studiere. Dann S. Maria in Via Lata mit interessanter Krypta; SS. Cosma e Damiano mit herrlichen Mosaiken und großer Unterkirche.[95] Nachmittag Photographien gekauft, endlich nach drei Wochen mal wieder Post von zu Haus, mit Einlage von 50 Mark von Papas Genfer Reise. Das ist mir sehr angenehm, da ich auf diesem Punkt schlecht zu sprechen bin, und das schon seit Afrika her meine wunde Stelle ist.

Dienstag den 27.[96] Museo Baracco[97], eine ganze herrliche Sammlung, mit nur 2 Sälen, aber ausschließlich hervorragendsten Werken. Man kann hier wirklich nichts Einzelnes nennen, an jedem konnte man sich lange Zeit erfreuen und studieren. | Dann St. Peter. Nachmittag S. Pudenziana[98], mit sehr guten Mosaiken, besonders schön von außen, in ein altes römisches Haus eingebaut; dann S. Agnese fuori[99], die trotz vieler Restau-

---

93 San Ignazio, 1626–50 anläßlich der Heiligsprechung des Ignatius v. Loyola von O. Grassi erbaute Barockkirche. □ **94** Eine von Athanasius Kircher SJ (1601–1680) gegr. Sammlung christlicher Archäologie, enthielt u. a. das sog. ‚Spottkruzifix', eine Darstellung des Gekreuzigten mit Eselskopf. Seit 1876 mit dem Museum für Völkerkunde und Urgeschichte verbunden, heute auf andere Museen verteilt. □ **95** 6. Jh. Die Mosaiken gelten (nach Baedeker) als die schönsten von ganz Rom. □ **96** Vgl. die Briefe an die Eltern vom 27. 5. (Nr. 76) und an Hans v. Dohnanyi vom Ende Mai 1924 (Nr. 72). □ **97** Sammlung ägypt., assyr., griech. und etrusk. Kunst. □ **98** Nach der Legende die älteste Kirche Roms; Mosaiken aus dem 5. Jh. □ **99** Sa. Agnese fuori le mura, von Konstantin gegr., mit Mosaiken aus dem 7. Jh.

rierungen einen relativ stilreinen Eindruck macht. Katakomben sehr interessant, u. a. Madonnenbild ohne Heiligenschein, mit ☧ über dem Kopf. S. Constanza[100]: architektonisch ist der Rundbau nicht so interessant wie St. Stephano Rotondo. Aber die Mosaiken sind charakteristisch für antike Technik in christlicher Kunst, schöne Ornamente, doch schon Beweis für das Ende dieser Kunst (4. Jahrhundert).

Mittwoch den 28. St. Paschala[101], nur architektonisch interessant, Pfeiler mit Bögen als Unterbrechung der Säulen. Mosaiken (nach der Apokalypse) nicht besonders. Lateranmuseum: nur christlicher Teil, mit hochinteressanten Stücken: wenn ich doch Zeit hätte, viel über frühchristliche Kunst zu arbeiten, zu religionsgeschichtlichen Erkenntnissen und überhaupt dem geistesgeschichtlich-historischen Verständnis. Es ist doch eine merkwürdige Tatsache, daß es scheint, als beginne tatsächlich mit dem Christentum eine *ganz* neue Geistesgeschichte, die von neuesten Anfängen beginnen muß, ohne von römisch-griechischer Kultur auch das Geringste übernehmen zu können; denn was künstlerisch übernommen wurde, war nicht von Dauer (Sarkophage – Katakomben). Scala santa[102] mit vielen Gläubigen. Thermen des Caracalla.[103] Nachmittag von St. Paolo Abschied genommen mit mancherlei Gedanken. In den Thermen konnte ich, wie es mir überhaupt mit den antiken Gebäuden hier fast immer und besonders in der letzten Zeit ergangen ist, das Ganze wieder nicht historisch-kunstverständig, sondern mehr ‚sentimentalisch'[104] genie- | ßen, ohne dabei den künstlerischen Eindruck leugnen zu wollen. – Eben einen Brief von Sabine, der mir Geld ankündigt; abends noch Prof. Mingazzini[105] besucht.

---

100 S. Costanza, Mausoleum für die Töchter Konstantins, Mosaiken aus dem 4. Jh. □ 101 Gemeint ist ohne Zweifel Sa. Prassede, die von Paschalis I. 882 gegr. Schwesterkirche von Sa. Pudenziana. □ 102 Heilige Treppe, auf der der dornengekrönte Jesus zu Pilatus geführt worden sein soll, darf nur knieend erstiegen werden. □ 103 216 n. Chr. von Kaiser Caracalla eröffnet. □ 104 Vgl. Fr. Schiller, Über naive und sentimentalische Dichtung. (Sämtliche Werke V 694–780, bes. 716ff). – Allerdings meint Schiller mit sentimentalischer Dichtung nicht die vom unmittelbaren Gefühl, sondern von reflektierender Empfindung getragene Kunst. □ 105 Giovanni Mingazzini (1859–1929), zu seiner Zeit führender ital. Neurologe, Leiter der Klinik für Geistes- und Nervenkrankheiten in Rom.

Himmelfahrt. Morgens in St. Peter in der Messe, die an einem Steinaltar ohne große Feierlichkeit verlief. Danach Verlesung der Jubeljahresbulle und Festsetzung des Termins der Öffnung der Porta santa durch den Kardinalstaatssekretär vor der Mitteltür von St. Peter. Nachmittag St. Maria in Trastevere[106] mit einem besonders schönen Bellini und Perugino, auch gute Mosaiken aus dem 12. und weniger gute aus dem 14. Jahrhundert. Der Bau macht im Ganzen einen alten, nicht schlecht renovierten Eindruck.

Taufe in einer kleinen Sekte[107] mit gutem Chorgesang (– St. Cecilia[108] nicht schön. –). Vielleicht hätte der Protestantismus nie landeskirchliche Absichten haben sollen, sondern große Sekte bleiben, die es immer einfacher haben, und wäre so vielleicht nicht [in] der jetzigen Kalamität. Eine Landeskirche glaubt eine solche Ausbreitungsfähigkeit zu haben, daß sie allen etwas geben kann; daß es damals der Protestantismus bei seiner Entstehung konnte, lag wohl zum wesentlichen mit an der politischen Wendung der Fragen, die heute ja nicht mehr zur Diskussion steht; und so hat, je mehr sich die politischen Verhältnisse änderten, seine Fesselungskraft bei der Menge abgenommen, bis zuletzt sich unter dem Namen ‚Protestantismus' vieles versteckt, was man offen und ehrlich nur Materialismus nennen kann, d. h. nur noch die Möglichkeit des Freidenkertums am Protestantismus geschätzt und beachtet wird, was bei den Reformatoren in sehr anderm Sinne gemeint war. Nun wo die offiziellen Bande des Staates und der Kirche gefallen sind, steht die Kirche vor der Wahrheit: sie war allzu lange das Asyl für obdachlose Geister gewesen, die | Herberge der ungebildeten Aufklärung. Wäre sie nie Landeskirche geworden[109], läge die Sache weit anders: sie hätte noch immer eine nicht geringe Zahl begeisterte Anhänger, wäre kaum in Anbetracht ihrer Größe als Sekte zu bezeichnen und stellte ein außergewöhnliches Phänomen religiösen Lebens und ernster tiefsinnig-

---

106 Im 3. Jh. gegr., im 12. Jh. umgebaut, eine der ältesten Kirchen Roms. □ 107 N. i. Vermutlich verwendet B den Begriff ‚Sekte' im Sinne von E. Troeltsch, Die Soziallehren der christlichen Kirchen und Gruppen, 1922, und meint eine Freikirche. □ 108 Ebenfalls in Trastevere, im 5. Jh. gegr., mehrfach völlig umgebaut; Mosaiken aus dem 9. Jh. □ 109 Vgl. aber auch S. 340 f.

ster Frömmigkeit dar, wäre also das Ideal der heute so vielfach gesuchten Religionsform. Denn nicht der Inhalt des Reformationsevangeliums stößt so ab, sondern die Form, in der man noch immer zu verstaatlichen sucht. Es wäre die Kirche geworden im Sinne der Reformatoren, die sie jetzt nicht mehr ist. Vielleicht liegt hier ein Weg zur Abhilfe der schrecklichen Not der Kirche, sie muß sich beginnen zu beschränken und Auswahlen zu treffen in jeder Beziehung, besonders im Material der geistlichen Erzieher und des Stoffes. Und sich jedenfalls, so bald wie möglich, ganz vom Staat trennen, vielleicht sogar mit Aufgabe des Rechtes des Religionsunterricht[s]. Nicht lange wird es dauern, so kommen die Leute zurück, denn sie müssen etwas haben, und mit neuem Frömmigkeitsbedürfnis. Ob es eine Lösungsmöglichkeit ist? oder nicht? Ob überhaupt alles ausgespielt ist? Und binnen kurzem in den Schoß der ‚Alleinseligmachenden' unter dem Schein der Verbrüderung zurückkehrt? Man möchte es schon wissen. –

Übermorgen habe ich Papstaudienz, morgen geht es nach Tivoli, wo ich neulich wegen schlechten Wetters nicht hinkam. Nur noch 4 volle Tage hier, es [ist] nicht zum Ausdenken, wenn ich zum letztenmal aus St. Peter muß und vom Pincio zum allerletztenmal zu ihm hinüberblicke. – Mein Soldo in der Fontana Trevi soll seine Macht zeigen, und ich glaube, es wird ihm gelingen!

Freitag. Tivoli, Villa d'Este, Cascata, Villa Adriana.[110]

Samstag: Papstaudienz, große Erwartungen getäuscht. Es war ziemlich unpersönlich und kühl feierlich. Der Papst[111] machte einen ziemlich gleichgültigen Eindruck; es fehlt ihm | überhaupt alles ‚Päpstliche', jede Grandezza und jedes hervorragende Moment. Schade, daß das so wirkte! – Nachmittag Pincio.

Sonntag. St. Peter. Verfassungsfest[112]; Pontificale am päpstlichen Altar. Sixtinische Kapelle. Nachmittags wieder St. Peter:

---

110 Tivoli, 25 km östl. von Rom; in der Nähe Villa Adriana, Ruinen des Landsitzes von Kaiser Hadrian (117–138). Vgl. auch den Brief an die Eltern vom 30. 5. 1924 (Nr. 77). □ **111** Pius XI. (geb. 1857; Papst von 1922–1939). □ **112** Staatl. Feiertag zu Ehren der Staatsverfassung, am 1. Sonntag im Juni.

das große Te deum. Ich hatte es immer gehofft, in St. Peter noch einmal etwas Schönes zu erleben. Aber so habe ich es mir nicht erträumt, der Chor sang engelhaft, überirdisch schön, und als Gegenstrophe die ganze Gemeinde von St. Peter. Es war ein ungeheurer Eindruck. Noch einmal zum Schluß sah ich, was Katholizismus ist, und gewann ihn wieder herzlich lieb.

Montag, der letzte Tag in Rom.

Vormittag Galleria Corsini[113] und Grotten in St. Peter. – Nachmittags Spaziergang durch die ganze Stadt, dann übers Pantheon zur Fontana Trevi zur Entrichtung des Obolus. Noch ein Glas vino dolce, dann zu Maria Weigert. Abrechnung und zuletzt noch einmal Pincio. Dann nach Haus ins Bett. – Ich muß sagen, mir ist der Abschied selbst leichter geworden als der Gedanke daran, er gelang mir von den meisten Dingen ohne Sentimentalität. Als ich aber zum letztenmal St. Peter sah, da wurde es mir etwas schmerzlich ums Herz und ich stieg schnell in die Elektrische und machte mich davon.

Dienstag: Rückfahrt

Zuerst nach *Siena*. Auf der Bahn einen netten deutschen Bankbeamten kennengelernt. Ich kam um ½ 2 Uhr mittags an und wohne sehr feudal in der „Scala“. Aber einmal, wenns grade erschwinglich ist, leistet man sich eben so was.

Mittwoch[114]: Ich habe wohl nie eine so liebenswürdige Stadt an Landschaft und Bewohnern kennengelernt, wie Siena. Der selbe zarte, liebliche Reiz, der sich in den Bildern | eines Buoninsegna und Lippi kaum ausspricht, ist im Ganzen geblieben. Die Stadt liegt in der üppigsten Umgebung in hügligem Lande; tritt man auf die Straße und schaut aus dem Fenster, so glaubt man sich um Jahrhunderte versetzt. Der Turm des Palazzo Publico[115] und der hochgelegene Dom sind schon von fern Charakteristika der Stadt. Es ist mir ein seltsamer Genuß, wieder Gotik, wenn auch stark mit Renaissance vermischt, genießen zu können. Man kommt nach Norden! – Der

---

113 Palazzo Corsini, im 15. Jh. erbaut, darin die Galleria Nazionale d'Arte Antica. □ **114** Vgl. die Postkarte an Klaus B. vom 4. 6. 1924 (Nr. 78). □ **115** Nach Entwürfen von Pisano erbaut; der Palazzo Pubblico 1297–1310 und dessen Torre del Mangia, 102 m hoch, 1338–1349 errichtet.

Campo[116] ist ein sehr großzügig angelegter Platz; durch die Einsenkung kommt der Palazzo Publico zu bedeutenderer Wirkung.

Das Museum ist vielleicht eine Spur ermüdend, weil es zu viele Wiederholungen bringt. Immerhin wird einem hier so der charakteristisch sienesische Stil klar, am deutlichsten durch Buoninsegna und Guido da Siena dargestellt.

Hervorragend sind die Werke von Sodoma[117], von dem in Rom in S. Maria della Pace ein gutes Werk hängt, besonders in dem Oratorio Bernardino, das vielleicht die größten malerischen Genüsse bietet. Heute nachmittag machte ich einen Spaziergang in die reizende Umgebung der Stadt, nicht selten wurde ich an Württemberg erinnert. Wie dort, so besitzen auch hier die Leute eine unglaublich natürliche Liebenswürdigkeit, und zum erstenmal fühlt man sich wieder etwas befreit von der Geldhascherei im Süden. Für einen freundlichen Gruß sind die Leute so dankbar, daß sie einem gern einen kleinen Dienst tun.

Ich zähle hier nicht die Einzelheiten auf, die ich gesehen habe, besonders interessierte mich noch der Palazzo Sarasani, ein Renaissancewerk. Morgen früh um 8 ½ Uhr nach Florenz![118]

58. AN DIE ELTERN[1]

Liebe Eltern!

Nach der 44stündigen aber doch fabelhaft schönen Reise sind wir heute 2^{00} Uhr in Rom eingetroffen. Von Innsbruck an hatten wir herrliches Wetter. Durch Bologna machten wir während des Aufenthalts mit einem katholischen Geistlichen nachts einen 2stündigen Gang durch die Stadt.[2] Hier ist Frühling, grüne Wiesen und Mandel-

---

116 Muschelförmig an einem Hang gelegen und von gotischen Profanbauten umgeben, am unteren Ende der Palazzo Pubblico. □ **117** Sodoma, Künstlername von Giovanni Bazzi (1477–1549), Maler der sienesischen Schule. □ **118** Vgl. die Postkarte an die Eltern vom 6. 6. 1924 (Nr. 79).

1 NL A 7,1(21); hsl. Ansichtskarte aus Rom: Piazza e Basilica di S. Pietro. Datum vielleicht: 5. 4. Abdruck: GS VI 47. □ **2** Vgl. Tagebuch, S. 82.

bäume. Axel angetroffen. Morgen sonntags geht's ins Kolosseum und aufs Forum. Bald mehr. Viele Grüße an alle

Euer dankbarer Klaus

Wir waren in St. Peter. Es war fabelhaft.

Euer Dietrich

59. AN DIE ELTERN[1]

16. 4. 24

Liebe Eltern!

Eure Nachricht kam gestern. Wir danken Euch sehr schön. Mit der Zollrevision ging übrigens alles ganz glatt, sie haben sich die Sachen gar nicht angesehen. – Es wird hier wirklich von Tag zu Tag schöner, ich muß Euch bald wieder ausführlich schreiben, denn es gibt furchtbar viel zu erzählen. Besonders von den hiesigen Gottesdiensten in der Peterskirche.[2] Morgen ist Gründonnerstag, hier einer der größten kirchlichen Feiertage. Karfreitag will ich in den Lateran, wo schön gesungen werden soll. – Gerade sind wir dabei, in die Farnesina[3] zu gehen und die Raphaels anzusehen, die bei uns zu Hause hängen. Montag gehts los nach Palermo, Gasthauswissen haben wir schon für unsre Reise. Herzliche Grüße von Klaus und Eurem dankbaren

Dietrich

60. AN SABINE BONHOEFFER[1]

Roma, 16. 4. 1924

Liebe Sabine!

Nur schnell die Nachricht, daß ich hier für 27 Mark eine schöne Guitarre mit einer verstellbaren Baßsaite kaufen könnte. Es gibt 2 – wenn Grete auch eine wollte, dann schicke mir dann das

---

1 NL A 7,1(22); hsl. Ansichtskarte aus Rom: Basilica di S. Paolo fuori le Mura. ☐ **2** Vgl. Tagebuch, S. 82 f. ☐ **3** Vgl. Tagebuch, S. 90.

1 NL Anh. A 5(4); Transkription Sabine Leibholz.

Geld am besten in Rentenmark.[2] Es ist nämlich doch erlaubt, an Adresse von Signora Jocca, Corso de Italia 29. Denn bevor ich nach Palermo gehe, kommt es doch nicht mehr an. Und, ob ich dann noch hier wohne, weiß ich nicht. Ich werde mich auf Sizilien noch nach anderen Gitarren umsehen. Kannst Du mir nicht ein bißchen Geld vorschießen? Es gibt hier so herrliche Fotographien und Reproduktionen, sehr billig, aber für mich noch zu teuer. Wenn Du es irgendwie fertigbringen kannst, wäre mir es sehr recht. Außerdem sieh' doch einmal zu, ob Du irgendeine Fotographie von mir finden kannst, für einen Ausweis für Museumsbesuche. Grüß alle recht schön und fröhliches Fest wünscht Euch

Euer Dietrich

61. AN DIE ELTERN[1]

Stillsonnabend den 19. IV.

Liebe Eltern!

Augenblicklich ist Ostersonnabendabend, Klaus ist noch mit einem Klassenkameraden, den er hier traf, spazieren gegangen. Ich bin nun seit Mittwochnachmittag jeden Vor- und Nachmittag in St. Peter oder im Lateran gewesen und habe die Messen ganz genau verfolgt und studiert. Der Katholizismus wird einem so wirklich erst hier ganz klar und ganz besonders, wenn man das Meßbuch genauer studiert.[2] Die Texte sind teils biblisch, teils datiert man sie bis spätestens in[s] 9. Jahrhundert. Durch den oft bei uns so abscheulichen Vortrag | dieser Texte durch Priester und Chor denkt man, der Text sei entsprechend. Das ist aber ganz falsch. Die Texte sind zum größten Teil wunderbar poetisch und klar, alle ausgehend von dem Hauptgedanken in der Messe, dem Opfertod und dessen stetiger Wiederholung im Vollzug des Meßopfers in der Kommunion.

---

2 Vgl. Postkarte Nr. 41 Anm. 2.

1 NL A 7,1(23); hsl. Aus Rom, 1924. Abdruck: GS VI 47 ff. ☐ 2 Vgl. Tagebuch, S. 91 f.

Die Gedanken sind historisch sehr interessant, werden nur jetzt von der modernen katholischen Theologie so furchtbar ins Symbolische gezogen, daß man sie fast gar nicht verstehen kann.[3]

Das Zeremoniell ist immer mit ungeheurer Feierlichkeit vollzogen und macht durchaus einen klassisch gehaltenen Eindruck. Eine Ausweitung dieses Zeremoniells sah ich heute nachmittag im armenisch-katholischen Auferstehungsfest.[4]

Hier nehmen sie ja immer schon die Begebenheiten vom nächsten Tag, in diesem Fall also Ostern, in den Nachmittag des Vortags, so als ob sie sich nie einen Augenblick besinnlich dem Augenblick hingeben könnten. So trägt hier sogar schon Palmsonntag das Gepräge des Karfreitag. Zum Teil hängt das auch mit zeremoniellen Bestimmungen zusammen, aber auch sonst stimmt diese dauernde Antizipierung gut mit der etwas erregten, dramatischen, nicht-erwarten-könnenden Stimmung bei den Zeremonien überein.

Also heute nachmittag in dem armenischen Gottesdienst spielte nur noch das Zeremoniell und Symbol eine Rolle. Das Ganze machte den Eindruck eines orientalischen, sehr poetischen Märchenspiels. Die Kostüme der Geistlichkeiten waren durchaus asiatisch, der Chor sehr merkwürdig in der Art zu singen und den Melodien. Die Zeremonien stammen aus dem 2. und 3. Jahrhundert n. Chr. und scheinen seitdem allmählich ganz erstarrt, ohne neues Leben, mit wie großem Ernst und Fanatismus auch die Leute dabei sind. Auf diesem Wege scheint aber der Katholizismus der römischen Kirche auch zu sein, wenn auch noch lange nicht so weit. Es gibt doch hier noch viele Einrichtungen, wo lebendiges religiöses Leben noch | eine Rolle spielt, so z. B. der Beichtstuhl. Eine Einigung mit dem Protestantismus, so gut es vielleicht beiden Teilen wenigstens zum Teil bekäme, ist wohl ausgeschlossen.[5] Der Katholizismus kann noch lange weiter ohne Protestantismus, das Volk hängt noch sehr fest [an ihm,] und oft kommt einem gegen die hiesigen Feierlichkeiten in diesem gewaltigen Umfange die protestantische Kirche wie eine kleine Sekte vor. Mit unserm Priester (aus Bologna her) bin ich viel zusammen und laß mir

---

3 Vgl. Tagebuch, S. 92. □ **4** Vgl. Tagebuch, S. 93 f. □ **5** Vgl. Tagebuch, S. 92.

viel von ihm erklären. Er will im Kloster Monte Cassino[6], wo er auf ein paar Tage hingeht, auch mich anmelden. Die Benediktiner sind dort sehr gastfreundlich und es wird sicher sehr interessant.

Also übermorgen geht es nach Palermo, 26 Stunden Fahrt. Ich freue mich schon sehr; die Karwoche mit den vielen Gottesdiensten, bei denen man doch zumeist stehen mußte, etwa 4 Stunden lang jedesmal, hat einen doch etwas müde gemacht. Morgen abend sind wir bei Signora Jocca. – Daß in Berlin alles weiter gut geht, erfuhr ich von Sabine. Das nächste Mal erzähle ich von was anderem.

Herzlich grüßt Euch und wünscht Euch warmes Osterwetter

Euer dankbarer Dietrich

62. AN DIE ELTERN[1]

Liebe Eltern!

Heute morgen sind wir nach schöner Seefahrt von Neapel hier angelangt.[2] Allerdings hat das Meer seinen Tribut gefordert, aber freundlicherweise erst ziemlich am Ende. Augenblicklich sitzen [wir] bei blauem Himmel in einem Palmenpark mit schönem Blick aufs Mittelmeer und den Monte Pellegrino. Deinen Brief, liebe Mama, haben wir bekommen und danken Dir sehr. Beunruhige Dich doch ja nicht, es geht ja alles so glatt und wunderschön vonstatten, wie man es sich nur denken kann. Übermorgen nach Girgenti, Syrakus, Taor- | mina, Neapel. Von meinem katholischen Priester bin ich ja noch in Monte Cassino eingeladen, wo ich vielleicht 3 Tage noch hingehe. Es

---

6 529 von Benedikt v. Nursia gegr. Kloster, Mutterkloster des abendl. Mönchtums; im Febr. 1944 durch Bomben zerstört, bis 1954 wieder aufgebaut. B hat das Kloster nicht besucht.

1 NL A 7,1(24); hsl. Ansichtskarte aus Palermo: S. Giovanni degli Eremiti. Poststempel: 22. IV. 1924. Abdruck: GS VI 49f. ☐ 2 Vgl. Tagebuch, S. 95.

ist erstaunlicherweise gar nicht sehr heiß hier, so daß man mit nichts in Versuchung geführt wird.

Grüßt alles sehr von Klaus und Eurem dankbaren

Dietrich

Daß Rüdigers[3] noch in Berlin bleiben, freut mich sehr.

63. AN SABINE BONHOEFFER[1]

Girgenti, 28. 4. 1924

Liebe Sabine.

Wir haben Dir noch gar nicht für Deinen Brief gedankt, und so tue ich es heute.

Gestern früh sind wir hier gelandet.[2] Wir gingen gleich zu den am Meer gelegenen Tempeln, die im Sonnenuntergang ganz rot erschienen, doch weiter unter herrlich blauem Himmel. Über dem üppigsten Obstgarten riesengroße Kakteen auf herunterhängenden Felsstücken, ein immer in nahem Hintergrund oft himmel- bis stahlblaues Meer. Wie schade, daß wir uns hier immer nur 2 Tage an demselben Ort aufhalten können. Es ließe sich lange hier leben! Nett zu der Landschaft stimmen dann die mit Wein und Heu bepackten Maultiere, auf denen die Leute reiten, dann immer entlang riesige Ziegenherden. Grüße schön! Ich schreibe bald mehr. Jetzt gehen wir ins Afrikanum schwimmen mit ein paar netten Wandervögeln, die wir unterwegs kennen gelernt hatten.[3]

Herzlichen Gruß Dein

Dietrich

---

3 Gemeint sind Schleichers.

1 NL Anh. A 5(5); Transkription Sabine Leibholz. □ 2 Vgl. Tagebuch, S. 98. □ 3 Vgl. ebd.

64. VON KLAUS BONHOEFFER AN DIE ELTERN[1]

Liebe Eltern.

Seit meiner letzten Karte aus Palermo haben wir wieder viel erlebt.[2] Von den herrlichen Tagen in Girgenti – bei den griechischen Tempeln am Meer – und von Syrakus hat Dietrich ja schon geschrieben. In Syrakus haben wir einen sehr plötzlichen Entschluß gefaßt. Es sollten gerade sehr viele italienische Truppen nach Tripolis geschafft werden, mit denen wir uns im Zuge angefreundet hatten. Wir sangen zur Laute, die einem deutschen Handwerksburschen, der mit uns fuhr, gehörte und unterhielten uns auf schlecht italienisch sehr gut. So lernten wir einen Offizier kennen, der uns in Syrakus auf der Straße wieder erkannte, uns alles zeigte und sagte, er könne uns das Visum in die Kolonien beschaffen. Das Schiff ginge noch am selben Abend. Da Alle meinten, es wäre in Tripolis billiger als in Sizilien, haben wir die Gelegenheit beim Schopf gepackt und sind Zwischendeck übergefahren. Dort war ein buntes Gewimmel, Militär, Auswanderer, Türken, Araber, dabei war es die liebenswürdigste Reisegesellschaft, die man sich denken konnte. Man bekam Südwein, Zigaretten usw. angeboten. Die Soldaten verschafften uns Fleisch und Nudeln, bis ich endlich alles wieder von mir geben mußte. Zu allem hatten wir Musik: Guitarren, Horn, Geige, Gesang. Es war zwar nicht so bequem, aber sicher 10 mal interessanter als in 2. Klasse.

In Malta hatten wir 8 Stunden Aufenthalt, durften aber ohne besondere Erlaubnis des englischen Gouverneurs nicht an Land – als Deutsche, die Italiener durften ohne weiteres. Es ist das erste Mal, daß mir Deutschfeindlichkeit begegnet ist. In Italien und vor allem in Sizilien ist man gewöhnt als Deutscher besonders gut behandelt zu werden. In Sizilien wird man geradezu gefeiert. Die Franzosen sind verhaßt. Ich wurde oft an Finnland erinnert, nur daß der Sizilianer pazifistischer von Natur ist.

Malta liegt herrlich. Hoch oben am steilen Felsufer liegt die Stadt. Unten wimmelt es von bunten Schnäbelkähnen, von wo man mittels Strick und Korb Zigaretten, Apfelsinen, Tücher, Papageien usw. kaufen kann. Im Hafen lagen ein paar kolossale englische Kriegsschiffe.

Die Seefahrt hat uns nichts angehabt. Wir sind jetzt in Tripolis. Ein Herr aus Stuttgart, den wir bei der Ankunft kennenlernten, verschaffte uns in einem der ersten Hotels für 1 Mark Quartier.[3] – Es ist arabischer

1 NL A 7,1(25); hsl. Aus Tripoli, ca. 5. 5. 1924. □ 2 Vgl. Tagebuch, S. 98 f. □
3 Vgl. ebd.

Bau, aber europäisch geleitet. Dann führte er uns durch die Stadt, die bis auf die Hafengegend völlig orientalisch ist. Mir ist es jetzt noch immer wie ein Traum, wenn ich auf die Straße gehe und sehe die Araber, Beduinen und Neger in dem großen, malerischen, weißen Überwurf auf Eseln oder mit beladenen Kamelen. Die Häuser sind niedrig, kalkweiß, die Wohnung nach der Straße hin offen. Die Handwerker wohnen nach Gewerbe zusammen in bestimmten Straßen. Die 10 000 Juden in einem besonderen Viertel. Sie haben mit unseren deutschen oder den polnischen wenig Ähnlichkeit. Die Straßen sind eng im Innern der Stadt ungepflastert und sehr staubig, aber nicht schmutzig, wie in Italien. Es ist auch viel ruhiger.

Der Araber wahrt auf der Straße viel mehr Würde als der Italiener. Er schreitet oft mit Grandezza einher. Begrüßungen vollziehen sich in Ruhe. Auch wenn sie abends bei der Wasserpfeife miteinander sitzen, hört man kein Schreien. In die Moscheen darf man nach einer Fußwaschung barfuß herein. Wir wollen das in den nächsten Tagen tun. Heute waren wir nur in dem äußeren Bau, wo Obdachlose zu schlafen pflegen. – Die Kerls liegen einfach auf der Erde, in Tücher eingehüllt wie die Mumien, um sich vor der Sonne zu schützen. Alle 3 Stunden wird vom Minarett zum Gebet gerufen, dadurch daß der ‚Rufer' nach allen 4 Himmelsrichtungen Koransuren singt. Es soll hier in Tripolis, was erst seit 1912 italienische Kolonie ist, das Volksleben noch viel ursprünglicher und von Europa unberührter sein als in Algier und Tunis. Dafür ist hier die Bevölkerung sehr verängstigt. Sie fürchtet jeden Europäer. Auf der Straße wird einem Platz gemacht. Vor allem sind die Neger devot. Sie sind die unterste Schicht, auf die der Araber herabsieht. Da jedes Delikt an einem Weißen sehr schwer bestraft wird, soll man hier von niemandem etwas zu fürchten haben, auch wenn man ganz allein in der Nacht in entlegene Orte geht. Wir vermeiden es natürlich trotzdem. Zum Sonnenuntergang waren wir heute vor der Stadt am Meer. Es ziehen sich dort an der Küste Wälder von Dattelpalmen hin. Ich werde dauernd an die Erzählungen aus dem Alten Testament erinnert. Araber, Juden und Schwarze zogen [mit] ihren Kamelen und Eseln zu den Zisternen. Man ist ganz im Morgenland ohne auch nur irgendwie an Europa erinnert zu werden.

Der Kontrast zwischen Italien und Afrika ist hier ganz ungeheuerlich. Daß ich nun gleich nach Italien, wo ich europäische Kultur so rein gesehen habe, die morgenländische sehe, ist unbeschreiblich interessant. Ich weiß kaum, wie ich Euch schreiben soll; denn fast alles ist anders als bei uns.

Morgen fahren wir mit dem Stuttgarter in eine Oase, die ein paar Kilometer vor der Stadt liegt, wohin am Freitag die Karawanen aus dem Innern des Landes zum Markt kommen. Wegen der Hitze müssen wir schon um 5 Uhr fort. Es ist hier augenblicklich Hochsommerhitze. Wenn der Seewind nachläßt, wohl noch heißer. Die Hitze ist aber weniger störend als die Helligkeit. Ich habe jetzt eine blaue Brille, um das Auge gelegentlich ausruhen zu können und auch vor Staub geschützt zu sein. Dietrich ist weniger empfindlich.

Wir wollen mit dem Schiff am 10ten V. zurück. Es geht direkt nach Sizilien. Die Verbindungen über Tunis wollen wir auf alle Fälle vermeiden, obwohl man uns sagte, es sei auch für Deutsche unbedenklich.

Ihr werdet über unser Unternehmen etwas erstaunt sein, aber nach Lage der Dinge glaubten wir, würdet Ihr mit unserem Entschluß einverstanden sein. Tatsächlich braucht Ihr Euch auch nicht zu beunruhigen, denn wir sind natürlich in allem besonders vorsichtig. Wir kennen hier Deutsche und Italiener und für den Notfall kann man immer das hiesige deutsche Konsulat beanspruchen.

Nur oft bedauern wir, daß Ihr nicht auch alles seht. Karl Friedrich muß unbedingt auch noch hierher. Er hätte sicher sehr viel davon. Ich hoffe, ich kann von den hiesigen Produkten etwas billig erhandeln und mitbringen. Straußenfedern müssen billig sein, denn jeder bessere Droschkengaul trägt eine auf dem Kopf und sieht damit recht feurig aus. Außerdem werden hier wunderbare Sachen in edleren Metallen getrieben und nach Gewicht verkauft. Ich muß schließen, denn morgen geht[s] früh raus. Allen die besten Grüße von Eurem dankbaren

Klaus

65. AN DIE ELTERN[1]

Liebe Eltern!

Da das Postschiff erst heute abgeht, will ich Euch noch von den letzten Tagen hier erzählen. Also gestern früh waren wir auf dem großen Markt, zu dem Karawanen und sonstige Eingeborene aus dem Innern in einer nah bei Tripoli gelegenen Oase zusammenströmen zum Verkauf und Tausch ihrer Waren. Es war ein buntes Gewimmel von eigenartigsten Gestalten, doch

1 NL A 7,1(25); hsl. Auf demselben Blatt im Anschluß an den vorangehenden Brief geschrieben.

ging im Vergleich zu unseren, und erst recht den italienischen Märkten das Ganze mit einer solchen Ruhe und Gemessenheit und Abgeschlossenheit gegen die Fremden, die sich dazu einfanden, vor sich, wie sie anscheinend überhaupt dem Araber eigentümlich ist. Einen bettelnden Araber wird man kaum sehen, anders die Juden, die auch hier als kluges, geschäftstüchtiges Handelsvolk zwar sehr respektiert, aber doch als Leute, die sich auch mit den Fremden abgeben, als eine Stufe niedriger angesehen werden. Die Neger sind hier teils Abessinier – die Soldaten mit oft sehr intelligenten Gesichtern und guten Gestalten, teils die wahnsinnig häßlichen aus dem Sudan Zugewanderten, die hier einfach als Vieh behandelt werden. Aber am meisten muß es einen hier doch entrüsten, wie sogar ein Volk mit einer so entwickelten Tradition und Kultur, wie die Araber es sind, zu Sklaven gemacht werden sollen. Wenn man sieht, mit welcher Brutalität die italienischen Soldaten gegen diese vorgehen und sie wie gemeines Pack behandeln, versteht man deren Erbitterung, aber auch unmenschliche Angst.

Die Bilder auf dem Markt und nachher auf unserem Wege ans Meer waren märchenhaft schön. Außerhalb der Stadt sieht man Beduinenzelte aufgeschlagen mit ihren Bewohnern, denen wie den Arabern ihre großen weißen Tücher glänzend zu Gesicht und Gestalt stehen.

Da das nächste Postschiff erst in 8 Tagen abgeht, wollen [wir] Euch am Freitag ein Telegramm schicken und um Verstümmelungen vorzubeugen in italienisch und deutscher Übersetzung. Herzlich grüßt Euch alle Euer dankbarer

Dietrich

Klaus hat sein Verspäten beim Staatsanwalt durch Krankheitsfall auf einige Tage entschuldigt.

66. AN DIE ELTERN[1]

Tripoli, Freitag den 9. 4. 24

Liebe Eltern!

Morgen geht nun das Schiff nach Syrakus zurück und dann geht es wieder nach Rom, wo wir am 13. ankommen werden. In Neapel hoffen wir verschiedene Post von Euch vorzufinden.

Vorgestern sind wir auf 2 Tage mit unserem Stuttgarter Bekannten ins Land hineingefahren, außerdem fuhr zufällig ein Trupp italienischer Soldaten mit, die uns dann sogar ein großes Stück von etwa 2 ½ Stunden im Auto mitnahmen und für Quartier sorgten. Wir befanden uns in den letzten Ausläufern des Atlas, die doch immer noch 600–700 Meter hoch sind.[2] Landschaftlich wirkt das Gebirge sehr eigenartig, aber wunderschön. Da zufällig am selben Tag wie wir eine große Kommission Italiener – ich weiß nicht zu welchem Zweck – dort ankam, waren große Festspiele der eingeborenen Schwarzen, Araber und vieler angesiedelter Beduinen angesetzt, mit zum Teil fabelhaften Kunststücken. Ganz großartig waren die Pferderennen der Beduinen mit ihren fabelhaften Gäulen; im rasenden Tempo mußten sie das Gewehr zum Schuß bereit machen, schießen, wie im Spiel schleuderten sie es dann in die Luft und fingen es wieder auf. Wir haben einige Aufnahmen gemacht, auch von einem sehr amüsanten Negertanz. Bei Sonnenuntergang machten wir noch einen kleinen Spaziergang, wo uns einige Araber ansprachen und, als sie erfuhren, daß wir Deutsche seien, so unglaublich liebenswürdig waren, uns vieles zeigten, außerdem sagten, wir seien die ersten Deutschen, die hierher gekommen seien, und deshalb seien sie | so erfreut. Nach Sonnenuntergang wird es kühl, besonders im Verhältnis zur Tagestemperatur, die, da gerade der von Eingeborenen gehaßte Gibli-Südwind war, 58° betrug. Trotz der gewaltigen Höhe der Temperatur fühlt man sich gar nicht unwohl dabei, die Luft ist sehr trocken, nie schwül, immer Wind.

---

1 NL A 7,1(26); hsl. Datum richtig: 9. 5. 24. Abdruck: GS VI 50 ff. □ **2** Vgl. Tagebuch, S. 99 Anm. 62.

Merkwürdig sind die Wohnungen der Eingeborenen, denn sie haben tiefe Höhlen als Behausung. Ein Gang führt etwa 10 Meter tief in die Erde zu einem großen runden Loch von ca. 25 Meter Durchmesser, von dem aus dann nach allen Seiten Gänge in die ganz dunklen Einzelräume führen. In einer solchen Höhle wohnen dann 3–4 Familien, und noch dazu von orientalischer Größe mit unendlichen Kindern, Frauen, Knechten.

Auf dem Gebirge wachsen nur vereinzelte wunderschöne Ölbäume, Wasser wird aus einer entfernten Oase geholt. – Etwas ganz Herrliches ist der südliche Nachthimmel; der Himmel ist kurz nach Sonnenuntergang tiefblau, und wunderschön heben sich die scharfen Bergkonturen ab; sobald die Sterne kommen, wandelt sich die Farbe in ein wunderbares Schwarz, und die Sterne flimmern und zittern mit ganz strahlendem Licht. Die starke Beschäftigung mit dem Sternhimmel, die im Orient doch wesentlich ist, und die Furcht der Eingeborenen vor diesen Dämonen wird wirklich erst hier sehr verständlich. Das Leben auf der Straße kommt eigentlich erst richtig auf kurz vor Sonnenuntergang. Die Frauen gehen zum Melken mit großen Schüsseln auf dem Kopf, die Männer und Jungens reiten auf Eseln zum Wasserholen, Karawanen brechen um diese Zeit wieder auf, die Gläubigen werden von den Minaretts der Moscheen zum Gottesdienst gerufen, kurz, niemand ist mehr im Hause, d. h. bis auf die vornehme Araberin, die sich auch um diese schönste Stunde des Tags nicht sehen läßt; die Straßen werden lebendig und laut, die noch 2 Stunden vorher in der Sonne glühten. Gegen größte | Hitze und Kälte, die bis 0° geht, schützen sich so die Eingeborenen in ihren Höhlen. In so einem ganzen Tageslauf im Orient wird man erstaunlich erinnert an alttestamentliche Szenen und Stimmungen. Überhaupt scheint mir zwischen Islam und alttestamentlicher Lebensführung und Frömmigkeit eine ungeheure Ähnlichkeit zu bestehen. Im Islam ist alltägliches Leben und Religion gar nicht getrennt, wie in der gesamten, auch katholischen, christlichen Kirche. Bei uns geht man eben in die Kirche; und wenn man zurück kommt, beginnt wieder ein ganz andres Leben. Ganz anders der Mohammedaner; und zum wesentlichen liegt das an dem Juden und Arabern gleichen Zug des kolossal ausgeprägten Rassegefühles und -stolzes. Der Araber trennt sich von jedem Andersrassigen wie der Mensch vom Tier. Mohamed ist der Prophet des Stammes der Araber, daher die durchaus fehlende Tendenz zur Propaganda jetzt wie früher, wo man nicht versuchte, die Christen zu missionieren, sondern sie einfach als Nicht-Araber, d. h. Ungläubige umbrachte. Bei solchen Verhältnissen spielt natürlich die Kirche nur eine Rolle neben vielen andern, mögen sie religiöser oder nationaler Art sein. So ist auch der Krieg ein Dienst an Mohamed und Allah.

Für dauernde Anregung von rein religiöser Seite sorgt neben den täglichen Gebetsstunden die sogenannte ‚Phantasie‘[3]. Kinder und alle Männer ziehen auf dem Markt, in den arabischen Teestuben, auf der Straße herum und singen nach eintöniger Melodie – ähnlich wie in der katholischen Kirche – aus dem Koran vor und begleiten sich mit einigen Tambourins. Alles hört andächtig zu und gibt bei dem folgenden Einsammeln reichlich und jedesmal.

Ich stelle mir das alles sehr ähnlich im alten Israel vor, wo doch sicher die Verhältnisse entsprechend waren. Beide Religionen – Islam und israelitische Frömmigkeit – müssen natürlich ausgesprochene Gesetzesreligionen sein, wenn nationale | und kultische Momente so stark vermischt sind, ja sozusagen zusammenfallen. Nur so können sie schärfste Abgrenzung von den andern Rassen und Religionen erreichen. Eine Religion, die Weltreligion sein will, wie Christentum oder Buddhismus kann gar nicht Gesetzesreligion sein. Ein mohammedanischer Neger ist in den Augen des arabischen Mohammedaners ein Neger nach wie vor, Bekehrung gibt es eigentlich nicht.

Es wäre schon sehr interessant, länger den Islam auf seinem Boden zu studieren, aber es ist ja sehr schwer, irgendwie zu den kultischen Sachen Zutritt zu bekommen. So waren wir heute zum erstenmal in der großen Moschee, in die wir auch heute nur mit Erlaubnis des Kadi kamen.

Morgen wollen wir noch versuchen, ein Aufenthaltsvisum für Malta zu bekommen, wo das Schiff 8 Stunden lang anlegen wird. Man kommt übrigens hier überall mit Italienisch gut

---

3 Fantasia, im Orient Bezeichnung für künstl. Vorführungen, festliche Aufzüge, auch von Musik begleitete Tänze; andererseits für Reitervorführungen in der oben geschilderten Art.

durch und es geht jetzt schon oft ganz gut. Die Eingeborenen jedenfalls sprechen meistens noch schlechter, so daß man sich nicht zu genieren braucht. Aber auch mit den Italienern kann man sich doch schon fast über alles unterhalten. Macht man Fehler, so verbessern sie sehr höflich und schmeicheln einem ganz gräßlich, wie gut, ja daß man noch besser, weil dialektloser, spräche als sie selbst. Es ist schon merkwürdig, hier das Verhältnis vom Italiener zum Araber zu beobachten. Der Italiener, der in seinem ganzen Wesen so alles andre als Herrennatur ist, versucht nun in oft so dummer, taktloser und brutaler Weise, sich bei diesen herrschsüchtigen und trotzigen Arabern in Achtung zu setzen, und das wirkt, ich glaube auch für den Araber, sehr lächerlich.

Wir sind hier oft mit 2 Bozenern zusammen, die italienischen Militärdienst tun müssen und sich natürlich freuen, mal ein bißchen Deutsch reden zu können. Es sind 2 Gymnasiasten, die nun schon 2 Jahre hier sind, nun aber wohl bald entlassen werden. Durch diese beiden kommen wir nun zu vielem, was man sonst nicht sehen würde. Heute abend | haben sie uns zu einem großen Abschiedsabendessen eingeladen, weil wir ja morgen reisen.

Ich freue mich schon wieder unglaublich auf Rom; daß ich Vorlesungen verstehe, habe ich an mehreren Predigten gemerkt, die ich hörte, und so wird es sicher noch ungeheuer interessant. Pastor Schubert, den ich das erstemal nicht antraf, werde ich gleich wieder besuchen und mir Winke für Besuche bei katholischen Geistlichen geben lassen.

Wir müssen fort! Grüßt bitte alles sehr. Auch Hörnchens.[4] Wann Rüdigers taufen[5], hoffen wir in Neapel zu erfahren.

Das letzte Mal aus Afrika grüßt Euch Euer dankbarer

Dietrich

---

4 Richard und Maria Czeppan. □ **5** Taufe von Hans Walter Schleicher, geb. am 21. 2. 1924 (vgl. Nr. 68).

67. AN DIE ELTERN[1]

bonhoeffer grunevvald Berlin
vvangenheimstrasse 14 berlino *11. 5. 24 6.30 v*
Grunewald

Telegramm aus: ="=“= *berlin fr tripoli 21 11/10 10 18/35,-*
alles gut va benissimo, – gruss ="

68. AN DIE ELTERN[1]

Liebe Eltern!

Gestern sind wir wieder hier gelandet und haben gleich unsere Post abgeholt, aber als wir in unser Hotel wollten, behaupteten die plötzlich, es sei nichts mehr frei, und so sind wir zunächst in ein andres gezogen. Heute habe ich nun endlich Quartier gefunden bei einer deutschen Professorenwitwe, die sehr freundlich und besorgt ist: Frau Professor Bigi, Via Quintino Sella, angolo Via Flavia. Alles andre wird Euch ja Klaus erzählen. Erst gestern erfuhren wir, daß am 16. Taufe war und haben aufs Wohl des Kleinen „est est est" getrunken. Herzliche Grüße an alles von Eurem dankbaren

Dietrich

---

1 NL A 7,1(27); Telegrammformular mit aufgeklebten Fernschreiberstreifen; letztere sind kursiv gesetzt. Abdruck: GS VI 54.

1 NL A 7,1(28); hsl. Ansichtskarte aus Rom: Il Colosseo. Poststempel: Roma 17. V. 1924. Abdruck: GS VI 54.

69. AN SABINE BONHOEFFER[1]

Roma, 17. Mai 1924

Liebe Sabine!

Sehr schönen Dank für Deine zwei Briefe, die ich in Rom vorfand. Heute bin ich nun hier verwitwet, Klaus ist auf nach Berlin, d. h. noch auf einen Tag nach Tübingen. Eben habe ich Abendbrot gegessen und Milch, Ei und Schlagsahne, Kostenpunkt 50 Pfennig. Das ist aber üppig, sonst geht es mir über pasta asciutta, d. h. Makkaroni mit Käse und Tomate. Signora Jocca wird morgen nun mit mir gehen und die Guitarre kaufen, für das Geld, das Du mir geschickt hast, danke ich Dir schön. Mit hübschen Sachen ist das hier eine Schwierigkeit, teilweise ganz unerschwinglich, teilweise so, daß ich sie mir sofort kaufen würde, es aber immer nicht tue, weil ich es für möglich halte, daß es Dir nicht so gefiele. Hätte ich in Afrika Geld gehabt, ich hätte mir für 10 Mark Fabelhaftes mitbringen können, aber nun ist es so gekommen, daß ich mir selbst nicht mal was kaufen konnte, stattdessen sich allerdings Klaus auf mein Geld was gestattete, was ich Dir gern mitgebracht hätte. Jedenfalls werde ich jetzt einfach, wenn ich wieder was Hübsches für 50 Lire sehe, es kaufen und es Dir schicken und Du schickst mir die 10 Mark. Lieber wäre es mir, Du schicktest sie noch vorher, denn sogar am Auslagengeld muß ich verflucht sparen. Morgens eine Tasse Milch, mittags pasta asciutta, abend Brot und Käse. Das ist mein Tagesquantum. Du siehst, Sprünge kann ich leider nicht machen. Ob mir Grete[2] was vorschießen kann? Wenn Du ihr schreibst, kannst Du ihr vielleicht mal was davon schreiben. Du mußt Dir das mal überlegen. Es ist ja schließlich auch nicht nötig, aber angenehm wären schon 10 Mark wenigstens.

Eben ist in meinem Zimmer das Licht ausgegangen, und ich sitze in einem Lokal und trinke Kaffee. Heute Nacht wohne ich nicht gerade feudal, in einer dunklen Straße, in einem noch finstereren Gasthaus – allerdings ohne Ungeziefer, das hat mich angezogen. Morgen kommt noch ein Kunstschüler, den ich in

---

1 NL Anh. A 5(7); Transkription Sabine Leibholz. □ **2** ▷ Margarete v.

Sizilien kennengelernt habe und wohnt auch mit dort, das ist mir ganz angenehm, denn er ist außerdem ein sehr gebildeter und kluger Mensch, im Alter von Onkel Bubi[3]. Übermorgen ziehe ich dann zu einer hiesigen Professorenfamilie, die mich sehr freundlich aufgenommen und Gottseidank sehr billig. Dort bleibe ich dann voraussichtlich.

Zum zweitenmal nach Rom zu kommen, ist eigentlich noch schöner als zum erstenmal. Als heute Klaus wegging und ich dachte, daß ich ja in knapp 4 Wochen denselben Leidensweg antreten müßte, da wurde mir sehr wunderlich zumute. So hat man sich schon mit Rom zusammengelebt, es ist die wunderlichste Stadt, die ich in dieser Beziehung kenne. Kaum ist man da, so ist man schon so in ihrem Bann, daß man kaum mehr hinauskann. Andererseits erschöpft sie sich nie. Man glaubt, alles zu kennen, und beinahe an jeder Ecke lauert etwas Neues, Eindrucksvolles auf einen. So wird es – glaube ich – sein, auch, wenn man jahrelang da ist. Heute früh war ich in der Vatikanischen Pinakothek, wo u. a. C. H.[4] hängt. Du müßtest schon mal herkommen!

Herzlichst Dein Dietrich

Ich lege eine Karte aus Afrika an Tante Elisabeth bei, die wir so lange mit uns herumgeschleppt haben. Grüße sie herzlich von Klaus und mir.

70. AN JULIE BONHOEFFER[1]

Liebe Großmama!

Bevor Du nun ganz nach Berlin gehst, möchte ich Dir noch einen herzlichen Gruß aus Rom schicken. Aus den Briefen von zu Haus, die allerdings über 14 Tage alt sind, entnehme ich, daß Mama und Christel jetzt bei Dir sein werden. – Die Zeit hier ist

Dohnanyi. □ 3 ▷ Benedikt v. Hase. □ 4 Nicht geklärt, vielleicht der Urgroßvater Carl v. Hase.

1 NL A 7,2(2); hsl. Ansichtskarte aus Rom: Campidoglio – Palazzo Senatorio. Mitte Mai 1924.

unglaublich schön, aber sie fliegt nur so vorbei und in 3 Wochen bin ich ja fast schon wieder in Berlin. Klaus wird Dir ja aus Afrika alles erzählt haben. Leb wohl! Viel Glück und Mut zur Reise. Herzlich grüßt Dich Dein dankbarer

Dietrich

71. AN DIE ELTERN[1]

Liebe Eltern!

In meiner neuen Wohnung ist es sehr nett und ordentlich. Via Quintino Sella 8. Die Kollegs, in die ich gehe, kann ich ganz gut | verfolgen und sind sehr interessant. Dogmatik wird leider nicht gelesen, aber auch die Kirchengeschichte ist in so anderer Beleuchtung sehr anregend.[2] Sonnabend will ich zum Papst[3]. Bei Schuberts bin ich gewesen. Das nächstemal schreibe ich mehr. Es ist schon ½ 12. Euch alle grüßt Euer dankbarer

Dietrich

72. AN HANS VON DOHNANYI[1]

Lieber Hans!

Einen schönen Gruß von hier und die Bitte, den Zettel Klaus zu geben. Der Brief soll nicht nach Haus gehen, weil unsre Geld- und Schuldenangelegenheiten darin besprochen sind, von de-

---

1 NL A 7,1(29); hsl. Ansichtskarte aus Rom: Piramide di Caio Cestio. Poststempel: Roma 21. V. 1924. Abdruck: GS VI 54 f. □ 2 Kath. Theologen halten es für ausgeschlossen, daß B an einer kirchl. Universität oder Anstalt, z. B. an der Gregoriana, studierte. Zum einen war der Besuch Priesterseminaristen vorbehalten; andererseits war damals an kirchl. Instituten in Rom Latein einzig akzeptierte Lehrsprache, während B mitteilt, wie gut er dem Italienischen in den Vorlesungen habe folgen können. So besteht nur die Möglichkeit, daß er an der staatl. Universität gehört hat. □ 3 Pius XI. (vgl. S. 110).

1 NL A 7,2(9); hsl. Auf dem Brief von fremder Hand: „Ende Mai 1924". Aus Rom. Abdruck: GS VI 55.

nen ich nicht weiß, wie weit Klaus sie bekannt gemacht hat. Würdest Du es ihm möglichst bald abgeben; denn ich sitze hier ziemlich trocken. – In 2 ½ Wochen muß ich raus aus dem Land, das ist noch kaum auszudenken; wenn man dann abends statt auf dem Pincio zu lustwandeln und nach St. Peter zu sehen, wenns hoch kommt, auf der Bismarckallee an der Grunewaldkirche vorbeiwandelt. Aber es war unglaublich hier, wenn man das bedenkt, daß man nun fast ¼ Jahr hier unten sein konnte; dann kommt man auch gern wieder zurück. Noch längst nicht alles habe ich hier gesehen, aber wenn ich zurückdenke, doch so unendlich viel, daß man schließlich auch einmal halt machen muß; denn zu Ende kommt man in Rom, glaube ich, in einem Jahr nicht, allein mit Sehen! – Was macht das Examen? Manchmal haben wir Euch bedauert. Grüß Grete schön

Dein Dietrich

73. AN SABINE BONHOEFFER[1]

Rom, 22. 5. 1924

Liebe Sabine!

Täglich ziehe ich Erkundigungen über Guitarren ein und bin jetzt bei einer scheint's ganz fabelhaften gelandet. Es ist eine neue, neapolitanische mit einer Baßsaite in guter Form.

Morgen abend gehe ich sie noch einmal probieren. Sie kostet zwar voraussichtlich etwas mehr, aber das wirst Du sicher gern für so ein Stück geben. Ich beneide Dich ganz unglaublich! – Außerdem – mit Tüchern ist hier, scheint's, nicht viel zu wollen. Ich war auf dem Trödelmarkt, wo glänzende Sachen angeboten werden, aber alles viel teurer. Sehr billig sind hier zu haben: alte italienische Schalen, Vasen, Krüge mit teils sehr guten Malereien und wunderschönen Formen. Willst Du eventuell so was? Dann kann ich hier einen günstigen Kauf machen. Von zu Hause habe ich seit über 14 Tagen nichts mehr gehört.

---

1 NL Anh. A 5(8); Transkription Sabine Leibholz.

Schreib mir nur bald, damit nicht am Ende sich alles überhäuft. Via Quintina Sella 8, ptr. Professor Bigi.

Grüße Tante Elisabeth herzlichst und sei selbst herzlich gegrüßt

von Deinem Dietrich

74. VON THEODOR PFIZER[1]

Tübingen, im Mai 1924

Lieber Bonhoeffer!

Für Deine Karte von der „Via Appia" habe ich Dir noch nicht gedankt. Mir fehlte die nötige Muße bislang dazu. Jetzt ist's ruhiger um mich. Auch in Tübingen gefällt es mir ganz gut. Allerdings lieber wäre ich eben doch in Marburg. Jedenfalls hoffe ich im Winter nach Berlin zu kommen; ich würde mich sehr darüber freuen, auch in dem Gedanken, Dich dort wieder zu sehen. Denn weißt Du, wieviel ich Dir zu danken habe? Ich glaube, Du kannst es nicht ahnen. Ich bin mir bewußt, daß ich oft mit meinen üblen und irrsinnigen Launen zu Dir gekommen bin und Dir mehr oder weniger vorgeheult habe. Das war eine Schwäche von mir. Du hast Dich trotzdem meiner in aller netter Weise angenommen, wenn Du auch naturgemäß andern Leuten (Held, Dreier, Weynand etc.) zum Schluß näher standest. Das konnte ich sehr gut verstehen. Jedenfalls fehlst Du mir jetzt sehr, wie ich ja überhaupt zur Zeit ziemlich vereinsamt in Tübingen stehe. Was von den Älteren noch da ist, sind Examenskandidaten, die sich mehr oder weniger hinter ihre Bücher verkrümeln. Und unter den neuen Füxen ist nichts Besonders (trotz des guten Durchschnitts). Es bleiben also nur noch meine Confüxe über; aber von ihnen geht eben jeder mehr oder weniger seine eigenen Wege. Einen ganz nahen Freund habe ich nicht im Bund. Gibt es überhaupt das Ideal von Freundschaft, das mir vorschwebt?

Noch mehr von mir zu schreiben, halte ich nicht für notwendig, Du liest ja mein Wesen und vielleicht auch meinen gegenwärtigen Zustand aus meiner Handschrift.[2] Jedenfalls fehlt mir wieder mal ganz die Geschlossenheit, der Ausgleich, das χρυσόμετρον[3]. Ich bin recht

---

1 NL C 16(1); hsl.; Theodor Pfizer (geb. 1904), stud. jur., Confux von B, später Oberbürgermeister von Ulm. Vgl. Th. Pfizer, Im Schatten der Zeit 1904–1948, 1979. □ 2 B hatte ungewöhnliche graphologische Fähigkeiten (vgl. DB 77; WEN 275 f u. 297). □ 3 Dt.: „das goldene, das rechte Maß".

zerfahren in jeder Hinsicht, sprunghaft, extrem, nicht produktiv. Das alles wird ja auch mal wieder anders kommen. Bei mir geht's nur so periodenweise.

Sehr Anteil genommen habe ich an der schweren Krankheit Deiner Schwester; jetzt geht es ihr ja wohl längst wieder gut. – Deine Großmutter ist nun gestern endgültig von hier abgefahren.[4] Nun wird wohl nicht viel mehr Dich an Tübingen fesseln. Mit Freude habe ich Deine Reisen und Fahrten verfolgt und ich beglückwünsche Dich von Herzen zu all Deinen Taten, die Du ausgeführt. Du hast es ja immer verstanden, alles zu erreichen, was Du Dir in den Kopf gesetzt. Du wirst es auch fernerhin tun. Wo Dich diese Zeilen wohl treffen? Hoffentlich nicht allzu spät. Vergiß nicht ganz Deinen

Theodor Pfizer

75. VON RICHARD CZEPPAN[1]

Berlin-Grunewald, 23. 5. 24

Lieber Dietrich!

Vielen Dank für Deine Karte aus Libyen und für Deine Grüße, die mir Klaus ausrichtete.

Welche tiefen Eindrücke hast Du in den letzten Wochen empfangen! In jungen Jahren wirken sie auch noch nachhaltiger! Bis ins hohe Alter wirst Du Dich an Deine erste Italienfahrt gern erinnern. Die Erinnerungsbilder sind gerade von der ersten Reise besonders lebhaft und deutlich.

Wie lange bleibst Du noch in Rom? Vielleicht komme ich auch noch hin. Wie teuer ist Pension oder Halbpension für ein einfaches möbliertes Zimmer auf etwa 8 Tage? Könntest du mal in dem Hotel (albergo) Piemonte auf der via principe Amadeo, Seitenstraße zur via Cavoùr nachfragen, wieviel ein einfaches Zimmer kostet? Ohne Frühstück, das ich in einer Trattoria einzunehmen pflege – in Rom! Der Inhaber des albergo Piemonte hieß Canapero. Anfang Juli (ab 6.) 1907, dann im Juli 1911 und Ende Juli 1913 war ich in diesem damals gut geführten Hotel, wie sich aus den Hotelbüchern leicht feststellen läßt. Wenn Herr Canapero das Hotel noch hat, so grüße ihn bitte von mir.

---

4 Umzug der Großmutter nach Berlin (vgl. S. 62 u. 128).

1 NL C 9(3); hsl.

Er wird sich meiner persönlich freilich kaum erinnern können wegen der langen Zeit.

Vergiß nicht Tivoli[2], Albanerberge mit Nemisee und Monte Caro, Villa Adriana, die neuen Ausgrabungen in Ostia. Sind die neuen Forum-Ausgrabungen zugänglich gerade? Fa l'Italia lotto da tì?[3]

Ponte Molle mit Abendspaziergang am rechten Tiberufer ist immerhin als Erholung von den geistig anstrengenden vielen Eindrücken lohnend. In der via delle bottéghe oscure[4] – ein poesievoller Name! – man geht hin von dem Corso Vittorio Emmanuele aus durch via di San Marco – befindet sich eine mir von Einheimischen empfohlene Trattoria mit schönem, schattigem Garten. Bürgerliche, gute Küche, billig, meist Italiener. Auch gegenüber der Post, Piazza San Silvestre ißt man gut, meist Deutsche.

Wie oft warst Du bei den Antiken im Vatikan, wie oft in den Stanzen? Die rechte Seite am Lateran wird Dich als Theologen interessieren.[5] Ich rate Dir, wenn auch nur in Stichworten Tagebuch zu führen. Es lohnt sich, wenn man besonders den unmittelbaren Eindruck in kurzen Betrachtungen niederschreibt. In späteren Jahren liest man es gern. Solche Aufzeichnungen unterstützen außer mitgebrachten Bildern gut das Gedächtnis. Wie oft warst Du auf meinen Lieblingsplätzchen besonders abends beim Sonnenuntergang am Monte Pincio oder Villa Medici? Über einen ausführlichen Brief würde ich mich freuen. Außerdem könntest Du vielleicht italienische Briefmarken, besonders verschiedene neu erschienene Aufdrucksorten niederer Werte zur Frankierung benützen. Anbei übersende ich einen interessanten Zeitungsausschnitt. Du wirst ihn mit Interesse lesen. Klaus meint, Ihr hättet diese Wandervögel in Girgenti getroffen. Über Eure Erlebnisse in Tripolis haben wir uns amüsiert, besonders über den feierlichen Empfang.

Herzlich grüßt Dich Dein

Richard Czeppan

Viele Grüße auch von mir. Hörnchen.[6]
Die Garibaldi-Campanilemarken sind vielleicht billig zu haben.

---

2 Vgl. Tagebuch, S. 110. □ **3** Dt. etwa: „Wird Italien ein Teil von Dir?“ □ **4** Dt.: „Straße der finsteren Lokale“. □ **5** Gemeint sind wohl die beiden rechten Seitenschiffe mit Grabmälern von Päpsten, Kardinälen und anderen bedeutenden Persönlichkeiten sowie einem Giotto zugeschriebenen Fresko. □ **6** Hsl. von Maria Czeppan.

76. AN DIE ELTERN[1]

Roma, den 27. Mai 1924

Liebe Eltern!

Vielen Dank für Euren Brief vom 23. V. Auch Klausens Brief habe ich bekommen. Dir, lieber Papa, danke ich sehr für den Genfer Gruß, der mich sehr erfreute; es gibt hier so viele hübsche Sachen, an denen man so ungern vorbeiläuft, besonders sind es die Photographien und Reproduktionen von Bildern, die einen immer verlocken.

Ich glaube auch, daß, wie Du und Onkel Hans meinen, es richtig ist, wenn ich mich am 15. Juni noch immatrikulieren lasse und die letzten 6–7 Wochen noch höre; denn so verlockend es natürlich wäre, noch hier zu bleiben, so glaube ich doch, daß, wenn ich es noch täte, ich schließlich auch hier immer mehr ins Zimmer gedrängt werden würde; denn man möchte die unendliche Fülle von Anregungen nun etwas einordnen und dem einzelnen mehr nachgehen, oft ganz spezielle Gebiete[2] arbeiten, was vielleicht doch jetzt in dem Maße noch nicht so viel Sinn haben würde, wo mir auch noch viel Allgemeineres fehlt. Ich würde gern in Berlin Vorlesungen hören, die in näherer Berührung mit diesen Gebieten stehen und glaube, daß das für mich endgültig vielleicht doch mehr Sinn hat; so viel schöner es natürlich ist, die Anschauung immer daneben zu haben, wie es hier eben ist. Mir ist in den Wochen hier so vieles aufgefallen, was ich noch viel allgemeiner studieren möchte, wozu ich vielleicht hier doch nicht so käme und so freue ich mich doch wieder sehr auf Berlin.

Ich bin jetzt täglich in irgendeiner alten Basilika, deren Kuppeln[3] meist hochinteressante Mosaiken haben. Heute war ich wieder mal in den Katakomben und gerade in ganz besonders interessanten. Es wäre allein deswegen reizvoll, lange Zeit hier zu studieren, denn die christlichen Bilder sind wun- | derbare Erkenntnisquellen für die Dogmatik und Religionsgeschichte, besonders eben gerade dieser ältesten Zeit bis zum

---

1 NL A 7,1(30); hsl.; Abdruck: GS VI 56 f. □ 2 Vgl. Tagebuch, S. 107. □
3 Gemeint sind wohl Apsiden.

Übergang der Mosaiken in den byzantinischen Stil, etwa im 7. Jahrhundert.

Ich möchte auf meiner Rückreise noch 2–3 Tage in Florenz Aufenthalt machen, über das meine Fahrt ja geht, und dann von Horb aus noch auf 1–2 Tage nach Tübingen, von wo man mich immer wieder eingeladen hat. Am 14. würde ich dann in Berlin ankommen, und am 15. zur Immatrikulation gehen.

Morgen gehe ich nach Tivoli, übermorgen ist Himmelfahrt, wo in St. Peter ein schöner Gottesdienst sein wird. Freitag hoffe ich nun endlich den Papst zu sehen, der hoffentlich wieder gesund sein wird.

Einen schönen Gruß den Geschwistern und Rüdigers[4]. Es soll mir doch mal jemand was von der Taufe erzählen. Auch Hörnchens[5] einen Gruß. In 3 Wochen kann ich Euch alles ausführlich berichten. Herzlich grüßt Euch

Euer dankbarer Dietrich

Klaus soll mir doch die Photographien aus Tripoli schicken, sobald sie entwickelt sind. Ich bin sehr gespannt und viele Leute wollen sie auch sehen.

77. AN DIE ELTERN[1]

Liebe Eltern!

Heute war ich den Tag über in Tivoli, da nach 2 Regentagen wieder herrlichstes Wetter ist. Augenblicklich erwarte ich den Zug nach Rom. – Morgen gehe ich nun wirklich zum Papst um ½ 12 Uhr mittags.[2] – Bei Mingazzini war ich übrigens; ich vergaß es, glaube ich, zu schreiben. Er will Dir, Papa, | selbst noch schreiben. Nach der Papstaudienz schreibe ich mehr.

Herzlichen Gruß Euer dankbarer

Dietrich

---

4 Rüdiger u. Ursula Schleicher. □ 5 Richard u. Maria Czeppan, geb. Horn.
1 NL A 7,1(31); hsl. Ansichtskarte aus Rom: Tivoli-Secatelle. Poststempel: Roma 31. V. 1924. Abdruck: GS VI 57f. □ 2 Vgl. Tagebuch, S. 110.

78. AN KLAUS BONHOEFFER[1]

Lieber Klaus.

Schönen Dank für den Brief und Inhalt. Den meinen wirst Du inzwischen haben. Hier bin ich auf meiner Reise nach Florenz ausgestiegen, es ist zauberhaft schön; rein erhaltene Frührenaissancebauten, Kirchen, Paläste.[2] In der ganzen Stadt kaum ein modernes Haus. Morgen nach Florenz, dann Montag nach Mailand usw.

Grüß alles schön. Es grüßt dich

Dein Dietrich

79. AN DIE ELTERN[1]

Liebe Eltern.

Ich bin ja nun schon sehr auf der Rückreise, aber Italien bleibt scheints schön bis zum letzten Augenblick. Schon in Siena war es herrlich[2]; nun aber erst hier ist es einfach unerschöpflich, die Kirchen, Paläste, Galerien; man muß nur die Auswahl treffen, was oft sicher schwer ist. Vielmals grüßt Euch

Euer dankbarer Dietrich

---

1 NL A 7,2(6); hsl. Ansichtskarte: Siena-Panorama visto da S. Domenico. Poststempel: Siena, 4. 6. 1924. Abdruck: GS VI 58. □ **2** Vgl. Tagebuch, S. 111.
1 NL A 7,1(32); hsl. Ansichtskarte: Firenze-La Cattedrale vista da S. Lorenzo. Poststempel: Milano 6. VI. 1924. Abdruck: GS VI 58. □ **2** Vgl. Tagebuch, S. 112.

d) Berliner Studienjahre. Juni 1924 – Juli 1927

80. AN SABINE BONHOEFFER[1]

Berlin-Grunewald, Juni 24

Liebe Sabine,

nun habe ich schon ziemlich lange nichts mehr von mir hören lassen; das letztemal weilte ich noch in schöneren Regionen, ich glaube, es war in Siena. Seitdem war ich noch in Florenz, Mailand und tat dann die verhängnisvollen Schritte über die italienische Grenze. Ich blieb noch ein paar Stunden in Zürich und fuhr dann durch bis Horb, wo ich von den zwei Igeln zu einer kleinen Tour in den Schwarzwald erwartet wurde.

Ich ging dann am 13. 6. zu Hause zur Immatrikulation, die ich nun auch hinter mir habe, und augenblicklich bin ich wieder mitten in der Arbeit.[2] Im August sollte ich ja eigentlich nach Friedrichsbrunn, bleibe aber doch lieber hier, weil ich unbedingt manches noch arbeiten muß. Für Dich ist es ja schade, daß Du auf diese Weise überhaupt nicht rauskommst, denn mit Suse und ihrer Freundin scheinst Du ja keine Lust zu haben, raufzufahren. Mit der Wanderung ist das eben noch so eine Sache, da mir der Held aus Tübingen, der im nächsten Semester herkommt, das Versprechen abgenommen hat, wenn ich überhaupt laufen wolle, mit ihm zu laufen, er wolle dann früher herkommen. Vielleicht findet sich aber noch immer irgend etwas Kurzes, Hübsches.

Hans-Christoph kommt über Juli nicht zu uns, sondern soll an die Nordsee. Karl-Friedrich ist heute nach Hamburg gefahren, um dort einen Vortrag zu halten. – Morgen ist bei uns Musikabend, wir spielen das Forellenquintett. Zwei Igel[3] 1. Geige und Cello, Fräulein Rohloff[4] Viola, Klaus 2. Cello und ich Klavier. Wir wollen in der Woche jetzt regelmäßig üben.

---

1 NL Anh. A 5(11); Transkription Sabine Leibholz. □ **2** Siehe die Liste der Vorlesungen im Anhang. □ **3** N. i. □ **4** Violinlehrerin von Sabine B.

Ich habe sonst ziemlich mit Nacharbeiten und sonstigem zu tun, so daß ich nicht viel zum Üben komme. In den Ferien will ich etwas mehr dahintergehen. Wir haben heute das erstemal eine menschliche Temperatur, d.h. nach italienischem Maßstab gemessen. Die anderen stöhnen allerdings zum Teil sehr. – Ich muß wieder in die Stadt. Zeit und Bogen ist zu Ende. Grüß Tante Elisabeth, Eltern und Geschwister grüßen Dich

mit Deinem Dietrich

81. VON WILHELM DREIER[1]

Tübingen, 24. 7. 24.

Lieber Dietrich!

Für Deinen letzten Brief vielen Dank. Leider komme ich erst heute zur Antwort, da ich vorher nicht die nötige Ruhe hatte. Zunächst einige Mitteilungen über die hiesigen Zustände. Die Stiftungsfestvorbereitungen häufen sich, – aber für mich bedeutet das keine unbedingte Neubelastung, weil die Kommissionstätigkeit abnimmt. 3 Mimiken, 1 Theaterstück und ein Hans-Sachs-Lustspiel werden aufgeführt. Die Mimiken verfaßten Burger, Kayser[2] und ich. Der letzte ohne Begeisterung. Kayser als xx[3] arbeitet viel, ist dafür nervös und öfters ungenießbar. Ähnlich ists mit einzelnen anderen. Pfizer befindet sich in heller Aufregung, weil er sich bis heute Mittag entscheiden muß, ob er mit 2 anderen Tübinger Studenten ins Baltikum will. Das Unternehmen geht vom Hochschulring deutscher Art aus, die Zeit des Aufenthalts der Studenten bei baltischen Familien läuft vom 10. 8. bis 5. 10. Pfizer wird wahrscheinlich reisen.

Stadelmann[4] bestand den ersten Teil seines mündlichen Doktor-Examens – wie es scheint – günstig, – der zweite folgt Sonnabend. Im Bund wird inoffiziell viel gesoffen. Ich habe mich von ihnen (Herrgott,

---

1 NL C 11(2); hsl.; Wilhelm Dreier (geb. 1905), stud. jur., Confux von B, hatte sich in Tübingen sehr an ihn angeschlossen. Zum Folgenden vgl. Th. Pfizer, Im Schatten der Zeit, 76 ff. □ 2 Ewald Burger (1905–1942), stud. theol., u. Wolfgang Kayser (1904–1944), stud. jur., Confüxe von B. □ 3 Die drei gewählten Vertreter einer Verbindung, ‚Chargierte', setzen hinter ihren Namensze, setzen hinter ihren Namenszug x,xx und xxx. □ 4 Rudolf Stadelmann (1902–1949), Mitglied des ‚Igel' seit WS 1920/21, später Prof. für Geschichte.

die Feder! Hoffentlich bald Füllfederhalter) ziemlich freigemacht und stehe nur Stadelmann und Maier[5] nah (in 2ter Bindung vielleicht Pfizer, Burger, Held). Der Fux Kordau[6] hat seinen Austritt erklärt, der genehmigt werden wird (Jetzt gehts so[7] weiter). Seine Gründe bestanden darin, daß er tatsächlich gar nicht dem Igelgeist hold sei, vielmehr religiösen Problemen nachginge und praktisches Christentum pflegen wolle. Das könne er in der Verbindung nicht, bisher habe er sich hineingefunden und geschauspielert, jetzt sage er sich von diesem leidigen Kompromiß los. Er will später vielleicht dem DCSV[8] beitreten. Ich hatte im Auftrage der Verbindung mit ihm zu sprechen – er hatte einmal gesagt, zu mir hätte er Zutrauen – und gewann einen guten Eindruck. Du kennst ihn ja. Mich hat das Gespräch ziemlich erschüttert, weil Kordau[9] in den Augenblicken mir überlegen war: Er hat den Mut ‚ich' zu sein echt[10]. Ich hatte ihn im Februar nicht. Über dies Problem des ‚Ich'-seins schreibe ich Dir von München gelegentlich mehr.

Meine Eltern sind in Freudenstadt, kürzlich war ich mit ihnen in Ulm. Es besteht ein ungeheuerlicher Gegensatz zwischen ihnen und mir. Ich glaube nicht an eine gute Lösung. Meine juristische Tätigkeit ist mäßig, immerhin machte ich 2 Arbeiten mit 3 und 2. Aber ist das ein Lebensberuf, über den man spottet? Das Weitere wird sich in München ergeben. Die Karamasoffs[11] las ich zu Ende. Der 2. Teil des 3. Buches gefiel mir nicht sehr. Zu streng[12], zu breit und man weiß genau, was wer sagen wird. Die Gestalt des Iwan hat mich zeitweise sehr erregt[13]. In unglaublicher Weise Iwans Kampf mit sich selbst, „seinem schlechten Ich" – ich war krankhaft angespannt. Über die Karamasoffs, d.h. über Iwan, denn in ihm liegt fast alles, – möchte ich lang schreiben, – aber stell Dir vor: Man ist im wilden Trubel der Festvorbereitungen – wie soll man die Ruhe haben? Augenblicklich lese ich Leichtes: David Copperfield[14], – nur als Erholung.

Kürzlich hielt Tillich/Marburg einen Vortrag über Kirche und Kultur.[15] Der Vortrag war sehr gut und frei von Unnötigem. In

---

5 Hermann Maier (geb. 1906), im ‚Igel' seit SS 1924, später Verlagsdirektor in Stuttgart. □ **6** U. L., n. i. □ **7** D. h. mit Bleistift. □ **8** Dt. Christl. Studentenvereinigung, vgl. K. Kupisch, Studenten entdecken die Bibel, Hamburg 1964. □ **9** Vgl. Anm. 6. □ **10** U. L. □ **11** Gemeint ist der Roman „Die Brüder Karamasow" von Fjodor M. Dostojewski; W. Dreier bezieht sich im folgenden bes. auf Teil II, 5. Buch, Kap. 4ff. □ **12** U. L. □ **13** U. L. □ **14** „David Copperfield", Roman von Charles Dickens. □ **15** Vgl. P. Tillich, Kirche und Kultur. Vortrag vor dem Tübinger Jugendring im Juli 1924.

Stichworten: Zunächst Scheidung von profan und heilig. – Grundbegriff: Ausgehend vom Sinn: a) Sinn im Handeln (α) b) Glaube an den Sinn (β) c) Welt: objektiver Inbegriff aller Sinne 1.) objektiv 2.) Religionen: Heilig. Dies entwickelt er weiter (zu Näherem fehlt die Ruhe), kam dann zur geschichtlichen Entwicklung (Autonomie-Heteronomie-Theokratie) und zum letzten: Zur überprofanheiligen Offenbarung, zum Durchbruch, der dazu verhilft, daß die Religion von sich frei wird. – Ich weiß nicht, ob Du verstehst. Man kann es nicht so kurz wiedergeben, auch habe ichs nicht mehr ganz im Kopf.

Deine Erwiderungen über den Glauben habe ich mit Eifer gelesen – stimme auch dem meisten zu – immerhin bin ich mir noch nicht im Klaren, ob der Glaube *nur* reines Nievorhandenes, Negatives ist, ich finde aber zunächst nichts Neues. – Immerhin ist er kein Werk, so sagst Du ja. – Zweifelhaft ist dann wiederum die Behauptung, eine Selbsteingebung[16] Gottes komme nicht in Betracht. (Diese Behauptung fußt auf Deiner grundsätzlichen Einstellung, die ich im Grunde schon bejahe). Aber jetzt scheint es mir wohl ganz unmöglich, auch fehlen mir Gegenbeweise. Aber das Gefühl, es genügt nicht. [...][17] vielleicht mehr davon schreiben. Jetzt ist, wie gesagt, nicht Ruhe genug. Über Bremen schreibe ich später. Schreib bald wieder, auch Philosophisches!! – Und entschuldige, wenn Antworten auf sich warten lassen.

Herzlichst Dein Wilhelm

Held läßt grüßen. Kayser läßt grüßen.
beide [...][18].
Pfizer und Held bekommen die Briefe. – Die Noten [...][19] nicht gefunden.

---

16 U. L. □ 17 Unl. Zeile. □ 18 Unl. □ 19 Unl.

82. AN PAULA BONHOEFFER[1]

Grunewald, den 5. August 24

Liebe Mama!

Dein Brief kam gestern, ich danke Dir sehr. Heute früh ist nun Karl-Friedrich losgezogen, gestern abend kam noch der Vater Schleicher aus England zurück, von dem sich Karl-Friedrich noch einige Winke geben lassen konnte. Morgen früh um 7 Uhr kommt er nach London, wahrscheinlich für eine englische Pfarrersfamilie gerade am Sonntag nicht am günstigsten Termin.

Im ganzen geht hier alles seinen regelmäßigen Lauf: Großmama ist wohl, Schleichers freuen sich auf ihre Reise und bereiten sie vor, Klaus hat mit den Vorarbeiten für seine Doktorarbeit begonnen, ist aber noch immer nach kurzem Arbeiten sehr angestrengt und hat, glaube ich, noch nicht Lust am 15. ins Amt zu gehen; Sabine und Susi machen Ferien; d.h. Sabine macht sich sogar mal wieder etwas an ihr Geigespiel. Beide lassen sich allerdings nicht zum Schwimmengehen veranlassen. Ich bin übrigens jetzt jeden Morgen kurz da, das ist eine sehr angenehme körperliche Betätigung. Ich habe augenblicklich eine sehr interessante Arbeit: die Religionssoziologie von Max Weber.[2] Außerdem treffe ich mich jede Woche einmal mit einem anderen Theologen, wo wir uns Kirchengeschichte abhören. Ich habe nun nach dem Weber vor noch Troeltsch: Soziallehren der christlichen Ethik[3] zu lesen und den Husserl[4] zu Ende durchzuarbeiten, wenn ich zum Schluß noch Zeit habe, mir Schleiermacher[5] gründlich vorzunehmen. Daneben muß ich natürlich die historischen und philologischen Fächer etwas pauken und mal wieder Hebräisch aufnehmen. Im ganzen werden es jedenfalls sehr schöne Ferien sein.

Alle 8 Tage haben wir einen Musikabend, der uns viel Freude

---

1 NL A 7,1(33); hsl.; Abdruck: GS VI 91 f. □ 2 M. Weber, Ges. Aufsätze zur Religionssoziologie. □ 3 E. Troeltsch, Die Soziallehren der christlichen Kirchen und Gruppen. □ 4 E. Husserl, Ideen zu einer reinen Phänomenologie; in B's Bibliothek. □ 5 Außer den „Reden über die Religion" (vgl. Brief Nr. 39 Anm. 2) besaß B damals von Schleiermacher „Der christliche Glaube" und „Monologen/Weihnachtsfeier".

macht. Daß Ihr in Kissingen so schön faulenzen könnt, ist ja wohl sehr angenehm, hoffentlich könnt Ihr Euch etwas mehr über das Wetter freuen als wir, denn bei uns ist's schon ein klein wenig herbstlich, und man beginnt schon jetzt vom Winter zu unken. Ich dachte vielleicht, in den ersten Oktobertagen noch ein bißchen zu laufen mit einem Igel, dem Held, der fürs Wintersemester herkommt, außerdem auch, um mich, dem Schönheitsempfinden der Schwestern zu entsprechen, et- | was dünner zu laufen; denn vom vielen Sitzen wird man wirklich ziemlich dick. Grüße bitte den Papa sehr schön, auch Goltzes von uns allen. Einen herzlichen Gruß von Deinem dankbaren

Dietrich

83. VON WILHELM DREIER[1]

Freudenstadt, 8. 8. 1924

Lieber Dietrich!

⟨...⟩

Zum Problem: Zunächst will ich Deine Lösung kurz wiedergeben – um Mißverständnisse zu verhüten: Du gehst vom Gesichtspunkt des Überkategorialen aus (Nebenbei = göttlich); dazu setzt Du das Göttliche als *das* nicht Bestimmbare voraus? Läge darin nicht eine Veränderung des Göttlichen? Von diesem Punkt aus erscheinen im Gegensatz zur kategorialen Betrachtung alle psychologischen Akte[2] absolut und darum logisch zusammenhaltend[3] (Sie sind jeder ein ‚Sein'.). Sie bilden die absolute Geltung. Diese wirkt sich ins Kategoriale übergehend je nach Anlage aus (z.B. Gefühl wirkt sich im Kategorialen als Religion aus) und nicht umgekehrt wirken die Objekte auf diese[4] absolute Geltung über den Weg des Kategorialen (d.h. *Aus*wirkung, nicht *Ein*wirkung).

1 NL C 11(4); hsl.; Schluß eines 16 S. langen Briefes, in dem W. Dreier ausführlich über das Stiftungsfest des ‚Igel' und seine eigenen Pläne, gegen den Willen seines Vaters das Jurastudium aufzugeben, berichtet. Der theologische und erkenntnistheoretische Hintergrund der Diskussion der beiden Freunde ist nicht mehr genau zu identifizieren. □ **2** U. L. □ **3** U. L. □ **4** U. L., ersetzt vermutlich: „unsere".

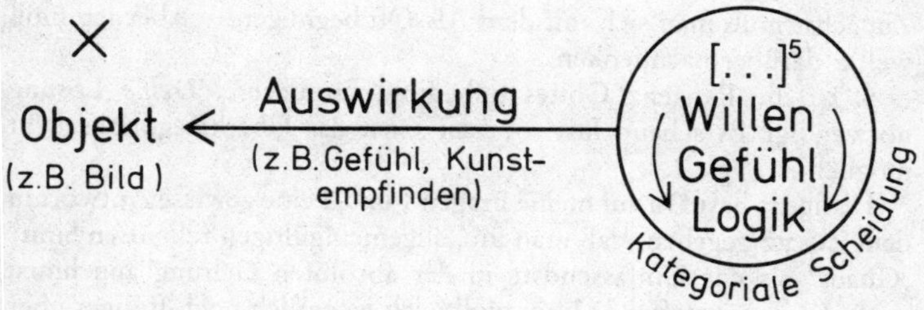

Alsdann nimmst Du an, daß Glaube etwa mit dem Entgegengesetzten, Unrecht, oder Gnade mit Sünde etc. zusammenhängen, dies erscheint mir nicht sehr wesentlich und vor allem nicht beweisbar; damit ist die Logik am Ende. – Dazu einige Fragen (Ich muß gestehen, daß ich erst völlig befangen war, jetzt aber auch nüchtern in *gewissem* Sinn zustimme):

1. Grundsätzlich: Das Ganze ist eine beschränkte Betrachtung im Bezug auf die absolute Geltung: eben religionsphilosophisch, – mit anderen Worten *logisch*. Ebenso berechtigt und vielleicht ebenso richtig wäre eine *gefühlsmäßige* Betrachtung – es würde eine religiöse sein. Warum steht die logische (das heißt nicht logische, sondern irgendeine andere, weil das Logische sich doch nicht im Kategorialen als logisch auswirkt (?)) Betrachtung über der gefühlsmäßigen, obwohl Logik und Gefühl beide absolute Geltung sind?

2. Falls man diesen Punkt aus dem Spiel läßt: Was, wer ist Gott? Diese Frage gehört nicht unmittelbar hierher, nur insofern, als Gott (wie schon angedeutet) hier anscheinend ein[en] Zusammenhang mit dieser[6] absoluten Geltung und zwar in seinem unbestimmbaren, überkategorialen Charakter, hat. Alles ist aber Annahme. Könnte das Göttliche nicht in die absolute Geltung hineinspielen? Wie ist dies zu denken? Jedoch ist dies eine spekulative Betrachtung.

3. Wodurch ist die 3Teilung Wille/Logik/Gefühl bewiesen? Ist es Annahme? Ich neige dazu, den Willen als das Umfassende anzusehen.

4. Die ganze Lösung kann ich nicht anfechten, war zunächst etwas unwillig, – jetzt weniger, – weiß aber noch nicht eine Lebensweise nach diesem Ergebnis. In gewisser Hinsicht ist sie sehr kläglich ausgefallen (verzeih dies, – eine bessere weiß ich bis jetzt auch nicht), weil wir allzu wenig wissen können. Dies reizt mich fortwährend und ich habe ein sehr starkes Verlangen nach einem Fortschritt, obgleich das Letzte – immer eine Annahme, ein Glauben ist. Dies nebenbei. –

---

5 Unl. □ **6** U. L., ersetzt vermutlich: „unserer".

Zunächst muß man sich mit dem Als-Ob begnügen. – Aber ich muß weiter darüber nachdenken.

5. Ist die Existenz Gottes unbedingt für unsere, *Deine* Lösung notwendig? Es scheint fast so; weil sonst das Überkategoriale nicht möglich ist; vgl. 2.

Übrigens hast Du auf meine Fragen 1 und 2 eine gewisse Antwort in dem Zusatz gegeben, daß man im „allgemeingültigen religiösen Sinn" ‚Gnade' als das Umfassendste in der absoluten Geltung annehmen muß. Ist das zutreffend? Nun wollte ich eigentlich noch Einiges über Deine Bemerkung hinsichtlich der ‚Freiheit' – auch in kritischer Weise sagen, aber einmal bist Du ja selbst noch nicht damit fertig, dann muß ich aber nötig schließen, weil sonst der Brief überhaupt nicht mehr fortkommt. Das Problem hat mich außerordentlich gefesselt und ich war ganz glücklich, einmal – wenn auch kurz – etwas philosophisch arbeiten zu können. – Schreib *bald* wieder, auch wegen der anderen Sache. Nun entschuldige bitte diesen unverschämt langen und vielleicht – auch im allerletzten Teil – einfältigen Brief; hoffentlich langweilst Du Dich nicht zu sehr.

Eltern und Schwester lassen grüßen.

In Freundschaft

Dein Wilhelm Dreier

84. AN DIE ELTERN[1]

Grunewald, den 20. August 24

Liebe Eltern!

Eben kam von Euch ein Brief an Sabine und das Geld für Christel. Mit dem Quartett hatten wir es bisher so gehalten, daß wir wöchentlich musizieren. Sabine selbst wollte noch nicht mitmachen, weil sie zu sehr aus der Technik herausgekommen war. Das nächste mal will sie schon eine Sache mitspielen. Von übernächster Woche muß sie regelmäßig dran; denn die Igel sind dann weg. – Christel ist mit Hans am Sonntag abend sehr vergnügt angekommen. Hans fuhr am nächsten Morgen nach Hamburg weiter. Sie brachten uns eine große Bienenhonigwabe mit, die ausgezeichnet ist. – Klaus ist meist nur den Vormittag

1 NL A 7,1(34); hsl.; Abdruck: GS VI 92.

über im Amt, nimmt sich seine Akten mit nach Haus, ist dann aber doch noch strapaziert, sodaß er nachmittags oft recht lange schläft. Infolgedessen geht er allerdings erst sehr spät ins Bett und muß doch am Morgen früh raus. Am Montag geht er ins Schöffengericht. Schleichers reisen am Sonntag; Rüdiger hat scheints in Stuttgart nicht viel Neues erfahren. – Von Karl-Friedrich haben wir oft kurz Nachricht. Das britische Museum hat es ihm anscheinend sehr angetan. Seit einiger Zeit übt Sabine wieder abends Geige, zeichnet und liest. Susi geht wieder zur Schule und führt im übrigen fast tägliche Korrespondenz mit ihren Freundinnen in der Schweiz. An ihrem Geburtstag werden wir, wenn das Wetter besser wird, eine Dampferfahrt nach der Pfaueninsel machen, sonst sehen wir uns vielleicht irgend etwas Hübsches an, da doch keine Freundinnen von ihr da sind und sie sich aus Musik und solchen Dingen nicht viel macht. – Großmama werden wir morgen feiern. – Heute abend ist Hanni Delbrück's[2] Polterabend. Von uns geht niemand hin.

Ich bin immer noch bei Max Weber; leider kann man zur Zeit gar nicht im Garten sitzen, denn es ist ziemlich kühl geworden seit dem letzten Gewitter und wechselt zwischen blauem und Regen-Himmel. So werden wir wohl einen milden Herbst bekommen. Zum Schwimmen verlockt einen das Wetter auch nicht mehr sehr, aber ich werde doch wieder gehen; denn schon an den paar Tagen Aussetzen merkte man einen großen Unterschied gegen vorher, man wird viel schneller müde, wenn man sich gar nicht bewegt.

Dem Münchener Igel[3] geht es leider bis jetzt noch sehr schlecht. Er muß immer wieder punktiert werden und seine Temperatur schwankt zwischen hohem Fieber und Untertemperatur bis 35,6. Nun liegt er 4 Monate. Großmama und alles grüßt mit mir

Eurem dankbaren Dietrich

Die Mädchen waren sehr entzückt von Deinen Karten, liebe Mama.

---

2 Johanna Bräuer geb. Delbrück, gen. Hanni, (geb. 1896/Berlin), verh. mit Dr. Ernst Bräuer. □ 3 N. i.

85. VON THEODOR PFIZER[1]

Gülzow in Pommern 21. August 24

Lieber Bonhoeffer!

Der ‚offizielle' Dank – an Deine Großmutter gerichtet – ist wohl schon in Berlin eingetroffen. Auch Dir laß mich nochmals danken für die 2 wundervollen Tage, die für mich sehr bedeutsam waren. Je und je hab ich es gern gehabt, mich mit gebildeten und gescheiten Menschen zu unterhalten, vielleicht ein instinktives Bedürfnis, um ‚Mängel' meinerseits an diesen Dingen zu beheben oder auszugleichen. In schönster Weise hab ich das in den Stunden bei Dir jetzt wieder erlebt; dafür ganz besonderen Dank! Allerdings ist mir wieder ganz klar zum Bewußtsein gekommen – ohne Wertungen oder Vergleiche aufzustellen, wohlgemerkt! – daß all meine Gefühlsduselei keinen Sinn hat und daß ich klar und vernünftig denken lernen muß. Du hast vollkommen recht, wenn Du sagst, man soll die Menschen nicht in 2 Klassen einteilen, in Gefühls- und Verstandesmenschen; ich bin auch gar kein *reiner* Gefühlsmensch; aber es ist wert- und sinnlos, sich von gewissen Dingen keine Rechenschaft zu geben, weil man sie ‚erfühlt'. Ich weiß ganz genau, daß sensible Menschen vor Anderen das voraus haben, daß sie alles, wofür Andere blind sind, sehen und aufnehmen; aber ich vergesse und übersehe nicht die Gefahr, mit der ein solcher Mensch stets behaftet ist: einerseits Überempfindlichkeit, andererseits Verschwommenheit, Unwahrheit, Undeutlichkeit in allem. Darin muß ich noch lernen und ich glaube, daß man das kann; ich kann mir nicht denken, daß darin die Natur schon so stark – vorgezeichnete Linien uns gegeben hat. Der Umgang mit solchen Leuten, wie Du einer bist, kann mir also *nur* nützlich sein. Und ich hoffe, daß es im kommenden Winter, neben dem Durchackern meiner juristischen Bücher, auch noch dann und wann zu einem Zusammensein zwischen uns beiden reichen wird!

Hab ich meine Hausschuhe bei Euch stehen lassen? Bewahre sie mir bitte auf, bis ich sie dann im Winter abholen werde. Und nun auf, in mein geliebtes Wunschland.[2] Dein

Theodor Pfizer

---

1 NL C 16(3); hsl. Aus Gülzow b. Greifenberg (Pommern). □ **2** Pfizer unternahm eine vom Hochschulring Deutscher Art organisierte Reise zu dt. Familien im Baltikum, so nach Dorpat, Riga, Narwa u. a. (vgl. Brief Nr. 81).

86. AN DIE ELTERN[1]

Flensburg, den 30.

Liebe Eltern!

Noch kurz vor unserer Abfahrt haben wir unseren Plan ganz umgestoßen und sind statt in die Heide nach Schleswig-Holstein gelaufen. Wir fuhren zunächst nach Lübeck, wo ich auf der Straße einen Bekannten aus Italien traf, der kurz vorher auch durch Schleswig-Holstein gelaufen war und uns genauer Bescheid geben konnte. Wir liefen über Timmendorf in die Richtung nach Kiel zu über Plön und die dortige wunderschöne Seegegend; kamen dann nach Kiel, und fuhren von | dort in die Dithmarschengegend, dort liefen wir einige Zeit. Man geht eine unendlich lang erscheinende Landstraße durch vollständig ebenes, üppiges, feuchtes Weideland, selten kommt mal ein kleines Stück Weiden- oder Birkengebüsch, viele Möwen kommen vom Meer herüber, und eben nichts als eine unendliche Ebene, die mit dem Horizont verschmilzt. Das Land ist von vielen großen Höfen besiedelt. Im ganzen ist das die Landschaft, wie ich sie mir in Holland vorstellte. Weit öder, einsamer und eintöniger ist es über das Heideland zu gehen, bei dem nun nicht einmal die Farbe mehr Leben in die Landschaft bringt. Bis jetzt hatten wir fast ausschließlich herrlichsten blauen Himmel. Mit dem Geld geht alles ausgezeichnet. Wir brauchen täglich mit allem nur etwa 1 Mark oder 1,20, es gibt fast überall Jugendherbergen, wir kochen uns auf Spiritus selbst, vieles bekommt man bei den Bauern umsonst oder sehr billig, so können wir mehr auf Fahrten zulegen. Morgen fahren wir von Flensburg aus an die Nordsee, laufen dort bei Ebbe auf eine Hallig, wo wir von einem Bauern eingeladen sind und lassen uns von dort nach Sylt segeln. Es wird sicher wunderschön.

Flensburg, wohin wir einen Abstecher machten, ist eine wunderschöne, an der Förde gelegene alte Stadt, sehr anmutig und freundlich, ganz anders als z.B. Husum. Die Bevölkerung ist hier wie dort zuvorkommend und hilfsbereit, wohl noch nicht sehr von Wandervögeln überlaufen.

1 NL A 7,1(35); hsl.; Datum: 30. 9. 1924. Abdruck: GS VI 92 f. B machte mit

Ich muß Schluß machen, der Bogen ist zu Ende, ich bin müde und unsere Erbswurstsuppe ist fertig. Grüßt Großmama sehr. Der Sabine lasse ich herzlich danken für den Mantel, ich schreibe ihr nächstens. Euch grüßt sehr Euer dankbarer

Dietrich

87. AN RICHARD CZEPPAN[1]

Lieber Richard.

Gestern sind wir von Flensburg nach der Nordsee hin aufgebrochen und machen morgen früh bei Ebbe eine 3stündige Wattenwanderung nach der Hallig Langeneß, dort bleiben wir 2 Tage, dann geht es nach Sylt. Bis jetzt war das Wetter herrlich und die Holsteinische Schweiz besonders schön.

Grüß Deine Frau. Herzlichen Gruß

Dein Dietrich

88. AN DIE ELTERN[1]

[...] auf der Brücke sitzen, dann gings von vorne los: „Wollen Sie uns nicht mitnehmen?“ Diesmal immerhin schon die Antwort: „Nee, mer hevven keen Platz.“ Wieder nach zehn Minuten fragten wir nochmal an, worauf beide im Schiffe verschwanden. Wir warteten nochmal, denn es war die letzte Möglichkeit, nach Sylt zu kommen. Bald kamen die beiden auch wieder rauf und wir riefen zum letzten Mal hinüber und stellten ihnen Bezahlung in Aussicht; nach einiger Weile die Antwort: „Kummt mal röver!“ Als er sah, daß wir kein Boot hatten,

---

Robert Held (vgl. Brief Nr. 56 Anm. 2) eine Fahrt durch Schleswig-Holstein.

1 NL A 7,2(7); hsl. Vermutlich aus Husum, Poststempel: 4. 10. 1924. Ansichtskarte mit Nordertor in Flensburg. Abdruck: GS VI 94.

1 NL A 7,2(10); hsl. Fragment eines Briefes, geschrieben um den 10. 10. 1924 aus Sylt oder Lesum, wo B und Held bei den Eltern von Wilhelm Dreier Station machten. Abdruck: GS VI 94 f.

entschloß er sich endlich selbst, rüberzurudern, um, wie wir annahmen, zu handeln. Aber er kam rüber und sagte sehr freundlich nur: „Betahlen bröcht ü nix, nur e beten tu rochen bringt man." Wir kauften nun schleunigst einige Zigarren und stiegen eine Stunde drauf aufs Schiff. Mit sehr schwachem Wind gings bei wunderbarer Sonne los, so kamen wir am selben Tag natürlich nicht mehr ans Ziel und gingen nachts vor Anker. Am nächsten Morgen war heftiger Wind und die Fahrt ging herrlich vorwärts. Aber plötzlich ein sachter Ruck und wir steckten im Sande, vergeblich bemühten wir uns noch eine Stunde loszukommen, das Wasser lief schon wieder zur Ebbe und wir mußten sitzen bleiben. Glücklicherweise waren wir nur 2 Kilometer von Sylt entfernt, sodaß | wir beide bei Ebbetiefstand über die Watten liefen und an der äußersten Ostspitze Sylts ankamen. Wann die andern weiter kamen, habe ich nicht mehr erfahren. Am selben Tag liefen wir noch meerwärts und hatten einen ganz wunderschönen Sonnenuntergang über den Dünen, im Hintergrund das Meer, das wie ein mächtiges Stück Stahl aussah. Vorgestern und gestern haben wir die Insel ziemlich ganz umlaufen bei starkem Wind, stürmischem Meer und viel Regen. Das waren drei ganz prachtvolle Tage.

Heute fahren wir nun mit dem Dampfer nach Helgoland und morgen nach Cuxhaven (leider sind die Verbindungen so schlecht). Am Montag, den 13. will ich wieder in Berlin sein. Das Geld hat sehr gut gereicht. Man bekam bei den Bauern Milch und solche Sachen oft umsonst, sie haben dann meist soviel, daß es ihnen gradezu lächerlich vorkommt, wenn man ihnen anbietet zu bezahlen. Überhaupt ist man hier ungeheuer gastfreundlich, nie hatten wir eigentlich mit Unterkommen bei den Bauern Schwierigkeit und oft bekamen wir Abendbrot und Frühstück wie selbstverständlich. Ins Geld ging nur die Eisenbahnfahrt, für die Dampferfahrt nach Cuxhaven bekamen wir hier in einer Jugendherberge halbe Ermäßigung. Eigentlich hätten wir 3 Tage da wohnen müssen, aber da es voll war, ging das nicht und so gaben sie uns ganz von selbst die Sache ohne das.

Grüßt bitte Großmama, auch die Geschwister.

Euch grüßt herzlich Euer dankbarer

Dietrich

89. VON ROBERT HELD[1]

Stuttgart, 23. III. 25

Lieber Dietrich!

Dein Brief kommt eben an zu einem Zeitpunkt, da mein Arbeitseifer nicht größer ist als der Deine. Daher die prompte Antwort, die ja sonst meine Stärke nicht ist.

Ich will Dir zunächst einen ganz kurzen Überblick über meine Erlebnisse geben[2]: Zuerst waren wir in Bethel, das Dir ja nicht unbekannt ist. Dann gings nach Essen in die andere Atmosphäre: Handelskammer, dann Kruppsche Werke und Siedlungen, endlich noch abends an die wunderschöne Ruhr. Bochum: Bochumer Verein (Stinneskonzern[3]) und Bergschule. Duisburg-Ruhrort: Schifferkirche, Rheinhafen. Ruhrort ist der größte europäische Binnenhafen, mit größerem Umschlag als Hamburg. Hier konzentriert sich der Reparationskohlenversand. In Essen besuchten wir dann Wohlfahrtsanstalten. Der letzte Tag brachte uns den besten Einblick in den Entwicklungsgang von Kohle und Erz bis zum Fertigprodukt und Nebenprodukten bei der Gute-Hoffnungshütte Oberhausen (Hanielkonzern[4]).

Damit war die eigentliche Studienreise abgeschlossen. Einen Textilbetrieb sah ich mir dann noch in Barmen an. Es wird überall von 6^h früh bis 6^h abends gearbeitet, 10 Stunden, nur unter Tag 8 Stunden. Löhne sind 24–50 Mark wöchentlich.

Der erste Eindruck im Ruhrgebiet ist der: Hier wird geschafft, wie nirgends sonst im Reich. Und dann: Nur wenige haben das geschafft, halten, vergrößern alles. 80% der gesamten Kohlen- und Stahlgewinnung entfällt auf 9 Unternehmungen. Essen hatte 1890 60 000 Einwohner. Wenn heute 10 mal so viel drin leben, so ist das äußerlich gesehen allein Krupps Werk. Gerade hier wird einem die Größe und Macht der Einzelpersönlichkeit so klar vor Augen gestellt wie sonst nirgends mehr im ‚Demokratischen Zeitalter'. Da meldet sich Spengler.[5] An den einzelnen Unternehmern, überhaupt im ganzen Ruhrgebiet bemerkt man keine Spur von Protzentum trotz all dem Reichtum, der doch da ist. Das Protzentum kommt wohl bei denen, die indirekt von dieser

---

1 NL C 15(4); hsl. □ **2** Vgl. u. Anm. 8. □ **3** Von Hugo Stinnes (1870–1924) gegr. dt. Unternehmergruppe der Montanindustrie und Schiffahrt. □ **4** Von Franz Haniel (1779–1868) gegr. Unternehmen der rhein. Eisenhüttenindustrie, später zu einer Unternehmergruppe der stahlerzeugenden und -verarbeitenden Industrie sowie einer Reihe von Handels- und Schiffahrtsgesellschaften ausgeweitet. □ **5** Gemeint ist wahrscheinlich O. Spengler, Der Untergang des Abendlandes, Bd. 2, 1922, Kap. 5 „Die Formenwelt des Wirtschaftslebens".

Arbeit leben, in Köln, in Frankfurt, in Berlin. Bei diesen Unternehmern aber muß man an *Max Weber*[6] denken. Ihr Gott ist das Werk und die Macht durch das Werk. Und da ist unsern Theologen die bange Frage aufgestiegen, was das für eine merkwürdige Art von Frömmigkeit sein könnte, ob da nicht etwas fehlt. Daß diese Frage doch tiefer wurzelt, habe ich erst nachher gemerkt, als ich mit Arbeitern näher bekannt wurde. Für uns wurde der Gegensatz ganz kraß dadurch, daß wir von Bethel kamen. Schon in Bethel fragten wir: Wäre es nicht besser, die Unglücklichsten dieser Geschöpfe nicht am Leben, am Leiden zu lassen?[7] Das ist aus dem Prinzip gesprochen, auf dem die Ruhrindustrie aufgebaut ist. Ihr Rationalismus ginge auch über diese Leichen. Es muß ja sicher jede Entwicklung über Leichen gehen, aber so? Wie breit der Riß zwischen diesen beiden Welten ist, wurde mir so erst ganz klar. Und doch sind wir von der einen materiell abhängig, gefesselt, und werden zur anderen doch durch mehr gezogen als bloße Tradition.

Und nun das Neue, wenigstens für mich: Ich hatte bisher nicht gewußt, daß gerade diese ‚Welt der Liebe'[8] in Arbeiterkreisen so viel Anhang hat. Besonders Quäkergedanken finden sich – besonders im Textilgebiet – überall verbreitet. Das alles ist ganz ungelenk[9], verworren, aber es steckt dort in so vielen Köpfen, daß sich das irgendwie äußern muß. Auch am Rhein habe ich das alles bestätigt gefunden. In der Jugendherberge Frankfurt traf ich 2 Kaufleute – ohne Schillerkragen –, die ihren Beruf an den Nagel gehängt hatten und jetzt umherzogen, als Vegetarier natürlich, bis es ihnen gelingt, im Ausland ihre Liebesgemeinschaft zu gründen. Doch so feig ist die Bewegung im Ganzen nicht. Die glaubt, die Liebe statt des Eigennutzes auch in die

6 Vgl. M. Weber, Die protestantische Ethik und der Geist des Kapitalismus. ☐ **7** Vgl. z. B. K. Binding/A. Hoche, Die Freigabe der Vernichtung lebensunwerten Lebens. Ihr Maß und ihre Form, 1920. ☐ **8** Wie Dr. Robert Held in einem Brief an den Bearbeiter vom 9. 7. 1985 mitteilt, handelte es sich um eine Studienreise des Sozialen Amtes der Berliner Universität. „Ähnliche Studienfahrten habe ich mit dem Amt nach Oberschlesien und Süddeutschland gemacht, über die ich D. B. nur mündlich berichtet habe." Speziell im Blick auf die ‚Welt der Liebe' schreibt er: „[In Barmen] kam ich durch eine aus der Umwelt von Blumhardt [Bad Boll] stammende und als Sozialfürsorgerin bei Vorwerk tätige Tante in entsprechende Kreise hinein, die etwa unserer Hahnschen Gemeinschaft entsprechen. Hier hörte ich auch in einem sehr stark besuchten Vortrag Silvio Gesell, den Vater einer ethisch begründeten Schwundgeldtheorie. Von einer breiten Bewegung würde ich heute allerdings nicht mehr sprechen." Silvio Gesell (1862–1930), dt. Wirtschaftstheoretiker, fand bei bedeutenden Ökonomen Anerkennung. Hauptwerk: Die natürliche Wirtschaftsordnung durch Freiland und Freigeld, 1916. ☐ **9** U. L.

Industrie einführen zu können und verficht – schlagwortartig ausgedrückt – einen geistlichen Sozialismus. Beide Worte kommen nie bei ihnen vor: geistlich nicht, das kann ich den Leuten nicht übelnehmen. Wir haben im Ruhrgebiet nur einen Pastor kennengelernt, den Leiter des Essener Jugendheims, der den 10-Stundentag „aus göttlichen Gründen" verteidigte: die Arbeiter seien dann abends so müde, daß sie nichts mehr anstellten! – Auch vom Sozialismus wird nicht gesprochen; phrasenhaft drücken sich die Leute überhaupt nicht aus. Aber immer wiederkehrende Grundgedanken sind – oft im Anschluß an Oppenheimer[10] –, daß die Aneignung von Grund und Boden Raub sei (‚politische Akkumulation', nicht ursprüngliche), daher sind die Leute meist Anhänger des Siedlungsgedankens. Dann: Unverdientheit der Grundrente, weiter indirekt des Kapitalzinses. Die Bewegung setzt sich zusammen aus Sozialisten, Christlichen Gewerkschaftern, Naturfreunden, sehr viel Jugendbewegung –, das ist die Vorstellung, Rückkehr zur praktischen (!) Arbeit, von der ich Dir schon einmal sprach –, weiter auch viele Lehrer und Pfarrer. Auch das ein Versuch, herauszukommen aus dem Zwiespalt, das Materielle und die andere Seite zusammenzubringen. Der Einfluß auf die Arbeiter erklärt sich auch daher, daß die Bedeutung gerade des Materiellen voll erkannt wird. Aber die Bedeutung der Rationalität, die oft den Leuten unbekannt, daß ohne sie kein Betrieb existieren kann. Dann spielen überall die Freiheitsgedanken mit: Kein Mensch soll ...[11]. Dann die Gleichheit. Es ist eben wieder ein Bild der inneren Zerrissenheit.

Doch jetzt davon Schluß. Du lächelst vielleicht darüber, aber die Sache ist ernster zu nehmen.

Am Rhein wars auch wundervoll. Ich habe mir fest vorgenommen, im Sommer einmal wiederzukommen. In Frankfurt kam ich dann durch meinen Schulfreund [in] das Bank- und Börsengetriebe herein, auch in die Frankfurter Zeitung, Volkshochschulkurse, zu Hellpach.[12]

Etwas vom Industriegebiet muß ich noch nachholen: Es gibt fabelhafte neue Bauten dort, wie Du sie in Berlin nirgends sehen kannst: Die Essener neue Börse, Krupps neue mechanische Werkstatt, Logenhaus Gute-Hoffnungs-Hütte, Wilhelm-Marx-Haus in Düsseldorf, Stummkonzernhaus.[13] Häuser von Technik und Wirtschaft durchweg,

---

10 Vgl. Fr. Oppenheimer, Die Siedlungsgenossenschaft, ^{3}1922. □ **11** „Gemeint ist, fremdbestimmt arbeiten, Sklave sein" (Brief Dr. Robert Helds vom 11.10.1985). □ **12** Willy Hellpach (1877–1955), Psychologe und Politiker; 1911 Prof. in Karlsruhe, Vorstandsmitglied der Dt. Demokr. Partei, 1922 Minister und 1924 Staatspräsident in Baden, 1925 Kandidat bei der Wahl des Reichspräsidenten. □ **13** Karl Ferdinand Stumm, seit 1888 Freiherr v. Stumm-

aber so etwas nicht Kunst zu heißen, wenn sie auch brutal ist – aber nicht brutaler als unsere Zeit –, das ist verfehlt. Einige Ansichten bringe ich mit nach Berlin.

Von meiner Arbeit willst Du etwas wissen: Eigentlich sollte ich Strafrecht arbeiten. Der Appetit ist aber sehr gering, um so besser verständlich, da ein neuer Max Weber vor mir liegt (Sozialwissenschaftliche Aufsätze, 1924)[14], Gandhis[15] Studium begonnen ist und ich gerne noch Cassel[16] und Oppenheimer vornähme, dazu habe ich mich – horribile dictu – schon einmal und zwar gern an einem Keilausflug[17] beteiligt, wo es sehr interessant zuging. Es kommen da einige Leute aus der Praxis in Betracht. Dich interessiert es vielleicht, daß der Bruder von Udo Weynand im Sommer nach Tübingen kommt. Ich fand übrigens zuhause einen Brief von Frau Weynand vor.

Weiter habe ich keine großen Ferienpläne. Wenn ich mal Lust habe, will ich einige Tage zum Schilauf.

Daß Du in Berlin bleibst, freut mich wirklich. Dann bin ich doch nicht so ganz allein. Fauser[18] kommt nicht, Pfizer weiß auch noch nicht, was er macht. Diesmal will ich aber auf der Hinfahrt unbedingt Naumburg sehen.

Vom 24.–29. April ist eine Tagung in Spandau für Studenten.[19] Gehst Du wohl hin? Ich werde wohl nicht so früh da sein.

Solch einen langen Brief habe ich schon länger nicht mehr geschrieben. Ganz erschöpft bleibe ich

Dein Robert Held

Halberg (1836–1901), Unternehmer und Politiker, gründete bedeutende Konzerne der Montanindustrie. □ **14** M. Weber, Ges. Aufsätze zur Sozial- und Wirtschaftsgeschichte, 1924. □ **15** Vgl. M. K. Gandhi, Die Botschaft des Mahatma Gandhi, hg. von Z. Husain und A. Ehrentreich, 1924. Vgl. hierzu auch DB 138. □ **16** Gustav Cassel (1866–1945), schwed. Nationalökonom, dessen Hauptwerk „Theoretische Sozialökonomik" (Leipzig 1918) zuerst in dt. Sprache erschien. □ **17** ‚Keilen' = für die eigene Verbindung neue Mitglieder werben. □ **18** „Fauser war engagierter Anhänger eines Ständestaates, mit dem wir [Held und B] öfters diskutiert haben" (Held, vgl. o. Anm. 11). □ **19** Hieran erinnert sich Dr. Held in dem Brief vom 9. 7. 1985: „Die im Brief erwähnte Spandauer Tagung ging wohl auf Siegmund-Schultze zurück, mit dem mich D. B. auch zusammenbrachte, auch mit seiner ‚Sozialen Arbeitsgemeinschaft' im Berliner Norden." – Siegmund-Schultzes Soziale Arbeitsgemeinschaft war allerdings in Berlin-Ost (vgl. z. B. E. Gramm. Die Soziale Arbeitsgemeinschaft).

90. AN DIE ELTERN[1]

Lesum, den 25. August 25

Liebe Eltern.

Seit Sonntag bin ich nun hier bei Bremen. Eigentlich wollte ich einen Tag früher von Hamburg weg, aber da Hans[2] sich erst Sonnabend mal freimachen konnte, wollte er, daß ich | noch einen Tag länger bliebe. Es waren doch sehr hübsche Tage, aber besonders begeisterte mich auch die Wohnung. Vom letzten Telephongespräch mit Euch berichtete Christel, Ihr führt schon am Montag fort und Schleichers am Sonntag. Ich wäre ja sehr gern noch am Sonnabend vorher gekommen, aber ich glaube, ohne zwingenden Grund wird mir das hier ziemlich verübelt. Besonders hätte ich von Dir, lieber Papa, noch gern gewußt, wie ich das mit Seeberg[3] machen soll. Soll ich mich irgendwie auf Deine Unterhaltung mit ihm beziehen? Und will er mit mir eigentlich mehr über meine künftige Arbeit sprechen oder über das Referat?[4] Kannst Du vielleicht bei irgendeinem der Geschwister oder bei Großmama zurücklassen, wie Du Dir das denkst? Ich werde Euch nun wohl erst, wenn sich nicht hier noch irgendeine Möglichkeit zum frühern Fahren ergibt, Ende September wiedersehen. Der Großmama danke ich herzlich für ihren langen Brief, ich schreibe ihr bald. Herzliche Grüße an Euch und alle andern von Eurem dankbaren

Dietrich

91. VON KARL BONHOEFFER[1]

Grunewald, 30. 8. 25

Lieber Dietrich!

Was Seeberg anlangt, so meinte er mit seinem Vorschlag, daß Du ihn einmal besuchen möchtest, wohl nicht eine erneute Besprechung Deines Vortrages bei ihm, als eine allgemeine zur Frage der Systematik oder Historie und Deine spezielle Neigung für das eine oder andere.

---

1 NL A 9,1(6); hsl.; Abdruck: GS VI 95f. – Lesum, Wohnort der Familie Dreier, 25 km nordwestl. von Bremen an der Weser gelegen. ☐ 2 Aufenthalt bei Christine und Hans v. Dohnanyi. ☐ 3 Reinhold Seeberg (1859–1935), Prof. für Syst. Theologie in Erlangen, seit 1898 in Berlin. B hatte im SS 1925 an seinem Seminar teilgenommen. ☐ 4 Gemeint ist B's Referat über hist. und pneumat. Schriftauslegung (hier S. 305 ff; vgl. DB 109 f).

1 NL A 9,2(1); hsl.; Abdruck: GS VI 96.

Ich würde an Deiner Stelle, wenn Du noch nicht im Klaren bist, ob Du bei ihm arbeiten willst, ihm sagen, daß Du noch nicht sicher seist, ob Du in Berlin bleiben wirst – vielleicht noch ein Semester außerhalb Deutschlands studieren solltest.

Jedenfalls ist der Besuch, glaube ich, ganz geeignet, daß Du ihn genauer kennenlernst. Schade, daß wir Dich nicht mehr gesehen haben. So dauert es wohl 8 Wochen, bis wir uns wieder sehen.

Herzliche Grüße

Dein Vater

Seeberg ist wahrscheinlich noch verreist. Du kannst ja telefonisch anfragen.

92. VON PAULA BONHOEFFER[1]

31. 8. 25

Lieber Dietrich.

Du sollst doch wenigstens bei Deiner Ankunft gleich einen Brief von mir vorfinden. Es hat mich in der letzten Zeit so oft bedrückt, daß ich gar nicht zum Schreiben kam, und daß Du am Sonntag nicht mit dabei warst, tat mir auch so leid. Ich hätte Dir irgendwie telegraphiert, dachte aber Du würdest eigentlich 14 Tage dort geblieben sein und wollte Deine Ferien nicht kürzen. – Hoffentlich kommst Du recht frisch und munter heim. Papa hinterließ Dir einen Brief. Ich denke immer wieder, ob Du nicht bei Holl[2] eine historisch dogmatische Arbeit machen soll- | test. – Du kannst Dich ja später mit einer systematischen Arbeit habilitieren, wenn Seeberg fort ist. – Überleg doch das nochmal. Ich schreibe im Zug, daher die Schrift. – Ich las bis jetzt in den Troeltschvorträgen[3], die mich sehr interessieren. Kannst Du mir nicht nach Kissingen den Barth[4] schicken, den Du dem Onkel Hans[5] schenktest? Der gestrige Tag ist mir noch wie ein Wirbelwind im Gemüt! Ursels Zukunft liegt mir sehr am Herzen. – Susi wird jetzt etwas vereinsamt sein. Kümmere Dich doch auch ein bißchen um sie. Sing doch mal abends mit ihr oder lauf mal ein Stückchen mit ihr. – Die nächsten Tage werden noch recht anstrengend für Papa sein. Dann kommt hoffentlich eine ungestörte Zeit in Kissingen. – Leb wohl und grüße das ganze Haus von Deiner

Mutter

---

1 NL A 9,2(2); hsl. Aus Berlin-Grunewald. Abdruck: GS VI 96 f. ☐ **2** Karl Holl (1866–1926), Prof. für Kirchengeschichte in Tübingen, seit 1906 in Berlin, Lutherforscher. B schrieb in Holls Seminar zwei Seminararbeiten über Luther (hier S. 211 ff und 355 ff). ☐ **3** Gemeint ist vermutlich: E. Troeltsch, Der Historismus und seine Überwindung, 1924. ☐ **4** K. Barth, Das Wort Gottes und die Theologie, 1924 (vgl. DB 102). ☐ **5** ▷ Hans v. Hase.

93. AN DIE ELTERN[1]

Grunewald, den 21. 9. 25

Liebe Eltern!

Zwischen meinem letzten Brief und dem heutigen kam Seeberg zurück nach Berlin; da ich mich vorher angemeldet hatte, rief er mich telephonisch an und weil er nur einen Tag in Berlin blieb, bat er mich, ihn morgens um 7 Uhr auf den Bahnhof zu begleiten. Ich hatte mir inzwischen die Sache so überlegt: zu Holl oder Harnack[2] mit der Arbeit zu gehen, hat insofern eigentlich keinen Sinn, als ich auch bei Seeberg mit einer dogmatisch-historischen Arbeit gar keine Widerstände haben werde, also es ziemlich gleich ist, ob ich mit einer solchen zu dem einen oder dem andern gehe, da ich glaube, daß auch Seeberg im Ganzen ganz wohlwollend ist; so blieb ich also bei Seeberg für alle Fälle und schlug ihm nun ein Thema vor, das halb historisch halb systematisch ist, und mit dem er sehr einverstanden war. Es bezieht sich auf das Thema über die religiöse Gemeinschaft[3], von dem ich Euch ja mal abends irgendwann erzählte, daß es mich interessieren würde. Dafür ist nun allerlei historische Arbeit zu tun, was ja aber gar nichts schadet. Jedenfalls interessiert die Arbeit anscheinend auch Seeberg ziemlich, und er meinte, er habe schon lange auf einen gewartet, der darüber mal arbeiten wollte, und nun sei es ja sehr schön, daß ich ganz von mir aus darauf verfallen sei. Dann nahm er anscheinend, ohne es zu erwäh-|nen, Bezug auf Deine Unterhaltung mit ihm, lieber Papa, und meinte, es würde sicher alles sehr gut gehen, das habe er schon aus meiner Arbeit

---

1 NL A 9,1(7); hsl.; Abdruck: GS VI 97 f. □ **2** Adolf v. Harnack (1851–1930), Prof. für Kirchengeschichte in Gießen, Marburg, seit 1888 in Berlin; Forschungen auf dem Gebiet der Alten Kirche, 1925 schon emeritiert. B hat drei Semester lang an seinem privaten Seminar teilgenommen und bei ihm eine Arbeit über den I. Clemensbrief geschrieben (hier S. 220 ff). Zu Harnacks 75. Geburtstag organisierte er eine Sammlung von Beiträgen der Seminarteilnehmer über „Freude im Urchristentum" (hier S. 410 ff); bei der Trauerfeier im Harnack-Haus hielt er die Ansprache im Namen der Schüler (vgl. DB 94 ff u. 175, ferner A. Zahn-Harnack, Adolf von Harnack, ^{2}1950, 174). □ **3** Vgl. PAM I 165 f. □ **4** Gemeint ist das Referat über hist. und pneumat. Schriftauslegung

damals[4] gesehen! Als ich darauf etwas lachte, wiederholte er es nochmal! So habe ich die Sache jetzt mit ihm festgemacht und ich glaube, daß es ganz gut so ist. Nun ist noch eine Schwierigkeit, ich brauche für die Arbeit, um sie gleich anfangen zu können – und das möchte ich eigentlich – ein paar Bücher, die ich nach Seebergs Ansicht durchgehend brauche, – also schlecht aus der Bibliothek nehmen kann, wo sie auch meist nicht zu kriegen sind, – zu denen mein Taschengeld nicht langt; das Wichtigste könnte ich für 25–30 Mark kriegen, es ist Hegel, Spencer, Max Weber.[5] Kann ich mir das besorgen? Den Tag über arbeite, übe, lese ich und gehe viel spazieren. Hier gehts allen gut. Gestern waren Großmama, Suse und ich in der Fledermaus. Großmama meinte doch, daß sie mit 80 Jahren noch in so ein „Lumpenstück" zum ersten Mal gehen werde, habe sie nicht gedacht. Wegen meines Wunsches wollen Delbrück[s] bald Bescheid geben, so daß wirs Euch möglichst noch nach Kissingen schreiben. Es grüßen alle mit Eurem dankbaren

Dietrich

94. VON RICHARD WIDMANN[1]

Nufringen bei Herrenberg, 17. 11. 25

Lieber Herr Bonhoeffer!

Ich danke Ihnen, daß Sie keine Apologie meines Schweigens von mir verlangen.

Mein Urlaub ist vorbei und ich bin wieder Pfarrverweser. Das übrige werden Sie sich dann denken können. Und zudem wollen Sie ja diesen theologischen Text nicht übersetzen.

---

in Seebergs Seminar im SS 1925. □ 5 Von G. W. F. Hegel besaß B bereits damals: „Begriff der Religion", Ausg. von Lasson, Bd. 12, 1925, später auch Bd. 1, 2, 13 und 14. Von M. Weber besaß er seit 1925 die „Ges. Aufsätze zur Religionssoziologie", Bd. 2 und 3, 1920 f. – Herbert Spencer (1820–1903), engl. Philosoph, sah die Evolution als gemeinsames Prinzip aller Wissenschaften.

1 NL C 14(1); hsl. – Nufringen, Dorf, 2 km nördl. von Herrenberg. Richard Widmann (1900–1979), Pfarrer; mit Paul Schempp und Hermann Diem befreundet und wie diese bestrebt, sich an der Theologie der Reformatoren und

Über meine Arbeit in Bethel[2], die nur praktisch war, könnte ich viel erzählen. Ich glaube die Arbeit ist, so hoffnungslos sie aussieht, notwendig. Die geistige Atmosphäre der Brüder, Schwestern, Hausväter, Pastoren ist zwar die der bekannten zweiten Generation. Man ‚zehrt' vom Erbe des alten Bodelschwingh.[3]

Meine Doktorarbeit stockt völlig.[4] Vielleicht komme ich in nächster Zeit weiter.

Ihre Licentiaten-Arbeit kann aber doch allerhand aktuelle Konsequenzen haben. Siehe Althaus und seine ‚Lebendige Gemeinde'. Siehe Barths Rede in Duisburg-Meiderich (Neuestes Heft: Zwischen den Zeiten), siehe Kierkegaards „Angriff", siehe die neueste ‚Bewegung' in der Jugendbewegung: alles schreit nach ‚Bund', ‚Gemeinschaft', ‚Gemeinde'.[5] Siehe das bayrische Konkordat![6]

Wenn Sie die Barthsche Dogmatik bekommen können, wäre ich Ihnen sehr dankbar.[7] Ich würde sie möglichst schnell durcharbeiten. Vielleicht schreiben Sie mir einmal wieder. Dann wäre vielleicht meine Antwort besser als heute.

Es ist beinahe Mitternacht!

Herzlichst

Ihr Richard Widmann

Karl Barths zu orientieren; 1930 Mitbegründer der „Kirchl. Sozietät in Württemberg" (vgl. DB 112 u. 124 ff). □ **2** Widmann hatte nach einem Studiensemester in Berlin, wo er B im Seminar bei Holl kennengelernt hatte, einen Studienaufenthalt in Bethel angefügt. □ **3** Friedrich v. Bodelschwingh (1831–1910), Pfarrer, Gründer der Betheler Anstalten für „Fallsüchtige", Alkoholiker und Nichtseßhafte. □ **4** Über Pascal, vielleicht bei Karl Müller in Tübingen; später aufgegeben. □ **5** Vgl. dazu P. Althaus, Das Erlebnis der Kirche, [2]1924; K. Barth, Wünschbarkeit und Möglichkeit eines allgemeinen reformierten Glaubensbekenntnisses; S. Kierkegaard, Angriff, 1896. Ein Auszug daraus ist Ders., Der Augenblick, [2]1909, den B besaß. Im Herbst 1925 fand unter der Leitung von Wilhelm Stählin und Wilhelm Thomas eine Tagung über „Erneuerung der Kirche aus dem Geist der Jugendbewegung" in Hoheneck/Bay. für junge Theologen statt (vgl. E. Korn (Hg.), Die Jugendbewegung, 1963, 240). □ **6** Am 29. 3. 1924 war zwischen dem Bayrischen Staat und dem Apostolischen Nuntius, Eugenio Pacelli, ein Konkordat unterzeichnet worden. Text, Rechtsgutachten, Stellungnahmen und zum Teil sehr kritische Stimmen dazu, u. a. eine Stellungnahme von Prof. G. Anschütz „Die Bayrischen Kirchenverträge von 1925", in: Das Bayrische Konkordat und die Schule, 1925 (die Stellungnahme von Anschütz: 313–326). □ **7** Siehe Brief Nr. 95 Anm. 7.

95. VON RICHARD WIDMANN[1]

Nufringen (Württemberg), 25. 2. 26

Lieber Herr Bonhoeffer!

Endlich komme ich an einen Brief an Sie. Ich hoffe, daß ich mich nicht zu entschuldigen brauche, da Sie vielleicht wissen, daß ich selber unser Schweigen sehr bedaure. Aber Sie stecken in der Arbeit und ich auch. Dazu kommt bei mir eine Menge Erlebnisse, die nicht unmittelbar zur ‚Arbeit' gehören. Man lebt auf einem solchen Dorf so dicht auf einander, daß man Gelegenheit hat, jeden Tag gewisse Menschen zu treffen, die einen irgendwie angehen. Ich habe ja einen unüberwindlichen Hang zur Großstadt. Das Tempo des Lebens eines Dorfes ist bedrückend langsam. Die strenge soziale Gliederung lastet auf einem. Man ist, wo man geht und steht, der ‚Herr Pfarrer': man ist tabu, abgeschlossen vom ‚Volk' und streng bewacht; jeder ungeschickte Tritt beleidigt das Empfinden derer, die nicht ‚Herren' sind, und zugleich haben sie darüber eine gewisse Schadenfreude („Sie sind auch nicht ‚besser' als wir!"). Man kommt sich selber dabei sehr lächerlich vor, aber man wird eine noch lächerlichere Figur, wenn man diese sozialen Grenzen verwischt.

Meine Pascal-Arbeit ruht völlig. Ich wollte sie ja aufstecken und schrieb deswegen Holl, ob er mich nicht zum Licentiaten annehmen wolle (soweit ich weiß, habe ich Ihnen darüber geschrieben!). Er riet mir aus verschiedenen Gründen ab, die ich anerkennen mußte. So bleibe ich also bei Pascal. Zur Zeit schreibe ich einen größeren Bericht über Stockholm[2], der allerdings sehr kritisch ausfällt. Je mehr man sich mit der Sache abgibt, um so bedenklicher wird sie einem. (Unbedenklich wäre die Sache, wenn sie nicht mehr sein wollte, als ein internationaler Zusammenschluß zur Pflege ethischer Kultur – aber sie will ja mehr sein! Man will ja das Reich Gottes bauen!!) Sie haben mich gebeten um einen Zuschuß[3] zu Ihrer Arbeit über „den Heiligen Geist in den Disputationen"[4]. Ich hatte einfach keine Zeit dazu, nur soviel

---

1 NL C 14(2); hsl. □ 2 Zur Stockholmer Weltkirchenkonferenz für prakt. Christentum, 19.–30. 8. 1925, war Widmann als Korrespondent Stuttgarter Zeitungen (u. a. „Schwäbischer Merkur") gefahren. Mit dem Bericht ist aber wohl eine theol. Stellungnahme für die theol. Freunde gemeint (vgl. DB 101). □ 3 Widmann kaufte sich auf Pump die Weimarer Ausg. von Luthers Werken (WA), von der Bd. 39 mit den „Disputationen" gerade erschienen war. Mit „Zuschuß" sind Exzerpte gemeint, die Widmann aus der WA zu machen und seinen Freunden zu schicken pflegte. Offensichtlich wußte B davon und hatte bereits davon profitiert. □ 4 Vgl. S. 355 ff.

ich mich erinnere, hätte mein Suchen auch keinen großen Erfolg für Sie gehabt. Wenn Sie die Arbeit gerne schicken, würde ich sie *gerne* lesen.

Wie war der Erfolg des Harnackschen Seminar über die „civitas dei"? Prädestinationslehre?! Anschaulichkeit und Unanschaulichkeit der Kirche (als der ‚Gemeinschaft der Heiligen')?! Dieselben Probleme werden Ihnen ja bei Ihrer Arbeit über „Kirche und Eschatologie"[5] zu schaffen gemacht haben. Die ‚Korrektur' Barths an der reformatorischen Prädestinationslehre und auch an der Eschatologie – grundsätzliches dialektisches Verhältnis von Zeit und Ewigkeit! ‚Der Augenblick'[6] – wird wohl richtig sein. Ich bin noch an der Bearbeitung der Barthschen Dogmatik II.[7] Ich freue mich, daß hier manches besser und schärfer gesagt ist als im Römerbrief. Die Probleme scheinen mir klarer umrissen und sorgfältiger begrenzt als dort. Weil er hier systematischer vorgeht, bekommen die Dinge ihren richtigen Ort innerhalb der Gedankenbewegung und erhalten daher nicht mehr und nicht weniger Gewicht als ihnen zukommt. Im „Römerbrief" ist viel Sensation und Journalistik, die Dogmatik ist sachlicher. Ich kann keinem von beiden den Vorzug geben. Sie haben einmal eingewandt[8], daß Sie die Sklaverei bedauern, der Barth in dieser Dogmatik verfallen ist – daß er sich ängstlich hütet, in den Fußstapfen der alten Dogmatiker zu wandeln.[9] Ich halte diese reaktionäre Geste nicht für verfehlt. Es handelt sich ihm ja vorerst offenbar nur darum, nach rückwärts Anschluß zu gewinnen und vielleicht nicht bloß Anschluß, sondern auch Stärkung, Hilfe, Antrieb, fruchtbare Gedanken – man schüttelt eine solche Dogmatik nicht aus dem Ärmel, denn Barth mistet einen Augiasstall aus, und er wird dabei für seine orthodoxen Gehilfen recht dankbar sein. Aber ich glaube allerdings auch, daß für uns ebenso notwendig ist eine Dogmatik, die ohne diese reaktionären Krücken auskommt, die nach vorwärts Anschluß sucht. Der Römerbrief ist in den Formulierungen („denn es wird sich ja hauptsächlich um die Formulierungen handeln!"[10]) sicher viel weniger ‚reaktionär'. In dieser Beziehung ist die „Dogmatik" einen Schritt zurück. Vielleicht macht Barth das nächstemal, wenn seine Dogmatik ihren ‚taktischen Zweck'

---

5 Vgl. S. 336 ff. □ **6** K. Barth, Der Römerbrief[3], 331 (Prädestination), 219 (Eschatologie) und 83 ff (‚Augenblick'). □ **7** Eine Nachschrift von Barths Vorlesung im SS 1925 (Lehre von der Versöhnung) in Göttingen. □ **8** In der gemeinsamen Berliner Studienzeit, SS 1925. □ **9** Dieser Satz von B und die folgende theol. Analyse von Widmann zeigen, wie die jungen ‚Barthianer' den Weg Barths zur „Christlichen Dogmatik" kritisch verfolgen. DB 106 weist darauf hin, daß hier der erste Ansatz für die Kritik an Barths „Offenbarungspositivismus" zu finden ist (vgl. WEN 312 u. 359 f). □ **10** Zitat aus einem verloren gegangenen Brief B's.

– um mehr wird es sich bei ihrer Anlehnung an die Alten nicht handeln – erfüllt hat, zwei Schritte vorwärts.

Hoffentlich sind Sie durch diesen Sermon geneigt, unsern Dialog fortzuführen.

Übrigens danke ich Ihnen für Ihre beiden Karten und grüße Sie herzlich in freudiger Erwartung Ihrer Antwort

Ihr Richard Widmann

96. VON RICHARD WIDMANN[1]

Nufringen, 13. III. 26

Lieber Herr Bonhoeffer!

Ihr Brief, für den ich Ihnen sehr danke, ist gefüllt mit Fragen. Ich versuche einiges in der Kürze zu beantworten. Es ist heute Samstag und ich benutze eine Pause in der Vorbereitung auf Sonntag, um Briefe zu schreiben.

Ich glaube bestimmt, daß man mit Kindern alles besprechen kann. Lesen Sie doch darüber einmal Dostojewski (Sosimas Reden in den „Karamasoffs" und die Bekenntnisse des Fürsten Myschkin über seine Erfahrungen mit Kindern im „Idiot").[2] Kutters Bilderbuch[3] kenne ich, bin aber vorsichtig, ihm nachzufolgen. Ich halte mich selber für einen sehr schlechten Pädagogen. Zu einem ‚religiösen Gespräch' kommts bei mir nie, aber ich weiß, daß das sehr gut möglich ist, nur muß man sich hüten, allzu viel zu antworten und das ‚ich weiß es nicht' auch einmal eine Antwort sein zu lassen. Meine Methode ist: Sachliche, möglichst wörtliche Erzählung der Geschichte. Und dann nehme ich einen Gedanken und hämmere ihn ein mit den Mitteln des Drastischen, der Karikatur, des Beispiels, des Gleichnisses, auch des Gesprächs. Alles möglichst kurz. Wiederholt wird möglichst nichts. – Im Kindergottesdienst habe ich allerdings die Leitung und habe mich daher immer mit etwa 100 Kindern zugleich zu unterhalten. Das ist eine Schranke für das ‚religiöse Gespräch'. Meistens bin ich auch sehr müd von der vorhergehenden Predigt. Die Kinder auf dem Dorfe sind natürlich auch lange nicht so beweglich, so neugierig, so redegewandt etc. als die in Berlin. Ich vermeide alles Sentimentale (Traktätchen). Das Sentimentale ist unkindlich. Möglichste Sachlichkeit! Eben Erzäh-

---

1 NL C 14(3); hsl. □ 2 Vgl. F. M. Dostojewski, Sämtl. Werke, Bd. I/10, 569 ff, bes. 594 ff, und Bd. I/3, 115 ff, bes. 116. □ 3 H. Kutter, Das Bilderbuch Gottes.

lungen (Beispiele) ohne den berühmten rührenden Schluß, ohne die Pragmatik des Dramas und des Romans. Ich halte es bei Kindern nicht bedenklich, wenn man ‚Erfolg' hat, vorausgesetzt daß es noch Kinder sind. Die Grenze wird oft sehr niedrig anzusetzen sein. Aber Sie werden bald darauf kommen, ob es ein ungesunder Erfolg ist. Die [...][4] äußert sich bei Kindern unmittelbarer als bei Erwachsenen. – Ich würde keine Kinder einer anderen Gruppe nehmen.[5] Ich glaube, man muß um der Sache willen seiner eigenen Person entgegenarbeiten. Es entstünde sicherlich außerdem eine furchtbare Unruhe unter den Kindern, die höchst gefährlich ist.

Von meinem Bericht[6] kann ich Ihnen mein Manuskript wahrscheinlich schon in nächster Zeit schicken. – Jetzt beginne ich übrigens wieder mit meiner Pascal-Arbeit. – Ich wäre Ihnen übrigens sehr dankbar, wenn Sie mir die Barthschen Leitsätze[7] schickten. – Haben Sie das neue Heft „Zwischen den Zeiten" gelesen (1926 II)? Dort steht das Vorwort zur 5. Auflage des Römerbriefs[8], besonders S. 101, Zeile 1ff u.a. (Zeile 5–12 von oben!!!). Also macht er doch nicht die „zwei Schritte vorwärts"! Leider! Damit ist mein Schicksal als Pfarrer fast besiegelt.

Nun in Kürze das Wichtigste für heute! Sie schreiben ja, daß ich nicht fürs Dorf sei. Aber „schließlich komme es ja darauf nicht an!" Sehr richtig! und doch falsch! Die Kirche so wie sie heute ist, ist gebunden an die beiden Stände des mittelständischen Bürgertums und der Bauern, des Landvolks. Das geht bis in die Dogmatik und Ethik hinein. Ich selber gehöre weder zum Bürgertum noch zum Landvolk, sondern zur ‚intellektuellen Welt' (um diese Formel zu gebrauchen!), die nicht in der Kirche sitzt, die konfessionslos ist aus Not. Mag das für das Problem der Kirche noch so bedeutungslos im Grunde sein, tatsächlich ist die soziologische Bedingtheit der Kirche für mich von der größten Bedeutung. Ich stehe in einer anderen Welt, als die meiner Zuhörer ist und je sein kann, denn die Welt, in der ich rede und aus der ich rede, geht nicht in die Kirche. Es wäre gewiß nicht das Schlimmste (sachlich wiederum bedeutungslos), wenn ich meine Vergangenheit verleugnete und aus Not reaktionär würde wie Barth, weil man sich nicht die Kraft zutraut, „Schlag auf Schlag, das zu sagen und zu tun, was gesagt und getan werden müßte"[9], um der intellektuellen Welt die Tore der Kirche zu öffnen. Aber ich will nicht meine Vergangenheit

---

4 Unl. □ 5 B hatte die Frage gestellt, ob Widmann es gutheißen könne, wenn er Kinder, die aus der Gruppe eines anderen Kindergottesdiensthelfers in seine zu wechseln wünschten, aufnehmen würde. Vgl. in Teil III die Ansprachen im Kindergottesdienst. □ 6 Vgl. Brief Nr. 95 Anm. 2. □ 7 Vgl. Brief Nr. 95 Anm. 7. □ 8 Siehe jetzt: K. Barth, Der Römerbrief[5], XXVII. □ 9 Ebd.

verleugnen. – Das habe ich jetzt schon gesehen, mit mehr oder weniger Psychologie die Predigt zu speisen, um den Zuhörern verständlich zu werden, hilft nichts. Die Zuhörer spüren doch die andere Welt und man wird abgelehnt. Für einen intellektuellen Pfarrer bleibt nichts anderes übrig, als betont auf seine bisherige Welt zu verzichten oder sein Amt zu verlassen, wenn es ihm nicht möglich ist, Universitätsprofessor zu werden. Denn die Predigt ist doch ein Dialog. Aber ein Dialog zwischen einem Intellektuellen und einem Bürger oder Bauern ist nicht mehr möglich. Beide verstehen sich nicht mehr. Als intellektueller Pfarrer bin ich verdammt zu einer tragischen Einsamkeit. Die Barthsche Theologie des „Römerbriefs" ist auf dem Boden der modernen Welt gewachsen und ist nichts für die Kanzel der Kirche des Bürgertums und Bauerntums. Die Barthsche Theologie hat ganz bestimmte soziologische Voraussetzungen, die für die heutige Kirche nicht bestimmend sind. Der Barth, der in der Kirche blieb, wurde reaktionär. – So stellt sich uns heute das Problem. Vorerst warte ich noch ab und gönne mir Bedenkzeit. Was sagen Sie dazu – die Kirche auch einmal ernsthaft als soziologische Gegebenheit zu nehmen und daraus seine Konsequenzen zu ziehen? Wieder einmal ist die Zukunft für mich dunkel, schwankend, ungewiß.

Genug! Herzlichst

Ihr Richard Widmann

97. VON RICHARD WIDMANN[1]

Nufringen, 29. IV. 26

Lieber Herr Bonhoeffer!

Ich ließ Ihren Brief einige Zeit liegen, ebenso wie ich mein Bedenken einige Zeit liegen ließ. Ich schrieb Ihnen, glaub ich, schon damals, daß ich gesonnen bin, immerhin noch ein Jahr zu warten, ehe ich mich so oder so entscheide. Den Vorwurf „undialektische Konsequenzen"[2] aus Barth gezogen zu haben, nehme ich ruhig auf mich, da ich diesen Vorwurf am meisten im Auge hatte. Aber ich glaubte, daß die Kirche nicht bloß eine Dialektik hat, die aus ihrer Eigenart eben als ‚Kirche' entspringt, sondern auch eine Dialektik, die mit ihrer soziologischen Bedingtheit gegeben ist. Die Frage ist nur, ob diese soziologische Dialektik einmal so entscheidend werden kann, daß selbst die theolo-

---

1 NL C 14(4); hsl. Teilweiser Abdruck: DB 124 f. □ 2 Zitat aus B's Brief.

gische Dialektik nichts mehr hilft. Denn das gebe ich völlig zu, daß meine Fragestellung sich auf einer sekundären, tertiären etc. Ebene bewegt, daß „schließlich darauf nichts ankommt“[3].

Aber wie wenn ‚schließlich‘ es auch auf vorletzte und vorvorletzte Dinge einmal ankommen kann, daß die jedenfalls oft ein solches Schwergewicht bekommen, daß sie immerhin eine berufliche Existenz ins Wanken bringen können. Oder meinen Sie, daß nur ‚letzte Dinge‘, ‚Schließlichkeiten‘ einen zu Entscheidungen zwingen können?[4] Wenn ich mich zum Austritt aus dem Pfarramt entscheiden müßte, geschähe dies nicht triumphierend, etwa so als ob ich allein die Barthsche Theologie verstanden hätte und die Konsequenzen besser zöge als Barth selber, eher so, daß mir trotz allem das Barthsche Anliegen zu schwer würde. Ob ich unter Intellektuellen mehr Erfolg hätte oder Befriedigung oder dergleichen als unter Bauern, das spielt für mich hoffentlich keine Rolle. Es kommt ja hier nicht auf mein persönliches Vergnügen an, sondern auf etwas anderes. Ich glaube auch nicht wie Althaus, das ‚Erlebnis der Kirche‘[5] mit dem Glauben an die Kirche zu verwechseln. Wenn ich fliehe, so hoffe ich nicht aus der Kirche zu fliehen, auch nicht den Glauben an die evangelische Kirche aufzugeben, sondern in der Erkenntnis, daß es außerhalb meiner Kraft liegt, allen Alles zu sein. Der Schwache muß doch wohl oder übel Partei nehmen, wenn er auch einsieht, daß schließlich auf dieses Parteinehmen nichts ankommt.

Das erste Bedenken in Barths Vorwort zur 5. Aufl.[6] ermutigt mich außerdem noch, meine Probleme mit den Zuhörern festzustellen. Der ‚Andere‘ (der Bauer und Bürger) bringt mir höchst unsympathisch zum Bewußtsein, wie bedingt meine Theologie, meine Predigtweise ist. Bedingt eben durch historisch-psychologische Bedingungen. Diese Störung[7] ist sicher nicht zu meinem Unglück geschehen. Bei mir zeigt sich allerdings, daß „alles Fleisch ist wie Gras“[8], an meinem eklatanten Mißerfolg.

---

3 Zitat aus B's Brief. □ 4 Die Diskussion der beiden jungen Theologen dreht sich um Barths Interpretation der Eschatologie (vgl. K. Barth, Der Römerbrief[3], 298: „Christentum, das nicht ganz und gar und restlos Eschatologie ist, hat mit *Christus* ganz und gar und restlos nichts zu tun“; dazu: DB 125 und E 128 ff: Die letzten und die vorletzten Dinge). □ 5 P. Althaus, Das Erlebnis der Kirche, 22: „Das Erlebnis der una sancta ecclesia“. □ 6 K. Barth, Der Römerbrief[5], XXV: „... täuscht sich auch der Leser, der etwas für geistgemäß hält, was doch nur zeitgemäß, für Paulus, Luther und Calvin, was doch nur ein Absud aus Nietzsche, Kierkegaard und Cohen ist ...“ □ 7 Vgl. dazu K. Barth, Der Römerbrief[3], 447. Das Stichwort ‚Störung‘ greift den Titel auf, unter dem die Ethik des ganzen „Römerbriefs“ steht (a. a. O. 410). □ 8 Jes 40,6. Zitiert bei K. Barth, a. a. O., XXV.

Eine tröstliche Aussicht öffnet sich allerdings am Ende dieses etwas rauhen Weges, daß nämlich diese Einsicht dazu führen könnte, die Sache, um die es geht, etwas besser zu verstehen und vielleicht, vielleicht, dasselbe auf einer anderen Ebene zu sagen, ohne die Ebene, auf der man sich als der, der man ist und wurde, bewegt, mit der Sache selbst zu verwechseln. Aber eines ist dazu notwendig: die ernste Sorge um den anderen (verzeihen [...][9]).

Das zweite Problem ist, daß in diesen Stellen offenbar die Rede ist von der Kirche als einem „einheitlichen Subjekt", wie Sie sich damals ausdrückten. Das Subjekt des Wachstums ist in einigen der Stellen angegeben als das σῶμα τοῦ Χριστοῦ, was ich übersetze durch Christus selbst in Anlehnung an Barths Auffassung von dem σῶμα τοῦ ἀνθρώπου[10], welches eben der Mensch selbst ist, welches ‚ich' bin. Aber Christus selbst ist der gekreuzigte und auferstandene Christus! Also die Kirche nicht bloß ‚Repräsentation des Christus', sondern Christus selbst! Daher: Ihr seid allzumal *Einer* in Christo (Gal. 3,28). Vergleiche dazu die paulinischen Begriffe von: *Mit*leben, *mit*sterben etc., was ja nicht in erster Linie im Sinne der imitatio Christi zu verstehen ist, indem ich dieses ‚Mitdabeisein' selber herstelle, sondern es ist bereits hergestellte Beziehung, imitatio *passiva!* Christus wird ‚ich' und ich werde Christus (cf. Luther), wobei allerdings keine Identität stattfindet: Schöpfer und Geschöpf bleibt geschieden – aber dennoch Christus = communio Sanctorum = der Eine. Ein *einziger* Vergleich: die Solidarität der Kinder Adams! Adam = communio peccatorum = der Eine (cf. Röm. 5). – Christus selbst (der Leib, die Kirche) wächst, wo Christus herrscht, wo er Anfang und Ende ist, etc. „Er muß wachsen, ich aber etc." (Joh. 3).

Weitere Bestimmung nach Barths Dogmatik II: Der Sichtbarkeit der Kirche zum Trotz an ihr unsichtbares Wesen (Christus selbst) glauben, ist das Erste. Ihrer Unsichtbarkeit zum Trotz an ihre sichtbare Erscheinung glauben, ist das zweite ... Sichtbare *Kirche* ist *nur* da, wo *unsichtbare* Kirche ist – und *unsichtbare* Kirche *nur* dort, wo *sichtbare* Kirche ist ... Die Kirche als ‚religiöse Vereinigung' betrachtet ist allerdings eindeutig: Kirche des Antichristen. Synagoge des Satans etc. Soweit Barth.

Für die Ethik kommt allerdings entscheidend die sichtbare Kirche in Betracht, aber sie ist anzusehen als die unsichtbare Kirche und nirgends anders als in der sichtbaren Kirche tritt uns die unsichtbare

---

9 Unl. □ 10 Dt.: „Leib des Christus" – „Leib des Menschen" (vgl. K. Barth, Der Römerbrief[3], 415). Zu den folgenden Ausführungen Widmanns vgl. die Wiederaufnahme durch B in: DBW 1 (SC), 81 u. 106ff.

Kirche, Christus selbst entgegen. So ist Christus selbst, der uns in dem einzelnen Getauften und in den Ordnungen der Kirche (die auch in den Ämtern repräsentiert sind) entgegentritt und auch zur Ordnung ruft (cf. Barth zu I. Kor. 12–14[11]). Die entscheidende ethische Bestimmung ist daher die Liebe (cf. I. Kor. 12–14. Eph. 4,7–16). Durch den einzelnen, das einzelne Glied werde ich in der Ordnung gehalten und damit unter der Herrschaft des Christus. Daher kann gesagt werden, daß durch die reine Anwesenheit des Anderen, wenn er mich als solcher zur Ordnung ruft, der Leib zusammengehalten wird, der Leib Christi nicht zerstreut wird, indem seine Herrschaft nicht angetastet wird – und so exegesiere ich die schwierige Stelle: Eph. 4,16: πᾶν τὸ σῶμα bis ἐπιχορηγίας und Kol 2,19 ähnlich. Hier wäre manches über das ‚Du' zu sagen (Gutes sagt übrigens darüber Gogarten in seinem Nachwort zum „unfreien Willen", dessen Übersetzung er seinerzeit herausgegeben hat.[12]). – Nebenbei: den Unterschied zwischen dem ‚Du'-Begriff und dem Individualitätsbegriff sehe ich darin, daß das ‚Du' eine Reflexionsbestimmung ist, die Individualität aber eine Unmittelbarkeitsbestimmung ist. Das ‚Du' ist das Aufgegebene, die Individualität das Gegebene etc.

Zu Ihren Schwierigkeiten im Kindergottesdienst kann ich nicht viel sagen, da ich ja die Verhältnisse so genau nicht kenne. Es ist auch jetzt genug geschrieben, ein andermal mehr!

Teilen Sie mir doch, bitte, einiges Nähere über die Ergebnisse Ihrer Arbeit mit! Vielleicht reizt Sie das Obige dazu. Meine Frau bittet mich, Ihnen für ihre freundliche Aufmerksamkeit zu danken und Sie zu grüßen.

Herzlich grüßt Sie Ihr

Richard Widmann

---

11 K. Barth, Die Auferstehung der Toten, 37–57. □ 12 Fr. Gogarten, Nachwort zu: M. Luther, Vom unfreien Willen, 1924, 344 ff, bes. 355 ff. Zur Aufnahme der Ich–Du–Relation durch B vgl. DBW 1 (SC), 25ff u. 32ff.

98. AN SUSANNE BONHOEFFER[1]

Liebe Suse!

Heute nachmittag ist meine Zeit hier abgelaufen. Heut früh haben wir noch eine hübsche Dampferfahrt gemacht. Bis hierher begegnet man Zitronenbäumen, Ölbaumwäldern, Zypressen, die den See umgeben, der so blau ist wie ein schöner Abendhimmel und klar wie Glas, sodaß man Fische und Seepflanzen bis tief hinunter sieht. Gestern Abend sind wir bei schönem stürmischem Wetter gesegelt. Der ganze See trug Schaumkrönchen und schaukelte das Schiffchen recht herum. Grüße die Eltern.

Dich grüßt herzlich Dein

Dietrich

99. VON PAULA BONHOEFFER[1]

den 26. 8. 26

Lieber Dietrich!

Nun wirst Du schon wieder ganz in Berlin sein und Deine schöne Reise wird Dir schon recht in der Ferne liegen. Das geht ja so schnell, finde ich immer, leider! Ich habe mich immer sehr über Eure guten Nachrichten gefreut, aber eines war mir doch unbehaglich, daß Ihr nie eine Adresse angegeben, wo man Euch erreichen könnte, falls irgend etwas dies nötig gemacht hätte. – Ich sitze hier wieder bei Sturm und Regen im Strandkorb. Du wirst auf dem Bogen die Spritzer noch sehen. – Das Wetter ist aber so veränderlich, daß in einer Viertelstunde wieder die Sonne scheinen kann. So geht es die ganze Zeit hier. Der Wellengang ist, da wir immer Westwind haben, wundervoll, das genießen Papa und Susi denn auch sehr.

---

1 NL A 9,1(12); hsl. Ansichtskarte vom Gardasee: Malcesine – vista da Nord–Ouest, Poststempel: 19. 8. 1926. B machte mit Karl-Friedrich B. und Robert Held eine Wanderfahrt nach Verona, zum Gardasee, den Dolomiten und Venedig.

1 NL C 1(9); hsl. Aus Kampen/Sylt, wo die Eltern mit Susanne den Sommerurlaub verbrachten.

Heute sind Rudi und Frau[2] abgereist. Sie gefiel uns eigentlich recht gut, nur ist sie entschieden zu alt für ihn. Wir wollen Sonnabend den 4ten hier abfahren und in Hamburg[3] übernachten, am Sonntag mit dem Fernzug nach Berlin fahren.

Susi will zum Kindergottesdienst da sein und wird Sonnabend abends durchfahren, gegen 11 Uhr am Lehrter[4] sein. Findest Du das sehr nötig?

Ich hoffe ja, daß ihr die Zeit auch gut getan hat. Papa fühlt sich anscheinend sehr gut hier.

Wie ist es mit Eurem Tennis? Könntet Ihr nicht zweimal vormittags im September den Platz für mich sichern? Ich dachte, Susi sollte spielen und Du und Hanna Cauer[5] und eventuell der Herr, der Dir schrieb.

Der Wind bläst so toll, daß man kaum schreiben kann. Darum also Schluß und Grüße allerseits!

Deine Mutter

100. AN DIE ELTERN[1]

den 22. 3. 27

Liebe Eltern.

Heute um die Mittagszeit hatten wir römische Wärme, und es ist ja ganz merkwürdig, wie grade bei einer bestimmten Temperatur, die dann ja meist auch einen bestimmten Geruch mit sich bringt, einem ganz plötzlich unendlich viele Erinnerungen wieder kommen, die sich an dieses Klima knüpfen. Hoffentlich werdet Ihr nun in Rom nicht in dieser Richtung mit Erinnerungen an Berlin geplagt. Von morgen abend an kann ich ja Eure Reise ziemlich genau auch aus der Entfernung mitmachen. Die Nachtfahrt durch Italien wird ja bei Euch (hoffentlich!) etwas weniger romantisch verlaufen als damals für uns. Aber während

---

2 Ehepaar Rudi Hirtle, Sohn und Schwiegertochter eines Breslauer Kollegen von Karl B. Rudi war in den ersten Schuljahren zusammen mit den Söhnen B. von der Mutter unterrichtet worden. □ 3 Damals Wohnort von Christine und Hans v. Dohnanyi. □ 4 Ergänze: „Bahnhof". □ 5 Entfernte Verwandte, Malerin und Bildhauerin.

1 NL A 9,1(9); hsl. Aus Berlin-Grunewald.

Ihr in Rom seid, wird es wohl kaum einen Tag geben, an dem ich nicht auch durch die Straßen vagabundiere nach St. Peter und St. Paolo oder auf der Via Appia eine Wagenfahrt mache, oder durch das Forum auf den Palatin spaziere. Ich kann das noch so gut, als hätte ich es grade vor ein paar Wochen erst getan.

Hier geht alles gut. Heute abend ist Karl-Friedrich eingeladen, ebenso Schleichers, Großmama hört mit Hänschen[2] Radio, Klaus ist mit Justus spazieren, Lilo[3] – mit der Karl-Friedrich, Klaus und Delbrücks neulich in einer Revue waren – ist wie meist aus. Großmama hat sich in ihr häusliches Regiment gut hineingefunden und ist sehr munter und guter Laune. Abends hat sie doch meist Gesellschaft, entweder am Radio oder auch beim Vorlesen. Für den Vorschlag, in Dein Zimmer, liebe Mama, zu gehen, wenn es ihr zu laut bei sich wird, war sie sehr dankbar. Ich glaube allerdings, daß sie kaum Gebrauch davon macht. – Ich glaube, daß Lilo recht gern da ist, sie ist immer vergnügt und nett. – Gestern war Klausens schwerer Tag und übermorgen ist er wieder.

Übrigens habe ich dem Herrn Rößler[4], dem Theologen, mit dem ich im Sommer Tennis gespielt habe, der auch öfter bei Delbrücks ist und der jetzt eben sein Staatsexamen hinter sich hat und gern irgendwohin mit mir gehen wollte, auf ein paar (5) Tage Nachtquartier in Friedrichsbrunn angeboten. Er will unbedingt seine Sachen selbst mitbringen, besonders als er erfuhr, daß Dress[5] schon eingeladen sei. Ich denke, daß Euch das recht ist. Es wird ja nichts kompliciert dadurch. Entweder wir brauchen das Sofa zum Schlafen oder wir stellen ein andres Bett noch hinein und räumen es dann bestimmt auch wieder zurück. Hoffentlich machst Du, liebe Mama, Dir jetzt nicht unnötige Gedanken darüber. Dann wäre es sehr dumm von mir gewesen, das so zu arrangieren. Aber ich will Schluß machen, es ist

---

2 Hans Christoph v. Hase. ☐ **3** Lilo Anschütz. ☐ **4** Helmuth Rößler (1903–1982), Theologe; 1933–39 Pfarrer in Heerlen/Südholland; 1939–41 Direktor des Predigerseminars in Düsseldorf; 1944 Mitglied der provis. Kirchenleitung der Rhein. Kirche; 1948–68 Oberkirchenrat der Rhein. Kirchenleitung in Düsseldorf. ☐ **5** ▷ Walter Dreß, verh. mit Susanne B.

¼ 12 Uhr. Eine sehr schöne Zeit in Rom wünscht Euch herzlich

Euer dankbarer Dietrich

Den Brief an den famigliara del papa[6] schicke ich nach. Ihr werdet ihn ja nur auf dem Rückweg brauchen.

101. VON SUSANNE BONHOEFFER[1]

Heidelberg, den 24. 3. 27

Lieber Dietrich.

Ich will Dir bloß schnell mitteilen, daß Du Dich doch nicht um diesen Osterspaziergang mit Max und Jörg[2] zu bemühen brauchst. Ich gehe nämlich noch auf einen Monat nach Genf. Mama schreibt mir eben aus Rom, ich wäre für April und Mai dort eingeladen. Ich werde aber, um nicht das ganze Frühjahr in Berlin zu verpassen, denn schließlich sprechen sie dort eben alle Französisch, vom 12. April bis zum 12. Mai hingehen. Das ist ja auch schon eine ganz hübsche Zeit. Forrels[3] könnten gut Deutsch, sprächen aber untereinander immer Französisch. 3 Kinder im Alter von 13, 9 und 7 Jahren sind auch im Haus, von denen nur die Älteste etwas Deutsch kann. Ich kann also eine ganze Menge Französisch lernen.

Gestern kam ich also aus München an. Lola[4] ist wirklich sehr nett und rührend zu Lothar[5], der mir mit seinem dauernden Gerede von Blutstropfen, Seelenkämpfen, heiligem Willen und Ähnlichem, etwas auf die Nerven ging. Aber er ist ein rührender besorgter Vetter, der auch bald, als er ihre Zwecklosigkeit einsah, seine Bekehrungsversuche aufgab, aber dafür meine Weltanschauung und auch die sämtlicher Geschwister wissen wollte. Sonst habe ich aber München sehr genossen. Da gibt es übrigens an allen Straßenecken geröstete Maronen zu kaufen. Lächerlich billig. Wenn Du mir mal geschrieben hättest, ob ihr wirklich rauf ins Häuschen gegangen wärt, hätte ich Euch mal ein 10-Pfundpaket raufgeschickt.

---

6 N. i. Gemeint ist vielleicht die famiglia pontificia, die u. a. für Audienzen im Vatikan zuständig ist.

1 NL C 7,1; hsl. Orig. im Besitz von Susanne Dreß. – Susanne B. befand sich bei Familie Anschütz in Heidelberg zu Besuch. □ **2** Jörg Schleicher und Max Delbrück. □ **3** Dr. Forel, Psychiater, Leiter des Sanatoriums „La Mâterie" bei Nyon, mit Karl B. befreundet. □ **4** ▷ Lola B. geb. Schattenmann, verh. mit Lothar B. □ **5** ▷ Lothar B.

Hans-Christoph schreibt mir eben, daß er mit Max nicht gerne eine Tour machen will. Ich wußte nicht, daß die irgendetwas gegeneinander hätten. Er meint, Max und auch Anneliese[6] wären zu anspruchsvoll! Gerade bei Anneliese finde ich es komisch. Ob die Eltern wegen Antisemitismus dagegen sind? Aber es ist ja nun auch sowieso nichts. Hans-Christoph ist wütend, daß Du nicht mit ihm und Dreier gelaufen bist. Wann gibst Du eigentlich Deine Arbeit[7] ab? Mitte Mai bin ich also sicher wieder da, bis dahin viele Grüße von Deiner

Suse

102. AN KARL BONHOEFFER[1]

Friedrichsbrunn, den 26. 3. 27

Lieber Papa.

Obwohl Ihr ja wahrscheinlich schon unter blühenden Bäumen und zwischen den herrlichsten Blumengärten spazieren geht an Deinem Geburtstag[2], sollen Dir die Schneeglöckchen, Leberblümchen, Anemonen und der Seidelbast – ich glaube jedenfalls, daß es welcher ist – Grüße aus dem Frühling hier in Friedrichsbrunn bringen, der in den Buchenwäldern nach Treseburg zu und am Bergratmüllersteich schon mächtig einzieht. So sommerlich, wie diesmal, wirst Du wohl Deinen Geburtstag noch nie gefeiert haben – hoffentlich jedenfalls; ich stelle es mir gar nicht schwer vor, in Rom Geburtstag zu feiern: Morgens und Abends würde ich auf dem Pincio sein, mittags in St. Peter und im Vatikan, und zum Schluß noch in einer netten Trattoria an der Fontana di Trevi Est Est Est trinken.

So gratuliere ich Dir ganz besonders, daß Du diesmal in Rom am Geburtstag bist. Ich glaube, so einen Geburtstag kann man gar nicht vergessen. Und der größte Wunsch ist ja natürlich

6 Anneliese Schnurmann (geb. 1907), Psychoanalytikerin, Freundin von Susanne B. Baute mit B die „Jugendstube" in Charlottenburg auf (vgl. DB 276 f) und finanzierte sie. Mußte infolge der NS-Rassegesetze 1933 auswandern, war später Mitarbeiterin von Anna Freud an der Hampstead-Klinik in London. □
7 Gemeint ist die Dissertation „Sanctorum Communio" DBW 1 (vgl. auch S. 173).

1 NL Anh. A 9; hsl. Orig. im Besitz von Susanne Dreß. □ **2** 31. 3. 1868.

zuerst, daß Du alles so schön triffst, wie es nur sein kann, daß Ihr von nun an keine Wolke mehr am Himmel seht und erst recht nicht etwa einen Regentropfen abkriegt, daß Ihr so viel Schönes seht, wie nur möglich ist und soviel neue Eindrücke kriegt, daß Ihr noch lange davon leben könnt, und daß Ihr schließlich nach Ostern gut erholt nach Haus kommt und nur noch überlegt, wann Ihr das nächste Mal herunterfahrt.

Trotz überraschender Ankunft fanden wir hier oben alles in Ordnung vor. Allerdings etwas ist merkwürdig. Ist es richtig, daß Du angeordnet hast, Tisch und Treppe zur Veranda im Winter abzunehmen, damit sie nicht faulen? Ich glaube das nicht recht, beides fehlt. Wäre das gelogen, so wäre es wirklich eine ziemlich große Unverschämtheit, einem sogar die Treppe vom Haus zu reißen. Außerdem läßt der Nachbar Steffen fragen, ob wir nicht die Tannen am Eingangsweg wegnehmen und kleine setzen könnten. Er kriegt in den unteren Zimmern kein Licht mehr und muß so tags elektrisches Licht brennen. Ich glaube, wir müßten ihm das schon zugeben; außerdem sind kleine Tännchen, die den häßlichen Gartenzaun verdecken, auch für uns hübscher. Würdest Du über beides Bescheid geben? – Von Sonnabend an sind wir wieder in Berlin.

Unsere Wirtschaft geht ausgezeichnet, nur nimmt sie viel Zeit in Anspruch und bringt uns so zwar nicht um das Spazierengehen, aber ums Arbeiten. Im übrigen ist es hier oben wieder so wunderschön, daß ich gar nicht weiß, ob ich lieber in Italien wäre. Das Wetter ist erträglich, wechselnd, aber alles so wunderbar ruhig bis auf den recht stürmischen Wind, daß wir beide ganz begeistert sind. Viele Grüße an Mama. Dich grüßt herzlich

Dein dankbarer Dietrich

Hochverehrter Herr Geheimrat![3]

Aus der wundervollen Frühlingsluft der Friedrichsbrunner Wälder erlaube ich mir, Ihnen meine besten Geburtstagswünsche zu senden. Mit der Bitte um Empfehlung an Ihre sehr verehrte Frau Gemahlin Ihr dankbar ergebener

Walter Dreß

---

3 Hsl. von W. Dreß, auf dem gleichen Blatt wie der vorangehende Brief B's.

e) Promotion und Erstes Theologisches Examen. Juli 1927–Januar 1928

103. AN DIE THEOLOGISCHE FAKULTÄT[1]

Die hochwürdige Theologische Fakultät zu Berlin bitte ich unter Beifügung meiner Dissertation über „Sanctorum communio, eine dogmatische Untersuchung" und meiner Papiere um Zulassung zur Lic.Promotion.

Ich bitte von den Herren Geheimrat R. Seeberg
Geheimrat Deissmann
Geheimrat Mahling
Geheimrat Sellin
Professor Lietzmann[2]
geprüft zu werden.

Dietrich Bonhoeffer

Dissertation und Reifezeugnis zurückerhalten.[3]

---

1 NL A 17,4; Juli 1927; masch. Abschrift aus den Acta der Friedrich-Wilhelm-Universität zu Berlin, Promotionen betreffend. Archiv der Humboldt-Universität zu Berlin, Berlin 1927–29, P 1, Vol. 11, Blatt 42 a. Abschrift durch Christfried Berger. □ 2 Adolf Deißmann (1866–1937), Prof. für NT in Marburg, Heidelberg, seit 1908 in Berlin; langjähriger Vorsitzender der dt. Sektion des Weltbundes für internationale Freundschaftsarbeit der Kirchen, dessen Jugendsekretär B 1931 wurde (vgl. DB 101 und 232 ff); Friedrich Mahling (1865–1933), 1892 Vorsteher der Hamburger Stadtmission, 1904 Pfarrer in Frankfurt, 1909 Prof. für Prakt. Theologie in Berlin, seit 1909 auch Mitglied des Centralausschusses der Inneren Mission; Ernst Sellin (1867–1946), Prof. für AT in Wien, Rostock, Kiel und seit 1921 in Berlin; Hans Lietzmann (1875–1942), Prof. für NT in Jena und seit 1924 in Berlin als Nachfolger v. Harnacks; WS 1927/28 Dekan der Theol. Fakultät in Berlin. □ 3 Hsl. Zusatz von B.

104. LEBENSLAUF[1]

Ich, Dietrich Bonhoeffer, wurde am 4. 2. 1906 in Breslau als Sohn des ordentlichen Professors für Psychiatrie Karl Bonhoeffer und seiner Ehefrau Paula, geb. v. Hase, geboren. Infolge der Berufung meines Vaters zogen wir im März 1912 nach Berlin. Von Michaelis 1913 bis Ostern 1919 besuchte ich das Friedrich-Werder'sche Gymnasium. Nach meiner Umschulung in das Grunewald-Gymnasium bestand ich Ostern 1923 das Abiturientenexamen daselbst. Meine beiden ersten Semester studierte ich in Tübingen evangelische Theologie. Vom Sommer-Semester 1924 an bis zum Sommer-Semester 1927 studierte ich in Berlin.[2] Ich besuchte drei Semester hindurch das kirchenhistorische Seminar von Prof. v. Harnack, zwei Semester das kirchenhistorische Seminar von Prof. Holl, zwei Semester das neutestamentliche Seminar von Dr. Bertram und Prof. Deissmann, einmal das homiletische, zweimal das katechetische Seminar von Prof. Mahling, ein Semester das alttestamentliche Seminar von Prof. Sellin, einmal das systematische Proseminar, seit Sommer 1925 regelmäßig das systematische Seminar von Prof. Seeberg.

105. REINHOLD SEEBERGS GUTACHTEN ZUR DISSERTATION[1]

Dietrich *Bonhoeffer*, Sanctorum communio, eine dogmatische Untersuchung. 354 S.

Die Absicht dieser Arbeit ist, auf Grund der neueren soziologischen Forschungen den inneren Zusammenhang des Kirchenbegriffes allseitig zu untersuchen. Über den Inhalt der Arbeit orientiert die sehr ausführliche Inhaltsangabe genügend, sodaß eine Reproduktion im einzelnen überflüssig ist.

---

1 NL A 17,4; Juli 1927; Abschrift aus der Promotionsakte (vgl. Nr. 103 Anm. 1). P 1, Vol. 11, Blatt 42 b. □ **2** Vgl. zum Folgenden S. 640 ff.

1 NL A 17,4; Juli 1927; Abschrift aus der Promotionsakte (vgl. Nr. 103 Anm. 1). P 1, Vol. 11, S. 42 e (V+R) – 42 f (V+R). Transkription I. Tödt u. C.-J. Kaltenborn.

Die Einteilung ist durchaus zweckentsprechend. Zunächst behandelt der Verf. die neueren Methoden der soziologischen Wissenschaften. Er kommt dabei zu klaren Resultaten: die Sozialphilosophie hat es mit der Sozialität des Menschengeistes zu tun, die Soziologie ist die Wissenschaft von der Struktur der menschlichen Gemeinschaften. Indem nun aber das *Christentum* einen eigentümlichen *Personbegriff* voraussetzt, wird zunächst dieser in fortlaufender Auseinandersetzung mit dem Idealismus untersucht und auf seine soziologische Brauchbarkeit hin geprüft. – Auf Grund der so gewonnenen Voraussetzungen redet der Verf. dann von dem Problem der Soziologie im *Verstand.* Das heißt, er bemüht sich um das in dem menschlichen Sein der Personalität und Sozialität begründete Wesen menschlicher Gemeinschaft (viceverse Willensgemeinschaft) und entwirft letztlich eine Typologie der menschlichen Gemeinschaften (Gemeinschaft als Sinngefüge, Gesellschaft als rationales Zweckgefüge; dazu – nach dem verschiedenen Stärkeverhältnis der Willen – der Herrschaftsverband sowie die Willenseinigung der Masse; objektiver Geist). – Das an sich seiende Verhältnis der Willen in Gemeinschaft und Gesellschaft wird aber durch den Egoismus des *Sündenstandes* ausgehöhlt, wie im einzelnen nachgewiesen wird. – Es handelt sich weiter um die *Kirche* als die *sanctorum communio*, welche die in Personalität wie Sozialität der Menschen begründete Gemeinschaft wiederherstellt und wider die Korruption durch den sündhaften Egoismus aller verwirklicht. In diesem Teil, der weit über die Hälfte der Arbeit ausfüllt, werden eingehende Untersuchungen angestellt über das Wesen der Kirche, ihr Verhältnis zu Christus und dem heiligen Geist und die spezifisch christliche Gemeinschaftsform, die der Verf. in einer einigenden Überhöhung des Gemeinschafts- und Gesellschaftsbegriffs als Liebesgemeinschaft des heiligen Geistes finden will. Die gewonnenen Resultate werden dann erprobt an der empirischen Gestaltung der Kirche mit ihrem objektiven Geist im Verhältnis zum heiligen Geist, allgemeines Priestertum und Amt, Wort und Sakrament, Kultus, soziale Probleme, Eschatologie u.a.

Der Verf. ist nicht nur auf theologischem Gebiet gut orientiert, sondern hat sich auch mit Verständnis in die Soziologie eingearbeitet. Er verfügt entschieden über eine starke systematische Begabung, wie die Dialektik im Aufbau seiner Arbeit im ganzen wie im einzelnen zeigt. Er bemüht sich seine Wege selbständig zu finden. Er ist immer bereit zu geschickter Auseinandersetzung mit anderen Meinungen. Auch wenn man seine Urteile nicht immer zu teilen vermag, wird man doch das wissenschaftliche Interesse und die Energie der Beweisführung gern anerkennen. Charakteristisch für die Stellung des Verf. ist seine starke Betonung des christlich ethischen Elementes, das ihm immer als Ausgangspunkt dient und von dem aus er gegen die Weltanschauung des ‚Idealismus' vielfach ankämpft. Die starke Skepsis erinnert an Heim, hier und da finden sich auch Berührungen mit Barth, wie schon die Terminologie (an-rufen, ant-worten) zeigt. Aber diese Einwirkungen werden von anderen durchkreuzt und sind nicht maßgebend für die Gedankenbildung des Verf. Die Darstellung ist im ganzen recht geschickt, wenn auch die bisweilen allzu strenge Systematik[2] Wiederholungen mit sich führt. Die dialektischen Beweise des Autors sind nicht immer überzeugend. So etwa der wunderliche Beweis, daß ein Ich nur auf dem Umweg über Gott zur Erkenntnis eines Du kommen könne. Ebenso möchte ich nicht alles unterschreiben, was der Verf. über die Struktur der empirischen Kirche dialektisch deduziert, z.B. ob der Typus ‚Gesellschaft' wirklich eine notwendige Ergänzung zu dem ‚Gemeinschafts'typus in der Kirche bildet. Im übrigen werden gerade in diesem Zusammenhang vortreffliche Beobachtungen ausgesprochen. Den historischen „Exkurs" S. 112 ff[3] hätte der Verf. sich schenken können, da er nichts Neues bringt. Ebenso sind die kritischen Bemerkungen über die kirchliche Praxis oder die Hoffnungsfreudigkeit bezüglich des Proletariats sowie die Geringschätzung des Bürgerlichen überflüssig, da sie nicht aus den Prinzipien der Arbeit herstammen, sondern nur subjektive Werturteile bringen. Endlich kann man auch der Kritik nicht immer beistimmen, die der Autor an anderen Ansichten übt (z.B. Troeltsch!).

Indessen das alles sind Mängel, wie sie jeder Jugendarbeit anhaften. Sie sind schließlich nur Kehrseiten der großen Vorzüge der Arbeit, der Begeisterung für das Christentum, der straffen Systematik in dem Aufbau der ganzen Studie, der inneren Hingabe an seine Aufgabe, der erfreulichen Selbständigkeit seiner Auffassung und des kritischen Vermögens sie wider andere Auffassungen zu vertreten. Im Ganzen kann die Arbeit als ein sehr erfreuliches Specimen ernster[4] wissenschaftlicher Erudition bezeichnet werden.

Ich *beantrage* daher, daß die hochwürdige Fakultät sie als Lizenziatenarbeit *annimmt* und schlage zu ihrer Beurteilung die *Note* I–II vor.

R. Seeberg

Einverstanden.

	Sellin 20/7.	v. Harnack 19/7
"	Mahling 21/7.	Richter 7/7.
"	Ltz 24/7	Schwartz 28/7
"	D 25/7	29/7 Mi.
"	ESeeberg 27/7	St. 28/7[5]

---

2 Gestr.: „bisweilen". □ **3** Vgl. DBW 1 (SC), 236 ff. □ **4** U. L., vielleicht: „erster". □ **5** Ltz = Lietzmann; D = Deißmann; Erich Seeberg (1888–1945),

106. GESUCH UM ZULASSUNG ZUM ERSTEN THEOLOGISCHEN EXAMEN[1]

Berlin-Grunewald, den 13. 9. 1927
Wangenheimstr. 14

Betr.: Gesuch um Zulassung zur
I. theologischen Prüfung

Das Evangelische Konsistorium der Mark Brandenburg bitte ich um Zulassung zur ersten theologischen Prüfung auf Grund der beigefügten Anlagen.

Gleichzeitig bitte ich, mir zu gestatten, eine von mir angefertigte, bei der theologischen Fakultät der Universität zu Berlin eingereichte, von dieser auch schon angenommene Lizenziatenarbeit mit dem Titel „Sanctorum communio, eine dogmatische Untersuchung" anstelle der wissenschaftlichen Prüfungsarbeit vorzulegen.

Dietrich Bonhoeffer

An das
Evangelische Konsistorium
der Mark Brandenburg Abt. Berlin,
Berlin, S.W. 68,
durch die Hand des Herrn Superintendenten
zu Berlin-Lichterfelde

Prof. für Kirchen- und Dogmengeschichte, seit 1927 Nachfolger von Karl Holl in Berlin, Sohn von Reinhold Seeberg; Julius Richter (1862–1940), der erste o. Prof. für Missionswissenschaft in Berlin (seit 1920); vermutlich Paul Schwartz, Prof. für Geschichte und Erziehungskunde; Mi = Wilhelm Michaelis (1896–1965), seit 1923 PDoz. für NT in Berlin, seit 1930 Prof. in Bern; St = Arnold Stolzenburg (1887–1966), seit 1921 PDoz. für Syst. Theologie in Berlin, seit 1927 ao. Prof.

1 NL D 11(3); Masch. Personalakte B beim Evang. Konsistorium der Mark Brandenburg, Ziffer 3. Unter dem Absender ein Vermerk: „*4631/8 Anl.+*". Am Rand: „*Geburtsschein fehlt: Reifezeugnis cf. Anl.+ – 7/1 Ang. bes*". Über der Anschrift Eingangsstempel: „Superintendentur Kölln-Land I, den *13./9. 1927*, Tgb. Nr. *2235; Diestel*". Hsl. Eintragungen kursiv. Max Diestel (1872-1949), Superintendent für die Diözese Koelln-Land I, zu der die Gemeinde Grunewald gehörte, war zugleich einer der führenden Ökumeniker in Berlin; 1927 von Generalsuperintendent Dibelius mit dem Aufbau einer ökumenischen Jugendarbeit beauftragt, wurde er 1931 geschäftsführender Vorsitzender der Deutschen Vereinigung des Weltbundes für internationale Freundschaftsarbeit

107. LISTE DER ANLAGEN ZUM GESUCH[1]

Übersicht
über die Anlagen zum Gesuch vom 13. September 1927

1) Lebenslauf
2) Taufbescheinigung
3) Konfirmationsschein
4) Abgangszeugnis der Universität Berlin,
5) Bescheinigung über Besuch der kirchenmusikalischen Vorträge
6) Bescheinigung über Beteiligung am gottesdienstlichen Leben und Tätigkeit im Kindergottesdienst
7) Bescheinigung der theologischen Fakultät zu Berlin über Annahme der eingereichten Lizenziatenarbeit.

Das Reifezeugnis befindet sich zur Zeit bei den Papieren, die ich zur Erlangung des Lizenziaten-Grades bei der theologischen Fakultät zu Berlin einzureichen hatte.

108. LEBENSLAUF[1]

Ich, Dietrich Bonhoeffer, bin am 4. 2. 1906 in Breslau als Sohn des o.ö. Professors für Psychiatrie an der Universität zu Breslau, Karl Bonhoeffer und seiner Ehefrau Paula geb. v. Hase geboren. Ostern 1912 zogen wir nach Berlin wegen Berufung meines Vaters an die hiesige Universität. Von Herbst 1913 bis Ostern 1919 besuchte ich das Friedrichs-Werdersche Gymnasium, seit Ostern 1919 das Grunewald-Gymnasium, wo ich Ostern 1923 die Reifeprüfung mit dem Hebraicum ablegte. Zum Studium der evangelischen Theologie ging ich im ersten und zweiten Semester nach Tübingen, seit dem dritten Semester studierte ich – nach vierteljährigem Studienaufenthalt in Rom –

der Kirchen. Nach 1933 gehörte er der Bekennenden Kirche und dem Berliner Bruderrat an.

1 NL D 11(4); masch. Personalakte (vgl. Nr. 106 Anm. 1), Ziffer 4.

1 NL D 11(5); hsl. Ohne Unterschrift, Personalakte (vgl. Nr. 106 Anm. 1), Ziffer 5.

in Berlin, wo ich im 6. Semester meine Licentiatenarbeit über die sanctorum communio als dogmatisches und sociologisches Problem bei Herrn Geheimrat Seeberg begann. Ich habe diese Arbeit im Juli 1927 fertiggestellt und bei [der] theologischen Fakultät zu Berlin eingereicht, wo sie am 1. August 1927 akzeptiert worden ist.

109. BESCHEINIGUNG ÜBER TEILNAHME AM GEMEINDELEBEN[1]

Herrn cand. theol. Dietrich *Bonhoeffer*, aus Berlin-Grunewald, wird hierdurch bescheinigt, daß er am gottesdienstlichen Leben unserer Gemeinde einschließlich der Feier des heiligen Abendmahls teilgenommen hat. Ferner hat er 2 Jahre hindurch mit großer Treue und Hingebung Helferdienste im Kindergottesdienst unserer Gemeinde getan, auch vorübergehend den Leiter des Kindergottesdienstes selbständig vertreten.

Karl Meumann[2]
Pfarrer

110. AN DAS KONSISTORIUM[1]

Berlin-Grunewald, Wangenheimstr. 14
den 8. XI. 27

Hiermit reiche ich als schriftliche Arbeiten zur 1. theologischen Prüfung ein: eine Predigt über Luk. 9,51–56 mit vorangestellter Meditation und Disposition; eine Katechese über Matth. 8,5–13.

---

1 NL D 11(8); masch. Personalakte (vgl. Nr. 106 Anm. 1), Ziffer 8; vgl. DB 123. □ 2 Karl Meumann, Hilfsprediger an der Grunewald-Kirche. Neben der Unterschrift Stempel der Grunewald-Gemeinde.

1 NL D 11(15); hsl. Personalakte (vgl. Nr. 106 Anm. 1), Ziffer 15. Am 27. 9. 1927 hatte B über Sup. Diestel die Bibeltexte für die Examenspredigt und -katechese erhalten (s. S. 599 ff und NL A 14,5), für deren Bearbeitung er sechs Wochen Zeit hatte. Am oberen Rand rechts: Eingangsstempel des Konsistoriums.

Ich versichere, daß ich beide Arbeiten selbständig angefertigt habe unter Benutzung folgender Literatur: für die exegetische Durcharbeitung der Texte die Kommentarwerke von Holtzmann, Lietzmann (Matth. von Klostermann, Luk. von Klostermann-Greßmann), Johannes Weiß, Theodor Zahn; außerdem habe ich für die Katechese benutzt: Zündel, Jesus; Bultmann, Jesus; eine Predigt Luthers über Matth. 8,1–13 (aus „70 Predigten Luthers" herausgegeben von Planck, – Calwer Verlagsverein).[2]

Dietrich Bonhoeffer

111. KARL BONHOEFFER AN REINHOLD SEEBERG[1]

5. Dezember 27

Hochverehrter Herr Seeberg!

Mein Sohn Dietrich sagt mir, daß Ihnen eine Erklärung meinerseits erwünscht wäre, daß ich für den Druck seiner Licentiatenarbeit einstehe für den Fall, daß sie aus irgendwelchen Gründen nicht in Ihren Heften erscheinen könnte. Ich sage dies gerne zu und darf die Gelegenheit benutzen, Ihnen beim Abschluß der Studienzeit meines Sohnes für das gütige Interesse, das Sie ihm zugewandt haben, herzlich zu danken. Mit besten Empfehlungen bin ich Ihr sehr ergebener

Bonhoeffer

---

2 Vgl. Lit. S. 649 ff. – Links unter dem Text der Eingangsstempel: „Superintendentur Kölln-Land vom *8. 11. 1927*, Tgb. Nr. *4741*, *Diestel*".

1 Bundesarchiv Koblenz: Nachlaß R. Seeberg/60; hsl. Oben rechts eingedruckt die Ziffer 31.

112. AN DAS KONSISTORIUM[1]

Berlin-Grunewald, Wangenheimstr. 14[2], den 7. XII. 27

Betrifft erste theologische Prüfung.
Hiermit reiche ich dem evangelischen Konsistorium der Mark Brandenburg, Abteilung Berlin, die angeforderte Licentiatenarbeit ein, gleichzeitig eine Bescheinigung über die bestandene mündliche Prüfung.

Dietrich Bonhoeffer

An das evangelische Konsistorium
der Mark Brandenburg, Abteilung Berlin[3]

113. PROMOTIONSURKUNDE[1]

QVOD FELIX FAVSTVMQVE SIT

VNIVERSITATIS LITTERARIAE FRIDERICAE GVILELMAE

BEROLINENSIS

RECTORE MAGNIFICO

EDUARD NORDEN

THEOLOGIAE ET PHILOSOPHIAE DOCTORE IN HAC VNIVERSITATE PROFESSORE PVBLICO ORDINARIO A CONSILIIS REGIMINIS INTIMIS INSTITVTI ANTIQVITATIS STVDIIS

1 NL D 11(31); hsl. Personalakte (vgl. Nr. 106 Anm. 1), Ziffer 31. □ 2 Über dem Absender Eingangsstempel: „VII. Ev. Konsistorium, Berlin – 9. Dez. 1927"; daneben hsl.: „5764/1 Anlage-A – Bd. (Liz.-Arbeit) Dibelius" [u. L.]. □ 3 U. L.: „H. Dozent [...] Die Lic.-Arbeit ist nicht in VII. VII 8/2". Am Rand: „Berlin, den 13. Februar 1928. Die Arbeit ist nach Durchsicht dem Kandidaten auf Grund bestandener Prüfung wieder ausgehändigt. Zu den Akten Coulon 13/2".
1 NL Anh. A 17,3; Plakatdruck. Archiv der Humboldt-Universität.

COLENDIS DESTINATI DIRECTORE ACADEMIAE SCIENTIARVM BORVSSICAE SOCIO ORDINARIO SOCIETATIS LITTERARIAE GOTTINGENSIS ET ACADEMIAE VINDOBONENSIS SOCIO EPISTVLARI ORDINIS AQVILAE RVBRAE IN QVARTA CLASSE COMMENDATORE

EX DECRETO ORDINIS THEOLOGORVM SVMME VENERANDI PROMOTOR LEGITIME CONSTITVTVS

IOHANNES LIETZMANN

SS. THEOLOGIAE DOCTOR ET IN HAC VNIVERSITATE PROFESSOR PVBLICVS ORDINARIVS SEMINARIORVM AD PROMOVENDVM HISTORIAE ECCLESIASTICAE NEC NON ARTIS CHRISTIANAE STVDIVM INSTITVTORVM DIRECTOR ACADEMIAE SCIENTIARVM BORVSSICAE SOCIVS ORDINARIVS SOCIETATIS LITTERARIAE GOTTINGENSIS SOCIVS EPISTVLARIS

ORDINIS THEOLOGORVM H.T.DECANVS

VIRO CLARISSIMO

DIETRICH BONHOEFFER
SILESIO

POSTQVAM DISSERTATIONEM LINGVA GERMANICA SCRIPTAM CVIVS TITVLVS EST

„SANCTORVM COMMVNIO, EINE DOGMATISCHE UNTERSUCHUNG“

EXHIBVIT
EXAMEN RIGOROSVM SVMMA CVM LAVDE[2] SVSTINVIT ET THESES PVBLICE DEFENDIT[3]

S.S. THEOLOGIAE LICENTIATI

HONORES ET PRIVILEGIA

---

2 Von den 12 theol. Promotionen des Jahres 1927 an der Berliner Universität erhielt nur B das Prädikat summa cum laude. □ **3** Vgl. S. 476 ff.

DIE XVII.M. DECEMBRIS A.MCMXXVII
HONORES ET PRIVILEGIA[4] RITE CONTVLIT

COLLATAQVE PVBLICO HOC DIPLOMATE THEOLOGORVM ORDINIS OBSIGNATIONE COMPROBATO DECLARAVIT

L S[5]

Berolini
typis expressit Aemilivs Ebering[6]

4 Die Worte „Honores et privilegia" sind vom Drucker irrtümlicherweise zweimal gesetzt. □ 5 Abk. für „Locus sigilli" (die Stelle, an der im Original das Siegel anzubringen ist). □ 6 Dt.: „Möge es glücklich und günstig sein. Unter dem Rektor der Friedrich-Wilhelm-Universität, Berlin, Doktor der Theologie und Philosophie, öffentlichem ordentlichen Professor dieser Universität, seiner Magnifizenz, Geheimrat Eduard Norden, Direktor des Instituts für Altertumswissenschaften, ordentlichem Mitglied der Preußischen Akademie der Wissenschaften, korrespondierendem Mitglied der Göttinger Sozietät der Wissenschaften und der Wiener Akademie, Träger des Roten Adlerordens Vierter Klasse, hat – auf Beschluß der hochwürdigen Theologischen Fakultät ordnungsgemäß zur Vornahme von Promotionen eingesetzt – Johannes Lietzmann, Doktor der Hl. Theologie und öffentlicher ordentlicher Professor dieser Universität, Direktor des Seminars für Kirchengeschichte und des Instituts für Christliche Kunst, ordentliches Mitglied der Preußischen Akademie der Wissenschaften, korrespondierendes Mitglied der Göttinger Sozietät der Wissenschaften, derzeit Dekan der Theologischen Fakultät, dem hervorragenden Herrn Dietrich Bonhoeffer aus Schlesien, nachdem dieser eine Dissertation in deutscher Sprache mit dem Titel: „Sanctorum communio, eine dogmatische Untersuchung" eingereicht, das Rigorosum mit höchstem Lob bestanden und Thesen öffentlich verteidigt hat, die Rechte und Privilegien eines Licentiaten der Hl. Theologie am 17. Dezember 1927 feierlich verliehen, und die Verleihung durch dieses öffentliche mit dem Siegel der Theologischen Fakultät bestätigte Diplom bekanntgemacht. – Ort des Siegels – Gedruckt zu Berlin von Emil Ebering".

114. ZEUGNIS DES ERSTEN THEOLOGISCHEN EXAMENS[1]

Ergebnis der ersten theologischen Prüfung für den Studierenden der Theologie *Lic. Dietrich Bonhoeffer*

geboren zu *Breslau*	den *4. Februar 1906*
geprüft Berlin am	*14.* bis *17. Januar 1928*

1.	Deutsche Sprache	*Bestanden*
2.	Exegese des A.T.	*Gut*
3.	Exegese des N.T.	*Recht gut*
4.	Kirchen- und Dogmengeschichte	*Recht gut*
5.	Dogmatik und Symbolik	*Recht gut*
6.	Ethik	*Gut*
7.	Praktische Theologie	*Recht gut*
8.	Philosophie	*Gut*
9.	Beschaffung der eingereichten wissenschaftlichen Prüfungsarbeiten	1) 2) *Durch die Lizentiatenarbeit ersetzt*
10.	Beschaffenheit der Klausurarbeiten	die alttestamentliche: *Gut*[2] die neutestamentliche: *Recht gut*[3] die kirchengeschichtliche: – die dogmatische: *Recht gut*[4] die ethische: –
11.	Prüfungspredigt:	*Bestanden*[5]
12.	Prüfungskatechese:	*Bestanden*[6]
13.	Besondere Bemerkungen:	Der Kandidat hat sich zur zweiten Prüfung nicht vor dem *17. Juli 1929* und spätestens an dem *17. Januar 1932* zu melden.
14.	Allgemeines Urteil:	*Recht gut.*

D. Vits D. Fischer Coulon
D. Mahling D. Sellin Fahland[7]

---

1 NL D 11(29); Formular mit hsl. Eintragungen (kursiv). Personalakte (vgl. Nr. 106 Anm. 1), Ziffer 29 (Kopie davon: NL A 6,7). □ **2** Vgl. NL D 11 (27). □ **3** Vgl. NL D 11(26). □ **4** Vgl. S. 479 ff. □ **5** Vgl. S. 599 ff. □ **6** Vgl. NL D 11(20/21) = NL A 14,5. □ **7** Die Prüfungskommission setzte sich zusammen aus 1. Vertretern des Konsistoriums: D. Ernst Vits, Generalsuperintendent der Neumark und Niederlausitz; D. Alfred Fischer, Konsistorialrat; Pfr. Albert

Beurteilung der *Predigt*

Prüfungsarbeit des Kandidaten *Dietrich Bonhoeffer* für die erste theologische Prüfung.[8]

Eine Arbeit, die trotz mancher, z.T. nicht unbedenklicher – äußerer und innerer Mängel als ganzes doch Annahme, ja eine gewisse Anerkennung verdient, da sie ein erfreuliches Zeugnis ablegt von eindringender Denkarbeit, von gründlichem Bemühen, den Textstoff allseitig zu erfassen, und von ernstem Ringen, die aufgefundenen Gesichtspunkte und Gedankengruppen homiletisch fruchtbar zu verwerten. Allerdings wird der Verfasser, dem ja Entwicklungsfreudigkeit zuzutrauen ist, noch manches abzulegen und manches zu lernen haben, bis er eine wirklich abgerundete Predigtleistung zustande bringt.

Äußerlich: er befleißige sich größerer Sorgfalt in Interpunktion und grammatischer Beziehung, in der Wahl des einzelnen Ausdrucks (warum z.B. immer „Samaritaner" statt „Samariter"?), vor allem in der Klärung und Feilung seines Stils, der ziemlich häufig Schwulst, Übertreibung und Ungelenkheit aufweist – es fehlt ihm die edle Natürlichkeit!

Innerlich: er erfasse und baue eine Predigt als einheitlich angelegtes und durchzuführendes analytisch-synthetisches Kunstwerk auf; das Thema der vorliegenden Predigt ist ein Mancherlei, aber keine zentrale Einheit; infolgedessen fehlt der Predigt selbst auch die straffe Einheit, die von selbst zu wohltuender größerer Kürze geführt hätte.

Von kritischen Einzelheiten, deren recht viele aufgeführt werden könnten, sei hier abgesehen.

Es ist dem Verfasser, der sicherlich einem starken Drang folgt, seinen Stoff zu meistern, anzuraten, fleißig Musterpredigten (Dryander, Conrad[9]*, Althaus usw.) zu studieren und sich bei eigener Predigtarbeit unter schärfster Selbstkritik – auch in Kleinigkeiten! – vor Breiten der Schilderung, erzwungenen oder gesuchten Gedankengängen (vergl. die*

Coulon, geistl. Inspektor, Konsistorialrat und Pfr. an der franz. Hospitalkirche in Berlin-Niederschönhausen; 2. zwei Vertretern der Theol. Fakultät Berlin: Geh. Konsistorialrat und Prof. Friedrich Mahling; Oberkonsistorialrat und Prof. Ernst Sellin; 3. aus Abgeordneten der Provinzialsynode: Dr. Gotthelf Bronisch, Superintendent in Züllichau; Gustav Posth, Pfr. in Stolpe; Paul Fahland, Pfr. in Berlin-Lichtenberg, wahrscheinlich als Vertreter. □ **8** NL D 11(18); Formular mit hsl., hier kursiven Eintragungen (Kopie davon: NL A 6,7). □ **9** Ernst v. Dryander (1843–1922), Oberhofprediger und geistl. Vizepräsident des Evang. Oberkirchenrats in Berlin; Paul Conrad (1865–1927), seit 1925 geistl. Vizepräsident des Evang. Oberkirchenrats in Berlin, Oberdomprediger und Ephorus des Domkandidatenstifts.

Ausführung über das „Kirchenvolk" in vorliegender Predigt) zu hüten und in Erfassung des jeweils Wichtigsten (im vorliegenden Text „Der Christ vor verschlossenen Türen") schlichte, edle Einfalt zu pflegen.

Die geistige Energie, von der die Predigt zeugt, wird den Verfasser dem Ziele, ein tüchtiger Prediger zu werden, sicher Schritt für Schritt näher bringen.

Bestanden.

Züllichau, den 26. November 1927 *Sup. Dr. Bronisch*

Beurteilung der *Katechese*

Prüfungsarbeit des Kandidaten *Dietrich Bonhoeffer* für die erste theologische Prüfung.[10]

Der Kandidat gibt keine Litteratur an, die er vor Abfassung seiner Arbeit studiert hat. Augenscheinlich hat er das auch nicht getan. Denn sowohl nach der didaktischen wie nach der methodischen Seite hin weist die Katechese erhebliche Mängel auf. Ehe der Text den Kindern dargeboten wird, müßte er seinem Hauptinhalte nach vorbereitet werden. Dann hätte sich auch ein 2maliges (!) Lesen des Textes erübrigt. Die Verknüpfung mit ähnlichen, den Kindern bereits bekannten Gedankenreihen ist dürftig. Zusammenfassungen seitens der Kinder, die den Beweis erbracht hätten, daß das Durchgenommene verstanden ist, fehlen. Die Anwendung auf Kinderherzen ist unzulänglich. Die ganze Katechese ist eigentlich nur eine Erläuterung des Textes. Sie ist oft so überaus doktrinär, daß die Kinder gelangweilt werden. Auch die Antworten der Kinder in der gegebenen Formulierung zeigen, daß der Katechet sich nicht darüber im Klaren ist, was er von 14- bis 15jährigen Knaben verlangen kann, selbst wenn sie eine höhere Schule besuchen. Vieles, was der Katechet in langatmigen gelehrten Ausführungen gibt, ließe sich erheblich anschaulicher durch Fragen entwikkeln. [Ich verweise auf die in der Ausarbeitung gemachten Bemerkungen.][11]

Bestätigungen wie „richtig", „ja", „gewiß" usw. sind möglichst zu vermeiden. Die Kritik am Lukastext gehört nicht in den Unterricht, namentlich, wenn dieser Text gar nicht zur Behandlung steht. Hält der Kandidat die Worte: „So er spricht, so geschiehts ..." wirklich für ein Wort Jesu?!!

Nur mit Rücksicht auf den bei der Abfassung der Arbeit unverkannten bewiesenen Fleiß und in der Erwartung, daß der Kandidat sich

---

10 NL D 11(22); Formular mit hsl., hier kursiven Eintragungen (Kopie davon: NL A 6,7). □ 11 Eckige Klammer im Ms.

bemühen wird, nach der katechetischen und psychologischen Seite sich ernstlich weiterzubilden, soll die Arbeit noch bestanden genannt werden.

Posth 30. 11. 27

Urteil über die Predigt[12]

1. Anstand:	*Gut*
2. Memoriert:	*Gut*
3. Stimme:	*Ausreichend, im Tonfall angenehm wechselnd.*
4. Betonung:	*Gut*
5. Gestikulation:	*Würdig, abwechselnd lebhaft und ruhig.*
6. Bemerkungen:	*Die Predigt wurde mit großer Sicherheit und Lebendigkeit im Abendgottesdienst in der Hochmeisterkirche in Halensee am 8. Januar 1928 gehalten.*

Urteil über die Katechese

1. Haltung des Katecheten:	*Gut.*
2. Stoffbeherrschung:	*Sehr gut.*
3. Fragestellung:	*Noch reichlich ungeschickt.*
4. Fähigkeit, auf die Antworten der Kinder einzugehen:	*Gut.*
5. Disziplin:	*Gut.*
6. Bemerkungen:	*B. katechesierte mit großer Lebendigkeit. Er fesselte die Kinder. Die Katechese wurde am 11. Januar 1928 vor Konfirmanden der Kirchengemeinde Grunewald gehalten.*

[Stempel der Superintendentur][13] *Diestel*

12 NL D 11(19); Formular mit hsl., hier kursiven Eintragungen (Kopie davon: NL A 6,7). □ **13** Hsl. Eintrag: „*17. 1. 1928*, Tgb. Nr. *175*“.

115. BESCHEINIGUNG ÜBER AUFNAHME IN DIE KANDIDATENLISTE[1]

[Wertmarke und Siegel][2] Nr. 2a

Nachdem der Studierende der Theologie Herr *Lic. Dietrich Bonhoeffer*, geboren zu *Breslau*, den *4. Februar 1906*, vor uns die erste theologische Prüfung mit dem Zeugnisse „*Recht gut bestanden*" abgelegt hat, wird demselben hiermit die Erlaubnis zur Vornahme geistlicher Amtshandlungen mit Ausnahme der Verwaltung der Sakramente (einschließlich der Beichte), der Trauung und der Konfirmation nach Maßgabe des Kirchengesetzes vom 15. August 1898 erteilt und ihm darüber gegenwärtiges Zeugnis, welches er dem Superintendenten jeder Diözese, in der er sich aufhält, vorzuzeigen hat, unter unserm Insiegel ausgefertigt.

Hierbei wird ihm die genaue Beachtung der in dem genannten Kirchengesetz und der Instruktion dazu vom 1. Juli 1899 enthaltenen Vorschriften über die weitere Vorbildung zum geistlichen Amt und über die Beaufsichtigung und Leitung der Kandidaten zur Pflicht gemacht.

Berlin, den 17. Januar 1928
(Siegel)
D. Dibelius[3]

(Handzeichen)

---

1 NL A 6(7); Formular mit hsl. Eintragungen (kursiv), (Kopie davon: NL D 11(30)). □ **2** Aufdruck des Siegels: „Evangelisches Konsistorium der Mark Brandenburg". Auf der Wertmarke hsl.: „Berlin, den 6. II. 1928, K VII Nr. 5957". □ **3** Otto Dibelius (1880-1967), 1921 Oberkonsistorialrat und Mitglied des Oberkirchenrats, 1925 Generalsuperintendent der Kurmark; schloß sich nach 1933 der Bekennenden Kirche an und wurde vom Dienst suspendiert; 1945-66 Bischof der Evang. Kirche von Berlin-Brandenburg; 1949-61 Vorsitzender des Rates der EKD; 1954-61 einer der fünf Präsidenten des Ökumenischen Rates der Kirchen.

116. VOM KONSISTORIUM[1]

Evangelisches Konsistorium
der Mark Brandenburg
K.VII.Nr.5959

Berlin SW 68, den *28. Januar*
Lindenstr. 14 *1928*

Sie erhalten das auf Grund des Ausfalls der ersten theologischen Prüfung für Sie ausgefertigte Zeugnis nebst einer Abschrift der Prüfungs-Verhandlung unter Hinweis auf die kirchengesetzlichen Vorschriften, auf welche in dem Zeugnisse Bezug genommen wird. Von jedem Wechsel Ihrer Beschäftigung und Ihres Wohnortes wollen Sie dem vorgesetzten Superintendenten und auch uns sofort Anzeige machen.

Zu Ihrer persönlichen Kenntnisnahme übersenden wir Ihnen noch eine Abschrift der ausführlicheren Urteile über die von Ihnen eingereichten betreffenden Arbeiten und über den Vortrag der Prüfungspredigt *und der Katechese*.

Dibelius[2]

Superintendentur Kölln-Land I
Fernruf: Lichterfelde 476, Dahlemerstr. 87
Berlin-Lichterfelde, den *8. II. 1928* Tgb.Nr.*440*[3]

Diestel[4]

An
den Kandidaten der Theologie
Herrn *Lic. Dietrich Bonhoeffer*
zu
Berlin-Grunewald
Wangenheimstr. 14

---

1 NL A 6(7); masch. Formular mit masch. Eintragungen (kursiv), (Kopie davon: NL D 11(30)). □ 2 Hsl. □ 3 Stempel mit hsl. Eintragungen. □ 4 Hsl.

TEIL II:

Arbeiten, Referate, Notizen

a) Arbeiten aus der Schulzeit. Februar 1920 – Januar 1923

1. REFERAT ÜBER DEUTSCHLANDS STELLUNG VOR DEM ERSTEN WELTKRIEG[1]

Deutschlands Stellung vorm Weltkrieg

Um dieses Thema [. . .][2] überhaupt klarlegen zu können, müssen wir zwei Gebiete zunächst teilen:[3] Deutschlands Außen- und Innenpolitik. Wenden wir uns zuerst einmal der ersteren zu, so erhalten wir etwa folgendes Bild Deutschland[s] im Verhältnis zu den anderen Staaten Europas: Im Jahre 1905 war mit Frankreich das Abkommen über Marokko vereinbart wor-

---

1 NL A 5,1; hsl. Auf dem Heftumschlag steht: „Vortrag. Deutschlands Stellung vorm Weltkrieg. Dietrich Bonhoeffer", auf der ersten Seite rechts oben: „Februar 1920". Die Arbeit ist mit Korrekturen versehen, aber weder benotet noch von einem Lehrer unterschrieben. – Bearbeiter: H. Pfeifer. – Im Febr. 1920 war B in der Untersekunda, die Versetzung fand zu Ostern statt. Er hat für das Referat G. Egelhaaf, Geschichte der neuesten Zeit, [6]1917, Kap.: Deutsch-französisches Abkommen über Marokko 1911. Deutschland 1912–1913, 632 ff, benutzt. Die deutsch-englischen Flottenverhandlungen (vgl. u. S. 196 ff) sind bei Egelhaaf noch nicht behandelt, weil deren Einzelheiten von der deutschen Regierung bis 1916 geheimgehalten worden waren. B benutzt hierfür eine andere, nicht erschlossene Quelle, aus der er z. T. Vertragsentwürfe u. a. wörtlich zitiert. – Die Auswahl der Themen (Marokkokrise und deutsch-britische Flottenverhandlungen) zeigt, daß B die Hauptursache für den 1. Weltkrieg in der Konfrontation zwischen Großbritannien und dem Deutschen Reich gesehen hat, – eine damals keineswegs allgemein vertretene Ansicht. Ob der Lehrer den vierzehnjährigen Schüler in diese Richtung gelenkt hat oder der Nachbar Hans Delbrück, läßt sich nicht mehr feststellen. Delbrück war Mitglied einer deutschen Wissenschaftler-Kommission gewesen, die 1919 in Versailles die Alleinschuld Deutschlands am Zustandekommen des 1. Weltkriegs widerlegen sollte, und führte seitdem eine Diskussion mit englischen Wissenschaftlern über diese Frage (vgl. dazu: H. Delbrück/J. W. Headlam-Morley, Deutsch-englische Schulddiskussion, 1921). □ **2** Unl. □ **3** Korr. streicht den Satzbeginn und bezieht statt dessen B's Überschrift ein: „Um Deutschlands Stellung vorm Weltkrieg klarlegen zu können, müssen wir zwei Gebiete zunächst auseinanderhalten."

den, und zwar durch die sogenannte Algeciras Akte. Diese besagte, daß das Sultanat Marokko unabhängig von jedem Staate sei, und sie stellte gleichzeitig die gleichmäßige wirtschaftliche Betätigung fremder Nationen sicher. Doch hat diese Akte kaum ein Jahr bestanden.[4] Da steinigten die Mauren eines Tages den französischen Arzt Mauchamp, der die Trikolore auf seinem Hause aufgezogen hatte und erschlugen bald darauf einige italienische und spanische Einwohner. Frankreich besetzte jetzt als Genugtuung für Mauchamps Mord die Stadt Uschda[5]. Am 7. August wurde Casablanca in Trümmer geschossen, wobei viel europäisches Gut verloren ging. Bald darauf landeten die Franzosen mit 3500 Mann in[6] den umliegenden Stämmen, und es fanden wiederholt scharfe Gefechte statt. Doch wurde die Algeciras Akte wieder erneuert nach einem sehr bedenklichen Zwischenfall in Casablanka. Der deutsche Konsul Just wollte 3 fahnenflüchtige deutsche Offiziere an Bord eines deutschen Schiffes bringen. Diese wurden aber von den Franzosen abgefaßt und nicht ohne Tätlichkeiten weggeführt. Nun kam es zu einem Konflikt, und, da jeder dem anderen die Schuld zuschob, behaupteten die Franzosen, Just habe schweizer und österreichischen[7] Fahnenflüchtigen [. . .][8] durchhelfen wollen. Eine hervorragende Gelegenheit zum Krieg. Deutschland hätte England, Frankreich und Rußland allein gegenübergestanden, da Österreich auf dem Balkan beschäftigt war. Doch nahm die Friedenspartei wieder überhand, und der Fall wurde dem Haager Gericht übertragen. Frankreich sowie Deutschland versprachen sich späterhin in die Hände zu arbeiten, und zwar unter denselben Bedingungen wie vorher.

Zwei Jahre dauerte auch diesmal nur der Friede.[9] Da nämlich machte die Bevölkerung um Fes herum einen Aufstand, den der Sultan allein nicht unterdrücken konnte. Diese Gelegenheit benutzte das an Briand's Stelle getretene Ministerium Monis, trotz mahnender Stimmen in der englischen Presse, trotz der großen Erregung in Spanien, die in Kundgebungen auslief, und trotz der Angriffe des sozialdemokratischen Abgeordneten Jau-

---

4 Vgl. zum Folgenden G. Egelhaaf, Geschichte, 632. □ **5** Richtig: „Udschda". □ **6** Vom Korr. ersetzt durch: „bei". □ **7** G. Egelhaaf, Geschichte, 633. □ **8** Unl.

rès auf die, wie er selbst sagte, „im Dienste profitgieriger Geldmänner stehende“ Regierung, benutzte es zu einem entscheidenden Schlag. Monis ließ 21 000 Mann unter Führung von Moinier im März 1911 vormarschieren und Fes besetzen. Da dieses Vorgehen Deutschland zu weit ging, entließ es am 8. Juni das Kanonenboot „Panther“ nach Agadir, „um Leben und Eigentum der deutschen Firmen zu sichern“[10]. Dieses, welches später, weil ersatzbedürftig, durch den Kreutzer „Berlin“ und „Eber“ ersetzt wurde, erregte natürlich große Sensation. Obwohl dieses eigentlich, wie man sagt, ein Fingerweis[11] auf das Nochexistieren Deutschlands sein sollte, wurde es in den ausländischen Pressen als drohende Kriegsgefahr ausgelegt. Überall in Deutschland fürchtete man, daß dem sogenannten ‚Panthersprung‘ Eroberungsabsichten[12] zugrunde lägen, obwohl fast überall Friedensstimmungen vorhanden waren. So meinte England, falls doch eine Einigung zwischen Frankreich und Deutschland erzielt werden wolle, daß Frankreich zur Entschädigung von Marokko ganz Kongo an Deutschland abtreten solle und diesem dann wieder Teile von Togo und Kamerun angeboten würden. In dieser Zeit hielt Lloyd Georges im Unterhaus eine Rede, in der er sagte: „Wenn uns eine Lage aufgezwungen werden sollte, in der der Friede nur erhalten werden könne durch Aufgabe der Stellung, welche wir in heldenhaften Anstrengungen errungen haben, oder durch Zulassung einer Behandlung, bei der die Lebensinteressen unseres Volkes in der Weise verletzt würden, als ob es kein Gewicht mehr im Rate der Völker habe, so würden wir dies nicht hinnehmen dürfen.“[13] Hieraus sieht man wieder[14], daß England im Falle ein[es] deutsch-französischen Krieges zwischen[15] nicht dazu geneigt hätte, auf unsere Seite zu treten. Kurz darauf kam Cambon zu Kiderlen[16], und es wurde über die marokkanischen Fragen verhandelt. Zum Schluß wurden folgende Bedingungen angesetzt: Überlassung Marokkos an Frankreich gegen Bürg-

---

9 G. Egelhaaf, Geschichte, 635. □ 10 Zitiert nach G. Egelhaaf, Geschichte, 636. □ 11 „Fingerweis“ vom Korr. ersetzt durch: „Fingerzeig“. □ 12 Korr. fügt ein: „der Regierung“. □ 13 Zitiert nach G. Egelhaaf, Geschichte, 637. □ 14 Vom Korr. gestr. □ 15 Vom Korr. gestr. □ 16 G. Egelhaaf, Geschichte, 641 f.

schaft für Deutschlands wirtschaftliche Interessen[17] daselbst und gegen Gebietsentschädigung im französischen Kongo. Alles, wie Gerichte, Finanzen, Wirtschaft, Heerwesen usw., wird unter französisches Protektorat gestellt. Dafür erkennt Frankreich Handelsfreiheit für alle Nationen in Marokko an. Deutschland hat Anteil an der Staatsbank und gewinnt etwa 233 000 qkm. Vom Kongo erhält es 275 000 qkm, so daß Deutschland nun den ersehnten Zugang zum zweitgrößten Fluß Afrikas, dem Kongo, hat. Dafür tritt Deutschland an Frankreich ein Gebiet von 12 000 qkm ab, so daß sein gewonnenes Gebiet etwa so groß war, wie Preußen ohne Schlesien und Ostpreußen. Doch wurde dieser Vertrag sowohl in Frankreich als auch in Deutschland recht ungünstig aufgenommen. In Frankreich war man entrüstet, daß man sich ein Land, wie den Kongo, sich habe ohne Schwertstreich abnehmen lassen. In Deutschland wieder sahen viele in der Herausgabe Marokkos eine schwere moralische Niederlage; der Kaiser habe gesagt, er wolle „unsere Interessen in seinem Land immer hochhalten", und nun sei es so ganz anders gekommen. Doch war[en] nun so durch das Abkommen die Verhältnisse zwischen Frankreich und Deutschland ziemlich geregelt. Noch[18] während des Konflikts hatte sich Italien bemerkbar gemacht in bezug auf seine Kolonien Tripolis und Cyrenaika und kündigten an, diese Provinzen der Türkei zu besetzen. Hierdurch entstanden natürlich Komplikationen zwischen uns und der Türkei, die unserm Verhältnis jedoch nicht schadeten. Auch Italien erkannte die loyale Haltung der Deutschen an und es schien, daß Italien sich wieder uns mehr annähern würde, während es von England und Frankreich immer mehr abkam. Auch schien es, daß, nach Beilegung des Kriegs, die Einkreisungspolitik England[s] nach dem Tod Eduard VIII.[19] allmählich ihre Kraft verliere. So hatte der Krieg die Wirkung, daß er Italien seinen Bundesgenossen wieder näher brachte und das Verhältnis zu den ander[en] Staat[en] mehr und mehr entfremdete.

Und nun kämen wir zu unserm Hauptnebenbuhler von damals, England. England, welches sah, daß wir uns in einer

---

17 „Interessen" wahrscheinlich Zusatz des Korr. □ **18** Vgl. zum Folgenden G. Egelhaaf, Geschichte, 651 f. □ **19** Vom Korr. ersetzt durch: „7."

geradezu rapiden Schnelligkeit entwickelten und sehr wohl merkte, daß wir die Absicht hegten, unsere Seeherrschaft und somit auch unsern Handel weiter auszudehnen, stand uns damals sehr [...][20] gegenüber. Leise machte es Annäherungsversuche an uns, die jedoch bald scheiterten. Nun versuchte es, Italien, Rußland, Japan zu Frankreich auf seine Seite zu ziehen und schloß sich so zu einer gewissen Koalition zusammen. Mit Japan hatte England noch ein besonderes Verhältnis, durch den 10jährigen[21] vom 12. August 1902. Der besagte, daß jeder Staat dem anderen in jedem Kriege zu Hilfe kommen müsse und er vereinbarte noch, daß an Korea, welches für Japan durch den russisch-japanischen Krieg wichtig geworden war, Japan, an Indien England jede beliebigen Grenzveränderungen vornehmen könne unter Beistand des anderen. So begann die Einkreisungspolitik Englands. Als wir jetzt unsrerseits Au[s]gleichungsversuche mit England machen wollten, stand dieses uns recht ablehnend gegenüber. Doch hatte bald die Friedenspartei in England überhand genommen. Die Greyschen Gesetze wurden revidiert und eine englische Zeitung sagte einmal: Wir sind dazu gekommen überall Deutschland zu sehen, wie Deutschland überall England sieht und immer in einer Haltung von Feindseligkeit und Mißtrauen. Damit begann die Besserung unserer Verhältnisse. Beide[22] Länder vergrößerten nun in Eile ihre Flotten; jedoch überreichte England eine Note[23], die falls Deutschland gewillt [sei][24], ein friedliches Verhältnis aufzurichten, besagte: Anerkennung der englischen Oberherrschaft zur See. Keine Vergrößerung, ja möglicherweise Verminderung der Flotte. Dafür kein Hindernis Englands an unsern kolonialen Ausdehnungen. Kein Krieg zwischen beiden Staaten. England bittet gleichzeitig um beiderseitiges Entgegenkommen. Zu dieser Gelegenheit[25] schickt es den damaligen Kriegsminister Haldane nach Berlin. Haldanes Forderungen betreffen nun hauptsächlich die Dreadnoughts, von [denen][26] wir wieder welche

20 Unl.; vom Korr. ersetzt durch: „mißtrauisch". □ 21 Korr. ergänzt: „Vertrag". □ 22 „Damit begann ... Beide" vom Korr. ersetzt durch: „Es schien eine Besserung unserer Verhältnisse eingetreten. Doch beide". □ 23 „jedoch ... Note" vom Korr. ersetzt durch: „England überreichte eine Note". □ 24 Vom Korr. ergänzt. □ 25 Vom Korr. ersetzt durch: „Verhandlung". □ 26 Vom Korr. ergänzt.

bauen wollten. England bittet in den nächsten Jahren überhaupt von Neubauten an Schiffen abzusehen und erst in den Jahren 1913, 16, 19 wieder je einen Dreadnought zu bauen. Die Formel Bethmanns lautete folgendermaßen:[27] Sollte einer der hohen Vertragsschließenden in einen Krieg mit einer oder mehreren Mächten verwickelt werden, so wird der andere Vertragsschließende dem im Krieg verwickelten gegenüber zum mindesten wohlwollende Neutralität bewahren, und nach allen Kräften für die Lokalisierung des Konflikts bemüht sein.

Dagegen stellte Haldane eine Formel auf von diesem Wortlaut: Keine der beiden Mächte wird irgendeinen unprovozierten Angriff auf die andere machen oder sich zu machen vorbereiten oder [an] einem Unternehmen gegen die andere zu Zwecken des Angriffes teilnehmen oder sich in irgendeinen Plan eines maritimen oder militärischen Unternehmens, das auf solches Ziel gerichtet ist, allein oder mit einer andern Macht einlassen. Immer wieder betonte Haldane, daß bei näheren Beziehungen zwischen England und Deutschland doch nicht das englisch-französische Verhältnis geschädigt werden dürfe, und spricht einmal Bethmann gegenüber die Befürchtung aus, daß nach diesem Vertragsvorschlag, wohl von uns aus ein unprovozierter Angriff auf Frankreich geschehen könne. Der Rest des Vertragsentwurfs beschäftigt sich mit kolonialen Fragen. Haldane macht Deutschland weitgehende Anerbieten für die Hilfe Deutschlands bei der Bagdadbahn. Neben dem Besitz von Südwestafrikas und den Erwerb von portugiesisch Angola faßt er noch die Überlassung von Sansibar und Pemba ins Auge. Bei Haldanes Rückkehr äußerten sich alle führend[en] Männer England[s] sehr befriedigt, nur die Presse betonte immer wieder die absolute Loyalität in der Freundschaft mit Frankreich als Vorerfordernis aller andern Kombinationen. Doch wurde bei[28] England nicht solches Gewicht auf die Dreadnoughts, sondern vielmehr auf die Schiffsmannschaften gelegt.

Nach vielem Hin und Her entschloß sich Grey zu endgültiger Formel:[29] Da die beiden Mächte den Wunsch haben, Frie-

---

27 Vgl. zum Folgenden: E. Graf zu Reventlow, Politische Vorgeschichte, 249ff; B hat diesen Band allerdings wohl nicht benutzt. □ **28** Vom Korr. ersetzt durch: „in". □ **29** Im Ms. folgt ein Absatz.

den und Freundschaft untereinander sicherzustellen, erklärt England, daß es keinen unprovozierten Angriff auf Deutschland mache und sich einer aggressiven Politik gegen Deutschland enthalten werde. Ein Angriff ist in keinem Vertrage enthalten und in keiner Kombination vorgesehen, der England zur Zeit angehört und England wird keiner Abmachung beitreten, die einen solchen Angriff bezweckt.

Da uns dieser Vorschlag aber nicht Englands Stellung bei z. B. französisch-russischem Angreifen zusicherte, machten wir den Zusatz: „sollte Deutschland ein Krieg aufgezwungen werden". Doch diesen lehnte Grey rundweg ab, wieder aus der Furcht vor der Gefährdung des Verhältnisses zu den andern Staaten, und damit war alles wieder auf dem Standpunkt von 1909 angelangt. Nun schließt England mit Frankreich eine Marinekonvention ab, in der Frankreich der Schutz des Mittelmeers, England aber der Nordküste[30] zugeteilt wird. Um seine Lage mit Rußland sicherzustellen, wird noch eine englisch-russische Marinekonvention abgeschlossen. Rußland rechnet nun auf englische Schiffe für die Landung in Pommern, welche ihm aber nicht zuteil wird. Natürlich versucht England diese Abmachungen zu verbergen und geht jetzt[31] auf Bundesgenossensuche. Jetzt war natürlich nirgends mehr ein Zweifel vorhanden, daß es zu einem Krieg kommen mußte, der ja dann auch im Jahre 1914 ausbrach.

Kommen wir noch[32] auf unsere Innenpolitik zu sprechen. Trotz mehrmaliger Versuche Bethmanns ein neues Wahlrecht zu bringen, wurde der Vorschlag jedesmal abgelehnt. Jedoch gelang es ihm, das sogenannte Reichsversicherungsordnungsgesetz durchzubringen, d. h. es wurden Unfalls-, Kranken-, Alters- und Invaliditätsversicherungen gestiftet.[33] So bekamen die Waisen und Witwen eine kleine Unterstützung. Besser gelohnten Arbeitern wurde das Krankengeld um 50 Pfennige erhöht. Die Gesamtsummen zu[34] diesen Versicherungen betrug[en]

---

30 Korr. ergänzt: „Frankreichs". □ 31 Vom Korr. ersetzt durch: „weiter". □ 32 Korr. ergänzt: „kurz". □ 33 „das sogenannte ... gestiftet." vom Korr. geändert in: „die von Bismarck begonnene sociale Gesetzgebung weiter fortzusetzen und die Unfalls-, Kranken-, Alters- und Invaliditätsversicherungen auszubauen." □ 34 Vom Korr. ersetzt durch: „Die Gesamtausgaben für".

schon 1907 859,5 Millionen Mark. Dieses Geld wurde zum Teil von folgenden[35] Steuern bezahlt: Während des Sommers 1909 arbeitete v. Sydow Pläne zu[r] Steuerung der Finanznot aus. So kommt er in der Hauptsache mit 7 Punkten.[36]

1.) Das Reich übernimmt den An- und Verkauf von Branntwein. Ertrag: 100 Millionen Mark.

2.) Die Brausteuer wird um 2 Mark für den Hektoliter erhöht. 100 Millionen Mark.

3.) Der Tabak wird mit Fabrikatsteuer belegt. 77 Millionen Mark.

4.) Auf Flaschenweinen vom In- und Ausland von mehr als eine Mark Steuer. 20 Millionen Mark.

5.) Steuer auf Gas und Elektrizität. 50 Millionen Mark.

6.) Steuer auf Zeitungsanzeigen und Plakate. 33 Millionen Mark.

7.) Eine prozentual ansteigende Steuer: Nachlaßsteuer über 20 000, falls der Nachlaß ohne Testament ist. 83 Millionen Mark.

So wurden 475 Millionen Mark ausgerechnet, die für[37] vorhin erwähnte soziale Hilfeleistung und unsere Flotte gebraucht werden sollte. Nun sprach man wenigstens wieder von etwas anderm als vom kommenden Staatsbankerott. Überhaupt entstand damals auf die Steuer[38] ein glänzender Gang der Geschäfte. Der Erfindungsgeist wuchs, z. B.[39] Zeppelin, Industrie und Landwirtschaft blühte auf. Und doch war[40] eine gewisse Reichsverdrossenheit über Deutschland gekommen. So war ein großes Verlangen nach parlamentarischem Anteil an den Regierungsgeschäften vorhanden.[41] Auch fanden Ausschreitungen in Lohnforderungen statt. Der Luxus der oberen Stände erregte die unteren. Und doch war überall eine große Uninteressiert-

---

35 Vom Korr. ersetzt durch: „noch zu besprechenden". □ 36 Vom Korr. geändert in: „Es sind in der Hauptsache 7 Punkte." □ 37 Korr. ergänzt: „die". □ 38 „Überhaupt entstand ... Steuer" vom Korr. ersetzt durch: „Tatsächlich bestand damals". □ 39 „wuchs, z. B." vom Korr. ersetzt durch: „hatte zugenommen, man denke an". □ 40 „Und doch war" vom Korr. ersetzt durch: „Aber es entsprach dem nicht das politische Interesse, es war". □ 41 „So war ... vorhanden." vom Korr. ersetzt durch: „Das Parlament verlangte Anteil an den Regierungsgeschäften."

heit an der Politik da.[42] Wurde doch[43] bei den Wahlen[44] fast ausschließlich Interessenpolitik getrieben. So neigten die Konservativen zur Landwirtschaft, die National-Liberalen Tendenzen lagen bei der Großindustrie. Doch waren die Sozialdemokraten benachteiligt. Doch wurden immer mehr Truppen vergrößert und Schiffe gebaut, da überhaupt die Marine das Lieblingskind Deutschlands geworden war, seitdem unser[45]

2. HAUSARBEIT ZUM ABITUR ÜBER CATULL UND HORAZ[1]

Catull und Horaz als Lyriker

Die beiden größten Lyriker des alten Römerreiches zu charakterisieren und einander gegenüberzustellen, ist eine Aufgabe, an die man sich nur ganz von fern herantasten darf und kann, und bei der man, trotz dem größten Bemühen objektiv zu sein, doch nur subjektive Anschauungen geben kann, besonders wenn

42 „Auch fanden ... Politik da." vom Korr. gestr. □ **43** „Wurde doch" vom Korr. ersetzt durch: „Und doch wurde". □ **44** Korr. ergänzt: „und im Parlament". □ **45** Die letzte Seite des Ms. B's fehlt. Die folgende Seite bietet die nicht von B stammende Reinschrift einer an den Rand geschriebenen Korrektur, die die Schlußpassage des Referats („Doch waren die Sozialdemokraten ... seitdem unser") ersetzt durch: „,die des Freisinns beim Handel. Die Sozialdemokraten [in der Reinschrift geändert in: „Sozialisten"] erstrebten die Hebung des Proletariats. Es fehlte ein einigendes gemeinsames Interesse. Selbst Heer und Marine, die die Macht und den Schutz Deutschlands bedeuteten, konnten nur unter großen [hier endet die Korrektur; in der Reinschrift fortgesetzt durch:] Parteikämpfen verstärkt werden. So lagen die Verhältnisse, als im Jahre 1914 der Krieg ausbrach."

1 NL A 5,2; hsl. Die Arbeit ist von Walther Kranz (= Korr.) mit zahlreichen Korrekturen, die hier in Auswahl dokumentiert werden, versehen. Korrekturdatum: 1. 2. 1923 (vgl. DB 53). – Bearbeiter: H. Pfeifer. – Welche Quellenausgaben B zu Grunde legte, ließ sich nicht mehr feststellen. Als Sekundärliteratur benutzte er mit einiger Sicherheit: M. Schanz, Geschichte der römischen Literatur (HKAW 8), Teil I: 1909, Teil II: 1911. Die Übersetzungen der vorliegenden Edition basieren auf: Horaz, Oden und Epoden (übers. u. hg. v. B. Kytzler), [3]1984; Catull, Liebesgedichte (übers. v. O. Weinreich), 1960.

man werten will und nicht nur philologisch gegenüberstellen.[2] Und das Werten gerade soll ja eine Hauptaufgabe der Arbeit sein. Was die Dichter heute noch für uns bedeuten können, danach müssen wir suchen, nicht was sie waren.

So will ich zuerst ganz kurz die äußeren Lebensumstände der Dichter behandeln, dann sie in großen Zügen zu charakterisieren suchen und danach zur eigentlichen Aufgabe übergehen. Dort beginne ich mit der Definition der Lyrik, gehe zum lyrischen Erlebnis[3] über, untersuche dann das Werk[4] seinem Inhalt und seiner Form nach und schließe die Arbeit mit den Zwecken, die beide mit ihren Dichtungen verfolgten. Ganz zuletzt will ich noch kurz meine persönliche Stellung zum Thema darlegen.[5]

Horaz war in Venusia in Süditalien geboren.[6] Sein Vater war libertinus und hatte es so weit gebracht, seinen Sohn auf die bessere Schule nach Rom schicken zu können. Er erzog ihn einfach und hielt ihn allem Gemeinen fern. Als 22jähriger wurde Horaz in die Armee des Oktavian als tribunus militum[7] eingestellt[8], ein Amt, dem er keineswegs gewachsen war.

Etwa in denselben Jahren hatte er Mäcenas kennengelernt.[9] Von seinen Freunden ganz unterhalten, lebte er nun in der Stadt oder auf seinem Landgut ein beschauliches Leben seiner Dichtkraft. Seine Werke sind die vier Bücher carmina, ein Buch iambi, sermones, epistulae und anderes Kleineres. Jetzt sollen uns nur die carmina, d. h. die lyrischen Gedichte interessieren. Das Buch enthält sowohl, wie wir noch sehen werden, reine Gefühlslyrik (aber zum kleinen Teil) wie auch Gedankenlyrik. Einige Proben sollen uns nachher zu näherem Verständnis dienen.[10]

---

2 Korr.: „κρίσις ist ein Teil recht verstandener Philologie." □ 3 Korr.: „im Ausdruck verfehlt". □ 4 Korr.: „zu großspurig". □ 5 Korr.: „Man kann nicht sagen, daß diese Disposition sehr geschickt ist. Da der Verfasser erst Allgemeines, dann Besonderes behandelt, so muß er Manches (Unbewiesene!) vorwegnehmen; so wenigstens zeigt es sich nachher in der Ausführung." □ 6 Korr.: „Man sollte erwarten, daß mit Catull begonnen würde! Vgl. das Thema." □ 7 Libertinus = freigelassener Sklave; tribunus militum = Stabsoffizier einer Legion. □ 8 Korr.: „Er trat freiwillig ein, aber in die des Brutus und Cassius!" □ 9 Korr.: „Wenig geschickt wird dieses Ereignis eingeführt!" □ 10 Korr.: „Ausdruck nicht gelungen".

In anderen Verhältnissen wuchs Catull auf. In der Lombardei war er geboren als Sohn einer reichen, vornehmen Familie und wurde früh in den besten Unterricht geschickt. Wer weiß, ob nicht in seinen Adern keltisches Blut floß; denn seine ganze Dichtungs- und Lebensart war[11] unrömisch. Seine Hauptwerke sind die „nugae".[12] Zwar dichtete er auch auf Bestellung[13] z. B. ein Hochzeitsgedicht und einige epische Erzählungen.

Allein die Titel der Bücher können uns viel über den Charakter der Dichter sagen. Horaz nennt seine Gedichte carmina, d. h. ursprünglich „Spruchdichtungen", also feierliche Gedichte, Catull die seinen „nugae", das heißt „kleine Nichtse", „Kleinigkeiten". Horaz ist eben der feststehende[14] Römer, Catull der temperamentvolle Lombarde.

Schon aus den rein äußeren Umständen werden uns manche Eigenheiten der Persönlichkeiten klar. Greifen wir nur einen Zug heraus: z. B. den der von Horaz in

„pretius vives, Licini"[15]

vertretenen „aurea mediocritas".[16] Er, der an ein regelmäßiges, einfaches Leben gewöhnt ist, liebt keine Erregungen der Leidenschaft[17], alles geht mit einer gewissen Beschaulichkeit vor sich. Catull schwankt von einem Extrem ins andere:

„odi et amo"[18].

Er haßt und liebt. Alles ist Bewegung, Temperament[19], bei Horaz ist es Ruhe, Abgeklärtheit. Dementsprechend hat auch Catull keinen Humor, er hat nur Ironie.[20] Man denke nur an das

„disertissime Romuli nepotum"[21].

---

11 Vom Korr. ersetzt durch: „erscheint fast als". □ **12** Dt.: „Possen", „Tändeleien". – Korr.: „Catull hätte *vielleicht* anders geurteilt!" □ **13** „auf Bestellung" vom Korr. ersetzt durch: „größere Werke". □ **14** Vom Korr. ersetzt durch: „selbstsichere". □ **15** Vom Korr. verbessert in: „rectius ..." Dt.: „Richtiger wirst du leben, Licinius" (II, 10,1). – „Pretius" („wertvoller", „köstlicher"). □ **16** Dt.: „Goldener Weg in der Mitte" (vgl. II, 10,5). – Korr.: „Es ist nicht sehr geschickt, daß bereits *hier* die lyrischen Gedichte der beiden zur Charakteristik der Persönlichkeiten verwendet werden; das sollte doch erst später geschehen." □ **17** Korr.: „Hier zeigen sich bereits jene Verallgemeinerungen, die besser als *Resultate* später gegeben wären, wie sie in der Tat später wieder erscheinen." □ **18** Dt.: „Ich hasse und liebe" (85,1). □ **19** Korr.: „gut". □ **20** Korr.: „gut". □ **21** Dt.: „Du Romulusenkel, wohlbered'ster" (49,1).

Der Hohn und der Spott liegt hier in der riesigen unromantischen Periodenbildung mit den gehäuften Superlativen und der damit verbundenen pompösen Feierlichkeit. Das Gedicht ist schärfste Ironie, ja Satire, nichts von gutmütigem Humor erblickt man. Catull steht eben immer[22] in der Situation, Horaz setzt sich über alles mit einem gewissen Lächeln, einem Humor, hinweg. Er sieht seine Mitbürger gern und freut sich an ihren Schwächen, verhöhnt sie aber nicht[23]. Das ist einer der großen Unterschiede zwischen den Männern. In Catull setzt sich alles in Leidenschaft, d. h. ins Gefühlsmäßige um, bei Horaz geht es jedesmal den Weg durch das Medium der Reflexion. Der eine ist Revolutionär[24], der andere konservativ. Diese Gedankenreihe führt uns unmittelbar zum nächsten Punkt: zur Definition der Lyrik und ihrer Anwendung[25] auf die Werke unserer Dichter. Ich nenne Lyrik die Wiedergabe einer eigenen Stimmung in möglichst vollkommenem, geprägtem Ausdruck.[26] Die Stimmung kann jeder Art sein, auch philosophischer. So können wir eine Skala aufstellen, die mit dem einen Pol der reinen Gefühlslyrik beginnt[27], dann, allmählich fortschreitend, bis zur reinen Gedankenlyrik übergeht. Es gibt natürlich keine Vertreter der Pole selbst, aber einige, die sehr in der Nähe stehen, und zu denen gehören Catull und Horaz. Wir sehen also[28], daß zwischen beiden nur sehr große Gradunterschiede [bestehen][29], die doch aber immerhin so groß sind, daß sie ganz verschiedene Seelen voraussetzen. Hierauf werden wir alles zurückführen können, was wir unten zu betrachten haben.

Diesen Betrachtungen gemäß[30] ist auch die Stellung zum Erlebnis, zum Weltausschnitt, den beide in ihren lyrischen Gedichten zeigen, eine ganz verschiedene. Hier ist wohl der Hauptunterschied in folgendem zu sehen: Beide, Horaz und Catull nehmen nämlich eine ganz verschiedene Stellung zur Welt ein. (Und hier sehen wir wohin die Grundunterschiede

---

22 Korr.: „Das durfte doch nicht aus dem einzigen Beispiel geschlossen werden." □ **23** Vom Korr. ersetzt durch: „in reiferen Jahren kaum". □ **24** Korr.: „kommt sehr unerwartet". □ **25** Korr.: „Ausdruck verfehlt". □ **26** Korr.: „gut". □ **27** Korr.: „ein kühnes Bild, doch man versteht, was der Verfasser will". □ **28** Vom Korr. ersetzt durch: „Wir werden sehen". □ **29** Vom Korr. ergänzt. □ **30** Korr.: „nicht geschickt".

sich auswachsen[31]. Sie bleiben, aber – man erkennt sie kaum noch als solche an.) Dem einen ist der ganze Raum gegeben, ganz und gar in gleicher Beleuchtung, und seine Tätigkeit ist: in einem Punkte außerhalb dieses Raumes neben einem besonders hervorspringenden Punkte sehr viele andere weniger hervorspringende Dinge in sich aufzunehmen.[32] Diese rücken natürlich den ersteren oft sogar in den Augen des Dichters in den Hintergrund und lassen ihn unseren Blicken kaum mehr erkennen.[33] Der Vorgang ist nur der der dem[34] Urerlebnis analogen Auswahl und die Kombination. Der andere steht im Zentrum eines grellen plötzlich aufleuchtenden Teilausschnittes. Auf diesen kleinen Teil muß er sich beschränken, nimmt ihn ganz in sich auf und verarbeitet ihn. Eine innige Verschmelzung zwischen der Materie und ihm tritt ein, und so ist es klar, daß dieser Mensch kein im Vergleich zum Ganzen gestelltes[35] Objekt, sondern nur seine eigene Seele in Durchdringung mit der äußeren Materie in seiner Dichtung zum Ausdruck bringt. Der erste dieser beiden ist Horaz, der zweite Catull. Also[36] bei diesem dominiert das Ich, bei jenem das Objekt. Horaz drückt Stimmungen[37] über die Welt aus, Catull die der Welt selbst, verbunden mit seinen eigenen[38].

Beide stehen in keinem Entwicklungs- oder Wertverhältnis zueinander[39], sondern ganz gleichberecht[igt] an die zwei Pole angrenzend. Auf dieser Verschiedenheit der Aufnahme des Urerlebnisses beruht und entspringt aus ihr die ganz verschiedene Art zu denken und ein Erlebnis weiterzubilden. Horaz sondert, stellt gegenüber, setzt zusammen, vergleicht[40], kurz es ist die Art eines Philosophen oder Historikers[41]. Alles dieses

---

31 Korr. ergänzt: „können". □ **32** Korr.: „Das Bild ist nicht glücklich, die Raumanschauung ist etwas seltsam." □ **33** Korr.: „So nicht verständlich". □ **34** Korr. unterstreicht „der der dem" und versieht die Stelle am Rand mit einem Ausrufezeichen. □ **35** „zum Ganzes gestelltes" vom Korr. ersetzt durch: „kein dem Ganzen gegenübergestelltes". □ **36** Vom Korr. gestr., dazu am Rand: „*So,* in *dieser* schlichten Form kommt das Wahre heraus." □ **37** Vom Korr. ersetzt durch: „Gedanken". □ **38** „die der Welt ... eigenen" vom Korr. ersetzt durch: „gibt ein einzelnes Erlebnis, aber in Stimmung aufgelöst wieder". □ **39** Korr.: „Im Ausdruck mißlungen". □ **40** Korr.: „gut". □ **41** „Philosophen oder Historikers" vom Korr. ersetzt durch: „Betrachters".

gehört aber bei ihm noch unter den – eigentlich erst dichtermäßigen – Zug[42] des anschaulichen Denkens. Durch die Fülle dessen, was er sieht[43], bilden sich bei ihm bildmäßige Eindrücke. Ob nun das Primäre der Wille ist, solche Bilder zu finden, oder der Vorgang umgekehrt ist, kann man natürlich nicht wissen und ist auch unwesentlich. Das Bild in seiner drastischen Prägung ist da. Seine Gedichte sind gewissermaßen gemäldehaft, sie sind nicht tiefenwirkend[44]. Sie wirken durch ihren Reichtum, ihre prunkvolle Breite, ganz im Gegensatz zu Catulls.

Catull denkt gar nicht anschaulich und wenn man seine Werke mit einer der bildenden Künste in Parallele setzen wollte, so wäre es die Bildhauerei.[45] Seine Werke sind tiefenwirkend.[46] Ihm ist ja nur ein Teilausschnitt gegeben, in den er ganz eindringt, ihn sich und sich ihm assimiliert. Deshalb können seine Gedichte nicht durch den breiten Reichtum, sondern durch tiefe „Einfachheit" wirken.

Catull bezieht alles auf das eine Erlebnis und denkt nur darin; daher: wie oft finden wir bei Horaz nähere Erklärungen oder Vorausschickungen, wie oft unnötig[47] lang ausgeführte Beispiele und Vergleiche, in

„Maecenas atavis . . ."[48]

bringt er ganze acht Beispiele für den einen Gedanken seines Dichtertums! Nie finden wir etwas derartiges in den nugae. Seien es die Gedichte der Lesbiaepisode, sei es ein Naturgedicht, immer sehen wir die Werke ganz ausgefüllt mit diesem einen Stoff, ein erläuterndes Beispiel wäre trivial. So kommt es, daß durch die reflektierende Denkmethode[49] des Horaz das Erlebnis oft nur als Kulisse wirkt[50], die aber von den Schauspie-

---

42 „Alles dieses . . . Zug" vom Korr. ersetzt durch: „Alles dieses aber gestaltet bei ihm – eigentlich erst recht dichtermäßige – Kraft". ☐ **43** Korr. ergänzt: „und die Kraft des Festhaltens des Geschehenen". ☐ **44** Korr. klammert „sie sind nicht tiefenwirkend" aus und kommentiert: „paßt nicht". ☐ **45** Korr.: „Paßt gar nicht; gibt sie nicht gerade ‚Anschauliches'?" ☐ **46** „Seine Werke sind tiefenwirkend" vom Korr. ersetzt durch: „Die Wirkung seiner Werke geht vielmehr in die Tiefe." ☐ **47** Vom Korr. gestr., dazu am Rand: „Werten wollte der Verfasser erst später!" ☐ **48** Dt.: „Maecenas, uralter [Könige Sproß]" (I,1,1). ☐ **49** Vom Korr. ersetzt durch: „Weise". ☐ **50** Korr.: „gut".

lern so verdeckt wird[51], daß man nicht weiß, wo und in welchen Verhältnissen man sich befindet, kurz die – wenn auch nicht immer wesentliche – Grundlage unverständlich bleibt. Es ist natürlich diese Möglichkeit, das der Stimmung vorangehende Erlebnis herausschälen zu können, gar nicht notwendig für das Gedicht. Es ist nur eine Erleichterung für das Verständnis der Stimmung, die aber falls sonst unverständlich durch das vorangehende Erlebnis erklärt werden muß.[52] Man muß aber bei Horaz immer wieder betonen, daß das Erlebnis bei ihm gar nicht wesentlich ist[53] und man es also gar nicht vermissen darf noch kann. Bei Catulls gefühlsmäßiger Erfassung ist das Erlebnis, jedenfalls wie es sich in seiner Seele widerspiegelt, leicht herauszuschälen, und für seine Dichtungsart wesentlich. Das Gedicht Catulls muß so unmittelbar nach dem Erlebnis entstehen. Es ist notwendige, unmittelbare Folge des Erlebnisses; denn sobald das Erlebnis mit seinen Folgen verlöscht ist, hat der Dichter keine Anhaltspunkte mehr, die Horaz in seinem Totalweltbild in den zahlreichen Vergleichen finden kann.[54] Horaz kann zu jeder Zeit dichten.[55] Er überblickt den notwendigen Stoff und er wartet absichtlich lang mit der endgültigen Conzeption[56] eines Gedichtes. So möchte man als Motto über seine carmina sein eigenes Wort von dem Buch, das nonum per annum prematur[57], setzen.[58] Schon daraus erkennen wir die verschiedenste[59] Bestimmung beider Dichter[60]: Horaz ist der geborene Dichter der Beschreibungen, Charakterisierungen und schließlich der Gedankenlyrik, nur selten ist er Gefühlslyriker. Gerade das Gegenteil davon ist Catull. Er wirft im Augenblick Verse aufs Papier, bald darauf kann es vergessen sein. Als Philosophen kann man ihn sich nicht denken.

---

51 Korr.: „Für das *Theater* paßt diese Beschreibung aber schlecht". □ 52 Korr.: „unklar". □ 53 Korr.: „richtig". □ 54 Korr.: „unklar ausgedrückt". □ 55 Korr.: „Welche Übertreibung! Es ist gemeint: ‚Man könnte sich vorstellen, daß ...'" □ 56 Vom Korr. ersetzt durch: „Formulierung". □ 57 „per" vom Korr. ersetzt durch: „in". Dt.: „Bis in das neunte Jahr aufgehalten wird" (Ars Poetica, 388). □ 58 Korr.: „gut". □ 59 Korr.: „Ausdruck". □ 60 Zur folgenden Charakterisierung von Horaz und Catull vgl. M. Schanz, Geschichte II, 170 bzw. I, 78.

Gehen wir nun nach diesen allgemeinen Grundlegungen zu den einzelnen Beispielen über.[61] Beginnen wir mit Catull.

Wohl die schönsten und berühmtesten seiner Gedichte sind seine ‚Lesbialieder'.[62] Als 26jähriger[63] hatte er die um einige Jahre ältere Frau kennengelernt, die aus dem Geschlechte der Clodier stammte. Wie wir anderen Berichten entnehmen, ist diese Clodia eine sittlich vollständig verdorbene Frau gewesen[64], aber von besonderer Schönheit und Begabung. Für diese entbrennt Catulls Leidenschaft, und für[65] sie sind seine schönsten Werke gedichtet. Eine deutliche Entwicklung können wir in dieser Reihe Lieder feststellen. Den Anfang der Leidenschaft sehen wir in der Über[setzung][66] der sapphischen Ode[67] mit dem fremdartigen, eigentümlichen Schluß. Hier herrscht im Wesentlichen das Gefühl der Unsicherheit vor. Der Dichter weiß noch nicht, wohin ihn seine Leidenschaft treiben wird, aber er ahnt etwas Gewaltiges, ja fast schon Katastrophales. Rein äußerlich erkennen wir schon im Gedicht den seelischen Umschwung. Er übersetzt und plötzlich erschauert er beim Gedanken an eine Katastrophe und schreibt in dieser Empfindung schnell abbrechend die Schlußworte[68]. Eines der allerschönsten Lieder Catulls:

„vivamus mea Lesbia atque amemus ..." (12)[69]

zeigt uns die furchtbare Steigerung der Leidenschaft bis zum Wahn. Bis Zeile 6 ist das Gedicht in den Grenzen der vorigen gehalten. Aber dann packt ihn eine plötzliche Verwirrung und Furcht vor dem Ende der Leidenschaft und so entstehen die letzten Zeilen. In einem Rausch ist das Gedicht geschrieben, kurz vor oder kurz nach einer glücklichen Liebesstunde. Vielleicht nur ganz kurze Zeit darauf entstand das

---

61 Korr.: „Vgl. die Bemerkung oben! *Wissenschaftlich* wertvoll wäre allein der umgekehrte Weg gewesen: induktiv, nicht deduktiv vorzugehen." □ **62** Vgl. M. Schanz, Geschichte I, 78. □ **63** Korr.: „sehr zweifelhaft". B benutzt die Chronologie von M. Schanz, Geschichte I, 62. □ **64** Vgl. M. Schanz, Geschichte I, 67. □ **65** Korr. unterstreicht „für" und versieht die Stelle am Rand mit einem Fragezeichen. □ **66** Vom Korr. ergänzt. □ **67** „sapphischen Ode" vom Korr. mit Anführungszeichen versehen. Gemeint ist Carmen 51; vgl. dazu M. Schanz, Geschichte I, 75 f. □ **68** Korr.: „otium Catulle, tibi molestum est ..." („Müßiggang, Catull, erweckt dir Leiden ...") (51,13). □ **69** Dt.: „Laß uns, Lesbia, leben, laß uns lieben" (richtig: 5,1).

„quaeris, quot mihi basiationes ..." (7)[70]

Hier nennt er sich selbst den vaesanus Catullus[71]. Seine Leidenschaft beginnt ihn zu verzehren. Und wie er es ahnte, so erfüllte es sich. Es kam zur Katastrophe, zum Bruch zwischen Lesbia und ihm. Aus dieser Zeit stammen die herrlichen Zweizeiler, deren einer

„odi et amo ..." (87)[72]

ja weltberühmt geworden ist. Es liegt eine erschütternde seelische Gespanntheit und Zermürbtheit in diesem Auseinanderstreben und -fallen des ganzen Innenlebens. Der Dichter fühlt sich gebunden von diesen Mächten. Er will es nicht und muß es doch wollen. Derselbe Kampf wird in (8)

„miser Catulle, desinas ineptire"[73]

durchgekämpft bis zum Siege. Noch einmal [gedenkt er] der schönen Zeit.[74] Er beginnt mit dem

„fulsere quondam candidi tibi soles"[75]

und schließt diesen Absatz mit demselben

„fulsere vere candidi tibi soles ...[76]

Aber jetzt will er nicht mehr. Er nennt sich impotens und mutig sagt er:

„obstinata mente perfer, obdura,
vale puella, – iam Catullus obdurat."[77]

Und wieder ergreift ihn in den letzten zwei Zeilen der Schmerz, aber er vermag mit dem festen

„at tu, Catulle, destinatus obdura."[78]

zu schließen. Damit ist für uns die Lesbiaepisode abgeschlossen. Es folgt nur noch das Schlußgebet an die Götter um Reinigung von der Krankheit der Leidenschaft (c. 76). Kurz danach mag der Dichter gestorben sein. Wir wissen nichts Näheres, nur daß er noch als sehr junger Mann gestorben ist.

---

70 Dt.: „Du fragst, [Lesbia,] wieviele [Deiner] Küsse mir [genügen] ..." (7,1). □ **71** Lies: „vesanus Catullus" („... den tollen Catull") (vgl. 7,10). □ **72** Richtig: 85. Dt. vgl. Anm. 18. □ **73** Dt.: „Unseliger Catull, laß die Narrheiten" (8,1). □ **74** Korr.: „Satzbau unklar". – In eckiger Klammer Konjekturvorschlag des Bearbeiters. □ **75** Dt.: „Dir glänzten einstmals Tage, leuchtend gleich Sonnen" (8,3). □ **76** Dt.: „Dir glänzten wahrlich Tage, leuchtend gleich Sonnen" (8,8). □ **77** Dt.: „Mit hartgeword'nem Sinn trage und sei standhaft. Fahr hin, Du Mädchen! Ja, Catull ist standhaft!" (8,11 f). □ **78** Dt.: „Doch du, Catull, werde hart und bleib standhaft" (8,19).

Hat er Selbstmord begangen oder hat seine Leidenschaft ihn auch körperlich zugrunde gerichtet, wer kann es wissen? Jedenfalls war diese Episode der Kernpunkt[79] seines Lebens. Er hat darin seine Kraft in allergrößester Größe bewiesen.[80] Sich von einer Leidenschaft zurückhalten, sich ihr verschließen, kann jeder[81], aber sie mit allem Schönen und Furchtbaren durchkämpfen, keine Furcht vor ihr zu haben, das bedeutet ungeheure Gefühlsstärke. Und Catull hat in diesem Kampfe endlich doch gesiegt und überwunden. Daß wir das doch in allen Gedichten sehen können, läßt ihn uns so groß erscheinen. Er ist mit seiner Leidenschaft gestürzt, aber als Sieger, nicht als Besiegter; denn, als er sieht, daß alles bricht, findet er den Weg zu seinen Göttern und diese müssen ihn erhören[82]:

„o, di, reddite mi hoc pro pietate mea."[83]

Seinen Trost fand wohl auch er, wie jener andere in der Dichtkunst, der das sagte:

„Und wenn der Mensch in seiner Qual verstummt,
gab mir ein Gott zu sagen, was ich leide.«[84]

Seine Dichtung ist eben reinste Erlebnisdichtung, d. h. reinste Gefühlslyrik.[85] Außer diesen Lesbialiedern hat Catull noch Natur-, Wander- und Freundschaftslieder geschrieben. Was für einen Stoff er auch angreift, er ist voll ausgefüllt von der Seele des Dichters. – So das:

„iam ver egelidos refert tepores ..."[86]

Ganz neu und eigenartig berührt uns hier eine solche Besonderheit: Fast durchgängig ist irgendein Naturding, sonst leblos gedacht, zum Subjekt erhoben.[87] Die ganze Sprache ist dadurch beseelt, das Geschehen belebt. Die Natur ist personifiziert.[88]

---

79 Korr.: „Dann war es eben viel mehr als eine Episode". □ **80** Korr.: „Aber vielleicht ist er doch darin *untergegangen*!" □ **81** Korr.: „Das ist ein *großer* Irrtum; auch dazu kann gewaltige seelische Leistung gehören!" □ **82** Korr.: „Aber wir haben nicht das Gefühl, daß sie ihn erhört haben!" □ **83** Dt.: „Dies gewährt mir, o Götter, als meiner Frömmigkeit Lohn" (76,26). □ **84** Motto der Elegie aus: J. W. v. Goethe, Trilogie der Leidenschaft (Hamburger Ausgabe, Bd. 1, 381); bekannter ist: Ders., Tasso, 5. Aufzug, 5. Auftritt, in der Fassung: „... *wie* ich leide" (Hamburger Ausgabe, Bd. 5, 166). □ **85** „Seine Dichtung ... Gefühlslyrik." vom Korr. ausgeklammert. □ **86** Dt.: „Schon bringt kehrender Lenz die lauen Lüfte" (46,1). □ **87** Korr.: „Bleibt unverständlich, da der Verfasser auf das Gedicht nicht *eingeht*". □ **88** Korr.: „matt, auch unrichtig".

Nur in dem volemus kommt einmal die Individualität durch, aber bezeichnenderweise nie das Ich. Der Handelnde ist also immer die Natur. Auch unter Catulls Gedichte könnte man schreiben[89], daß sie „Bruchstücke einer großen Konfession" sind.[90] Auch alle seine Werke sind im Sinne Goethes „Gelegenheitsgedichte".[91] Ganz anders bei Horaz.

Kaum eines seiner Gedichte ist[92] dem Augenblick entsprungen. Alle Liebeleien, die er gehabt hat, belächelt er ein wenig. Einmal spricht er von der „dulce loquens Lalage"[93], kurz[94] man merkt nicht, daß ihm irgendeines der vielen Liebesverhältnisse sehr nahe gegangen ist. Wer bekommt von einer der vielen Frauen, die in seinem Leben eine Rolle spielen, ein klares, objektives Bild. Vielleicht einzig und allein von der Lydia in

„donec gratus eram tibi . . ."[95]

Wir lernen sie als eine weiche, aber auch fest entschlossene Frau kennen.[96] Catull wäre eine so feine Charakterisierung mit so wenig Worten nie gelungen.[97] In die Seele eines andern konnte er sich nicht versetzen.

Wie wir schon sagten, erfüllt bei Horaz selten ein Erlebnis ganz und gar ein Gedicht. Immer sind es betrachtende Stimmungen, die aus dem Erlebnis erwachsen. Durch die Reflexion aber entfernt er sich vom Stoff, während Catull durch sein gefühlsmäßiges Eindringen mit ihm eins wird. Horaz führt meistens irgendein mageres Erlebnis an und entwickelt daraus eine Sentenz: so könnte die Situation von

„tu ne quaesieris . . ."[98] (I, 11)

folgende sein: Die Geliebte des Horaz hat in der Plauderei einmal leichthin über die Möglichkeit einer baldigen Trennung gesprochen. Dem Dichter fällt das Gespräch wieder einmal ein und er knüpft daran die Gedanken von Zeile 6–12. Oft können wir aber gar kein Erlebnis mehr konstruieren, wie in

„aequam memento rebus in arduis servare mentem . . ."[99]

---

89 Korr.: „kommt etwas unvermittelt". □ **90** J. W. v. Goethe, Dichtung und Wahrheit, II. Teil, 7. Buch (Hamburger Ausgabe, Bd. 9, [6]1967, 283). □ **91** Vgl. M. Schanz, Geschichte I, 70. □ **92** Korr.: „so *scheint* es". □ **93** Dt.: „. . . süß plaudernden Lalage" (vgl. I, 22,23 f). □ **94** Korr.: „*zu* kurz". □ **95** Dt.: „Als ich willkommen noch war bei dir" (III,9,1). □ **96** Korr.: „genügt nicht!" □ **97** Korr.: „gut". □ **98** Dt.: „Du frage nicht" (I,11,1). □ **99** Dt.: „Gelassen gedenke in Lagen voll Härte zu bewahren den Sinn" (II, 3,1 f).

Es ist zur verdeckten[100] Kulisse geworden. Sehr klar und bis ins Einzelne sind die Gedanken ausgeführt, aber es fehlt das Temperament. Die Stimmung ist da, aber nicht die lebhafte Empfindung. Es gibt aber auch andre Gedichte von ihm, und die werden und sollen ewig bleiben.[101] Man glaubt kaum, daß so verschiedenartige Kunstwerke vom selben Künstler stammen können wie das verträumte Symposiongedicht[102] und z. B. das trockene Widmungsgedicht an Maecenas[103] oder das Quellenfestgedicht[104] oder, um noch ein politisches zu nennen, das

„nunc est bibendum . . .“[105]

Hier erst erkennen wir ganz, was eigentlich den anderen Gedichten fehlt und was die des Catull so auszeichnet: es ist die Bewegung. Catulls Gedichte sind Bewegung, Horaz's Gedichte sind Ruhe.[106] Und gerade das Bewegungsreiche erfreut uns so an den eben genannten. Was für eine Bewegung spüren wir in:

„nunc est bibendum“ (I, 37).

Mit frohstem Jubel wird die Nachricht von Kleopatras Tod aufgenommen. Doch beim Gedanken an die Persönlichkeit dieser Frau erlischt diese Stimmung oder setzt sich um in die des Ehrgefühls verbunden mit der Wut: Denn dieses Weib hat römische Männer geschändet! Wieder weicht diese Stimmung einer nächsten, der des höchsten Spottes und Hohnes im Gedanken an den Caesar, der sie verscheucht wie eine „Taube oder einen Hasen“. In diesem Augenblicke schlägt die Schadenfreude ganz plötzlich, aber psychologisch sehr verständlich, in die entgegengesetzte Stimmung um: beim Gedanken, der Caesar verfolge eine schwache Frau, rührt sich Mitleid und gleichzeitig Bewunderung, die mit den Worten „fatale monstrum“ beginnt[107], sich dann immer mehr steigert im Gedanken an ihren mutigen Tod und für sie begeistert schließt mit den Worten:

100 „verdeckten“ vom Korr. ausgeklammert; vgl. o. S. 206f u. Anm. 51. □ 101 Korr.: „Ungeschickt, daß die Kritik hier wieder hineinspielt; sie verdirbt die sachliche Darstellung“. □ 102 Korr.: „I,38?“. Siehe u. S. 213, wo B im Blick auf dieses Gedicht sagt: „Der Dichter liegt im Freien ... und hält Symposion.“ □ 103 (I,1). □ 104 (III,18). □ 105 Dt.: „Nun heißt es trinken“ (I,37,1). □ 106 Korr.: „gut“. □ 107 „die mit ... beginnt“ vom Korr. ersetzt durch: „die in den Worten ‚fatale monstrum‘ [„todbringendes Untier“ (I,37,21)] sich zuerst zeigt“.

„saevis Liburnis scilicet invidens
privata deduci superbo
non humilis, mulier, triumpho".[108]

Bei jedem Wort spüren wir hier den glühenden Atemzug des Dichters. Jede ausgeklügelte Disposition fehlt. Leben ist alles.

Ganz anders und doch wiederum ähnlich ist die Stimmung in

„Persicos odi, puer, apparatus . . ."[109]

Der Dichter liegt im Freien unter einer Weinlaube und hält Symposion. Er ist ganz in der Natur, nichts Theoretisierendes stört uns. Das

„rosa, quo locorum sera moretur . . ."[110]

läßt eine Personification der Naturvorgänge durchblicken[111], die[112] nur noch in dem

„spargit agrestis tibi silva frondes . . ."[113]

Die Pflanzen leben. Sie leben für die Menschen, sie fühlen und empfinden mit uns. Das ist ungeheuer neu. Doch ist es ein ganz anderes Verhältnis zur Natur, als wir es bei Catull fanden in den

„iam ver egilidos refert tepores".[114]

Hier pulsiert alles.[115] In dem Catulle wendet sich nicht er selbst an sich, sondern die Natur spricht. Kurz, Catull ist in der Natur untergegangen.[116] Horaz behält immer seine Individualität getrennt von der Natur. Er spricht nie mit einem zweiten. Das zeigt uns den großen Unterschied. Die Natur zwar wird in dem „rosa quo locorum"[117] wirklich personificiert, aber der Dichter stellt sie sich als etwas Lebendiges gegenüber: Es bleibt eine Zweiheit, Catull verschmilzt mit der Natur zur Einheit.

Ähnliches könnte man noch über das Faunuslied (III, 18) und das Quellengedicht (III, 13) sagen. Nur ein Gedicht dieser

---

108 Dt.: „den grimmigen Seglern gönnte gewiß sie es nicht, daß entthront man sie führt zu stolzem Triumphe – sie, keine niedere Frau" (I,37, 30–32). □ **109** Dt.: „Persischer Prunk ist mir zuwider, Knabe" (I,38,1). □ **110** Dt.: „wo die Rose wohl spät noch verweilt" (I,38,3 f). □ **111** „eine Personification . . . durchblicken" vom Korr. ersetzt durch: „ein Nachfühlen der Naturvorgänge spüren". □ **112** Wahrscheinlich Verschreibung für: „wie". □ **113** Dt.: „es verstreut dir der Wald sein ländliches Laub" (III,18,14). □ **114** Siehe Anm. 86. □ **115** Korr.: „nicht klar!" □ **116** Korr.: „Das ist nicht richtig; *hier* ist das Verhältnis sicher eher das umgekehrte!" □ **117** Vgl. Anm. 110

Art muß noch unbedingt besonders betrachtet werden, es ist das (III, 30)

„Exegi monumentum, aere perennius“.[118]

Hier zeigt sich einmal die monumentalische Wirkung der römischen Sprache, und nicht nur das, sondern das ganze alte Römertum in seiner Kraft, das Horaz so gut verstand. Das Bild

„dum [. . .] scandet cum tacita virgine pontifex“[119]

schildert uns Rom, das ewige, und das heilige Rom zusammen. Das ganze Gedicht ist ein Preislied der ‚Roma aeterna‘. Ein solches Gedicht mit viel Reflexion wäre zur Eitelkeit geworden.[120] Hier ist nichts davon zu spüren. Es ist das ungeheure berechtigte Kraftbewußtsein des freien Römers des Augustusreiches.

Nachdem wir nun einen Blick auf das Inhaltliche getan haben, müssen wir unsere Augen noch auf das Formale richten. An einigen typischen Beispielen soll uns die Eigenart horazischer und catullischer Formkunst und Stilistik[121] klar werden. Beginnen wir mit Horaz und zwar mit einigen Stellen aus den sogenannten Römeroden. Eine Komprimierung und einen Bilderreichtum der Sprache finden wir hier, die ihresgleichen in der ganzen römischen Literatur sucht. Greifen wir die Stelle I, Zeile 14–16 heraus:

„aequa lege Necessitas
sortitur insignis et imos,
omne capax movet urna nomen.“[122]

Personificiert, vielleicht als Frau, ist die Necessitas gedacht, die die riesige Urne des Schicksals mit Losen für jeden schüttelt. Mutwillig und doch nach dem gleichen Gesetz, daß jedes einmal an die Reihe kommt, springt dieses oder jenes, das Los des reichen oder das des armen Mannes heraus.

---

118 Dt.: „Errichtet habe ich ein Monument, das Erz überdauert“ (I,30,1). □ **119** Lies: „dum Capitolinum scandet . . .“ Dt.: „solange [auf das Kapitol] steigen wird mit der schweigenden Jungfrau der Priester“ (III,30,8 f). □ **120** Korr.: „nicht klar“. □ **121** „Formkunst und Stilistik“ vom Korr. ausgeklammert u. ersetzt durch: „Gedanken-Formung“. □ **122** Dt.: „mit gleichem Gesetze doch die Notwendigkeit erlost Hohe wie Niedrige, für einen jeden bewegt die geräumige Urne den Namen“ (III,1,14–16).

Vielleicht noch besser ist das Beispiel aus I,4:

„pallida Mors aequo pulsat pede pauporum tabernas, regumque turris“[123]

Es ist falsch, wenn man hier übersetzt: „ohne Unterschied“ pocht ..., also das aequo mit „ohne Unterschied“ wiedergibt. Es liegt etwas ganz Besonderes in dem „mit gleichem Fuß“, sein Pochen klingt nicht anders an der Pforte des Armen wie an dem Palast des Reichen.[124] Nicht weicher pocht er hier an, nicht sanfter. In dem „pallida Mors“ glauben wir schon unseren Knochenmann zu sehen, dessem schaurigen Klopfen alles weichen muß. Mit soviel Worten[125] müssen wir einen Vers des Horaz interpretieren.

An beiden Beispielen sieht man die hohe Kunst des Horaz zu komprimieren. Daher finden wir auch bei ihm gerade so viele prägnante Ausdrücke und noch heute jedem bekannte Zitate.[126] Bei der Kürze[127] fehlt es aber den Bildern gar nicht an drastischer Klarheit. Es liegt eine ungeheure Selbstzügelung und Straffheit an der horazischen Kunst, die Catull nie gelungen wäre. Catull will sich an seinen Gefühlen berauschen, Horaz will sie in die Grenzen des Klassicismus zwingen[128]. Worte des Horaz wie das

„dulce et decorum est pro patria mori“[129]

werden ewig bleiben. Die Harmonie von Gedanke und Wort ist etwas ganz Großes und Besonderes.[130] Noch unzählige andere derartige Zitate [lassen sich][131] anführen, unter anderem die bekannte Lebensregel des Horaz, die er in zwei Worte zusammenzwingt:

„carpe diem“.[132]

---

123 Dt.: „Bleicher Tod pocht gleichen Fußes an der Armen Hütten wie an der Herrscher Burgen“ (I,4,13 f). □ **124** Korr.: „gut“. □ **125** Korr.: „Man müßte noch viel mehr machen“. □ **126** „noch heute ... Zitate“ vom Korr. geändert in: „noch heute Worte, die jedem bekannte Zitate sind“. Vgl. M. Schanz, Geschichte II, 170. □ **127** Korr.: „mißglückter Ausdruck!“ □ **128** „Horaz ... zwingen“ vom Korr. geändert in: „Horaz will sie in ganz bestimmte Grenzen zwingen“. □ **129** Dt.: „Schön und ehrenvoll ist es, für die Heimat zu sterben“ (III,2,13). □ **130** Korr.: „gut“. □ **131** Vom Korr. ergänzt. □ **132** Dt.: „greif diesen Tag“ (I,11,8).

Auch Catull komprimiert, aber nur selten und unbewußt. Was er in wenig Worten zusammenpreßt, sind nur eigenste Empfindungen, keine Sentenzen. Ein bestes Beispiel dafür ist

„odi et amo, quare id faciam fortasse requiris,
nescio sed fieri sentio et excrucior."[133]

Catull glaubte das nur auf sich beziehen zu können. Daß es das Grundprinzip alles Handelns, ja des ganzen Lebens ist, daran dachte er nicht.[134]

Auch Bilder finden wir bei Catull nur selten, nur manchmal als Vergleiche herangezogen, wie in: (Zeile 3 und 7):

„quaeris, quot mihi basiationes . . ."[135]

Sie drücken nicht, wie bei Horaz, eine Handlung selbst aus[136], sondern sind eben nur beiläufig herbeigeholt, sind also auch nicht charakteristisch. Stellen wir nun einmal das Widmungsgedicht des Horaz an Mäcenas und das Catulls an Cornelius Nepos gegenüber, um noch einmal im größten Stile die verschiedenen Eigenarten beider zu betrachten. Das eine in gewichtigen, monumentalen Asklepiaden, das andere in zierlichen, kleinen, fast französisch anmutenden Alexandrinerversen[137]. Interessant ist noch den Vergleich weiter auszuspinnen in Anbetracht[138] der Schlußverse. Es artet fast zur Karikatur aus, wie verschieden beide ihren Dichterruhm besingen. Horaz phantasiert pathetisch über seine Dichterkrönung; er fühlt sich zu Jupiter entrückt. Bei den Sternen sind seine Gedanken. Die Musen ruft er an, ihn nicht zu verlassen. Catull dagegen bittet ganz bescheiden, fast scherzend die Muse[139], doch seine Werke wenigstens ein Jahrhundert lang bestehen zu lassen.

Haben wir bis jetzt erkannt, daß der eine das Gewicht auf Bilderreichtum, d. h. Erklärung und Kürze legt[140], dem anderen das alles ganz gleichgültig ist und alles durch Gefühlsreichtum ersetzt, so wollen wir nun noch die Komposition der einzelnen

---

133 Dt.: „O, ich hasse und liebe! Weshalb ich es tue, du fragst's wohl. Weiß nicht! Doch daß es geschieht, fühl' ich – unendlich gequält" (85,1 f). □ **134** Korr.: „Ist es auch nicht. Verfasser meint: daß man diesen Gedanken eine *allgemeinere* Fassung geben könnte." □ **135** Siehe Anm. 70. □ **136** Korr.: „nicht scharf genug". □ **137** Vom Korr. ersetzt durch: „Elfsilblern". □ **138** Korr.: „Ausdruck mißglückt". □ **139** Korr.: „Er *meint* aber natürlich dasselbe wie Horaz". □ **140** Korr.: „doch nicht nur! wenig geschickt!"

Lieder betrachten. Hier läuft es, wie es sich ja schon aus dem Vorigen ergibt, auf folgendes hinaus: bei den horazischen Gedichten ist die Disposition vor dem Akte des Dichtens festgelegt. Bei den ‚Römeroden'[141] können wir eine bis ins Einzelne gehende Disposition konstruieren, die unbedingt vorher festgelegen haben muß. So ist z. B. bei III, 2 das Thema der vir Romanus, der behandelt wird

a) im Krieg
b) in der res publica
c) als Persönlichkeit.[142]

Eine solche Disposition kann nicht dem Augenblick entsprungen sein. Das Meisterwerk der Komposition ist aber (III, 9):

„donec gratus eram tibi ..."[143]

Es ist eines der seltenen Fälle, wo die bis in[s] Kleinste gehende Feilmethode des Horaz nicht stört, sondern erhebt.[144] In je zwei abwechselnden Strophen antworten sich Dichter und Geliebte. Der erste Vers entspricht immer genau dem zweiten, nur daß die Geliebte immer noch den des Dichters zu übertrumpfen weiß.

Sicher hat Catull gefeilt, aber man merkt es nicht. Alles scheint mühelos hingeworfen. So ist auch die Komposition seiner Lieder eine ganz andere. Die Disposition ergibt sich während des Dichtens. Sie ergibt sich also natürlich, bei Horaz ist sie gedacht.[145] Immer wieder kehren die alten Gegensätze zurück, die wir schon am Anfang betrachtet haben: Gefühl und Reflexion, oder wie man es sonst nennen will. So sehr man sich bemüht, tiefere gemeinsame Züge beider Männer aufzufinden, immer wieder muß der Versuch scheitern. Sie sind nun einmal beide typische Vertreter eines verschiedenen Zeitalters[146], die man nicht vereinigen[147] kann.[148] Beide haben neue Gedanken gebracht, beide auf verschiedene Art. Horaz wollte mit seinen Gedichten dem Volke ein Erzieher sein. Er sehnte sich nach der Rückkehr der virtus Romana[149]. Er preist die frühere Größe

---

141 (III, 1–6). □ **142** Korr.: „trifft nicht ganz". □ **143** Siehe Anm. 95. □ **144** Korr.: „gut". □ **145** Korr.: „Ist eine *Disposition* immer!" □ **146** Korr.: „Das kommt sehr überraschend". □ **147** Korr.: „paßt nicht". □ **148** Korr. ergänzt: „Das zeigt sich auch in ihren Zielen." □ **149** Dt.: „römische Tugend".

und Kraft Roms und sieht sie schon wiederkommen. Catull schrieb, weil er mußte. Vielleicht wurden seine Gedichte im Freundeskreis bekannt, und wenn sie sich über die Grenzen dieses Kreises bis auf unsere Zeit gehalten haben, so hat das der Dichter nie erwartet.[150] Er hat ja keine neuen Staatstheorien aufgestellt[151], auch nicht über die Erziehung seines Volkes nachgedacht; das lag ihm ganz fern. Er lebte nur sich selbst und ging daran zugrunde, Horaz seinem Volke und kommenden Zeiten.

In ganz kurzen Worten möchte ich noch meine persönliche Stellungnahme darlegen. Wenn ich einem der Dichter den Vorzug geben sollte, so wäre es ohne Zweifel Catull. Eine Gedankenlyrik im Sinne Horaz ist für mich rein gefühlsmäßig[152] ein Unding und eine Züchtung später Kultur. Reflexionen haben noch nie die Welt erobert, aber Gefühle. Selbst die größten[153] Gedanken müssen vergehen, große Gefühle bleiben ewig.[154]

---

150 Korr.: „Trifft nicht zu auf sein *ganzes* Werk". □ **151** Korr.: „Tat es Horaz?" □ **152** „rein gefühlsmäßig" vom Korr. ausgeklammert. □ **153** Vom Korr. geändert in: „größesten". □ **154** Korr.: „So richtig der erste Gedanke ist, so falsch (und jugendlich) ist der zweite. Gefühl ist ‚Schall und Rauch'. *Kunst* bleibt ewig. *Kunst* aber kann auch der Reflexion den Charakter des Ewigen geben. Und es gibt auch ewige *Wahrheit*!" – Weiter oben am Rand das Gesamturteil des Lehrers: „Die fleißige Arbeit zeigt so recht die Fehler und Vorzüge einer Anfängerarbeit. Der Disposition nach nicht gerade glücklich, im Ausdruck sehr oft verfehlt – ist sie voll von Temperament, von guten Einfällen und hübschen Einzelheiten. Was aber das Wertvollste ist: sie zeigt, daß der Verfasser sich mit Hingabe und Ernst einem sehr schwierigen Thema zuwenden und seine Arbeit durchführen kann – auch wenn sie freiwillig übernommen ist. Quod felix faustumque sit! [„Möge es glücklich und günstig sein!"] 1. II. 1923 Kranz".

b) Arbeiten zur theologischen Orientierung. 1925

3. ZWEI NOTIZEN ZU SCHLEIERMACHERS REDEN ÜBER DIE RELIGION[1]

Wenn alles wahr ist, ist der Begriff des Falschen aufgehoben; damit aber rückwirkend der des Wahren, d. h.: Im Unendlichen fallen alle Attribute weg, es ist nur Existenz ohne Bestimmung oder[2] des allgemeingültigen Wertes[3].

Hebt individuelle Bestimmung zugunsten der Existentialaussage auf.

---

1 NL A 5,3; hsl.; Abdruck: DB 82f. Die *erste* Notiz steht auf einem kleinen Zettel, der in B's Exemplar von F. D. E. Schleiermacher, Reden über die Religion (hg. v. G. C. B̆. Pünjer), 1879, zwischen Seite 68 u. 69 lag. Sie bezieht sich auf den dort von B unterstrichenen Satz Schleiermachers: „Im Unendlichen aber steht alles *Endliche* ungestört neben einander, alles ist Eins, und alles ist wahr." (A. a. O., 67f) Außerdem findet sich an dieser Stelle in Schleiermachers „Reden" am Rand ein Kreuz, das auf die *zweite* hier wiedergegebene Bemerkung verweist, die B am Fuß von Seite 68 hsl. notierte. Die Datierung sowohl des Notizzettels wie auch der Randbemerkung in B's Exemplar von Schleiermachers „Reden" ist unsicher; ungewiß ist auch, ob beide überhaupt aus der gleichen Zeit stammen, obwohl der Zettel offensichtlich auf die Randbemerkung Bezug nimmt. Erwähnt wird B's Beschäftigung mit den „Reden" Schleiermachers in einem Brief vom 16. 8. 1923 (s. o. S. 58); vgl. aber auch den Brief vom 5. 8. 1924 (o. S. 141). □ 2 U. L. □ 3 U. L. Vielleicht auch: „Wortes".

4. SEMINARARBEIT ÜBER DEN I. CLEMENSBRIEF[1]

Das jüdische Element im ersten Clemensbrief in Bestand und Verhältnis zum Ganzen

Die Untersuchung soll ihre genauere Bestimmung finden an der Fragestellung: Welche Elemente des Briefes könnten von einem hellenistischen Juden stammen und wie sind diese mit dem Ganzen verbunden? Als solche Elemente werden wir Worte, Sätze, Begriffe, Vorstellungen etc. verstehen, die wir in einer oder mehreren Schriften jüdischer Herkunft als charakteristisch für jüdisches Sprechen, Schreiben, Denken, Vorstellen etc.

---

1 NL A 11,1; masch.; Abdruck: GS V 17–63. Das hsl. Titelblatt enthält folgenden Text: „Das jüdische Element im I Clemensbrief, Bestand und Verhältnis zum Ganzen. Dietrich Bonhoeffer, W.-S. 1924/25." Die Seminararbeit wurde bei Adolf von Harnack (= Korr.) geschrieben (vgl. S. 641. Siehe auch: WEN 145 u. DB 108; ferner: A. v. Zahn-Harnack, Adolf v. Harnack, ²1950, 436). – Bearbeiter: H. Anzinger, C.-J. Kaltenborn. – Als Quellentext für den I Clem hat B benutzt: Patrum Apostolicorum Opera, I/1: Clementis Romani ad Corinthios quae dicuntur epistulae (hg. v. O. v. Gebhardt u. A. Harnack), ²1876 (im App. des Herausgebers zit.: Gebhardt/Harnack). Darüber hinaus hat B bes. auf die Clemens-Ausgaben von J. B. Lightfoot und R. Knopf zurückgegriffen und zur Darstellung der Begriffsgeschichte ausgiebig von H. Cremers „Wörterbuch der Neutestamentlichen Gräzität" Gebrauch gemacht sowie W. Boussets Monographie zur „Religion des Judentums" zu Rate gezogen. Die übrige Sekundärliteratur tritt gegenüber diesen Titeln deutlich in den Hintergrund (vgl. B's Aufstellung der von ihm benutzten Literatur u. S. 271 u. Anm. 279). – Die uneinheitliche Zitationsweise B's wird hier unverändert wiedergegeben. Mit „C.", „Cl." u. „1. Cl." ist immer I Clem gemeint, „Ma." ist B's Abkürzung für Makk. Insbesondere bei den Philo-Belegen finden sich nebeneinander die Kapitelzählung der Richterschen Ausgabe, die Paragraphenzählung von Cohn/Wendland und/oder die Seitenzählung der Mangeyschen Edition. Der App. des Herausgebers bietet diese Nachweise einheitlich nach der Cohnschen Paragraphenzählung, der in Klammern die Seitenangaben bei Mangey angefügt sind. Die Übers. von Philo-Texten basiert auf: L. Cohn (Hg.), Philo von Alexandrien. Die Werke in deutscher Übersetzung, Bd. I–VI, ²1962; die Clemens-Übersetzungen folgen in der Regel der auch von B benutzten Ausgabe: R. Knopf, Der Erste Clemensbrief (HNT, Erg.-Bd.: Die Apostolischen Väter I, 1920, 41 ff); alle übrigen stammen – wenn nichts anderes angegeben wird – von den Bearbeitern. Nichtausgewiesene Auslassungen B's sind im Text durch [...] gekennzeichnet, fehlende oder falsche Belege im Herausgeberapparat nachgewiesen bzw. richtiggestellt.

nachweisen können. Von selbst fallen für eine derartige Untersuchung alle Fragestellungen weg, die sich etwa mit der Art der Überlieferung u. ä. beschäftigen, ohne den Kern unserer Frage zu berühren, der in dem Problem bestehen soll: Was bedeutet das hellenistische Judentum wie das palästinensische für die christliche Gemeinde in Rom und weiterschließend: für die urchristliche ‚Kirche' überhaupt, d. h. letzten Endes: ist das Christentum des Gesetzes Er- | füller oder Überwinder geworden? Um freilich dieser End- und Hauptfrage nur irgendwie nähertreten zu können, dürfen wir uns nicht mit einer Ausscheidung des jüdischen Elementes begnügen, sondern müssen anschließend an diese das innere Verhältnis dieses zum Ganzen untersuchen, d. h. vorher eine klare Anschauung von dem Lebens- und Lehrtypus des ganzen Clemensbriefes zu erhalten versuchen. Um den systematischen Gang der Untersuchung schon hier bezeichnen zu können, muß einiges von dem sich ergebenden Resultat vorausgenommen werden, unter ausdrücklicher Betonung, daß es Resultat und nicht etwa Prämisse ist. Wir werden also, nachdem wir den jüdischen Bestand vom Ganzen abgetrennt haben, zuvorderst den Restbestand betrachten und dabei finden, daß dieser sich zwar in wesentlichsten Zügen unterscheidet und für sich selbst schon charakteristisch ist, daß aber die Vollständigkeit eines christlichen Lebens- und Lehrtypus nicht erreicht ist, sondern dieser des eben abgetrennten jüdischen Lebensstromes nicht entbehren kann, d. h. es wird ein nicht geringer Teil des jüdischen Gedankenschatzes mit dem christlichen zusammenfallen. Nun ist uns aber an Hand der beiden Isolierungsprozesse ein drittes selbständiges Element aufgefallen, das sich im griechisch-römischen Geiste darstellt.

Dieser dritte Strom nun wirkt in zwei ganz verschiedenen Weisen. Wir werden sehen, daß alles das, was von diesem Strome Kraft gab[2], zu neuer positiver Gedankenbildung schon vom mächtigeren Strome des Judentums (im speziellen des hellenistischen) aufgenommen war und so überbracht wurde, daß aber dieser positiven Auswirkung eine zweite andersartige nebenherlief, oder besser gesagt, die ganze Welt des 1. Clem.

2 „was ... gab" vom Korr. mit Wellenlinie unterstrichen.

unterströmte und dirigierte. Wir werden fest- | stellen, daß die eigentlich bildenden, impulsierenden Faktoren die christlichen und jüdischen sind, als der dirigierende[3] der griechisch-römische zu betrachten sei.

Es soll nun zunächst das jüdische Element in seinem Bestande aufgewiesen werden: Als *Quellen* für den Nachweis jüdischer bzw. jüdisch-hellenistischer Elemente kommt zunächst die gesamte jüdische Literatur bis zum Ende des 1. nachchristlichen Jahrhunderts in Frage, dann im speziellen die Schriften, die Clemens nachweislich gekannt bzw. zitiert hat. Diese setzen sich folgendermaßen zusammen: Aus dem AT: Der Pentateuch, Jos., I. Sam., I. Reg., II. Chron., Psalmen, Hiob, Jes., Jer., Ez., Dan., Mal., Hab., aus den Apokryphen: Sap., Prov., Jud., Esth. und Sir. Was Clemens von den Pseudepigraphen kannte, ist nicht sicher zu erkennen. Aus dem NT werden zitiert[4]: I. Kor., Röm., Hebr., Eph., daneben Herrenworte, die aus mündlicher oder sonstiger nicht erhaltener schriftlicher Tradition stammen, denn die Parallelstellen aus Mt., Lk. können nicht die Tradition für den Wortlaut bilden[5] und ein so schlechtes auswendiges Zitieren eines Herrenwortes ist bei einem Manne wie Clemens doch recht unwahrscheinlich. Die Tatsache einer derartigen Überlieferung ist unten in anderem Zusammenhange zu behandeln. Zu diesem kommen noch fünf Zitate, die wir nicht lokalisieren können; ob eines (17,6) von diesen aus der assumptio Mosis, ein anderes aus der Elias-Apokalypse[6] (34,8) stammt, steht dahin. Ein merkwürdiges Verhältnis des Clemens zu Philo soll unten aufgezeigt werden. Hier haben wir nun also die direkten Quellen des Clemens vor uns, womit natürlich nicht gesagt ist, daß diesem [nicht][7] viel mehr Literatur bekannt war als er zitiert, dieses ist sogar

3 „dirigierende“ vom Korr. mit Wellenlinie unterstrichen; dazu am Rand: „Der Ausdruck ‚dirigieren‘ kann mißverstanden werden, ist aber nicht falsch. Der jüdisch-christliche Strom läuft in der griechisch-römischen Landschaft und wird daher durch diese in seiner Richtung bestimmt und erhält auch Bestandteile und Farbe von Ufern her.“ ☐ **4** Zusatz des Korr.: „oder deutlich benutzt“. ☐ **5** Vom Korr. geändert in: „. . . die Quellen der Tradition für den Wortlaut sein“. ☐ **6** Pseudepigraphe, um die Zeitenwende entstandene, urspr. jüd., dann mehr (ApkEl) oder weniger (AssMos) christlich bearbeitete Apokalypsen. ☐ **7** Ergänzung der Bearbeiter.

wahrscheinlich. So scheint er auch direkt oder indirekt irgendwelche rabbinische Tradition zu haben. Woher stammen sonst die merkwürdigen Nachrichten: C. 11,2 über Lots Weib, die zu einer | Salzsäule verwandelt wurde, welche bis zum heutigen Tage stehen soll (cf. Josephus, Ant. XI 1,4[8], der dieselbe Mitteilung auch bringt), oder C. 31,3 von dem freiwilligen Opfergang Isaacs (fragm. Melitonis. Josephus, Ant. I 14,4)[9], aus der Vermischung von Genesis 22,7 und Jes. 53,7, oder wieder C. 43 (cf. Philo, de Abrah. 32 p. 26 und Josephus IV 4,2)[10]. Wir brechen mit diesen Fragen kurz ab, um zum Thema zu kommen.

Hier ist es nun wichtig, auf ein Phänomen aufmerksam zu machen, das Wendland[1)] so zusammenfaßt: „Es liegt an der Dürftigkeit der uns erhaltenen profanen Literatur, daß wir oft für die ältere christliche Literatur Parallelgedanken gerade im jüdischen Hellenismus nachweisen können, die eben darum nicht spezifisch jüdisch zu sein braucht." Diese Erkenntnis führt uns zum Verständnis der gesamten damaligen geistigen Verhältnisse, nämlich zur Einsicht in den großen Synkretismus alles Geistigen, für den der jüdische Hellenismus ein Symptom ist[12]. Orient und Occident waren in engste Berührung getreten; lag jener politisch gedemütigt am Boden, so mußte dieser erkennen, daß ein geistiger Strom unaufhaltsam mächtig von jenem ausging, um diesen rasch in sich aufzunehmen; und dieser geistige Strom war wesentlich religiöser Natur. Griechische Philosophie, platonische und stoische (wie in Posidonius vereinigt)[13], wirkte zurück, und hier im besonderen auf jüdi-

---

[1)] Hellenistische Kultur S. 119.[11]

8 Richtig: Josephus, Ant I,11,4. Die falsche Angabe B's beruht auf: Gebhardt/Harnack 25 Anm. 2. □ **9** Vgl. Fragmente des Melito IX; (richtig:) Josephus, Ant I,13,4. Beide Belege (auch die falsche Jos.-Stelle) bei: Gebhardt/Harnack 51 Anm. 3. □ **10** Statt des von B irrtümlich zit. Philo-Nachweises vgl. Philo, VitMos II[III], 175–180 (II p. 161 f M.); der zweite Beleg meint: Josephus, Ant IV,4,2. □ **11** Das Zitat lautet bei P. Wendland: „Es liegt zum Teil an der Dürftigkeit der uns erhaltenen profanen Literatur, daß wir oft für die ältere christliche Literatur parallele Gedanken gerade im jüdischen Hellenismus nachweisen können, die aber darum nicht speziell jüdisch zu sein brauchen." □ **12** Korr. ersetzt „für den ... Symptom ist" durch: „der in dem jüdischen Hellenismus besonders deutlich hervortritt". □ **13** Vgl. dazu P. Wendland, Die

sche Gedankenwelt, die sich in mächtiger Propaganda über das ganze römische Reich hin verbreitet hatte. Denn das Judentum war, durch seine politische Lage in der Diaspora gezwungen, kosmopolitisch geworden: Eine Einstellung, die die günstigste Vorbereitung für die Mission des jungen Christentums war. Sein Zentrum fand der entstehende kosmopolitische jüdische Hellenismus in Alexandria, wo neben vielem anderen Sap. Sal. und 4. Ma. entstanden und wo um die | Zeit bis 50 n. Chr. Philo die gesamte Bewegung in sich konzentrierte.

In der Reichshauptstadt Rom war schon seit den Tagen Ciceros eine Judengemeinde von über 8000 Gliedern ansässig, von der schon Cicero, Horaz, Tacitus, Sueton etc. berichten.[14] Daß Caesar sie protegiert hat und sie nach dessen Tode an seiner Leiche Klagegesänge veranstalten durften[15], beweist ihre nicht allzu geringe Bedeutung.[16]

Nicht nur auf die gesamte gebildete Welt Roms hatte sich die Wirkung der griechischen Philosophien erstreckt, sondern sogar in allen Zentren des Reiches waren sie bekannt geworden. In Rom vertrat man strengste ethische, ja asketische Prinzipien (vgl. die Institution des Armenzimmers in Palästen vornehmer Patrizier). Man befand sich seit etwa Ciceros Zeiten in gereinigten religiösen und sittlichen Anschauungen, aber es mangelte an einer geschichtlichen Offenbarung der Gottheit und an einer Kosmologie (s. zu beidem unten); daß das junge Christentum beides brachte, war entscheidend für seine Entwicklung.[17] – Orientalische Mysterienkulte konnte man überall finden – kurz die Geister der Zeit waren in lebhaftester Bewegung und Veränderung begriffen, so daß wir mit Wendland ohne Zweifel annehmen können, daß vieles, was wir im folgenden als möglicherweise von einem hellenistischen Juden geschrieben nachweisen werden, ebensogut in ganz anderen geistigen Strömun-

---

hellenistisch-römische Kultur, 29 f. □ **14** Vgl. z. B. Cicero, Pro Flacco 67–69; Horaz, Sermones I,5,100 und I,9,67 ff; Tacitus, Annalen II,85; Sueton, Caesar 36 und 84. Die Zahl von 8000 röm. Juden ist Josephus, Ant XVII,11,1 entnommen. Siehe dazu auch W. Bousset, Die Religion des Judentums, 70. □ **15** Vgl. Sueton, Caesar 84. □ **16** Korr.: „Absatz!" – Im Original steht an dieser Stelle lediglich ein Gedankenstrich. □ **17** Vgl. A. v. Harnack, Dogmengeschichte I[4], 144 Anm. 1.

gen, wenn wir von solchen mehr überliefert hätten, aufgefunden werden könnten.[18]

Wir beginnen die Aufzählung des jüdischen Bestandes im 1. Cl. mit formalen Übernehmungen, die sich aufs AT beziehen. Für das gesamte Judentum war das AT die Heilige Schrift κατ' ἐξοχήν[19]; sie war die älteste Schrift, mithin die weiseste und unantastbarste; wer nach ihr sein Leben einrichtete, konnte sicher sein, das ewige Heil zu erlangen. Diese in | Anbetracht der politischen und religiösen Lage notwendig erwachsene Einschätzung des AT war im palästinensischen wie auch im hellenistischen Judentum die durchgehende und war mit der frühchristlichen fast vollständig gleichartig. Es war wohl nur ein Zug, der hierin mindestens dem palästinensischen Judentum gegenüber neu war: man hatte die Furcht und die Scheu vor den heiligen Texten ein wenig verloren, man betrachtete sie souveräner. Es darf nun nicht seltsam erscheinen, wenn wir im 1. Cl. über 100 alttestamentliche Zitate bzw. Anspielungen auf alttestamentliche Geschichte haben. Ich möchte die Anschauung des Clemens grundlegend durch ein Zitat bezeichnet sehen: ἐγκεκύφατε εἰς τὰς ἱερὰς γραφὰς, τὰς ἀληθεῖς, τὰς διὰ τοῦ πνεύματος τοῦ ἁγίου. ἐπίστασθε, ὅτι οὐδὲν ἄδικον οὐδὲ παραπεποιημένον γέγραπται ἐν αὐταῖς[20] (C. 45,2f). Man könnte diesen Satz über alles das schreiben, was Clemens vom AT mitzuteilen hat. Denn auch für ihn ist es schlechthin das Buch, das zu seinem eigenen Christenglauben ganz wesentlich beiträgt, ihn mit zu ihm geführt hat. Wir werden diesen Zug[21] durch die ganze Untersuchung hin im Auge behalten müssen. Ein wenn auch äußerlicher Art erscheinendes Symptom für diese Einstellung sind die Zitationsformeln, die wir bei Clemens finden[22]: Die meisten alttestamentlichen Zitate sind eingeleitet durch ein gewöhnliches γέγραπται[23] 4,1; 14,4; 17,3; 29,2 u. s. f.: Beweis für die Selbstverständlichkeit der Zitation aus

18 Korr.: „Stil!" □ 19 Dt.: „schlechthin". □ 20 Dt.: „Ihr habt die heiligen Schriften, die wahrhaftigen, durch den heiligen Geist gegebenen, durchforscht. Ihr wißt, daß in ihnen nichts Unrechtes und Gefälschtes geschrieben steht." (I Clem 45,2f). □ 21 „diesen Zug" vom Korr. mit Wellenlinie versehen. □ 22 Vgl. zum Folgenden die Zusammenstellung von clem. Zitationsformeln bei: Gebhardt/Harnack 9 Anm. 1. □ 23 Dt.: „Es steht geschrieben".

dem AT (auch in Gemeindegottesdiensten wurde dieses verlesen). Dann indifferent: λέγει ἡ γραφή[24] 34,6 u. a.; eine sehr christlich klingende und doch schon im jüdischen Gebrauch nachzuweisende, häufiger erscheinende Formel ist: λέγει τὸ πνεῦμα τὸ ἅγιον[25] C. 13,1; 16,2 und φησὶν ὁ ἅγιος λόγος[26] 13,3; 56,3. Es sind Formeln, die im besonderen Philo gern gebraucht [und die] auch in Hebr. vorkommen. Aus dieser Ausdrucksweise entspringt der so bescheiden klingende Ausdruck: λέγει που[27] 15,2; 21,2; | 26,2 u. a., als Ausdruck dafür, daß, wenn der ἅγιος λόγος spricht oder das πνεῦμα, die Stelle, wo das gesagt ist, ganz unwichtig ist. Wir finden diese Zitationsformeln in Hebr. 2,6; 4,6, bei Philo häufig: de plant. 21 (I 342), de ebriet. 14 (I 365)[28]. In diesen Formeln finden wir also schon zwei Dinge ausgesprochen: 1. daß es eigentlich nur *ein* Buch gibt, das man überhaupt zitiert, 2. daß dieses Buch vom Heiligen Geist oder dem λόγος geschrieben ist. Aus dieser Grundeinstellung entspringt zur einen Hälfte die Merkwürdigkeit und Inkonsequenz des Philonischen Systems, dann aber ergibt sich aus ihr notwendig die Art der Auslegung. Ist einmal die Schrift inspiriert, so ist der Text unantastbar, Widersprüche innerhalb der Schrift undenkbar; da aber solche dem scharfsinnigen Schriftgelehrten in Fülle begegnen mußten, so ergab sich zum andern Mal das Prinzip der willkürlichen Kombination, Erweiterung der Texte, freiester Spekulation, d. h. das Prinzip, das in der Halacha und Haggada[29] zum Ausdruck kam. Dieses ging nun nicht, wie man vermuten sollte, vom hellenistischen Judentum aus: den entscheidendsten Gegenbeweis liefert das in der palästinensischen Gemeinde entstandene Buch der Chronik, das eine geschichtlich haggadische Erweiterung der Königs- und Samuelis-Bücher darstellt. Aber neben dieser geschichtlichen Haggada bestand die weit folgenreichere der freien religiösen. War jene zu gewissen Teilen an den Text

---

24 Dt.: „Die Schrift sagt". ☐ **25** Dt.: „Der heilige Geist sagt". ☐ **26** Dt.: „So spricht das heilige Wort". ☐ **27** Dt.: „Es heißt irgendwo". ☐ **28** Philo, Plant 90 (I p. 342 M.) u. Philo, Ebr 61 (I p. 365 M.). ☐ **29** *Halacha* („Wandel", „Brauch"), das von jüd. Schriftgelehrten formulierte Gewohnheitsrecht; *Haggada* („Erzählung", „Lehre"), die zunächst nur mündlich, später auch schriftlich tradierte jüd. Auslegung der nicht-gesetzlichen Partien des AT.

gebunden, so ging diese ins schrankenloseste Spekulieren über, entsprechend der andauernden Fortbildung des Gesetzes durch die halachische Auslegung. Für diese zwei Arten der haggadischen Auslegung haben wir nun schon im NT mehrere, wenn auch sehr gemäßigte Beispiele: Mt. 22,31 f; Röm. 10,6; 1. Cor. 9,9; Gal. 3,16; 4,22 f u. a. Ihr Prinzip ist, den heiligen Text auf irgend mögliche Weise auf neuere Anschauungen zu beziehen, ihren ganzen Sinn und Bedeutung ausschließlich dahin auszulegen und zu allegorisieren. Den ganz bescheidenen Anfang dafür zeigt 1. Cl., die schärfsten | Konsequenzen mit dem Versuch, den Juden das AT überhaupt abzustreiten, zog der Barnabas-Brief[30]. Bei Clemens ist zwar die haggadische Auslegung die viel seltenere, aber es kommt bei ihm schon deutlich zum ersten Vorschein, wie dieses apologetische Prinzip des späten Judentums den Keim eines Kampfmittels gegen sich selbst in sich barg, der zu jeder Zeit voll zur Entwicklung kommen konnte.

Wenn Clemens C. 12 den roten Faden, den Rahab aus ihrem Hause hängen soll, zum Zeichen, daß man sie verschonen solle, und durch den sie also gerettet wird, als Hinweis auf die λύτρωσις διὰ τοῦ αἵματος τοῦ κυρίου[31] benutzt, so haben wir hier reinsten Typus vor Augen. Die Haggada tritt hier in den Dienst des christlichen Messianischen Weissagungsbeweises, der sich letzten Endes durch den ganzen Brief hinzieht. „Ipsa lex Mosaica umbra est futurorum bonorum", sagt Lipsius vom Hebräer-Brief.[32] Es ist eben auch die Typoslehre des Hebr. 10,1; 8,2; 8,5 nichts anderes als eine Umkehrung und Fortführung der jüdischen Haggada des Philo u. a. Auch Proben der geschichtlichen Haggada finden wir in unserem Briefe: Wenn wir z. B. lesen, daß Isaac freiwillig zum Opfer ging γινώσκων τὸ μέλλον[33], so ist das ein Motiv, das kombiniert aus Gen. 22,7 und Jes. 53,7 schon in der haggadischen Auslegung des Josephus, Ant. I 14,4 und 13,3, in den Fragmenten des Melito[34]

---

30 *Barnabas-Brief*, ein in Briefform gekleidetes Propagandaschreiben an Heidenchristen aus der 1. Hälfte des 2. Jhs. □ **31** Dt.: „. . . Erlösung durch das Blut des Herrn" (I Clem 12,7). □ **32** Dt.: „Das mosaische Gesetz ist ein Schatten künftiger Güter" (R. A. Lipsius, De Clementis Romani epistula, 49). □ **33** Dt.: „. . . da er die Zukunft vorher kannte" (I Clem 31,3). □ **34** Das Motiv des freiwilligen Opfergangs Isaaks begegnet bei Josephus, Ant I,13,4 und in den Fragmenten des Melito IX (zu beiden Belegen s. o. S. 223 u. Anm. 9).

vorliegt[2)]; oder wir nehmen die in C. 43 erweitert überlieferte Geschichte von Num. 17, die wir noch bei Philo erhalten haben[36]. Diesen geschichtlich haggadischen Ausschmückungen stehen aber an Bedeutung die schon mit dem Beispiel der Rahab begonnenen Aufzählungen der Fälle von Auslegungen voran, die sich darauf erstrecken, das Evangelium, die christliche Gemeinde, den Kultus irgendwie vom AT herzuleiten.

Das Prinzip ist aber nicht das der kausalen Verbindung, sondern das der paradigmatischen Verwendung einer gegebenen | göttlichen Offenbarung. Für alle nur denkbaren Lebenslagen wird ein Ausspruch des πνεῦμα ἅγιον im AT herbeigerufen, nach dessen Vorbild sich das augenblickliche Verhalten ergibt. Man schreckt sogar nicht vor Entstellungen des heiligen Textes zurück, um ein ‚heiliges Vorbild' zu haben. Man denke nur an die kühne – sicher bewußte – Verdrehung des Jesaja-Zitates zur Begründung des Episcopen- und Diaconenamtes (C. 42); aus den ἄρχοντες werden skrupellos ἐπίσκοποι[37] gemacht, ein in der[38] Diaspora nie technisch gewordener Terminus. Für den kultischen Dienst liegt das synagogale Vorbild nach Lev. etc. nahe; auch hier ist aber keine kausale Verbindung mit dem AT hergestellt, sondern eine paradigmatisch vorausweisende. Für die besondere Erwähnung eines göttlichen Priesterstandes (Num. 17) mit haggadischer Ausschmückung; als Motto über der Schriftforschung steht ὅσῳ πλείονος κατηξιώθημεν γνώσεως, τοσούτῳ μᾶλλον ὑποκείμεθα κινδύνῳ[39] 41,4. Schriftauslegung ist Gnosis, nicht einfache Übernehmung[40], sondern Arbeit am heiligen Texte, um ihm den ‚wahren Sinn' zu entnehmen und ihn offenbar zu machen. Die ganze christliche Gemeinde ist ja schon durch Deut. 32,8 ff; 4,34; 14,2; Num. 18,97[41] im AT vorhanden. So kommt der Christ dahin, von πατὴρ ἡμῶν Ιακώβ[42] etc. zu sprechen. Die From-

[2)] [und] inhaltlich offenbar für den messianischen Beweis verwandt wird.[35]

35 Hsl. Zusatz B's. □ **36** Siehe Anm. 10. □ **37** Dt.: „Herrscher" – „Bischöfe" (vgl. I Clem 42,5); zu B's Urteil („sicher bewußte Verdrehung") s. Gebhardt/ Harnack 69 Anm. 5. □ **38** Korr. ergänzt: „jüdischen". □ **39** Dt.: „Je höher die Erkenntnis ist, der wir gewürdigt wurden, desto größer ist die Gefahr, der wir ausgesetzt sind." (I Clem 41,1) □ **40** Vom Korr. ersetzt durch: „Übernahme". □ **41** Richtig: Num 18,27 (zit. in I Clem 29,3). □ **42** Dt.: „. . . von unserem

men des AT sind Vorbilder, Vorfahren der Christen (30,7; 31,7; 60,4; 62,2). 62,2 sind die πατέρες προδεδηλωμένοι[43]; zu πρόδηλον[44] cf. 12,7; 40,1. Aus dieser Vorstellung von der Einzigartigkeit des göttlichen Paradigmas im AT erwächst sachgemäß die der prophetischen Bedeutung und insbes. Begabung, die zum mindesten all die haben, denen das AT inspiriert wurde[45] (cf. 43): Moses und οἱ λοιποὶ προφῆται[46], die eigentlich nur die Funktion der wiederholten göttlichen Bezeugung des mosaischen Gesetzes haben. So ist auch Rahab Prophetin (12,8), so ist es Isaac (31), so sind es auch die 12 (oder 2?) Apostel (45,1). Aus dem AT spricht das πνεῦμα ἅγιον und Christus selbst. | Was schon dort am Werk ist, ist christlich: mit dieser Konsequenz ist das ganze geschichtliche Problem des Paulus beseitigt. Was in der Welt, wo es auch immer sei, vorbildlichen Charakter hat, ist christlich oder jedenfalls Hinweis auf das Christentum. Die genauere Differenzierung ist bei Clemens nicht herausgearbeitet; im besonderen, welche Bedeutung eigentlich noch Christus zukommt, ist nicht recht klar. Ich möchte zur Deutlichkeit wiederholen, was wir schon oben sagten: Die direkte Auslegung des AT ist meist nicht haggadisch, sondern in gewöhnlichem Sinne paränetisch, aber die Gesamtauffassung des AT ist auf haggadische Methoden zurückzuführen. Von den christologischen Gedanken werden wir unten weiter sprechen. In diesem Zusammenhange interessiert uns nur das Prinzip der Auslegung, es genügt auf die gemeinsame Methode aufmerksam zu machen, die der frühchristliche Schriftsteller vom spätjüdischen übernimmt.

Es sind also hier zunächst zwei formale Kongruenzen in der Zitation und Auslegung des AT zwischen 1. Cl. und hellenistischem Judentum aufgefunden. Wir knüpfen daran, was wir über die Übernehmungen des alttestamentlichen Schriftstiles zu sagen haben. Es sind hier vornehmlich die Psalmen, deren Stil

---

Vater Jakob" (vgl. I Clem 4,8). □ **43** Dt.: „... sind die Väter Vorher-Offenbarte". In diesem Sinn jedenfalls will B I Clem 62,2 verstehen. Knopf u. a. übersetzen hier lediglich: „die vorher erwähnten Väter". □ **44** Dt.: „ganz deutlich", „offenbar". □ **45** „denen ... wurde" vom Korr. mit Wellenlinie versehen. □ **46** Dt.: „... und die übrigen Propheten" (I Clem 43,1).

nicht selten nachgeahmt wird[47]: Statt unterzuordnen, ordnet man bei, der Parallelismus membrorum tritt bei besonders gehobenen Stellen in Kraft: das charakteristischste Beispiel ist wohl dafür C. 27,4 bis 28,4 und Stellen aus dem großen Gebet C. 59 ff. Aber auch richtige sprachliche Hebraismen sind vorhanden (21,9; 61,1). Wenn er C. 6,1 sagt: τούτοις τοῖς ἀνδράσιν ... συνηθροίσθη πολὺ πλῆθος ...[48], so ist das sicher eine Übersetzung des hebräischen ויאסף אל-[49]. Ebenfalls der häufige Ausdruck κληρονομέω vom Heilsgut, 10,2; 45,8 u. a., ist übersetzt aus נחלה[50] cf. Hebr. 6,12; 11,9; Gal. 3,29; Num. 18,20; 34,2; 1. Sam. 26,19; Ps. 37,18; Jub. 32,19.

Man muß bedenken, daß die Sprache des AT's einen großen Eindruck auf den rhetorisch geschulten Griechen machen | mußte, und nicht zum mindesten aus diesem Grunde die Psalmen so hoch geschätzt wurden. So führt ja auch Tatian, Or. 29[3)] die Form der alttestamentlichen Sprache als erstes in seinem Bekenntnisse an, indem er von den verschiedenen Gründen berichtet, die ihn dazu veranlaßten, dieses ‚barbarische Buch' über allen anderen hochzuschätzen. Eine schöne Parallele für diese Beobachtung bei Clemens haben wir in der Sap. Sal., die, in Alexandria von einem die griechische Sprache gut beherrschenden hellenistischen Juden geschrieben (zwischen 100 und 50 v. Chr.), ganz bewußt den Psalmenstil nachahmt mit parallelismus membrorum usw. Auch Gruß- und Doxologieformeln im 1. Clemens-Brief sind jüdischer Provenienz. Daß es Clemens, der doch das Griechische bis in rhetorische Kunstgriffe hinein beherrschte (vgl. C. 1, dann besonders C. 30,1 den Reim), allerdings zustieß, richtige Hebraismen zu schreiben, berührt merkwürdig, ist aber natürlich noch lange kein Beweisstück für die jüdische Herkunft des Verfassers. Es liegt zum großen Teil an dem uns unangenehm auffallenden Gemisch des

---

[3)] Harnack, Missionsgeschichte I.[51]

47 Vgl. zum Folgenden: A. Harnack, Der erste Klemensbrief, 56 f. – Charakteristisches Kennzeichen der hebr. Poesie ist der sog. *‚Parallelismus membrorum'*, die formale Parallelität mehrerer Glieder eines Verses. □ **48** Dt.: „zu diesen Männern ... wurde eine große Menge versammelt ..." (I Clem 6,1). □ **49** Dt.: „versammeln zu". □ **50** Beide Worte bedeuten dt.: „erben". □ **51** A. v. Harnack, Mission und Ausbreitung I[4], 291, wo Tatian, Oratio ad Graecos 29 zitiert

griechischen Rhetorenstils und der hebraisierenden Tendenz, daß uns das Stilistische an diesem Briefe nicht recht behagt.[52] Alles das sind aber Züge, die der ganzen hellenistisch-jüdischen Literatur eigen sind.

Damit ist das, was über die formalen Kongruenzen (wenn man diese Trennung machen darf) zwischen jüdischer und frühchristlicher Schriftstellerei im speziellen im 1. Cl. zu sagen war, gesagt. So kann folgen, was im ganzen Zusammenhang ungleich wesentlicher und interessanter ist: die gedanklichen Übernehmungen und Parallelen, die sich zwischen 1. Cl. und Judentum feststellen lassen.

Jesus hatte den Menschen in ein neues Verhältnis zu Gott gestellt, aus dem יהוה צבאות war der πατήρ geworden, aus dem Gesetzessklaven das Kind Gottvaters.[53] Diese neue Botschaft | von Gott, dem Vater und dem Menschen, seinem Kinde, sollte in die Welt hinaus wandern; wie es ihr erging, wollen wir zunächst untersuchen.

Im 1. Cl. kommt die Bezeichnung Gottes als πατήρ sechsmal vor (7,4; 19,2; 23,1; 29,1; 35,3; 56,6[54]), davon eigentlich nur einmal in spezifisch christlichem Sinne (29,1); hingegen häufen sich die Bezeichnungen für Gott als δεσπότης (über 20 ×), κύριος, κτίστης (3 ×), δημιοῦργος[55] 5 × (20,11; 26,1; 33,2; 35,3; 59,2). Vergleichen wir zu diesen Ausdrücken das AT und NT, so finden wir, daß das Wort δεσπότης bei Paulus nie, bei Lk. 2,29; Akt. 4,24, charakteristischerweise beidemal in Gebeten von Juden,christen'[56], die sich eben erst zu Christus bekennen, vorkommt. Das eine Mal vom alten Symeon, das andere Mal von der jerusalemischen Gemeinde nach dem Heilungs-

wird. □ **52** Sowohl B's These, daß der Stil des I Clem kein Beweis für die jüd. Herkunft seines Verfassers sei, als auch sein Urteil über diesen Stil sind orientiert an: A. Harnack, Der erste Klemensbrief, 57. Anders: E. Gundert, Der erste Brief des Clemens, 651 f. □ **53** Dt.: „... aus dem Jahwe Zebaoth war der Vater geworden ..." – B macht sich mit dieser Zusammenfassung der Botschaft Jesu die zentrale These aus Adolf von Harnacks berühmter Vorlesung zur Jahrhundertwende zu eigen (vgl. A. v. Harnack, Das Wesen des Christentums, 40 ff, bes. 44). □ **54** Richtig: 56,16; außerdem noch 8,3 u. 62,2. □ **55** Dt.: „Herr", „Herrscher" – „Herr" – „Schöpfer" – „Schöpfer", „Urheber". □ **56** Urspr. „Juden", von B hsl. geändert in „Juden,christen'".

wunder[57] des Petrus und Johannes gesprochen; dann 2. Petr. 2,1; Jud. 4 Ἰησοῦς Χριστὸς δεσπότης καὶ κύριος[58]; Apok. 6,10, die ja, wie Vischer[59] nachwies, christliche Überarbeitung einer jüdischen Apokalypse ist. Der Jud. und 2. Petr. stammen aus judenchristlicher Hand. In der Septuaginta ist δεσπότης Übersetzung von אדונאי oder אל(והים)[60] und kommt besonders in Verbindung mit κύριος sehr häufig vor (cf. Richter 5,20; Hiob 5,8; Sirach 23,1; 36,1; Sap. 6,7; 8,3; 11,26; 2., 3., 4. Ma., da Prov. im ganzen häufiger in der späteren Literatur). κύριος, soweit Gott damit bezeichnet ist, ist die gewöhnlichste Übersetzung der LXX für אלוהים, אדונאי, יהוה. Philo sagt über das Verhältnis von κύριος zu δεσπότης Quis rer. div. heres 6: συνώνυμα ταῦτα εἶναι λέγεται[61]. Im NT tritt die Bezeichnung κύριος für Gott zurück und wird hauptsächlich für Christus angewandt, wie wir auch im 1. Cl. beide Formen haben (1,1; 12,7; 16,2; 20,1; u. s. f., aber 2,9; 16,3; 22,1; u. s. f.).

Die Bezeichnung Gottes als κτίστης ist im AT nicht sehr häufig, auch hier hauptsächlich später im Gebrauch (cf. Ri. 9,22; 2. Sam. 22,32 – LXX hat den hebräischen Text mißverstanden – Sir. 24,8; 2. Ma. 1,24; 7,23; 4. Ma. |5,25; 11,5). Im NT kommt sie nur 1. Petr. 4,19 vor. Bei Josephus ist die Bezeichnung nicht selten. δημιοῦργος haben wir im AT nur einmal (2. Ma. 4,11). Der Ausdruck stammt aus der Platonischen Philosophie, bei den Neuplatonikern ist er sehr häufig, er wird auf dem Umweg über Josephus und Philo, die ihn ebenso häufig brauchen, zu Clemens gekommen sein.

Daß dem frühen Heidenchristentum Gott als κτίστης τοῦ συμπάντος κόσμου[62] oder als δημιοῦργος sehr wichtig war, beweist außer 1. Cl. auch Tatian (de orat. 29; cf. Harnack[63]). Im AT hatte der Grieche eine gelöste[64] Kosmogonie und Kosmolo-

---

57 „jerusalemischen Gemeinde" und „Heilungswunder" ersetzen hsl. den von B unleserlich gemachten masch. Text. □ **58** Dt.: „der Herrscher und Herr Jesus Christus". □ **59** Von B hsl. korrigiert aus: „Fischer". Gemeint ist: E. Vischer, Die Offenbarung des Johannes; vgl. dazu auch das zu Vischers Untersuchung verfaßte „Nachwort" Harnacks sowie: A. v. Harnack, Dogmengeschichte I[4], 114 Anm. 1. □ **60** Atl. Bezeichnungen für Gott. □ **61** Dt.: „... man sagt, daß diese [sc. die Worte κύριος und δεσπότης] gleichbedeutend sind" (Philo, Her 22 (I p. 476 M.)). □ **62** Dt.: „... als Schöpfer des gesamten Weltalls". □ **63** Siehe Anm. 51. □ **64** Vom Korr. unterstrichen und am Rand

gie vor sich, deren Schöpfer, Baumeister Gott war (cf. 1. Cl. C. 20, das ganz mit griechischen Vorstellungen durchsetzt ist /s. unten/).

Dann finden wir zahlreiche Beiworte, Prädikate, die Gott zugelegt werden. Wir befinden uns hier an einer der Stellen, an denen des Clemens Gedankenwelt am reichsten und unerschöpflichsten war; auch überschwängliche Geschmacklosigkeiten begegnen uns, so muß man es als solche bezeichnen, wenn Clemens von der γλυκύτης τοῦ ποιήσαντος ἡμᾶς[65] spricht. Es ist fast unmöglich, alle die Benennungen aufzuzählen, die Clemens für Gott findet. Wir wollen uns an eine charakteristische Auswahl halten.

παντοκράτωρ[66] (cf. 2,3; 32,4; 56,6; 60,4; 62,2) ist die LXX-Übersetzung für יהוה צבאות oder יהוה אלוהי צבאות oder cf. Hiob שַׁדַּי[67]; in LXX sehr häufig, im NT 2. Cor. 6,18 deutlich als Übersetzung gekennzeichnet; sonst nur noch – charakteristisch genug – in der Apok. 1,8; 4,8; 11,17; 15,3; 16,7; 21,22. Es folgen einige Prädikate, die wohl ihren Ursprung in der griechischen Philosophie haben und sich teilweise in den jüdischen Schriften m. W. nicht nachweisen lassen. Noch oft in der späten jüdischen Literatur finden wir den Begriff | Gott als εὐεργέτης, εὐεργετικός[68] (59, 3; 20,11; 23,1. LXX: Esth. 8,13; Sap. 19,14; 2. Ma. 4,2; 3. Ma. 3,19; Sap. 7,22; Psalm 103. Im NT nur Lk. 22,25).[4)]

[4)] Von den εὐεργεσίαι Gottes spricht das NT einige Male, dann besonders Philo cf. de spec. leg. I 209; Seneca, ep. 95; de benef. II 29[69] allerdings ruht dieser Ausdruck auf anderem Brette[70], da wir im speziellen die technisch gewordenen Bezeichnungen Gottes herausstellen wollten (1 Cl. 19,2, 21,1, 38,3 u. a.).[71]

mit Fragezeichen versehen. Siehe dazu auch o. Anm. 17. □ **65** Dt.: „Freundlichkeit [wörtl.: „Süßigkeit"] dessen, der uns gemacht hat" (I Clem 14,3). □ **66** Dt.: „Allherrscher". □ **67** Atl. Gottesbezeichnungen. □ **68** Dt.: „Wohltäter" – „wohltätig". □ **69** Dt.: „Von den Wohltaten Gottes ..." – Philo, SpecLeg I, 209 (II p. 242 M.); Seneca, Epistulae morales 95,49; Seneca, De beneficiis II, 29,3. Die drei Belegstellen finden sich bei R. Knopf, Der Erste Clemensbrief, 75; allerdings spricht die Philo-Stelle nicht von den ‚Wohltaten Gottes' – wie B nahelegt –, sondern von Gott als dem ‚Wohltäter'. □ **70** U. L. □ **71** Anm. 4) ist von B hsl. am Rand nachgetragen.

πανάγιος[72] 35,3; 58,1 findet sich nur 4. Ma. 7,4; 14,7; im NT fehlt das Wort ganz. Es ist wohl griechischer Herkunft[5)], und wurde später in der griechischen Kirche ein kultisch-zentraler Ausdruck.

Zu ὕψιστος vgl. Sirach[74]

Prädikate wie ἀόργητος (19,3), ἐμπεριέχων (28,4) ἀρχέγονον ὄνομα[75] finden sich nur in der griechischen Philosophie. [ἀόργητος][76] ist zunächst von Aristoteles, Eth. Nic. II,7 gebraucht, dann bei Epiktet, Diss. III, 20,9; III, 18,16 εὐσταθώς[77], Marc Aurel I,1, d. h. ein Ausdruck der stoischen Philosophie. ἐμπεριέχων ist eine charakteristische Bezeichnung für die stoische Weltseele. Für ἀρχέγονος bringt Lightfoot Aristoteles de mund. 6 und einige spätere christliche Zitate.[78] Zu ἀπροσδεής[79], einem Wort, das zwar bei Clemens nur einmal (52,1) vorkommt, vgl. LXX: 2. Ma. 14,35; 3. Ma. 2,9. Ich führe diese Bezeichnungen an, weil ich sie für den Gottesbegriff des Clemens für charakteristisch halte (s. u.). ἐλεήμων, ἔλεος, οἰκτίρμων, οἰκτιρμός[80] (9,1; 18,2; 22,8; 28,1; 50,2; 56,5. – 23,1; 60,1. – 9,1 – 18,2; 20,1; 56,1)[81] ist eine Begriffsreihe, die besonders vom Spätjudentum so oft wie ungläubig[82] wiederholt

5) Knopf, Kommentar zum 1. Clemensbrief.[73]

72 Dt.: „allheilig". □ **73** Vgl. R. Knopf, Der Erste Clemensbrief, 105. □ **74** Dt.: „der Höchste". – Der Verweis auf Sir findet sich bei: W. Wrede, Untersuchungen zum Ersten Klemensbriefe, 63 Anm. 2. □ **75** Dt.: „gütig" (wörtl.: „frei von Zorn") – „der alles umfaßt" – „(wörtl.:) der erstgewordene Name" (vgl. I Clem 59,3, die einzige Stelle, an der das Wort bei I Clem vorkommt, nach der Übers. von R. Knopf: „[... daß wir auf deinen] Namen [hoffen], der [allem Geschaffenen] das Leben gab".). □ **76** Ergänzung des Bearbeiters. – Die folgenden Belege finden sich alle bei J. B. Lightfoot, The Apostolic Fathers I/2, 69 Anm. 21: Aristoteles, Nikomachische Ethik II, 7 (1108 a 8); Epiktet, Dissertationes III,20,9 u. (richtig:) III,18,6 (hier in Verbindung mit εὐσταθώς); Marc Aurel, In semet ipsum (Selbstbetrachtungen), I,1. □ **77** Dt.: „ruhig". □ **78** Vgl. J. B. Lightfoot, The Apostolic Fathers I/2, 172 Anm. 1. Lightfoot belegt mit dem Verweis auf Pseudoaristoteles, De mundo 6 (399 a 26) das Wort ἀρχαιόγονος („uranfänglich"). □ **79** Dt.: „bedürfnislos", „nichts nötig habend". □ **80** Dt.: „erbarmend" – „Erbarmen" – „mitleidig" – Mitleid". □ **81** Bei der Zusammenstellung von Nachweisen zu den vier voranstehenden Begriffen hat B den einzigen Beleg für ἐλεήμων (I Clem 60,1) versehentlich weggelassen; die erste Zahlenreihe bezieht sich darum auf ἔλεος, die zweite auf οἰκτίρμων und die dritte und vierte (statt 20,1 richtig: 20, 11) auf οἰκτιρμός. □ **82** Korr.: „Stil!" – Vgl. hierzu und zum Folgenden auch

wurde. Je kasuistischer das Leben des Frommen eingeengt wurde, um so größer wurde das immer wiederkehrende und immer verzweifelt ungläubiger werdende Flehen um Barmherzigkeit und Mitleid. Besonders wird diese Bitte natürlich in Zusammenhang mit dem Gerichts- | gedanken gebracht (cf. 1. Cl. 28,1). So haben wir im 3. Esra eigentlich durch das ganze Buch hin diese eine Bitte in unzähligen Variationen vor uns. Im AT hat diese Bitte allerdings eine ganz andere Grundlage – freilich ist sie auch hier nicht selten –, die dem Spätjudentum geraubt ist, von der wir bei dem Begriff der δικαιοσύνη[83] ausführlicher sprechen wollen (cf. Exod. 34,6; Psalm 77,38; 85, 15; 102,8; Sir. 2,11; u. a.). Im NT haben wir den Begriff hauptsächlich bei Paulus (Röm. 12,1; 2. Cor. 1,3; Phil. 2,1; Col. 3,12), dann Hebr. 10,28, dann nur noch Lk. 6,36 und Jac. 5,12, in einem ganz jüdisch anmutenden Satze. In der Predigt Jesu und Pauli spielen jedenfalls die Begriffe eine geringere Rolle als bei Clemens, bei dem doch diese Begriffe die Korrelate zu denen der δεσπότης, παντοκράτωρ, ὁσιώτατον τῆς μεγαλωσύνης ὄνομα (cf. 58,1), ὕψιστος, πανάγιος, ἀπροσδεής, βασιλεὺς ἐπουράνιος τῶν αἰώνων[84] ... etc. sind; denn von der ἀγάπη[85] Gottes gegen den Menschen ist nicht oft die Rede, soweit ich sehe nur zweimal in C. 49. Wir werden noch sehen, daß es bei Clemens ein ganz anderes Motiv ist, das an deren Stelle tritt: es ist die ‚Gnade der Auserwählung' (davon später). Sollte man ein Stück aus 1. Cl. nennen, das eine charakteristische jüdische Zusammenstellung fast aller oben genannter Gottesnamen aufweist, so ist es das große Schlußgebet C. 59 ff, für welches Lightfoot den Versuch einer Vergleichung mit dem Schemone'Esre gemacht hat, indem er alle christlichen Stellen ausschied und so fast das ganze jüdische 18 Bitten-Gebet darin unterbringen konnte.[86] Über die Detailfragen des Gebetes brauchen wir nicht zu sprechen.

W. Bousset, Die Religion des Judentums, 357–374. □ **83** Dt.: „Gerechtigkeit". □ **84** „Herr" – „Allherrscher" – „heiligster Name der Erhabenheit" – „Höchster" – „Allheiliger" – „Bedürfnisloser" – „himmlischer König der Äonen". □ **85** Dt.: „Liebe". □ **86** *Schemone Esre* („Achtzehngebet"), täglich dreimal im jüd. Gottesdienst gesprochenes, aus 18 Lobpreisungen u. Bitten bestehendes Hauptgebet. – Zum Vergleich mit I Clem 59 ff s. J. B. Lightfoot, The Apostolic Fathers I/1, 393–396.

Wir gehen über zu den diesen Gottesbegriffen korrespondierenden Korrelaten auf menschlicher Seite: Diesem einen, streng monotheistisch gedachten Gott der Macht und Größe sollte, wie schon im AT, wie auch in manchen hellenistischen Kulten[6)], der δοῦλος[88] gegenüberstehen. | Dieser Ausdruck aber kommt im ganzen Brief nur einmal vor (60,2), (zweimal noch das Wort δουλεύειν[89]) und hier in einem Zusammenhange, der, wenn nicht gar aus dem AT übernommen, doch mindestens stark anklingt (LXX: Num. 14,18). Wenn Lightfoot sagt: „The idea of subjection to God thus very prominent in Clement ...“[90], so kann er das nur aus dem immer wiederkehrenden Begriffe des δεσπότης schließen; denn daß diese im AT und bei Paulus so häufig vorkommende Bezeichnung des Menschen als δοῦλος in den Hintergrund rückt, darf man wohl kaum übersehen (Röm. 1,1; Phil. 1,1; Gal. 1,10; Col. 4,12). Und wenn nun nur noch in Jud., 1. und 2. Petr. [und] Apok. der Ausdruck häufig ist und allein in den Pastoralbriefen – ob Clemens sie kannte, sei dahingestellt – und Hebr., den er nachweislich benutzte, nicht vorkommt, so ist das doch ein charakteristisches Resultat; es sind die beiden letztgenannten Briefe die Vertreter einer sehr ähnlichen Gedankenwelt, wie sie Clemens eignet. Es scheint fast, als ob hier eine gemeinsame Abneigung gegen diese Bezeichnung vorliege und daß erst später bei Hermas und Cyprian[91] diese im Heidenchristentum zu voller Geltung kommt. Ich möchte freilich nicht im geringsten wagen, daraus eine Theorie zu machen. Denn das argumentum e silentio ist eines der trügerischsten. Aber es ist

---

6) Reitzenstein, Hellenistische Mysterien. Exkurs zu κάτοχος.[87]

87 Vgl. R. Reitzenstein, Die hellenistischen Mysterienreligionen, 71 ff. □ **88** Dt.: „Knecht“, „Diener“. □ **89** Dt.: „dienen“. □ **90** Vgl. J. B. Lightfoot, The Apostolic Fathers I/2, 37 Anm. 7: „The idea of *subjection* to God is thus very prominent in Clement, while the idea of *sonship*, on which the Apostolic writers dwell so emphatically, is kept in the background.“ („So sticht der Gedanke der *Unterwerfung* unter Gott im Clemensbrief sehr hervor, während der Gedanke der *Sohnschaft*, auf dem die apostolischen Schriftsteller so nachhaltig bestehen, in den Hintergrund tritt.“) □ **91** *Hermas*, Vf. einer später „Pastor Hermae“ genannten Bußpredigt in Form einer Apokalypse aus der ersten Hälfte des 2. Jhs. – *Thascius Caecilius Cyprian*, von 248/49 bis zu seinem Martyrium am 14. 9. 258 Bischof von Karthago.

natürlich etwas ganz anderes, wenn sich ein Römer als δοῦλος bezeichnet, als wenn einem solchen immer wieder ὑπακοή, φόβος θεοῦ, ταπεινοφροσύνη[92] vorgehalten wird; das sind keine Momente, die den Menschen erniedrigen. Stellvertretende Begriffe für δοῦλος sind im 1. Cl.:

1. λειτουργία[93] in der LXX Übersetzung von עֲבוֹדָה – priesterlicher Dienst am Heiligtum, das Wort wird auch mit ἐργασία, δουλεία, λατρεία[94] übersetzt (zu λειτουργία, -γέω, -γός[95] cf. 9,4; 20,10; 40,2.5; 41,1; 44,2.6. – 9,2; 32,2; 43,4; 44,3. – 8,1; 36,3; 41,2 /34,5 von den Engeln, die dem Herrn dienen, vgl. Philo de virt. 74 p. 387[96]/).

2. θεράπων[97] 4,12; 43,1; 51,3.15[98]; 53,5 nur von Mose ge- | braucht nach Ex. 4,10; 14,31; Num. 12,7.8 u. a. (Hebr. 3,5; Barn. 14,4).

Und 3. dann im wesentlichen die oben angeführten religiös-ethischen Grundbegriffe; wie weit diese als jüdischer Herkunft zu charakterisieren sind, werden wir jetzt untersuchen.

Die ὑπακοή ist ein religiöser Hauptbegriff im Judentum, im 1. Cl. haben wir folgende Stellen: 9,3; 10,2.7; 19,1; 63,1; für ὑπήκοος: 10,1; 13,3; 14,1; 60,4; 63,2; für ὑπακούω[99]: 7,6; 9,1; 39,7; 57,4; 58,1; insgesamt 15 Stellen; fast alle sind in paränetischem Zusammenhang gebraucht. „Religion ist für das Spätjudentum gleich Gehorsam", hat Bousset gesagt[7)], und so ist es wirklich kaum nötig, genauere Angaben zu machen. Wir finden den Begriff in der LXX merkwürdigerweise nur 2. Sam. 22,36 (die Profangräzität kennt ihn gar nicht). Das Verb ὑπακούειν kommt als Übersetzung hauptsächlich von שמע[101] aber nicht sehr[102] häufig vor. Das tut aber der Behauptung Boussets

[7)] Bousset, Religion des Judentums I, S. 111.[100]

92 Dt.: „Gehorsam" – „Gottesfurcht" – „Demut". □ 93 Dt.: „Dienst". – Siehe zum Folgenden H. Cremer, Wörterbuch[10], 667. □ 94 Dt.: „Beschäftigung" – „Dienst" – „Anbetung". □ 95 Dt.: „Dienst" – „dienen" – „Diener". □ 96 Philo, Virt 74 (II p. 387 M.). □ 97 Dt.: „Diener". □ 98 Richtig: 51,3.5. □ 99 Dt.: „Gehorsam" – „gehorsam" – „gehorchen". – Vgl. zum Folgenden auch H. Cremer, Wörterbuch[10], 108 f. □ 100 Vgl. W. Bousset, Die Religion des Judentums, 111 Anm. 1: „Religion ist ὑπακοή", bzw. 353: „Religion ist für die Auffassung des Spätjudentums: Gehorsam (ὑπακοή)." □ 101 Dt.: „hören", „gehorchen". □ 102 „aber nicht sehr" ist hsl. Zusatz B's.

keinen Eintrag, denn der Gesetzesmoral ist der Gehorsam immanent.

Im NT ist der Begriff nicht selten. Der wesentliche Unterschied zwischen beiden Bedeutungen ist der, daß aus dem Gesetzesgehorsam der ‚Glaubensgehorsam' wurde[103], d. h. aus dem Gehorsam in der Erfüllung des Gesetzes, aus der gehorsamen einzelnen guten Tat, der Gehorsam des Christen bestehend in der Unterwerfung unter den göttlichen Willen. Es liegt uns, wie gesagt, hier zunächst nur an der Aufzählung des vorhandenen Bestandes des jüdischen Elementes. Alles Prinzipielle folgt weiter unten. Wir wollen hier nur das Material sammeln, mit dem wir später arbeiten müssen. In dem Begriff der ὑπακοή enthalten ist ein anderer: der des φόβος τοῦ θεοῦ[104] 21,6.7; 23,1; 2,8; 3,4; 19,1 u. a. Er bildet mit der ὑπακοή die religiösen Grundlagen des Spätjudentums. Man sehe nur in Prov., Kohel., Sir., aber auch schon in | die Prophetenbücher hinein, so ist dieser Begriff geradezu zentral (cf. Sir. 1,11.18.26.27.30; 2,10 ... Prov. 1,7.29; 2,5; 8,13; 9,10; Ps. 33,18; Jes. 12,2; Jer. 30,10 in Verbindung mit ἔλεος[105]). Im NT tritt der Begriff in den Hintergrund, er findet sich nicht einmal 20mal (in der Profangräzität: Plutarch, de superst. 11: θάρσος τὰ θεῖα σώφροσιν βροτῶν φόβος δὲ ἄφροσιν καὶ ἀχαρίστοις καὶ ἀνοήτοις ...[106] Im ganzen ist dies aber nicht die übliche Auffassung).

Ist der φόβος θεοῦ nun religiöser Zentralbegriff des Judentums, so folgt, daß man jede Züchtigung, die von Gott geschickt wird, gerne auf sich nimmt, ja die παιδεία θεοῦ = מוּסַר יהוה[107] wird sogar nur besonders Bevorzugten zuteil (35,8,

103 Vgl. W. Bousset, Die Religion des Judentums, 111 Anm. 1: „Paulus redet nach seiner Bekehrung gerne von ὑπακοή πίστεως [„Glaubensgehorsam"]." □ 104 Dt.: „Gottesfurcht". – Zum Folgenden: H. Cremer, Wörterbuch[10], 1115 ff □ 105 Dt.: „Erbarmen". □ 106 Das Zitat findet sich nicht an dem von B angegebenen Ort, sondern bei Plutarch, Moralia 34 A (Quomodo adolescens poetas audire debeat 12) und lautet dort: Θάρσος τὰ Θεῖα τοῖσι σώφροσιν βροτῶν, φόβος δὲ τοῖς ἄφροσι καὶ ἀνοήτοις καὶ ἀχαρίστοις („Mut denen unter den Sterblichen, die Göttliches sinnen, Furcht den Törichten, Undankbaren und Unvernünftigen."). B zitiert nach H. Cremer, Wörterbuch[10], 1116, und übernimmt von dort auch – freilich aufgrund eines Mißverständnisses – die falsche Belegstellenangabe. □ 107 Dt.: „Zucht (Züchtigung, Erziehung) Got-

besonders C. 56,2 ff; 62,3). Denn „wen der Herr liebt, den züchtigt er" (Prov. 3,12). Μακάριος ὁ ἄνθρωπος ὃν ἤλεγξεν ὁ κύριος[108] Hiob 5,17 ff, παιδεία ist die Vorbedingung[109] zur wahren Gottesfurcht. So soll man den Kindern die παιδεία τοῦ φόβου τοῦ θεοῦ bzw. παιδεία ἐν Χριστῷ[110] zuteil werden lassen (21,6.7). Gerade diese Zusammenstellung von φόβος und παιδεία finden wir in Prov. 16,4, ebenso in Sir. 1,27: σοφία καὶ παιδεία φόβος κυρίου[111]; (vgl. noch Prov. 1,2.7.29; 3,11 usw.; Sir. Prol. 3; 1,20 ...). Immer hat παιδεία die Bedeutung ‚Zucht', ‚Züchtigung', nie nur ‚Lehre, Unterricht'. Im NT findet sich der Begriff nur Hebr. 12,5.7.11; Eph. 6,4; 2. Tim. 3,16.

Für die jüdische Lebensweisheit gehört ein dritter Begriff zu den beiden genannten, der παιδεία und [den] φόβος hinzu, nämlich die σοφία[8)]; und zwar nicht in eben dem Zusammenhang, aber doch im Weiterverlauf der Gedankenreihe begegnen wir bei Clemens einer ähnlichen Vorstellung. War für den Siraciden und die Spruchweisheit neben der Zucht die Weisheit Voraussetzung für den φόβος τοῦ θεοῦ, so sagt auch unsere Paränese, daß es Unverstand sei, sich gegen den Willen Gottes zu er- | heben; d. h., daß ein solcher Unverständiger nie die rechte Gottesfurcht haben könne, ist die Folge (cf. 39,1).

Sind das die Konsequenzen aus dem Begriffe des φόβος θεοῦ nach der religiösen Seite hin (ich will hier keine Systematik der jüdischen Theologie, sondern nur eine ungefähre Einordnung geben), so bestehen die ethischen in den einzelnen guten Taten, deren jede eine Tat der ὑπακοή ist. Diese Gedanken (s. u.) werden wir im 1. Cl. als den jüdischen sehr ähnlich aufweisen

---

8) daß wir σοφία hier noch in ganz natürlichem, unphilosophischem Gebrauch haben, ist klar. Zur Hypostase s. u. S. 244.[112]

tes" – „Zucht Jahwes". Vgl. dazu auch H. Cremer, Wörterbuch[10], 836 f. □ **108** Dt.: „Selig der Mensch, den der Herr straft" (Hi 5,17). – Die beiden Belege B's (Prov 3,12 u. Hi 5,17) werden in I Clem 56,4.6. zitiert. □ **109** „Vorbedingung" vom Korr. mit Wellenlinie unterstrichen. □ **110** Dt.: „... die Zucht der Gottesfurcht bzw. die Zucht in Christus" (richtig: I Clem 21,6.8). □ **111** Dt.: „Die Furcht des Herrn besteht in Weisheit und Zucht" (Sir 1,27). □ **112** Anm. 8) von B hsl. am Rand nachgetragen.

können, und doch wäre das Wesentlichste verfehlt, wenn wir bei dieser Vergleichung beharrten. Jede ‚gute Tat' muß für den Juden eine Verherrlichung der δικαιοσύνη[113] sein, und damit sind wir an einen Begriff herangerückt, der uns etwas weiter abführen wird, als wir es jetzt schon wünschten; denn wir müssen die ethischen Prinzipien des Judentums bei Clemens ausfindig zu machen suchen.

Durch Gott ist die heilige Schrift geschrieben, und so ist sie der verwirklichte Gotteswille, der κανών = Richtschnur des Lebens (7,2; 41,1). Für dieses ‚Wandeln im Gesetz' etc. hat der Jude eine Unzahl von Ausdrücken, deren einige sich dem Schreiber des 1. Cl. im Gedächtnis festgesetzt hatten, und die er ab und zu korrekt oder modifiziert in die Paränese einstreut[114]: 1,3: ἐν τοῖς νομίμοις τοῦ θεοῦ (τῶν προσταγμάτων 40,4) πορεύεσθαι[115] von Lev. 18,3; 20,25; Jer. 26,4; Ez. 5,6. 2,8: schreibe meine Gebote ἐπὶ τὰ πλάτη τῆς καρδίας αὐτῶν . . .[116] Prov. 7,3. 3,4: διὰ τοῦτο . . .[117] Jes. 3,5. Ohne direkte Parallele: 13,1: ποιήσωμεν τὸ γεγραμμένον.[118] 7,3: τὶ τερπνόν[119] 1. Tim.

113 Dt.: „Gerechtigkeit". □ 114 Das Folgende bis zum Ende des Absatzes von B hsl. hinzugefügt. □ 115 Dt.: „(I Clem 1,3:) in den Satzungen Gottes ([seiner] Gebote [richtig:] 3,4) wandeln". – B folgt in der Wiedergabe von I Clem 1,3 nicht Gebhardt/Harnack 4 (vgl. aber u. Anm. 120), sondern J. B. Lightfoot, The Apostolic Fathers I/2, 10, und übernimmt von dort (vgl. a. a. O., Anm. 5) auch die angegebenen LXX-Belege. □ 116 Statt αὐτῶν richtig: ὑμῶν; dt.: „. . . auf die Tafeln eures Herzens" (I Clem 2,8). □ 117 Vollständig lautet I Clem 3,4: Διὰ τοῦτο πόρρω ἀπέστη ἡ δικαιοσύνη καὶ εἰρήνη, ἐν τῷ ἀπολιπεῖν ἕκαστον τὸν φόβον τοῦ θεοῦ καὶ ἐν τῇ πίστει αὐτοῦ ἀμβλυωπῆσαι, μηδὲ ἐν τοῖς νομίμοις τῶν προσταγμάτων αὐτοῦ πορεύεσθαι μηδὲ πολιτεύεσθαι κατὰ τὸ καθῆκον τῷ Χριστῷ, ἀλλὰ ἕκαστον βαδίζειν κατὰ τὰς ἐπιθυμίας τῆς καρδίας αὐτοῦ τῆς πονηρᾶς, ζῆλον ἄδικον καὶ ἀσεβῆ ἀνειληφότας, δι' οὗ καὶ θάνατος εἰσῆλθεν εἰς τὸν κόσμον. („Deswegen ist Gerechtigkeit und Friede in weiter Ferne, weil jeder die Furcht Gottes verlassen hat und im Glauben an ihn schwachsichtig geworden ist, auch nicht mehr in den Satzungen seiner Gebote wandelt und ein Christi würdiges Leben führt, sondern weil jeder nach den Begierden seines schlechten Herzens dahingeht, von ungerechter und gottloser Eifersucht erfüllt, durch die ja auch ‚der Tod in die Welt kam'.") – Den Verweis auf Jes 3,5 hat B irrtümlicherweise aus den Kommentaren zu I Clem 3,3 übernommen. □ 118 Dt.: „Laßt uns tun, was geschrieben steht" (I Clem 13,1). □ 119 Vollständig lautet I Clem 7,3: . . . καὶ ἴδωμεν τί καλὸν καὶ τί τερπνὸν καὶ τί προσδεκτὸν ἐνώπιον τοῦ ποιήσαντος ἡμᾶς. („[Deswegen wollen wir . . . nach der . . . Regel, die uns überliefert ist, leben] und auf das achten, was gut und was wohlgefällig und was vor unserm

2,3; 5,4. νόμος[120] kommt im 1. Cl. nur 1mal vor (1,3) und hier nicht vom mosaischen Gesetz.

Je mehr das palästinensische Judentum an nationaler Geschlossenheit verlor, desto kasuistischer mußte seine Ethik naturgemäß werden, wenn es sich überhaupt noch behaupten wollte, d. h. die peinlichste Determinierung des Einzellebens mußte vor Gott die großzügigere der Gemeinschaft aller | Gläubigen ersetzen.[121] Je kasuistischer aber die Ethik wurde, um so kleinlicher [und][122] äußerlicher wurde sie und um so rigoristischer; in dieser rigoristischen Äußerlichkeit bereitete sich der innerliche Zusammenbruch vor, der aus dem Mißverhältnis einer religiös zweifellos stark bedürftigen, aber kasuistisch bis ins kleinste hinein beengt[en] und geängstigten seelischen Struktur notwendig entstehen mußte (Wir haben nicht wenige Beispiele dafür in der katholischen Kirche). Gott war nicht mehr der, der wie im AT[123] Güte und Gerechtigkeit in seinem Wesen verband, sondern der strengste, peinlichste – das bedeutet für das späte Judentum ‚gerechteste' – Richter, der „ohne Ansehen der Person jedem vergilt, wie er verdient" (Sir. 16,12.14; Prov. 24,12).[124] Den schmerzlichsten Eindruck empfangen wir aus 4. Esr. oder Jub. 5,14; 33,18 u. a. Der Mensch tut aus eigener Kraft ‚gerechte' Werke, und der Richtergott belohnt oder verdammt ihn ‚je nach seinem Verdienst'. Man fleht um Barmherzigkeit und zittert vor Verdammung mehr, als man an Erfüllung seines flehentlichen Gebetes glaubt. Diesen Zustand hatten Jesus und Paulus vorgefunden, und Paulus hatte den entscheidenden Schritt getan, den Menschen aller Gerechtigkeit vor Gott zu berauben. Gerechtigkeit hat nur Gott, und durch seine Gnade kommt der Mensch zur Unterwerfung und zum Glauben und wird nun – eine Logik vermag es nicht zu fassen – durch diesen gerechtgesprochen; d. h. nur durch ein Geschenk

---

Schöpfer angenehm ist."). □ **120** Dt.: „Gesetz" (I Clem 1,3). – B folgt hier dem von Gebhardt/Harnack 4 gebotenen Text (vgl. dagegen o. Anm. 115). □ **121** Vgl. hierzu und zum Folgenden: W. Bousset, Die Religion des Judentums, 103 ff. □ **122** Vom Korr. eingefügt. □ **123** „wie im AT" ist hsl. Zusatz B's. □ **124** Die von B gebrauchte Wendung (vgl. dazu etwa I Petr 1,17) ist kein direktes Zitat, sondern freie Zusammenfassung der Aussagen von Sir 16, Prov 24 und Jub 5 u. 33. Siehe hierzu und zum Folgenden W. Bousset, Die Religion des Judentums, 351 ff, bes. 360 f, wo sich die genannten Belege finden.

wird der Mensch vor Gott gerecht. Diese Geschichte des Problems muß man sich dem 1. Cl. vorangegangen denken; dann erst versteht man die Unbedenklichkeit, mit der Clemens den frommen Menschen ‚Gerechtigkeit tun läßt'. Als zweites aber müssen wir uns hier vor allem vor Augen führen, daß der Begriff der δικαιοσύνη (teils durch das hellenistische Judentum, das das spezifisch Jüdische im Gesetz hinter allgemein sittlich-humanen Lehren zurückstellte) einen ungeheuer weiten Umfang bekommen hatte, so daß damit jedes mehr oder weniger | spezialisierte sittliche Handeln bezeichnet werden konnte (cf. C. 48), eine Weite der Bedeutung, die dem palästinensischen Judentum fern liegt. Das ängstliche Bangen um Barmherzigkeit ist einem merkwürdig fest begründeten Erwählungsbewußtsein gewichen, aus dem heraus der Mensch ‚Gerechtigkeit tun kann' (cf. C. 31,2). Parallel mit dem Judentum läuft bei Clemens nur die Zusammenstellung von Gerechtigkeit in Werk und Gehorsam im Gegensatz zu Paulus, für den Glaube und Gehorsam zusammenfallen. Was nun in detaillierter Form ‚Gerechtigkeit tun' im jüdischen Sinne heißt, ist hier aufzuzählen ebenso unmöglich wie unnötig. Es fällt außer dem gesamten sittlichen Handeln noch alles Zeremonielle unter diesen Begriff; daß auch letzteres nicht bedeutungslos für Clemens geworden war, erkennen wir aus der furchtbar scharfen Bemerkung, C. 41, daß, wer sich im kultischen Dienst verfehlt, der Todesstrafe verfällt.

Wir brauchten diese allgemeine Erörterung zur Einordnung der angeführten jüdischen Begriffswelt in das Ganze der Weltanschauung, können aber hier natürlich nicht systematisch für unseren Brief abhandeln, da uns ein ganz fundamentaler Kreis clementinischer Begriffswelt noch fehlt, der sich in die schulmäßige Schematisierung: Glaube, Gehorsam, Rechtfertigung, aus deren Verhältnis zueinander man jedes Menschen Christentum regulieren und klassifizieren zu können glaubt, gar nicht hineinpaßt. Bevor wir diesen speziell christlichen Teil behandeln, ist noch das, was vom jüdischen Element zu sagen ist, zu Ende zu bringen.

Es gilt zunächst in einigen Worten auf das eschatologische Element, d.h. auf die Fragen nach dem Gericht, der Vergeltung, den Hoffnungen des jüdischen Frommen, einzugehen. Es ist merkwürdig, oder vielleicht gerade nicht merkwürdig, daß der in die dogmatische Kasuistik verstrickte Fromme sich den einzigen Weg, der ihm noch blieb, seiner religiösen Bedürftigkeit Luft zu schaffen, erfüllt, mit der ganzen Glut seiner Seele: dieser | Raum, der ihm gelassen war, war der der eschatologisch-apokalyptischen Hoffnungen. Für diese gab es keine Dogmen und also keine Grenzen. So entstand die ungeheuer große apokryphe apokalyptische Literatur, aus der wir bei Clemens noch hie und da ein Stückchen zitiert finden. Sie lief mit dem griechischen AT mit, wie manches andere vorher, was jetzt als kanonisch Eingang gefunden hatte. Die Vorstellungen vom Gericht sind mannigfachst, die Ängste und Hoffnungen überschwänglichst. Bei Clemens tritt der Gerichtsgedanke mit allen eschatologischen überhaupt zurück. Er vertritt offenbar den Gedanken des Gerichtes nur über die Bösen (9,2; 21,1; 28,1; 11,1; 18,5). Die Vergeltung der sittlichen Taten steht bei ihm zwar noch in eschatologischem Zusammenhang, aber jede schaurige Ausmalung fehlt. C. 11,1 und 13,2 sind die typischen Stellen. Daß Clemens auf den Gedanken Wert legt, ersieht man aus der auffallenden Überlieferung des Herrenwortes, das ὡς-οὕτως ist anfangs[125] zu einem -ἵνα geworden.[126] Freilich wird man, da in den anderen Worten das ὡς-οὕτως steht, kein großes Gewicht auf das zweimalige ἵνα legen, außer daß mindestens Clemens eine feinere Nuancierung nicht verstand. Von der Verheißung hat Clemens nicht viel zu sagen, Inhaltliches nie, der Ort, an dem die Frommen weilen werden ist der ἅγιος τόπος oder χῶρος εὐσεβῶν[127], also ganz blasse halb jüdische, halb hellenisierte Vorstellungen. Warum sich das alles bei Clemens so verhält, werden wir unten erkennen.

---

125 „anfangs" ist hsl. Zusatz B's. □ **126** B bezieht sich auf eine in I Clem 13,2 zitierte Reihe von Herrenworten: Οὕτως γὰρ εἶπεν· 'Ελεᾶτε ἵνα ἐλεηθῆτε, ἀφίετε ἵνα ἀφεθῇ ὑμῖν· ὡς ποιεῖτε, οὕτω ποιηθήσεται ὑμῖν· ὡς δίδοτε, οὕτως δοθήσεται ὑμῖν· ὡς κρίνετε, οὕτως κριθήσεσθε· ὡς χρηστεύεσθε, οὕτως χρηστευθήσεται ὑμῖν· ᾧ μέτρῳ μετρεῖτε, ἐν αὐτῷ μετρηθήσεται ὑμῖν. („Denn er [sc. Jesus] hat also gesagt: ‚Erbarmt euch, auf daß ihr Erbarmen findet. Wie ihr tut, so wird euch getan werden. Wie ihr gebt, so wird euch gegeben werden. Wie ihr richtet, so werdet ihr gerichtet werden. Wie ihr milde seid, so werdet ihr Milde finden. Mit welchem Maß ihr messet, mit dem wird euch gemessen werden.'") □ **127** Dt.: „der heilige Ort" (I Clem 5,7) bzw. „der Ort der Frommen" (I Clem 50,3).

Haben wir bisher im wesentlichen das behandelt, was an alttestamentlichen und palästinensisch-jüdischen Gedanken im 1. Cl. zu finden ist, so wollen wir jetzt auf das eingehen, was den Stempel einer Mischung zwischen griechischem und jüdischem Geiste an der Stirne trägt, unter vorläufiger Zurückstellung der eben angeschnittenen Fragen.

Es war im hellenistisch-jüdischen Zeitalter zur festen Theorie geworden, daß alles, was dem Menschen werthaft erschien, hypostasiert[128] und mithin für praeexistent erklärt wurde. Die-|se merkwürdige Neigung erklärt sich einmal als Verschmelzung des abstrakt philosophisch-griechischen mit der realistischen Art des jüdischen Denkens, das nur durch Wirklichkeiten überzeugt werden konnte, und so dem ideal-absoluten Gebilde Platos[129] etwas von seiner Transzendenz raubte und ihm etwas Ähnliches wie ewiges Leben und Auswirkung in der Wirklichkeit zuschrieb. So begann man Begriffe wie σοφία, πνεῦμα, λόγος[130] als Wirklichkeiten zu empfinden und teilte einem jeden seine Stelle zu. Einen Überrest dieser spätjüdischen Anschauung haben wir in unserem Briefe erhalten (wenn man sieht, daß in etwas späterer Zeit sogar den Aposteln Praeexistenz zugeschrieben wurde, so sehen wir die Abstrusität dieses Prinzips). War der Begriff der σοφία schon in den Prov. zur Hypostase gelangt (cf. 8,1; 8,22; 3,19; Hiob 28,23), so erreichte dieser Begriff in der Sap. den Höhepunkt, wo ihm die Mittlerschaft zwischen Gott und Mensch zugeschrieben wird (cf. Sap. 10). Bei Sir. (cf. 17,11; 1,26; 15,1; 19,20; 45,5) und Sap. 7,22 grenzt die σοφία an die stoische Weltseele. Einen ganz schwachen Abglanz haben wir im 1. Cl. erhalten, wo 57,3; 58,1 die Proverbia πανάρετος Σοφία[131] genannt werden, eine später nicht seltene Bezeichnung, die von Prov. 8,22 ausgeht. Eine größere Rolle spielt schon das πνεῦμα ἅγιον – רוה קדש יהוה[132]

---

128 ‚*Hypostasiert*', d. h. als ‚selbständiges Wesen' (Hypostase) vorgestellt. □ 129 „Platos" ist hsl. Zusatz B's. □ 130 Dt.: „Weisheit" – „Geist" – „Wort". □ 131 Dt.: „die allherrliche Weisheit". – Vgl. zur Hypostasierung des Buchs „Proverbia": J. B. Lightfoot, The Apostolic Fathers I/2, 166 f Anm. 8; s. auch: W. Bousset, Die Religion des Judentums, 336 ff □ 132 Dt.: „Heiliger Geist" – „Der heilige Geist Jahwes", in dieser Form im AT nicht belegt. – Die im folgenden von B angegebenen Belege (statt Jub 1,2 richtig: Jub 1,21) finden sich (bis auf PsSal) bei W. Bousset, Die Religion des Judentums, 343; zum Geist als

als Offenbarungsprinzip Gottes und hypostasiert in Ps. 51,13; Jes. 63,10; Dan. 4,5; 4,6; 4,15; 5,11; Sap. 1,5; 9,17; Jub. 1,2; Ps. Sal. 17,37; As. Jes. 5,14 und bei Philo; schon aus den alttestamentlichen Personen spricht es (s. o. cf. Cl. 8,1; 13,1; 16,2; 22,1; 45,2), ja durch Clemens selbst ist es wirksam (63,3). Aus der Annahme heraus, daß noch aus den frühchristlichen Schriftstellern (cf. C. 47) der heilige Geist spricht, ist das freie[133] Zitieren der Herrenworte im besonderen zu verstehen; denn wenn der Geist noch wirksam ist, was soll die feste Tradition? | Es ist dies einer der letzten Reste der ‚enthusiastischen Zeit' (Die Anschauung, daß der heilige Geist aus dem AT spricht, fanden wir auch in Hebr. häufig. Bei Clemens erscheint er außerdem als ‚Kraft Gottes' 21,2.28[134], als christlicher ‚heiliger Geist' 42,3; 46,6; 58,2. Als Lebensgeist des Menschen 18,10; 52,4; 59,3).

Die interessanteste Hypostasierung und Praeexistenzvorstellung haben wir im hellenistischen Judentum in dem Begriff des Logos vor uns. Es wird im ganzen strikte abgelehnt, daß Clemens von der Logoslehre und überhaupt von Philo beeinflußt sei.[135] Wir wollen hier zunächst einige Gegenüberstellungen vornehmen: Daß Christus nach 1. Cl. präexistent gedacht ist, steht außer Zweifel (C. 16,2, wo diese Vorstellung direkt vorausgesetzt ist, ebenso 22,1; 38,3 προετοιμάσας τὰς εὐεργεσίας αὐτοῦ πρὶν ἡμᾶς γεννηθῆναι[136], daß diesen εὐεργεσίαι nicht zum mindesten Erlösung durch Christus angehört, ist kaum zu bezweifeln). Wenn die Präexistenzvorstellung für Clemens gesichert ist, so fragt sich noch, ob der Christus des Clemens Züge des philonischen Logos trägt. Cl. C. 16,1 lesen

---

‚*Offenbarungsprinzip*' vgl. H. Cremer, Wörterbuch[10], 940f. □ **133** Korr.: „Aber sind es ‚freie' Zitate?" □ **134** Belege nicht verifizierbar. □ **135** Unter ‚*Logoslehre*' ist hier die aus der Verschmelzung von (platonisch-stoischer) Weltvernunft und göttlichem Schöpfungswort (Gen 1) entwickelte Vorstellung Philos vom Logos als einer intelligiblen Wesenheit (Hypostase) zu verstehen, die von den altkirchlichen Apologeten des 2. Jhs. mit dem Gedanken des präexistenten Wesens Christi verbunden wurde. Harnack, Knopf u. a. bestritten, daß diese Identifizierung von Logos und Christus bereits im I Clem vorliege (vgl. Gebhardt/Harnack 47 Anm. 4; R. Knopf, Der Erste Clemensbrief 91 Anm. 4). □ **136** Dt.: „[... seine Welt ..., (in der er)] seine Wohltaten (für uns) bereitet hatte, ehe wir geboren wurden" (I Clem 38,3).

wir: τὸ σκῆπτρον (τῆς μεγαλωσύνης?) τοῦ θεοῦ[137], C. 27 ἐν λόγῳ τῆς μεγαλωσύνης αὐτοῦ[138] schuf er alles. Schon bei der Bezeichnung σκῆπτρον war offensichtlich an die wirkende Kraft Gottes gedacht. Hier ist nun geradezu der Ausdruck ‚logos' gefallen (cf. Hebr. 1,2 δι' οὗ καὶ ἐποίησεν τοὺς αἰῶνας[139]) und damit eine Vorstellung ausgesprochen, die bei Philo grundlegend ist (cf. de spec. leg. I, 81 p. 225[140]), de migr. Abr. 6 p. 437[141]; Sap. 9,1; de sacr. Ab. et Caini 8 p. 165: διὰ ῥήματος [...] δι'οὗ καὶ ὁ σύμπας κόσμος ἐδημιουργεῖτο ...[142]; Sap. 9,1: ὁ ποιήσας τὰ πάντα ἐν λόγῳ σου ...[143] 36,2 zitiert Clemens unter starken Auslassungen und einer Variation Hebr. 1,3; d. h. es wird ein Wort sein, das dem Clemens in Erinnerung war, ihm in seine Christologie paßte und das er, ohne es als Zitat anzugeben, vielleicht gar nicht bewußt aus Hebr. übernimmt. Wir vergleichen damit Philo, de opif. m. 51 πᾶς ἄνθρωπος | κατὰ μεστὴν διάνοιαν ᾠκείωται· θείῳ λόγῳ τῆς μακαρίας φύσεως ἐκμαγεῖον ἢ ἀπαύγασμα γεγονώς[144], dann Cl. 33,4 τῆς ἑαυτοῦ εἰκόνος χαρακτῆρα[145] (von dem schon Dorner vermutete, daß [es] sich auf Christus bezöge)[146] mit Hebr. 1,3 und Philo, de confus. ling. 20, I 419 εἰκὼν θεοῦ – λόγος ἱερώτατος[147] und de plantat. 5, I 337 εἰπὲ αὐτὴν (τὴν ψυχὴν) [...] τυπωθεῖσαν σφραγίδι θεοῦ, ἧς ὁ χαρακτήρ

---

137 Dt.: „Das Szepter (der Majestät?) Gottes" (richtig: I Clem 16,2). – B folgt bei der Textwiedergabe J. B. Lightfoot, The Apostolic Fathers I/2, 57, der τῆς μεγαλωσύνης hier für zweifelhaft hält und darum in eckige Klammern setzt. □ 138 Dt.: „... mit einem Worte seiner Majestät" (I Clem 27,4). □ 139 Dt.: „... durch den er auch die Welten gemacht hat" (Hebr 1,2). □ 140 Philo, SpecLeg I,81 (II p. 225 M.). □ 141 Philo, Migr 6 (I p. 437 M.). □ 142 Dt.: „... durch das Wort [...], durch das die Welt geschaffen wurde ..." (Philo, Sacr 8 (I p. 165 M.)). □ 143 Dt.: „... der du das All durch dein Wort machtest ..." (Weish 9,1). □ 144 Lies: πᾶς ἄνθρωπος κατὰ μὲν τὴν διάνοιαν ᾠκείωται λόγῳ θείῳ ... Dt.: „Jeder Mensch ist hinsichtlich seines Geistes der göttlichen Vernunft verwandt, da er ein Abbild, ein Teilchen, ein Abglanz ihres seligen Wesens ist" (Philo, Op 146 (I p. 35 M.)). □ 145 Dt.: „[... hat er ... den Menschen geschaffen,] einen Abdruck seines Bildes" (I Clem 33,4). □ 146 Vgl. I. A. Dorner, Entwicklungsgeschichte I², 140 f Anm. 13. Der Verweis auf Dorner findet sich (im Rahmen eines Zitats von Lipsius) bei Gebhardt/Harnack 53 Anm. 4. □ 147 Dt.: „das Abbild Gottes" – „der allerheiligste Logos" (vgl. Philo, Conf 97 (I p. 419 M.)).

ἐστιν ἀίδιος λόγος ...[148] Hier wie im 1. Cl. ist der Mensch nach dem Logos gebildet; die nächsten Verse bestätigen das weiter. Wir ziehen Worte heran, die wir zum ersten Male bei Philo, dann in unserem Brief finden. 36,2 ἐνοπτρίζεσθαι – leg. all. 3,33[149]; 41,2 μωμοσκοπεῖν – de agricult. 29, I 23[9)][151]; de Jos. 7,34 τὸ κοινωφελές[152]; leg. all. I 18; Epiktet, Diss. 3,20.[153] Wir betrachten den Begriff des hohenpriesterlichen Logos wie ihn Hebr. bei Philo vorfand: Cl. 36[154]; Philo, quod deus immut. 134 p. 292; de gig. 52; de migr. Abr. 102. 452; test. Levi 18.[155] Ausdrücke, wie 19,3: ὄμματα ψυχῆς[156]; 36,1: ὀφθαλμοὶ τῆς καρδίας[157], finden wir außer in den hellenistischen Mysterien (ἀθάνατα ὄμματα)[158] noch bei Philo (de Abr. 12,19 ὅρασις ἡ μὲν δι' ὀφθαλμῶν – ἡ δὲ διὰ τοῦ τῆς ψυχῆς ὄμματος[159]

---

9) nach dem hebräisch ähnlich lautenden מום gebildet.[150]

148 Dt.: „Er hat sie (sc. die Seele) als durch das göttliche Siegel geprägt bezeichnet, dessen Gepräge der ewige Logos ist" (vgl. richtig: Philo, Plant 18 (I p. 332 M.)). – Der Philo-Text ist von B (oder dessen Quelle) gekürzt und verändert worden; er lautet im Original: εἶπεν αὐτὴν τοῦ θείου καὶ ἀοράτου πνεύματος ἐκείνου δόκιμον εἶναι νόμισα σημειωθὲν καὶ τυπωθὲν σφραγίδι θεοῦ, ἧς ὁ χαρακτήρ ἐστιν ἀίδιος λόγος („Er hat sie [sc. die Seele] als echtes Prägebild jenes göttlichen, unsichtbaren Pneumas bezeichnet, welches Merkmal und Prägung erhielt durch das Siegel Gottes, dessen Gepräge der ewige Logos ist."). □ **149** Dt.: „(wie) in einem Spiegel erblicken" (vgl. I Clem 36,2). – Philo, All III, 101 (I p. 107 M.). – Der Verweis auf Philo (dort allerdings κατοπτρίζεσθαι mit derselben dt. Bedeutung) bei J. B. Lightfoot, The Apostolic Fathers I/2, 111 Anm. 15. □ **150** Dt.: „Makel". – Anm. 9) ist hsl. Zusatz B's. □ **151** Dt.: „sorgfältig prüfen" (wörtlich: „auf einen Makel hin untersuchen") (vgl. I Clem 41,2). – Richtig: Philo, Agr 130 (I p. 320 M.). Der Verweis auf Philo wie auch der Hinweis auf das gleichlautende hebr. Wort (s. Anm. 9)) findet sich bei J. B. Lightfoot, The Apostolic Fathers I/2, 126 f Anm. 3 und R. Knopf, Der Erste Clemensbrief, 115 Anm. 2. □ **152** Dt.: „das Gemeinwohl" (I Clem 48,6). – Philo, Jos 34 (II p. 47 M.). Der Verweis auf Philo bei R. Knopf, Der Erste Clemensbrief, 125 Anm. 6. □ **153** Da der zu belegende Begriff offenbar versehentlich ausgefallen ist, lassen sich die beiden angegebenen Stellen (Philo, All I, 59–62 (I p. 54 f M.) u. Epiktet, Dissertationes III,20) nicht verifizieren. □ **154** Gemeint ist: I Clem 36,1. □ **155** Philo, Imm 134 (I p. 292 M.); Philo, Gig 52 (I p. 269 M.); Philo, Migr 102 (I p. 452 M.); TestLev 18. □ **156** Dt.: „die Augen der Seele" (I Clem 19,3). □ **157** Dt.: „die Augen des Herzens" (richtig: I Clem 36,2). □ **158** Dt.: „unsterbliche Augen" (von B zit. nach: A. Dieterich, Eine Mithrasliturgie, 4). □ **159** Dt.: „das Sehen vermittelst der Augen" – „[und] das [Sehen] vermittelst des Auges der Seele" (vgl. richtig: Philo, Abr 57

24,1[160]). Wir erinnern dann an die oben besprochenen gemeinsamen Zitationsformen bei Clemens, Hebr., Philo, an das, was Clemens an Tradition und epitheta ornantia[161] für die Patriarchen des AT mit Philo gemein hat (cf. 9,3 die Zusammenstellung von Henoch und Noah, Hebr. 11,5; 11,7. Philo, de Abr. M. II 3[162] (cf. Sir. 44,16 f), dann Noah als Prediger mit Philo, de congr. erud. grat. 17, M. I 532 f; Josephus, Ant. 1,3.[163] C. 43: Mose πιστὸς ϑεράπων ἐν ὅλῳ τῷ οἴκῳ[164]; Hebr. 3,2.5 (Num. 12,7); Leg. Allg. III 81.1, 132[165]. Lots Weib zur Salzsäule verwandelt, steht noch heute, sagt Sap. 10,7; Philo, de vita Mose M. II 161; Josephus[166] u. a.). Wir bringen uns ins Gedächtnis die zwar nicht allein von Philo ausgeübte haggadische Auslegung mit seiner | ganzen Auffassung vom AT und seiner Gnosis, fragen zuletzt, ob das alles Zufälligkeiten sein können.

Übrigens wird auch der Begriff der συνείδησις[167] schon bei Paulus von Philo oder seiner Schule stammen. Paulus braucht den Ausdruck 23mal, in den Evangelien kommt er nicht vor. In LXX nur Sap. 17,10 in der Bedeutung ‚Gewissen'. Philo bevorzugt τὸ συνειδός[168] de spec. leg. I 235; IV 6,40; Josephus[169] u. a. In unserem Brief: 1,3; 2,4; 34,7; 41,1; 45,7. Die Lehre von der παλιγγενεσία[170] ist ihrem Ursprung nach pythagoraeisch, dann

---

(II p. 9 M.). – Im zweiten Teil des Zitats zieht B zwei Aussagen in eine zusammen; vgl. Philo, Abr 57 (II p. 9 M.): διὰ τοῦ τῆς ψυχῆς ἡγεμονικοῦ („... vermittelst des führenden Teils der Seele") und: Philo, Abr 58 (II p. 9 M.): τὸ τῆς ψυχῆς ὄμμα („... das Auge der Seele ..."). □ **160** Zuordnung des Belegs nicht möglich. □ **161** Dt.: „schmückende Beiworte". □ **162** Philo, Abr 17 ff (II p. 3 ff M.) handelt von Henoch, daran anschließend Philo, Abr 27 ff (II p. 5 ff M.) von Noah. □ **163** Philo, Congr 90 (I p. 532 M.); Josephus, Ant I,3,1. – Bei Philo wird Noah allerdings nicht als Prediger eingeführt, sondern als der erste Gerechte. □ **164** Dt.: „der in seinem ganzen Hause treue Diener" (I Clem 43,1). □ **165** Philo, All III, 228 (I p. 132 M.). □ **166** Philo, VitMos II [III], 171 (I p. 161 M.); Josephus, Ant I,11,4. – Vgl. o. S. 223. □ **167** Dt.: „Mitwissen", „Bewußtsein", „Gewissen". – Vgl. zum Folgenden H. Cremer, Wörterbuch [10], 394 ff, bes. 396 u. 398 f. □ **168** Dt.: „Bewußtsein", „Gewissen". □ **169** Philo, SpecLeg I, 235 (II p. 247 M.); Philo, SpecLeg IV,6 (II p. 336 M.) u. 40 (II p. 342 M.). – Die drei Philo-Belege finden sich bei H. Cremer, Wörterbuch[10], 396, wo darüber hinaus eine Reihe von Nachweisen aus Josephus (Ap II,30,2; Bell I,23,3; II,20,7; Ant XIII,11,3; XVI,4,2) verzeichnet ist. □ **170** Dt.: „Wiedergeburt", d. h. (die Lehre von der) periodischen Erneuerung der Welt. – B stützt sich im folgenden auf R. Knopf, Der Erste Clemensbrief, 58 f Anm. 4, u. H. Cremer, Wörterbuch[10], 238 f.

wanderte sie über die Neupythagoraeer zur Stoa, cf. M. Aurel XI. 1: ἔτι δὲ περιέρχεται ψυχὴ τὸν ὅλον κόσμον [...] εἰς τὴν ἀπειρίαν τοῦ αἰῶνος ἐκτείνεται καὶ τὴν περιοδικὴν παλιγγενεσίαν τῶν ὅλων ἐμπεριλαμβάνει[171], cf. Tit. 3,5. Auch in die Mysterien war das Wort eingedrungen (cf. Dieterich, Mithraslithurgie, S. 176).[172] Von dort übernahm Philo das Wort und braucht es häufig (cf. de aetern. mundi 47: καὶ μὴν οἵ γε τὰς ἐκπυρώσεις καὶ τὰς παλιγγενεσίας εἰσηγούμενοι τοῦ κόσμου νομίζουσιν ...[173], die werden abgelehnt; aber auch in Beziehung zum Leben nach dem Tode: de cherub. M. I. 159; de vita Mos. M. II 144 von den künftigen Weltzeiten[174]; in LXX cf. Hiob 14,14).

Bei der Frage, ob alles Angeführte wirklich nur zufällige Übereinstimmungen sein können, möchte ich mich dahin entscheiden, daß dem Clemens philonische Gedanken zweifellos bekannt gewesen sind, in welcher Form sei dahingestellt. – (Die griechisch-philosophische Terminologie mag er aus solchen Kreisen geschöpft haben.) – Diese Gedanken fand er im Hebr. vor und verwandte sie für seinen Brief. Ein direkter Einfluß (durch Studium der Schriften) wird sich kaum nachweisen lassen und würde nach den oben angeführten Parallelen wohl noch nicht angenommen werden dürfen. Immerhin sind die Beziehungen bemerkenswert und beweisen, daß Clemens mit den jüdisch-hellenistischen Gedanken vertraut war.

Damit beschließen wir zunächst die Ausscheidung des jüdischen Elementes, sind uns dabei vollständig bewußt, daß noch vieles | anzuführen wäre, was aber im systematischen Zusammenhang, in dem wir das Erarbeitete bringen wollen, von nicht

171 Dt.: „Außerdem umwandelt (die Seele) die ganze Welt [...], dehnt sich aus in die Unendlichkeit der Ewigkeit und umfaßt die periodische Wiedergeburt des Alls." (Marc Aurel, In semet ipsum XI,1; übers. nach: Marc Aurel, Wege zu sich selbst, hg. v. W. Theiler, 1951, 255). – B zitiert nach R. Knopf, Der Erste Clemensbrief, 58 Anm. 4, und fügt zu Beginn des Zitats ψυχή ein. □ **172** Vgl. A. Dieterich, Eine Mithrasliturgie, 175 f – Der Hinweis auf Dieterich bei H. Cremer, Wörterbuch[10], 238. □ **173** Dt.: „Und in der Tat: diejenigen, welche Brände und Wiedergeburten der Welt lehren, glauben [, daß ...]" (Philo, Aet 47 (II p. 501 M.)). – B zitiert nach R. Knopf, Der Erste Clemensbrief, 58 Anm. 4. □ **174** Philo, Cher 114 (I p. 159 M.); Philo, VitMos II, 65 (II p. 144 M.)). – Vgl. dazu H. Cremer, Wörterbuch[10], 239.

allzu großer Wichtigkeit ist. Einiges Wichtige wird sich noch im folgenden herausstellen.

Fassen wir in aller Kürze zusammen, so ergibt sich etwa folgendes Bild: Das junge Christentum hat mit dem Judentum (palästinensischen und hellenistischem) gemein:

1. die gesamte Einstellung zum AT,
   a) im Hinblick auf die Vorstellung seiner Entstehung (πνεῦμα ἅγιον),
   b) auf seine Bedeutung,
   c) auf die haggadische Methode der Auslegung,
   d) es ahmt die biblische Sprache nach.
   – Durch die haggadische Auslegung beweist der Christ 1. sein Bewußtsein des neuen Geschlechts, 2. seine kirchlichen Institutionen, 3. seine Lehren (s. oben).
2. die jüdischen Gottesnamen[175],
3. die Hauptbegriffe jüdischer Lehre vom religiösen-sittlichen Verhalten des Menschen,
4. die hellenistische Lehre von den Hypostasierungen und Präexistenzen mit allen Konsequenzen.

Mit dieser Erkenntnis haben wir aber nichts gewonnen, wenn wir nicht sogleich das anknüpfen, was von christlicher Seite dazugetan wurde, und wie das ganze Gebäude jüdischer Lehren einen ganz neuen Unter- und Überbau erhält. So gilt es ein Phänomen zu verstehen, ohne dessen Erklärung wir nichts gewinnen können: Wie kam ein Heidenchrist wie Clemens dazu, sich als eine neue Kreatur zu fühlen, die Heiden und Juden als ‚drittes Geschlecht'[176] gegenübersteht und sie überragt. Wäre tatsächlich nichts Entscheidendstes vorhanden gewesen, d. h. mehr[177] als das jüdische Element, und einige christologische Zutaten, so wäre die Aufklärung dieses Phänomens unmöglich. Es war nun für Clemens ein ganz anderes Motiv als für Paulus dabei grundlegend. War es für diesen | einmal die Erscheinung Christi vor Damaskus, zum zweiten die sakra-

175 Gestr.: „mit Zusatz einiger christlicher Prädikate". ☐ 176 Vgl. dazu A. v. Harnack, Die Mission und Ausbreitung I^4, 259–289. ☐ 177 „d. h. mehr" ist hsl. Zusatz B's.

mentale[178] Erlösung durch den Tod Christi, so war es für Clemens

1. die historische Botschaft, daß Gott einen Mann gesandt habe, der von neuem den Willen Gottes offenbare und damit für ein sittlich-religiöses Leben eine neue Grundlage geschaffen habe, die in der unbegreiflichen Tatsache der Erwählung bestehe. Daß hierbei der Riß, der auch durch die ganze paulinische Lehre geht, nicht überbrückt ist, ist klar; der sittliche Imperativ an den Menschen, der der Erwählung[179], psychologisch gesehen, vorausgehen muß, und auch in ihr noch besteht, ist mit dem Indikativ der Verkündigung nicht zu vereinigen (s. unten).

Das 2. Moment bei Clemens ist das historische Faktum der Gemeinde, als die unmittelbare Auswirkung des göttlichen Willens, sie ist die ἐκκλησία τοῦ θεοῦ[180]. Alle sind zusammengeschlossen zu einer Bruderschaft, und die Arbeit in dieser, aber auch über sie hinaus (1,2), ist Christentum. Mit dem Umstand, daß die Gemeinde nicht mehr ‚enthusiastisch' war (im ganzen Brief ist von Zungenreden, Dämonen etc. nicht die Rede), wuchs der Moralismus, und wir finden in unserem Briefe etwa das Bild vor, das wir von der Calvinistischen Gemeinde her kennen: alles, was für diese charakteristisch war, hatte auch jene: den rigoristischen Ernst gepaart mit dem Erwählungsbewußtsein, die Auffassung der sittlichen Tat als Bewährung.

Auf dieser Grundlage baut sich der gesamte Lehrbegriff des 1. Cl. auf. Er ist also ein rein praktischer; theoretisches Interesse spielt für ihn, wenn ich so sagen darf, nur eine historische

---

178 Korr. unterstreicht „sakramentale", setzt ein Fragezeichen an den Rand und notiert dazu: „NB: Mindestens würde ich nicht nur von ‚sakramentaler' Erlösung bei Paulus sprechen; sie schließt sich vielmehr mit der Erlösung durch Glauben und Vergebung zusammen". – Die von B vorgetragene Kurzcharakteristik der paulinischen Theologie versucht das vom ‚Damaskuserlebnis' her entworfene Paulusbild seines Berliner Lehrers Adolf Deißmann (A. Deißmann, Paulus, bes. 78–92) mit der Paulusdarstellung Wilhelm Boussets, die die kultisch-sakramentale ‚Christus-Mystik' ins Zentrum rückt (W. Bousset, Kyrios Christos², bes. 104 ff), zu verbinden. □ 179 Im Original: „Erwähnung". Korr. setzt ein Fragezeichen darüber und ändert in: „Erwählung". □ 180 Dt.: „Kirche Gottes".

Rolle, insofern Paulus und Hebr. stark von diesem beherrscht waren. Darum müssen wir von diesen Gesichtspunk- | ten aus das Bild des Ganzen betrachten und werden so zu einem befriedigenderen Resultat kommen, als mit Anwendung systematisch-theologischer Methoden. Hierin haben wir den gesamten Unterbau für die jüdischen Elemente zu sehen, die wir oben aufzeigten. Wir werden das gleich näher ausführen müssen, wollen nur noch in Kürze das Bild der christlichen Gemeinde durch einige Zitate und Begriffe, die charakteristisch sind, verdeutlichen.

1. ἐκκλησία aus dem jüdischen קהל in palästinensischen Gemeinden aufgekommen, von der LXX so übersetzt, statt עֵדָה = συναγωγή[181]. Die Aufnahme des Wortes ἐκκλησία war besonders günstig, als diesem schon in der griechisch-römischen Heidenkultur ein besonderer Wert beigelegt wurde.

2. ἀδελφότης 2,4, der Profangräzität fremd, 4. Ma. von Geschwistern, in unserem Sinne nur noch 1. Petr. 2,17; 5,19. ἀδελφοί im AT (LXX) – der Nächste ἀδελφός – אח[182] Gen. 9,5; LXX: Gen. 43,33. In der Profangräzität Ausdruck für nahe Freunde. Im Sinne der christlichen Liebesgemeinschaft cf. Mt. 23,8; Akt. 22,5; Paulus: Tim.; 1. Cl. 1,1; 1,7[183]; 13,1; 14,1; 16,17; 33,1; 37,1; 41,4; 43,4; 45,5; 52,1; 62,1.

3. ἐκλεκτοί 1. Cl. intr. ep.: ἡγιασμένοι; 2,4; 6,1; 46,3.4.8; 49,5; 50,7; 52,2; 58,2; 59,2; ἐκλογή[184] 29,1 (vgl. für alttestamentliche Anschauung S. 253)[185].

Dies sind die Hauptbezeichnungen der Christen. Man könnte sich anheischig machen, aus diesen drei Begriffen das ganze Christentum des Clemens zu entwickeln. ἐκκλησία = die auf Erden nur ‚als Fremdling weilende' überirdische Institution göttlichen Willensausflusses (zu παροικοῦσα, παροι-

---

181 Dt.: „Ekklesia („Kirche", „Gemeinde") aus dem jüdischen qahal („Volksgemeinde") ... statt edah („Kultgemeinde") = Synagoge". – Siehe dazu H. Cremer, Wörterbuch[10], 565 ff. □ **182** Dt.: „Bruderschaft" – „Brüder" – „Bruder", „Nächster" (hebr.: ‚ach'). – Siehe dazu und zu den folgenden Belegen (statt I Petr 5,19 aber richtig: 5,9): H. Cremer, Wörterbuch[10], 76 ff. □ **183** Richtig: I Clem 4,7. □ **184** Dt.: „die Erwählten" (die zu diesem Begriff gehörenden Belegstellen folgen erst nach ἡγιασμένοι) – „die Geheiligten" (I Clem, Briefeingang) – „Erwählung" (I Clem 29,1). □ **185** Die Klammerbemerkung ist hsl. Zusatz B's.

κέω[186] LXX: Ps. 119,54; 120,5; Sap. 19,10 ... NT: 1. Petr. 1,17 /1,1/. Philo, de Cherub. 120 ἕκαστος ἡμῶν ὥσπερ εἰς καινὴν πόλιν ἀφῖκται τὸν κόσμον ἧς πρὸ γενέσεως οὐ μετεῖχε καὶ ἀφικόμενος παροικεῖ μέχρις ἂν τὸν ἀποπεμφθέντα τοῦ βίου χρόνον διαντλήσῃ[187] vgl. auch Gen. 23,4 und seine haggadische Auslegung in Chron.[188]). |

ἐκλεκτός: Der einzelne von Gott durch Christus zu dieser Institution Berufene, beides Begriffe von göttlicher Perspektive aus erdacht, ἀδελφότης die irdische empirische Lebens- und Liebesgemeinschaft der Berufenen, mit dem Streben nach Universalität als empirischer Folge eines göttlichen Willens, in der Nachfolge des Lebens Christi bestehend. Stellen wir uns diese Gedankenreihe so aufs wirkliche Leben gerichtet wie möglich vor, so haben wir die römisch-christliche Gemeindeanschauung vor uns. Von der jüdischen unterscheidet sie sich: 1. durch die auf die Botschaft von Gottes neuer Erwählung gegründete neue sittliche Lebensgestaltung, 2. durch Christus als letzten Verkündiger, Zielpunkt der Weltgeschichte (hier gehen die Vorstellungen durcheinander), durch den wir erwählt sind (s. unten), 3. durch das ‚Gemeinde'bewußtsein mit dem Streben nach Universalität und dem sicheren Gefühl mit Gott und Christus durch den heiligen Geist verbunden zu sein.

Sprechen wir hier aber immer vom Zentrum der christlichen Lebensanschauung als im Erwählungsbewußtsein, teils des einzelnen, teils der ganzen Gemeinde bestehend, so müssen wir uns ganz klar darüber sein, daß auch im alten, nicht mehr im späten Judentum der Gedanke sachlich im Vordergrund stand, ‚das heilige Volk Jahves' zu sein (cf. 1. Cl. 55,5 ff; 59,4; 64; u. a.). Als aber das Judentum in die Diaspora kam, ging sachlich

---

186 Dt.: „[die] als Beisasse [in Rom bzw. Korinth] wohnende [Kirche]" (vgl. I Clem, Briefeingang) – „als Beisasse wohnen". – Siehe zu den folgenden Belegen H. Cremer, Wörterbuch[10], 781 f. □ **187** Bei der Zitation (nach H. Cremer, Wörterbuch[10], 781) sind B einige Fehler unterlaufen; lies statt dessen: ἕκαστος γάρ ἡμῶν ὥσπερ εἰς ξένην πόλιν ἀφῖκται τόνδε τὸν κόσμον ..., und: μέχρις ἂν τὸν ἀπονεμηθέντα τοῦ βίου χρόνον διαντλήσῃ. Dt.: „Denn jeder von uns ist gleichsam wie in eine fremde Stadt in diese Welt gekommen, an der er vor der Geburt keinen Anteil hatte, und nach seiner Ankunft wohnt er darin nur als Beisasse, bis er die ihm zugemessene Lebenszeit beendet hat" (Philo, Cher 120 (I p. 160 f M.)). □ **188** Vgl. I Chr 29,15.

der Gedanke verloren, wiederholt zwar hat man ihn um so mehr. Aber wir sahen ja und werden noch sehen, daß für den Christen mit dem Worte ἐκλογή und anderen Worten drei Gedanken unzertrennlich zusammenhingen: einmal ‚Jesus Christus', dann eine gänzlich neue sittliche Lebensführung, dann eine neuartige Einstellung zur Welt – [die dem Christen nur eine Herberge ist][189] – und mithin auch[190] zum Überirdischen, wo seine eigentliche Heimat ist.

Von hier aus bekommt alles Vorhergesagte eine andere Orientierung. Das Fundament für alles ist das θέλημα, βούλημα | τοῦ παντοκράτορος δεσπότου[191]. Daß wir gerade in unserem Briefe viel häufiger diese Bezeichnungen Gottes haben als die eines liebenden Vaters, ist jetzt einleuchtend; es ist also nicht ein Mangel an kindlichem Vertrauen, der hier zum Ausdruck kommt[10)], sondern das Bedürfnis, ihm, an dessen Willen alles hängt, „dessen Seele in uns ist, und wenn er will, nimmt er sie von uns", ihm, „dem Myriaden von Engeln dienen", in Demut zu begegnen.[193] Nur durch seinen Willen werden wir gerechtfertigt (32,3), nicht durch eigene Werke, nicht durch Frömmigkeit, nicht durch alles das, was wir mit unserem heiligsten Herzen tun wollen. – Wenn jetzt folgt: ἀλλὰ διὰ τῆς πίστεως[194], so glauben wir bei Paulus zu stehen, der Glaube, Unterwerfung, Rechtfertigung zusammenschaut, aber wir haben hier nur eine Formel vor uns, die allerdings nicht so leer ist, als man denken möchte, die aber hauptsächlich gar nicht so zentral aufgefaßt werden darf, wie man es gemeinhin tut; denn was gemeint ist, ist klar: es soll eine Wiederholung des Vorhergesagten unter einer paulinischen Formel sein. Daß der Glaube des Menschen das Wesentlichste und Hauptsächlichste ist, was das θέλημα τοῦ παντοκράτορος auf sich lenken kann, ist ebenso gemeinchristlich wie systematisch widerspruchsvoll.

---

10) Das beweist sich nicht zum mindesten aus der Stellung zur Erwählung und zu Christus und seiner Kirche.[192]

189 Eckige Klammer von B. □ **190** „auch" ist hsl. Zusatz B's. □ **191** Dt.: „der Wille, das Vorhaben des allmächtigen Herrn". □ **192** Anm. 10) von B hsl. nachgetragen. □ **193** Vgl. I Clem 21,9 und 34,5 f. □ **194** Dt.: „... sondern durch den Glauben" (I Clem 32,4).

Lesen wir nun z. B. διὰ φιλοξενίας καὶ πίστεως ἐσώθη[195] (die Nebeneinandersetzung is to coordinate the root of the plant with one of the flowers, Lightfoot, I 396[196]) C. 12 von Rahab, 31,2 [von] Abraham[197] so sehen wir, was Clemens unter πίστις versteht. Er stellt sie zwar über die anderen ‚Tugenden', aber doch in ihre Reihe, betrachtet sie sozusagen als ‚Werk'. Und trotzdem bin ich weit entfernt davon, dem Clemens einen Werkdienst unterzuschieben. Für einen Mann, für den das theologisch-historische Problem: Juden-Christen | kein Problem mehr ist, ist auch das andere: Gesetz-Glaube als zentrales hinfällig geworden, und es ist ganz unerlaubt, überhaupt die Systematik eines derartigen Problems auf ihn anzuwenden. Gewiß sind ‚gute Werke' Beweis für Gottes Erwählung, ja sie sind geradezu nötig, von der Bereitwilligkeit zu ihnen – nicht von ihnen selbst! – hängt alles ab (cf. C. 34,2). Es erscheint fast wie Gesetzesglaube und doch ergibt sich ein erheblich anderes Bild, wenn wir dem die Antwort des Clemens auf die Frage von Röm. 6,1 (C. 33,1) entgegenhalten: „Das möge Gott nie zulassen", d. h. es steht in Gottes Hand, ob er uns gut oder böse handeln lassen will, oder C. 50,2: „Wer kann in der Liebe gefunden werden, wenn nicht Gott ihn deren für würdig hält", oder C. 51,3 ff die Verstockungstheorie, oder C. 34 die Erwählung des heiligen Volkes. Zu diesem Bilde wird wesentlich beigetragen durch die Auffassung vom ‚guten Werk'. Daß das ‚gute Werk' nicht als verdienstliche Leistung gefaßt wird, erhellt aus 33,1, wo die Schöpfung als solches ἔργον ἀγαθόν Gottes und ὑπόγραμμος[198] aufgefaßt und bezeichnet wird, ferner der Nachdruck zweimal hintereinander auf das gute Werk als κόσμος[199] des Menschen gelegt wird. So ist auch der

195 Lies: διὰ πίστιν καὶ φιλοξενίαν ἐσώθη 'Ραὰβ ἡ πόρνη („Ihres Glaubens und ihrer Gastfreundschaft wegen ward die Hure Rahab gerettet.") (I Clem 12,1). □ **196** Dt.: „... soll die Wurzel der Pflanze mit einer der Blüten verbinden" (J. B. Lightfoot, The Apostolic Fathers I/1, 397). □ **197** Nach I Clem 31,4 wurde Abraham gesegnet, „weil er im Glauben Gerechtigkeit und Wahrheit tat" (δικαιοσύνην καὶ ἀλήθειαν διὰ πίστεως ποιήσας); von Abrahams ‚Glauben' (πίστις) und ‚Gastfreundschaft' (φιλοξενία) spricht dagegen I Clem 10,7. □ **198** Dt.: „... als solches gute Werk Gottes" (I Clem 33,1) – „als Vorbild" (richtig: I Clem 33,8). □ **199** Dt.: „Schmuck" (vgl. I Clem 33,7).

Ausdruck 30,3 ἔργοις δικαιούμενοι καὶ μὴ λόγοις[200] nur ganz unsystematisch aufzufassen. Er betont nur den Vorzug, den ein gutes Werk vor vielem Reden hat, bietet eine Parallele zu 38: μὴ ἐν λόγοις, ἀλλ' ἐν ἔργοις ἀγαθοῖς soll sich der σοφὸς bewähren[201], und Röm. 2,20. Das δικαιοῦσθαι[202] ist bei Clemens überhaupt nicht genau in rechtfertigendem Sinne zu nehmen, man vergleiche die vielen synonymen Ausdrücke für diesen einen Begriff: μεγαλύνεσθαι, δοξάζεσθαι, σώζεσθαι[203], die alle nur den Sinn haben: ‚von Gott erwählt sein', also: ‚vor ihm bestehen können'.

Als letztes will ich anführen den Begriff des χάρισμα und der χάρις[204]: Jeder Christ hat sein Amt als charismatisches; über dieses hinauszustreben, ist Sünde (C. 38 und C. 37). Die χάρις| Gottes selbst ist zwar kein sehr häufig wiederkehrender Begriff, aber mit den Stellen der Erwählung zusammengenommen, nimmt dieser Komplex auch räumlich einen nicht geringen Teil des Briefes ein (in der LXX kann χάρις: ‚Reiz', ‚Huld' heißen, bei Philo schon ‚Schöpfergüte', aber zum Gnadenbegriff ist erst Paulus gekommen).

Wir finden hier eine Einstellung vor, die, wenn man nicht unmittelbar von Paulus herkommt, gar nicht merkwürdig, sondern von dem Standpunkt, von dem wir ausgehen wollten, durchaus verständlich ist. Im Vordergrund steht die sittliche Seite, die religiös neue Begründung findet[205] in der Erwählungstatsache. Alles andere ist untergeordneter Natur. Mit Paulus hat Clemens nicht mehr viel gemein. Worauf das zum großen Teil beruht, werden wir unten sehen.

Fast alles, was wir oben als alttestamentlich übernommen herausschnitten, paßt gut in den Rahmen des neuen Bewußtseins. Es treten neben oben genannten noch einige Begriffe von spezifisch christlicher Bedeutung zur sittlichen Überhöhung der jüdischen ein. Es sind im wesentlichen zwei Begriffe, die

---

200 Dt.: „[Laßt uns ...] durch Werke gerecht werden, nicht durch Worte" (I Clem 30,3). □ 201 Dt.: „nicht [nur] durch Worte, sondern [auch] in guten Werken soll sich der Weise bewähren" (vgl. I Clem 38,2). □ 202 Dt.: „gerechtfertigt werden". □ 203 Dt.: „gepriesen werden" – „verherrlicht werden" – „gerettet werden". □ 204 Dt.: „Gnadengabe" – „Gnade". □ 205 Vom Korr. ersetzt durch: „liegt".

zwar schon im Judentum vorhanden sind, aber dort eine untergeordnete Rolle spielen:[206]

Es gibt im Judentum eigentlich keine das ganze Leben umspannenden religiösen und sittlichen Einstellungen; es gibt für jeden Einzelfall eine bestimmt vorgeschriebene (teils ethisch sehr wertvolle, teils minderwertigere) Haltung, aber die Synthese ist verlorengegangen (Ein seltener Gegensatz ist ein Wort wie das des Rabbi Hillel: „Was dir unlieb ist, das man dir tue, das tue keinem Nächsten; dies ist die ganze Lehre, das übrige ist Erläuterung", oder das des Rabbi Akiba, der als Leitsatz über das ganze Gesetz schrieb: „Du sollst deinen Nächsten lieben wie dich selbst!"[207] Über die sittliche | Höhe dieser ‚umfassenden Lebensprinzipien' brauchen wir nicht zu sprechen). Im Christentum gibt es für Clemens eine das religiöse und sittliche Leben bestimmende Gesamthaltung: die ταπεινοφροσύνη[208]. Es reicht nicht, wenn wir dem Begriff die Bedeutung ‚Demut' geben. Sie ist dann jedenfalls Demut nicht nur gegen Gott, sondern ebenso im Verhältnis zum Menschen, zur Welt (cf. C. 2,1; 13,13[209]; 17,2; 30,3; 30,8; 38,2). Vornehmstes Beispiel der ταπεινοφροσύνη ist Christus selbst (cf. 16). ὑπακοή ist nur ein Teil der ταπεινοφροσύνη (13,3), wie auch jede andere Stellungnahme zur Umwelt (2,1). ταπεινοφροσύνη ist einmal die fromme Erkenntnis seiner selbst unter der Perspektive des schroffen Gegensatzes zwischen seiner Nichtigkeit und der ihm von Gott geschenkten Gnade, dann die aus dieser Erkenntnis wachsende sittliche Lebensführung. Es ist charakteristisch, daß der Grieche diesen Begriff nicht in diesem Sinne ausprägte, sondern die ταπεινοφροσύνη als sklavische Erniedrigung des Menschen faßte (Epiktet III 28; Plato, leg. 4,716 A)[210]. Auch

---

206 Man erwartet eigentlich nach dem Doppelpunkt die beiden Begriffe, sie werden jedoch von B erst weiter unten (s. S. 257 u. 258) eingeführt. Gemeint sind ταπεινοφροσύνη („Demut") und ἀγάπη („Liebe"). □ **207** Das Wort des Rabbi Hillel (ca. 20 v. Chr.–15 n. Chr.) findet sich im Mischnatraktat Schabbat 31 a, der Spruch Rabbi Akibas (50/55 – 135 n. Chr.) im Midrasch Sifra (zu Lev 19,18). □ **208** Siehe Anm. 206. □ **209** Richtig: I Clem 13,1.3. □ **210** B orientiert sich hier und im folgenden an H. Cremer, Wörterbuch[10], 1041 ff; dabei sind ihm jedoch einige Fehler unterlaufen: Der Epiktet-Beleg findet sich in: Epiktet, Dissertationes III,24,56; an der angegebenen Plato-Stelle wird das Wort ταπεινός („demütig") gerade nicht im Sinne „sklavischer Erniedrigung" verwendet (vgl. statt dessen: Plato, Nomoi V, 728 E oder VI, 774 C); ferner

Philo faßt den Begriff noch so; dem AT geht das Verständnis ab, nur wenige Stellen, die dem christlichen Sinne näherzukommen scheinen: Hiob 22,23; Ps. 50,19; Jes. 58,3; Sir. 7,12; 31,8. Aber auch hier ist er nur in Beziehung auf Gott gedacht. Unter den Begriff der ταπεινοφροσύνη gehört für Clemens fast alles, was wir von der jüdischen Ethik sagten. Man darf selbstverständlich auch hier nicht ins Schematisieren verfallen, es finden sich zweifellos auch Stellen, in denen die ταπεινοφροσύνη nicht in dem Maß betont ist. Aber im ganzen wird man doch sagen können, daß für Clemens ὑπακοή, φόβος θεοῦ, παιδεία[211] sie zur Voraussetzung haben. Es ist ein eigenartiger Zug des Clemens, daß er jeden einzelnen wertvollen Begriff tief erfaßt und ausschöpft, und ein solcher selten für ihn formelhaft leer bleibt (wir werden kaum unerlebte Trivalitäten bei ihm finden), aber er bleibt äußerlich betrachtet meist bei diesem Nebeneinander der Begriffe stehen. Eine durchgeführte Klassifizie- | rung können wir nirgends aufdecken, man muß sich auf seinen historisch-theologischen Sinn verlassen, um zu entnehmen, was ihm wichtig erschien.

Ein zweiter in der christlichen Ethik vollständig erneuerter Begriff ist die ἀγάπη[212]. Dieses der Profangräzität fast ganz fremde Wort gelangt in der LXX zu der Bedeutung der hingebenden, auch erbarmenden Liebe, es fällt oft mit ἔλεος[213] zusammen (Jer. 2,2); in eine ganz andere Sphäre wird der Begriff im NT durch zweierlei gehoben. 1. Daß ἀγάπη eine Nachahmung der göttlichen ist, 2. daß die ἀγάπη eine Pflicht geworden ist. 3. daß sich diese Liebespflicht ins Universale erstreckt. Betont die ταπεινοφροσύνη das Menschliche im Menschen, so ist die ἀγάπη die erste Auswirkung der göttlichen Nachfolge [daß die ἀγάπη Sündenvergebung bewirkt (50,5), ist einmal Nachwirkung des jüdischen Almosengebotes, zweitens leiseste Andeutung des katholischen Bußsakramentes als der wiederholten Sündenvergebung].[214]

Diesen Gedanken können wir von jüdischer Seite nur den berühmten Spruch des Siraciden oder oben genannten Rabbi

---

statt der angegebenen Sirach-Belege richtig: Sir 7,17; 3,18. □ **211** Dt.: „Gehorsam" – „Gottesfurcht" – „Zucht". □ **212** Siehe Anm. 206. – Vgl. zum Folgenden H. Cremer, Wörterbuch[10], 13 ff. □ **213** Dt.: „Erbarmen". □ **214** Eckige

Hillels gegenüberstellen[215], und wir erkennen die ungeheure Kluft.

Zur Vervollständigung unseres Zieles, durch Zusammenstellung von Begriffsverbindungen etc. eine Gesamtanschauung des spezifisch christlichen Lebensgefühls anzuregen (wie wir es oben bei dem jüdischen versuchten), fügen wir noch einige Begriffe an, die mehr charakterisierend als zentral sind.

Schon oben sahen wir, daß πίστις in unserem Brief nicht wie bei Paulus etwas auf Gottes Seite Liegendes, sondern etwas eher dem Werke Ähnliches ist. Sie, wie alles in Gottes Willen, ist aber die erste menschliche Voraussetzung christlich religiöser und ethischer Einstellung. Über das systematische Verhältnis von ταπεινοφροσύνη und πίστις hat sich Clemens den Kopf nicht zerbrochen. Daß Demut nicht da sein kann ohne | Glauben, Glaube ohne Demut[216] paradox[217], Demut aber die erste Pflicht ist, wird alles sein, was er sich klar machte, daher das unsystematische Nebeneinander. Wichtig ist für uns, daß die πίστις hier von ungleich größerer Bedeutung, wenn auch keiner prinzipiell verschiedenen (worauf es in unserem Zusammenhang allein ankommt), ist als im AT. (In der LXX ist πίστις nie vom Verhältnis des Menschen zu Gott gesagt.) Formen der πίστις sind für Clemens εὐσέβεια und πεποίθησις[218]; für den Griechen ergänzten sich εὐσέβεια und σωφροσύνη[219] (cf. Xenophon, Mem. 4,3,2[220]) als das ‚verständige Einhalten menschlicher Möglichkeiten', und ebenso ergänzten sich εὐσέβεια und δικαιοσύνη (Plato, deff. 412 E[221])[11)], so daß δικαιοσύνη –

---

11) Nägelsbach, Nachhomerische Theologie.[222]

Klammer von B. □ **215** Welchen „berühmten Spruch des Siraciden" (d. h. Jesus Sirachs) B hier im Blick hat, läßt sich nicht feststellen; vgl. dazu aber die bei W. Bousset, Die Religion des Judentums, 112, zitierten Stellen aus Sir. Zu Rabbi Hillel s. o. S. 257. □ **216** Ersetzt hsl.: „Gehorsam". □ **217** Korr. unterstreicht „paradox" und setzt an den Rand ein Fragezeichen. □ **218** Dt.: „Frömmigkeit" – „Zuversicht", „Vertrauen". – Das Folgende – einschließlich der Belege aus der Profangräzität und der Verweise auf die Sekundärliteratur – ist H. Cremer, Wörterbuch[10], 991 f, entnommen. □ **219** Dt.: „Vernünftigkeit", „Maß". □ **220** Xenophon, Memorabilia 4,3,1 f. □ **221** Plato, Definitiones 412 E. □ **222** K. F. Nägelsbach, Die nachhomerische Theologie, 191–227 (über εὐσέβεια) u. 227–318 (über σωφροσύνη u. δικαιοσύνη); zum Verhältnis von εὐσέβεια u. σωφροσύνη bes. 229 f.

σωφροσύνη ist[223]. Vgl. dazu Tit. 2,12 und Cl. 1,2 (vgl. auch den Satz des Cicero, de nat. deor. II 61, 153: „Pietas cui coniuncta justitia est reliquaeque virtutes"[224]). Wir dürfen das Wort vielleicht als ‚fromme Scheu' übersetzen. In der LXX findet sich nur Prov. 1,7; Jes. 11,2; 33,6 als Übersetzung von יראה יהוה[225], was sonst mit φόβος wiedergegeben wird. In Ma., Sap., Sir. ist der Begriff häufiger, bei Josephus zentral geworden.[12)] In der paulinischen und lutherischen Frömmigkeit hat der Begriff keinerlei Bedeutung. Zwar ist er auch bei Clemens selten, doch paßt er m. E. ausgezeichnet in den Charakter des Briefes. Die πεποίθησις erstreckt sich auf die ἐπαγγελίαι[227] und ist „die den Verheißungen zugekehrte Seite des Glaubens"[13)] (2,3; 26,1; 31,3; 35,2; 45,8) und von keiner spezifisch christlichen Bedeutung (s. oben). Im clementinischen Begriff der ἀλήθεια ist von griechischem Einfluß nichts zu spüren. Es bedeutet wie in LXX nur ‚Wahrhaftigkeit' (cf. 19,1; 23,5; 31,2; 35,2; 35,5; 47,3; 60,2.4; 62,2; 63,1).

Die μετάνοια[229] stand für Jesus im Zentrum seiner Predigt von | der Sündenvergebung und vom Gottesreich. Bei Paulus ist der Begriff wohl schon im Sakrament der Taufe (Röm. 2,4) verschmolzen und in den Gnadenakt der Rechtfertigung eingegangen. In unserem Brief (7,4 ff; 8,1 ff; 57,1; 62,2) nimmt der Begriff keine führende Rolle ein, er tritt einerseits hinter der Erwählung zurück und ist andererseits als rein sittlicher Begriff nicht wichtig und wird so nur seltener in der Paraenese verwandt. Immerhin wird er 62,2 unter die freilich recht willkürlich zusammengestellten Hauptbegriffe christlicher Paraenese

---

12) Schlatter, Wie sprach Josephus von Gott?[226]

13) Ritschl, Entstehung der altkatholischen Kirche, S. 380 ff.[228]

223 A. a. O., 237 f. □ **224** Dt.: „... die Frömmigkeit, mit der die Gerechtigkeit und die anderen Tugenden verbunden sind" (Cicero, De natura deorum II,61 (153)). □ **225** Dt.: „Furcht Jahwes". □ **226** A. Schlatter, Wie sprach Josephus von Gott?, 76. □ **227** Dt.: „Zuversicht" – „Verheißungen". □ **228** A. Ritschl, Entstehung², (richtig:) 282 f – B hat Ritschl freilich mißverstanden; der von B zitierte Satz lautet im Original: „Die Gewißheit der göttlichen Verheißungen (πεποίθησις) ist allerdings als Element des Glaubens gesetzt, allein wo Clemens die Gerechtigkeit auf den Glauben bezieht, tritt nicht wie im Hebräerbrief die der Verheißung Gottes zugekehrte Seite des Glaubens hervor, sondern der Gehorsam." (283) □ **229** Dt.: „Sinnesänderung", „Buße". – Vgl. zum

gestellt (ὑπακοή, ταπεινοφροσύνη fehlen). Seine Vorgeschichte hat das Wort in den Apokryphen. In LXX kommt es nicht vor (Proverb. 14,15, mißverstandener hebräischer Text vorliegend). Apokryphen: Sir. 44,15; Sap. 12,10; Dan.[230] Pseudepigraphen: Ps. Arist. 188; Test. XII Patr.: Rub. 1, Jud. 15[231]. Orac. Sib. I 129. 168. Philo des öfteren: quod det. pot. ius. 96 (M. I 210); de monarch. 58 (M. II 220)[232].[14)] In der ἐγκράτεια[236] finden wir einen charakteristischen Zug der ganzen damaligen Zeit auch in unserem Brief ausgesprochen (30,3; 35,1[237]). Er findet sich bei den Römern und Griechen in philosophischer Ausbildung wie asketischer Durchführung, ebenso waren bei den Juden entsprechende Sekten entstanden.

Zum Schluß soll noch der für Aufbau und Lehre des Briefes[238] unbedeutende, aber für die Zeichnung des Lebensgefühls des jungen Christentums so wichtige Begriff der παρρησία (34,1; | 35,1) genannt sein. Diese ‚Freimütigkeit', nämlich Gott gegenüber, konnte nur entspringen aus dem festen Erwählungsbewußtsein, aus der Gewißheit, das Heil von Gott selbst angeboten bekommen zu haben. Es ist der Ausklang des paulini-

---

[14)] In unmittelbarer Verknüpfung mit der μετάνοια war für Jesus die ἄφεσις ἁμαρτιῶν[233] gegeben, entsprechend dem Zurücktreten des ersten Begriffes in unserem Brief verliert auch der zweite an zentraler Bedeutung. Den Ausdruck ἄφεσις haben wir noch 50,5 und hier im Zusammenhang mit dem Liebeswerk (!). Sonst finden wir die Vorstellung, daß Gott durch die Buße versöhnt werde (7,2; 48,1), daß Liebe die Sünde bedeckt (50,2 u. a.); ja wir müssen uns erinnern: der berufene Christ sündigt nicht freiwillig, und in dieser Anschauung haben wir eine ganz fromme Konsequenz des Erwählungsglaubens zu sehen, aus der heraus die „Sündenvergebung in den Hintergrund rücken konnte"[234]. In LXX findet sich der Ausdruck nicht, aber vgl. Philo: ἐδικαίωσεν [...] ὁ ἱερὸς λόγος τῷ τοῦ θεοῦ βωμῷ δι'οὗ πάντων ἁμαρτημάτων καὶ παρανοημάτων ἀπολύσεις γενέσθαι καὶ παντελεῖς ἀφέσεις.[235]

Folgenden H. Cremer, Wörterbuch[10], 771 ff. □ 230 Gemeint ist: ZusDan. □ **231** Gemeint ist: TestJud 15. □ **232** Philo, Det 96 (I p. 210 M.); Philo, SpecLeg I (de monarchia), 58 (II p. 220 M.). □ **233** Dt.: „Sündenvergebung". □ **234** Zitationsnachweis fehlt; vgl. aber R. Seeberg, Dogmengeschichte I[3], 148 ff u. 174 ff, bes. 176. □ **235** Lies statt γενέσθαι gegen Ende des Zitats: γίνονται. Dt.: „[Nun] verschaffte die heilige Lehre dem Altar Gottes, durch den Vergebung und völlige Verzeihung für alle Sünden und Vergehen bewirkt werden soll, Recht" (Philo, SpecLeg I, 215 (II p. 244 M.)). **236** Dt.: „Enthaltsamkeit", „Selbstbeherrschung". □ **237** Richtig: I Clem 35,2. □ **238** Im Original: „Begriffes".

schen „Freuet euch, und abermals sage ich, freuet euch ...“[239], der letzte Abglanz der Evangeliums- und Christusfreude, die schon so früh hinter dem rigoristischen Ernst einer sittlichen Lebensführung im Interesse der Institution einer Kirche erkaltete, und die den Unterschied zwischen jüdischer Kasuistik und der evangelischen Botschaft gefühlsmäßig am reinsten dokumentierte.

Wir kommen nunmehr zum letzten Teil: der Christuslehre. Wir sahen schon oben, daß Christus aus dem AT spricht, präexistent ist; dazu kommt jetzt die paradigmatisch-vorbildliche Bedeutung seines Lebens, Todes und Werkes (cf. c. 16,17). Denn anderes als Paradigmatisches können wir bei Clemens nicht auffinden: Die christologischen Formeln treten systematisch unverknüpft auf; und doch wäre es ein Fehlschluß daraus zu folgern, daß mit einer derartigen Christologie jedes besondere Interesse an der Person Jesu Christi wegfallen oder gar inkonsequent sein müsse. Gewiß gab es für Clemens keine πίστις εἰς Χριστόν[240]. Was für einen tiefen Eindruck Clemens aber von dem Leidensweg des Herrn empfangen hat, ist einfach daraus zu ersehen, daß wir immer wieder Stellen finden, an denen gerade auf das Leiden und das Blut Christi Bezug genommen wird; dies geschieht zwar fast jedesmal in Verbindung mit einer christologischen Formel. Nur in c. 2 wird es ganz ohne christologisches Ansatzstück gleich zu Beginn der Schilderung der christlichen Idealgemeinde ausgesprochen, daß „seine Leiden vor der Corinther Augen“[241] lebendig waren. Hier haben wir die Gestalt vor uns, die für Clemens charakteristisch ist. Es ist nicht die Formel das Zentrale in seinen Aussagen über das Blut und den Tod des Herrn, sondern erstens die Tatsache, daß er Leiden und Tod wiederholt[242] zitiert und | innerhalb des Zitates das, was diesem vorangeht. Wir wollen eine typische Form analysieren: 7,4 ἀτενίσωμεν εἰς τὸ αἷμα τοῦ Χριστοῦ καὶ γνῶμεν, ὡς ἔστιν τίμιον τῷ θεῷ τῷ πατρὶ αὐτοῦ[243] ist das eigentliche Motiv für Clemens: das Hinstarren

239 Phil 4,4. □ 240 Dt.: „... keinen Glauben an Christus“. □ 241 Vgl. I Clem 2,1. □ 242 „Leiden und Tod wiederholt“ ersetzt hsl. den von B unl. gemachten masch. Text. □ 243 Dt.: „Laßt uns auf das Blut Christi schauen und erkennen, wie kostbar es Gott, seinem Vater, ist“ (I Clem 7,4).

und Sich-zu-Bewußtsein-führen der Kostbarkeit dieses Blutes; διὰ τὴν ἡμετέραν σωτηρίαν ἐκχυθέν[244] ist die überbrachte Formel des Paulus, die in der Gemeinde gebraucht, aber im Sinne Pauli längst nicht mehr verstanden wird; denn die σωτηρία besteht ja darin, daß er παντὶ τῷ κόσμῳ μετανοίας χάριν ἐπήνεγκεν[245], die schon Gott durch Noah, Jonas und öfter den Menschen hatte verkündigen lassen (μετανοίας τόπος cf. Sap. 12,10; Hebr. 12,17 /ἐν γενεᾷ καὶ γενεᾷ[246] Est. 9,23/). Hier liegt der historische Charakter der Christustat auf der Hand, denn daß Christus ‚der ganzen Welt' die Gabe brachte, ersetzt nicht den prinzipiellen Unterschied zwischen Paulus und Clemens (cf. 12,7; 21,6; 49,6; auch 55,1 wird sich auf den Tod Christi beziehen). Man sieht bei Clemens nicht recht ein, warum erst durch den Tod Christi uns die σωτηρία oder λύτρωσις[247] zuteil wird, und es ist auch nur psychologisch so zu verstehen, daß für Clemens die größte Liebestat Christi war, daß er sich ans Kreuz schlagen ließ, dazu kommt für ihn die paulinische Kreuzeslehre als der λύτρωσις, deren Formel Clemens beibehalten will, aber die er mit ganz anderem Inhalt erfüllt; denn für ihn ist Christi Tod nur die Vollendung seines Lebenswerkes, sein Lebenswerk aber steht, wenn auch als Ziel alles bisherigen, doch in einer Reihe mit den alttestamentlichen und heidnischen Frommen (das tut für Clemens der Christlichkeit des AT keinen Eintrag), so auch sein Tod (cf. 36,1; 59,3), und doch ist es nicht schematisch, wenn Cl. C. 32,4; 46,6; 50,7; 64 etc. sagt, der Mensch sei durch Christus von Gott erwählt, Christus, der göttliche Offenbarer, auf den schon das ganze AT hinweist, hat durch sein Lebenswerk uns ein so erhabenes Vorbild gegeben, daß Gott uns, die wir ihm τοῖς ἐφοδίοις Χριστοῦ[248] nachfolgen, erwählt hat. |

Es wird kein Zufall sein, daß bei Anwendung des Hohenpriesterbegriffes auf Christus nicht an seinen Tod angeknüpft

---

244 Dt.: „... um unseres Heiles willen vergossen" (I Clem 7,4). □ **245** Dt.: „... der ganzen Welt die Gnade der Buße brachte" (I Clem 7,4). □ **246** Dt.: „Ort der Buße" – „von Geschlecht zu Geschlecht". □ **247** Dt.: „Rettung" – „Erlösung". □ **248** Dt.: „... mit der Wegzehrung Christi" (I Clem 2,1), d. h. mit den geistlichen Gaben Christi für den Lebensweg. B folgt bei der Wiedergabe des Zitats einer von R. Knopf, Der Erste Clemensbrief, 45, gebotenen

wird, weil hier nur die sakramentale jüdische Anschauung vom Opfertod hätte Anwendung finden können. – Ob es Zufall ist, daß nur eine Stelle auf das Sohnschaftsverhältnis Christi hinweist 7,4? (Denn 36,4 ist das Wort υἱός dem folgenden Zitat antezipiert und das παῖς ἠγαπημένος[249] ist wohl Übernehmung aus Jes.)

Mit der Bedeutung des Todes Christi sinkt auch die seiner Auferstehung herab. Diese macht, wie aber auch viele andere Zeichen (aus der Natur, der griechischen Mythologie etc.), wahrscheinlich, daß auch wir einst auferweckt werden; eine innere Beziehung aber zwischen seinem Tod, Auferstehung und uns besteht nicht. Die häufig wiederkehrende Formel ἐν Χριστῷ[250] hat weder mystische noch sakramentale Bedeutung, sondern soll etwa ausdrücken: ‚im Sinne Jesu . . .'.[251]

Dieser recht natürlichen Auffassung vom Leben und Tode des Herrn widerspricht nur scheinbar die Vorstellung seiner Transzendenz. Sie ist zunächst einfach hervorgerufen durch das historische Faktum der Entstehung einer Kirche, mit der Christus noch irgendwie in Verbindung stehend gedacht ist, deren Oberhaupt er sein soll, d. h. durch das Bewußtsein der Erwählung durch ihn, d. h. es lag diese Vorstellung immanent in seiner Predigt, wie Clemens sie auffaßte. Unterstützt wurde sie durch Paulus und das hellenistische Judentum (s. oben). So wird denn Christus und die Ecclesia identifiziert (wir lernten ja schon ihren doppelten Charakter kennen). Christus ist das Haupt und wir alle Glieder (C. 46; 1. Cor. 12; Eph.). Der heilige Geist: das Band, das zwischen Christus und uns geknüpft ist, die göttliche Kraft, die aus allen Frommen spricht.

War somit Christus einerseits ganz transzendent gefaßt, so hoffte man andererseits auf baldige Parusie (23,5). Dem entspricht ja auch die Bezeichnung als ἐκκλησία παροικοῦσα[252]. Die | sich an das Kommen Christi anknüpfenden eschatologischen Vorstellungen sind, wie wir schon oben sahen, im Vergleich zu den jüdischen Apokalypsen oder den Apokalypsen

---

Textvariante. □ **249** Dt.: „Sohn" (I Clem 36,4) – „geliebter Knecht", „geliebtes Kind" (I Clem 59,2.3). □ **250** Dt.: „in Christus". □ **251** Vgl. dazu o. S. 251 u. Anm. 178. □ **252** Siehe Anm. 186.

der Evangelien sehr blaß: man hofft auf eine Auferstehung, ab und zu ist von den Verheißungen die Rede (27,1; 35,3 und viele andere). Auf die Frage aber, wie sich das alles gestalten werde, wird charakteristischerweise abgebogen zu der Antwort: Wenn wir das und das tun . . ., sc. dann werden wir es wissen (35). Die βασιλεία[253] ist bei Clemens ein unverstandener Begriff. Sie wird zweimal (42,3; 50,3) erwähnt, das eine Mal in der Verkündigung der Apostel, daß die βασιλεία kommen *werde* (!), das andere Mal überhaupt ohne jede konkrete Vorstellung. Daß auch die Vorstellung von der βασιλεία θεοῦ (οὐρανῶν)[254] auf jüdischer Grundlage ruht, ist bekannt (Sap. 6,5; 10,10; Tob. 1,3; Ps. Sal. 17,4; Hen. 84,2; Jub. 12,19; Berach II, 2; II, 5, Gamaliel[255]; hier wurde die βασιλεία als gegenwärtige Gottesherrschaft gefaßt, allein es haben sich auch messianische Stellen in der rabbinischen Literatur auffinden lassen), und Clemens hat sie mit allen anderen eschatologischen Vorstellungen jüdischer Provenienz nicht verstanden, sie waren ihm zu materialrealistisch gedacht; von seinen Gerichtsvorstellungen sprachen wir schon oben. Einmal finden [wir] ein apokalyptisch-apokryphes Zitat in eschatologischem Zusammenhange angewandt (23,3). 45,8 spricht er vom Buch des Lebens, einer charakteristisch-jüdischen Vorstellung.

Aber nach alledem, ist es denn nicht ganz klar, daß Clemens so denken muß? Wo sollte er denn das Eschatologische unterbringen, für ihn waren ja die letzten Dinge nicht mehr die letzten, sondern die längst vorher ersehenen. Was sollte denn der Gläubige, der schon hier die Gewißheit der Erwählung hatte, noch erhoffen? Für ihn war ja schon alles da; ja er hatte schon hier die ζωὴ ἐν ἀθανασίᾳ, δικαιοσύνη, ἀλήθεια, πίστις, ἐγκρά- | τεια, ἀθάνατος γνῶσις[256]: Güter, die sich der

253 Dt.: „die Königsherrschaft". □ **254** Dt.: „Königsherrschaft Gottes ([bzw.] der Himmel)". – Die im Text folgenden Belege finden sich bei H. Cremer, Wörterbuch[10], 205 f. □ **255** Gamaliel II. wirkte (ca. 80–115 n. Chr.) als Rabban und Patriarch in Jabne; der zweite der beiden von B angeführten Belege aus dem Mischnatraktat Berachot gibt einen Gamaliel zugeschriebenen Spruch wieder. □ **256** Dt.: „Leben in Unsterblichkeit" – „Gerechtigkeit" – „Wahrheit" – „Glauben" – „Enthaltsamkeit" (die Begriffsreihe findet sich I Clem 35,2) – „unsterbliche Erkenntnis" (I Clem 36,2).

jüdische Fromme erst für die Ewigkeit ersehnt. So ist dem erwählten Christen schon alles gegenwärtig.[257]

Wir stellen kurz das Erarbeitete zusammen: Die jüdischen Elemente im 1. Cl. weisen in zwei Richtungen. In erster Linie auf die uns hauptsächlich im AT erhaltene rein jüdische Frömmigkeit, dann erst auf das hellenistische Judentum. Sie erstrekken sich inhaltlich, wie wir schon oben sahen, von jenem aus ins sittliche wie ins religiöse Gebiet hinein, von diesem aus nur ins spekulative (der einzige spezifisch religiöse Begriff, der vom hellenistischen Judentum gebracht sein kann, ist, soweit ich sehe, die εὐσέβεια, denn Ausdrücke wie ἀθανασία, γνῶσις, δημιουργός etc. entstammen der Philosophie). Während wir sämtliche inhaltliche Motive aus dem reinen Judentum christlich überhöht finden, sind die hellenistisch-jüdischen fast unverändert, meist in abgeblaßter Form erhalten. Die Überhöhung durch das spezifisch Christliche repräsentiert sich 1. in dem religiösen Gedanken der Erwählung Gottes durch Christus mit den Konsequenzen (und allen Inkonsequenzen!) der Neubegründung der sittlichen Lebensführung, 2. in der aus jenem ersten resultierenden Einführung neuer bzw. Neuschöpfung alter religiöser und sittlicher Begriffe (ἐκκλησία, ἀδελφός, ταπεινοφροσύνη ...). Das specifisch christologische Element überhöht die jüdische Auffassung von der göttlichen Offenbarung im AT[258] nicht prinzipiell, sondern nur graduell durch die ‚historische' Auffassung von dem Werk Christi. Die Auffassung vom AT als christlicher Schrift ist ebenfalls keine prinzipielle Überhöhung, sondern eine Umkehrung[259] jüdisch-hellenistischer Vorstellungen. Trotz aller christlichen Überhöhungen der jüdischen Gedanken haben wir ganz eindeutig festzustellen, daß das clementinische Christentum dieser jüdischen Gedanken als Materialien bedarf und im Beson- | deren, daß es ohne das AT gar nicht hätte leben können. Wrede nennt das Christentum des Clemens Bibelchristentum.[15)] Und es ist

[15)] Wrede, Untersuchungen zum 1. Clemensbrief.[260]

257 Korr. hat die Passage „Was sollte ... alles gegenwärtig" am Rand durch Wellenlinie markiert und dazu notiert: „Ist doch, obschon richtig, zu souverän aufgefaßt". □ **258** „Das specifisch ... im AT" ersetzt hsl.: „Das christologische Element überhöht das jüdische". □ **259** „Umkehrung" vom Korr. mit

das kaum ein zu starker Ausdruck; aber man hüte sich, dieses Wort mit ‚Gesetzeschristentum' zu vertauschen[261], das verbietet das spezifisch christliche überhöhende Element. Die Bibel als göttliche Offenbarung und Hinweis auf Christus widerspricht dem hingegen keineswegs.

Wir wären am Ende, wenn nicht ein Umstand unsere Gedanken noch aufhielte: er besteht in der Frage nach der merkwürdigen Umgestaltung des christologischen und damit zusammenhängend des Rechtfertigungsgedankens. Wie kam es, daß die Person Christi aus der religiös-heilsgeschichtlich zentralen Bedeutung verdrängt in eine religiös beschauliche gerückt wurde? Daß Christus, für Paulus der Schnittpunkt göttlicher und menschlicher Ebene, zum religiös-heroischen Vorbild, Paradigma neben vielen anderen zwar an Bedeutung hinter ihm zurückstehenden hinuntersank? Hier gibt es m. E. nur eine befriedigende Aufklärung; sie besteht in der Einführung eines Elementes, auf das wir schon öfter im Laufe der Arbeit hinweisen mußten, nämlich des griechisch-römischen, als des Momentes, das allem Anderen als letzten Endes Sekundärem die innere Begrenzung setzt.[262] Wir haben uns aufs stärkste mit der Vorstellung zu durchdringen, daß ja der Boden, auf dem das junge Gewächs eines neuen christlichen Lebenstypus sproßt, römischer ist, und mit dieser Einsicht fallen uns alle Schleier: der griechisch-römisch gebildete Mann, der hinter unserem Briefe steht, ist unter dem Einfluß aller der Mächte aufgewachsen, von denen wir am Anfang sprachen. Dann aber im starken Verantwortungsgefühl des Weltstadtbürgers, das einmal im hohen Selbstgefühl des civis Romanus[263], dann aber auch im Bewußtsein der notwendigen Unterord- | nung unter das Ganze der res publica in Erscheinung tritt. Beides sind Komplexe, die in unserem Briefe in religiös modificierter Form vorherrschen: jenes findet sich 1. in der Selbstverständlichkeit der Forderung eines ethischen Rigorismus, 2. in der fürsorglichen Tätigkeit für andere Gemeinden (die etwas von den ‚Befriedungen' (pacare)

Wellenlinie versehen. □ **260** W. Wrede, Untersuchungen, 107. □ **261** Von „Gesetzesreligion" spricht beispielsweise R. Seeberg, Dogmengeschichte I^3, 180. □ **262** Korr. unterstreicht „des Momentes ... Begrenzung setzt" und notiert: „Das ist doch übertrieben ausgedrückt, vgl. meine Bemerkung zu S. 222". □ **263** Dt.: „... des römischen Bürgers".

Caesars hat), dieses in der ebenso selbstverständlichen vollständigen Unterwerfung unter einen höheren Willen, der im göttlichen wie in dem der Gemeinde bestehen kann (cf. 44,3; 54,2), wieder. σωφροσύνη, φρόνησις, δικαιοσύνη, ἀνδρία[264] – (daß auch diese Begriffe schon vom hellenistischen Judentum übernommen sind, ersieht man aus Sap. Sal. 8,7) – sind die stoischen Kardinaltugenden, Begriffe, die mit einigen neuen Bedeutungen erfüllt, für unseren Brief charakteristisch sein können. Worte Senecas wie: „unum bonum est, quod beatae vitae causa et firmamentum est, sibi fidere", oder: „turpe est etiam nunc deos fatigare; quid votis opus est? fac te ipse felicem"[265] u. s. f. waren zwar materialiter für unseren Schriftsteller bedeutungslos geworden, aber das Gefühl, auf dem ein solches Wort aufbauen konnte, war unzerstört vorhanden. So können wir es uns gar nicht anschaulich genug machen, auf was für merkwürdig paradox gestaltet erscheinendem Boden das junge Christentum Wurzel schlug, indem es in Rom ein Zentrum seines Wirkens fand; haben wir uns das klar vor Augen geführt, so leuchtet es uns ein, daß manches im Echo der Gemeinde anders erklang, als es vom Orient über das Meer hinübergerufen war. Was war es denn dann überhaupt, was dem Christentum auf solchem Boden entgegengebracht wurde? Es war nichts als die längst ersehnte Geschichte gewordene Offenbarung Gottes, in der Botschaft Jesu, die eine Klärung unendlich vieler für den Römer schwebender Probleme mit sich führte. Inwiefern dem Christentum gerade seine Position in der Stadt Rom später zu Gute kam, haben wir hier nicht zu untersuchen. |

Es war unmöglich[266], einem Römer zuzumuten, in den Mittelpunkt seiner neuen praktisch ethisch-religiösen Verkündigung einen sakramentalen Gedanken zu stellen, dem seine

---

264 Dt.: „Vernünftigkeit" – „Gesinnung" – „Gerechtigkeit" – „Mannhaftigkeit". □ **265** Dt.: „... einzig ist das Gut, was eines glücklichen Lebens Grund und Sicherung ist – sich selbst zu vertrauen" (Seneca, Epistulae morales IV,31,3). – „[Für einen Mann, der schon durch bedeutende Verhältnisse gegangen,] ist es schimpflich, auch jetzt noch die Götter zu bemühen. Was sind Wünsche nötig? Mach dich selbst glücklich." (A. a. O., IV,31,5) (Übers. nach: I. A. Seneca, Philosophische Schriften III, hg. u. übers. v. M. Rosenbach, 1974). □ **266** „unmöglich" vom Korr. ersetzt durch: „zur Zeit noch schwer möglich".

orientalische Herkunft an der Stirn geschrieben stand (vgl. noch 4. Ma. 6,28). Alles, was mit der Bedeutung des Opfertodes ‚für alle Menschen' und damit, was mit der Person Jesu Christi als heilsgeschichtlichem Zentrum zusammenhing, mußte in die Peripherie rücken, zu Gunsten des Gedanken[s] der Erwählung durch Christus und der auf diese begründeten christlichen sittlichen Lebensführung. Wie das Problem der Heilsgeschichte gar nicht mehr im paulinischen Sinne erhalten ist, in dem alles sakramental material Wirkende zu einem paradigmatisch-historischen herabgestimmt wurde, so ging es auch mit Begriffen wie μετάνοια, ἄφεσις ἁμαρτιῶν[267].

Es liegt nicht im Thema, hier genauer aufzuzeigen, wie alle diese Ideen modifiziert und dem römischen Denken adaequat gemacht wurden, aber schon in unserem Brief sehen wir, wie bald sich jüdische und hellenistische Kosmologie verquickten [(cf. 20). Es war erst der Grieche in Clemens, der in dem Schöpfungsbericht und des Geschaffenen Betrachtung als Richtlinie den ‚Kosmos' im Gegensatz zum Chaos hineintrug, Ausdrücke der stoischen Philosophie διοίκησις, ἀόργητος, λόγοι ἀστέρων[268] stehen neben solchen der heiligen Schrift (cf. Sir. 16,18; 28,3; 59,3; Hiob 28,25; Jer. 18,14 ἄβυσσοι תהום[269]) Vorstellungen wie 33,3 vom Ocean sind typisch hellenisch.][270]. Wir sehen weiter, wie römische Organisation sich mit synagogalen Institutionen trifft (cf. 40,41; daß der 29,1 beschriebene Gebetsgestus sowohl jüdisch wie griechisch sein kann, erkennt man 1. aus den Beispielen der Oranten in den Katakomben αἴρειν χεῖρας[271] terminus technicus = beten, und 2. bei den Juden נשא כפים[272] Ps. 28,2; Klagel. 2,19), wie sich die Vorstellungen vom Paradies und vom kommenden Leben der Christen mit der griechisch-mythologischen von der Insel der Seligen ver- | mischt (50,3; 5,4; 44,5; C. 25); von den durch das Judentum überbrachten griechischen Gottesbezeichnungen sprachen wir schon. An profanen Äußerungen ist charakteri-

---

267 Vgl. o. S. 260 f. □ 268 Dt.: „Einrichtung" (I Clem 20,1) – „gütig" (I Clem 19,3) – „Worte der Sterne" (?). □ 269 Dt.: „Abgrund", „Chaos", (hebr.:) tehom. □ 270 Eckige Klammer von B. □ 271 Wörtl.: „die Hände erheben". – ‚*Oranten*', Gestalten in der Kunst der Spätantike, die ihre Arme zum Gebet erheben. □ 272 Dt.: „die Hände erheben".

stisch[273]: die für einen Römer bekannte Form der Selbstverbannung, angewandt in C. 54 (cf. Cicero, pr. Mil. 83)[274], wie etwa Bilder aus der Arena zur Verdeutlichung eines christlichen Lebens (5,19), wie der Hinweis auf „unser Militär", der erzieherisch-vorbildlich für die christliche Gemeinde wirken soll, wie schließlich in der Diktion sich der stilgewandte Grieche immer wieder zeigt (vgl. die captationes benevolentiae, C. 1; C. 2; C. 53,1). Doch sind das alles Nebensächlichkeiten gegenüber dem oben Gesagten.[275]

Wir brechen ab und ziehen das Facit:

Als ausschlaggebende Dirigierende[276] haben wir die griechisch-römische Geistesstruktur zu betrachten, religiös fruchtbar ist sie nicht gewesen, sie hat den Strom christlicher und jüdischer Gedanken vereinigt und in den Bahnen gelenkt, in denen später die katholische Kirche sie weiterführte[277]; daß der wesentliche Bestand der religiösen Begriffswelt griechischer Herkunft durch das hellenistische Judentum dem Christentum überbracht wurde, ist oben gezeigt. Damit sind wir bei der Behauptung angekommen, die wir vorausschickten und deren Richtigkeit wir in vorliegenden Blättern dargetan zu haben hoffen.[278]

---

273 Vgl. zum Folgenden A. Harnack, Der erste Klemensbrief, 58 f. □ **274** Cicero, Pro Milo (richtig:) 93. □ **275** Korr.: „NB: Das *Griechisch-Römische* hat dem Verfasser des Briefes noch nicht die Erkenntnis verdunkelt, daß die Religion eine *praktische* und nicht eine spekulative Angelegenheit ist. Dafür sind schlagende Beweise, (1) daß er (C. 62) den Bereich der Religion in den 6 Stücken πίστις [„Glaube"], μετάνοια [„Buße"], ἀγάπη [„Liebe"], ἐγκράτεια [„Selbstbeherrschung"], σωφροσύνη [„Vernünftigkeit"] und μακροθυμία [„Großmut"] sieht, (2) daß er weder die Gottes- noch die Christuslehre spekulativ ausführt, solche Ausführungen also nicht zur πίστις rechnet. Das muß stark betont werden." □ **276** Korr.: „Hier ist das Wort am Platze oder doch nicht mißverständlich, weil der folgende Satz es einschränkt." – Vgl. o. S. 222 u. Anm. 3. □ **277** Vgl. A. Harnack, Der erste Klemensbrief, 54 f. □ **278** Gesamturteil des Korr.: „2.2.25. Nach Anlage und Ausführung, sowie in Hinsicht auf die Vollständigkeit und Richtigkeit der Gesichtspunkte und den aufgewendeten Fleiß *sehr gut*. Wird die Arbeit noch einmal im einzelnen durchgearbeitet und durchgefeilt und das *griechisch-römische* Element genauer ausgeführt (was durch das Thema nicht verlangt war), so wird die Arbeit einen wirklichen Fortschritt in der Analyse und dem geschichtlichen Verständnis des Briefes bedeuten. v. Harnack".

Benutzte Literatur[279]: *W. Bousset:* Religion des Judentums; *Cremer:* Lexicon zur biblischen Gräcität; *Gundert:* 1. Clemensbrief; *v. Harnack:* Kommentar zum 1. Clemensbrief; Dogmengeschichte – Missionsgeschichte; *Lightfoot:* Kommentar of the epistle of St. Clement; *Diestel:* Das Alte Testament in der christlichen Urkirche; *Lemme:* 1. Clemensbrief und Judenchristentum in der Urkirche; *Lipsius:* epistola Clement. I; *Pfleiderer:* Paulinismus; *Reitzenstein:* Hellenistische Mysterien; *Ritschl:* Entstehung der altkatholischen Kirche; *Siegfried:* Philo von Alexandrien . . .; *Wendland:* Hellenistische Kultur; *Wrede:* Untersuchungen zum 1. Clemensbrief; und die Kautzschen Apokryphen etc.; Wendland-Cohn's Philo Ausgabe. |

5. SEMINARARBEIT ÜBER LUTHERS STIMMUNGEN GEGENÜBER SEINEM WERK[1]

Luthers Stimmungen gegenüber seinem Werk in seinen letzten Lebensjahren. Nach seinem Briefwechsel von 1540–1546

Es könnte eine Klassifikation der Menschen nach folgenden Gesichtspunkten vollzogen werden: die einen – es ist die große Menge der Menschen – leben ihre Jahre, und wenn sie einst zurückdenken, so sehen sie eine Reihe zufälliger Aneinanderknüpfungen und Verkettungen ihr vergangenes Dasein durch-

---

279 Die vollständigen Angaben finden sich im beigefügten Literaturverzeichnis u. S. 649 ff. – Mit „*Cremer*: Lexicon . . ." ist H. Cremer, Biblisch-theologisches Wörterbuch der neutestamentlichen Gräzität, gemeint; unter „*v. Harnack*: Kommentar . . ." versteht B den wiss. Apparat der Clemensedition von Gebhardt/Harnack. Nicht angegeben hat B: A. v. Harnack, Der erste Klemensbrief; und R. Knopf, Der Erste Clemensbrief.

1 NL A 11,2; hsl.; Abdruck: GS V 64–95. Das Titelblatt trägt außer der hier angegebenen Überschrift noch den Zusatz: „Enders-Kawerau Band 12–18"; und weiter unten: „Dietrich Bonhoeffer. Sommersemester 1925, den 8. Juni [ersetzt: „Mai"]." Für diese im Seminar bei Karl Holl (= Korr.) geschriebene Arbeit benutzte B folgende Quelle: Dr. Martin Luthers Briefwechsel. Bearb. u.

walten. Die andern haben in ihrem Leben eine Geschichte, d. h. sie leben und erleben mit Bewußtheit und Zielhaftigkeit und sehen beim Rückblick diese Geschichte als das den Kern ihres Lebens Bildende; die dritten aber sind die Menschen der Geschichte, ihr Leben geht auf und unter im Werk, d. h. in dem, was durch sie in der Geschichte wirkt und wirken soll; und wenn sie ihr Werk vollbracht haben, ist ihre Lebensaufgabe erfüllt; es sind die Männer des objektiven Berufes. Unter diesen nehmen die Religionsmänner eine besondere Stellung ein wegen der weltanschaulichen, metaphysischen Verknüpfung ihres Werkes mit ihnen selbst wie mit der ganzen übrigen Welt. All ihr Denken und Tun orientiert sich an ihrem Werk, wie es sein soll, mehr als bei den andern Männern der Geschichte. Schauen nun solche Leute am Ende ihres Lebens auf ihr Werk zurück, wie es sein sollte und wie es wurde, so schließen sie in diesen Rückblick ihr ganzes eigenes Leben mit ein; denn ihr Werk läßt sich von ihnen nicht mehr trennen, trotz aller bewußter Objektivation, die an ihm von seinen Meistern vollzogen wird, und die gerade Luther in | hohen Maßen vollzieht. Wir haben in solchem Rückblick auf das Werk das Fazit, das ein solcher Mann aus seinem Leben zog, vor uns.

Man hat in der Psychologie des alten Luther scharf zu scheiden zwischen dem, was ihm durch immer erneute religiöse Erfahrung seit den Jahren der Entdeckung des Evangeliums immer mehr zum festen Besitz geworden war, und den dieser

---

mit Erläuterungen versehen v. E. L. Enders, Bd. 12–16 fortges. v. G. Kawerau, Bd. 17 weitergeführt durch P. Fleming, mit Bd. 18 abgeschlossen durch O. Albrecht, 1910 ff (im folgenden zit.: Enders, Bd., Brief-Nr.). Vgl. ferner: K. Holl, Luthers Urteile über sich selbst (in: Ders., Luther, 381 ff). – Bearbeiter: J. v. Soosten, C. J. Green. – Zur Präsentation des Textes: B hat in seinen Zitaten die Originalsprache der Briefe Luthers teilweise modernisiert u. bisweilen Umstellungen vorgenommen. Darüber hinaus hat er die Groß- und Kleinschreibung verändert. Solche Abweichungen vom Originaltext werden in der Regel nicht eigens angemerkt. Nichtausgewiesene Auslassungen B's werden durch [...] gekennzeichnet und – soweit sie für das Verständnis des Textes nötig sind – im Apparat des Herausgebers wiedergegeben bzw. in der deutschen Übersetzung in eckige Klammern gesetzt. Fehlende Belege sind im Herausgeberapparat (meist in Verbindung mit der Übersetzung) nachgewiesen, irrtümliche Angaben B's am selben Ort richtiggestellt. Die Übersetzung der Luther-Zitate besorgte St. Rhein.

Erfahrung gegenüber stets variierenden Stimmungen, die, nicht durch innere Erfahrung hervorgerufen, an beliebige, zufällige Ereignisse äußerer Herkunft gebunden sind und letztlich auf gewissen psychischen Grundanlagen beruhen. Jene religiösen Erfahrungen erstrecken sich bei Luther auf die religiöse Wertung seines Werkes und seiner selbst innerhalb desselben und müssen so zur Voraussetzung die Kräfte und Gedanken in Luther haben, die seinerzeit zur Ausführung des Werkes trieben, d. h. die Gewißheit, den gnädigen Gott gefunden zu haben, und die aus dieser geschöpfte Machtbefugnis, sich gegen die Tradition von über 1000 Jahren auflehnen zu dürfen und zu müssen. Diese Gedanken ausgebaut und von den quälenden Anfechtungen der ersten Zeit fast ganz befreit[2], ergeben im wesentlichen den einen konstanten Teil der Anschauungen, Wertungen, Stimmungen des alten Luther über sein Werk.

Zu dem mehr variierenden Teil der vom religiösen Standpunkt aus zufälligen Stimmungen dürfen wir als Voraussetzung nicht den reformatorischen Gedanken setzen, sondern den Menschen Luther, den mit seinen etwa 60 Jahren schon sehr gealterten, schwerkranken, abgearbeiteten, den Tod herbeisehnenden Mann, dem sein Wunsch nach Ruhe nicht gegönnt werden kann, weil man ihn braucht als Arbeitskraft wie als autoritäre Persönlichkeit; mit ihm alle die kleinen und großen Zeitereignisse, inneren und äußeren Schwierigkeiten, denen das reformatorische Werk ausgesetzt war. |

Seit den ersten Jahren der Reformationsgeschichte, also etwa 1524/25, sah Luther dem Tod ins Auge, durch sein schweres Leiden sehr angegriffen. So schloß er seine Ehe in dem Gedanken, noch vor seinem Tode, den er glaubte herannahen zu fühlen, den Schritt der äußerlichen Bekräftigung seiner Glaubensüberzeugung zu tun. Im Jahre 1537 nahm die Krankheit wiederum lebensgefährliche Gestalt an, und seitdem bleibt er damit geplagt bis zu seinem Tode. Seine körperlichen Kräfte waren stark mitgenommen worden (man denke an die sich wiederholenden Schwindelanfälle bei Predigten, im Kolleg),

---

2 Korr.: „Hören die Anfechtungen allmählich auf?" – Vgl. dazu K. Holl, Luther, 383.

damit konnten aber auch die Wirkungen auf das Psychische nicht ausbleiben.

Luther hat von Jugend an ein leicht erregbares, sensibles, mit stärkster Impulsivität sich auf geringe Anlässe hin entladendes, stets in höchster Spannung befindliches Temperament gehabt, und dieses Temperament ist ihm geblieben. Nur seine scheue Zurückgezogenheit und Schreckhaftigkeit mußte im Laufe seiner Entwicklung einer größeren Sicherheit und Gelassenheit weichen. Auf im Rahmen des Ganzen unbedeutende Ereignisse erfreulicher wie unerfreulicher Art reagiert er mit der Vollkraft seines Gefühls[1)]; und dieser stetige ungeheure Energieaufwand zehrte mit an seinen Kräften; und so ersehnt er sich schon viele Jahre vor seinem Tode ein „seliges Stündlein"[4].

Wir müssen uns nun darüber klar sein, daß die dargelegte Scheidung zwischen religiöser Erfahrung und wechselnder, nicht religiös motivierter Stimmung im Lebendigen nicht so strikte durchzuführen ist, wenn die Darstellung eine wesentlich bildmäßige, nicht eine analytisch begrenzte sein soll, daß sie aber doch von spezifisch theologischem Interesse sein kann, und auch für die Struktur der Psychologie nicht un- | wichtig ist, und in der Hauptsache, daß sie uns zum Verständnis und der Scheidung von Wesentlichem und Unwesentlichem den Weg weisen kann.

Es sind uns in den meist so knapp und klar wie möglich gehaltenen Briefen aus den letzten Jahren Luthers nicht allzuviel Äußerungen über die Entstehung seines Werkes erhalten.

[1)] Cruziger schreibt C. R. 5,313: ... non diu est, cum levicula re offensus sed conceptis suspicionibus, quas saepe multas ac diu secum alit tacite, credo adversus nos omnes ...[3]

3 Dt.: „Es ist nicht lange her, [da konnte er,] als er durch eine geringfügige Angelegenheit verletzt worden war, er aber trotzdem argwöhnische Vermutungen hegte, die er oft in großer Zahl und lange stillschweigend bei sich nährt, ich glaube, gegen uns alle, [nur mühsam mit Bitten und Tränen aller besänftigt und davon abgehalten werden, Kirche und Universität zu verlassen und wegzugehen.]" – Korr.: „Ist das zutreffend oder Kammerdienerbeurteilung?" – Bei dem zit. Text handelt es sich um einen Brief Caspar Crucigers an Melanchthon vom 15. 2. 1544. C. Cruciger (1504–1548) war Prof. in Wittenberg, Schüler und Mitarbeiter Luthers, vor allem bei dessen Bibelübersetzung. □ 4 Vgl. etwa: Enders 14,3160 (13. 7. 1542) oder: Enders 15,3383 (30. 3. 1544).

Immerhin können wir aus dem wenigen, was wir haben, vieles Wichtige ersehen.

Blickt der alte Luther von dem, was jetzt als Fertiges vor ihm steht, auf dessen schwere Geburtsstunden zurück, so sind es zwei Empfindungen, die ihn dabei stark bewegen. Einmal ist es das Gefühl, damals aus tiefem Dunkel, in dem er sich befand, von einer höheren Macht ans Licht und in eine Aufgabe gerissen worden zu sein, zu der ihm allein, von sich aus, die Kraft und die Einsicht nicht zugelangt hätte, und ohne nur im Entferntesten zu ahnen, was daraus werden würde, darin weitergeführt worden zu sein. Das zweite aber ist, daß der Weg, auf den ihn die göttliche Führung gestellt habe, nicht eben und bequem, sondern steil, rauh, mühsam zu wandern gewesen sei. So sei das große Werk entstanden, vor dem noch der alte Luther mit staunenden Augen steht, und auf dessen Weg er dieses Staunen nicht verlernen konnte.

Was hat nun ein solches Gefühl zu sagen, und was bedeutet es im weiteren Zusammenhang? „Gott hat die Sache angefangen, on unser Krafft und Verstand“[2)], aus großer Finsternis hat er den Reformator herausberufen in sein wunderbares Licht[3)], und das bedeutet zum Dienst am Evangelium[4)]. Aber dieser Dienst war, weil er ja göttlich war, hart und ging durch schier unendliche Arbeit, Kämpfe, Leiden. „Viel und groß“[5)] hat ihn | seine Kirche gestanden[7]. „Was man in Gottes Namen und Gefallen anhebet, wird mit Mühe durch ernstes Gebet und viel Leiden kaum erhalten.“[6)] Im Trostbrief schreibt Luther, er habe größere Leiden, als der Tod eines sei, sehen müssen.[7)] Indem er

[2)] Enders 14,3016.

[3)] 15,3282: ... qui ex tantis tenebris me vocavit in admirabile lumen suum ...[5]

[4)] cf. z. B. 16,3483 ministerium evangelii.[6]

[5)] 16,3481.

[6)] Enders 14,3153.

[7)] 16,3459; vgl. zu diesen Zitaten 16,3502: ... in principio causae, cum solus sudarem in sustinenda furia papae.[8]

5 Dt.: „(15,3282:) ... der mich aus solcher Finsternis in sein wunderbares Licht gerufen hat.“ – Vgl. I Petr 2,9. ☐ **6** Dt.: „Dienst am Evangelium“. ☐ **7** D. h. „gekostet“. ☐ **8** Dt.: „(16,3502:) ... am Anfang der Sache, als ich allein

nun so dem Befehl Gottes dient, wirkt Gott durch ihn. Es sind ja nur zwei verschiedene Ausdrücke für den einen Sinn, ob Luther sagt: Gott, dem wir als Knechte dienen, oder, der in uns wirkt[8)]. Gott wirkt in uns, d. h. durch uns, d. h. das Werk, das ‚wir' tun, ist Gottes Werk; unser Werk ist nicht unser Werk, unsre Predigt nicht die unsre[9)]. Unter vielen heißen Kämpfen um Tod und Leben haben wir unser menschliches Wort von uns gestoßen[10)]; denn Gott wollte durch uns sprechen. Nun aber spricht nicht mehr Luther, sondern wer ihn hört, hört Gott; „denn ich will nicht mein sondern Gottes Wort reden"[11)]. Aber der notwendige Zweifel kann bei Luther nicht ausbleiben, und an diesem Punkt entsteht die Spannung, die durch Luthers ganzes Leben hindurchgeht und immer deutlich wird, wenn er von seinem Werke spricht; wie kann er, der peccator pessimus[12], göttliches Wort verkündigen? So schneiden sich hier sämtliche Aussagen Luthers, in denen er sich seiner göttlichen Aufgabe gegenüberstellt, und eben hier klaffen die beiden Grundstimmungen religiöser Art in Luther auseinander: es ist einmal die Einsicht in die persönliche | Unzulänglichkeit gegenüber dem Amt, in die Zufälligkeit, Ersetzbarkeit seines Daseins, demgegenüber aber das Bewußtsein von der absoluten, verpflichtenden Erwählung zur Verkündigung des göttlichen

---

8) 16,3429: (Deus) cui servimus, hoc est, qui in nobis operatur.[9]

9) 14,3048: ... qui nostra verba putant esse nostra, id est humana.[10]

10) ... quod Evangelium, quod confessi sunt, pro verbo humano habeant, cum nos omnes verbum humanum tot agonibus exploserimus ...[11]

11) ich will nicht ... s. o., ... wer mich horet, horet Gott, 14,3125; vgl. auch 13,2960: denn ob wir der Sache zu gering und unwürdig sind, so ist sie doch so gut und gewiß, das sie mus Gottes eigene Sache heißen und nicht unser. Wird er nun seiner eigenen Sache vergessen, das sollen sie wol erfaren, je länger, je mehr. Darumb wollen wir getrost und unverzagt sein ...

schwitzte beim Aushalten der Raserei des Papstes". □ **9** Dt.: „(16,3429:) (Gott,) dem wir dienen, d. h., der in uns wirkt." □ **10** Dt.: „(14,3048:) [Leute,] die glauben, daß unsere Worte [nur] unsere Worte, d. h. [nur] menschliche [Worte] sind." □ **11** Dt.: „(14,3048:) [Das Gerücht wird verbreitet,] daß sie das Evangelium, das sie bekannt haben, für ein menschliches Wort halten, während wir alle das menschliche Wort in so vielen Kämpfen ausgetrieben haben." □ **12** Dt.: „(14,3013:) der schlimmste Sünder". – Vgl. I Tim 1,15; s. auch DBW 1 (SC), 73.

Wortes, und von der göttlichen Kraft seiner Predigt; und beide Stimmungen sind gleich aufrichtig und ernst gemeint.[13]

Er ist der schlimmste aller Sünder[12)] und muß sich der hohen Verkündigung gegenüber wahrhaftig unwürdig fühlen. Aber will Gott durch den Menschen das Wort verkündigen lassen, so wird es eben nie einen Würdigen geben zu der Aufgabe, die auch den Engeln zu hoch ist[13)], und so würde Christus auf dieser Erde nie verkündigt werden[14)].

Darum hat nun Gott ihn, den Sünder, zu dem hohen Amte erwählt; „so ist mir armen Sünder Gottes Wort vertrauet und befohlen zu predigen, des kann ich mich mit gutem Gewissen rühmen und muß es verantworten“[15)]. Nun, da Gott bei ihm steht, vermag er alles, und was er nicht kann, ist Gott nicht gefällig[16)]; als ein so geartetes Wesen ist er ein Werkzeug in der Hand des Meisters[17)]. Er ist nichts ohne dessen Führung, und sein Ruhm geht in jenem auf; nur für ihn darf er sich rühmen und rühmen lassen; „mit Gottes Hülffe“ brachte er seinen „armen Dienst soweit, das die christliche Kirche reine Schrifft,

---

12) 14,3013: peccator pessimus.[14]

13) 15,3301: Nam quis ipse est idoneus satis? ait Paulus (2. Kor. 3,5). Verbum est Dei, Sacramenta sunt Dei, ut angeli sese non dignos hoc officio existiment ...[15]; cf. 16,3517: Filium Dei nobiscum ... loqui per Spiritum Suum sicut cum Apostolis locutus est[16] etc.

14) 15,3335.[17]

15) 15,3361.

16) 14,3162.

17) organon cf. 15,3376 u. ö. Luther gebraucht neben der Selbstbezeichnung als organon Dei[18] gern die der larva Dei[19]; cf. 14,3099: Oportet enim ecclesiam in mundo apparere. Sed apparere non potest nisi in larva, persona, testa ... ac tales larvae sunt [...] Lutherus, Amsdorffius ...[20]

13 Vgl. zum Folgenden Holls Ausführungen über Luthers „Werkzeugbewußtsein“ (K. Holl, Luther, 396 ff); ferner GS I 293. □ **14** Siehe Anm. 12. □ **15** Dt.: „(15,3301:) Denn wer ist selbst genügend tauglich? sagt Paulus (II Kor 3,5). Das Wort ist Gottes, die Sakramente sind Gottes, so daß sich die Engel dieses Dienstes nicht für würdig halten ...“ – Die Bibelstelle ist Zusatz B's. □ **16** Dt.: „(Richtig: 16,3516:) [daß] der Sohn Gottes mit uns ... spricht durch seinen Geist, wie er mit den Aposteln gesprochen hat etc.“ □ **17** Richtig: 15,3334. □ **18** Dt.: „Werkzeug Gottes“. □ **19** Dt.: „Larve Gottes“. □ **20** Dt.: „(14,3099:) Denn die Kirche muß in der Welt erscheinen. Aber sie kann nur in einer Larve, einer Maske, einem Gefäß erscheinen ... und solche Larven sind [...] Luther, Amsdorff ...“ Vgl. auch II Kor 4,7.

klaren Verstand und rechten Gebrauch der Sakrament und alle Gottesdienst haben kann ... des mir die Kirche und rechte | Christen hie und dort Zeugnis geben werden (*denn* Gottes Gaben sind es, nicht mein noch Jmands Werk oder Vermugen) ...“[18)], ja, wenn man sich Gottes rühmen darf, so heißt das auch, daß man es soll[19)].

Es entsteht mithin, sooft Luther sich seines Werkes bewußt wird, in seinem Bewußtsein eine vollständige Trennung zwischen seiner Person und seinem Werk, d. h. es bestehen nebeneinander, gleichzeitig, sich nicht ausschließend die vernichtende Selbstverurteilung des sündigen, bekennenden Menschen und das Hochgefühl des Predigers, von Gott berufen. Nichts aber wäre vermessener, als beide zu vermischen, die scharfe Grenze verschwimmen zu lassen.

Seine Person ist sündig, aber davon wird sein Werk nicht berührt, im Gegenteil es wird durch diese Trennung gerade erst erhaben; so hängt von seiner Person für das Gelingen der Sache Gottes nichts ab. An Käthe schreibt er, sie solle nicht statt Gott sorgen wollen, „gerade als were er nicht allmechtig, der da kundte zehen Doktor Martinus schaffen, wo der einige alte ersöffe“[20)]. Luther gibt zu, daß man mit vollem Recht seine Person als unvollkommen, sündig angreife, aber zu glauben, damit die Sache, die er (besser: ihn!) treibt, auch nur berührt zu haben, wäre weit gefehlt. Es war des Papstes und der Seinen Geistesart, gegen Luthers menschliche Schwächen zu wüten, an der Sache aber vorüberzugehen und doch zu meinen, sie so vernichtet zu haben.[21)] Diese Unterscheidung in allen religiösen Dingen zu machen, rechnet sich Luther als besondere Leistung an. Er glaubt, sein Herz stehe so, daß er „keinem Menschen auf

---

[18)] 14,3197.

[19)] Man denke an die Worte, die Luther bei Magdalenes Tod gesprochen haben soll: „Gott hat in tausend Jahren keinem Bischof so große Gaben gegeben als mir, denn Gottes Gaben soll man sich rühmen.“[21]

[20)] 17,3614.

[21)] 13,2832: ... Sic enim hactenus fuit totius papae mos et ingenium, in personam meam furere, praeterita causa, quam agerem ...[22]

21 WA.TR 5, 190 (Nr. 5494). ☐ **22** Dt.: „(13,2832:) ... Denn so waren bisher Brauch und Geistesart des ganzen Papsttums, gegen meine Person zu wüten

Erden feind oder abgonst" sei.[22)] In sei- | nem allerärgsten Feind, dem organum Sathanae, Albrecht von Mainz[23], sieht er nicht die Person bei seinen Angriffen, er meint, er möchte ihm auch nicht eine Stunde nur sein calculum[24] wünschen und es schmerzt ihn, diesen so schnell der Hölle zurennen zu sehen, „wenn er ihn (sc. als organum Sathanae) auch heftig angreife"[25].

Es mag sein, daß Luther sich hier selbst nicht genug kannte, um zu sehen, daß ihm diese strenge Unterscheidung nicht immer gelang, sondern daß ihm sein Temperament nicht selten einen Streich spielte. Aber wenn das geschah, so war auch das wieder der sündige Mensch und nicht der, dem von Gott der Auftrag zur Verkündigung und Verteidigung seines Evangeliums gegeben war: also nicht gegen das Menschliche fühlt Luther sein Evangelium gerichtet, sondern gegen das Teuflische.

Unter dem Aspekt dieses Kampfes zwischen Evangelium und Teufel ist die ganze Weltgeschichte zu betrachten und in dieser nun besonders deren letzte Krisis, die in der Neuverkündigung des Evangeliums, d. h. dem Werke Luthers, in Erscheinung getreten ist. Auch hier muß konsequent Mensch und Werk getrennt gesehen werden. Was sich in diesem Kampfe eigentlich feindlich gegenübersteht, ist gar nicht Mensch und Mensch, sondern es ist Gott und Satan. Man irrt sehr, wenn man die Sache, um die es geht, für eine weltliche, menschliche ansieht, „darin man mit Vernunft mitteln und meistern, geben und nemen kann".[23)] Denn „es ist eine Sache, da Gott und Teufel sampt beiderseits Engeln selbs ynnen handeln".[26] Zwar für menschliche Dinge und Streitigkeiten kann der Mensch raten, sie verstehen und Abhilfe schaffen, d. h. „mit Vernunft mitteln und meistern".[27] Ganz anders bei göttlichen Dingen.

[22)] 16,3492.
[23)] 13,2970.

und von der Sache, die ich betreibe, abzusehen ..." ☐ **23** Albrecht von Mainz (1490–1545), Markgraf von Brandenburg, Erzbischof von Magdeburg (1513), Erzbischof von Mainz (1514), Kardinal (1518), entschiedener Gegner der Reformation; von Luther u. a. als „Organum Satanae singularissimum" („einzigartiges Werkzeug des Satans") bezeichnet (Enders 15,3224). ☐ **24** Dt.: „Nierenstein". ☐ **25** B zit. Enders 16,3492; die Klammerbemerkung ist von ihm eingefügt (vgl. dazu Anm. 23). ☐ **26** Enders 13,2970. ☐ **27** Ebd.

Hier kann und soll der Mensch nicht verstehen, nicht einsehen wollen; denn es sind ja nicht seine Sachen, die da verhandelt werden, sondern Gottes, und hier kann er nichts | mehr und nichts weniger als gehorchen und dienen.[24)] (Deus cui servimus, hoc est, qui in nobis operatur; s. o.[29]). Es ist nichts gleichzeitig so töricht und so vermessen, als sich in die göttlichen Pläne hineinzudrängen[25)]; denn durch unsre eigene Torheit würden wir uns den Weg zum Ziel verbauen, indem wir Gottes Absichten sofort verwirrten; wir würden ihm allerlei menschliche Bedenken vorhalten, d. h. „jene so überaus weise Weisheit des Fleisches"[30], und Gott müßte uns so unsern eigenen Herzenswünschen und Plänen überlassen und daran Genüge finden lassen. Es ist nun aber durch Gottes Güte anders gekommen: je mehr wir das einsehen und verstehen wollen, was eigentlich durch uns getan wird, um so törichter und frevelhafter sind wir und je törichter und unverständlicher uns unser eigenes Tun erscheint, um so einsichtiger handeln wir. Diese geforderte

---

24) 14,3099: Si in nostro consilio esset, quid aut quantum per nos Deus facere vellet, nihil omnino per nos faceret, scilicet subito perturbaremus eius consilium, ostendentes ei finem formamque efficientem, longitudinem, latitudinem, profunditatem, id est nostram illam sapientissimam carnis sapientiam, qua impeditus cogeretur nos dimittere in desideriis cordis nostri ... nec sapientius quicquam agamus, quam dum stultissime videmur nobis agere ... Contra numquam peius agimus, quam dum nobis videmur intelligere, quid et quantum agamus, quia tunc fieri vix, imo non potest, quin nobis aliquantulum placeamus in nostro facto ... nec adeo pure Deum solum glorificemus ...[28]

25) Siehe Anm. 24).

28 Dt.: „(14,3099:) Wenn wir darüber entscheiden könnten, was oder wieviel Gott durch uns tun wolle, dann würde er überhaupt nichts durch uns tun; selbstverständlich würden wir sofort seinen Plan stören, indem wir ihm Ziel und Wirkform, Länge, Breite, Tiefe zeigen würden, d. h. jene unsere allerweiseste Fleischesweisheit, durch die er behindert und gezwungen würde, uns in den Sehnsüchten unseres Herzens zu belassen ... [Jetzt verhält es sich durch die göttliche Güte so, ...] daß wir nichts Weiseres tun als dann, wenn wir in ganz törichter Weise zu handeln meinen ... Dagegen handeln wir niemals schlechter als dann, wenn wir zu verstehen meinen, was und wieviel wir machen, weil dann kaum, ja überhaupt nicht geschehen kann, daß wir in unserem Tun nicht ein klein wenig uns [selbst] gefallen ... und dergestalt nicht ausschließlich Gott allein verherrlichen ..." □ **29** Enders 16,3429 (s. o. Anm. 8)). □ **30** Übersetzung B's von: „illam sapientissimam carnis sapientiam" (Enders 14,3099; vgl. Anm. 24)).

intellektuelle Zurückhaltung ist auf den Gedanken gegründet, daß es geradezu unvermeidlich ist, daß in einem einsichtig gewordenen Handeln des Menschen, d. h. aber Gottes durch den Menschen, sich dieser in seiner Tat ein ganz klein wenig selbst gefällt, und damit nicht Gott allein die Ehre gibt und d. h. letztlich mehr sein will als ein Werkzeug in der Hand des Meisters.[26)]

So sind also alle großen Dinge in der Geschichte dem Menschen nicht einsichtig, soweit sie göttlich sind, also der Mensch im wahrsten Sinne organum Dei oder Sathanae ist, mithin der | durch das neuverkündete Evangelium entstandene Kampf nicht ist „quaedam comoedia inter homines, cum res declaret, esse tragoediam inter Deum et Sathanam, ubi res Sathanae florent, Dei autem sordent. Sed catastrophe erit, ut solet ab initio, et liberabit nos quoque ipse poeta huius tragoediae omnipotens.“[31] [27)] Stehen wir hier vor einer dualistischen Geschichtsauffassung? einem Kampf zwischen dem Gott des Lichts und der Finsternis? oder haben wir einen Aberglauben Luthers vor uns, der aus dem mittelalterlichen Dämonen- und Teufelsglauben entstammt? Wir meinen, es sei die eine Ansicht so falsch wie die andere. Tatsächlich ist der Sathan von Gott nur in der Welt als Gegenspieler zugelassen mit dem Endergebnis, daß Gottes Sache den Sieg davontragen muß, ob schon im Diesseits oder erst im Jenseits ist Luther selbst, wie wir noch sehen werden, zweifelhaft. Andrerseits ist der Teufel für Luther kein bloßer Dämon des Aberglaubens, sondern eine gerade in seinem religiösen Leben starke Macht, die ihm und seinem Werk im Weg liegt, es stürzen will und wie Gott selbst seine Werkzeuge in dieser Welt hat. Die Problematik dieser Frage aufzurollen, geht hier nicht an.

---

26) cf. 13,2995: ... daß wir nicht stolz werden oder uns rühmen als hätten wir etwas getan in solchen hohen göttlicher Majestät Sachen ...

27) 13,2971.

31 Dt.: „(13,2971:) ... eine Art Komödie zwischen Menschen, während die Sache deutlich macht, daß es eine Tragödie zwischen Gott und Satan ist, wo die Sache des Satans blüht, die Gottes aber im Schmutz liegt. Aber es wird eine Katastrophe geben, wie es von Anfang an zu geschehen pflegt, und es wird uns der Dichter dieser Tragödie, der Allmächtige, auch selbst befreien.“

Spielt sich nun das gesamte Weltgeschehen in diesen beschriebenen Verhältnissen ab, wie stellt sich dann Luther zu dem, was er selbst zu seinem Werk getan hat? Wir sahen doch oben, daß im alten Luther beim Rückblick beide Gefühle nebeneinander stehen, einmal das seiner göttlichen Führung, dann aber das, sein Leben nicht müßig verbracht zu haben; dem entspricht ja das Verantwortungsgefühl, das Luther seinem Werke gegenüber stark empfindet; in welchen Grenzen, werden wir bald sehen.

Den Inhalt nun dieser seiner gewaltigen Lebensarbeit könnte Luther in drei Dinge zusammenfassen, die verschiedenen Charakter tragen: die Anfechtung, das Gebet, die Predigt. Das sind die drei Dinge, die nach Luthers Ansicht für sein Werk unent- | behrlich waren und allen, die diesem anhängen, unentbehrlich sind. Was Anfechtungen sind, hat Luther im Kloster und den ersten Jahren seines öffentlichen Wirkens zur Genüge erfahren. Je älter er aber wurde, desto gesicherter und beständiger war ihm sein Glaube geworden[32], und seine Anfechtungen begannen seltener zu werden. Begann ihm im Beginn seiner Sache sein Glaube einmal zu wanken, so geriet der gewaltige Bau, den er auf dieser Basis in der Geschichte bereits aufgerichtet hatte, mit ins Schwanken, und so entstanden die schweren Qualen, die ihm immer von Neuem das ganze Gewicht der Verantwortung auf die Seele warfen, welche ihm aus der Reformationsbewegung erwachsen war. Kurz nach dem Thesenanschlag schreibt er in einem Brief[28)] vom 17. XI. 1521[34], daß er schon von derartigen Gedanken angefochten werde. Später verschiebt sich in der Erinnerung des alten Luther die Zeitangabe für diese Anfechtungen zu einer aller psychologischen Wahrscheinlichkeit widersprechenden Angabe.[29)] Je schneller und begeisterter

[28)] Enders 1,1261,71.[33]
[29)] WA Tischreden I 61,30 u. ö.

32 Korr. versieht diesen Satz am Rand mit einem senkrechten Strich und notiert: „? Vgl. die Tischreden". – Vgl. dazu u. Anm. 29) u. K. Holl, Luther, 383 Anm. 1. □ **33** Richtig: Enders 1,52. Die falsche Stellenangabe geht z. T. auf K. Holl, Luther, 383 Anm. 1 zurück, wo zu lesen ist: „Enders I [S.] 126, [Br.-Nr.] 71". □ **34** Irrtümliche Datierung B's; es handelt sich um einen Brief vom 11. 11. 1517 (Enders 1,52).

nun die neue Verkündigung aufgenommen wird, desto mehr treten die Anfechtungen zurück, so daß wir in den Briefen der letzten Lebensjahre Luthers nur ganz selten etwas davon hören. Es war ihm gelungen, die Gewichte seiner Seele gleichmäßiger zu verteilen und die Last der Verantwortung für sein Tun und dessen Folgen mit der Erkenntnis, daß es Gottes Sache sei und Gott sie führe, auf Gott zu werfen, ohne dabei den ganzen strengen Ernst seiner Auffassung von seiner Sache und sich selbst in dieser auch nur kurze Zeit zu verlieren. Man kann im Gegenteil sagen, sein Urteil ist sicherer, d. h. gestrenger und rigoroser geworden in dem Maße, in dem seine Anfechtungen zurücktraten. Hierzu ist unten noch viel Ergänzendes zuzufügen. |

Es gab natürlich auch noch beim alten Luther Stunden der Anfechtung (die mit den unten zu besprechenden depressiven Stimmungen nichts zu tun haben). In solchen stellte er sich heimlich die Frage nach dem Warum des Treibens dieser Welt und kann es nicht ergründen. In solchen schweren Stunden kam ihm dann Gott zu Hilfe mit dem Rat zur Gelassenheit gegenüber diesem Treiben und dem Trost des: mitte vadere, sicut vadit[35].[30)] Wir würden nun fehlgreifen, wenn wir glaubten, Luther mißachte die Bedeutung solcher Anfechtungen. Sie müssen kommen, seit des Weibes und der Schlange Same sich feindlich bekämpfen müssen[31)], aber der Mensch[38] muß oblie-

[30)] cf. 16,3555[36]: Es ist eine wahrhaft schwere Anfechtung, die an die Vorsehung greift: „Aber dawider ist zu wissen, das uns solchs verboten ist zu verstehen und damit umbzugehen; denn was Gott will heimlich halten, das sollen wir gerne nicht wissen. Denn das ist der Appfel, da Adam und Heva den Tod an gefressen haben, sampt alle iren kindern, da sie auch wissen wollten, das sie nicht wissen sollten ..."

[31)] 16,3394: Aliter non habet nec habere potest ecclesia Dei vera. Solatium est autem nostrum, quod victoria semper est penes conterentem contra mordentem, sicut scriptum est: ipsum conteret caput tuum.[37]

35 Dt.: „Laß es laufen, wie es läuft!" – Häufig auftauchendes Motto Luthers, auch mit dem Zusatz: „... quia vult vadere, sicut vadit" („... weil es laufen will, wie es läuft.") (vgl. Enders 14,3108; 14,3120; 14,3192; 15,3202; 16,3409; 16,3429). □ **36** Richtig: 16,3554. □ **37** Dt.: „(16,3394:) Anders hat die Kirche Gottes die Wahrheit nicht und kann sie auch nicht haben. Es ist aber unser Trost, daß der Sieg immer demjenigen zufällt, der gegen den Angreifenden [mit

gen, denn „er wird ihr das Haupt zertreten"[39]. Die Anfechtungen sind nach Luther der eigentliche Lebenssaft des evangelischen Christen, dasjenige, was er vor den teuflischen Päpstlichen voraus hat. Man solle nur selbst bedenken, meint Luther, wie selbstsicher, müßig, vergnügungssüchtig, d. h. päpstlich die Christen werden würden, wenn nicht eine derartige dauernde Übung im Glauben bestünde.[32)]

Bei seinen Anfechtungen flüchtet sich Luther stets zum Gebet, von welchem er weiß, „daß es Gott gefallet und erhört wird zu seiner Zeit"[33)]; in diesem besteht die immer erneute Aufgabe des Christen; alles was der Christ kann, für sich wie für andre, kann er durch das Gebet, es ist die „sola omnipotens imperatrix in rebus humanis"[41].[34)] Es gibt wohl unter den gesamten Briefen Luthers aus den letzten Jahren kaum einen, | in dem er nicht immer wieder das Beten als das Amt des guten Christen bezeichnet. Besonders Kirchengebete legt er seinen theologischen Freunden ans Herz. Er selbst konnte nur „mit Mühe durch ernstes Beten und viel Leiden"[35)] sein Werk weiterführen. Als Luther von dem kriegerischen Beginnen des Herzog Moritz von Sachsen[42] hört, schreibt er entrüstet und zuversichtlich: „ich will wider ihn mit einem Herrn reden, der soll ihm Manns genug sein und sitzt für seinem wueten zur Rechten Gottes wohl sicher."[36)] Hier im Gebet besteht sein eigentliches Wirken für seine Sache. Man berichtet, er habe oft

---

32) 14,3111.
33) 15,3883.[40]
34) 13,2841.
35) 14,3153.
36) 14,3131.

Füßen] tritt, so wie geschrieben steht: ‚Er wird dein Haupt zertreten'." – Vgl. Gen 3,17 (Vulgata). □ **38** Korr. unterstreicht „der Mensch" und bemerkt dazu am Rand: „Christus!". □ **39** Übersetzung B's von: „ipsum conteret caput tuum" (Enders 16,3394; vgl. Anm. 31)). □ **40** Richtig: 15,3383. □ **41** Dt.: „(13,2841:) ... die einzige allmächtige Gebieterin im menschlichen Leben". □ **42** Moritz v. Sachsen (1521–1553), Vetter von Kurfürst Johann Friedrich v. Sachsen, Herzog seit 1541, erhielt 1547 die Kurwürde, förderte den politischen Durchbruch der Reformation. 1542 zog er nach Ungarn zum Türkenkrieg (vgl. WA.B 10,3739).

tagsüber während der besten Arbeitszeit drei Stunden lang gebetet.[43] Durch Gebet und Predigt sucht er sein Gewissen zu befreien von dem drückenden Gefühl der Untätigkeit im Großen. „On aufhoren und ungehindert“[37)] will er beten und predigen, solange er noch in dieser Welt ist und rät dasselbe seinen Anhängern. Gebet und das „liebe Gotteswort“ sind „die zwei unaussprechlichen Kleinodien, die der Teufel, Türk und Papst [...] nicht besitzen“, wodurch sie viel ärmer sind und elender, denn kein Bettler auf Erden.[38)] Seinen Predigerdienst also betrachtet Luther als das zweite, was er seiner Sache schuldig ist, und wo ihm die Verantwortung aufliegt: „Denn ein Predigtampt, Pfarrampt und das Evangelium sei nicht unser, noch einiges Menschen, ja auch keines Engels, sondern allein Gottes unseres Herrn ...“[39)], d. h. hier liegt eine göttliche Aufgabe vor, die er erfüllen muß. Wir brauchen das hier nicht genauer auszuführen, weil wir einen Teil oben behandelten, den andern unten noch zu betrachten haben. Immerhin ist es noch von Interesse, daß Luther sein Predigtamt nicht über die gesollten Grenzen ausdehnt; er schreibt ausdrücklich an die Grafen von Mansfeld in der Sache ihres Streites, „nicht um zu richten, das ich auch nicht kann und nicht soll“, sondern | um zu predigen und zu vermahnen[45]. Das Richten bleibt Gott, und wir haben hier wieder Gelegenheit, das Feingefühl Luthers zu beobachten, mit dem er alle Klippen einer nur möglichen Selbstüberhebung sicher umschifft.

Wir haben damit die Punkte kennengelernt, an denen Luthers Verantwortungsgefühl gegenüber seinem Werk verankert ist, und wo seine Hauptlebensarbeit, mit der er bis ans Ende belastet war, lag. Der Heilige Geist hätte uns ja gar nicht nötig gehabt zur Ausführung seiner Pläne. Hat er uns nun aber

---

37) 15,3249.

38) 15,3883.[44]

39) 15,3240.

43 So Veit Dietrich in einem Brief an Melanchthon vom 30. 7. 1530 (CR 2,159). □ **44** Richtig: 15,3383. □ **45** Enders 16,3568. Die Grafen v. Mansfeld: Graf Albrecht (1486–1560), Graf Johann Georg (1531–1579) u. Graf Philipp (1531–1546), beide Vettern von Albrecht (vgl. WA.B 10,3760 u. 3724).

einmal gewollt in seiner Gnade, so will er nicht vergeblich gerufen haben, sondern fordert getreuen Dienst am Evangelium[40)], und dieser Dienst besteht nun in Gebet und Predigt.

Hat es Luther vermocht, seine ‚geschichtlichen Sorgen' im Lauf der Ausbreitung der Reformation auf den Herrn zu werfen (um mit dem von ihm bei der Seelsorge so häufig verwandten Wort zu sprechen), so war ihm an den besprochenen Punkten das Verantwortungsgefühl in voller Strenge geblieben. Er rühmte sich ‚mit gutem Gewissen' seiner Aufgaben, denn sie sind von Gott und er muß sie verantworten.[46] Von diesem Standpunkt betrachtet wird die christliche Kirche zur Kirche Luthers. Daß natürlich auch all das, was er für seine Kirche durch Gebet und Predigt tun kann, letztlich auch von Gott ist, brauchen wir wohl kaum mehr zu sagen.[41)]

Vom Standpunkte der Verantwortlichkeit für die Zustände in seiner Kirche, fühlt er sich verpflichtet, gegen die Übergriffe in ihr Gebiet, so z. B von seiten der Juristen zu Felde zu ziehen: „Das wären mir frohliche Gäste in meiner Kirchen, die ich bei Gott verantworten sollt, das mir solche Wechsler und Taubenkrämer eine solche Mördergrube aus *meiner*[48] Kirchen zusehns machen sollten."[42)] Soviel an ihm ist, durch Predigen und Beten zu erreichen, muß er erreichen, und Luther | weiß, daß er im Ganzen nach besten Kräften und Vermögen das getan hat, was ihm aufgetragen worden war[43)].

Es wäre nun verkehrt, ihm das als ein Stück Pharisäismus auszulegen. Es ist ein Gefühl, was sich aus rein menschlichen Vergleichen im Laufe der Zeit einstellte, aber das ‚peccator pessimus Gefühl'[50] Gott gegenüber nicht beeinträchtigte; dem Kurfürsten schreibt Luther bei einer ihm nicht gefälligen Handlung desselben[51]: „Da mugen sich E. G. fursehen, ich bin

---

40) 15,3376.

41) cf. S. 276. Enders 15,3883.[47]

42) 16,3481.

43) Vixi et quem cursum dederat Deus, ipse peregi[49]; 13,2979.

46 Enders 15,3361 (vgl. o. S. 277). □ **47** Richtig: 15,3383. □ **48** Hervorhebung von B. □ **49** Dt.: „(13,2979:) Ich habe gelebt und den Weg meines Lebens, den Gott gegeben hatte, selbst vollendet." □ **50** Siehe Anm. 12. □ **51** Der von B zit. Brief ist nicht an den Kurfürsten, sondern an die Grafen Philipp und Johann Georg v. Mansfeld (vgl. dazu Anm. 45) adressiert.

entschuldigt“[44)], grenzt mithin das Gebiet seiner Verantwortlichkeit auf das seines direkten Einflusses ab. Einem Freund, dessen Mutter dem neuen Glauben nicht folgen will, und der sich darum grämt, tröstet er mit dem Worte: „Bete unaufhörlich für sie et satisfecisti“[52] [45)]; damit rät er letztlich, seine Sorge auf den Herrn zu werfen und sich nicht anfechten zu lassen durch zu weit gehende Bedenken. Es liegt ohne Zweifel in solchem Worte eine gewisse Härte; aber man ist eben gezwungen, sie als etwas zu verstehen, ohne das Luthers Persönlichkeit vielleicht mit seinem Werk zerflattert wäre. Es ist einmal die innere Befestigung des Glaubens, die zu dieser Härte beitrug, dann aber mußte Luther im Laufe der Geschichte sich eine feste Grenze bilden zwischen dem, was der Mensch tun kann (und d. h. auch soll) für seine Mitmenschen, und von wo an er seiner Pflichten entbunden ist mit ihrer Verantwortlichkeit. Diese Freisprechung tritt jedes Mal dadurch ein, daß man Gott den weiteren Verlauf in die Hände und in seinen Willen gibt.

Luther erkannte, daß er zu Kompromissen in der Welt gezwungen sei, und man erstaunt zuerst, wenn man bei ihm etwas von einem relativen Bessersein des einen vor dem andern liest. Er meint, die Heiligen seien durchaus im Recht (sicut decet et oportet)[53], ihre Lebensführung und ihr Werk als vor den Menschen makellos hinzustellen, wenn sie sich nur | vor Gott auf nichts anderes als auf seine Barmherzigkeit beriefen.[46)] Man wird richtig weiterschließen, wenn man ihn ähnlich von

---

[44)] 14,3115.

[45)] 14,3111.

[46)] 15,3379: Nam etsi vitam et opera sua iudicent coram hominibus irreprehensibilia esse (sicut decet et oportet) tamen coram Deo nituntur sola misericordia et bonitate eius tacitis meritis et in vulneribus Christi ...[54]

52 Dt.: „(14,3111:) Ora pro ea indesinenter, et satisfecisti.“ („Bete unaufhörlich für sie, so hast du genug getan.“) Bei dem Freund Luthers handelt es sich um Anton Lauterbach. □ **53** Dt.: „wie es sich ziemt und gebührt“ (Enders 15,3379; vgl. Anm. 46)). □ **54** Dt.: „(15,3379:) Denn auch wenn sie ihr Leben und ihre Werke vor den Menschen als untadelig einschätzen (wie es sich ziemt und gebührt), stützen sie sich trotzdem vor Gott ausschließlich auf sein Erbarmen und seine Güte und schweigen von ihren Verdiensten, und [wollen] in den Wunden Christi [wie jene Taube in den Öffnungen des Felsens (der Felsen aber ist Christus) gefunden werden]“. – Korr. bemerkt dazu: „Er denkt an Paulus!“

der für die Menschen geltenden Vorbildlichkeit der Evangelischen denken läßt.

Aber all dem, was Menschen tun und lassen können (sc. mit Gottes Hilfe!) steht nun einmal gegenüber das consilium Dei imperscrutabile, (sc. quod) nos ferre [...] adorare decet non explorare aut indignari[55] [47)], d. h. demgegenüber wir ganz Werkzeug, nicht mehr wir selbst sein sollen. Ohne unser Zutun spielt die Tragödie zwischen Gott und Sathan.[56]

Der jetzt offen ausgebrochene Kampf zwischen Gott und Sathan ist schon von Daniel prophezeit zum Trost, damit der Fromme wisse, auf welche Seite er sich einzufinden habe und zum Beweise, daß trotz aller Abscheulichkeit der Schismen Gott diese am Ende der Tage der Welt erfolgende „Spaltung wohl gefalle“[48)]; denn sie führt ja vom Teufel zu Gott.

Wieder erhebt sich aber die Frage, mit der wir schon oben Luther ringen sahen. Was hat denn eigentlich in solchem Falle noch die über tausend Jahre alte christliche Tradition für eine Bedeutung, ist sie ganz vom Teufel oder, wenn göttlich, kraft welcher Befugnis darf der Mensch sie ignorieren oder gar beseitigen? D. h. wie war das Werk Luthers im Hinblick auf den Gang der Vorgeschichte zu beurteilen, welche Stellung nahm es in dieser ein?

Wir finden hierüber merkwürdig einander widersprechend erscheinende Äußerungen Luthers vor. Wir sahen, wie sich seine Anfechtungen in den ersten Reformationsjahren immer | wieder auf die Zweifel an der Befugnis, sich der Tradition zu widersetzen, erstreckten. Seine Antwort war die Berufung auf den überkommenen göttlichen Befehl, so war es ihm tatsächlich gelungen, in gutem Gewissen mit dem Überlieferten zu brechen, und in dieser Tat hatte nicht zum geringsten die Durchschlagskraft des reformatorischen Gedankens bestanden. Nun ergaben sich aber für die Verkündigung schwierige Konsequen-

---

47) 14,3048.

48) 12,2816. Das Zitat würde, auch wenn das Schriftstück – was sehr zweifelhaft ist – von Melanchthon stammte, auch in Luthers Munde durchaus möglich sein.

55 Dt.: „(14,3048:) ... der unerforschliche Rat Gottes, (den) zu tragen [und] zu verehren uns geziemt, nicht [aber] ihn zu erforschen oder uns über ihn zu

zen. Sollte Luthers Werk so sehr der Geschichte überhoben sein, daß all die Vorbilder evangelischen Glaubens aus der Geschichte des christlichen Glaubens jetzt gar nichts mehr bedeuteten? Hier weiß Luther die Antwort, daß zwar an sich der Glaube, der durch ihn verkündigt ist, an historischer Bestätigung nicht hängt und mit dieser gar nichts zu tun hat, daß also eigentlich einem jeden sein eigner Glaube ans Wort genügen müsse, um allein gegen die Pforten der Hölle im Kampfe zu stehen.[49)] Aber Luther sieht eben wieder die Notwendigkeit des Kompromisses mit dem Natürlichen ein. Er sieht, daß, wenn der Geist auch willig ist, das schwache Fleisch eine Stütze nötig hat[57], um im Kampfe erfolgreich zu stehen; die Stütze des Schwachen ist das Vorbild vieler, die vor und mit ihm gemeinsam zum Worte Gottes stehen; d. h. die Tradition. Der Starke (cf. Rom 14) kann die Geschichte entbehren. Luther selbst hat ohne sie den Sieg errungen, aber dem Schwachen, der sie nötig hat zur Stärkung seines Glaubens, soll sie nicht genommen werden. Daß diese Dinge vor Gott nur eine zweite Rolle spielen, war Luther überzeugt. Daß Luther freilich auch hier Grenzen zog, lag im Interesse der Sache und der rechten Nächstenliebe: die Leute, die mit dem öffentlichen Eintreten für die Sache, von der sie innerlich überzeugt waren, bis zur allgemeinen Entscheidung eines Konzils warten wollten, schienen Luther der Hölle verfallen zu sein; denn ein schwacher Glaube soll gestärkt, ein feiger aber verdammt sein.[50)] Nun | war aber Luther auch für seine Person nicht von der Konsequenz, die man erwarten sollte. So sicher auch der persönliche Glaube ans Wort unabhängig von historischer Bestätigung ist, so sicher ist er schon in der Geschichte längst dagewesen, bezeugt und nur durch Entstellung im Laufe der Zeit verunreinigt und verhüllt: Luthers Lehre ist so nur die ‚gereinigte katholische', seine Kirche will er die ‚wahre katholische' genannt haben.[58] Es ist Luthers unbedingter Wunsch, sein Werk nicht als etwas schlechthin Neues oder gar Sensationelles angesehen zu wissen;

---

49) cf. 15,3379.
50) 14,3085.

entrüsten." □ **56** Vgl. S. 281. □ **57** Vgl. Mt 26,41. □ **58** Vgl. Enders 13,2892a.

und dieses starke Bedürfnis, nach der radikalen Absage an die Tradition doch wieder auf andre Weise den Weg zu ihr zu finden, ist bezeichnend für die Stellung, die Luther sich selbst innerhalb seines Werkes anweist. Es ist unzulänglich, weil tautologisch, hier auf das sogenannte autoritäre Bedürfnis hinzuweisen, eine Gefühlsverfassung, die wir ja erst analysieren wollen. Man hat vielmehr an die Ängstlichkeit Luthers zu denken[59], die ihm aus der Vorstellung entsprang, er, sein Name, könne als etwas Selbständiges, Neuartiges in der Geschichte betrachtet werden.[51)] Daß diese Konsequenz aber faktisch gar nicht notwendig war, hat ihm anscheinend nicht genügt, ihm war ausreichend, daß sie möglich war.

War nun einmal die große, letzte Abspaltung vom Teufel zu Gott nötig und tatsächlich geworden, so war nichts abscheulicher, als diese Gelegenheit zu weiteren eigensüchtigen Schismen zu benutzen.[52)] So pflegt Luther in Ordinationszeugnissen zu betonen, daß der Ordinand „der christlichen [...] Lehr wohl bericht, dazu allen Sekten feind ..."[53)] sei. Schon aus diesem | Grunde sind die inneren Feinde schlimmer als die äußeren.[54)] Luther sagt weiter, daß der Ordinand der gereinigten evangelischen Lehre anhänge, den seine Kirche einstimmig und eines Geistes mit der katholischen Kirche Christi bekenne, und daß er vor den Ansichten, die nach dem Urteil der katholischen Kirche Christi abwegig seien, Abscheu habe.[55)] Alle, die mut-

---

[51)] cf. auch WA 8,685[60]: „Was ist Luther? ist doch die Leer nit meyn, Szo bin ich auch für niemand gekreutzigt, ... Ich byn und wyll keines Meister seyn ...", aber vgl. zu ‚Lutherani' 18,3769 und 15,3224.

[52)] 16,3502 über Zwinglianer und andre Sakramentierer.

[53)] 13,2907.

[54)] Z. B. 13,2970 und oft. Beatus vir, qui non abiit in consilio Sacramentariorum, nec stetit in via Cinglianorum nec sedet in consilio Tigurinorum 17,3600.[61]

[55)] 15,3265; cf. auch 18,3771.

59 Korr.: „Vielmehr greift der Gottesbegriff ein! Kann Gott die Kirche so lang verlassen haben?" □ **60** (Eine treue Vermahnung zu allen Christen. 1522). – Vgl. K. Holl, Luther, 397 f. □ **61** Dt.: „(Richtig: 17,3602:) Selig der Mann, der nicht abgewichen ist im Rat der Sakramentarier und nicht geblieben ist auf dem Weg der Zwinglianer und nicht sitzt im Rat der Zürcher." Statt „in consilio Tigurinorum" bei Enders: „in cathedra Tigurinorum" („auf dem Stuhl der Zürcher"). Vgl. Ps 1,1.

willig von der wahren katholischen Kirche abweichen, tun dies aus Selbstgefälligkeit, d. h. Ungehorsam gegen Gott. Einem Pfarrer, der zwinglianisch anmutende Abendmahlsgebräuche befolgt, schreibt Luther: warum er sich nicht nach den andern Kirchen richte? Warum er allein als ein neuer und gefährlicher Anstifter angesehen werden wolle?[56)]

Wir haben mithin auch das autoritäre Empfinden Luthers in seinem Werk darauf zurückgeführt, daß der Mensch nur Werkzeug sein soll und doch immer darüber hinausbegehrt; findet sich nun der Mensch auf der richtigen Seite ein, so ist er seines oder vielmehr Gottes Triumphes sicher. Mag es in dieser Welt gehen, wie es will; der endliche Sieg ist so sicher, wie daß Gott im Kampfe steht.

Hier liegt nun der Punkt, an dem Luthers Stimmungen in mächtigen Schwingungen auf und niedergehen, hier steigen sie zu triumphierendem Jubel empor und fallen mit wachsender Weltmüdigkeit wieder ab. Das ganze Temperament, mit dem Luther seine Sache begleitet, kommt hier am deutlichsten zur vollen Entfaltung. Hier liegt der Ursprungsort für den oft genannten ‚Pessimismus' des alten Luther, wie für seine prophetische Siegesstimmung; hier ist die Stelle, an der Luthers Menschlichkeit in Stärken und Schwächen erkennbar wird, an der das große und kleine äußere Weltgeschehen in den Stimmungen des Reformators widerhallt und von Bedeutung ist. | Wir müssen uns hier mit besonderer Deutlichkeit mit dem durchdringen, was wir anfangs von der Psychologie des alten Luther sagten; denn war das, was wir bisher behandelten, vorzüglich die Grundstimmung, die aus der religiösen Erfahrung und Entwicklung dem Reformator zugewachsen war und die Basis für alles weitere bildete, d. h. mehr konstanten Charakter trug, so berührt die Vorstellung vom letzten Kampfe und dem darauffolgenden jüngsten Tag Luthers Stimmungen mehr von der Seite des rein Zufälligen, für den Augenblick wechselnden Stimmungsmäßigen.

Für Luther war es im Laufe der Zeit beim Anblick der vielen schauerlichen Folgen seines Reformationswerkes eine Gewiß-

56) 15,3285.

heit geworden[62], es sei die letzte Zeit gekommen, der Endkampf, von Propheten, Jesus und Paulus geweissagt, sei da, der Satan bäume sich zum letzten Mal mit entsetzlicher Macht gegen Gott auf und der jüngste Tag stünde vor der Tür. In einer chronologischen Geschichtstafel hatte Luther 1541 berechnet, die Hälfte der prophezeiten Weltzeit sei jetzt in Bälde vorbei, und wie Christus statt drei Tagen nur 1½ im Grabe gewesen sei, so werde auch die Weltzeit sich um die Hälfte verkürzen.[63]

In diesem großen Kampfe war Luther zweierlei sicher, einmal, daß es trotz allem das Gotteswort war, das in die Welt gekommen war; dann, daß die sich diesem Anschließenden ganz bestimmt den Endsieg erringen und am jüngsten Tage triumphieren würden. Was diese freilich bis dahin in der Welt zu leiden und zu kämpfen hätten, das lag im Ungewissen; aber das war auch gar nicht von Wichtigkeit: denn alles Unglück, das wir in dieser Welt leiden müssen, trägt ja in sich ewigen Ruhm und Gottes Wohlgefallen.[57)] Der Mensch hat das Gebet | und „das liebe Gotteswort", und diese Gnade ist so groß, „daß er billich und gern das zeitlich Böse sehen und dulden" soll.[58)] Nur deshalb ist er hier im Elend, damit er erkennt, wieviel größer das Elend ist, aus dem ihn Christus erlöst hat[59)]; drum soll er sich in das, was ihm hier entgegentritt, schicken[60)]; denn die Welt ist zeitlich, vergänglich, und bald wird sie ihr Ende erreicht haben. Ein Greis ist sie, und mit ihrem Alter wächst Gottlosigkeit und Genußsucht.[61)] Sie rast im letzten Wahn, wie

---

57) 15,3288: Miseria est, in qua vivis; sed ea coniuncta est cum gloria aeterna et beneplacito Dei ...[64]

58) 15,3883.[65]

59) 15,3311.

60) Laetandum et ferendum est omne, quod acciderit.[66]

61) 12,2823.

62 Korr.: „vielmehr! sobald ihm klar wird, daß der Papst der ‚Antichrist' ist". □ **63** Luther hatte zwischen 1536 und 1540 eine zunächst für den eigenen Gebrauch bestimmte Geschichtstabelle erstellt, die 1541 gedruckt wurde. Sie gibt die in der Bibel überlieferten Zeiten und Jahre wieder und weist auf das bevorstehende Weltende hin (vgl. WA 53,1 ff, bes. 171: Supputatio annorum mundi. 1541/45). □ **64** Dt.: „(15,3288:) Ein Elend ist es, worin du lebst; aber es ist verbunden mit dem ewigen Ruhm und soll Gott wohlgefällig sein ..." □ **65** Richtig: 15,3383. □ **66** Dt.: „(15,3288:) Man muß fröhlich sein und alles

es Sterbende tun in ihrem Greisenalter, bald wird es mit ihr vorbei sein.[62)] Er ist sicher, der Welt droht der Zusammenbruch[63)]; valeat, pereat, perdatur mundus![67] [64)] Solche Stimmungen werden wir nun genauer zu betrachten haben.

Im Jahre 1541 war der Türke wieder hereingebrochen[68] und die Christen waren ihm entgegengezogen. Luther sieht mit großen Sorgen dem Kampf entgegen[65)]; denn es erschien ihm, als versuche man Gott, „daß wir 10000 wider zwanzig ja fünfzig Tausend schicken und wir doch, mit Sünden beladen, unbußfertig, sonderlich der König und die Papisten, die Hände voll unschuldigs Blut haben, nicht können die Leute sein, durch welche Gott kunnt oder mocht Wunder und große Dinge tun“[66)]. Jede Niederlage bestätigt ihm diesen Frevelsinn, alles ist ja Vorspiel zum jüngsten Tag. Der Türke ist die Zornesrute, mit der Gott unsre Sünden heimzahlt.[67)] Alle sind voller Sünde und sollten einsehen, daß sie die Strafe durch die | Türken mit Recht empfingen[68)], aber keiner will sich schuldig und sündig bekennen[69)]; auch die Evangelischen leben in sündigem Fleische, aber sie sind doch noch rein von unschuldigem Blut[70)], mit dem die

---

[62)] 15,3378.

[63)] 14,3120.

[64)] 14,3108.

[65)] Aus diesem Jahre stammt das Kirchenlied Luthers: „Erhalt uns Herr bei deinem Wort und steur' des Papsts und Türken Mord“.[69]

[66)] 14,3036.

[67)] cf. 3316[70] und 14,3036.

[68)] 14,3036: Wenn einer in den Krieg wider den Türken ziehen will, soll er vor allen Dingen also denken, daß der Türk Gottes Ruth und Zorn ist über die Welt und sonderlich über die Christen, die Gott also strafen will ... uns würdig achten, die wir von Türken bestraft werden ...

[69)] Siehe Anm. 68); 14,3164.

[70)] 13,2841: ... miseri peccatores, tamen puri sumus a sanguine ...[71]

ertragen, was einem widerfährt.“ □ **67** Dt.: „(14,3108:) Fort mit der Welt, sie gehe unter [und] verderbe!“ □ **68** Im Spätsommer 1541 besetzten die Türken unter Suleiman II. Ungarn und stellten es unter osmanische Verwaltung. Luther schrieb daraufhin die „Vermahnung zum Gebet wider die Türken“ (WA 51,585; vgl. auch WA.B 9,3653). □ **69** WA 35,467f (= EKG 142, vgl. WA 35,235ff); von Luther mit der Überschrift versehen: „Ein Kinderlied, zu singen, wider die zween Ertzfeinde Christi und seiner heiligen Kirchen, den Bapst und Türcken, etc.“ □ **70** Gemeint ist: 15,3316. □ **71** Dt.: „(13,2841:) [Wenn wir] armseligen Sünder [auch in sündigem Fleisch leben], so sind wir

Papisten befleckt sind. Ja was das schlimmste ist, diese sündigen wissentlich gegen die erkannte Wahrheit.[71)] Töricht ist die Welt, sie glaubt aus eigenen Kräften die Kirche zu tragen, und dabei ist es gerade umgekehrt.[72)]

Aber nicht nur im feindlichen Lager sieht es so schaurig aus, auch im eigenen beginnt man von Kriegsdrohungen zu hören, Taktierereien, persönliche Streitigkeiten sind im Schwange. Luther ist sein Leben lang mit dem fürstlichen und dem Adelsstand nicht zu einem guten Verhältnis gekommen. Beide wollen die Kirche in ihren Dienst zwingen, wie ehemals (sub *nostro* tempore – sub papa![73]) der Papst die Welt in den seinen.[73)] Hierbei aber sind selbstische Interessen im Spiel; das widerspricht dem Pauluswort Rom 14,23: was nicht aus dem Glauben ist, ist Sünde. Die Menschen achten den Frieden nicht und suchen ihre Gerechtigkeit, Luther meint dazu: „ohn unser Gerechtigkeit können wir selig werden, aber ohn Frieden können wir nicht Christen sein, quia Christus est pax[75] ... Was man nicht schlichten kann ohne Verstörung des Friedens, soll man es auf ein Knäuel winden, bis es Gott selbst einmal abwinde."[74)] Solche Friedensstörer sind es, die „umb ihrer Ehre willen (Dreck sage ich) die ganze Kirche betrüben".[75)] Also | Einigkeit im eigenen Lager – denn gegen dieses ist all das geschrieben –, ist das erste Erfordernis.[76)]

[71)] 12,2815.

[72)] 14,3112: Sic mundus nescit se stare viribus alienis, i. e. Ecclesiae, et putat, Ecclesiam stare viribus suis, i. e. mundi.[72]

[73)] 15,3329: ... sub papa miscuit ecclesiam politiae (sc. Sathanas), sub nostro tempore vult miscere politiam ecclesiae ...[74]

[74)] 16,3408.

[75)] Siehe Anm. 74).

[76)] Zur Waffe greifen darf der Evangelische nur angegriffen und in Notwehr, denn wenn Gott etwas in der Welt ändern will durch Krieg, „so wird er doch rein von Blut." □ **72** Dt.: „(14,3112:) So weiß die Welt nicht, daß sie durch fremde Kräfte, d. h. die der Kirche, Bestand hat und sie meint, daß die Kirche durch ihre Kräfte, d. h. die der Welt, Bestand hat." □ **73** Dt.: „(15,3329:) zu *unserer* Zeit – wie zur Zeit des Papstes" (vgl. Anm. 73)). – Hervorhebung von B. □ **74** Dt.: „(15,3329:) Zur Zeit des Papstes hat er (sc. der Satan) die Kirche mit Politik vermengt, zu unserer Zeit will er die Politik mit der Kirche vermengen." – Die Klammerbemerkung ist Zusatz B's. □ **75** Dt.: „(16,3408:) ... weil Christus der Friede ist."

War auch, wie wir sahen, Luther der Verantwortung ‚objektiv' ledig geworden – er hätte sie eben auch gar nicht zu ertragen vermocht –, so ging ihm als Seelsorger und Prediger eine solche Uneinigkeit besonders tief, und er versucht die verschiedensten Arten Ermahnungen, vom Fluch bis zur Bitte, um sie beizulegen. In Einigkeit soll man der Kirche beistehen gegen den Feind. Diese in der höchsten Not verlassen, wäre Mißachtung des Heiligsten, sie, die so gequält, ermattet, ja mit ihrem Bräutigam gekreuzigt ist.[77)] Neben den weltlichen Streitigkeiten innerhalb des Protestantismus stehen die Sektierereien, dazu kommen sittenlose Zustände an den Universitäten, Unredlichkeit und Lieblosigkeit der eigenen Leute[78)], schließlich unerfreuliche Dinge, die Luther im eigenen Hause erleben mußte. So ruft Luther in tiefem Schmerz aus: „Schicksalsschläge drükken uns wie unsre Sünden, gegeneinander rasen wir in Wut." Größer ist der Zorn Gottes als auch die Frommen denken, und nirgendwo ist Buße.[79)] „Wunder geschehen, und wir begreifen sie nicht, so blind ist unsre Vernunft."[80)] Deutschland war

---

den Anfang also dazu geben, das wir uns müssen wehren und sollen nicht dazu eilen". Es folgt ein Satz, der an Tiefe beinah die ganze Luthersche Lebensweisheit umfaßt: „Der Christen Weisheit und Stärke ist, nicht on gewissen Beruf eilen, sondern im Glauben still halten und der Zeit erwarten. Menschliche Furcht eilet und leufft sich abe." 16,3418. Longanimitate nobis opus est, brevianimitate nihil efficimus.[76] 16,3472.

[77)] 14,3155: (Ecclesia) quam deserere nisi sacrilegi non possumus, sic vexatam, agitatam, fessam, laborantem, fatiscentem, languentem et cum Sponso suo crucifixam.[77]

[78)] Vgl. 14,3164.

[79)] 14,3146.

[80)] 17,3596[78]; cf. 14,3133: Germania obsurduit, caeca est, [...] ut spem contra spem [...] habere non liceat.[79]

76 Dt.: „(16,3472:) Wir brauchen einen langen Atem; durch Kurzatmigkeit bewirken wir gar nichts." □ **77** Dt.: „(Richtig: 14,3154:) [Dich und deinesgleichen hat] (die Kirche), die wir nur freventlich im Stich lassen können, [nötig,] da sie so gequält, umgetrieben, ermüdet, leidend, ermattet, erschlafft und mit ihrem Bräutigam gekreuzigt ist." □ **78** Dt. Wiedergabe B's von: „(17,3596:) Nos videmus et habemus hodie mirabilia, nec tamen credimus nec miramur. Adeo ratio est caeca et insensata." („Wir sehen und haben vor uns heute Wunder, dennoch glauben und bewundern wir sie nicht. So blind und unempfänglich ist die Vernunft."). □ **79** Dt.: „(14,3133:) Deutschland ist taub geworden, ist blind [und hat ein verfettetes Herz], so daß [wir] nicht Hoffnung

einmal und wird nicht mehr sein, was es war. Es war besser in der Welt, aber es ist vorbei auf immer und zurück | blieb nichts als ein Diluvium malorum.[81)] Das beste, was Luther sehen sollte, meint er gesehen zu haben.[82)] Er glaubt jetzt gar, entweder die Welt nie gekannt zu haben, oder alltäglich während er schlafe, werde eine neue Welt geboren, denn allzu wunderlich geht es in ihr zu.[83)]

Eines ist nach alledem sicher, der Tag kommt bald: finis, finis, finis instat![81] [84)] Denn der Herr selbst hat es so prophezeit.[85)] Luther spricht von drei großen Anfechtungen, die die wahre Kirche bestehen müsse[86)]: die Tyrannis, die Häresie und die zügellose Begierde des gesetzlosen, gottlosen Lebens, „als wenn wir gesättigt wären und Überdruß hätten am Worte Gottes, da ja nicht mehr nötig sei, wenn der Feind besiegt sei"[84]. Das sind die Versuchungen gegen Vater, Sohn und heiligen Geist. Tyrannis und Häresie sind nicht gefährlich und bald überwunden. Aber der schwerste Kampf geht gegen die dritte dieser Anfechtungen, gegen die Spötter und Verächter, die da sagen: nullus est Deus[85] und diese sind in der Überzahl.

Soll nun aber der Mensch gegenüber der Welt, deren „größerer Hauff das Evangelium verfolget und verachtet"[87)], ganz resignieren?

Mitte vadere, sicut vadit[86] ist der Trostspruch gewesen, den

---

[81)] 15,3254: In hoc seculo quaecunque bona futura sperata sunt, ea fuerunt et transierunt. Nihil restat nisi diluvium malorum, quod coepit et operatur.[80]

[82)] 15,3383: . . . acht auch wohl, ich habe das beste gesehen, das ich habe auf erden sehen sollen; denn es läßt sich an, als wollt es bose werden . . .

[83)] 15,3300.

[84)] 15,3272[82] (cf. 3328[83] u. a.).

[85)] 15,3271.

[86)] 14,3048.

[87)] 16,3482.

wider alle Hoffnung haben dürfen." Vgl. Röm 4,18. – Auslassungen von B. □ **80** Dt.: „(15,3254:) In diesem Zeitalter ist, was auch immer man als künftige Güter erhofft hatte, vorbei und vergangen. Nichts bleibt außer der Sintflut des Bösen, die schon begonnen hat und weiter wirkt." □ **81** Dt.: „(15,3277:) Das Ende, das Ende, das Ende steht bevor." □ **82** Richtig: 15,3277. □ **83** Belegnachweis falsch; gemeint ist vermutlich: 15,3378. □ **84** Übersetzung B's von: „(14,3048:) . . . ut qui saturi sumus et fastidio habemus verbum, quo iam non sit opus, cum hostes victi sint." □ **85** Dt.: „(14,3048:) Es gibt keinen Gott." – Vgl.

Luther in schwerer Anfechtung sich errang; d. h. resigniere gegenüber der Welt, gib dich ihr gegenüber keinen ängstlichen Sorgen und keinen Hoffnungen hin. Notwendig aber erwuchs aus dieser Stimmung, die der Welt gegenüber resignierte, irgendeine andre der Gottgeborgenheit auf Grund des Gefühles, nach Kräften das getan zu haben, was Gott befohlen | hatte. Dieses Gewißheitsgefühl ist in den Phasen, die wir als depressive bezeichnen können, bei Luther ein rein persönliches, drückt sich nicht durch lauten Siegesjubel, sondern durch wenige, innige Worte eines trotz allen Übels nicht gestörten Friedens mit Gott aus; denn in solchen Stimmungen sieht Luther mit besonderem Gram auf die Zerfahrenheit im eigenen Lager und kann so kein allgemeines Hoffnungsgefühl aufbringen. In den optimistisch erregten Stimmungslagen fällt der Blick im wesentlichen auf die das Evangelium angreifende Außenwelt der Feinde, und so bildet sich das Gefühl heraus, das wir noch unter dem Terminus des ‚Ausgesondertseins' kennenlernen werden.

Wir werden zuerst von den pessimistischen Gefühlstiefständen Luthers reden. Sogleich machen wir die Beobachtung, daß einem solchen Stimmungsstand eine starke innere persönliche Heilsgewißheit entspricht; sein Mahnbrief an die Wittenberger[88)] ist bezeichnend: an dreißig Jahre habe er und mit ihm viele andre bei ihnen das Evangelium gepredigt, und nun solle er am Ende seines Lebens erfahren, daß „es nie erger gestanden, weder jetzt"[87]. Das wäre schrecklich zu hören vor Gott und Welt, und müsse den heiligen Geist und ihn hoch betrüben und sei gewiß ein Zeichen, daß „diese Statt eine sonderliche Vermaledeiung verdient hette, wie Chorazin, Bethsaida und Kapernaum", und kaum werden sie der Sintflut entgehen, woran er keine Schuld trage.[88] In solchen Äußerungen ist trotz aller Weltskepsis auch die geringste persönliche Skrupulosität verschwunden, und sie sind in der Stimmungsfarbe nicht unähnlich solchen wie: warum er wegen der Verworfenen seine

88) 14,3106.

Ps 14,1. □ **86** Siehe Anm. 35. □ **87** Enders 14,3106. □ **88** Ebd.

Kräfte noch verschwenden soll[89)]. Laß gehen, wie es will, denn es geht doch, wie es will.[90] Volenti non fit iniuria.[90)] |

Luther weiß gut, daß das alles nicht dazu auffordern soll, seine Hände in den Schoß zu legen, sondern man soll „seinem Beruf nach thun, was geboten ist, und das übrige Gott befehlen“[91)]. Aber ganz nach seinen Stimmungen legt er sich diesen Satz aus. Die äußerste Konsequenz nach der pessimistischen Seite zog er im Briefe an Käthe vom 28. Juli 1545, d. h. in seinem Entschluß, Wittenberg sich selbst zu überlassen und sich von der Besorgung seiner Sache zurückzuziehen.[91] Es wäre nun verfehlt, aus einer derartigen Absicht wie aus manchen pessimistischen Äußerungen Luthers schließen zu wollen, Luther habe sein Werk zuletzt begonnen zu bereuen und geplant, es im Stich zu lassen. Daß diese Behauptung eines allmählich anwachsenden Zweifels und Bereuens ganz des Fundaments entbehrt, beweist allein der Hinblick auf die beiden letzten Briefe an Käthe, kurz vor seinem Tode geschrieben.[92] Wir müssen aber auch bestreiten, daß Luther je sein Werk in seinem Wert bezweifelt hat, auch nicht in Zeiten der Niedergeschlagenheit. Haben wir gezeigt, daß Luther nie die Gewißheit verloren, im Gegenteil immer bestätigt gefunden hat, daß seine Sache Gottes Sache sei, und ihn nur hier durch unebene Wege zum endlichen herrlichen Triumph führe, so ist ein Bereuen seiner geschehenen Tat unsinnig vorzustellen. Gottes Sache –

[89)] 14,3120: Quare nos [...] maceremur et conficiemur propter perditos, perituros et perdendos? Volenti non fit iniuria.[89] cf. 14,3108; 15,3203 u. a.

[90)] Siehe Anm. 89).

[91)] 16,3477.

89 Lies: „conficiamur“. Dt.: „(14,3120:) Weshalb sollen wir uns [vergeblich] aufreiben und fertigmachen wegen Menschen, die [schon] zugrunde gegangen sind, die zugrunde gehen werden und zugrunde gehen müssen? Wer dies so will, dem geschieht kein Unrecht.“ □ **90** Siehe Anm. 35. □ **91** Enders 16,3549. Der Belegnachweis findet sich bei B am Fuß der Seite, eine entsprechende Anm.-Ziffer im Text fehlt jedoch. – Luther hielt sich seit dem 25. 7. 1545 in Zeitz auf, von wo aus er seiner Frau schrieb, er wolle wegen der Sittenlosigkeit Wittenbergs nicht dorthin zurückkommen. Am 18. 8. 1545 kehrte Luther schließlich doch nach Wittenberg zurück; gegen die von Luther beanstandete ‚Sittenlosigkeit‘ wurden Verordnungen erlassen. □ **92** Vgl. Enders 17,3614 (vom 7. 2. 1546) u. 17,3616 (vom 10. 2. 1546).

bereuen, bedeutet Wahnsinn. So haben wir auch einen solchen Entschluß, wie er im Briefe zweifellos vorliegt, nur als gesteigerten Ausdruck seiner nicht seltenen depressiven Stimmungen zu verstehen, dem der Glaube an diese Welt zwar ganz verloren geht, der an Gottes Führung aber nicht ins Wanken kommt. So tritt auch in unserm Brief[93] nur die Stimmung des sich persönlich unglücklich Fühlenden, die an sein Werk mit keinem Wort herangreift, hervor. In solchen Zeiten der tristitia[94] schreibt Luther Sätze wie: obmutescere cogimur, et sinimus Sathanae suam | voluntatem, Deo permittente, super ingratos et superbos habere[95] [92)]; oder er spricht von seiner Unbrauchbarkeit für seine Sache[93)] und fühlt sich doch von Arbeit nahezu erdrückt[94)]. Streitigkeiten, die im Verhältnis zu den früheren Riesenkämpfen gar nicht in Betracht kommen, sieht er für die größten an, die er je habe auskämpfen müssen.[95)] Seine Krank-

---

92) 13,2884.

93) ... peto ut Deus ... iubeat deponere tabernaculum meum (2. Petr. 1,4) hoc inutile, emeritum [...] exhaustum. Nullius enim usus esse me satis video.[96] 13,2917.

94) 15,3603: Dies breves ... tardant opus[97]; 17,3601: Quasi nihil [...] egerim, scripserim, dixerim, fecerim, ita obruor scribendis, dicendis ... rebus.[98] 15,3202[99]: Wollet uns indes helffen tragen das Kreutz, als die wir wahrlich überall tragen, leiden und arbeiten müssen in allerlei schier aller Welt Sachen.

95) 15,3367: Ego tibi fateor in hoc anno novo sic me esse acceptum, ut in vita mea et in tota causa Evangelii nunquam fuerim perturbatior ... im Streit mit den Juristen.[100]

93 Gemeint ist der oben (vgl. Anm. 91) genannte Brief an Luthers Frau vom 28. 7. 1545. ☐ **94** Dt.: „Traurigkeit". ☐ **95** Dt.: „(13,2884:) Wir sind gezwungen zu verstummen und überlassen es dem Satan, wenn Gott es zuläßt, seinen Willen über die Undankbaren und Hochmütigen zu haben." ☐ **96** Dt.: „(Richtig: 13,2947:) Ich bitte, daß Gott ... [mich] mein Zelt niederlegen heißt (2. Petr. 1,4 [richtig: 1,14]), das unnütz, ausgedient und erschöpft ist. Daß es nichts nützt, sehe ich zu Genüge." Statt „Deus" bei Enders: „Dominus" („Herr"). – Die Bibelstelle ist von B eingefügt. ☐ **97** Dt.: „(Richtig: 17,3603:) Die kurzen Tage [sc. im Januar] ... hemmen [mir] das Werk." ☐ **98** Dt.: „(Richtig: 17,3602:) [... so geht's, daß ich so,] als ob ich nichts getan, geschrieben, geredet und gemacht hätte, von Schreib-, Rede- ... -kram erdrückt werde." ☐ **99** Richtig: Enders 15,3207. ☐ **100** Dt.: „(15,3367:) Ich gestehe dir, daß mir zum Anfang dieses Jahres ein solcher Empfang bereitet wurde, daß ich in meinem Leben und in der ganzen Sache des Evangeliums niemals verwirrter gewesen bin." (Übers. nach WA.B 10,524 Anm. 5) – „... im Streit mit den Juristen" ist Zusatz B's.

heit belästigt ihn dann meist mehr als gewöhnlich, und er sehnt sich den Tod herbei; so beginnt er dann ganz an dem guten Ausgang der Tragödie oder Komödie, wie man es nennen wolle, in dieser Welt zu zweifeln[101].

Bei Luther kann ein derartiger Stimmungstiefstand einmal durch relativ unwichtige äußerliche Dinge zum Ausbruch kommen, (wie bei der Flucht aus Wittenberg die ihm längst bekannte Sittenlosigkeit der Stadt[102]) – oft allerdings Schwierigkeiten innerhalb des Protestantismus –, ein andermal ist überhaupt kein ersichtlicher Anlaß vorhanden. Daraus ist zu schließen, daß ein solcher Zustand ein ohne notwendige äußere Veranlassungen, Wiederkehrendes, allein psychisch Bedingtes ist. In den Briefen, die von solcher Stimmung zeugen, treffen wir nie jene gewaltigen Haßausbrüche an, die wir aus vielen andern Briefen kennen; sie sind zurückhaltend, gedrückt, ganz persönlich; nie aber ergreifen derartige Stimmungen die innerlich religiöse Seite Luthers; sie haben mit den heftigen Stürmen der Anfechtungen, die in den letzten Jah- | ren im Gegensatz zu den depressiven Stimmungen immer seltener wurden, auch stets in optimistische Phasen ausliefen, nichts zu tun. (Luther hätte eine solche Stimmung vielleicht als die Anfechtung der tristitia-acedia[103] bezeichnet.) Trotz des größten Weltpessimismus bleibt die innerliche religiöse Gewißheit in persönlichster Ausprägung bestehen; das haben wir uns einzuprägen.

Ein auf solche Stimmungen erfolgender Umschlag trägt entgegengesetzte psychische Ausdrucksformen. Psychologisch in der Mitte, wenn auch inhaltlich zum Optimismus neigend, aber doch dessen ganze Gewalt des Hasses und Hoffens nicht in sich bergend, sondern von ruhiger, freudiger Siegesgewißheit zeugend, stehen solche Stimmungen Luthers, in denen er den augenblicklichen Stand der Kirche durchaus nicht wesentlich als verderbt, sondern vielmehr zu guten Hoffnungen Anlaß gebend betrachtet. „Ob wir gleich darüber geklemmt werden, so werden wir zuletzt auch mit gewinnen.“[96)] Hier sind also

---

96) 13,2960.

101 Vgl. o. S. 281. □ **102** Vgl. o. S. 298 u. Anm. 91. □ **103** Dt.: „Traurigkeit-Schwermut“.

nicht wie in der erregten Stimmung alle Widerstandsgefühle ausgeschaltet, so daß der Mensch den weltlichen Widerständen geradezu gefühllos gegenübersteht; die Betrachtung ist hier weit objektiver. Luther sieht mit einer gewissen, getrosten Gelassenheit auf die Zukunft seiner Sache, wie seiner selbst. Besonders innige Briefe kann man in eine solche Periode verlegen.

Man denke an die beiden letzten Briefe an Käthe: „Laß mich zufrieden mit deiner Sorge. Ich habe einen besseren Sorger, denn du und alle Engel sind, der liegt in der Krippen und hanget an einer Jungfrau Zitzen, aber sitzet gleichwohl zur rechten Hand Gottes des allmechtigen Vaters ...“[97)] „Bete du und lasse Gott sorgen, dir ist nichts befohlen für mich oder dich zu sorgen.“[98)] Auch hier überwiegt noch ganz die persönliche Gottesgewißheit. |

Luther meint dann, eine Kirche zurückzulassen, die durch reine lautere Lehre blüht und Tag für Tag durch die Fürsorge guter Hirten heranwächst.[99)] Mit Genugtuung blickt er auf den Nachwuchs an jungen Theologen[100)], und er sieht jetzt auch, daß er selbst, seine Person als autoritäre, von gewisser Bedeutung ist, indem er als Veteran im Dienste Christi die jungen einführen und ausbilden muß[101)]. Von hier aus spricht er auch mit gewissem Stolz von seiner ihn fast überwältigenden Arbeit.

Es ist nun ein Schritt des aufwallenden Temperaments, wenn Luther aus dieser ruhigen, getrösteten Stimmung auf Grund eines relativ unwichtigen Anstoßes in entsetzliche Haßausbrüche gegen Papst, den Türken etc. fällt[102)], die ihn selbst manch-

---

97) 17,3614.

98) 17,3616.

99) 15,3284 und 3282: Caeterum et ecclesiae nostrae tranquillae sunt, quia doctrina, sincerus usus sacramentum, docti et fideles ubique pastores ...[104]

100) 16,3495: Wir haben gottlob wol Vorrat an jungen Theologen ...

101) 15,3376.

102) Über zeitliche Dauer, Art, der Reihenfolge der Stimmungen kann man aus mehreren Gründen aus den Briefen nicht viel Sicheres entnehmen.

104 Lies mit Enders statt „quia“ („weil“): „pura“ („rein“). Dt.: „(15,3282:) Übrigens sind unsere Kirchen ruhig, reine Lehre, rechter Gebrauch der Sakramente und überall gelehrte und gläubige Pfarrer [sind vorhanden].“

mal erstaunen lassen[103)]. Nachdem er sich an solchen Ausbrüchen genuggetan, folgt der Triumphgesang der Erwählten. Zu diesen zählt Luther dann alle die Evangelischen, die sich nicht durch Streit willentlich von der evangelischen Kirche getrennt haben. So können in solchen Stimmungen innere Schwierigkeiten des Protestantismus nichts beeinträchtigen, da sie hier von äußeren nicht unterschieden sind. Man wird in manchen Schriftstücken überraschend nahe an die Welt der alten Rachepsalmisten herangerückt.[104)] Mit Hohn wird das wilde Treiben der Welt in grellsten Farben dargetan. Dann aber erfolgt der Umschwung: Sathan pergit esse Sathan[107] oder quid est mundus[108] oder ähnlich, und es beginnt die Schilderung der Rache am jüngsten Tag. Luther dankt Gott für | die Aussonderung[105)] „und wenn sie gleich uns alle zu Asche brennten, sollen sie doch in der Helle im Feuer unten unsren Füßen ewiglich brennen, amen“[106)]. „Die Sonn der Frommen leuchtet und brennt unauslöschlich, nichts machen uns Wolken, Trübung der Luft; denn schnell sind sie vorbei, die Sonne aber bleibt ewig.“[107)]

Gott kämpft für das Evangelium, und allmählich und Schritt für Schritt steigt er von seinem Thron zum ersehnten Gericht herab[108)], wir könnten schlafen, denn er kämpft für uns; aber

---

[103)] 17,3602: Iratus enim sum in ista bruta plus, quam deceat tantum me theologum et senem.[105]

[104)] Vgl. die Psalmen am Ende seiner Schriften z. B. „wider Hans Worst“[106].

[105)] 14,3133; 15,3347 und oft.

[106)] 13,2919; cf. 15,3302; 13,2966: Reges manebimus subiectis inimicis sub pedibus nostris, amen.[109]

[107)] 14,3081: Sol noster inextinguibiliter lucet et ardet ut nihil faciant nubes et caligo aeris ... peribunt iam cito. Sol manebit in aeternum.[110]

[108)] 13,2976.

105 Dt.: „(17,3602:) Ich bin zorniger über diese Bestien, als es mir, einem Theologen und alten Mann, nur zusteht.“ ☐ **106** WA 51,565 ff (Wider Hans Worst. 1541). ☐ **107** Dt.: „(15,3329:) Satan bleibt Satan.“ ☐ **108** Dt.: „(16,3429:) Was ist [schon] die Welt!“ ☐ **109** Dt.: „(13,2966:) Wir werden Könige bleiben, nachdem unsere Feinde unter unsere Füße geworfen sind. Amen.“ ☐ **110** Dt.: „(14,3081:) Unsere Sonne leuchtet und brennt unauslöschlich, so daß Wolken und dunkler Nebel nichts ausrichten ... sie werden schon bald untergehen. Die Sonne [aber] wird in Ewigkeit bleiben.“ Statt „iam“ („schon“) bei Enders: „enim“ („nämlich“).

wir sollen nicht ruhen, sondern sollen dem Sathan zum Kampfe entgegenlaufen[109)], und nicht warten, ihn wie den Wolf mit Keulen vertreiben, bis er in unsre Herde eingefallen ist[110)]. Die Atlanten, Heilande, Besieger der Welt, des Teufels und der Hölle sind die Gläubigen[111)]; Heil sagen ihnen Engel und die ganze Gottesschöpfung, der Papst muß trauern und zittern mitsamt dem Ungeheuer Sathan, die Pforten der Hölle erbeben[112)]. Keiner fürchte sich, wir werden siegen und leben, wenn wir auch Sünder sind.[113)] Ja nur wegen des Evangeliums erhält Gott das Menschengeschlecht.[114)] Christus ist der Besieger der Welt und durch ihn der Gläubige.[115)] Herrliche Dinge verheißt Gott zum Hinweis auf den letzten Tag.[116)] Ja die Gläubigen sind die letzte Posaune, die die Wiederkunft Christi vorbereitet.[117)] Gott gebe, daß man Böses durch Gutes überwinde, sieghaft bleibe, nicht vor dem Übel fliehe, sondern die Ränke des Sathans durchschaue.[118)] Luther will Geduld haben mit den | Menschen, denn ihm graut, „das allewege in der Schrifft den Dornen das Feuer gedräunt wird“[119)]. Zeige dich dem Sathan nie traurig oder gedrückt, sondern sicher und fröhlich; denn durch Fröhlichkeit kreuzigst du ihn![120)] O Deus conserva nobis haec gaudia, imo hanc gloriam tuam![115] [121)]

Es ist in der Psychologie eine Selbstverständlichkeit, daß die Schemata, mit denen sie arbeitet, nicht logisch einwandfrei

109) 17,3601.[111]
110) 14,3019.
111) 14,3012.[112]
112) 16,3517.[113]
113) 13,2881.
114) 13,2920.
115) Siehe Anm. 113).
116) 14,3178.
117) [. . .][114]
118) 15,3228.
119) 17,3612.
120) 15,3332.
121) 16,3575.

111 Richtig: 17,3603. □ **112** Richtig: 14,3112. □ **113** Richtig: 16,3516. □ **114** Belegnachweis fehlt bei B. Siehe Enders 16,3497. □ **115** Dt.: „(16,3575:) O Gott, bewahre uns diese Fröhlichkeit, nein vielmehr diese deine Herrlichkeit.“

begrenzbar sind, sondern sich in gewissen Spielräumen bewegen. So bleibt auch unser angewandtes psychologisches Schema hinter der Wirklichkeit insofern zurück, als seine Grenzen flüssig sind, denn wir befinden uns im Lebendigen. Es wird nur wenige Briefe Luthers geben, die einen dieser Typen ganz rein darstellten. Einige stellten wir ja im Verlauf der Untersuchung als paradigmatisch vor. Man kann sich bei den meisten Briefen mit Recht auf beiden Seiten streiten, ob der Brief noch gerade im Typus des ruhigen, getrösteten oder schon in dem des erregten Luther unterzubringen sei, oder ähnlich. Man hat sich für die Beurteilung mit möglichster Objektivität und Anpassungsfähigkeit gleichzeitig mit dem betreffenden Schriftstück zu befassen und danach zu entscheiden.

Zum weiteren Ausbau der Untersuchung würde ein Eingehen auf die ganz konkreten Verhältnisse erforderlich sein, die hier mehr paradigmatische Bedeutung für die Grundlegung der psychischen Struktur, mit der der alte Luther seinem Werk gegenübertrat, hatten. Man würde die Stellung Luthers zum Kaiser, zum Landesfürsten, Adel, Papst, sein Verhältnis zu seinen Freunden, zum Volk und zu vielen einzelnen historischen Geschehnissen zu untersuchen haben, um die allgemeine Grundlegung durch Konkretes ausführlich zu substanziieren.

Luther hat die Möglichkeit einer Wiedervereinigung mit dem Katholizismus durch den eschatologischen Gedanken im Grunde abgelehnt. Als im Regensburger Reichstag[116] eine Eini- | gung gesucht wurde, war Luther in schwerer Sorge; denn lieber wollte er „die Sache wieder zu sich nehmen und allein stehen wie im Anfang“, als daß man einen Frieden ohne Gott machen sollte, „dafür man lieber mocht allen Unfrieden leiden“[122)]. Luther stellte den Frieden, wir sahen es mehrfach, über alles in der Welt, er wollte wirklich, „daß Deutschland

122) 13,2970.

116 Der Regensburger Reichstag (5. 4. 1541–29. 7. 1541) gehört in die Reihe der 1540/41 angesichts der Türkengefahr von Karl V. unternommenen Versuche, die Religionsstreitigkeiten durch Gespräche zu schlichten. Luther lehnte allerdings die Grundlage des Gesprächs, das sog. ‚Regensburger Buch‘, ab (vgl. WA.B 9,3632.3637 u. 3650). Der Reichstag bestätigte den Nürnberger Religionsfrieden bis zum Ende eines Generalkonzils oder neuen Reichstags.

recht herzlich und einträchtig wäre und einen beständigen guten Frieden und Recht hätte“[123)]; gerade darum war es die Tragödie seines Lebens, daß er den Frieden (der kein Frieden war) zerstören und Schwert bringen mußte. An eine Eintracht in dieser Welt glaubt Luther nicht mehr. Friede ist göttlich, quia Christus est pax[117], aber um zum göttlichen Frieden zu kommen, ging der Weg durch [die] Welt mit dem Schwert des göttlichen Wortes. Hierin lag das Paradoxon des reformatorischen Werkes, das Luther wohl erkannt hatte, und, weil es ein göttliches war, nach Kräften bejahte.[118]

6. REFERAT ÜBER HISTORISCHE UND PNEUMATISCHE SCHRIFTAUSLEGUNG[1]

Läßt sich eine historische und pneumatische Auslegung der Schrift unterscheiden, und wie stellt sich die Dogmatik hierzu?

Christliche Religion steht und fällt mit dem Glauben an die in der Geschichte wirklich, greifbar, sehbar gewordene – freilich für die, die Augen haben zu sehen und Ohren haben zu hören –

123) 16,3479.

117 Dt.: „(16,3408:) ... weil Christus der Friede ist.“ Vgl. o. S. 294. □
118 Gesamturteil des Korr.: „Sehr gut (I) Holl“.
1 NL A 11,3; masch. Das Titelblatt des im Systematischen Seminar bei Reinhold Seeberg (= Korr.) gehaltenen Referats enthält außer der Überschrift folgenden Text: „Dietrich Bonhoeffer, S. S. 1925. Referat für den 31. Juli“. Inhaltsverzeichnis und Lit.-Angaben s. u. S. 322 f. Das Referat wurde von Seeberg mit „Genügend“ beurteilt, der schlechtesten Note, die B für eine studentische Arbeit erhalten hat. – Bearbeiter: H. Pfeifer. – B setzt sich hier vor allem mit dem Schriftverständnis der ‚Dialektischen Theologie‘ sowie Karl Holls Darstellung der Hermeneutik Luthers auseinander (vgl. E. Thurneysen, Schrift und Offenbarung, in: ZZ 2, 1924, 3 ff; K. Barth, Menschenwort und Gotteswort in der christlichen Predigt, in: ZZ 3, 1925, 119 ff; K. Barth, Das Schriftprinzip der reformierten Kirche, in: ZZ 3, 1925, 215 ff; K. Holl, Luther und die Schwärmer, sowie K. Holl, Luthers Bedeutung für den Fortschritt der Auslegungskunst – eine Auseinandersetzung mit W. Dilthey, Die Entstehung der Hermeneutik –, beide Aufsätze in: Ders., Luther³, 420 ff bzw. 544 ff).

göttliche Offenbarung[2], und trägt so in ihrem innersten Wesen die Frage, die wir uns heute stellen: nach dem Verhältnis von Geschichte und Geist oder, auf die Bibel angewandt, von Buchstabe und Geist, Schrift und Offenbarung, Menschenwort und Gotteswort.[3] Nicht historisch, sondern philosophisch-methodologisch[4] haben wir hierbei vorzugehen.

Von den bedeutsamen Ereignissen, die mehr als ‚zufällige Geschichtswahrheit', freilich nicht ‚ewige Vernunftwahrheit' im Sinne des Rationalismus sein wollen[5], berichtet uns die ‚Bibel', übersetzt ‚das Buch schlechthin'. Freilich, man kann es keinem verwehren, dieses Buch als eines unter anderen zu betrachten, ja wir müssen es alle tun, denn es waren Menschen wie andere, die es schrieben. Aber ausschließlich mit diesen Voraussetzungen tritt der Historiker[6] an die Bibel heran, das eine Buch unter anderen, das freilich eine merkwürdig viel größere Bedeutung gewann, als die anderen. Eine Geschichte der christlichen Religion von annähernd 2000 Jahren ruht auf ihm als Grundlage, also ohne Zweifel ein Dokument unter anderen, aber von hervorragender historischer Bedeutsamkeit. Kein Wunder, daß hier die historische Kritik ihren ersten und bleibenden Gegenstand fand, daß sie hier ihre Waffen schärfen lernte bis ins feinste hinein.

Ihre allgemeinen Prinzipien ruhen auf dem naturwissenschaftlich-mechanischen Weltbilde, und ihre Erkenntnismethoden sind zunächst die naturwissenschaftlichen[7]; jede dogmati-

---

2 Zu diesem auch später für B wichtigen Satz (z. B. AS 67f) vgl. J. Kaftan, Dogmatik, 37. – Die von K. Girgensohn, Die Inspiration der Heiligen Schrift, 121ff, 161ff u. 225ff, sowie von R. Seeberg, Offenbarung und Inspiration, getroffene Unterscheidung zwischen ‚geschichtlicher Offenbarung' und ‚Inspiration' lehnt B ab (vgl. u. S. 309ff). □ **3** Zu ‚*Buchstabe und Geist*' vgl. K. Holl, Luther[3], 557f, zu ‚*Schrift und Offenbarung*' (Thurneysen) und zu ‚*Menschenwort und Gotteswort*' (Barth) die in Anm. 1 genannten Aufsätze der beiden Theologen. – Vgl. auch DBW 1 (SC), 159ff, insb. Anm. 102). □ **4** Korr. streicht „philosophisch". □ **5** Vgl. G. E. Lessing, Über den Beweis des Geistes und der Kraft (Werke III, hg. v. K. Lachmann, 309): „Zufällige Geschichtswahrheiten können der Beweis von nothwendigen Vernunftswahrheiten nie werden." Dazu: E. Thurneysen, Schrift und Offenbarung, 14. □ **6** Korr. ergänzt: „*als* Historiker". □ **7** Am Rand Fragezeichen und senkrechte Striche vom Korr., dazu: „Doch historische Methode". – B's Formulierung entspricht der positivistischen Geschichtsauffassung, die in dem von B selbst

sche Bindung wird ausgeschaltet. Dies die Grundpfeiler, auf denen jede Geschichtsforschung ruht und ruhen muß. Ihre Erkenntnisse sollen durch die prinzipielle Trennung[8] von erkennendem Subjekt und erkanntem Objekt ‚allgemeingültige‘[9], für jeden vernünftigen Menschen nachzuvollziehende sein. Das wachsende Interesse für die Psychologie, das neue Theorien über das Wesen des Verstehens fremden seelischen Lebens mit sich brachte – im übrigen im Verhältnis zu den mechanischen Methoden ein gewaltiger Fortschritt der geschichtlichen[10] Erkenntnis als solcher –, konnte für das Verständnis der Bibel keine entscheidende Wendung bringen.[11]

An der Form der Bibel exemplifiziert bedeutet dies Verfahren, daß der Begriff des Kanons aufgelöst, sinnlos wird.[12] Text- und Literarkritik setzen ein, die Quellen werden geschieden, religionsgeschichtliche und formgeschichtliche Methode zersplittern auch die letzten kleinen Texteinheiten. Nach dieser vollkommenen Zertrümmerung der Texte verläßt die Kritik den Kampfplatz, Schutt und Splitter zurücklassend, ihre Arbeit scheint erledigt.[13]

Inhaltlich ebnet man das Bild der Bibel der Zeitgeschichte ein, Wundergeschichten werden in Parallele gesetzt, ja die Person Jesu selbst, nicht nur der göttlichen, sondern auch der menschlichen Hoheit entkleidet, verschwindet unkenntlich[14] in

---

genannten, aber kaum ernsthaft gelesenen E. Bernheim, Lehrbuch der historischen Methode[6], 101, dargestellt und heftig bekämpft wird. Dagegen sieht Karl Groos, bei dem B in Tübingen gehört hatte (vgl. DB 83), stärkere Parallelen zwischen Naturwissenschaft und Geschichte (vgl. K. Groos, Naturgesetze und historische Gesetze, bes. 21, mit E. Bernheim, Lehrbuch[6], 121). □ **8** Korr.: „Wie kann man dann erkennen?“ □ **9** Vgl. K. Girgensohn, Die Inspiration der Heiligen Schrift, 227 f. □ **10** Vom Korr. unterstrichen. □ **11** Vgl. E. Thurneysen, Schrift und Offenbarung, 12. □ **12** Korr.: „Aber die Geschichte schuf ihn doch!“ – Anders E. Thurneysen, Offenbarung und Geschichte, 17 ff. □ **13** Korr.: „Aber sie ist nur Vorarbeit für die Geschichte“. Außerdem ist der Satz am Rande angestrichen. – Vgl. dagegen E. Thurneysen, Schrift und Offenbarung, der von „Splitter- und Trümmerfeld“ (24) spricht. □ **14** Korr.: „Das ist doch Pessimismus“. Vgl. dazu R. Seeberg, Die Kirche Deutschlands, 307 f: „Wir glauben etwa an Christi Gottheit in ihrem spezifischen und altertümlichen Sinn, nicht weil uns das ‚vorgeschrieben‘ ist, sondern weil gerade unsere moderne methodische Geschichtsbetrachtung und religiös-psychologische Analyse uns zu diesem Resultat führt.“ Dagegen E. Thurneysen, Schrift und Offenbarung, 23 ff.

der Zahl der Rabbiner, Weisen und Schwärmer. Zwar wird auch der denkende Historiker anerkennen[15], daß es in diesem Buch um besonders eigenartige, tiefsinnige Dinge geht, daß man Gestalten von besonderen Ausmaßen erblickt u. s. f. – er wäre sonst wahrlich ein schlechter Historiker, aber ein ebenso schlechter Historiker, wenn er glaubte, mit solchen Feststellungen die Bibel als Wort Gottes erweisen zu können. Man beginnt zu sehen (man denke an Dibelius[16]), daß auch der Überlieferung der Synoptiker trotz ihrer Splitterhaftigkeit irgendein letztes Formprinzip zugrunde liegt[17], und beginnt hier schon näher an das heranzukommen, was Albert Schweitzer und Overbeck gleichmäßig erkannten.[18] Aber die Historik bleibt hier stehen und hält ihre Arbeit für beendet.[19] Nun, wir werden weiter sehen.

Wir stellen zunächst unverbunden Typen der pneumatischen Auslegung gegenüber, von denen für uns ohne Frage nur ein Typus als Problem übrig bleiben wird.

Die erste Aussage aller Pneumatik ist, daß die Bibel nicht nur Wort über Gott, sondern Wort Gottes selbst ist, d. h. irgendwie ist hier der entscheidende Begriff der Offenbarung einzuschalten; wenn aber Offenbarung gefunden wird, so tritt das Merkwürdige ein, daß der Mensch diese für sich in Kraft setzt, Vergangenes gegenwärtig macht oder besser, die Gleichzeitigkeit und Überzeitlichkeit des Wortes Gottes erkennt.[20]

Blicken wir einen Augenblick zurück: Es lag an der mangelnden Einsicht in das Verhältnis von Offenbarung und Schrift, daß nichts die alte Kirche in schwerere Verlegenheit setzte, als eben die Schaffung des Kanons. Häresie und Kirche führten mit subjektiv gleichem Recht ‚geoffenbarte' Stellen ins

15 Korr.: „Einen geschichtlichen Zusammenhang erkennt er". □ **16** Vgl. M. Dibelius, Formgeschichte, 1919. □ **17** Korr.: „Inhalt". □ **18** Albert Schweitzer (1875–1965) und Franz Camille Overbeck (1837–1905) werden von Thurneysen als Zerstörer und Überwinder des liberalen Jesusbildes genannt (vgl. E. Thurneysen, Schrift und Offenbarung, 18, 25 u. 28 f); auch der Hinweis auf Dibelius findet sich bei Thurneysen (a. a. O., 24). □ **19** Korr.: „Nein!" □ **20** Zum Begriff der ‚*Gleichzeitigkeit*' vgl. E. Thurneysen, Schrift und Offenbarung, 26 ff, bes. 28 Anm. 10, wo des weiteren auf S. Kierkegaard, Philosophische Brocken (Viertes Kap.: Das Verhältnis des gleichzeitigen Jüngers), verwiesen wird.

Feld, bis die katholische Kirche außerhalb der Bibel einen Maßstab fand, demgemäß auszulegen Pflicht jedes katholischen Christen seit damals wurde und ist.[1)] Es war die regula fidei, d. h. die Tradition, d. h. letztlich die Kirche.

Dieser Schritt war das erste, entscheidendste, aber wirksamste Mißverständnis, das dem Offenbarungsbegriff begegnete; im Prinzip laufen auf dieses Mißverständnis alle Versuche hinaus, die die Offenbarung in der Schrift zu verdinglichen, festzulegen[22], d. h. mit menschlichen von außen hergebrachten Mitteln faßbar zu machen begannen, von den Mystikern, Wiedertäufern bis zur Orthodoxie und weiter. Alle suchen von außen einen Maßstab zur Auffindung und Auslegung des positiv Offenbarungsmäßigen in der Schrift an diese heranzutragen, weil man diesen in der Bibel selbst nicht finden konnte; sei es bei den Mystikern und Wiedertäufern das freie Geisterlebnis, demgegenüber die Schrift in die zweite Linie tritt[2)], sei es bei der Orthodoxie das Prinzip der Verbalinspiration und anderes mehr.[24] Immer sucht man Offenbarung von außen her festzulegen, zu verdinglichen, d. h. man trennt Wahrheitsquelle und deren Bestätigung.[25] Die Schwierigkeiten, die sich daraus für die Notwendigkeit und Bedeutung der Schrift überhaupt ergeben, werden dann meist übersehen; denn 1. gibt Gott sich tatsächlich dazu her, das, was er einmal deutlich gesagt hat, z. B. im Geisterlebnis der Täufer, noch einmal zu bestätigen? Es

---

[1)] Dieser Vorgang ist bei Tertullian de praescriptione haereticorum dargestellt. Vgl. auch den Katholiken Perrone: Ecclesiae magisterio subordinata est scriptura et traditio. T. III. § 3.[21]

[2)] „Der Sohn Gottis hat gesagt, die Schrifft gibt gezeugnis da sagen die Schriftgelehrten, si gibt den Glauben." (Münzer)[23]

21 Tertullian, De praescriptionibus adversus haereticos (PL 2,9 ff); J. Perrone, Praelectiones Theologicae, [31]1865, tomus III, § 3: „Schrift und Tradition sind dem Lehramt der Kirche untergeordnet." – Beide Belege finden sich bei K. Hase, Handbuch der protestantischen Polemik, 69 f (Tertullian) u. 82 Anm. 33 (Perrone). □ **22** Korr.: „gut!" – Vgl. K. Barth, Menschenwort und Gotteswort, 125: „... indem man es [sc. das Wort Gottes] zu einer öffentlichen, direkten, auf dem Papier nachweisbaren Sache machte." □ **23** Zitiert nach K. Holl, Luther[3], 432 Anm. 1. □ **24** Vgl. K. Barth, Menschenwort und Gotteswort, 125. □ **25** So z. B. L. Ihmels, Centralfragen der Dogmatik[3], 64 ff, der ausdrücklich gegen J. Kaftan polemisiert.

sollte doch an sich selbst Bestätigung genug sein, daß Gott spricht. „Deus solus de se idoneus testis est in suo sermone" (Calvin).[26] Brauchte es einer doppelten Offenbarung? 2. Ergeben sich unkorrekte Konsequenzen für die Auslegung. Werden die Auslegungsmaßstäbe von außen an die Schrift herangetragen, so sind Vergewaltigungen unvermeidlich, ja um den Text zu zwingen, fand man schon lange bestimmte Methoden, die eine ungeheure Weite der Auslegung zulassen.

Es ist einmal die allegorische Auslegung, die durch vollständiges Ignorieren des Historischen durch spekulativ-rationalistische Methoden Beliebiges aus der Schrift herauslesen kann. Ihre Geschichte ist älter als unsere Zeitrechnung, und immer wieder hat sich der Protest gegen ihre Willkür gewandt.[27] Auch die geschichtsphilosophisch viel tiefere typologische Betrachtung der Bibel muß[28] zu Überspannungen führen.

Sei es nun der katholische Kirchenbegriff, der [, um][29] seinen Ansprüchen an die Bibel genugtun zu können, die Lehre vom vierfachen Schriftsinn autorisierte – ein Lehrsatz, der weit eher soziologisch als dogmatisch gerechtfertigt ist –, daß dabei ganz zweifellos Fortschritte in der Einzelexegese gemacht wurden, hat in der prinzipiellen Frage nichts zu bedeuten, – sei es das schwärmerische Geistprinzip, sei es die psychologische Erfassung des Liberalismus, überall müssen wir eine Vermenschlichung, d. h. eine oberflächliche Verkürzung des Offenbarungsbegriffes konstatieren: man versucht Göttliches durch Menschliches zu begreifen, indem man es nicht streng scheidet und vergißt das alte: finitum incapax infiniti.[30]

Der energische Gegenschlag muß vollführt werden durch Verselbständigung im Sinne der Vertiefung des Offenbarungsbegriffes im Verhältnis zur Schrift.

---

26 Dt.: „Gott allein ist in seiner Predigt der geeignete Zeuge seiner selbst." (J. Calvin, Institutio I,7,4; zitiert bei E. Thurneysen, Schrift und Offenbarung, 10). □ **27** Vgl. W. Dilthey, Die Entstehung der Hermeneutik, 192. □ **28** Vom Korr. mit Fragezeichen versehen. □ **29** Im Original: „in"; Korr. ändert in: „um". □ **30** Dt.: „Das Endliche ist unfähig, das Unendliche zu fassen." Diese alte reformierte, die Transzendenz Gottes betonende Formel richtet sich gegen das lutherische „Finitum capax infiniti" („Das Endliche ist fähig, das Unendliche zu fassen."), das seinerseits von der Menschwerdung Gottes in Jesus Christus her gedacht ist.

Nur in der Schrift ist für uns noch Offenbarung zu finden. Auf die Frage, warum gerade hier, folgt ein einfaches: darum, weil Gott hier spricht, weil es ihm gefiel, sich hier zu offenbaren.[31] Luther sagt: „Wenn Gott mir holzäpfel fürleite, und hieß mich nehmen und essen, soll ich nit fragen warum."[32] Gottes Wille ist unbegründbar, nur erlebbar und aussagbar. In der Schrift ist die Offenbarung enthalten, d. h. wie die Schrift selbst sagt ‚bezeugt'.[33] Die Schrift selbst aber gehört in einen großen Offenbarungskomplex hinein als *Zeugnis gebende Urkunde*, ist für uns aber dessen einziger Rest.[34] Mithin nicht die Schrift *ist* die Offenbarung, das würde gerade wieder Verdinglichung mit rationalen Mitteln bedeuten, nicht die *Schrift* wird als Offenbarung erlebt, sondern die Sache, um die es geht.[35] Man kann a priori hier gar nichts ausmachen, als eben, daß dort Offenbarung ist, wo der Mensch sie hört, wo Menschenwort Gotteswort, wo Zeit Ewigkeit wird. Der einzige Anspruch, den die Schrift erhebt, wenn sie verstanden sein soll, ist, daß sie aus dem Geiste der Offenbarung verstanden sein will. Woher aber dieser Geist? Aus der Schrift[36] selbst, lautet die paradoxe Antwort. Mithin, wir stehen vor einem Zirkel[37], bei dem ein Glied nicht stimmen kann, und doch sind beide Glieder notwendig, wenn wir den Begriff der Offenbarung konsequent denken und aufrechterhalten wollen. Gibt es nur die eine Offenbarung –

---

31 Vgl. K. Barth, Menschenwort und Gotteswort, 124: „... die Bibel ist Gottes Wort ..., weil es Gott gefallen hat, durch die Bibel zu uns zu reden." □ **32** Das Zitat findet sich bei K. Barth, Menschenwort und Gotteswort, 124, und lautet dort: „Wenn der Herr mir Holzöpfel fürleite und hieße es mich nehmen und essen, sollt ich nit fragen: warum?" Vgl. Bullingers Bericht über das Religionsgespräch zu Marburg (1529) in: H. Zwingli, Werke (hg. v. M. Schuler u. J. Schulthess) II/3,48. □ **33** Vgl. K. Barth, Das Schriftprinzip, 218, u. E. Thurneysen, Schrift und Offenbarung, 15. □ **34** Vgl. J. Kaftan, Dogmatik, 44 u. 53. □ **35** Vgl. K. Holl, Luther³, 548. □ **36** Korr.: „dem in der Schrift wirksamen Geist". – Siehe dazu auch K. Holl, Luther³, 547. Wenn E. Thurneysen, Schrift und Offenbarung, 26, Holl kritisiert, weil er geistgewirkte Erfassung des Schriftsinnes mit seelischer Ergriffenheit gleichsetze (s. K. Holl, Luther³, 558), so übersieht er dabei, daß Holl an anderer Stelle sehr wohl davon spricht, daß bei Luther nur der von Gott verliehene Geist den Geist, dessen Werk die Heilige Schrift sei, verstehen könne (a. a. O., 555); gerade auf diese Stellen stützt sich aber der junge B. □ **37** Vgl. K. Holl, Luther³, 567.

Vervielfältigung heißt Vermenschlichung –, so muß diese aus sich selbst verstanden werden.

Das ist das Problem der konsequenten pneumatischen Auslegung, das die Exegese der katholischen Kirche, der Täufer, d. h. derer, die willkürliche Maßstäbe von außen an die Schrift herantragen, gar nicht kennt. Das *Auslegungsprinzip* muß aus der schon verstandenen Schrift kommen. Spricht Gott wirklich in der Schrift, so kann nicht der Mensch hören[38], sondern wieder nur Gott. Geist aus dem Wort und das Wort aus dem Geist.[39]

Gibt es eine Lösung oder geraten wir mit dem Offenbarungsbegriff ganz ins Dunkle, je mehr wir gerade hier Licht und Erleuchtung finden wollten? Die Lösung ist, daß in unbeschreiblichen unvorherbestimmbaren Augenblicken Gott dem Menschen in diesem oder jenem Worte die Augen öffnet für die Offenbarung; d. h. das Objekt des Erkennens schafft dem Subjekt Organe für das Erkennen im Akte der Erkenntnis[40]; d. h. das Objekt muß Subjekt werden, Gott wird heiliger Geist.[41]

Dann freilich in dem Akt, den die Theologen ‚Inspiration' nennen dürfen[42], tritt tatsächlich ein Ineinander der beiden scheinbar zirkelhaften Aussagen ein, die die Methodik nicht anders als ein Nacheinander und gegenseitiges Aufeinanderberuhen beschreiben konnte. Nur so kann man von einem objektiven, d. h. notwendig *eindeutigen buchstäblichen* Verständnis der Schrift reden[43], wenn man dieselbe nicht von außen, sondern von innen her betrachtet, wo also mit Luthers Wort scriptura sacra est sui ipsius interpres[44]. Gleiches kann nur aus

---

38 Korr.: „Wenn Gott ihn hören läßt, kann er hören". – Vgl. E. Thurneysen, Schrift und Offenbarung, 12f. □ **39** Vgl. K. Holl, Luther[3], 557f. □ **40** Korr. unterstreicht „Subjekt" und vermerkt am Rand: „gut". □ **41** Korr. unterstreicht im Text „das Objekt ... heiliger Geist", setzt ein Fragezeichen und notiert dazu: „Er ist aber schon Subjekt – *wird* auch nicht erst heiliger Geist". – Vgl. dagegen E. Thurneysen, Schrift und Offenbarung, 255: „Heiliger Geist heißt Gott dann und da, wo er aus dem Objekt zum an uns handelnden, zu uns redenden Subjekt wird." □ **42** Korr. unterstreicht „Theologen" und „dürfen" und notiert dazu: „Ist das die wirkliche ‚Inspiration'?" □ **43** Vgl. K. Holl, Luther[3], 551. □ **44** Dt.: „Die Heilige Schrift ist ihr eigener Ausleger" (vgl. M. Luther, WA 7,97,20ff Assertio omnium articulorum. 1520).

Gleichem begriffen werden, Gott nur aus Gott.[45] Hieraus ergibt sich schon, daß der konsequente Offenbarungsbegriff nicht substantiell, sondern funktionell gedacht ist[46], d. h. er ist nicht so sehr ein Sein, sondern ein Urteil, ein Wille Gottes in der Schrift.

Für die neue Art der Erkenntnis (in cognitione sita est fides, Calvin, Institutio III.2,2)[47] gilt an der Bibel die Inkraftsetzung des Historisch-Ungleichzeitigen zu einem Gleichzeitigen, des Vergangenen zu einem Gegenwärtigen.[48] Hiermit hängt unmittelbar zusammen, daß die pneumatische Exegese zur Veranschaulichung eines Textes ebenso Verhältnisse der Gegenwart wie der Vergangenheit heranzieht, wenn sie nur im selben ‚dialektischen' Verhältnis stehen; so nur rechtfertigt z. B. Karl Barth seine Wiedergabe des paulinischen ‚Israel', Röm. 9–11, mit der Übersetzung ‚Kirche' als durchaus buchstäblich.[49]

Nehmen wir gleich die Frage nach dem sog. intuitiven historischen Verstehen hinzu. Gewiß ist es schwierig, Goethesche Lyrik oder altindische Veden auszulegen.[50] Dieser Vorgang aber ist hier ein anderer, rein psychologisch verstehbarer: ein Hin und Zurück vom fremden Ich ins eigene, d. h. eine ständige, nie vollständig mögliche Annäherung an das Objekt[51], die letzte Entäußerung des Ich im Verstehen kann auf diesem Wege nie vollzogen werden. Auch der genialste Deuter versteht vom Ich aus; der Glaube, der selbst Gottes Wille ist, versteht

45 Daß Gleiches nur durch Gleiches erkannt werde, ist eine schon bei Aristoteles, Metaphysik II,4 (1000 b 5) begegnende Formel, die von der ‚Dialektischen Theologie' aufgegriffen und auf die Gotteserkenntnis bezogen wurde (vgl. bes. K. Barth, Das Schriftprinzip, 220, u. E. Thurneysen, Schrift und Offenbarung, 12). □ **46** Korr.: „gut". □ **47** Dt.: „Der Glaube beruht auf Erkenntnis" (zitiert nach E. Thurneysen, Schrift und Offenbarung, 11). □ **48** Korr.: „oder ein Objektives zu einem objektiv Wirksamen". – Vgl. dazu E. Thurneysen, Schrift und Offenbarung, 26 f. □ **49** Vom Korr. mit Fragezeichen versehen. – Siehe K. Barth, Der Römerbrief[3], 314 ff. □ **50** Vgl. E. Thurneysen, Schrift und Offenbarung, 19, u. K. Barth, Menschenwort und Gotteswort, 124. □ **51** Vgl. K. Holl, Luther[3], 568: „Auslegen ist nie etwas anderes als ein beständiges Herüber- und Hinüberspringen vom eigenen zum fremden Ich, vom Wort zur Sache und von der Sache zum Wort." Holl, der hier von B kritisiert wird, fußt ganz auf W. Dilthey, Die Entstehung der Hermeneutik, 201: „So bleibt alles Verstehen immer nur relativ und kann nie vollendet werden."

von der Sache aus; er darf den letzten Rest, der in historisch-psychologischer Exegese übrig bleiben *muß*, gerade nicht übrig lassen; auf ihn kommt alles an. Noch gegen ein anderes Mißverständnis gilt es Grenzen zu ziehen. Das pneumatische Verständnis ist nicht zu identifizieren mit der apriorischen Einsicht etwa in die Evidenz mathematischer Axiome, denn hier ist eine apriorische geistige Struktur des Menschen vorausgesetzt, die im pneumatischen Verstehen erst von Gott selbst geschaffen[52] wird, denn Gott kann nur aus Gottes Geist begriffen werden; dies Verstehen ist also merkwürdigste Erfahrung, nicht a priori.[53] Nur hier ereignet sich Erleuchtung, ohne die *alles nichts* ist. Sine spiritus illuminatione verbo nihil agitur, Calvin, Institutio III.2,33.[54] Durch das einmalige Verstehen, die ‚Inspiration', die der Gläubige empfängt[55], lernt er die Kategorie[56] der Offenbarung kennen, und legt diese jedem weiteren Auslegungsversuch zugrunde. Wir denken hier an Augustins „Du würdest mich nicht suchen, wenn du mich nicht schon gefunden hättest"[57]. Freilich ist dabei nicht aufgehoben, daß wir immer von neuem den Geist brauchen und bekommen, soweit wir den Christus finden, wie wir auch im Glauben immer neu durch Gottes Willen erhalten werden müssen.

Wie stellt sich nun die Bibel als historisches Literaturdenkmal solchem pneumatischen Verstehen dar? Wir stellen uns also jetzt die Frage, wie sich historische und pneumatische Exegese

52 Korr.: „oder [u. L.] schon geschaffen und jetzt in Bewegung gesetzt wird". – Vgl. dazu auch E. Thurneysen, Schrift und Offenbarung. □ 53 Korr. setzt ein Fragezeichen an den Rand. □ 54 Dt.: „Ohne die Erleuchtung des Geistes wird durch das Wort nichts ausgerichtet" (zit. nach E. Thurneysen, Schrift und Offenbarung, 10). □ 55 Korr.: „Das ist Inspiration nicht". – Siehe dazu R. Seeberg, Offenbarung und Inspiration, 32 ff. □ 56 Das Wort „Kategorie" vom Korr. unterstrichen und am Rand mit Fragezeichen versehen. – Dagegen K. Barth, Menschenwort und Gotteswort, 122 u. 125: „Kategorie ‚Wort Gottes'". □ 57 Das von B fälschlicherweise Augustin zugesprochene Zitat ist die Übers. eines Wortes von Pascal; es lautet im Original: „. . . tu ne me chercherais pas, si tu ne m'avais trouvé" (Pascal, Pensées sur la religion, Fr. 736 (553)). Pascal ruht seinerseits auf Bernhard von Clairvaux, De diligendo Deo, c. 7 (PL 182, 987). Die irrtümliche Rückführung des Zitats auf Augustin beruht wahrscheinlich auf einem Lesefehler B's in E. Przywara, Metaphysik und Religion, 134 u. 136.

(die Terminologie stammt übrigens von Beck)[58], nachdem wir beide in ihren Prinzipien verstanden haben, zueinander verhalten. Unsere Frage ist mithin die nach dem Verhältnis des Geistes zum Buchstaben, der Offenbarung zur Schrift.[59]

Wir können hier, wie ich glaube, einige wichtige Aufschlüsse bei einer Analyse des Wortbegriffes erhalten.

Nach seiner dialektischen Seite erscheint das Wort als das aus der Unendlichkeit des Lebendigen zur Kundgabe desselben durch die Sprachorgane in endliche Form gebrachte Wesen, als Fragment eines als Ganzen nie Darstellbaren; es ist nach der einen Seite hin ein Fertiges Abgeschlossenes, ein im Augenblick der Erzeugung Totes[60], nach der anderen Seite aber ein Offenes, Unfertiges, Lebendiges; auf der einen Seite Sein[61], auf der anderen Kraft, Leben, Wille. Aber – es versteht sich – nicht jedes Wort birgt die Unendlichkeit, sondern nur das, was aus der Unendlichkeit heraus erzeugt ist. Wir können das auch anders ausdrücken. Es gehört zum Wesen des Wortes, daß es eine *Sachbeziehung* ausdrückt, aber nicht notwendig ist seine *Geistbeziehung*. Die Sachbeziehung ist der Teil des Wortes, der unmittelbares apriorisches Verstehen zur Folge hat und der so *Voraussetzung* historisch-psychologischen wie pneumatischen Verstehens und Auslegens ist. Schon hier erkennen wir, daß Historik und Pneumatik nicht im Verhältnis von Voraussetzung und Folge[62] zueinander stehen, sondern eine gemeinsame Voraussetzung haben und erst später auseinandertreten.

In der Bibel haben wir für Christus die Bezeichnung als das ‚Wort Gottes' (Joh. 1,1; Hebr. 1,2). Für Gott, bei dem das ‚Er sprach' und das ‚Es wurde so' identisch sind, ist Christus als Redender und Wirkender das Wort, Jesus die historische, gewordene, vergangene, ungleichzeitige Größe, Christus der aus der Unendlichkeit, dem Geiste Gottes heraus Geborene, immer

---

58 Siehe J. T. Beck, Einleitung in das System der christlichen Lehre², 261 ff. Vgl. auch K. Girgensohn, Die Inspiration der Heiligen Schrift, 123. □ **59** Mit dieser Formulierung greift B auf K. Holl, Luther³, 557 f, zurück. Mit der folgenden sprachphilosophischen Erörterung versucht er die religionspsychologischen Tendenzen bei Holl zu vermeiden. □ **60** Korr. setzt ein Fragezeichen und notiert am Rand: „Ist Sein tot?" □ **61** „Sein" vom Korr. unterstrichen. □ **62** „Voraussetzung und Folge" vom Korr. unterstrichen.

Lebendige, Gegenwärtige, der aber, um als Geist erfaßt zu werden, im Buchstaben erscheinen mußte. Jesus die eine von den unendlichen Möglichkeiten Gottes, Christus der Geist selbst; wird Christus durch Jesus erfaßt, so wird aus Vergangenem Gegenwärtiges, nicht als Einzelheit die Lehre, das Wunder, sondern durch Einzelheit als Totalität. Aus einem Worte kann der ganze Christus ergriffen werden; *so* ist jedes Wort von unendlicher Tiefe. Aber nicht Fleisch und Blut offenbaren den Menschen Christus als Sohn Gottes, sondern der Geist des Vaters durch[63] den heiligen Geist.[64]

In diesem Sinne ist von der Pneumatik die Schrift zu verstehen und auszulegen, als von solchen geschrieben, denen es der Geist offenbart hatte, daß in dieser geschichtlichen Person Jesu, ganz menschlich, ganz im Rahmen des gewöhnlichen Geschehens aufgetreten, da grade deshalb Offenbarung zu finden war; also nicht als Menschen interessieren uns die biblischen Autoren, sondern als Apostel, Propheten, Inspirierte; d. h. nicht Paulus hören wir sprechen, sondern Gott, und nicht wir hören, sondern wieder Gott hört in uns[65], und doch bleibt – paradox[66] genug – die Bibel immer Menschenwort, zu dem oder jenem gesprochen. Um dies Erfaßte weiter zu geben, brauchten sie das Wort der Verkündigung, erst ein „gut mähr und geschrei", wie Luther sagt[67], dann die schriftliche Aufzeichnung.[3)] Jedes dieser Worte aus dem Geist, der Verständnis der Tatsachen vermittelt, geschrieben, ist leibhaftiges Abbild der Person Jesu Christi selbst, mit der ganz geschichtlichen, unbedeutsamen unauffälligen Schale und dem andern dahinter, „was Christum treibet"[68], wo Christus wirklich lebendig, gegenwärtig ist, wie beim Ka-

---

[3)] Luther meint, es sei „gar nicht neutestamentisch bücher zu schreiben von christlicher lehr". EA X, 388.

63 Vom Korr. unterstrichen und am Rand mit Fragezeichen versehen. □ **64** Anspielung auf Mt 16,17. – Das Bibelwort begegnet bei E. Thurneysen, Schrift und Offenbarung, 25. □ **65** Korr. unterstreicht „Gott hört in uns" und notiert dazu: „dann hörten *wir* nicht!" – Siehe auch o. S. 312 und Anm. 38. □ **66** Vom Korr. unterstrichen, dazu am Rand: „warum?" □ **67** Vgl. M. Luther, WA.DB 6,5,4 f (Vorrede auf das neue Testament. 1546). B zitiert nach K. Holl, Luther[3], 562. □ **68** M. Luther, WA.DB 7,384,27 u. 29 (Vorrede auf die Episteln S. Jakobi u. Judä. 1546). Siehe dazu auch R. Seeberg, Offenbarung und Inspiration, 11, u. K. Barth, Das Schriftprinzip, 223.

tholiken im Meßopfer, d. h. aber nicht als Substanz, sondern als Offenbarung, als Urteil und Wille.

Bei solcher Auffassung des Verhältnisses von Buchstabe und Geist, Schrift und Offenbarung bahnt sich eine ganz korrekte Einordnung der historischen Exegese in das Ganze der Auslegung an. A priori müssen wir sagen, daß es für die pneumatisch glaubensmäßige Auslegung unerträglich ist, von historischen Methoden der Schriftdeutung mit ihren wechselnden Resultaten abhängig zu sein; die Schwierigkeit ist, daß auch der Glaube von dem ὁ λόγος σάρξ ἐγένετο[69] nicht los kann noch will. Andererseits verträgt der Wahrheitssinn des Historikers keine Bevormundung durch fremde Methoden; hinter die kritische Periode kann keiner von uns mehr zurück.[4)] In jedem pneumatischen Ausleger aber sind beide Methoden nebeneinander vorhanden.[5)]

Nun erfährt die historische Kritik gerade durch die Gegenüberstellung zur Pneumatik erst ihre korrekte Beschränkung. Lange Zeit hatte die liberale Dogmatik auf dem aufgebaut, was die historische Kritik zurückgelassen hatte, man beruhigte sich damit, diese könne in letzter Hinsicht doch nicht gefährlich werden.[71] Wir haben oben gesehen, wohin historische Kritik führen kann und muß[72], und werden freilich nicht nur aus diesem negativen Grund einen anderen Weg beschreiten.

Für Historik und Pneumatik ist die Bibel zunächst Schrift, Text, Menschenwort. Jeder Sinnzusammenhang wird von beiden auf seine reine äußere Sachbezogenheit, d. h. buchstäblich, geprüft. Sind hier schon Schwierigkeiten, so tritt nach exaktem Handschriftenlesen Textkritik in Funktion. Nach Herstellung

---

4) Wir können uns dem Satze Perrones kaum anschließen: „Debet (die Kritik) esse modesta ac sobria, ita ut non refragetur communi patrum sensui ecclesiae iudicio ...“ T. III § 468.[70]

5) Man denke besonders an Calvin.

69 Dt.: „Das Wort ward Fleisch“ (Joh 1,14). □ **70** Dt.: „Sie [sc. die Kritik] muß mäßig und zurückhaltend sein, so daß sie nicht in Widerspruch steht mit der gemeinsamen Auffassung der Kirchenväter und dem Urteil der Kirche.“ (J. Perrone, Praelectiones Theologicae, tomus III, § 468; B zitiert wahrscheinlich nach K. Hase, Handbuch der protestantischen Polemik, 82 Anm. 32). □ **71** Hierdurch mußte sich Seeberg direkt getroffen fühlen (vgl. o. Anm. 14). □ **72** Vom Korr. mit Fragezeichen versehen.

des ursprünglichen Textes geht jedes seine eigenen Wege. Geht es auf das Inhaltliche, so wird die vorhandene Überlieferung gedeutet. Wir haben das zu beachten: *Inhaltliche* Betrachtung kann nie etwas anderes sein als *Deutung* der Überlieferung.

Wir lassen die Konsequenzen einen Augenblick anstehen und wenden uns zu den prinzipiell davon scharf geschiedenen Analysen der *Form* der Überlieferung. D. h. wir erinnern uns des oben geschilderten Trümmerfeldes, das die Kritik uns beschert hat.[73] Soweit die Resultate wirkliche[74] sind, werden sie von der Pneumatik *restlos* anerkannt. Nur sehen wir beim Blick auf diese Trümmer noch etwas anderes, was einheitlich alles zusammenhält, oder vielmehr nicht wir sehen, sondern die Augen werden uns aufgetan für das Verborgene, für die Offenbarung, auf die die Texte Anspruch erheben. Die Frage nach der *Genesis* kann doch die andere nach der *Sache* nie tangieren[75]; so liegt hier keinerlei Schwierigkeit für die Verbindung beider Methoden vor.

Schwieriger erscheint dem ersten Blick die Stellungnahme zu den inhaltlichen Kritiken zu sein. Wir dürfen der Historik nicht verbieten, nach den hinter der Schrift liegenden Tatsachen zu suchen, d. h. sie als Quelle zu betrachten; nur muß sie die Eigenart der Überlieferung, die im wesentlichen nicht historisch, sondern kultisch ist, beachten. Fallen nun hier die Ergebnisse negativ aus, so daß selbst Jesu Person den sicheren[76] Händen entgleitet und im Dunkel verschwindet, so scheint zunächst damit die Pneumatik gänzlich abgetan. Aber wir entgegnen 1. an oben Festgestelltes erinnernd: Inhaltliche Betrachtung ist Deutung der Überlieferung, d. h. in unserem Falle, die Person Jesu der Heiligen Schrift kann höchstens als freie Komposition der Schriftsteller *gedeutet* werden. Ein Schluß auf die Historizität ist prinzipiell[77] unerlaubt. 2. Das vollständige Untergehen in der Zeitgeschichte für den rein geschichtlich eingestellten Blick ist symptomatisch für den christlichen Offenbarungsbegriff: Der Gott, der in die Geschichte einging,

---

73 Vom Korr. mit Fragezeichen versehen. – Vgl. o. S. 307 u. Anm. 13. □ 74 Vom Korr. unterstrichen; vgl. dazu E. Thurneysen, Schrift und Offenbarung, 19 f. □ 75 Vgl. E. Thurneysen, Schrift und Offenbarung, 20. □ 76 Vom Korr. mit Fragezeichen versehen. □ 77 Korr.: „Was für ein Prinzip ist das?“

machte sich unkenntlich[78] vor den Kindern dieser Welt, von der Krippe bis zum Kreuz. Die Kritik kann im äußersten Falle Jesus als Führergestalt, als religiöses Genie bestreiten, aber nie als *Gottes Sohn.*[79] 3. Positiv, die pneumatische Auslegung hat eine eigene Erfassungsmöglichkeit des tatsächlich Geschichtlichen; denn spricht Gott durch das *urkundliche Zeugnis* der geschichtlichen Offenbarung[80], durch die Bibel, zum Menschen, so muß er auch in den geschichtlichen Tatsachen selbst gesprochen haben. Das gilt natürlich nur für die in dem Glauben eingeschlossenen großen Tatsachen der Geschichtlichkeit; etwa dem Prophetentum, der Person Jesu Christi, seinem Tode am Kreuze für uns. Einzelgeschichten, wie Wundererzählungen etc. sind hier natürlich nicht einbegriffen, sondern eben nur soweit an der geschichtlichen Faktizität die Totalität des Glaubens unmittelbar hängt.

Ich nannte mit Absicht die ‚historische Tatsache' der Auferstehung nicht mit. Es ist m. E. nach allem Gesagten sinnlos und grob, daraus eine nackte historische Tatsache zu machen, denn Gott wollte *in der Geschichte* erscheinen.[81] Die Auferstehung spielt sich in der Sphäre des Glaubens, der Offenbarung ab[82], jede andere Deutung nimmt ihr den entscheidenden Charakter: *Gott in der Geschichte.*[83] Zum Problem der Wunder ist zu sagen, daß freilich die Naturgesetze nicht absolute Gültigkeit haben, sondern Erfahrungssätze sind, aber daraus den Schluß zu ziehen, die Wunder seien keine Durchbrechungen, sondern nur unbekannte Gestaltungen des Naturgesetzes, ist auch historisch verfehlt: wir müssen sie als das nehmen, als was sie in der Bibel gelten wollen, als volle Wunder.[84] Über die Tatsächlichkeit des Einzelnen kann uns weder Geschichte noch Pneumatik Auskunft geben, denn mit dem Glauben an Jesus Christus und die geschichtliche Offenbarung ist das Fürwahrhalten dieses

78 Korr.: „Ist das Offenbarung?" – Vgl. R. Seeberg, Offenbarung und Inspiration, 22. B folgt hier K. Barth, Menschenwort und Gotteswort, 120f. □ **79** Korr.: „Was heißt das?" □ **80** Vgl. J. Kaftan, Dogmatik, 44. □ **81** „denn ... erscheinen" vom Korr. am Rand angestrichen. □ **82** Korr.: „Aber auch so ist sie *geschichtlich*!" □ **83** Korr.: „also!" – Vgl. dazu auch K. Barth, Das Schriftprinzip, 225, 227 u. 241. □ **84** „volle Wunder" vom Korr. unterstrichen; dazu am Rand: „Was heißt das?" – Vgl. auch R. Seeberg, Offenbarung und Inspiration, 22, und die Aufnahme dieses Gedankens in WEN 311.

oder jenes Wunders nicht verknüpft. Unsere Frage bei der pneumatischen Auslegung ist mithin nicht: Ist das Wunder faktisch geschehen?, sondern: Was soll es in diesem Zusammenhange des Zeugnisses der Offenbarung? Das ist durchgängig, die Schrift ist nur für die Historie *Quelle*, für die Pneumatik ist sie *Zeugnis.*[85] Das beruht letztlich auf dem Satze, daß die Inspiration der biblischen Autoren sich nie auf Tatsachen erstrecken kann, sondern nur auf deren Deutung und Erkenntnis. Die Frage nach dem pneumatischen Sinn der Wunder, d. h. nach ihrer Sinnhaftigkeit trotz des vollständigen Eingehens des Göttlichen in die Geschichte, gehört in die Exegese selbst.

Also in diesen Rahmen wird die historische Kritik eingespannt. Die entstandene Spannung ist das notwendige Charakteristikum pneumatischer Auslegung, d. h. daß einmal durchaus das Ungleichzeitige, Historische, Zufällige erkannt und anerkannt werden muß, zugleich aber das Gleichzeitige als das Wesentliche immer herausgestellt wird. Mit dieser Spannung befinden wir uns mit unserer Auslegung in genau derselben Lage wie die Schreiber der Heiligen Schrift selbst (cf. Lk. 1,1 ff.).[86] Unbedingt müssen wir uns der Fallibilität der Texte versichern und damit das Wunder erkennen, daß wir doch immer Gotteswort aus diesem Menschenwort hören.

Eine Interpretation der Synoptiker hat man einem Übergang über einen Fluß auf tauenden Eisschollen verglichen.[6)] Man muß hinüber, aber auf keinem Punkte darf man stehen bleiben, immer das Ganze im Auge behaltend. Aber wir haben einen Trost, bei dem man zu selten Rat holt. Wir haben einen größeren Interpreten gleichartiger Tradition als wir alle sind zum Vorbild. Es ist Paulus selbst.[7)]

Mit dem Worte oder der Offenbarung als Fundament der Bibel ist uns aus der Bibel selbst der Maßstab an die Hand gegeben, den wir in der Exegese an der Schrift bewähren müssen. Dieser Maßstab ist mit Luther „was Christum trei-

---

[6)] Thurneysen, Schrift und Offenbarung, 1924.[87]

[7)] Cf. EA 63, 115. Vorrede zum Jakobusbrief.

85 Vgl. K. Barth, Das Schriftprinzip, 226. □ **86** Vgl. E. Thurneysen, Schrift und Offenbarung, 26. □ **87** A. a. O., 28.

bet"; was diesen Offenbarungsinhalt nicht hat, ist unkanonisch.[8)]

Der Kanon bildet für die Pneumatik nur den allerdings höchst merkwürdigen Beweis für den Tiefenblick, mit dem aus der großen Literatur gerade diese so gearteten Schriften seiner Zeit herausgesucht wurden; umgekehrt: Beweis für die Offenbarung kann er nie sein. Prinzipiell ist er als offen anzuerkennen.

Das AT hat prinzipiell keine andere Stellung als das NT, steht zu diesem zwar im Verhältnis von Verheißung und Erfüllung, Gesetz und Evangelium, aber in beiden wird das Wort Gottes vernommen. „Dasselbe gestern und heute" (Barth).[89]

Christliche Dogmatik, die die göttliche Offenbarung in der Geschichte zum Gegenstand hat, muß die gekennzeichnete Relation zwischen Offenbarung und Schrift als das Abbild des ganzen Offenbarungskomplexes aufrechterhalten. Wegfall des pneumatischen Elementes würde die Dogmatik zur Darstellung der neutestamentlichen Frömmigkeit machen, Wegfall der historisch-kritischen Methode, nicht des geschichtlich-tatsächlichen Elementes, was nach allem Gesagten nie wegfallen kann, dem Offenbarungsbegriff etwas von seiner Deutlichkeit nehmen, obwohl prinzipiell ein derartiger Wegfall nichts zu ändern brauchte. Die Kategorie der Dogmatik ist einzig und allein der λόγος τοῦ θεοῦ[90], insofern ist sie im eigentlichen Sinne ‚Theologie'. Die Offenbarung ist ihre Wahrheitsquelle und deren Bestätigung zugleich, sie hat als Wort Gottes normhaften Charakter.

Die empirische Darstellung der Religion in der Gestalt der Kirche und Gemeinde hat ihre Wahrheitsquelle und Norm am λόγος τοῦ θεοῦ. Es gibt keine selbständige[91] Gemeinde oder

---

[8)] Wir wenden uns hiermit gegen das reformierte Schriftprinzip Calvins und seine Repristination durch Barth, das den Begriff des Kanons über die individuelle Aussage Luthers stellt. Wir wissen, daß Luther einen sehr kühnen Schritt tut, aber wir wissen auch, daß es im Interesse evangelischen Glaubens liegt, ihn mitzutun.[88]

88 Vgl. K. Barth, Das Schriftprinzip, 221 ff, bes. 223. □ **89** A. a. O., 224. □ **90** Dt.: „... das Wort Gottes". □ **91** Korr.: „In Bezug worauf?"

Kirche wie im Katholizismus.[9)] Die Predigt ist die Gnadengabe zur Verkündung des Erkannten, die zum inneren Zwang wird.[10)] 'Ανάγκη γάρ μοι ἐπίκειται οὐαὶ γάρ μοί ἐστιν ἐὰν μὴ εὐαγγελίζωμαι, 1. Kor. 9,16[93], vgl. WA 53, 252.[94]

Ihr Schicksal ist das der Auslegung, das der Schrift selbst, der Versuch, mit Menschenworten Gotteswort zu reden, der nie über den Versuch hinauskommt, wenn nicht Gott sein Ja dazu spricht. Hier sind wir beim Letzten, Tiefsten, es lag in allem Vorhergesagten verborgen: jeder pneumatische Auslegungsversuch ist Gebet, ist Bitte um den Heiligen Geist[95], der sich allein Gehör und Verständnis schafft nach seinem Gefallen, ohne den auch geistvollste Exegese zu nichts wird. Schriftverständnis, Auslegung, Predigt, d. h. Erkenntnis Gottes ist beschlossen in der Bitte: „Veni creator spiritus".[96]

Zur Arbeit verwandte Literatur[97]

Karl Barth: Vorreden zum Römerbrief; Bengel: Gnomon; Bernheim: Lehrbuch der geschichtlichen Methode; Dilthey: Sigwart-Festschrift; Girgensohn: Inspiration, PastBl. 67,3; Heim: Leitfaden der Dogmatik; Holl: Luther; Ihmels: Zentralfragen; Kaftan: Dogmatik, und Zur Dogmatik; Kropatschek:

---

9) Der berühmte Einwand Bellarmins in de verbo Dei, bei den Reformatoren sei man doch zum mindesten durch den Hinweis auf die Bibel von der Tradition abhängig, ist grober Trugschluß.[92]

10) Cf. Jer. 20,9; Am. 3,8.

92 R. Bellarmin, De verbo Dei, liber IV, c. III f (Opera Omnia, ed. J. Fèvre, tomus primus, 197–204). □ **93** Dt.: „... denn ich muß es tun [sc. das Evangelium predigen]. Und wehe mir, wenn ich das Evangelium nicht predigte!" (I Kor 9,16) Mit εὐαγγελίζωμαι gibt B den Text in einer Variante wieder, die im Novum Testamentum Graece (ed. E. Nestle) seit der 11. Aufl. (1920) ersetzt ist durch: εὐαγγελίσωμαι. □ **94** (Exempel, einen rechten christlichen Bischof zu weihen. 1542). □ **95** Korr.: „nur?" – B folgt hier K. Barth, Menschenwort und Gotteswort, 139 f. □ **96** Dt.: „Komm, Schöpfer Geist"; Beginn eines altkirchlichen, Hrabanus Maurus (gest. 856) zugeschriebenen Pfingsthymnus, zitiert nach: K. Barth, Das Schriftprinzip, 233. □ **97** Vgl. zur Vervollständigung der Angaben B's das Lit.-Verzeichnis S. 649 ff. Mit den drei Heften von ZZ sind die o. in Anm. 1 genannten Aufsätze von Barth und Thurneysen gemeint.

Geschichte des Lutherischen Schriftprinzips; Luther: Sendbrief vom Dolmetschen; Seeberg: Inspiration und Offenbarung; Seeberg, Geschichte der Kirche im 19. Jahrhundert, S. 352 ff.; Schlatter: Das christliche Dogma; Zwischen den Zeiten, Heft 6, 10, 11.[98]

Inhaltsverzeichnis

Einleitung: Problemstellung.

I. Die historische Auslegung. – Methoden und Anwendungen auf das NT.

II. Pneumatische Auslegung.

a. Auslegung durch Verkürzung des Offenbarungsbegriffes. – Mangelhafte Scheidung von Schrift und Offenbarung. Daher Herantragen außerbiblischer Maßstäbe zur Auslegung.

b. Schrift und Offenbarung geschieden. – Auslegung nach dem Zirkel: Gott kann nur durch Gott begriffen werden. – Dessen Lösung durch die ‚Inspiration'. – Inspiration, historische Intuition und mathematische Evidenz.

III. Verhältnis von historischer zu pneumatischer Auslegung. – Analyse des Wortbegriffes. – Sachbezogenheit, Geistbezogenheit – Jesus Christus als das Wort. – Die Bibel als das Wort. – Selbständiger Charakter beider Methoden. – Die historische Methode erfährt durch die pneumatische die korrekte Einschränkung. – Die Schrift als Quelle und Zeugnis. – Zur Interpretation der Synoptiker. – Der kritische Maßstab der Auslegung, was Christum treibet, gegen Calvin – Barth. – Der Kanon. – AT und NT.

IV. Die Dogmatik und unser Problem. – Gemeinde. – Predigt. – Schluß.

98 Gesamturteil des Korr.: „Genügend Seeberg 31/7. 25."

7. NOTIZ ZU LUTHERS RÖMERBRIEFVORLESUNG[1]

Theologische Logik hat die Intention, sich von dem Psychologismus[2] loszulösen; redet nicht von Sünde und Offenbarung als Bewußtseinsinhalten, sondern als Offenbarungsgegebenheiten: anerkennen des in der Offenbarung Gesprochenen und die Autoritäten.
Sünde *glauben* Rm 11 S. 69[3]   Fortsetzung

---

1 NL Anh. A 20 (b); hsl. – In B's Exemplar von: J. Ficker (Hg.), Luthers Vorlesung über den Römerbrief, 1908, fanden sich drei hsl. Zettel mit meist sehr kurzen Bemerkungen. Hier wird der einzige längere Text wiedergegeben, der B's Lutherrezeption verdeutlicht. Er lag in Bd. 2 zwischen Seite 68 u. 69. These 8 von B's Promotionsthesen setzt ihn voraus (s. S. 478). – Bearbeiter: H. Pfeifer. – Die genauere zeitliche Zuordnung ist ungewiß; wegen der inhaltlichen Nähe zum vorstehend abgedruckten Referat über die Schriftauslegung ist das Blatt hier eingeordnet. – Der nähere Kontext der Stelle, an der sich der Zettel fand, enthält vier Korollarien zu Röm 3,5, von denen das zweite das Wort aus Röm 3,4: „Wie geschrieben steht" aufgreift: „Et ita Deus per suum exire nos facit ad nos ipsos introire et per sui cognitionem infert nobis et nostri cognitionem. Quia nisi Deus ita prius exiret et verax fieri quereret in nobis, nos non possemus introire ad nos et mendaces ac iniusti fieri. Non enim potuit homo ex se ipso scire, quod talis esset coram Deo, nisi ipse Deus hoc ipsum revelaret." (67) („Und so bewirkt Gott durch sein Herausgehen [aus sich], daß wir zu uns hineingehen, und dadurch, daß wir ihn erkennen, bringt er uns die Erkenntnis unserer selbst. Denn wenn Gott nicht zuerst so [aus sich] herausginge und wahrhaftig werden wollte in uns, könnten wir nicht hineingehen zu uns und Lügner und Ungerechte werden. Denn der Mensch konnte aus sich selbst heraus nicht wissen, daß er vor Gott so beschaffen ist, wenn es ihm Gott nicht selbst offenbart hätte.") □ **2** Der Begriff ‚*Psychologismus*' richtet sich gegen die von Troeltsch entwickelte Lehre vom *religiösen Apriori*, vgl. E. Troeltsch, Psychologie und Erkenntnistheorie. Dort heißt es im Anschluß an Kant, Religionslehre „hat das apriorische Bewußtseinsgesetz zu suchen, das sich in der Tatsächlichkeit des religiösen Lebens äußert, und hat an diesem Bewußtseinsgesetz den letzten für die Wissenschaft erreichbaren Grund für die Feststellung des Wahrheitsgehaltes der Religion und eben damit auch ein Mittel der kritischen Reinigung und Fortentwicklung der naturwüchsigen psychologischen Religion." (27) Vgl. auch 35, wo Troeltsch den Begriff ‚religiöses Apriori' einführt. □ **3** Bei Luther folgen auf die in Anm. 1 zitierte Stelle aus der Römerbriefvorlesung (67f) Schriftzitate: Röm 11,34; I Kor 3,18; Lk 1,51; Ps 51,5ff; Ps 32,5f; I Joh 1,8ff. In einem der folgenden Korollarien heißt es: „Etsi nos nullum peccatum in nobis agnoscamus, credere tamen oportet, quod sumus peccatores." („Auch wenn wir keine Sünde in uns erkennen, müssen wir dennoch glauben, daß wir Sünder sind.") Darauf beziehen sich die beiden letzten Zeilen von B's Notiz.

8. REFERAT ÜBER VERNUNFT UND OFFENBARUNG[1]

Vernunft und Offenbarung in der altlutherischen Dogmatik

Besinnt sich die christliche Dogmatik auf die ihr zugrundeliegenden Prinzipien, so wird sie sich selbst notwendig als ein Gebilde begreifen müssen, das sich aus den Prinzipien der Offenbarung und der Vernunft als ihren Erkenntnisquellen konstituiert, wobei das gegenseitige Verhältnis beider ein durchaus verschiedenartiges sein kann. Soweit ich sehe, sind alle nur denkbaren Kombinationen der beiden Begriffe ‚Vernunft und Offenbarung' oder ‚Philosophie und Theologie' im Lauf der Theologiegeschichte aufgetreten: von der radikalen Verdammung aller Vernunfterkenntnis gegenüber einer transzendenten Autorität, von der schroffsten Bestreitung der Möglichkeit einer christlichen Philosophie bis zur Identifizierung von Offenbarung und dem immanenten sittlichen Vernunftgesetz, von dem credo, quia absurdum[2] bis zu Fichtes „Kritik aller Offenbarung" und Kants „Religion innerhalb ..."[3].

Wir gehen nun in unserer Untersuchung über den Vernunftgebrauch in der altlutherischen[4] Theologie von dem Befund aus, den wir der Konkordienformel entnehmen können. Wir lesen gleich zu Beginn die Worte: credimus, confitemur et

---

1 NL A 11,4; hsl. Referat im Proseminar bei Stolzenburg (vgl. S. 641). Unterhalb des Titels steht in B's Hs.: „Referat für den 10. 11. 25. Dietrich Bonhoeffer". Keine Anmerkungen von B, keine Korrekturen vom Dozenten (vgl. jedoch S. 335 Anm. 80). – Bearbeiter: Th. Mahlmann, H. Pfeifer. – Das Thema knüpft an die Arbeit über die Schriftauslegung an (S. 305 ff) und gehört noch nicht zu den Vorarbeiten der Promotion. – B hat für dieses Referat benutzt: E. Troeltsch, Vernunft und Offenbarung bei Johann Gerhard und Melanchthon, 1891 (im folgenden: Troeltsch), u. K. v. Hase, Hutterus redivivus, [12]1883 (im folgenden: Hase). □ 2 Dt.: „Ich glaube, weil es absurd ist", vgl. Hase 58, und K. Barth, Der Römerbrief[3], 86. Das Zitat wird von Hase u. a. Tertullian (ca. 160–ca. 220) zugeschrieben, ist von ihm aber nicht überliefert. Ein ähnliches Wort von Tertullian in: De Carne Christi, 5 (PL 2, 761). □ 3 J. G. Fichte, Versuch einer Kritik aller Offenbarung, 1792; I. Kant, Die Religion innerhalb der Grenzen der bloßen Vernunft, 1793. □ 4 Ersetzt: „protestantischen scholastischen".

docemus unicam regulam et normam, secundum quam omnia dogmata omnes[que] Doctores aestimari et judicari oporteat nullam omnino aliam esse, quam Prophetica et Apostolica scripta cum veteris tum Novi Testamenti ...[5] Damit ist gesagt: die Theologie hat wie alle andren Wissenschaften ein Prinzip, eine Norm, auf die sich alles wissenschaftliche Arbeiten bezieht und diese Norm ist die Heilige Schrift. Nun wüßten wir gerne etwas Genaueres über dieses Arbeiten an der Schrift, denn hier müßte die Frage nach dem Vernunftgebrauch auftauchen. Aber wir hören nichts weiteres. Ziehen wir andre Stellen heran, an denen von der ratio humana die Rede ist, so hören wir einmal, daß diese ratio humana in rebus spiritualibus prorsus est caeca[6], daß sie venefica[7], larva Diaboli[8] sei, daß sie „die Augen zu schließen und dem Worte der Apostel einfach zu glauben habe“[9], d.h. daß sie verderbt und daher unzulänglich und beschränkt sei. Sie kann die Offenbarungswahrheiten nicht fassen. Mit ihrem schwachen eigenen Erkenntnisvermögen, kraft dessen „sie nur wenig von Gott und dem Gesetze weiß, kann sie nie das Evangelium vom Sohne Gottes und dem ewigen Heil auffassen, einsehen, glauben und für wahr hinstellen.“[10] Mithin die Vernunft *hat* eine eigene, wenn auch geringe Kraft von Gott und dem Gesetz von sich aus etwas zu wissen. Es gibt also neben der Glaubenserkenntnis, die von der „Schrift als Norm und Regel“[11] ausgeht und auf diese alle Aussagen bezieht, eine selbständige Vernunfterkenntnis, die freilich sehr schwach ist. Viel mehr werden wir der Konkordienformel in unserer Frage nicht entnehmen können und doch könnte man behaupten, daß hier schon alles das gesagt ist, was später in

---

5 Dt.: „Wir glauben, lehren und bekennen, daß die einige Regel und Richtschnur, nach welcher zugleich alle Lehren und Lehrer gerichtet und geurteilet werden sollen, seind allein die prophetischen und apostolischen Schriften Altes und Neues Testamentes ...“ (Formula Concordiae, BSLK 767, 14–20). □ **6** Dt.: „daß diese menschliche Vernunft in geistlichen Sachen ganz und gar blind ist“ (vgl. BSLK 776, 35.36; vgl. 872, 17–18; 873, 17f; 874, 39, ferner Hase 58 Anm. 3). □ **7** Dt.: „eine Zauberin“, „eine Wettermacherin“ (BSLK 1029, 39). □ **8** Dt.: „eine Larve des Teufels“ (BSLK 1029, 26). – Vgl. auch die Arbeit über „Luthers Stimmungen“, S. 295 Anm. 78. □ **9** BSLK 1049, 3.4.5. □ **10** B übersetzt den lateinischen Text frei und gekürzt (vgl. BSLK 874, 34–45). □ **11** Vgl. Anm. 5.

systematisierter Durchführung von den Scholastikern ausgebildet wurde und was kurz vorher von Melanchthon erarbeitet worden war.[12] J. Gerhard stellt sich als erster scharf die Frage nach dem Vernunftgebrauch in der Theologie und kommt in seinen loci zu der Lehre von einem triplex usus philosophiae[13], anhand deren wir unsere Darstellung des Problems in seiner Entwicklung vor und innerhalb der altlutherischen Scholastik geben wollen.

Das eigentliche und *eine* Prinzip der Theologie bleibt die inspirierte Schrift.[14] [Wir haben hier eine ganz undialektische Fassung des Offenbarungsbegriffs, anders als bei Luther.][15] Seit Aristoteles aber hatte jede Wissenschaft die Pflicht, sich als solche durch das Prinzip der Selbstevidenz ihrer Erkenntnisquellen auszuweisen.[16] Dieser Forderung unterzog sich die Theologie durch Ausbildung der Lehre von der efficacia Spiritus Sancti in cordibus.[17] Gelang aber dieser Ausweis als wissenschaftliche Disziplin, so hatte die Theologie durch ihr umfassendes und gesichertes Wissen eo ipso die Herrschaft über die unvollkommenen Vernunftwissenschaften. Der Gebrauch, den die Theologie von dem gesamten Stoff der philosophischen Wissenschaften machte, wird seit Gerhard als usus organicus bezeichnet.[18] Dieser zerfällt aber notwendig in 2 Teildisziplinen, die der Theologie zu Diensten sein müssen: die Instrumental- und die Realdisziplinen. Das Wesentliche am usus organicus ist aber, daß hier der philosophische Stoff als solcher nur soweit in Betracht gezogen wird, als er, mit der Theologie als wissenschaftlicher Disziplin organisch verknüpft, zu dieser ganz im Dienstverhältnis steht.[19]

Um den ‚akroamatischen‘[20], wie man sich mit Aristoteles

---

12 Wie Troeltsch behandelt B zuerst Gerhard und dann Melanchthon (vgl. Troeltsch 6f). □ **13** Dt.: „Dreifacher Gebrauch der Philosophie" (Troeltsch 7). □ **14** B hat hier wahrscheinlich im Auge: J. Gerhard, Loci theologici (1610–1625), hg. v. E. Preuß, 1 (1863) 5a (§ 19); sonst zitiert er Gerhard nach Troeltsch oder dem Kompendium von Hase. □ **15** Die eckigen Klammern stammen von B. □ **16** Troeltsch 17. □ **17** Dt.: „Wirksamkeit des Heiligen Geistes in den Herzen" (Troeltsch 18). □ **18** Dt.: „Der organische Gebrauch", d.h. die Verwendung als ‚Werkzeug‘ (Troeltsch 7). □ **19** Troeltsch 8. □ **20** Vgl. Troeltsch 47. – Die akroamatische Methode war ursprünglich der Lehrvortrag, bei dem die Schüler vorwiegend zuhörten.

ausdrückte, d. h. den wissenschaftlichen Aufbau einer Disziplin zu ermöglichen, ist seit Aristoteles ein Hilfsmittel unentbehrlich, und das ist die formale Schullogik, die Methodik. Zwar auch Grammatik und Rhetorik gehören zu der Instrumentaldisziplin und sind notwendig, aber den wissenschaftlichen Charakter einer Arbeit begründet nur die formale Logik.[21] Schon um sich über den einfachsten Glaubensgedanken klar zu werden, ist sie unentbehrlich, und wenn Sohnius sich entschuldigen zu müssen glaubt, wenn er die Theologie methodisch-logisch behandelt, so meint später Hollatz: certe non brutis, sed hominibus, sana ratione utentibus, Deus aeternae salutis sapientiam in suo verbo revelavit.[22] Und in diesem formalen Gebrauch ist die Vernunft auch von den schroffsten Vernunftverächtern nie angegriffen worden. Nicht von Tertullian, aber auch nicht von Luther, der vielmehr in Worms forderte: nisi convictus fuero testimoniis scriptuarum aut ratione evidente ...[23] D. h. auch Luther wollte seine Sätze als material schriftwidrig oder als formal unlogisch nachgewiesen haben, bevor er widerrufe. Daß Luther hier aber auch *nur* den formalen Vernunftgebrauch gemeint habe und was es mit seinen scheinbar dem widersprechenden harten Worten gegen die Vernunft auf sich hat, werden wir später sehen.

Nun stand es aber zur Zeit der lutherischen Frühscholastik mit der Logik und Methodik schlecht. Man hielt sich an die abgegriffenen Lehren vom Begriff, Urteil, Schluß, fand aber keinen Weg, den Stoff der Theologie prinzipiell mit einer logischen Methode zu vereinen.[24] Wohl hatte man die methodus particularis der humanistisch-melanchthonschen loci mit ihrem Frageschema: an sit, quid sit, causae, cognata, oppugnan-

---

21 Troeltsch 48. □ **22** Dt.: „Gewiß hat Gott nicht dummen, sondern ihren gesunden Verstand gebrauchenden Menschen die Weisheit des ewigen Heils in seinem Wort offenbart." (H. Schmid, Die Dogmatik der evang. luth. Kirche, 12). – Die eingeschaltete Bemerkung B's über *Georg Sohnius* (1551–1589, Prof in Marburg und Heidelberg) ist eine auf der Absicht, einen Gegensatz zu schaffen, beruhende Fehldeutung von H. E. Weber, Der Einfluß der protestantischen Schulphilosophie, 19f. □ **23** Dt.: „Wenn ich nicht durch Zeugnisse der Schriften oder offenbare Vernunftgründe überführt werde ..." (WA 7,838: Verhandlungen mit D. Luther auf dem Reichstage zu Worms, 1521; vgl. Hase 59 Anm. 5). □ **24** Troeltsch 48f.

tia[25], und eine weitere Parzellierung war hier leicht zu finden; aber die methodus universalis fehlte. Durch Giacomo Zabarella wurde diesem Bedürfnis durch die Unterscheidung zwischen synthetischer und analytischer Methode und die Einstellung der Theologie in die Letzere, abgeholfen.[26] Nur allmählich vollzog sich die vollständige Schwenkung[27] zur analytisch-praktischen Methode[28], aber sie vollzog sich in der lutherischen – im Gegensatz zur reformierten Theologie – ausnahmslos, auch bei scheinbaren äußeren Unstimmigkeiten. Die Dogmatik rückte von dem Platz an der Spitze der gesamten Wissenschaft, an die sie Melanchthon gestellt hatte, ab zu den praktischen Disziplinen, der Medizin und der Kochkunst, wie Troeltsch sagt.[29] Die Logik wurde von der Rhetorik gänzlich frei und schematisierte nun nach ihren Gesetzen den Stoff ohne die geringste Anpassungsfähigkeit an diesen[30], und schon in der exakt durchgeführten logischen Verarbeitung fand man den Wahrheitsanspruch der entwickelten Sätze begründet. Das wissenschaftliche Idealbild war einmal ein immer erneutes Parzellieren in den einzelnen loci, dann aber das Streben, durch die Einschachtelungen zur Einheit zu gelangen. Auf den Gedanken, daß durch so gewaltsame logische Methodik auch die bearbeitete Materie Veränderungen erfährt, ist man m. W. nicht gekommen.

Neben diesem Gebrauch der philosophischen Instrumentaldisziplin in der Theologie steht der der Realdisziplin.[31] Dieser bezieht sich wesentlich auf die Realerklärung, Sacherklärung von Begriffen, die sowohl der Theologie als dem philosophischen Fach angehören wie terra, caelum, *locus* (Ubiquität), dann res politicae etc.[32] Auf diesen Dienst der Realerklärung

---

25 Bei Troeltsch 49 u. 52 steht „pugnantia" statt „oppugnantia". Das Zitat heißt dt.: „Ob es das gibt, was es ist, Ursachen, Verwandtes, Entgegenstehendes". □ 26 *Giacomo (Jacopo) Zabarella* (1532–1589), Spätaristoteliker, hatte mit seinen Libri quattuor de methodo großen Einfluß. Vgl. Troeltsch 49 f. □ 27 Gestr.: „von der synthetischen". □ 28 Hase 33 Anm. 6. □ 29 Troeltsch 50. □ 30 Troeltsch 49 Anm. 6. □ 31 Vgl. Troeltsch 50 f. □ 32 Dt.: „Erde, Himmel, Ort (Ubiquität), dann Politik usw." – *Ubiquität* bezeichnet die von Luther im Zusammenhang mit der Lehre vom gegenseitigen Austausch der Eigenschaften (Communicatio idiomatum) zwischen der göttlichen und der menschlichen Natur Christi entwickelte Lehre, daß die menschliche Natur

bezieht sich wesentlich das Wort von der Philosophie als der ancilla theologiae[33]. Jedenfalls deuten es Calov[34] und andere dahin. In dem Dienst der Realerklärung hat sich selbstverständlich die philosophische Argumentation der theologischen zu fügen, sonst macht sie sich der damals immer wieder genannten μετάβασις εἰς ἄλλο γένος schuldig.[35] Mit diesem Satze wird nun alles Problematische abgefertigt, so die schwierige Frage nach den quaestiones mixtae[36], d. h. die Frage, was geschieht, wenn ein theologischer und ein philosophischer Terminus in einem Satze verknüpft sind. Hier drohte der Theologie entschieden Gefahr; aber man sagte: wollte die Philosophie hier von sich aus argumentieren, so wäre das eine μετάβασις εἰς ἄλλο γένος. Eine berühmte Streitfrage war hier die lutherische Lehre von der Ubiquität des Körpers Christi.[37] Die Theologie ist befugt, jede Argumentation der Philosophie geradeweg zurückzuweisen, und dieser Machtanspruch in wissenschaftliche Form gekleidet lautet: in einem Schlußverfahren gehört der medius terminus[38], der den Ausschlag über die conclusio[39] gibt, der Theologie an; damit ist die Frage im Sinne der Theologie erledigt. In die Frage nach der Ubiquität wird der theologische Begriff des θεάνθρωπος[40] als terminus medius eingeschoben und damit der theologische und philosophische Begriff im Sinne der Theologie in der conclusio verbunden. So war jeder Angriff der Vernunft prinzipiell von vornherein abgeschlagen, und es gab nichts, das sich nicht hätte beweisen lassen.[41] Ist nicht aber somit die Geltung der allgemeinsten Denkgesetze, des Satzes vom Widerspruch aufgehoben, wenn nun bei der Ubiquität Körper und Illokalität verbunden werden können? Gerhard antwortet: nein, er ist in der Offenbarungssphäre nicht

---

Christi allgegenwärtig sei, eine für Luthers Abendmahlslehre wichtige Auffassung. Vgl. WA 23,131 ff (Daß diese Worte Christi ‚Das ist mein Leib' noch fest stehen. 1527) und WA 26,321 (Vom Abendmahl Christi. Bekenntnis. 1528). □ **33** Dt.: „Magd der Theologie". □ **34** Verschreibung aus Calixt (vgl. Troeltsch 10). □ **35** Dt.: „Übergang in eine andere Art, auf ein fremdes Genus", nach aristotelischer Logik ein Beweisfehler. – B trägt diesen bei Troeltsch immer wieder genannten Begriff verstärkt in die Texte zurück (vgl. Troeltsch 3 Anm. 2; s. a. a. O., 22,23,55 u. 90). □ **36** Dt.: „Gemischte Fragen" (Troeltsch 23). □ **37** Troeltsch 23; vgl. o. Anm. 32. □ **38** Dt.: „Mittelbegriff". □ **39** Dt.: „Schlußfolgerung". □ **40** Dt.: „Gottmensch". □ **41** Troeltsch 24.

aufgehoben, aber er darf nicht auf die Dogmen angewendet werden! Denn schon dadurch, daß etwas in der Schrift steht, ist seine Widerspruchslosigkeit verbürgt. Es gibt keine Widersprüche in den Dogmen, mag unsre Vernunft dies noch so wenig einsehen! Man hat schon früh erkannt, daß eben hier der wunde Punkt in Gerhards Lehre vom usus organicus liegt. Ein gleichzeitig gültiges und ungültiges Vernunftgesetz zu behaupten, ist doch offenbarer Unsinn.[42] Immerhin es ist bezeichnend: mit Machtsprüchen und logischen Vergewaltigungen hat die Theologie die ihr gefährlich werdende Vernunfterkenntnis verdrängt und ihren Platz mit dem Schein der Wissenschaftlichkeit, aber auch mit dem guten Glauben an sie, behauptet. Positive Einwirkungen auf den Glaubensinhalt werden im usus organicus der Vernunft unmöglich.[43]

Ist mit diesen Ausführungen im wesentlichen die Philosophie als eine Hilfswissenschaft der Theologie betrachtet, so zielt die zweite Frage auf die aufbauende Vernunfttätigkeit[44], den usus catasceuasticus[45], auf die ‚natürliche Theologie'. Soweit ich sehe, ist gerade in der Lösung dieser Frage die merkwürdige Vereinigung humanistischer und reformatorischer Ideen, wie sie für die Orthodoxie charakteristisch ist[46], besonders in die Augen fallend. – Vernunft und Offenbarung, als selbständige Erkenntnisquellen gemäß der aristotelischen Forderung der Selbstevidenz erwiesen, liegen in 2 toto coelo[47] verschiedenen Sphären menschlichen Erkenntnisvermögens. Die erste bezieht sich auf das natürliche Leben und das Wissen um religiöse Dinge, soweit sie dem natürlichen Denken erreichbar sind, die zweite auf die übervernünftigen göttlichen Geheimnisse, die nie rational faßbar werden.[48] Zwischen beiden so scharf getrennten Gebieten eine Beziehung herzustellen, war eine Hauptarbeit der katholischen Scholastik, und Melanchthon[49] und mit ihm die[50] altlutherischen Scholastiker finden in ihrer Lösung des Problems der natürlichen Theologie einen Vorgänger in Tho-

42 Troeltsch 24 f. □ **43** Troeltsch 46 f. □ **44** Ersetzt: „den aufbauenden Vernunftgebrauch". □ **45** Dt.: „Gebrauch [der Vernunft] zur Bestätigung [der geoffenbarten Wahrheit]". – Troeltsch 99. □ **46** Troeltsch 64 f. □ **47** Dt.: „himmelweit". □ **48** Troeltsch 15. □ **49** Vgl. Troeltsch 70. □ **50** „mit ihm die" ersetzt: „seine".

mas von Aquino.[51] Aktuell wurde das Problem zum ersten Mal, als sich beim Eindringen des Aristoteles die Frage auf das Verhältnis von dessen Wahrheitserkenntnis zur christlichen Offenbarungserkenntnis richtete, später nach dem Nominalismus fand sie ihre Wiedererweckung im Humanismus und seinen Toleranzbestrebungen. Die alten Griechen konnten doch nicht ganz und gar in die Irre gegangen sein. – Als Schriftstelle kam Rom 1,19 besonders in Betracht.

Man ging von dem Gedanken der einfachen und einheitlichen höchsten Wahrheit aus.[52] So kann also die Offenbarung gar nicht widervernünftig, sondern nur übervernünftig sein; mit einem Satz der protestantischen Spätscholastik: philosophia est scientia veritatis ac sicut verum vero non contradicit, ita veritas philosophiae theologicam non impugnat (Hollatz).[53] Mithin trägt auch die Vernunfterkenntnis Wahrheitscharakter, wenn auch durch den status corruptionis[54] in abgeschwächtem Maße. Die Vernunft kann so Gottes Existenz erweisen, aber den deus uni-trinus[55] faßt nur der Offenbarungsglaube; solche Beispiele lassen sich häufen. Nun gibt es 2 Arten der Vernunfterkenntnis: eine, die dem Menschen einfach von außen durch Naturbetrachtung zukommt auf der bekannten via eminentia, negationis, causalitatis[56]; eine andere die notitia insita, innata, congenita[57], kraft deren er eine apriorisch evidente Einsicht in die Lehre über göttliche Dinge hat. Diese ist aber durch den Fall bis auf einen kleinen Rest zertrümmert, und was dem Menschen früher natürliche Erkenntnis war, ist ihm nun übernatürliches Geheimnis.

So findet die natürliche Vernunfterkenntnis nur noch Anerkennung, wenn und soweit sie in der Schrift bezeugt ist. Es gibt in den Glaubenslehren articuli puri und mixti[58], erste gehören

---

51 Siehe u. S. 333. B scheint Troeltsch 21 Anm. 1 und 95 zu ignorieren! □ **52** Vgl. Troeltsch 17. □ **53** Dt.: „Die Philosophie ist die Wissenschaft von der Wahrheit, und wie Wahres Wahrem nicht widersprechen kann, so bekämpft die Wahrheit der Philosophie nicht die theologische Wahrheit" (D. Hollatz, Examen theologicum acroamaticum 1707, Nachdr. 1971, 32). □ **54** Dt.: „Zustand des Verderbens", d.h. die Situation des Menschen nach dem Sündenfall. □ **55** Dt.: „Der dreieinige Gott". □ **56** Dt.: „Der Weg der Steigerung, der Verneinung und der Begründung". □ **57** Dt.: „Eingepflanzte, eingeborene, angeborene Kenntnis". □ **58** Dt.: „reine und gemischte Artikel".

nur der Offenbarungssphäre an, letzte sind auch der natürlichen Vernunfterkenntnis zugänglich, aber doch stets ausschließlich durch die Schriftbezeugung gerechtfertigt. Auf diese prinzipielle Trennung zwischen Vernunft und Offenbarung übertrug nun Melanchthon seine Gedanken von lex und evangelium.[59] Kraft des lumen naturale[60], in dem der Anknüpfungspunkt zwischen Offenbarungs- und Vernunftsphäre besteht[61], hat auch der Heide eine zwar verfinsterte Einsicht in die lex naturae (cf. Rom 2,15).[62] Zu dieser lex naturalis tritt durch Offenbarung die lex moralis im Dekalog[63]; beide zusammen stehen aber als nur quantitativ unterschieden als Vernunfteinsicht (lex naturale = lex divina!) der schlechthin übervernünftigen Offenbarung im Evangelium gegenüber.[64] So spitzt sich der Gegensatz zwischen Vernunft und Offenbarung zu dem von Gesetz und Evangelium, d. h. dem der iustitia propria und iustitia aliena, zu.[65] Da es nun aber Evangeliumspredigt ohne Gesetz nicht gibt, ist die Brücke über den Graben geschlagen.[66] Die Distinktionen innerhalb des Gesetzes sind Werk Melanchthons und der Orthodoxie. Luther hat (nach Holl)[67] diese nie vollzogen, sondern stets das Gesetz vom Naturgesetz bis zu dem der Bergpredigt als ein einheitliches Ganzes dem Evangelium gegenübergestellt. Luthers Stellung zur natürlichen Vernunft ist schwankend, doch wohl im ganzen schroff ablehnend.[68] Für die altlutherische Gesamtanschauung ergibt sich so notwendig die Vorstellung von zwei aufeinander gebauten Stockwerken, in dem das zweite zum ersten nur noch etwas hinzufügt. Gratia naturam non tollit sed perficit![69] Diese Gedanken erinnern bis in Einzelnes hinein an Thomas![70] Kollisio-

---

59 Troeltsch 160 u. 138. – Vgl. zum Folgenden: Ph. Melanchthon, Loci praecipui theologici, 1559: De Lege naturae (CR XXI, 711–716). □ **60** Dt.: „natürliches Licht". □ **61** Troeltsch 100. □ **62** Troeltsch 154. □ **63** Troeltsch 155. □ **64** Dt.: „Natürliches Gesetz = göttliches Gesetz" (Troeltsch 125, 144 f, 160, 163 u. 192). □ **65** Dt.: „Eigene [d. h. durch eigenes Tun erworbene] Gerechtigkeit und fremde [d. h. mir von einem anderen – Gott – zugesprochene] Gerechtigkeit" (vgl. Troeltsch 130 f). □ **66** Vgl. Troeltsch 160 f. □ **67** K. Holl, Luther[3], 247; vgl. E 323 ff, bes. 327 f. □ **68** Vgl. Troeltsch 190. □ **69** Dt.: „Die Gnade hebt die Natur nicht auf, sondern vollendet sie." □ **70** Der zitierte Satz steht zum erstenmal im Kommentar des Bonaventura zu den Sentenzen des Petrus Lombardus (Bonaventura, In II Sent. d.9 qu.9. ad 2). Bei Thomas erhält

nen zwischen beiden Sphären[71] kann es nicht geben. Alle scheinbaren Widersprüche entstehen durch μετάβασις εἰς ἄλλο γένος[72]. Es kann sehr wohl für die Vernunfterkenntnis die Jungfrauengeburt undenkbar sein, nur darf diese nicht ansprechen[73], auch in Offenbarungsdinge hineinreden zu können.[74] So war grade im Urstand Vernunft und Offenbarung so scharf geschieden, daß [sie] grade durch diese radikale Scheidung in der höchsten *einen* Wahrheit eine Einheit bildeten. In dieser Schärfe wurden die Gedanken erst von Hollatz präzisiert, aber sie sind doch nur konsequent. Von dem usus anasceuasticus[75], der nur den polemischen Gebrauch der beiden ersten usus bespricht, brauchen wir nicht zu reden.

Beim Rückblick auf das dargestellte Ganze sind historisch-genetisch zwei Strömungen zu unterscheiden, die nebeneinander herfließen: es ist der lutherische Biblizismus und es ist Humanismus[76]; der Mann, der beide ineinander verband, war der praeceptor Germaniae[77], Melanchthon. Und doch liegt seinem großen System ein Widerspruch zugrunde: man konnte den Anspruch der Schrift, allein Autorität zu sein und nur den usus organicus anzuerkennen, nicht lassen und man wollte doch auch der Vernunfterkenntnis ihren festen Platz im System der Dogmatik sichern und brauchte so den usus catasceuasticus. Die Späteren versuchten beides durch die articuli mixti zu versöhnen. Aber grade in dieser Spannung liegt die Eigenart der altlutherischen Prinzipienlehre. Tröltsch hat Melanchthon's umfassenden Einfluß auf die gesamte orthodoxe Sytembildung nachgewiesen.[78] Die Bildung einer selbständigen Kirche 1526 hatte das Bedürfnis einer neuen Dogmatik zur Folge. Diese konnte nur auf der breiten Basis des allgemeinen Gymna-

---

er grundlegende Bedeutung und kommt mehrmals vor, zunächst ebenfalls im Sentenzenkommentar: In II Sent. 9.1.8. ad 3 (S. Thomae Aqu. Opera Omnia I, 152), und In III Sent. 24.1.3 (a. a. O., 349); später in De ver. qu.14 a.9. ad 8 (a. a. O., III, 97), und qu.27 a.6 ad 3 (a. a. O., 172); und schließlich in der Summa theologiae: S. th. I qu.2. a. 2 ad 1 (a. a. O., II, 187). – Vgl. auch Anm. 51. □ **71** Vgl. Anm. 48. □ **72** Vgl. Anm. 35. □ **73** Lies: „beanspruchen“. □ **74** Vgl. Hase 61 Anm. 15. □ **75** Dt.: „Gebrauch [der Vernunft] zur Widerlegung [von Argumenten gegen die geoffenbarte Wahrheit]“. – Troeltsch 99 Anm. 1. □ **76** Troeltsch 64 f. □ **77** Dt.: „Lehrer Deutschlands“ (Troeltsch 56). □ **78** Vgl. Troeltsch 65 ff u. 144 ff.

sium[s]- und Universitätsbildungsplans aufgebaut werden. Der Dualismus zwischen natürlichem und übernatürlichem Wissen sollte dargetan und doch die Einheit beider nicht gestört sein. Auf dieser Basis ruht die gesamte scholastische Fortentwicklung, woran logische Verknöcherung wie Methodenwechsel nicht[s] änderten.[79] – Als im 30jährigen Krieg das religiöse Leben verödete, der Pietismus sich als zu schwächlich und sektenhaft erwies, stattdessen aber neue gewaltige Vernunfterkenntnisse aus dem Auslande eindrangen, war der Weg, den die späte Scholastik konsequent beschritt, der Weg zum Rationalismus.

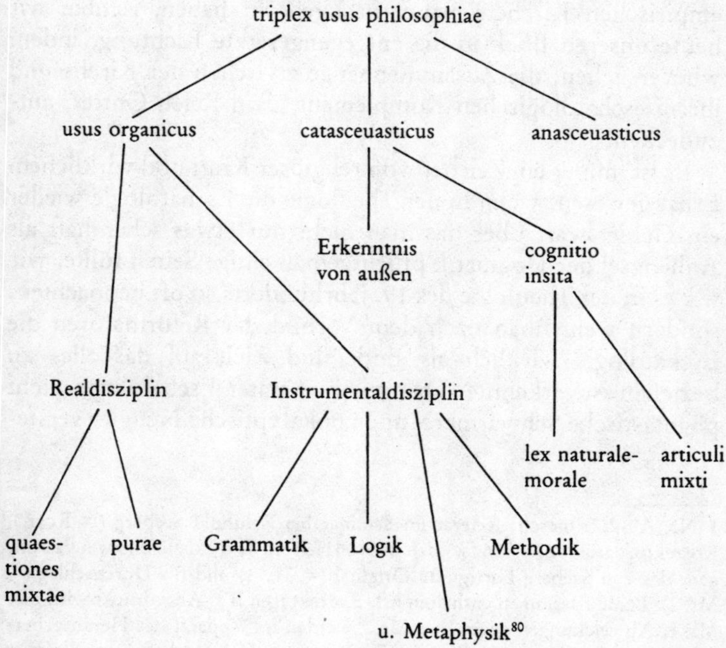

79 Troeltsch 210. □ 80 Das Wort „Metaphysik" ist mit Bleistift nachgetragen, nicht von B, vielleicht von Stolzenburg.

c) Arbeiten zum 3. Artikel im Umfeld der Dissertation. Januar – November 1926

9. REFERAT ÜBER KIRCHE UND ESCHATOLOGIE[1]

Kirche und Eschatologie
(oder: Kirche und Reich Gottes)

Nachdem wir in der vergangenen Stunde dem Begriff der empirischen Kirche genauer nachgedacht haben, richten wir heute unseren Blick in die entgegengesetzte Richtung, indem wir versuchen, die Zusammenhänge zwischen der Kirche und ihrem eschatologischen Komplement, dem Reich Gottes, aufzudecken.

Es ist immer ein Zeichen von religiöser Kraft und wirklichem Ernst gewesen, wenn in der Theologie die Eschatologie wieder ein Gebiet war, über das man nicht nur etwas schamhaft als Anhängsel der Dogmatik pflichtgemäß einige Seiten füllte, wie wir es in der Theologie des 19. Jahrhunderts so oft beobachten, sondern wenn man nach dem Vorbild der Reformatoren die Eschatologie wirklich als Ende und Ziel, auf das alles zu beziehen ist, erkannte. Daß wir hier unter Eschatologie nicht phantastische Schwärmerei und apokalyptische Neugier verste-

1 NL A 12,2; masch. Referat im Seminar bei Reinhold Seeberg (= Korr.), Korrekturdatum: 22. 1. 26 (s. dazu u. S. 641). Vom Text existieren zwei Fassungen: das von Seeberg korrigierte Original (= Ms. 1) und B's Durchschlag (= Ms. 2). Beide Fassungen enthalten hsl. Korrekturen B's. Abgedruckt wird hier Ms. 1, Abweichungen gegenüber Ms. 2 werden im Apparat des Herausgebers vermerkt. – Bearbeiter: H. Pfeifer, J. v. Soosten. – Es handelt sich um die erste Arbeit bei Seeberg, nachdem dieser B als Promovenden angenommen hatte (vgl. S. 156 f), und stellt wie die folgenden eine Vorarbeit zur Dissertation dar (s. DBW 1 (SC), 193 ff). – Als von B benutzte Literatur hat sich für den ersten Teil erschließen lassen: R. Seeberg, Christliche Dogmatik II, 319–353 (§§ 37 u. 38), und J. Weiß, Die Predigt Jesu vom Reiche Gottes[2], 82–106; für den zweiten Teil: E. Hirsch, Die Reich-Gottes-Begriffe des neueren europäischen Denkens, 12 ff.

hen, wird sich bald zeigen. Für die Reformatoren war einer Rechtfertigungslehre ohne Eschatologie die Spitze abgebrochen. Der Gerechtfertigte ist iustus nondum in re sed in spe[2], der status gratiae[3] mußte um seiner Sündhaftigkeit willen im status perfectionis[4] aufgehoben werden. „Der Glaube ist eine gewisse Zuversicht des, das man hofft."[5] Eschatologie war also nicht Mythologie oder etwas ähnliches, sondern ergab sich notwendig aus der Gotteserfahrung des Menschen als Ziel. In einer dogmatischen Untersuchung eines eschatologischen Begriffs haben wir es nicht mit einer Aufnahme aller neutestamentlichen apokalyptischen Ausgestaltungen desselben zu tun, sondern wir greifen die für den Glauben wichtigen Typen in systematischer Ordnung heraus. Der Zentralbegriff aller christlichen Eschatologie aller Zeiten ist der urchristliche vom Reiche Gottes. Dieser Begriff wird zwar auch von der individuellen Eschatologie aus erreicht, setzt aber im Grunde als Komplement das soziale und historiale Element in der Menschheit voraus[6], d. h. Komplement des Reich Gottes-Begriffes ist nicht so sehr der einzelne Gläubige, als es sind Begriffe wie Kirche, dann Staat, Menschheit, und deren aller Geschichte.[7] In deutlichster Beziehung aber steht das Reich Gottes zu der Größe der Kirche, worin die Beziehung besteht und welcher Art sie ist, wollen wir uns fragen. Wir werden uns zunächst begrifflich über den Reich Gottes- und den Kirchengedanken zu verständigen versuchen.

Es ist bekannt, daß der eschatologische Begriff des Reiches Gottes im NT nicht eindeutig gefaßt ist und die Beschreibung des Reiches Gottes von den verschiedensten Seiten her angefaßt wird. Systematisch betrachtet können wir dem NT zwei bzw. drei Gestalten des Reich Gottes-Begriffes entnehmen. Doch ist zu betonen, daß den recht verschieden erscheinenden Gestalten

---

2 Dt.: „... gerecht noch nicht in Wirklichkeit, sondern in Hoffnung". Vgl.: „Omnis qui credit in Christum, iustus est, nondum plene in re sed in spe." („Jeder der an Christus glaubt, ist gerecht, aber noch nicht in voller Verwirklichung, sondern [nur] in Hoffnung.") (M. Luther, WA 2,495,1. Galaterkommentar. 1519) □ 3 Dt.: „Stand der Gnade". □ 4 Dt.: „Stand der Vollkommenheit". □ 5 Hebr 11,1. □ 6 Vgl. R. Seeberg, Dogmatik I, 505 ff. □ 7 Vgl. A. Ritschl, Rechtfertigung und Versöhnung III, 545.

ein einheitlicher inhaltlicher Grundgedanke über das eigentliche Wesen des Reiches unterliegt: Das Reich Gottes ist eine geistig pneumatische Größe, in der der Herrschaftswille des Vaters, der Erlösung[s]- und Gerichtswille des Sohnes, und der die geistliche Gemeinschaft der Kinder des Reiches in der Liebe bildende Wille des heiligen Geistes in selbstherrlicher Alleinwirksamkeit und vollständiger Einheit zu realer Verwirklichung gelangen und so die Welt ihrem Ziele zuführen.[8] Das Reich Gottes ist also eine Gemeinschaft erlöster Personen und die Mitgliedschaft besteht ausschließlich in der Erwählung durch Gott, die die gehorsame Unterwerfung unter die Gottesherrschaft erwirkt[9], die Verwirklichung dieser Erwählung in der Geschichte geschieht in Christus und seinem pneumatischen Fortwirken, die Liebesverbundenheit der Mitglieder im Wirken des heiligen Geistes.

In dieser allgemeinen Form läßt sich das allen neutestamentlichen Reich Gottes-Begriffen Gemeinsame und Wesentliche zunächst hinreichend ausdrücken. Das weitere Problem und damit die Mannigfaltigkeit der Auffassungen im Reich Gottes-Gedanken ist begründet in der Stellung dieser pneumatisch-ewigen Größe, die sie notwendig zur Zeitlichkeit einnehmen muß. Wir greifen hier auf die erwähnte doppelte bzw. dreifache Auffassung des Reiches Gottes im NT zurück.

Einmal ist das Reich Gottes als etwas Gegenwärtiges gedacht, durch das Kommen des Reichs ist die Macht des Satans gebunden. Εἰ δὲ ἐν πνεύματι θεοῦ ἐγὼ ἐκβάλλω τὰ δαιμόνια, ἄρα ἔφθασεν ἐφ' ὑμᾶς ἡ βασιλεία τοῦ θεοῦ Mt 12,18[10], oder Lk 10,18: Ἐθεώρουν τὸν σατανᾶν ὡς ἀστραπὴν πεσόντα ἐκ τοῦ οὐρανοῦ[11]. Lc 17,21.[12]

Oder bei der Sendung an Johannes:

Τυφλοὶ ἀναβλέπουσιν καὶ χωλοὶ περιπατοῦσιν, λεπροὶ καθαρίζονται καὶ κωφοὶ ἀκούουσιν, καὶ νεκροὶ ἐγείρονται

---

8 Bei R. Seeberg, Dogmatik II, 334 f, auf dem B's Ausführungen basieren, fehlt gegenüber B der ‚Gerichtswille des Sohnes'. □ **9** Vgl. A. Ritschl, Rechtfertigung und Versöhnung II, 29 f. □ **10** Dt.: „Wenn ich aber die bösen Geister durch den Geist Gottes austreibe, so ist das Reich Gottes zu euch gekommen." (Richtig: Mt 12,28) □ **11** Dt.: „Ich sah den Satan wie einen Blitz vom Himmel fallen." (Lk 10,18) □ **12** „Lc 17,21" vom Korr. (?) hinzugefügt.

καὶ πτωχοὶ εὐαγγελίζονται[13], d. h. doch Satans Reich ist endgültig durch Jesus gebrochen. Gottes Reich ist vollste Wirklichkeit geworden und mit Gewalt reißen es die Menschen an sich. Mt. 11,11.[14] In einer Nuance von diesen Sätzen unterschieden sind die Gleichnisse[15] von Mt. 13 und Par., in denen zwar das Gottesreich als schon vorhanden, aber doch erst sich aus dem Samenkorn entwickelnd im Laufe der Geschichte vorgestellt wird, sodaß die Vollendung erst am Ende der Zeiten stattfinden wird. Hierher gehört auch die Bitte um das Kommen des Reichs[16]: ἐλθάτω ἡ βασιλεία σου.[17] Schroff stehen solchen Worten andere gegenüber, wie in den apokalyptischen Reden von Mk. 13 und Par. Unerwartet wie der Dieb in der Nacht wird das Reich hereinbrechen auf die schlafenden Menschen. Eine göttliche Machttat wird der Welt ganz plötzlich ein Ende setzen, und der Sohn wird zum Gericht auf den Wolken herabfahren, und Jesus erwartet diesen Zeitpunkt für die allernächste Zeit: ἀμὴν λέγω ὑμῖν ὅτι εἰσίν τινες ὧδε τῶν ἑστηκότων οἵτινες οὐ μὴ γεύσωνται θανάτου ἕως ἂν ἴδωσιν τὴν βασιλείαν τοῦ θεοῦ ἐληλυθυῖαν ἐν δυνάμει.[18]

Mithin einmal ist das Reich Gottes hier gegenwärtig, sei es nun schon in vollster Realität, sei es erst als Keim und Samen, dann aber zukünftig als Größe der Vollendung in der letzten Zeit; wie sind diese Gegensätzlichkeiten zu versöhnen?

Wir antworten: Wo Christus ist, ist notwendig auch sein Reich mitgesetzt, mithin gegenwärtig. Das bezieht sich aber auf Christi Erdenleben wie auf sein pneumatisches Fortwirken.[19] Auf den Lauf der Geschichte angewendet aber bedeutet das erst den Anfang des in der Geschichte wirksamen und am Ende bzw. jenseits der Geschichte vollendeten Reiches. Das Reich als pneumatische Größe ist von oben gesehen[20] da, die Reichsge-

---

13 Dt.: „Die Blinden sehen und die Lahmen gehen, die Aussätzigen werden rein und die Tauben hören, und die Toten stehen auf und den Armen wird das Evangelium verkündigt." (Mt 11,5) □ **14** Richtig: Mt 11,12 f – Vgl. J. Weiß, Die Predigt Jesu², 82. □ **15** „sind die Gleichnisse" ist hsl. Zusatz B's. □ **16** Vom Korr. am Rand mit Fragezeichen versehen. □ **17** Dt.: „Dein Reich komme" (Mt 6,10). □ **18** Dt.: „Wahrlich ich sage euch: Es stehen einige hier, die den Tod nicht schmecken werden, bis sie das Reich Gottes mit Macht kommen sehen." (Mk 9,1) □ **19** Der Satz ist von B hsl. nachgetragen. □ **20** „von oben gesehen" vom Korr. unterstrichen.

nossen stellen sich erst im Laufe der Geschichte ein. Inhalt und Umfang des Reichs sind in der Erwählung vorausgesehen und damit in jedem Augenblick vollendet, für unser Auge aber ist der zeitliche Verlauf nicht wegzudenken. Reich Gottes ist also Ausdruck für das auf Erden wirkende[21] wie das in Ewigkeit vollendete Reich. So ist das Reich Gottes, soweit es hier auf Erden verwirklicht wird und wächst, ein eschatologischer Begriff, nicht weniger als das sich in der Ewigkeit vollendende; denn es ist ja dieselbe Sache, das Korrelat der Gottesherrschaft, hier wie dort. Eschatologie ist kein zeitlicher Begriff, sondern [ein] überzeitlicher. Davon unten weiter. Es liegt hier dieselbe Spannung vor, wie in der Gegensätzlichkeit der johanneischen und paulinischen Theologie[22], dem *Besitz* des ewigen Lebens durch den Glauben und dem Laufen nach dem vorgesteckten *Ziel* oder mit dem augustinischen Paradoxon: „Du würdest mich nicht suchen, wenn du mich nicht schon gefunden hättest."[23]

Dogmatisch ausgedrückt: Jede Gabe Gottes ist gleichzeitig Aufgabe[24], wie umgekehrt jede Aufgabe Gottes die Gabe voraussetzt. Soweit das Reich Gottes in der Zeit ist, muß es sich zeitlich auswirken, d. h. sichtbar werden an irgend einem zufälligen Ort in der Geschichte mit der Aufgabe der Predigt vom Reich Gottes und der Sündenvergebung, und dies geschieht in der empirischen Kirche, der sog. ecclesia militans[25]. So sind wir ganz konsequent vom Reich Gottes auf die empirische Kirche geführt und was hieraus folgt, ist nun ganz eindeutig festzulegen. Die empirische Gestalt der Kirche ist als Werkzeug des Reiches Gottes bestimmt mit dem Kampfmittel[26] des Wortes Gottes. Wort Gottes aber ist nur der zeitliche, jedem deutliche Ausdruck für den überzeitlichen der Erwählung, des Gerichts[27]. Das Wort zieht immerfort den unsichtbaren Schnitt

21 Korr.: „sich entwickelnde". – Vgl. dagegen J. Weiß, Die Predigt Jesu², 82 ff u. 106: „... Gegensatz zu den ‚Entwicklungstheorien'". □ **22** Vgl. dazu B's Referat über Johannes und Paulus u. S. 441 ff. □ **23** Von B fälschlicherweise Augustin zugeschriebenes Pascal-Zitat (s. o. S. 314 Anm. 57). □ **24** Vgl. A. Ritschl, Rechtfertigung und Versöhnung III⁴, 30 u. 33. □ **25** Dt.: „... der kämpfenden Kirche". □ **26** Vom Korr. unterstrichen, dazu am Rand: „Warum im Kampfe?" □ **27** Vom Korr. unterstrichen und am Rand mit Fragezeichen versehen.

durch die ganze empirische Kirche mitten hindurch, jenen berufend, diesen verstockend, und es nimmt so Gericht und Gnade schon hier voraus, um deren Enthüllung und Vollendung es sich dann im jüngsten Gericht nur handeln kann.[1] So bringt es durch die empirische Kirche der wesentlichen neue Glieder zu. Ziel der Kirche ist die Erweiterung des Gottesreiches, Sammlung und Erhaltung alter und neuer von Christus erlöster Mitglieder. Die in der Geschichte sich konstituierende von Gott vorher erwählte Gemeinde ist also im Ziel identisch mit dem Gottesreich, sie ist es auch in Bezug auf ihre Mitglieder, denn Reich Gottes wie Kirche ruhen letztlich nur auf dem Erwählungsratschluß Gottes. Kirche im wesentlichen Sinne des Begriffes ist also die vom Vater in ewiger Erwählung vorhergesehene, durch das Heilswirken Christi in der Geschichte sich konstituierende Gemeinde der Gläubigen als pneumatischer Leib des pneumatischen Hauptes, die vom heiligen Geist durch lebendige gemeinschaftsbildende Liebe in Bewegung gehalten wird. Als solche ist sie una, denn einer ist der Herr, sancta, denn der heilige Geist wirkt in ihr, catholica, denn sie ist über die ganze Erde verstreut, wo Wort Gottes gepredigt wird; als solche ist sie die Gemeinde der füreinander Bittenden und der in ständiger Buße Glaubenden, durch das Wort immer neu gerichteten und gerechtfertigten Sünder. Im Gegensatz zur empirischen Kirche verbindet diese unsichtbare keine soziale Beziehung anderer Art. Die Verbindung ist rein geistig.

Vergleichen wir diese Definition der Kirche mit der oben vom Reich Gottes gegebenen, so erkennen wir die wesentliche inhaltliche Identität beider; nur der Umstand, daß die Kirche sich nur auf einen Teil der Geschichte beschränkt, während das Reich Gottes die gesamte Weltentwicklung umfaßt, unterscheidet beide, entsprechend dem Verhältnis vom Sohne zum Vater. So fallen die Aussagen über die Erlösung der alttestamentlichen Väter wie der Gedanke einer Erlösung der von der Offenbarung nie berührten Völker genau genommen unter den Begriff

---

28 (Dictata super Psalterium. 1513–1516). Vgl. dazu K. Holl, Luther[3], 293 f und 294 Anm. 1.

des Reiches Gottes, nicht der Kirche. Die Identität beider Begriffe ist z. B. ausgesprochen in Eph. 5,5, wo Reich Gottes und Reich Christi gleichbedeutend gebraucht wurden.

Wir haben also Reich Gottes und wesentliche, sog. unsichtbare Kirche als begrifflich im Zweck und Konstituierung und als zeitlich identische Größen erhalten. Die in der Geschichte sich konstituierende Gemeinde ist nun aus zwei Gründen veranlaßt, damit zu rechnen, unerwählte Mitglieder zu beherbergen. Erstens gibt es erfahrungsgemäß keinen empirischen Verband, der nicht unter echten Mitgliedern auch Mitläufer enthielte. Zweitens aber liegt es im Wesen der durch das Wort geschehenen göttlichen Erwählung, daß diese nicht äußerlich erkannt werden, vom Menschen nicht beurteilt werden kann; woraus denn folgt, daß der Unterschied zwischen echten und unechten Mitgliedern nicht in der Sündlosigkeit der einen und Sündhaftigkeit der andern, sondern darin besteht, daß die Erwählten im status gratiae, die Unerwählten im status corruptionis[29] stehen. Der äußere Umfang der empirischen Kirche ist mithin größer als der der wesentlichen, d. h. auch der derzeitigen Entwicklung des Reiches Gottes.

Dennoch ist nicht etwa der Kirchenbegriff in zwei Teile gespalten, sondern seine Einheitlichkeit läßt sich erweisen 1. an der Gemeinsamkeit des Zweckes, 2. an der Gemeinsamkeit der unsichtbare und sichtbare Kirche[30] zusammenhaltenden Kraft.[31] Wie findet sich die Kirche mit der Tatsache der Nichterwählten unter sich ab? Wir können antworten, daß die empirische Kirche derjenige Ort ist, an dem jedem das Heil angeboten werden soll, ob es zur Verwirklichung gelangt, liegt bei Gott. Bei wem das der Fall ist, der ist Mitglied der überempirischen Kirche. Wird aber in der Kirche jedem das Heil angeboten, so ist zunächst der Zweck beider, das Heil selbst, beiden gemeinsam. Die beide Teile zusammenhaltende Kraft ist das allen gepredigte und angebotene Wort und Sakrament.[32]

---

29 Dt.: „Stand der Gnade" – „Stand des Verderbens". □ **30** Die hsl. Einfügung B's „unsichtbare ... Kirche" ersetzt: „sie". □ **31** Im Original ist die Reihenfolge der Ziffern 1 und 2 von B umgeändert worden; der Text ist im Sinne dieser Korrektur umgestellt. □ **32** Der Satz ist hsl. Zusatz B's.

Um ein Bild zu brauchen, die empirische Kirche ist nichts als das Tor und der Wegweiser[33] in das jenseitige Land der unsichtbaren Kirche. Sie ist das eine Transparent, durch das das Reich Gottes immer zu sehen sein soll, sie ist in der heiligen Geschichte die Person Johannes des Täufers und wehe ihr, wenn sie das Tor verbaut, das Transparent undurchsichtig, aus Johannes Christus macht.

Kann nun eine solche Kirche Gegenstand des Glaubens sein? Ja, denn der Glaube an sie erstreckt sich nur auf die Wirkung des Wortes Gottes und des Geistes in ihr, d. h. auf die Verheißung von Jes. 55,11, es erstreckt sich also auch darauf, daß in dieser empirisch verstreuten Gemeinde ein alle vereinendes Band da ist, d. h. eben auf die unsichtbare in der sichtbaren Kirche, aber eben in der sichtbaren, woraus denn folgt, daß in jeder empirischen Kirche auch ein Stück unsichtbare enthalten sein muß, d. h. wieder, daß eben die empirische Kirche nie den Charakter des alleinseligmachenden einen Weges[34] erhalten kann.

Reden wir von einem Arbeiten und Bauen am Reiche Gottes unsererseits, so sind wir uns klar, daß eben nicht wir bauen, sondern Gott durch uns, genauer durch das Wort, das wir von ihm reden. Auch mit noch so vollkommener Sittlichkeit ist das Reich nicht zu bauen.[35] Wir sind in großer Gefahr, indem wir glauben, Reich Gottes zu bauen, dieses mit irgendeiner menschlichen Organisation zu verwechseln und so uns selbst irgendwie vor das Tor der Kirche zu stellen.[36] Das ist das Schicksal großartiger Versuche, das Reich Gottes auf Erden zu bauen, gewesen und wird es bleiben.

Die Predigt Jesu vom Reich Gottes wurde von Paulus aufgenommen und zusammen mit der jüdischen Idee vom Volke Jahwes zum Kirchenbegriff umgebildet. Paulus unterscheidet nicht zwischen wesentlicher und empirischer Kirche; Reich

---

33 Korr.: „S. 340 Werkzeug!" □ **34** „Weges" vom Korr. unterstrichen, dazu am Rand: „Aber sie ist doch Tor und Wegweiser, s. oben [S. 340]". □ **35** Korr.: „Ja, aber in solcher Sittlichkeit ist doch Gott wirksam!" □ **36** Korr.: „Das ist doch etwas anderes! *Tun* sollen wir doch etwas!" – Vgl. K. Barth, Der Römerbrief[3], 417 ff; ferner B's Gemeindepredigt über Ps 127,1 (s. S. 510) und Kg über den Dekalog (s. S. 491 ff).

und Kirche sind für Jesus und Paulus ganz unvermischt reine heilige pneumatische Größen. So war mit dem Zurücktreten des Reich Gottes-Begriffes bei Paulus und dem stärkeren Hervortreten des Reiches Christi, d. h. der Kirche, kein innerer wesentlicher Unterschied von Jesu Gedanken vorhanden. Aber wir sehen schon innerhalb des NT eine Umbiegung des Gedankens, der gefährlich werden mußte[37], wenn Joh. 3 Jesus spricht: ἀμὴν ἀμὴν λέγω σοι, ἐὰν μή τις γεννηθῇ ἐξ ὕδατος καὶ πνεύματος, οὐ δύναται εἰσελθεῖν εἰς τὴν βασιλείαν τῶν οὐρανῶν[38], so ist damit der Eintritt in das Reich Gottes mit dem in die empirische Kirche durch die Taufe identifiziert, d. h. dem späteren katholischen Gedanken vorgearbeitet.[39] Ein zweiter diesem entgegenkommender Gedanke ist in Mt. 13 ausgesprochen. Das Reich Gottes ist hier in der Welt in einen Mischzustand geraten, in dem wie Weizen und Unkraut auf einem Acker, gute und faule Fische in einem Netze, so Erwählte und Unerwählte zusammen sind.[40] Hier in dieser Welt darf man nicht trennen aus Gefahr, mit dem Unkraut den Weizen auszuraufen. Das bleibt dem jüngsten Tag vorbehalten. Trotz dieses Mischzustandes wird aber das Ganze Reich Gottes genannt (Eine sonst ungebräuchliche Art der Verwendung des Begriffes).[2)] Wir haben schon bemerkt, daß wir hier bei der katholischen Identifizierung von Reich Gottes und empirischer Kirche stehen.[42] Meint man aber, so das Reich Gottes in der empirischen Kirche leibhaftig[43] zu haben, so sind in diesem Augenblick alle[44] äußeren Formen sanktioniert und stabilisiert,

[2)] Daß Jesus auf die Gesamtbezeichnung als Reich Gottes kein Gewicht gelegt [hat], darf man nach allem andren annehmen. Ihm lag nur an der Darstellung des Mischzustandes und das andre setzt schon die Gemeindeerfahrung der empirischen Kirche voraus.[41]

37 Vom Korr. mit Fragezeichen versehen. □ **38** Dt.: „Wahrlich, wahrlich, ich sage dir: Wenn jemand nicht durch Wasser und Geist geboren wird, kann er nicht in das Himmelreich kommen." (Joh 3,5; B zitiert nach einer im Novum Testamentum Graece, ed. E. Nestle, angegebenen Variante). □ **39** Korr.: „Aber ἐκ πνεύματος [„aus dem Geist"] findet die Geburt statt". □ **40** Mt 13, 24–30 u. 47–50. Vgl. R. Seeberg, Dogmatik II, 345. □ **41** Anm. 2) von B hsl. hinzugefügt. □ **42** Vom Korr. mit Fragezeichen versehen. □ **43** Vom Korr. unterstrichen, dazu am Rand: „Wo steht das?" □ **44** Vom Korr. unterstrichen, dazu am Rand: „welche".

und an sich selbst heilig. Nur wer durch diese geschichtlichen Formen in die geschichtliche Kirche eingeht, kann Mitglied des Reiches Gottes sein oder werden.[45] Das ist der erste große geschichtliche Lösungsversuch[46] des Problems Reich Gottes und Kirche, der sich in kaum merklichen allmählichen Abweichungen vom frühesten Urchristentum an entwickelte. Die Kirche begnügte sich nicht, Tor und Wegweiser zu sein, sie baute sich einen Palast, wo freier Raum bleiben sollte.[47] Wie die Frage der Prädestination, die den ganzen Bau auseinanderzusprengen drohte[48], eingefügt wurde, können wir hier beiseitelassen. Das Reich Gottes auf Erden in der organisierten Kirche verwirklicht, als regnum externum[49] in Ewigkeit vollendet, hier streitend, dort triumphierend, das ist alte und neue katholische Lehre von der Kirche.[50]

Angriffe von der verschiedensten Seite sind auf die katholische Identifizierung von Reich Gottes und Kirche gemacht worden. Das Grundübel erblickte die Sekte darin, daß auch offensichtlich Unwürdige zur heiligen Kirche gerechnet werden, und versucht darum, durch Dringen auf absolute Heiligkeit im Lebenswandel eine Gemeinschaft der Auserwählten der Welt sichtbar vor Augen zu stellen.[51] Sie tritt so mit dem göttlichen Gebot, in dieser Welt nicht zu scheiden zwischen Unkraut und Weizen, in Widerspruch und kann somit als ungehorsame nicht heilige Kirche sein. Die Anschauungen Luthers von dieser Sache sind im wesentlichen die oben dargestellten und brauchen daher nicht wiederholt zu werden.[52] Im Pietismus versuchte man das Grundverhältnis zwischen Reich Gottes und Kirche wieder lutherisch zu verstehen, betonte aber

---

45 „kann“ vom Korr. unterstrichen, dazu am Rand: „Stehen ihm außer der geschichtlichen andere Formen zu Gebote? Katholisch wurde es erst durch das Gesetztum.“ □ **46** Vom Korr. unterstrichen und am Rand mit Fragezeichen versehen. □ **47** „freier Raum“ vom Korr. unterstrichen, dazu am Rand: „Was heißt das?“ □ **48** Vgl. E. Troeltsch, Soziallehren², 62. □ **49** Dt.: „äußeres Reich“. □ **50** Korr.: „Gesetz! gratia infusa [„eingegossene Gnade“]!“ – Mit ‚eingegossener Gnade‘ ist die dem Menschen durch Gottes Liebe verliehene Gnade gemeint, mit deren Hilfe er von sich aus gute Werke tun kann, – eine von Luther verworfene Auffassung. □ **51** B orientiert sich an E. Troeltsch, Soziallehren², 370 ff □ **52** Der Satz ist von B hsl. nachgetragen.

die Kirche so kräftig als Werkzeug und Erbauerin des Reiches Gottes, daß man sektiererische Konsequenzen nicht aufhalten konnte.

Der Weg der Saekularisierung der Reich Gottes-Idee führt von Rousseau über St. Simon, Marx, Tolstoj bis zu unseren heutigen Religiös-Sozialen und zu großen Teilen unserer Jugendbewegung.[53] Alles Grundlegende ist von St. Simon gesagt. Die Seite des vollendeten Gottesreiches in der evangelischen Predigt wurde gestrichen, ebenso der Kirchen-Begriff, es blieb übrig das Reich Gottes, das zur Abhilfe gegen die sozialen Mißstände auf Grund der christlichen Bruderliebe hier errichtet werden soll. In einer gewaltigen Organisation soll die ganze Menschheit umfaßt werden, geleitet von ihren geistigen Führern, in ihrem Zentrum Rom[54]. Dieser phantastische Gedanke der Organisation wurde von Marx[55] und Comte aufgenommen, fiel dann bei Tolstoj und unseren Religiös-Sozialen fort. Diese beschränkten sich darauf, im Gedanken der Bruderliebe das Reich Gottes verwirklicht zu sehen und hoffen so auf sein Kommen. Alles Kirchliche fällt hier weg.[56]

Die Kritik dieses Gedankenganges liegt in oben Gesagtem offen: Das Reich Gottes ist eben hier auf Erden nie in dem Sinne gegenständlich, daß man sagen kann: hier oder da ist es, es kann zu Zeiten höchster sozialer Not mächtiger sein als in solchen der sozialen Zufriedenheit.

An einer ganz anderen Stelle der Geistesgeschichte kommt der Gedanke des Reiches Gottes zu eigenartiger Ausbildung, und zwar in der Philosophie des deutschen Idealismus von

---

53 B stützt sich im folgenden auf E. Hirsch, Die Reich-Gottes-Begriffe, 12 ff; zu dem Philosophen der Aufklärung Jean-Jacques Rousseau (1712–1778) vgl. 12–16, zu Claude Henry de Rouvroy, Graf von Saint-Simon (1760–1825), einem Vertreter des utopischen Sozialismus vgl. 16–18, zu Karl Marx (1813–1883) vgl. 18 f, zu dem russischen Dichter Graf Leo Nikolajewitsch Tolstoj (1828–1910) vgl. 19, zu den ‚Religiös-Sozialen', einer von den Theologen H. Kutter und L. Ragaz ausgehenden, überwiegend auf die Schweiz beschränkten Bewegung vgl. 19 f, zu Auguste Comte (1798–1857), Schüler von Saint-Simon, Begründer des Positivismus und der modernen Soziologie vgl. 19. □ **54** „Rom" vom Korr. unterstrichen. – Vgl. E. Hirsch, Die Reich-Gottes-Begriffe, 18. □ **55** Vom Korr. unterstrichen und am Rand mit Ausrufezeichen versehen. □ **56** Korr.: „Vgl. aber die Kritik des Verfassers auf S. 344 f."

Leibniz bis Kant.[57] Er erhält hier wieder wie bei Luther eine rein geistige Ausprägung, indem er als die Gemeinschaft der geistig-sittlich freien Persönlichkeiten gefaßt wird. Aber alles, was bei Luther der Berührung mit Gott entsprang, entstand für den Idealismus aus der geistigen Anlage des Menschen. Begriffe wie Sünde und Erwählung gab es nicht, was hatte da eine Größe wie die Kirche zu bedeuten? Also auch hier Säkularisierung des Reich Gottes-Begriffs, wenn auch auf einer geistigeren Stufe. Daß der Idealismus den Begriff der Kirche so wenig verstand, liegt aber auch daran, daß zwar der Begriff der geistigen Persönlichkeit deutlich gefaßt war, darüber aber der der Gemeinschaft völlig unbeachtet blieb und erst von der Romantik, in der Theologie von Schleiermacher[58], wiedergebracht werden mußte. Fehlte aber so der Erwählungs- und der Gemeinschaftsbegriff, so waren die Herzstücke des Kirchen-Begriffs, aber auch des christlichen Reich Gottes-Begriffs verlorengegangen über den allgemeinen Begriff des vernünftigen Geistes. So erweisen sich alle diese Versuche als unzulänglich, das Problem im christlichen Sinne zu lösen. Durch Mißachtung des Kirchenbegriffs wird man gegen göttlichen Willen ungehorsam, durch willkürliche Sichtbarmachung des Reiches Gottes auf Erden verwechselt man dieses mit menschlichen Leistungen; Gottes Wille und Wirken läßt sich nicht einfach verdinglichen in einer kirchlichen oder sozialen[59] Organisation oder einem Verein von Moralisten.

Wir müssen noch einen Blick auf die so bedeutungsvolle idealistische Geschichtsphilosophie werfen und haben im Anschluß daran Gelegenheit, die christliche Vorstellung von Gottesreich und Kirche im Gesamtverlauf der Geschichte bis zu ihrem ‚Ende' darzustellen.

Seit Leibniz ist die Geschichte als eine stetige Entwicklung in menschlicher Erkenntnis und Sittlichkeit gefaßt, die ihr Ziel im Reich Gottes auf Erden erreicht. In allmählichem Fortschritt wird das Böse auf Erden aufgesogen und die ganze Menschheit

---

57 Vgl. zu Gottfried Wilhelm Leibniz (1646–1716) und zu Immanuel Kant (1724–1804): E. Hirsch, Die Reich-Gottes-Begriffe, 20 ff. □ **58** „in der Theologie von Schleiermacher" vom Korr. eingeklammert, dazu am Rand: „fraglich". □ **59** Korr.: „oder staatlichen".

wird sich im Reich Gottes einig finden. Weltgeschichte ist gleich Reich Gottes-Geschichte. Die Kirche wird in der Welt der Sittlichkeit aufgehen. Dem steht gegenüber die evangelische Auffassung vom Verlauf der Geschichte und dem Schicksal des Gottesreiches in dieser. Sie sieht in der idealistischen Konstruktion eine böse religiöse Gleichgültigkeit. Mt. 13 in seinem Gleichnis von Unkraut und Weizen ist der Ausdruck für den Gedanken, daß der Geschichtsverlauf nicht einlinig, sondern zweilinig ist, und diese beiden Linien laufen nicht einfach parallel, sondern in dauernder Reibung, Spannung und im Kampfe in jedem Augenblick. Nun endet dieser Kampf nicht mit einer allmählichen Bekehrung aller zum Guten, sondern die Sünde wächst genauso wie das Gute immer gewaltiger an, intensiv wie extensiv, bis das letzte Gericht beides scheiden wird in Gericht und Gnade. Für den christlichen Glauben scheitert die idealistische Konstruktion zunächst an dem Gedanken, daß Gott Mensch wurde, d. h. die Sündennot eine unendliche nicht mit der Zeit verschwindende Größe sein muß, sonst wäre ja der Kreuzestod umsonst gewesen; dann aber einfach an den historischen Tatsachen der Zerstörung und Gewalttat, des vollständigen moralischen Verfalls hochstehender Kulturen, der Macht des Egoismus, des unglücklichen Verlaufs ungezählter grandioser Unternehmungen, über die der fortschrittliche Optimismus ohne Worte hinwegkommt. Hier sieht der christliche Glaube das Unkraut auf dem Felde. Gewiß, Fortschritt ist nicht zu leugnen, wenn man die technischen und wissenschaftlichen Errungenschaften als solche bezeichnen will, doch in der entscheidenden Frage ist der eine Augenblick dem nächsten gleich. Es gibt auch wirklich Zeiten einer präziseren Sittlichkeit und Selbstbesinnung, eines Zusichkommens des Geistes, wie Hegel es wollte, aber: je mehr Erkenntnis, desto mehr Sünde. Weizen und Unkraut bleiben auf dem Felde und wer darf hier scheiden zwischen gut und böse. Wir haben kein Kriterium an der Hand, das ‚krinein' (richten und scheiden) bleibt Gott. Es bleibt ein Unternehmen von größter Gefährlichkeit, den uns zur Verfügung stehenden gewaltigen Maßstab des Reiches Gottes anzuwenden und doch muß es jede echte Kirchengeschichtsschreibung damit versuchen. Jeden Augenblick vollzieht sich in der Geschichte das Gericht durch das

Wort Gottes. „Jede Epoche ist unmittelbar zu Gott"[60], und das heißt doch auch: jeder Augenblick. Jeder Augenblick ist Ende der Geschichte und doch nicht Ende, denn Ende wird erst sein, wenn der „Tod verschlungen ist in dem Sieg"[61]. Christliche Mythologie hat ihre Gedanken in die Vorstellung von einem zeitlichen Ende nach einem vorherigen Endkampf gegen den Antichristen gefaßt. Wir können hier eben nicht anders reden als in Mythologumena. Ergebnis: Christliche Geschichtsauffassung ist dualistisch. Gottes Reich wächst für unser Auge nicht organisch, sondern immer von neuem bäumt sich der böse Wille mächtig auf, in Brüchen, wie im Leben des einzelnen, geht die Entwicklung.[3)]

In dieser Welt ist nun die Kirche nicht aufgegangen in Kultur- und Staatsgedanken, sondern gerade sie ist der eigentliche Ort, wo gekämpft wird, wo die Kraft auf alle übrigen Lebensverhältnisse ausgestrahlt wird. Mitten in dieser Welt ist diese empirische Kirche der einsame Wegweiser über die Welt hinaus auf das Reich Gottes.[63] Sie geht ihrem Auftrag nach und kämpft mit Wort und Sakrament und durch sie hindurch wirkt sich Gott sein Reich.

Eine doppelte Stellung wird nun die Kirche dem Getriebe der Welt gegenüber einnehmen. Ihre Mitglieder werden einerseits veranlaßt sein, den Sauerteig im Ganzen zu bilden, mit jedem Menschen als unter der Möglichkeit der göttlichen Gnade stehend zu reden, nicht minder aber im Dienste Gottes Gericht zu verkünden und wachsam zu bleiben. Sie wird sich nicht abschließen gegenüber Staat und Kultur, wird aber erst recht nicht in diesem aufgehen können (das gegen Rothe)[64]. Sie

---

[3)] Gegenbeispiele wie ‚die selbstwachsende Saat' oder ‚der viererlei Acker' sprechen den organischen Wachstumsprozeß von Gott aus gesehen aus.[62]

60 B zitiert ein gegen Hegel gerichtetes Wort Rankes, das vollständig lautet: „Ich aber behaupte, jede Epoche ist unmittelbar zu Gott, und ihr Wert beruht nicht in dem, was aus ihr hervorgeht, sondern in ihrer Existenz selbst, in ihrem unmittelbaren Selbst." (L. v. Ranke, Über die Epochen der neueren Geschichte, 7). Das Zitat findet sich bei K. Barth, Der Römerbrief[3], 70. □ **61** I Kor 15,55. □ **62** Anm. 3) ist von B hsl. nachgetragen. Vgl. Mk 4,1 ff u. 26 ff. □ **63** Korr.: „Werkzeug wäre besser". □ **64** Richard Rothe (1799–1867), Prof. für Systematische Theologie in Heidelberg u. Bonn, betrachtete die Kirche als Übergangs-

wird in der Staatsidee, freilich nie in der positiven Staatsform vollkommen ausgebildet, eine von Gott gewollte und geschaffene Stütze der Schwachen, „das Reich Gottes zur linken Hand“[65], erblicken und so werden sich ihre Mitglieder auch dem Dienst der positiven Staatsform nicht entziehen. Das Wort der Apokalypse über das großartigste aller Staatswesen als satanisches Weltreich bezeichnet nur die eine Seite der Sache. Die Welt ist ja um der unsichtbaren Kirche willen da, nicht umgekehrt. Sic mundus nescit se stare in viribus alienis, id est ecclesiae, et putat ecclesiam stare viribus suis, id est mundi.[66] Die Kirche wird nie den verhängnisvollen Schritt zu dem Satze tun, daß „alles Bestehende Sünde“ sei[67], sondern sie wird Schöpfung und menschliche Entstellung wohl zu trennen wissen und ihr Auge schärfen; d. h. sie wird positiv und negativ bestimmt bleiben, binden und lösen, Glaube und Verstockung wirken und das eine nicht können ohne das andere. Alle Einzelheiten müssen hier wegbleiben. Daß und warum die Geschichte der empirischen Kirche nicht identisch ist mit der des Reiches Gottes[68], braucht nach allem nicht ausgeführt zu werden.

Was wir über den Vollendungszustand von Reich Gottes und Kirche zu sagen haben, bietet uns inhaltlich nicht viel Neues[69]. Wir sahen schon, daß die endgeschichtliche Vorstellung der Vollendung nur eine Einkleidung des für uns unvollziehbaren Gedankens ist, daß Vollendung ein überzeitlicher Begriff ist und so jeden zeitlichen Augenblick, in dem Gottes Wort wirksam ist, Ewigkeit durchleuchtet, daß Vollendung immer da ist, wo Gott ist, daß in der streitenden auch die triumphierende Kirche erblickt wird. Facta dicit, quae tamen fienda patit, quia semper ecclesia est militans *et triumphans* in

---

stadium in der Entwicklung des Reiches Gottes, das einmal durch eine vollkommene religiöse und sittliche Gemeinschaft der Menschen abgelöst werden müsse (vgl. R. Rothe, Theologische Ethik, Bd. I–V, 1869–71). □ **65** Vgl. K. Holl, Luther³, 255. □ **66** Dt.: „So weiß die Welt nicht, daß sie durch fremde Kräfte, d. h. die der Kirche, Bestand hat, und sie meint, daß die Kirche durch ihre Kräfte, d. h. die der Welt, Bestand hat.“ (WA.B 10,5,31 f) □ **67** Vgl. K. Barth, Der Römerbrief³, 462. □ **68** „identisch“ vom Korr. unterstrichen, dazu am Rand: „Aber doch im Zusammenhang!“ □ **69** „bietet ... Neues“ hsl. von B nachgetragen. In Ms. 2 statt dessen: „ist seinem Inhalt nach nicht neu“.

hac vita. WA III, 85.[70] So können wir zwar von der Vollendung nur als einer Zukunftsgröße im Futurum sprechen, müssen uns aber dabei über die Bedeutung dieses Futurums klar bleiben. Es ist aber auch klar, daß wir das meiste Inhaltliche schon unten[71] gehört haben und hier nur noch systematisch ordnen. – Wir sahen oben, daß das ‚Ende der Geschichte' ein gewaltiger Dualismus, ein unversöhnbarer Riß zwischen Gottes- und Satansreich sein muß; wenn der Antichrist da ist, dann ist aber auch das Jüngste Gericht nicht mehr fern. Es wird das, was durch das Wort Gottes in der Predigt der Kirche unseren Augen unsichtbar gerichtet und begnadigt wurde, enthüllen und vollenden, es wird ein deutliches ‚Zur Rechten' und ‚Gehe ein zu deines Herrn Freude' und ein ebenso deutliches ‚Zur Linken' sprechen.[72] So ist die Macht des Bösen endgültig unterworfen und der Tod verschlungen in den Sieg.[73] Dies ist notwendige Konsequenz aus dem Begriff der Kirche; denn indem sie das Wort verkündet, spricht sie Gericht und Gnade aus und beharrt bei einem Dualismus, denn durch ihr Wort spricht Gottes ewiger Ratschluß.[74]

Daß freilich andre christliche Erwägungen zu der entgegengesetzten oder besser übergeordneten Anschauung von einer ἀποκατάστασις πάντων[75] führen, vom NT an, ist nicht zu bestreiten. Daß auch diese Anschauung letztlich dem christlichen Gottesbegriff nicht widersprechen muß, ist ebenfalls zugegeben worden, indem alle geschaffenen Geister zu ihrem

---

70 Lies: „Facta dicit, que tamen fienda petit ..." Dt.: „Er bezeichnet etwas als bereits geschehen, was offenbar gleichwohl noch geschehen muß, weil die Kirche in diesem Leben immer eine kämpfende *und eine triumphierende* zugleich ist." (M. Luther, WA 3,85,26: Dictata super Psalterium. 1513–1516) – B zitiert nach K. Holl, Luther³, 297 Anm. 7, wo auch die Hervorhebung zu finden ist. – Der im Anschluß an das Luther-Zitat wiedergegebene Text ist (bis: „... zu Angesicht." S. 352) ein von B auf einem eigenen Blatt notierter Einschub. Im Ms. 1 findet sich am Rand der hsl. Satz: „Siehe das eingelegte Blatt". Die ersten beiden Sätze des Zusatzes stehen in B's Durchschlag hsl. am Rand, der Rest fehlt dort. ☐ **71** Korr.: „oben?" ☐ **72** Vgl. Mt 25,21.23.33. ☐ **73** Vgl. I Kor 15,55. ☐ **74** Korr.: „nämlich für diese zeitliche Entwicklung". ☐ **75** Dt.: „Wiederbringung aller", eine von der Kirche verworfene Lehre, wonach am Ende des Jüngsten Gerichts niemand endgültig verdammt sein wird, sondern alle Menschen zu Gott zurückkehren. Vgl. dazu die Arbeit über altlutherische Eschatologie (S. 430ff, bes. 438f).

Schöpfergeist zurückkehren müssen[76], und doch können wir als in der Kirche stehend uns ihr nicht anschließen; die Gefahr mit dem Gerichtsernst auch den Gnadenernst zu vergessen, ist zu nahe und groß.[77] Freilich muß die Kirche, will sie mit der Prädestination Ernst machen, auch eine Erwählung außerhalb ihres Wortes anerkennen[78], wie wir es oben bei den alttestamentlichen Frommen erkannten, woraus dann folgt, daß, wie auch schon bemerkt, das Gottesreich über die Kirche hinausragt. Hieraus aber den Mut zu dem weiteren Schritt der ἀποκατάστασις zu nehmen, vermag die Kirche wesensgemäß nicht. Sie drohte damit sich selbst aufzuheben.[79] Im letzten Gericht wird dann die unsichtbare aus der sichtbaren Kirche genommen und aus dem status gratiae in den status perfectionis versetzt. Ob dieser Prozeß ein plötzlicher oder allmählicher ist, ist nicht zu entscheiden. Das NT neigt zu der ersten Ansicht. Auch die Schwierigkeiten, ob die verstorbenen Glieder der unsichtbaren Kirche solche bleiben oder sofort in den Stand der Vollendung treten, ist wegen unsres zeitbegrenzten Vorstellungsvermögen[s] nicht zu beheben. „Wir sehen jetzt durch einen Spiegel in einem dunklen Wort, dann aber von Angesicht zu Angesicht."[80] Die unsichtbare Kirche wird aus dem status gratiae in den status perfectionis, d. h. in Sündlosigkeit und Seligkeit versetzt, sie wird aus der Welt der Unreinheit und des Kampfes nach Überwindung des letzten Feindes, des Todes, durch Auferstehung befreit, aus der Hoffnung wird Erfüllung, aus dem harrenden Glauben wird Schauen, alles Anfängliche und Vordeutende wird vollendet; das alles faßt Paulus in dem Gedanken zusammen: Am Ende wird auch Christus sein Reich, d. h. also die heilige Kirche seinem Vater unterwerfen, auf daß Gott sei alles in allem. I. Kor. 15,28.[81]

Die empirische Kirche muß hinfallen. Im neuen Jerusalem wird keine Kirche sein (Apok. 21,22), sichtbare Kirche und

---

76 Im Original steht „zuzugeben"; „worden, indem ... müssen" ist ein späterer hsl. Zusatz B's. □ 77 „Gefahr" vom Korr. unterstrichen, dazu am Rand: „Ja, aber der kann doch entgegengewirkt werden!" □ 78 Korr.: „also!" □ 79 Vom Korr. mit Fragezeichen versehen. □ 80 I Kor 13,12. – Ende des Zusatzes (s. Anm. 70). □ 81 Gestr.: „Ob man an eine letzte Unterwerfung aller Geister unter Gott zu denken habe, ist hier nicht zu behandeln."

Welt werden in höherer Synthese vereinigt sein: καὶ ναὸν οὐκ εἶδον ἐν αὐτῇ· ὁ γὰρ κύριος ὁ θεὸς ὁ παντοκράτωρ ναὸς αὐτῆς ἐστιν, καὶ τὸ ἀρνίον.[82]

Ergebnis: Das Reich Gottes ist das nach der einen Seite vollendete, nach der andern Seite auf Erden befindliche wachsende mit Sünde behaftete Reich.[83] Der Begriff Reich Gottes ist inhaltlich identisch mit dem Begriff der Kirche[84], indem konstituierende Kräfte und Ziel dieselben sind; während die Kirche innergeschichtlich ist, ist das Reich Gottes, als Ganzes die Kirche in sich fassend, übergeschichtlich; während die Kirche als Erwählten-, d. h. aber auch Sünderkirche auch unechte Mitglieder in sich faßt, ist das Reich Gottes rein von solchen[85]; die empirische Kirche ist wesensnotwendige Darstellung der wesentlichen; sie ist nie Selbstzweck, stets nur Tor und Wegweiser[86], sie kämpft, sammelt, verkündet Gnade und Gericht durch die Kraft des Wortes Gottes. Durch den Reich Gottes-Begriff erhalten wir eine christliche Deutung der Geschichte, die im Gegensatz zur philosophisch-idealistischen steht. Reich Gottes als von Gott erwählte Personengemeinschaft wird nie identisch mit Kulturgütern oder mit dem Staat, die Kirche kann also nie in diesen aufgehen. Eine verkehrte Überspannung des Reich Gottes-Glaubens hat Unkirchlichkeit zur Folge. Da auch empirische Kirche als von Gott und Christus gestiftet und gewollt erkannt ist, bedeutet sie zu verwerfen Ungehorsam und Hochmut.[87] Vollendung ist kein zeitlicher, sondern ein übergeschichtlicher Begriff. In der Vollendung wird durch Scheidung zwischen Unkraut und Weizen die Kirche frei von ihren unechten Bestandteilen, sie rückt dann aus dem status gratiae in den status perfectionis und geht auf im vollendeten Reich Gottes.[88]

82 Dt.: „Und ich sah keinen Tempel in der Stadt; denn der Herr, der allmächtige Gott, ist ihr Tempel, er und das Lamm." (Apk 21,22). In B's Durchschlag (Ms. 2) fehlt das griechische Zitat; statt dessen dort der Satz: „Welcher Art diese sein wird, wer will das sagen?" □ **83** Korr.: „Nicht glücklich ausgedrückt! Vgl. S. 348 Z. 7!" □ **84** Korr.: „Aber S. 343 f" □ **85** „Sünderkirche" und „rein" vom Korr. unterstrichen, dazu am Rand: „Deshalb sind die Sünder doch noch nicht ‚unecht'!" □ **86** Korr.: „Aber Tor und Wegweiser sind doch klarer als ‚Darstellung' zu fassen". □ **87** Korr.: „Eschatologie fehlt!" □ **88** Gesamturteil des Korr.: „Gut, Seeberg 22. 1. 26."

Inhaltsübersicht[89]

Eschatologie bei den Reformatoren. Einiges zum Begriff der Eschatologie. – Das Reich Gottes als eschatologischer Zentralbegriff. Im NT. Inhaltliche Definition: Erwählung, Erlösung, heilige Gemeinschaft. Reich Gottes und die Zeit: das gegenwärtige, wachsende und vollendete Reich. Zum Begriff der Eschatologie im Verhältnis zum Zeitbegriff. Reich Gottes als Gabe und als Aufgabe zugleich: Besitz und Hoffnung. – Die empirische Gestalt des Reiches Gottes und die wesentliche Kirche. Identität von Zweck und Wesen zwischen Reich Gottes und[90] Kirche. Innergeschichtliche Unterschiedenheiten. – Die empirische Kirche – Einheitlichkeit zwischen empirischer und unsichtbarer Kirche. Verhältnis zwischen empirischer Kirche zum Reich Gottes als der unsichtbaren Kirche. – Über die Möglichkeit des Bauens des Reiches durch die Kirche. – Historisch und systematisch bedeutsame Lösungsversuche des Problems Reich Gottes und Kirche: Katholizismus, Sekte, Sozialismus, Idealismus. – Geschichtsverlauf, Reich Gottes, Kirche, christliche Auffassung dargestellt an einer Kritik der idealistischen Geschichtsphilosophie. – Welt, Reich Gottes und Kirche. – Vollendung; über den Begriff der Vollendung und der Endgeschichte. – Dualismus, Antichrist, Gericht. – Begriff der Kirche und Gerichtsgedanke. – Kirche und ἀποκατάστασις – Kirche im status perfectionis – Kirche im Ganzen des vollendeten Gottesreiches 1. Kor. 15,28 – Das ‚neue Jerusalem', die große Synthese. – Ergebnisse.[91]

---

89 Die Inhaltsübersicht steht hsl. auf zwei kleineren Blättern. □ **90** Gestr.: „wesentlicher". □ **91** In Ms. 2 findet sich (gekennzeichnet mit „L." [= Luther]) auf einem zusätzlichen Blatt der folgende hsl. Satz B's: „Doch bitten wir gleichwohl, daß es zu uns komme, das ist, unter uns und bei uns gehe, also daß auch wir ein Stück seien, darunter sein Name geheiligt werde und sein Reich im Schwange gehe." (Es handelt sich dabei um ein Zitat aus Martin Luthers Vaterunserauslegung im Großen Katechismus: BSLK 637). – Möglicherweise sollte das Zitat S. 339 nach „... zu versöhnen!" stehen (dort findet sich im Durchschlag ein Einfügungszeichen) oder S. 338 nach: „... hinreichend ausdrücken" (wo sich – ebenfalls nur im Durchschlag – das Kürzel „L." findet).

10. SEMINARARBEIT ÜBER DEN HEILIGEN GEIST BEI LUTHER[1]

Luthers Anschauungen vom Heiligen Geist nach den Disputationen von 1535–1545 herausgegeben von Drews

Luther hat in den Disputationen mit Vorliebe über aktuelle Fragen gesprochen, die ihm von dogmatischem Belang zu sein schienen. Bedenken wir, daß der wesentliche Zweck der Disputationen das wissenschaftliche Exerzieren für die junge Generation sein sollte und daß es galt, dieser in den Grundfragen des

---

1 NL A 11,5; hsl.; Abdruck: IBF 6, 188–232. Das Titelblatt enthält außer der oben angegebenen Überschrift den Zusatz: „den 22. 2. 1926 – Dietrich Bonhoeffer". Im Nachlaß ist hierzu eine fast ausschließlich lat. Zitate umfassende Materialsammlung von 32 Seiten erhalten (NL A 11,5). Das Referat ist für das von Holl (= Korr.) im WS 25/26 gehaltene Seminar über ‚Luther und der Heilige Geist' (vgl. IBF 6, 188 u. S. 641) verfaßt worden. – Bearbeiter: C. J. Green, J. v. Soosten. – Holl ließ seine Studenten für einen von ihm geplanten, aber nicht mehr gehaltenen Vortrag über dieses Thema bei der Tagung der Luthergesellschaft im Sept. 26 Recherchen in verschiedenen Schriften Luthers anstellen (vgl. E. Hirsch in: W. Bodenstein, Die Theologie Karl Holls, 1968, Beilage I, 322. In dieser Beilage sind von Hirsch aufgefundene Notizen Holls veröffentlicht, die teilweise auf diesen Studentenarbeiten beruhen; mit einiger Sicherheit gehen die Notizen, die dort unter der Überschrift „7. Disputationen" abgedruckt sind (343 f), auf B's Arbeit zurück; vgl. u. Anm. 22, 55, 101, 167, 181, 207). B selbst hat das Material dann wieder für seine Dissertation verwendet (vgl. DBW 1 (SC), 113 Anm. 35), 159 Anm. 101), 161 Anm. 105) u. 198 Anm. 148)). B bearbeitet in dem Referat: Disputationen Dr. Martin Luthers in den Jahren 1535–1545 an der Universität Wittenberg gehalten (hg. v. P. Drews), 1895 (im folgenden zit.: Drews). An Sekundärliteratur benutzte B zwei Aufsätze Holls: Was verstand Luther unter Religion, und: Der Neubau der Sittlichkeit (beide in: Ders., Luther, 1 ff bzw. 155 ff). – Alle Zitate sind hier in B's Fassung wiedergegeben. Abweichungen vom Original werden im Apparat des Herausgebers vermerkt, sofern sie nicht bloß die Groß- und Kleinschreibung – so schreibt B abweichend von Drews ‚Spiritus Sanctus' in der Regel groß – betreffen. Bei B fehlende Belege sind im Herausgeberapparat (meist in Verbindung mit der Übersetzung) nachgewiesen, irrtümliche Angaben am selben Ort richtiggestellt. Nichtausgewiesene Auslassungen B's werden durch [...] gekennzeichnet und – soweit sie für das Verständnis notwendig sind – in den Anmerkungen der Bearbeiter verzeichnet bzw. bei der Übersetzung in eckige Klammern gesetzt. Die Übersetzung der lat. Luther-Zitate stammt von St. Rhein.

lutherischen Verständnisses des Evangeliums vollständige Klarheit und Sicherheit zu schaffen, bedenkt man weiter die Angriffe, die die Antinomer in den Jahren unserer Disputationen gegen Luthers Verständnis von Gesetz und Evangelium führten, und schließlich des alternden Luthers eigenstes innerstes Interesse an dem Gegenstand, der den Anfang seines Werkes bedeutete – so nimmt es nicht Wunder, den überwiegenden Teil der Disputationen von den Problemen der Rechtfertigung, Gesetz und Evangelium, Glaube und Liebe handeln zu sehen. Freilich auch von Schrift, Kirche, Trinität, Christologie etc. wird gesprochen, aber Luther scheint sich für diese Fragen nicht in so hohem Maße interessiert zu haben, obwohl auch hier gerade im Anschluß an die Konzilsfrage und die damit zusammenhängende Frage nach der Bedeutung des Wortes, manche Ecke des lutherischen Systems deutlicher hervortritt als früher. Aber auch in der Debatte ergreift Luther weitaus am häufigsten das Wort bei erstgenannten Problemen. Da aber diese Problemgruppen von Luther schon längst bis in ihre letzten Konsequenzen und tiefsten Gründe durchdacht sind vor Beginn unserer Disputationen, so ist die inhaltliche Weiterbildung innerhalb dieser unerheblich und unwichtig.

Die Disputationen sind großenteils in zwei oder mehr Relationen vorhanden; das sichert uns die Überlieferung derselben so gut, daß wir sie wirklich als Quelle für Luthers Anschauungen betrachten können. Vieles wird nicht wörtlich Luthers vorgetragene Ansicht wiedergeben; anderes hingegen ist deutlich lutherische Diktion, wie wir sie aus Briefen und Schriften der Zeit kennen. Responsiones[2], die nicht eindeutig von Luther gesprochen sind, werden wir an ausschlaggebenden Punkten unserer Darstellung möglichst nicht heranziehen. Es wird unsere Absicht sein, ohne Eintragung den Tatbestand wiederzugeben, den die Disputationen über Luthers Anschauungen vom heiligen Geist aufweisen.

Der Ursprungsort des Geistproblems und daher auch der Ort, an dem die entscheidenden Fragen nach seinem Sinn und

2 Dt.: „Antworten", d. h. die Argumente und Schlußfolgerungen, mit denen die Einwände eines Opponenten gegen die der Disputation zugrundeliegenden Thesen zurückgewiesen wurden.

seiner Gewißheit gestellt werden mußten, lag bei Luther an ganz anderer Stelle als in der katholischen Scholastik. Für diese lag der eigentliche Kernpunkt des Geistproblems in der metaphysisch gestellten Frage nach der Trinität. Hier hatte also eine katholische Lehre vom heiligen Geist einzusetzen; von hier aus leitet man das Verhältnis vom Geist als trinitarischer Person zu dem auf Erden wirksamen Geist – man möchte fast sagen: deduktiv ab, und in ganz verdünnter und verflüchtigter inhaltsloser Form hat man dann den Geist endlich bis zum Menschen hinuntergeführt. Das Interesse dabei ist rein dogmatisch-systematisch; individuell-religiöses Interesse dabei ist nicht vorhanden. Luther greift über die gesamte mittelalterliche Dogmenentwicklung hinweg aufs Urchristentum und die paulinische Geistanschauung zurück und erreicht damit einen ganz andersartigen Einsatzpunkt für sein Problem. Gewissenserfahrung und Glaube werden von ihm als wesentlich zusammengehörig erfaßt und damit einem rein metaphysisch dogmatischen Gedankengang die Berechtigung bestritten. Die Wahrheitsfrage wird nicht mehr intellektualistisch, sondern aus der ‚Erfahrung' des Menschen heraus gelöst (freilich einer ganz anderen Erfahrung als der des 19. Jahrhunderts!). So läuft die Gedankenführung Luthers genau umgekehrt wie die der Scholastik: von dem Problem Geist und Mensch, Gnadenmittel und so fort bis zu dem letzten der Trinität.

Der Mensch macht seine erste Erfahrung vom Geiste im Schrecken der Gerichtserfahrung bei der Erkenntnis der eigenen Sündhaftigkeit und Schuld, in gewaltiger Erschütterung des Gewissens, in vollständiger Vernichtung der vergangenen Sittlichkeit, in Verzweiflung an sich und Gott, und diese Erfahrung wird hervorgerufen durch das Gesetz.[3] Vor dem Gesetz war alles ruhig und gut, es ‚gab' keine Sünde, der Mensch lebte vollständig in Sicherheit und Deckung.[1)] Nicht, daß er das

---

[1)] 456: Et qui securus est, non habet legem. Et certe securitas est absque et ante legem, sed veniente lege cessat securitas et ducit nos in cognitionem nostri.[4]

3 Vgl. K. Holl, Luther³, 35 ff □ 4 Dt.: „(456:) Und wer in Sicherheit ist, hat kein Gesetz. Und gewiß ist Sicherheit fern vom Gesetz und vor diesem, aber, wenn das Gesetz kommt, schwindet die Sicherheit, und [das Gesetz] führt uns zur Erkenntnis unserer selbst."

Gesetz nicht gehört hätte[2)], aber es berührte ihn nicht, es war ganz außer ihm, kalt, tot. Nicht, daß er etwa ‚unsittlich' gelebt hätte, nein, er hielt sich an das, was geboten war und tat es; nur die Motive waren äußerlich; es gehörte sich eben, so zu handeln etc. ... Da regte es sich in ihm, d. h. die Worte waren dieselben geblieben, aber sie bekamen jetzt ganz andere Kraft und Nachdruck. Der sich bisher mit schweren Qualen[3)] dazu vermocht hatte, nicht ehezubrechen und nicht zu begehren (und das waren noch die, die die Sache am ernstesten nahmen), der hörte nun dasselbe Gesetz sprechen: ego spiritualis sum[7], d. h. ich suche ein reines und geistliches Herz, und man genügt mir nur mit freudigem Dienste und einem vom heiligen Geist erneuerten Geist.[4)] Da plötzlich wird ihm die Tiefe und die Größe des

---

[2)] Sine lege esse est idem dicere, quod securum esse, ut fuerunt isti aliquando securi, sed usque ad illam horam, in qua erumpit et reviviscit lex.[5] 476.

[3)] 182: Lex mandat et *extorquet* opera ...[6]

[4)] 386: ... lex seipsam damnet, est spiritualis[8] ... Et spiritualiter intellecta damnat illam carnalem et externam iustitiam legis, quam ... in hypocrisi praestitimus corde impuro et repugnante, imo aliud conante, quam quod foris praestiterat homo invitus et coactus vel poenarum timore vel amore laudum et gloriae ... Hic itaque accedit lex illa spiritualis, ut[9] Paulus ait, et iudicat illam carnalem [...][10] iustitiam vi extortam a lege.[11] ... quasi dicat lex: Ego spiritualis sum, hoc est, cor purum et spirituale requiro, non satisfit mihi nisi hilari corde et spiritu per spiritum sanctum renovato; ... lex est spiritualis[12] et vult a spiritu impleri.[13]

5 Dt.: „(476:) Ohne Gesetz zu sein: das bedeutet dasselbe wie in Sicherheit zu sein, so wie diese einst sicher waren, aber [nur] bis zu jener Stunde, in der das Gesetz hervorbricht und lebendig wird ..." – Bei Drews stehen „est" und „quod" in eckigen Klammern. ☐ **6** Dt.: „(182:) Das Gesetz befiehlt und *erzwingt* die Werke ..." – Hervorhebung von B. ☐ **7** Dt.: „Ich bin geistlich" (s. Anm. 4)). Vgl. Röm 7,14. ☐ **8** Bei Drews: „Lex seipsam damnet, est enim spiritualis ..." (dt. s. Anm. 13). ☐ **9** Ersetzt: „hoc". ☐ **10** Im Ms. ausgelassen: „seu (externam)". ☐ **11** Das Folgende findet sich bei Drews 388. ☐ **12** Bei Drews: „Lex spiritualis est ..." ☐ **13** Dt.: „(386:) ... das Gesetz verdammt sich selbst, [denn] es ist geistlich ... Und [das Gesetz,] das auf geistliche Weise erkannt ist, verdammt jene fleischliche und äußerliche Gerechtigkeit des Gesetzes, die ... wir heuchelnd mit unreinem und widerstrebendem Herzen erfüllten, ja sogar mit einem Herzen, das etwas anderes versuchte als das, was der Mensch nach außen hin erfüllt hatte, unwillig und gezwungen oder aus Furcht vor Strafe oder aus Liebe zu Lob und Ruhm ... Hier tritt deshalb jenes geistliche Gesetz hinzu, wie Paulus sagt, und verurteilt jene fleischliche [oder (äußerliche)] Gerechtigkeit, die vom Gesetz mit Gewalt vertrieben ist. (388:)

Gesetzes und sein unerbittlicher Ernst deutlich und mit der Erkenntnis sieht er zugleich die Aussichtslosigkeit seiner Gesetzeserfüllung. So kam das Gesetz, das heilige und gute; es begann sich mächtig zu regen, es redete ganz direkt zum Menschen, ganz einfach und deutlich, sein 10faches ‚du sollst' und ‚du sollst nicht'. Der Mensch will alles tun, aber er muß sehen, daß er nicht kann, ja daß er nicht einmal *wollen* kann. Gebote können nur aus dem Willen des Gebieters heraus ‚befolgt' werden, aber der Mensch hat *seinen* Willen und nicht den Gottes; und mit dieser Erkenntnis legt sich dem Menschen die ganze Last seiner Sündhaftigkeit aufs Herz und er fühlt zum erstenmal wirklich, was Gewissen ist. Die nächste Folge aber ist, daß er gegen seinen gestrengen Herren murrt, sich aufbäumt; er, der vor dem Gesetz so friedlich mit ‚seinem' Gott umzugehen verstand, wird widerspänstig. Er fühlt sein Gewissen hart angefahren und erschreckt, wie von einem Feind, er beginnt Gott zu hassen, zu lästern[5)], zu verfluchen, er verzweifelt nicht nur an sich selbst, sondern auch an Gott und sündigt so gegen das 1. Gebot[6)].

In böser Verwirrung flieht er vor Gott davon, „daß ihm die Welt zu enge wird"[7)] und bricht unter der entsetzlichen Last wie tot zusammen. Das ist der erste Teil des gewaltigen Prozesses, in dem Gott und Mensch sich berühren und der zur Gnade und Heiligung führen soll. Was hat er aber im überpsychologi-

---

[5)] 471: ... ibi necesse est, ut desperem, ut incipiam odisse et blasphemare Deum, qui ita inique videatur mecum agere.[14]

[6)] Desperatio de nobis ipsis optima est et Deo placet. At de Deo desperare est summum flagitium et peccatum contra primum praeceptum ...[15] 482.

[7)] [...][16]

... als würde das Gesetz sagen: Ich bin geistlich, d. h., ich suche ein reines und geistliches Herz, und man genügt mir nur mit einem freudigen Herzen und einem vom heiligen Geist erneuerten Geist; ... das Gesetz ist geistlich und will vom Geist erfüllt werden." □ **14** Dt.: „(471:) ... da muß ich verzweifeln, so daß ich beginne, Gott zu hassen und zu lästern, der so ungerecht mit mir umzugehen scheint." □ **15** Dt.: „(482:) An uns selbst zu verzweifeln ist sehr gut und gottgefällig. Aber an Gott zu verzweifeln ist größte Niedertracht und Sünde gegen das 1. Gebot." □ **16** Zitationsnachweis fehlt bei B. – Vgl. Drews 382: „Talis enim est doctrina legis, ut, si vere tangat cor, so wirt einen die weite welt zu enge ..." („Denn so ist die Lehre des Gesetzes, daß, wenn sie wahrhaft

schen, objektiven Geschehen von Gott aus für eine Bedeutung? Luther hat in dem geschilderten Erlebnis keine innere Gefühlsaufwallung eines demütigen Herzens, sondern den wirklichen Zusammenstoß von Gott und Mensch erblickt. Für ihn war der subjektive Vorgang wirklich objektiv begründet und die Gewißheit darüber schöpft er aus der Eigenart der rein psychologisch nie faßbaren Erfahrung. Luther mußte in der Gerichtserfahrung, die er gemacht hatte, einen tiefen Unterschied sehen zu dem, was die Scholastik, mehr noch Mystik und Mönchtum als solche hingestellt hatte.[17] Auch diese alle kannten Mittel und Wege zu einem zerknirschten und gebrochenen Herzen zu gelangen und diese Mittel waren grausam hart. Man wollte sich vor Gott wirklich so demütigen, wie es dem sündigen Menschen zukommt; aber man *wollte* eben und man *mußte* nicht. In den asketischen Erniedrigungen der Mystik etc. war immer letzten Endes menschlicher Wille wirksam und der Gedanke mit solcher Demut Gott wohlzugefallen und damit auch ein Stück Selbstgefälligkeit und Wonne im Schmerz mitgegeben; durch die mangelnde Trennung von subjektivem und objektivem Willen konnte die Gewißheit, wirklich ganz allein Gottes Gericht gegenüberzustehen, nicht erreicht werden und ein Gericht, das der Mensch über sich selbst halten wollte, war eben nicht Gottes Gericht. Ganz anders erfuhr nun Luther den Gerichtsspruch, der ihm durch das Gesetz wurde, als etwas schlechthin seinem eigenen Willen Entgegenlaufendes; als etwas ihn bis ins Innerste hinein vernichten Wollendes, Feindliches, demgegenüber alles Sträuben nichts helfen konnte. Der Zustand, in den der Mensch gebracht wurde, konnte als solcher keinen Wert vor Gott beanspruchen, sein Wesen lag darin, von Gott überwunden zu sein und zwar *sittlich* überwunden zu sein durch das Wort im Gewissen, nicht nur erschrocken von irgendeiner ‚numinosen' Macht[18], sondern sittlich gebrochen von einem persönlichen Gotteswillen, der eine einfach bestimmte Forderung dem Menschen hingestellt hatte, an der dieser gescheitert war; und diesen Willen nennt Luther den

---

das Herz anrührt, ihm die weite Welt zu eng wird ...") □ **17** Gestr.: „In den asketischen Erniedrigungen der Mystik". □ **18** Gegen R. Otto, Das Heilige[6], 117ff.

heiligen Geist „in seiner Majestät“[8]; zwar, meint er, sei es eine ‚uneigentliche Ausdrucksweise‘[9], da man gewöhnlich des heiligen Geistes Wirksamkeit anders bestimme; indessen der heilige Geist wirkt nicht nur als ‚Gabe‘, sondern auch als deus, als Majestät; und so überführt er die Menschen von ihrer Sündhaftigkeit und erschrickt ihr Herz und Gewissen. Als solcher ist er der Gott, der alles geschaffen hat[10] und mit seinem Finger auf die steinernen Tafeln des Moses das Gesetz schrieb. Er ist als solcher, ebenso wie Gott in seiner wahren Natur und Majestät, unser Feind[11], er kann uns nur zertrümmern und vernichten[12],

---

8) cf. 151, 268, 294, 298 u. ö. cf. auch Anm. 9) und 10).

9) 294: ... quamquam iste sermo, legem sine Spiritu Sancto non arguere peccata, improprius [...]. Nam vocamus Spiritum Sanctum plerumque, eum, quem nobis Christus a patre misit donum ...[19]

10) 268: ... (Spiritus Sanctus), qui est Deus creator omnium et legem suo digito scripsit in tabulas lapideas ... Distinguimus igitur de Spiritu Sancto, *et* de Deo in sua divina natura et substantia, *et* nobis dato ... Sic Spiritus Sanctus, quando scribit digito suo legem in tabulas Mosis lapideas, est in *maiestate sua* ac certe arguit peccata et *terret corda.*[20]

11) ... Deus in natura et maiestate sua est adversarius noster, exigit legem et minatur transgressoribus mortem ...[21] 268.

12) ... ubi igitur nudus Deus in maiestate loquitur, ibi tantum terret et occidit. 296 u. ö.

Zu 12): 416: ... Spiritus Sanctus ... quando in hac maiestate sua ut Deus revelat legem, non potest non occidere et vehementer terrere.[22]

19 Dt.: „(294:) ... obwohl diese Ausdrucksweise, nämlich daß das Gesetz ohne den Heiligen Geist nicht die Sünden bloßlege, uneigentlich [ist]. Denn wir nennen Heiligen Geist meistens denjenigen, den uns Christus vom Vater als Geschenk gesandt hat.“ □ **20** Dt.: „(268:) ... (der Heilige Geist), der Gott ist, der Schöpfer aller Dinge, und das Gesetz mit seinem Finger auf die steinernen Tafeln geschrieben hat ... Wir unterscheiden also beim Heiligen Geist zwischen Gott in seiner göttlichen Natur und Substanz *einerseits* und *andererseits* dem, der uns gegeben ist ... So ist der Heilige Geist, wenn er mit seinem Finger das Gesetz auf die steinernen Tafeln des Moses schreibt, in *seiner Majestät* und legt gewiß die Sünden bloß und *erschreckt die Herzen.*“ – Hervorhebungen von B. □ **21** Dt.: „(268:) ... Gott in seiner Natur und Majestät ist unser Feind, er besteht auf dem Gesetz und droht denen, die es übertreten, den Tod an ...“ □ **22** Dt.: „(296:) ... wo also Gott unverhüllt in seiner Majestät spricht, da erschreckt und tötet er nur. (416:) ... der Heilige Geist ..., wenn er in dieser seiner Majestät wie Gott das Gesetz enthüllt, kann nur töten und heftig erschrecken.“ – „Zu 12) ... terrere.“ von B nachträglich am Rand hinzugefügt. – Wie B stellt Holl (in: W. Bodenstein, Die Theologie Karl Holls, 344) Drews 268, 296 und 416 zusammen, und zwar die gleichen Zitate, die B in Anm. 10)-

und „nicht nach unserem Fleisch, sondern in unseren Herzen“[13]. In der Anschauung von der maiestas fallen für Luther heiliger Geist und Gott zusammen, er kann den einen durch den anderen ersetzen. Ob der heilige Geist als Gott oder Gott selbst im Gesetz Gericht spricht, ist für ihn im wesentlichen dasselbe.[14] Formal am genauesten ist wohl der Ausdruck ‚Gott durch den heiligen Geist‘[15], indem eben der wirksame Gott immer nur heiliger Geist sein kann. Den Begriff der maiestas Spiritus Sancti oder Dei können wir schon hier in der Hauptsache erfassen. Macht und Heiligkeit sind in ihm zu gleichen Teilen verbunden: Macht, indem Gott dem Menschen sich als schlechthin überlegen erweist; Heiligkeit, indem er bestimmter persönlicher, sittlicher Wille ist, der zerbricht, was ihm entgegen ist. (Von der heiligmachenden Kraft werden wir unten hören.) Also maiestas ist nicht tabu, nicht eine unbestimmte irgendwie *willkürliche* beseligende oder erschreckende Macht, sondern ist machtvoller *sittlicher* Wille mit allen seinen Auswirkungen. Eine Macht, die nur erschrecken und vernichten kann und mich als irgendein Ding auch vernichtet, bedeutet für Luther nichts. Sie ist wie der Tod etwas mein Innerstes gar nicht Berührendes, sie berührt ja nur meine Angstgefühle, aber nicht mein Herz, mein Gewissen. Eine Macht aber, die als sittlich überlegene Person meine ‚sittliche‘ Person vernichtet, die bedeutet freilich etwas, ja sie bedeutet alles; denn nur sie vernichtet wirklich *mich*.

Die Forderung des heiligen Geistes [ist] ausgesprochen im Gesetz. Dies ist kein Geschenk[16], sondern Wort und Befehl des

---

[13] 176: ... Deus conterit nos, concutit corda, non carnem ...[23]

[14] cf. Anm. 10), 268.

[15] 53: ... Deus occidit hominem per revelationem peccati per Spiritum Sanctum ...[24]

[16] 268: Sine isto spiritu sancto, qui donum est, arguit lex peccatum, quia lex non est donum, sed Dei aeterni et omnipotentis verbum, qui est ignis conscientiis ...[25]

12) wiedergibt. □ **23** Dt.: „(176:) ... Gott zerknirscht uns, er erschüttert die Herzen, nicht das Fleisch ...“ □ **24** Dt.: „(53:) Gott tötet den Menschen, indem er die Sünde durch den Heiligen Geist enthüllt ...“ □ **25** Dt.: „(268:) Ohne diesen heiligen Geist, der Geschenk ist, legt das Gesetz die Sünde bloß, weil das Gesetz kein Geschenk ist, sondern Wort des ewigen und allgewaltigen

ewigen, allgewaltigen Gottes in seiner Majestät und als solches Wort regnum Dei efficax et potens in cordibus nostris[26]. [17)] Das Gesetz ist absolute Forderung des heiligen Geistes an den Menschen [und] als solches gut, gerecht und heilig.[18)] Geist und Gesetz verhalten sich nun aber nicht so, daß, wo Gesetz ist, da auch Geist sei; d. h., der heilige Geist ist im Gesetz nicht irgendwie substanziell vorhanden, sondern ist wirkende Kraft und wehet, wo er will[19)], und bewegt die Herzen, die er will[20)], freilich wo das Gesetz bewegt wird, da ist es vom Geiste bewegt und wo es verstanden wird, da berührt göttlicher Wille den menschlichen[21)]; denn könnte der Mensch es bewegen, so spräche ja *er* wieder sein eignes Gericht und nicht der Geist.

Das Gesetz findet der Mensch zunächst in sich selbst vor; es

[17)] 242.

[18)] 123: Bona enim est lex ... 122.[27] 136: Est iusta, bona, sancta ...[28]

[19)] 286: ... et Spiritus Sanctus efficax est et spirat et operatur, ubi vult. 53: ... Spiritus Sanctus ubi vult spirat ... 733, Th. 27: ... ipseque novit horas et momenta, quibus corda tangi oportet.[29]

[20)] 294: Nemo intelligit legem, nisi tangatur sensu et vi eius in corde. Is autem tactus seu sensus legis est divinus. Ergo lex sine Spiritu Sancto non arguet peccata ...[30]

[21)] 338, Th. 37: Sed et hoc falsum est, quod sine spiritu sancto arguat lex peccatum, cum lex sit scripta digito Dei.[31] U. ö.

Gottes, der den Gewissen Feuer ist ..." □ **26** Dt.: „(242:) ... die Herrschaft Gottes, die in unseren Herzen wirkt und mächtig ist". □ **27** Dt.: „... denn gut ist das Gesetz ..." – Der von Drews gebotene Text liest (123): „Bona quidem est lex ..." („Das Gesetz ist zwar gut ...") und: „Necessaria est lex, quia est bona ..." („Notwendig ist das Gesetz, weil es gut ist ..."), bzw. (122): „Necessaria est lex bona et sancta et iusta ..." („Das gute, heilige und gerechte Gesetz ist notwendig ..."). – Vgl. Röm 7,12. □ **28** Dt.: „(136:) Es [sc. das Gesetz Gottes] ist gerecht, gut, heilig ..." □ **29** Dt.: „(286:) ... und der Heilige Geist ist wirksam und weht und ist tätig, wo er will. (853:) ... der Heilige Geist weht, wo er will ... (733 Th. 27:) ... und er selbst kennt Stunde und Augenblick, wann die Herzen berührt werden müssen." – Vgl. Joh 3,8. □ **30** Dt.: „(294:) Niemand erkennt das Gesetz, wenn er nicht durch dessen Empfindung und Macht im Herzen berührt wird. Diese Berührung oder Empfindung des Gesetzes aber ist göttlich. Also wird das Gesetz ohne den Heiligen Geist die Sünden nicht bloßlegen ..." □ **31** Dt.: „(338 Th. 37:) Aber auch dies ist falsch, daß ohne den heiligen Geist das Gesetz die Sünden bloßlegt, weil das Gesetz mit dem Finger Gottes geschrieben ist."

ist ja von Adam her jedem Menschen ins Herz geschrieben[22)] und wohl kein Mensch ist so abscheulich, daß er nicht wüßte, daß man Gott verehren und lieben müsse[23)]. So lebt in jedem Menschen ein wenn auch schwaches, durch das Gesetz gebildetes Gewissen, ein Sittengesetz und damit ein Schuldbewußtsein. Weil es aber im Gewissen des Menschen begründet ist, so kann dies Gesetz nicht das Zeremonialgesetz sein, das nur besondere Eigentümlichkeiten eines besonderen Volkes enthält.[24)] Diese notitiae communes[34] sind aber durch Fleisch, Teufel und Welt ins Vergessen geraten oder doch jedenfalls verdunkelt worden.[25)] So mußte durch Mose eine 2. Gesetzgebung das Vergessene zurückrufen und zeigen, „was wir waren und was wir sind".[26)] Aber diese mosaische Gesetzgebung war keine unbe-

---

[22)] 312: Nihilominus [...] habuit naturae legem *insculptam cordi*, ut omnes homines. 462: ... leges has nobiscum in mundum attulimus ...[32] cf. 622 u. ö.

[23)] 378: A condito mundo decalogus fuit inscriptus omnium hominum mentibus, ... Nam nulla natio unquam sub sole tam crudelis aut barbara fuit ac inhumana, quin senserit Deum colendum, diligendum esse ... 337, [Th.] 38: Omnis veritas, ubicunque est, a Spiritu Sancto est ...[33]

[24)] 461/62.

[25)] 467: Adest enim nostra caro, diabolus et mundus, qui diversum suadent et legem Dei in mentibus scriptam obscurant.[35]

[26)] 382: Nam etiamsi tollas has literas: ‚lex' ... tamen manet chirographum inustum cordibus nostris, quod nos damnat et exercet.[36]

32 Dt.: „(312:) Nichtsdestoweniger hatte er [...] das *seinem Herzen eingeprägte* Naturgesetz [in sich], wie alle Menschen." (462:) ... diese Gesetze haben wir mit uns auf die Welt gebracht ..." – Hervorhebung von B. – Vgl. Röm 2,14f. □ **33** Dt.: „(378:) Von Anbeginn der Welt war der Dekalog den Vorstellungen aller Menschen eingeprägt, ... Denn kein Volk war jemals unter der Sonne so grausam oder barbarisch und unmenschlich, daß es nicht empfunden hätte, man müsse Gott verehren und lieben ... (Richtig: 338 Th. 38:) Alle Wahrheit, wo immer sie auch ist, ist vom Heiligen Geist ..." – Das letzte Zitat steht im Ms. am Seitenrand bei Anm. 25), gehört aber der Sache nach zu Anm. 23). □ **34** Dt.: „Allgemeinbegriffe". □ **35** Dt.: „(467:) Denn es ist da unser Fleisch, der Teufel und die Welt, die Abweichendes raten und das Gesetz Gottes, das den Vorstellungen eingeprägt ist, verdunkeln." □ **36** Dt.: „(382:) Denn mag man auch die Buchstaben [dieses Wortes]: ‚Gesetz' beseitigen, ... es bleibt dennoch die unseren Herzen eingebrannte Schuldverschreibung, die uns verdammt und plagt." – Statt des von B hier wohl irrtümlich angegebenen Zitats vgl. Drews 461: „Sed quia homo in peccatum lapsus ac paulatim hominibus magis ac magis a Deo declinantibus et neglecto Deo in peius ruentibus, donec fere tota obliterata et obscurata est, coactus est Deus a novo

dingte Notwendigkeit für die Menschen; denn der notwendige Rest an sittlicher Einsicht war ihnen geblieben; man braucht ja nur an die Patriarchen zu denken.[27] Inhaltlich sind somit natürliches und mosaisches Gesetz identisch. Ist das mosaische Gesetz aber vom heiligen Geist geschrieben (s. o.), so muß es auch das natürliche sein[28], von dem heiligen Geist als Schöpfer aller Dinge (s. o.). So ist das Gesetz heilig, gerecht und gut; aber das Gewissen ist zu schwach, als daß es von selbst den ganzen gemeinten Inhalt fassen könnte, geschweige denn, die Kräfte zu dessen Erfüllung aufbrächte, wenn nicht der heilige Geist selbst von neuem hinzutritt und dem Gewissen seine Forderung selbst klar und deutlich macht. So ist das Gewissen zunächst durchaus nicht etwa Gottes Stimme im Menschen, daß, wenn es schweigt, auch Gott nichts zu sagen hätte, sondern nur in dem vom Geiste geweckten Gewissen spürt der Mensch den heiligen Geist, d. h. aber nur dann ist Wirken des heiligen Geistes im Gewissen, wenn der Mensch von diesem verurteilt und getötet wird. So aber wird das Gewissen derjenige Ort, an dem der heilige Geist vom Menschen wirklich *erfahren* wird. Also nicht jedes Gewissen ist Stimme des heiligen Geistes, aber die Stimme des heiligen Geistes wird nur *spürbar* im Gewissen.

Wird das Gewissen vom heiligen Geist lebendig gemacht, so entsteht *notwendig* die oben dargestellte Erfahrung. Warum? Das Gesetz, das heilige und gute, das zunächst nur erfüllt werden will, macht dem Menschen dieses unerbittlich deutlich und zeigt ihm so, ‚was er ist' und überführt ihn seiner Sündhaf-

[27] cf. 462.
[28] 348.

nobis, ne prorsus suam legem obliivisceremur, metam proponere, ut sic recordaremur saltem, qui iam antea fuerimus et qui iam simus." („Aber weil der Mensch in Sünde gefallen ist, und die Menschen allmählich sich immer mehr von Gott abwandten, Gott vernachlässigten und dadurch in immer größeres Verderben stürzten, bis es [sc. das Gesetz] fast gänzlich vergessen und verschwunden ist, ist Gott erneut gezwungen gewesen, für uns, damit wir sein Gesetz nicht ganz und gar vergessen, das Ziel weiter zu stecken, so daß wir uns so wenigstens daran erinnern, wer wir schon einmal waren und wer wir jetzt sind.").

tigkeit.[29)] Nun will der heilige Geist, daß der Mensch an sich selbst verzweifle[30)], aber der Mensch verliert notwendig damit auch das Zutrauen zu Gott und verzweifelt auch an ihm und sündigt so in der schwersten Sünde durchs Gesetz dazu getrieben! So *erzeugt* das[40] Gesetz wirklich Sünde und ist doch heilig und gut und· Wort des majestätischen Geistes. So ist also der heilige Geist zum Urheber der Sünde geworden? Nein, denn die Sünde ist Frucht der verderbten menschlichen Natur.[31)] So schafft das Gesetz durch die Wirkung des heiligen Geistes qua Deus nicht nur Sündenerkenntnis, sondern Sünde (das aber durch den Menschen!), Flucht vor Gott und Lästerung.[32)] Es offenbart den Zorn Gottes und straft mit dem Tode[33)] und das

---

[29)] (Lex) ... ostendit naturam peccatricem esse, et prohibendo exercet peccatum. [...] Nam si taceret et quiesceret, homines suaviter viverent, non sic irascerentur Deo nec sic peccarent nec sic abundaret peccatum ... diximus[37], legem non esse effectivam causam peccati, sed ostensivam, non auctricem, sed monstrativam istius tam perversae et corruptae naturae hominis.[38] 470 u. oft.

[30)] 482: Lex non vult, ut desperes de Deo, sed magis agnito peccato de te ipso ...[39]

[31)] cf. 470 ff.

[32)] 53: Omnis contritus horret et timet Deum et fugit, nec fert eius iudicium et iram. Est igitur contritio non meum opus, sed opus legis Dei, odium, fuga a Deo, blasphemia Dei ...[41]

[33)] Tamen is eius (legis) proprius effectus est, ut reos faciat et humiliet homines ac iram Dei ostendat.[42]

37 Drews liest „delictum" („Vergehen") statt „peccatum" („Sünde") und fährt dann fort: „Iam diximus ..." („Wir haben bereits gesagt ..."). ☐ **38** Dt.: „(470:) (Das Gesetz) ... zeigt, daß die Natur sündig ist, und durch Verbote treibt es die Sünde an. [...] Denn wenn es schwiege und ruhig wäre, würden die Menschen ein angenehmes Leben führen, nicht in einem solchen Maße würden sie Gott zürnen und sündigen, und nicht wäre die Sünde so überreich vorhanden. Wir haben [bereits] gesagt: das Gesetz ist nicht die wirkende Ursache der Sünde, sondern legt dar, bewirkt nicht, sondern zeigt diese so entartete und verdorbene Natur des Menschen auf." – Runde Klammer von B. ☐ **39** Dt.: „(482:) Das Gesetz will nicht, daß du an Gott verzweifelst, sondern vielmehr durch Erkenntnis der Sünde an dir selbst ..." ☐ **40** Gestr.: „heilige". ☐ **41** Dt.: „(53:) Jeder zerknirschte [Mensch] schaudert vor Gott, fürchtet und flieht ihn, und erträgt dessen Urteil und Zorn nicht. Die Zerknirschung ist also nicht mein Werk, sondern Werk des Gesetzes Gottes, [ebenso wie] Haß, Flucht vor Gott, und Lästerung Gottes ..." ☐ **42** Dt.: „(282:) Dennoch besteht seine (sc. des Gesetzes) eigentliche Wirkung darin, daß es Schuldige schafft, die Menschen erniedrigt und den Zorn Gottes zeigt." – Die Ergänzung in Klam-

ist kein Vergleich, sondern es trifft die Sache selbst. Der Mensch, der Gott haßt und flucht, ist den geistlichen Tod wirklich gestorben. Ja, würde der Geist dem Menschen die ganze Gewalt der Sündenschuld zeigen, was es heißt, Gott nicht zu lieben, nicht zu fürchten – der Mensch, der das sähe, der müßte auch körperlich sterben[34)]; denn er würde den ganzen Zorn des majestätischen Gottes schauen und das erträgt der Mensch nicht[35)]. Die Seelenhaltung, zu der[44] der Mensch durch das Gesetz gedrängt wird, ist die contritio[45], sie ist selbst der Tod und das Murren[36)] gegen Gott, ist Haß, Flucht vor Gott und Lästerung und doch nicht *mein*, sondern des Gesetzes Werk[37)]; denn der im Gewissen tote Mensch kann Gott nicht hassen und lästern (er kennt ja nur *seinen* Gott!); auch das ist nur Wirkung, die vom heiligen Geist ausgehen kann, freilich nie unmittelbar, sondern durch die menschliche Verderbnis hindurch wirkend. Also bei mir ist die causa effectiva[47] und die Schuld, beim heiligen Geist aber heilige Arbeit.

Luther setzt sich mit dieser Auffassung von der contritio in schroffsten Gegensatz zu Mönchtum etc. Dieses hatte geglaubt, erstens diese Zerknirschung aus sich selbst herauspressen zu können; Luther erwidert ihnen: conterente Deo conterimur[38)]. Denn contritio aus Sündenerkenntnis, Sündenerkenntnis nur durch das Gesetz, Gesetz nur durch den Geist, so auch contritio nur durch den Geist. Sonst wird sie aus einer passio[39)] zu einer actio[49]. Noch absurder ist die andre Anschauung, mit

---

34) 471.

35) 705: David und Nathan; cf. 624: Ex hac cognitione erit perpetua poena.[43]

36) Nam contritio est ipsa mors et murmuratio contra Deum.[46]

37) Siehe Anm. 32).

38) 176: Nos non possumus nos conterere, ut docebant monachi, sed conterente Deo conterimur.[48]

39) 54: 176 f.

mern stammt von B. □ **43** Dt.: „(624:) Aus dieser Erkenntnis wird immerwährende Strafe erwachsen." □ **44** „Die Seelenhaltung, zu der" ersetzt: „Der Punkt, zu dem". □ **45** Dt.: „Zerknirschung", „Reue". □ **46** Dt.: „(196:) Denn die Zerknirschung ist selbst der Tod und das Murren gegen Gott." □ **47** Dt.: „Wirkursache". □ **48** Dt.: „(176:) Wir können uns [selbst] nicht zerknirschen, wie die Mönche lehrten, sondern wir werden zerknirscht, indem Gott uns zerknirscht." □ **49** Dt.: „... aus einem Erleiden zu einem Handeln".

solcher contritio etwas verdienen zu können. Was hat wohl der Mensch, der auf der Flucht vor Gott ist, der Gott haßt, für einen Anspruch an ihn?[40)] Wir erkennen die tiefe Verankerung der Gewißheitsfrage bei Luther im Gegensatz zum Mönchtum hier ganz deutlich.

Ergebnis: Diese Begegnung im Gesetz schafft Sündenerkenntnis, Sünde und Zorn. Gott aber, der durch den heiligen Geist den Menschen in seinem Gewissen so erschüttert hat, ihn aus Scham wie Adam davon fliehen ließ, er wendet die contritio, die zur Verzweiflung führt, um zu einer evangelica desperatio[51].[41)] Wo dieser Teil nicht hinzutritt, ist ewige Verzweiflung. Gott ergreift den Menschen auf seiner reuigen und doch sündigen Flucht und erbarmt sich seiner, indem er zu ihm spricht: „du wirst nicht sterben"[42)], und schenkt ihm Sündenvergebung und Glauben an diese Worte der Barmherzigkeit und d. h., er schenkt ihm den heiligen Geist; das tut er nicht wegen der tieferen Reue des einen vor dem anderen, sondern contritio bleibt opus legis[52], bleibt Sünde. Des Petrus' und des Judas Reue unterscheiden sich nur darin, daß[53] es vom ersten heißt: „und der Herr sah in an"[54], von Judas aber nicht.[43)] Das eine Mal also ist der Tod im Gesetz Anfang, das andere Mal Ende, ganz nach Gottes Willen. Vom Zorn Gottes zur Gnade geht kein grader Weg für unsere Augen, wir sehen hier nur einen Bruch.

Reue ist Wirkung des heiligen Geistes und doch wird nicht allen Reuigen der Geist geschenkt.[44)] Warum nicht? Das ist uns

---

40) 54: Quid quaeso meretur homo, qui sic est in fuga et in odio habet Deum et *non potest audire Deum*, repellit Deum ...[50]

41) 352.

42) 705, u. oft.

43) 324; cf. 122 f.

44) 480: At non omnibus contritis datur Spiritus Sanctus. Cur sic et non aliter? Respondeo: Hoc nobis non est revelatum, sed reliquendum iudicio Dei.[55]

50 Dt.: „(Richtig: 53 f:) Was, so frage ich, verdient der Mensch, der so auf der Flucht ist und Gott haßt, *Gott nicht hören kann* und Gott zurückweist ..." – Hervorhebung von B. □ **51** Dt.: „evangeliumsgemäße Verzweiflung". □ **52** Dt.: „Zerknirschung bleibt das Werk des Gesetzes". □ **53** Gestr.: „Gott". □ **54** Vgl. Lk 22,61. □ **55** Dt.: „(Richtig: 481:) Aber nicht allen Zerknirschten

nicht offenbart und bleibt bei Gott. Der heilige Geist wehet wo er will.[56] Luther berührt in den Disputationen nur äußerst selten die Frage der Prädestination und auch dann nur kurz und sie als für uns geheimnisvoll erklärend. Bei der Sünde wider den Geist werden wir noch einmal auf sie stoßen. Reue (contritio) ist nie und nirgends[45)] Grund für Gottes Gnade und die Rechtfertigung nie eine Wirkung der Reue[46)]; sondern Grund für Gottes Gnade ist nur Gott selbst und Rechtfertigung ist nur Wirkung der Gnade.

So geschieht etwas schlechthin Neues, Unerwartetes, wenn Gott den Sünder ergreift und ihm den Geist schenkt; und doch nicht so ganz Neues, denn es war ja Gottes Zorn, den der Mensch spürte, es war ja nicht künstliche Selbstzerstückelung, sondern heilige Selbsterkenntnis, Erkenntnis, die vom heiligen Geist erleuchtet werden mußte, um klar sehen zu können. Nur die lex spiritualiter intellecta[59] hatte die Unerschwinglichkeit ihrer Forderung offenbart; und von dieser Seite her gesehen sieht das Bild ja anders aus. Der heilige *Geist* in seiner Majestät tötete den Menschen, aber weil es der *heilige* Geist ist, kann er ihn nicht zugrunde gehen lassen. Dem von der Last erdrückten Menschen nimmt er die Last ab und tröstet ihn[47)]; der Mensch glaubt an die Tatsache, daß sie ihm abgenommen ist und gewinnt die evangelica desperatio[48)], und indem er glaubt, kehrt

---

[45)] 53: Contritio non est causa iustificationis, sed Spiritus Sanctus ubi vult spirat, et Deus quos vult iustificat ...[57]

[46)] Iustificatio quidem sequitur ad contritionem, non ut effectus contritionis, sed gratiae ...[58] 284.

[47)] Consolatur, sanctificat et vivificat[60]; 416 u. oft.

[48)] 352; cf. 779.

wird der Heilige Geist geschenkt. Warum [ist es] so und nicht anders? Ich antworte: Dies ist uns nicht offenbart, sondern muß dem Urteil Gottes überlassen werden." – Holl (in: W. Bodenstein, Die Theologie Karl Holls, 344) übernimmt die falsche Seitenangabe von B. □ **56** Joh 3,8 (vgl. o. S. 363). □ **57** Dt.: „(53:) Zerknirschung ist nicht die Ursache der Rechtfertigung, sondern der Heilige Geist weht, wo er will, und Gott rechtfertigt, die er will ..." □ **58** Dt.: „(284:) Rechtfertigung folgt freilich auf die Zerknirschung, [aber] nicht als eine Wirkung der Zerknirschung, sondern [als eine Wirkung] der Gnade ..." □ **59** Dt.: „... das geistlich erkannte Gesetz". □ **60** Dt.: „(416:) Er tröstet, heiligt und macht lebendig".

sich der Haß in Liebe gegen Gott um, und so vermag er das Gesetz zu erfüllen und ist bei Gott gerecht und geheiligt. Dies der zweite Teil des Wirkens des heiligen Geistes am Menschen.[61]

Gott will den Sünder. Wie soll der Mensch das fassen? Er kann es hören, intellektuell aufnehmen, denn es sind ja Worte, in denen es gesagt ist. Aber es erfassend auf sich beziehen kann er es nur durch ein dem göttlichen Willen gleichartiges Organ. – Gleiches kann nur von Gleichem begriffen werden – ein Organ, das er selbst nie erwerben kann, eben weil er es nicht kennt; es muß also von Gott selbst geschaffen werden und es wird geschaffen durch den heiligen Geist, der uns als Geschenk (donum) ‚im' Glauben gegeben wird. Gott, der im Gesetz durch den Geist als maiestas uns tötete, gibt uns im Glauben diesen Geist zum Geschenk.[49)] Luther sagt aber öfter, der heilige Geist schenkt uns den Glauben[50)] und kann so fides und

---

49) 414: ... fides ... impetrat et *affert secum* Spiritum Sanctum ...[62] Zu dieser Wendung vergleiche besonders unten über Wort und Geist, und die hier folgenden Zitate. 302: Deinde concipimus per fidem Spiritum Sanctum ...[63]

50) 9, Th. 1: Fides hic vera et donum illud Spiritus Sancti intelligi debet. S. 10, Th. 15: Hanc fidem Paulus praedicat, quam Spiritus Sanctus ad vocem evangelii in cordibus audientium donat et servat. 36, [Th.] 28: Sed fides, quae ex auditu Christi nobis per Spiritum Sanctum infunditur, ipsa comprehendit Christum. 224: Dicimus, quod fides sit forma et actus primus ipsius Spiritus Sancti operatione ... 396: (Spiritus Sanctus) qui datus est in corda nostra, in quo clamamus: Abba pater.[64] U. ö.

61 Im Ms. kein Absatz. □ **62** Dt.: „(414:) ... der Glaube ... erlangt und *bringt mit sich* den Heiligen Geist ..." – Hervorhebung von B. □ **63** Dt.: „(302:) Dann empfangen wir durch den Glauben den Heiligen Geist ..." – Belegstelle und Zitat von B am Rand nachgetragen. □ **64** Dt.: „(9 Th. 1:) Der Glaube muß hier als wahrer [Glaube] und als jenes Geschenk des Heiligen Geistes erkannt werden. (10 Th. 15:) Paulus verkündet diesen Glauben, den der Heilige Geist zum Wort des Evangeliums hinzu in den Herzen der Zuhörer schenkt und bewahrt. (36 Th. 28:) Aber der Glaube, der uns im Hören auf Christus durch den heiligen Geist eingegossen wird, begreift selbst Christus. (224:) Wir sagen, der Glaube ist die Gestalt und die erste Wirklichkeit [sc. der Liebe] auf Grund des Wirkens des Heiligen Geistes ... (396:) (Der Heilige Geist,) der in unsere Herzen gegeben ist und in dem wir ausrufen: Abba, Vater." – Der zweite Beleg (10 Th. 15) ist von B am Rande nachgetragen, die eingeklammerte Ergänzung im letzten Zitat stammt von B.

Spiritus Sanctus gleichsetzen[51)]. Gegenstand des Glaubens aber ist Gott, zwar nicht in seiner absoluten Wesenheit, denn diese kann nicht begriffen werden (wenn der heilige Geist donum ist!), sondern als Geschenk und Gabe und das heißt in Christus. So sagt Luther einmal: Christus wird uns[66] durch den Glauben, das heißt aber durch den heiligen Geist als Gabe gebracht[52)][67]. Im Glauben, der vom Geiste gewirkt ist, erfassen wir das Pro nobis[68] seines Todes und seiner Auferstehung und betrachten wir nicht nur objektiv die historischen Geschehnisse.[53)] Wir erkennen, daß er für unsre Sünden gestorben, für unsre Gerechtigkeit auferstanden ist. Indem wir das erfassen, besitzen wir Christus als Geschenk[54)], ist Christus in uns dadurch, daß der heilige Geist in uns ist. Indem uns aber Christus diesen Geist

---

51) 326: Itaque *Spiritus Sanctus seu fides* semper inculcat legem ...[65]

52) Siehe Anm. 53) und 54). Voll verständlich kann das hier Gesagte erst werden im Zusammenhang mit der Auffassung von Wort und Geist, S. 397 ff.

53) 10, Th. 12: Haec est autem fides apprehensiva (ut dicimus) Christi, pro peccatis nostris morientis, et pro iustitia nostra resurgentis.[69] Th. 13: Hoc est, quod non tantum audiat res a Judaeis et Pilato in Christo configendo, gestas vel resurgente narratas.[70] 11, [Th.] 34: Illud, pro Me, seu Pro Nobis, si creditur, facit istam veram fidem et secernit ab omni alia fide, quae res tantum gestas audit.[71]

54) Ita Christus nobis proponitur ut *donum seu sacramentum et exemplum* ...[72] 392; cf. 425, Th. 50 u. 60.

65 Dt.: „(326:) Daher prägt *der Heilige Geist oder der Glaube* stets das Gesetz ein ..." – Hervorhebung von B. □ **66** Gestr.: „vom heiligen Geist". □ **67** Gestr.: „dann aber: Christus verdient uns den heiligen Geist und das insofern, als Inhalt des Glaubens und seine Schenkung als solche dasselbe sind." □ **68** Dt.: „Für uns". □ **69** Dt.: „(10 Th. 12:) Dies ist aber der Glaube, der (wie wir sagen) Christus begreift, der für unsere Sünden stirbt und für unsere Gerechtigkeit aufersteht." □ **70** Lies mit Drews 10 Th. 13: „Hoc est, quae non tantum audiat res a Judaeis et Pilato in Christo crucifigendo, gestas, vel de resurgente narratas." („D. h., [ein Glaube,] der nicht nur Ereignisse hört, die bei der Kreuzigung Christi durch die Juden und Pilatus geschahen oder die über den Auferstandenen erzählt wurden.") □ **71** Dt.: „(Richtig: 11 Th. 24:) Jenes ‚Für Mich' oder ‚Für Uns' bewirkt, wenn man es glaubt, diesen wahren Glauben und trennt von jedem anderen Glauben, der nur Ereignisse hört." □ **72** Bei Drews: „Ita Christus proponitur nobis ..." Dt.: „(392:) So wird uns Christus wie *ein Geschenk oder ein Sakrament und ein Vorbild* vor Augen gestellt ..." – Hervorhebung von B.

verdient[55)], können wir sagen, daß im Glauben, d. h. in dem in uns wirkenden Geist, Christus immer mitgesetzt ist, daß so Christus in uns ist wie unser Glaube in uns ist, daß er in uns ist, lebt, aufersteht etc.[56)] Also Glaube aus dem Geiste, Christus im Glauben, Geist aus Christus, also im Glauben der Christus, der den Geist gibt. So das sachliche Ineinander. Spreche ich vom Glauben aus, so ergreift dieser Christus und Gott und erhält den heiligen Geist von diesen, denke ich von Gott her den Vorgang, so [erlange][77] ich durch das Verdienst Christi Glauben durch den heiligen Geist. Mit dieser Verschiedenheit der Standorte aber ist die petitio principii des inneren Sachverhaltes nicht aufgelöst und kann es nicht sein. Luther kleidet den Vorgang gern zeitlich ein. Oft hat es den Anschein, als ob Luther sogar Empfang und Wirken des Geistes erst nach dem Glauben einsetzen ließe[57)] bei der sanctificatio[79]. Aber Luther wollte damit nur auf die Hauptttendenz des heiligen Geistes

---

[55)] Christus [...] per hoc, quod legi sua sponte se subiecit et omnes eius maledictiones pertulit, emeruit credentibus in se spiritum ...[73] 262; cf. 272. 435: (Christus) solus [...] conscientiam [...] consolari vult, dare ad hoc spiritum sanctum, qui satis ornat suos.[74] cf. 294: Spiritus Sanctus [...] quem nobis Christus a patre misit donum.[75]

[56)] 424, Th. 37: Christus nondum est in suis fidelibus perfecte suscitatus, imo coepit in eis, ut primitiae, suscitari a morte.[76] cf. 117, Th. 34.

[57)] 280: *Insuper* dat Spiritum Sanctum, ut incipiamus hic implere legem. 272: *Deinde* affert Spiritum Sanctum ... ut voluptatem habeant in lege domini. 786, Th. 39; 356; u. ö. 400: Posita fide (durch oder nach?) datur Spiritus Sanctus.[78]

73 Bei Drews: „Christus tamen per hoc ..." Dt.: „(262:) [Dennoch] hat Christus dadurch, daß er sich aus freiem Willen dem Gesetz unterworfen und all dessen Verleumdungen ertragen hat, denen, die an ihn glauben, den Geist verdient." □ 74 Dt.: „(Christus) allein [...] will [...] das Gewissen trösten und dazu den heiligen Geist geben, der die Seinen ausreichend ausstattet." – Der Zusatz „(Christus)" geht auf B zurück. □ 75 Dt.: „(294:) (Der Heilige Geist,) den uns Christus vom Vater als Geschenk gesandt hat." – „Spiritus Sanctus" ist Zusatz B's. □ 76 Dt.: „(424 Th. 37:) Christus ist noch nicht in seinen Gläubigen vollkommen auferweckt worden, nein, er hat vielmehr [erst] begonnen, in ihnen wie eine Erstlingsfrucht vom Tode auferweckt zu werden." □ 77 Ergänzung der Bearbeiter. □ 78 Dt.: „(280:) *Dann* gibt er den Heiligen Geist, auf daß wir hierauf das Gesetz erfüllen. (272:) *Danach* verleiht er den Heiligen Geist ..., auf daß sie am Gesetz des Herrn ihr Gefallen haben. (400:) Durch (oder: nach?) Verleihung des Glaubens wird der Heilige Geist gegeben." – Die Hervorhebungen gehen ebenso auf B zurück wie der Zusatz „legem" im

hinweisen, nämlich efficax[80] zu sein und d. h. eben zu heiligen. Eine andre Deutung scheint mir nach allem anderen unmöglich. Wir sehen bisher soviel, daß der Glaube nicht nur irgendeine konstante Form für die Aufnahme göttlicher Geschenke ist, sondern daß im Glauben als Wirkung des Geistes Form und Inhalt gar nicht zu trennen sind, sondern ein lebendiges Ganzes ausmachen. Der heilige Geist ist eben Kraft und Geschenk zugleich. Im Glauben stellt der heilige Geist einen ‚heiligen Zirkel'[81] her, von Gott über Christus zum Glauben, die alle drei unmittelbar zusammengehören und nur durcheinander erfaßt werden. Nur im Glauben, d. h. durch den heiligen Geist kann Gott durch Christus erfaßt und besessen werden und die Unbeweisbarkeit dieser Wirklichkeit schließt die Notwendigkeit einer petitio principii ein. Diese etwas schwierige Dialektik ist für Luther unmittelbar aus dem Glaubenserlebnis erwachsen. Er konnte gleichmäßig sagen: ich glaube; ich habe den heiligen Geist; ich habe Christus. Die in anderen Schriften psychologisch motivierte Unterscheidung zwischen dem heiligen Geist in mir und dem Christus in mir, ist in den dogmatischen Erörterungen wohl ohne Eintragung kaum zu finden. Nur der Ausdruck des ‚Gott in uns' ist wohl aus verständlicher Zurückhaltung bewußt vermieden.[58)]

Liegt es nun im Glauben so, daß nur Christus den Geist gibt und nur im Geiste Christus ergriffen wird, so kennt doch Luther die Gefahren[59)], der Mönche, Mystiker – ja, nach eige-

---

[58)] 150: Deus [...] manet in nobis charismatibus et donis ... 154: Deus operatur adhuc in nobis ... 228: Deus movet ipse nos in cordibus nostris ...[82]

[59)] 294: Periculosum est, sine Christo mediatore nudam divinitatem velle humana ratione scrutari et apprehendere ... et ut hoc periculum evitemus, donatum est nobis verbum incarnatum ... Qui relicto illo filio suas cogitationes et speculationes sequitur, maiestate Dei obruitur et desperat ... Dionysios Areopagita, Mönche, Luther selbst! ... non tamen sine magno meo damno![83] Easdem stultitias sparserunt in vulgus Muntzerus et Anabaptistae, qui remoto

ersten Zitat und die Klammerbemerkung im letzten. □ **79** Dt.: „Heiligung". □ **80** Dt.: „wirkend". □ **81** Zu ‚heiliger Zirkel' s. o. S. 311 ff, bes. S. 314; und K. Holl, Luther³, 566 f. □ **82** Dt.: „(150:) Gott [...] bleibt in uns durch Gnadengaben und Geschenke ... (154:) Gott wirkt bis heute in uns ... (228:) (Gott) selbst bewegt uns in unseren Herzen ..." – Der Zusatz „Deus" im letzten Zitat stammt von B. □ **83** Das Folgende findet sich Drews 296.

nen Worten er selbst für kurze Zeit – erlagen und in der jetzt Müntzer und die Täufer stecken, indem sie sich rühmen, eigene Offenbarungen des Geistes zu besitzen und Christus hintansetzen und mit dem unverhüllten Gott umgehen zu können glauben. Ganz sicher gehen sie in die Irre; denn wo Gott in seiner *unverhüllten* Majestät spricht, da kann er nur töten. Hier nützt keine ekstatische Erregung, um zu Gott zu kommen, sondern ganz allein die Besinnung auf das Wort von Christus, durch das uns Gott den Geist und d. h. die Möglichkeit des Verkehrs mit ihm verheißen hat. Nur da, wo Offenbarung ist, ist Gabe des Geistes und der heilige Geist im Menschen führt nur dahin, wo Offenbarung ist, zu Christus. Auch die mit bloßer Vernunft glauben, Gottes Geheimnisse ergrübeln zu können, laufen am Ziel vorbei.[60)] Was Gott uns nicht offenbart

---

Christo iactitabant, se habere revelationes, cum nudo Deo agere et loqui ... Ubi igitur nudus Deus in maiestate loquitur, ibi tantum terret et occidit. Deut. 18. ... Deus pater mandavit, ne tales raptus (der Derwische nämlich!) [...][84], sed filium, in quo omnes thesauri [...] reconditi sunt.[85]

[60)] 190: In eo, quod revelavit nobis, consistendum est; quod non revelavit, non debemus requirere. [...] Extra et supra verbum inquirere et investigare Deum, est admodum periculosum. Ipse Deus vult omnia facere propter Christum in redemptione et iustificatione hominum. Das ist voluntas revelata.[86]

84 Auslassung B's, ergänze: „audiamus“. □ **85** Dt.: „(294:) Es ist gefährlich, ohne Christus als Mittler die unverhüllte Gottheit mit menschlicher Vernunft suchen und begreifen zu wollen ..., und um dieser Gefahr zu entgehen, ist uns das Fleisch gewordene Wort geschenkt ... Wer unter Hintansetzung jenes Sohnes seinen eigenen Überlegungen und Betrachtungen folgt, der wird durch die Majestät Gottes vernichtet und verzweifelt ... (Dionysios Areopagita, Mönche, Luther selbst!) ... nicht jedoch ohne großen eigenen Schaden! (296:) Die gleichen Torheiten haben Müntzer und die Wiedertäufer unter das Volk gebracht, die sich unter Hintansetzung Christi rühmten, Offenbarungen zu haben, mit dem unverhüllten Gott Umgang zu haben und [mit ihm] zu sprechen ... Wo also Gott unverhüllt in seiner Majestät spricht, da schreckt und tötet er nur. (Deut. 18) ... Gott Vater hat befohlen, daß wir nicht auf solche Entrückungsberichte (der Derwische nämlich!) [hören sollen], sondern auf den Sohn, in dem alle Schätze [...] verborgen sind.“ – „Dionysios ... Luther selbst!“ ist ebenso wie die Bemerkung „(der Derwische nämlich!)“ Zusatz B's; der Verweis auf „Deut. 18“ steht bei Drews innerhalb eines von B nicht mitzitierten Satzes. □ **86** Dt.: „(190:) Man muß sich an das, was er enthüllt hat, halten; was er nicht enthüllt hat, dürfen wir nicht erforschen. [...] Außerhalb und über das Wort hinaus nach Gott zu suchen und zu forschen, ist sehr gefährlich. Gott selbst will alles tun um Christi willen bei der Erlösung

hat, sollen wir nicht zu ergreifen suchen. Christus ist Mittler, „das ist voluntas revelata“[87].

Und doch gibt es auch ein Wirken des Geistes außerhalb des Glaubens an Christus[61)]; und dieses Wirken entspricht der Bezeichnung des Geistes als des creator omnium[89] (siehe oben), denn es bezieht sich auf die conservatio[90] auch der Bösen, freilich nicht, indem der Geist sie am Guten verhindert, aber indem er sie auch als Schlechte erhält, nicht um ihrer selbst willen, sondern um des Dienstes willen, den sie für die Gemeinsamkeit tun. (Hiervon unten noch ausführlicher.)

Also heiliger Geist *in mir*, Christus *in mir, ich* glaube! Es liegt alles daran, dieses ‚in mir‘ aufrechtzuerhalten. *Meine* Sünde hat ja Gottes Zorn hervorgerufen, *mich* hat ja der heilige Geist vernichtet, also *mir* muß geholfen werden, meine Schuld getilgt sein. Aber dem entgegensteht, daß der *heilige Geist* in mir ist, er, der stets Subjekt bleiben muß, auch oder gerade im Glauben, als donum, denn er hat ja den heiligen Zirkel hergestellt; er, der stets alleinwirksam bleiben muß, er ist in mir. Es liegt alles darin, daß beides Wirklichkeit ist, denn ist der heilige Geist nicht alleinwirkend, so ist es eben nicht der heilige Geist und dann *glaube* ich auch gar nicht; bin ich nicht Subjekt des Glaubens, was soll dann das Reden von meinem Glauben? Luther hat mit diesem Problem tiefer gegraben als die gesamte katholische Scholastik. Es ging um das *Heil des Sünders*. Das sündhafte Ich durfte nicht bleiben zusammen mit dem Geiste, es mußte umgewandelt werden; der Kern der Sündhaftigkeit lag aber nicht in den Werken, sondern in den unheiligen Gesinnungen. Hier mußte der *heilige* Geist einsetzen; er schafft im Glauben eine neue Person[62)], ein neues Ich, einen neuen Willen,

---

61) Etsi spiritus seu dona eius donari et adesse possunt absque [. . .] Christi et charitate.[88] 730, Th. 7. Vgl. unten bei ‚Geist und Theologie‘.

62) 182: Lex mandat et extorquet opera, fides autem facit personam, et hanc condit, parat ad opera bona. 184: Paulus [. . .] dicit, quod persona sit facta per

und Rechtfertigung der Menschen. Das ist offenbarter Wille.“ □ **87** Siehe Anm. 60). □ **88** Lies: „. . . absque fide Christi . . .“ Dt.: „(730 Th. 7:) Gleichwohl können der Geist oder seine Gaben fern vom [Glauben an] Christus und fern von der Liebe [zu ihm] geschenkt werden und gegenwärtig sein.“ □ **89** Dt.: „Schöpfer von allem“. □ **90** Dt.: „Bewahrung“.

ein neues Herz, das das wirklich von selbst will, was der Geist will. Glauben ist ‚verwandelt werden', nicht äußerlich, sondern im Innersten, im Ich[63)]; und nun sind Freiheit und Alleinwirksamkeit nicht mehr einander entgegen, sondern sie sind dieselbe *Sache* von zwei Seiten aus gesehen. Es ist wirklich der *heilige Geist*, der dem Menschen geschenkt, und es ist wirklich der *Mensch*, dem der heilige Geist geschenkt wird.

Wir haben hier den ergänzenden Teil des Begriffes des Heiligen bei Luther gefunden. Lernten wir oben die vernichtende sittliche Macht in der maiestas des Geistes kennen, so haben wir hier die andere Funktion des Heiligen, das den Sünder nicht sterben lassen kann, sondern aufnimmt und selbst gerecht macht und heiligt, indem es sich selbst zum Geschenk gibt und so auch den konkreten Menschen heilig macht. Und das ist kein Willkürakt des heiligen Geistes, sondern es ist mit dem Glauben mitgesetzt. In dem Pro nobis des Glaubens verändert der Geist die ganze Richtung des Menschen, der Haß verschwindet durch die Beziehung des Werkes Christi auf mich von selbst, und Reue, Dankbarkeit und Liebe sind notwendige Folgen des Glaubens. Es erhebt sich sofort ein neues Problem: Man zeige mir einen solchen vom Geiste neugeschaffenen Menschen! Luther[64)] antwortet: Ich kann es nicht, denn er ist dieser Welt verborgen und tot für sie. Der Christ, der vor

---

fidem a Deo, qui regenerat nos fide in verbo et usu sacramentorum mediante Spiritu Sancto ... 21: Rex vero credit ei et fit nova persona. 270: Christus [...] dat voluntatem, ut ...[91] U. ö.; cf. 302.

63) cf. S. 375.

64) 450–51: ... christianus est persona, quae iam sepulta est cum Christo in morte eius, mortuus peccato, legi morti ... Sed hoc ipsum non cernitur, sed est absconditum in mundo, non apparet, non occurrit in oculos nostros ... Ipse enim non est in praesenti saeculo, non vivit, mortuus est, versatur in alia vita longe supra hac posita, coelesti ... hic vivit christianus reputative iustus, sanctus sub alis gallinae suae. Sed e contra christianus in quantum miles et in militia

91 Dt.: „(182:) Das Gesetz befiehlt und erzwingt die Werke, der Glaube aber schafft die Person und begründet diese [und] bereitet sie zu guten Werken. (184:) Paulus [...] sagt, daß die Person durch den Glauben von Gott geschaffen wird, der uns durch den Glauben im Wort und im Gebrauch der Sakramente durch die Mittlerschaft des Heiligen Geistes erneuert ... (21:) Der König aber glaubt ihm und wird eine neue Person. (270:) Christus [...] gibt den Willen, auf daß ..."

Gottes Augen gerecht ist, ist also menschlichen Augen unsichtbar, er ist begraben mit Christus, tot für Sünde, Gesetz und Tod, verborgen vor dieser Welt, lebend in einem himmlischen Leben. Das ist der Christianus reputative iustus, sanctus sub alis gallinae suae[94]; er ist, man darf hier einen Ausdruck K. Barths[65)] brauchen, „das unanschauliche [. . .] *neue* Subjekt, das vor Gott stehende und bestehende Ich des Menschen, [. . .] von uns [. . .] nur als nicht-gegeben anschaulich und begreiflich". Nur so kann gesagt werden, daß der Christ nicht mehr sündigen könne.[66)] Also ist doch nicht der heilige Geist in *mir*, sondern von mir ist ein zweites Ich abgespalten und dieses lebt im Himmel, weit von hier, ein ‚himmlischer Doppelgänger'[95] meines irdischen Ichs! Aber gerade das soll nicht sein, ich bin wirklich der da drüben und bin als derselbe auch hier. Es ist ein und dasselbe Subjekt unter verschiedenen Perspektiven. Der Mensch, der vor Gottes Augen (reputante Deo)[67)] durch den Glauben schon gerecht *ist*, wird daraufhin für gerecht erklärt und es entspricht der Heiligkeit des Geistes, nun diesen Menschen auch in dieser Welt der Sünde per effectum[96] zu heiligen,

---

versatur, hic etiam . . . sentit et expetit quotidie militiam suam.[92] cf. 452. 176: Alius et novus homo est ac vere caelestis et divinus, ut angeli . . .[93] cf. 144.

65) Römerbrief[3], 134–35.

66) 429–30; S. 28, Th. 29.

67) cf. 354; 356; 50; 44; 292.

92 Dt.: „(450 f:) . . . der Christ ist eine Person, die bereits mit Christus in dessen Tod begraben ist, tot für Sünde, Gesetz und Tod . . . Aber eben dies wird nicht erkannt, sondern ist in der Welt verborgen, erscheint nicht, tritt nicht vor unsere Augen . . . Denn er selbst ist nicht in der jetzigen Welt, lebt nicht, ist tot, weilt in einem anderen Leben, das weit über unserem steht, in einem himmlischen [Leben]. . . . hier lebt der Christ durch Zurechnung gerecht, heilig unter den Flügeln seiner Henne. Aber soweit der Christ Kämpfer ist und sich im Kampf befindet, . . . spürt er hier auch seinen Kampf und sehnt sich täglich nach ihm." – Das Ende des Zitats lautet bei Drews 451: „. . . et expetit quotidie militiam carnis suae et huic nimium vivit, ut et divus Paulus conqueritur Roma. 7: Carne vivo legi peccati." („. . . und sehnt sich täglich nach dem Kampf mit seinem Fleisch und lebt allzu sehr für diesen, wie auch der göttliche Paulus klagt in Röm 7: Im Fleisch lebe ich dem Gesetz der Sünde.") – Vgl. Röm 7,25. ☐ **93** Dt.: „(Richtig: 178:) Er ist ein anderer und neuer Mensch und wahrhaftig himmlisch und göttlich, wie die Engel . . ." ☐ **94** Vgl. Anm. 64). ☐ **95** Zur Vorstellung eines ‚himmlischen Doppelgängers' vgl. AS 77 und GS III 29. ☐ **96** Dt.: „durch Wirkung", „wirksam".

die Anfänge des neuen Lebens *spüren*[68)] zu lassen, d. h. seine Wirkungen aus dem Anschaulichen ins Unanschauliche zu erstrecken.[97]

Geist und Glaube sind nicht eingegossen[69)], substanziell, quieszierend in uns, sondern der Glaube ist wirksam und lebendig[70)] und muß immer schaffen. So ist jener der heilige Geist seinem Inhalt nach ein Geschenk (s. o.), aber Luther will ihn doch nicht einfach als solches bezeichnen[71)]; denn ein Geschenk erscheint ihm abgeschlossen fertig, substanzartig, der heilige Geist aber ist wirksam, nicht Wirkung; zwar er ist als ganzes[72)] Wesen in uns durch Wort und Sakrament, ebenso wirklich wie Jesus auf Erden war, aber sein Wesen ist eben Kraft und Geschenk zugleich (s. o.). Als solcher macht er nun den Menschen, der reputante Deo gerecht ist, auch hier zu einem völlig neuen Menschen.[73)] Aus der voluntaristischen

---

68) Siehe Anm. 64).

69) Fides infusa, quam adversarii ita appellant, non est donum Dei, sed est plane figmentum.[98] 745.

70) Fides est vivax quiddam et operosum, nunquam quiescens neque cessans. 188; 222: [...] ipsa fides sit operosum quiddam ...[99] U. ö.

71) 150: Sic habemus (Spiritum Sanctum) non tanquam donum, vel effectum, sed tanquam efficientem.[100] cf. 116, [Th.] 39![101]

72) 151: Sicut pater fuit praesens et coram loquens, cum baptizaretur filius Iesus Christus in Iordane, sicut filius dominus et servator noster adfuit σωματικῶς, ... ita [...] nunc revera adest et operatur in nobis per verbum et sacramenta Spiritus Sanctus ...[102]

73) cf. 74: Haec purgatio est initium *novae creaturae* ...[103] 145; 13, [Th.] 68.

97 Korr.: „Umgekehrt!?" □ 98 Dt.: „(745:) Der eingegossene Glaube, den die Gegner so nennen, ist nicht ein Geschenk Gottes, sondern ganz offensichtlich ein Wahngebilde." □ 99 Dt.: „(188:) Der Glaube ist etwas Lebendiges und Wirkendes, niemals ruhend noch nachlassend. (Richtig: 224:) [und weil] der Glaube selbst etwas Wirkendes ist ..." □ 100 Dt.: „(150:) So haben wir (den Heiligen Geist) nicht wie ein Geschenk oder wie eine Wirkung, sondern als Wirkenden." – B's Zusatz „(Spiritum Sanctum)" ersetzt Drews: „eum" („ihn"). □ 101 Anm. 71) ist von B nachträglich am Rand hinzugefügt. – Wie B zit. Holl (in: W. Bodenstein, Die Theologie Karl Holls, 344) zu Drews 150 auch Drews 116 Th. 39. □ 102 Dt.: „(151:) Wie der Vater gegenwärtig war und vor aller Augen sprach, als sein Sohn Jesus Christus im Jordan getauft wurde, [und] wie der Sohn, unser Herr und Bewahrer, leibhaftig anwesend war, ... so ist [...] jetzt der Heilige Geist wirklich anwesend und wirkt in uns durch Wort und Sakramente ..." □ 103 Dt.: „(74:) Diese Reinigung ist der Beginn *einer neuen Schöpfung* ..." – Hervorhebung von B.

Fassung[104] des Geistbegriffes folgt eine lebendige Inbeziehungsetzung zwischen Mensch und Geist. Der konkrete Mensch steht aber mitten in der Welt der Sünde. So ist der heilige Geist eine Macht, die im Menschen kämpfen muß. Aber wie das? Muß wirklich der heilige Geist, wenn er zu uns kommt, kämpfen wie jeder andere Wille? Ist es nicht ein unfrommer Gedanke, von dem allmächtigen Gotteswillen zu glauben, daß es auch für ihn Widerstände gibt? Hier liegt das große Problem jedes voluntaristischen Gottesbegriffes. Luthers geniale Lösung scheidet zwischen der, von Gott aus gesehen, schon vollendeten Gerechtmachung, und der auf Grund der gesprochenen Gerechterklärung und der in der Zeitlichkeit beginnenden, vom heiligen Geiste erwirkten Heiligung.[105] Wenn der heilige Geist also kämpfend in der Welt steht, so ist damit schon sein überweltlicher Sieg gewiß, da wo er ist, ‚ist' der Sieg schon errungen. Damit ist zwar der Kampfcharakter des heiligen Geistes nicht gemildert, sondern nur verdeutlicht. Daß hier die letzte Paradoxie nicht aufgelöst werden kann, liegt im Wesen unsres Willensbegriffes und unsres ganzen Vorstellungsvermögens, das eben nur im Subjekt-Objektverhältnis denken kann.

Fragt sich nun Luther positiv, worin sich die Gaben und Wirkungen des Glaubens im neuen Leben erweisen, so ist ihm unzweifelhaft die Gesetzerfüllung in der Liebe die erste Frucht des Geistes. Er kann auch sagen, es ist der neue Gehorsam[74)], den das Gesetz vergeblich suchte[75)]. An dem Punkt, an dem der heilige Geist den Menschen zerbrechen ließ, an dem muß er ihn wieder aufbauen; denn die Gnade des Geistes besteht nicht darin, daß er von seiner Forderung etwas nachläßt (dann hätte der Mensch nicht vernichtet werden müssen!), sondern darin, daß er durch sein Hinzutreten einen neuen Menschen schafft, der das erfüllen kann, was er soll, daß aus dem Menschen

74) 698: Oportet ... etiam novam obedientiam in nobis inchoari.[106]
75) 290.

104 Vgl. GS III 110ff, bes. 118; DBW 1 (SC), 216 Anm. 55; s. auch K. Holl, Luther³, 52ff. □ **105** Vgl. K. Holl, Luther³, 219ff. □ **106** Dt.: „(Richtig: 697f:) Es muß ... auch ein neuer Gehorsam in uns beginnen."

wieder das Ebenbild Gottes wird[76)].[108] Indem die Menschen das unfaßliche Geschenk[77)], das sie im heiligen Geist erhalten haben, erkennen, werden sie Gott dankbar, lieben ihn, rufen ihn an. Weiter quillt daraus hervor die Liebe[78)] zum Nächsten um Gottes willen, Mäßigkeit, Freiheit, Großmut und vieles andere, d. h. also die neue Sittlichkeit und diese Folgen sind ebenso notwendig wie ein guter Baum gute Früchte bringt[79)], wie 3 + 7 10 ergeben. So notwendig, daß wenn die Früchte fehlen, man mit Sicherheit auf das Fehlen des rechten Geistes schließen kann.[80)] Das Gesetz ist nicht mehr außerhalb des Menschen, sondern es liegt im neuen Menschen als Kraft darin, sowie der heilige Geist ihm nicht mehr majestätisch gegenübersteht, sondern in ihn eingegangen ist. Damit wird die Sittlichkeit autonom, d. h. wahrhaft geistlich. Somit ist der geistliche Mensch, d. h. der wahrhaft Sittliche, frei vom Gesetz und lebt aus sich selbst, aus seinem Geist heraus. Er schafft im Geiste, indem er

---

[76)] 730, Th. 5: Qui veterem hominem cum suis concupiscentiis et crucifigit et renovat ad imaginem Dei.[107]

[77)] Christus donat Spiritum Sanctum, ut [...] incipiant [...] agnoscere hoc immensum, incomprehensibile et ineffabile donum ac pro eo gratias agere Deo, diligere, colere, invocare Deum, expectare ab eo omnia.[109] cf. 151 und 228. 272: Quantum igitur spiritus est in nobis tantum etiam delectationis in lege.[110]

[78)] 151: Cum infundit nobis fidem, spem, charitatem, modestiam, libertatem, beneficientiam, longanimitatem ...[111]

[79)] 11, [Th.] 34: Fatemur opera bona fidem sequi debere, imo non debere, sed sponte sequi, sicut arbor bona non debet bonos fructus facere, sed sponte facit.[112] cf. 116, Th. 21.

[80)] 730, [Th.] 8, u. ö.

107 Dt.: „(730 Th. 5:) Dieser kreuzigt den alten Menschen mit seinen Begierden und erneuert ihn nach dem Ebenbild Gottes." □ **108** Gestr.: „Wir erkannten, daß diese". □ **109** Dt.: „(284:) (Christus) schenkt den (Heiligen) Geist, auf daß [...] sie beginnen, [...] dieses unermeßliche, unfaßliche und unaussprechliche Geschenk zu erkennen und dafür Gott Dank zu sagen, Gott zu lieben, zu verehren, anzurufen und von ihm alles zu erwarten." – „Christus" und „Sanctus" sind Zusätze B's. □ **110** Dt.: „(272:) Wieviel an Geist also in uns ist, so viel auch an Freude am Gesetz." □ **111** Lies mit Drews „beneficentiam". Dt.: „(151:) Wenn er uns Glaube, Hoffnung, Liebe, Bescheidenheit, Freiheit, Wohltätigkeit, Langmut eingießt ..." □ **112** Dt.: „(11 Th. 34:) Wir bekennen, daß gute Werke dem Glauben folgen müssen, nein vielmehr: nicht müssen, sondern ganz von selbst folgen, wie ein guter Baum nicht gute Früchte hervorbringen muß, sondern ganz von selbst hervorbringt." – Vgl. Mt 7,17.

handelt und ist so schöpferisch. Eingehüllt[81)] in der Liebe des neuen Menschen wirkt der heilige Geist oder der Glaube, nicht aber ist die Liebe eine qualitas des heiligen Geistes. Man sieht auch hier Luther wieder gegen den Substanzgedanken[114] angehen. Der neue Mensch braucht keine Dekaloge[115], ja er selbst könnte neue Dekaloge aus ‚sich' heraus schaffen, die klarer wären, als der des Mose.[82)] Wenn Christus *oder* das Gesetz verloren gehen müßten, dann doch wahrhaftig lieber das Gesetz.[83)] Denn im Besitz des Geistes habe ich erfülltes Gesetz und Kraft zur weiteren Erfüllung in mir.[84)] So schafft der neue Mensch sich selbst die Regeln seines Handelns aus der Kenntnis des bestimmten Gotteswillens; freilich das letzte ist notwendig. Der heilige Geist aber verschafft ihm diese Kenntnis und nun kann dieser auch aus dem Geiste *urteilen*[85)] und Herr aller Dinge sein. Neben der produktiven Sittlichkeit steht also das kritische Urteil. Durch den Glauben bekommt die Urteilskraft eine andere Richtung; d. h. freilich nur durch den Glauben, also

---

[81)] 150: Errat magister sententiarum, cum dicit, quod ipsa caritas sit qualitas [...] Spiritus Sancti, nisi dicat, quod Spiritus Sanctus involutus in caritate operetur in nobis.[113]

[82)] 12, Th. 53: Imo novos decalogos faciemus, sicut Paulus facit per omnes epistolas, et Petrus, maxime Christus in evangelio. [Th.] 54: Et hi decalogi clariores sunt, quam Mosi decalogus ...[116]

[83)] Si utrum sit amittendum, Christus vel lex, lex est amittenda, non Christus. [12, Th.] 51.[117]

[84)] [12, Th.] 52: Habito enim Christo facile condemus leges, et omnia recte iudicabimus.[118]

[85)] 12, [Th.] 52. 56.

113 Dt.: „(150:) Es irrt der Magister Sententiarum, wenn er sagt, daß die Liebe selbst eine Beschaffenheit [...] des Heiligen Geistes ist, ohne dazu zu sagen, daß der Heilige Geist, eingehüllt in der Liebe, in uns wirkt." – Mit ‚Magister Sententiarum' ist der scholastische Theologe Petrus Lombardus (ca. 1100–1160) gemeint, auf dessen Libri quattuor sententiarum (1.I, dist. 17, B) sich Luther hier bezieht. □ **114** Vgl. o. Anm. 104. □ **115** Vgl. K. Holl, Luther^3, 223; ferner GS V 165 und E 268. □ **116** Dt.: „(12 Th. 53:) Fürwahr, wir werden neue Dekaloge schaffen, wie Paulus es tut in allen seinen Briefen, und Petrus [und] vor allem Christus im Evangelium. (Th. 54:) Und diese Dekaloge sind klarer als der Dekalog des Mose ..." □ **117** Dt.: „(12 Th. 51:) Wenn man eines von beiden aufgeben müßte, Christus oder das Gesetz, dann muß man das Gesetz aufgeben, nicht Christus." □ **118** Dt.: „(12 Th. 52:) Denn wenn wir Christus haben, werden wir leicht Gesetze erlassen und alles richtig beurteilen."

nicht etwa wird die Vernunft zur metaphysischen Erkenntnis erleuchtet, sondern die Urteilskraft ist eine sittliche und hat zu ihrem Maßstab das Wort bzw. den Geist (s. u.). Die Erkenntnis unsres Herzens reicht nicht aus, sie führt uns in Irrtum.[86)] Aus der neuen Urteilskraft werden wir auch unser eigenes Ich richtig beurteilen können. So ist der Christ Richter über alle Dinge und kann selbst nur von Gott gerichtet werden.

In dieser absoluten Freiheit vom Gesetz *erfüllt* er es im Glauben. Soll nun jeder Christ wirklich versuchen, sich selbst die Normen für sein Handeln zu schaffen? Gewiß, Gesetz ist, wo Gottes Wille ist; und wenn der heilige Geist zum Ehebruch führt, so [ist] Ehebruch Gesetz wie jedes andre.[87)] Der Herr des Gesetzes hat Vollmacht. – Luther scheint hier hart an Gedanken des Duns Scotus heranzustoßen; aber was für Luther eine unvermeidliche Konsequenz ist, ist für Duns Prinzip. – Also grundsätzlich ist der Christ, der Starke frei, aber wer darf sich für so stark halten? Und daß die Starken ihre Kraft ganz für die Gemeinde bekommen haben, davon unten ausführlich. Aber wieder: Wenn Gott sich den Menschen gibt, kann er sich denn dem einen mehr, dem andren weniger geben? Ist Gott nicht ein ganzer Gott? Wie kann er oder der heilige Geist überhaupt *verteilt* gedacht werden? Luther antwortet[88)], es handle sich ja hier nicht um den Geist in seiner essentia und natura, sondern um das ministerium Spiritus Sancti[122]. Durch dieses ist er

---

86) 678: Si iudicatione cordis iudicamus, tum erramus, sed per verbum et sacramenta iudicemus.[119]

87) Dominus legis potest dispensare cum quibus et quomodo ipse vult; eius voluntas est lex. Cum igitur approbante Spiritu Sancto duxerunt plures uxores, non peccaverunt . . .; si iuberet adulterari, tum esset lex.[120] 622.

88) cf. 150, argum. et R.[121]

119 Dt.: „(678:) Wenn wir nach dem Urteil des Herzens urteilen, dann irren wir, statt dessen sollen wir durch das Wort und durch die Sakramente urteilen." □ **120** Dt.: „(Richtig: 622/624:) Der Herr kann vom Gesetz befreien, bei wem und wie er will; sein Wille ist Gesetz. Wenn sie also mit Billigung des Heiligen Geistes mehrere Frauen geheiratet haben, haben sie nicht gesündigt . . .; wenn er befehlen würde, Ehebruch zu begehen, dann wäre es Gesetz." □ **121** Richtig: Drews 148/150; „argumentum et Responsio" („Argument und Antwort"). □ **122** Dt.: „. . . nicht um den Geist in seinem Wesen und seiner Natur, sondern um den Dienst im Heiligen Geist".

revera[123] im Menschen und doch verteilt. Auf die Frage nach dem Mehr oder Weniger antworten wir mit einem andren Satz Luthers[89)], daß der Glaube zwar schwach, aber nie ungewiß sein könne. Es liegt im Wesen des Glaubens als Wirkung des heiligen Geistes und als Gotthaben, sich dieses Besitzes und damit des Evangeliums gewiß zu sein. So ist der Besitz des Geistes im Glauben, der allein rechtfertigt, bei allen gleich und ganz. Schwachheit und Stärke, Weniger oder Mehr bezieht sich auf die produktive Entfaltungskraft und diese ist bei Menschen gleicher Glaubens*gewißheit* verschieden. Es ist töricht, vom ganzen oder geteilten Geiste zu reden, denn wo ich überhaupt den heiligen Geist habe, da habe ich auch seine Unendlichkeit.

Was folgt nun für den ‚nicht Starken', vollkommenen Christen für die Gesetzespredigt? Erübrigt sie sich, wie es sich erübrigt, den Zahlen zu gebieten, daß 7 + 3 = 10 ergebe? Was soll dem freien Christen das Gesetz? Und dann weiter, warum konnte dem Menschen nicht gleich die Kraft zur Erfüllung des Gesetzes durch den Geist gegeben werden? Warum mußte er durch diesen Tod hindurch, den ihm der Spiritus Sanctus in sua maiestate[125] bereitete? Wir beantworten zuerst die 2. Frage: Der Mensch ist so tief in Sünden verstrickt, daß er es gar nicht erkennt und fühlt[90)], wenn der Geist als Tröster zu ihm kommt. Sollte also dem *Menschen* geholfen werden und nicht nur ein habitus[127] magisch eingegossen sein, dann mußte er in seinem eigenen Herzen erschüttert werden durch die Gewalt der Sündenerkenntnis, damit er weiß, daß er Hilfe braucht. So ist [das] doppelte Wirken des Geistes gar nicht zu trennen. Zwar durch

---

89) 473: ... fides potest esse infirma, sed non incerta aut dubia ...[124]

90) 416: Spiritus Sanctus, ut esset consolator et sanctificator, factus est etiam donum. Sed quia sumus in peccatis, rei aeternae mortis et irae, *non statim possumus eum sentire*, neque consolationem eius agnoscere. Ideo necesse est, etc. ...[126]

123 Dt.: „wirklich". □ **124** Dt.: „(473:) ... der Glaube kann schwach, aber nicht unsicher oder zweifelnd sein ..." – Statt „aut" („oder") bei Drews: „et" („und"). □ **125** Dt.: „der Heilige Geist in seiner Majestät". □ **126** Dt.: „(416:) Der Heilige Geist ward auch Geschenk, um zu trösten und zu heiligen. Aber weil wir in Sünden sind, ewigem Tod und Zorn verfallen, *können wir ihn nicht sofort spüren* und auch seine Tröstung nicht erkennen. Deshalb ist es nötig, etc. ..." – Hervorhebung von B. □ **127** Dt.: „ein Zustand", „eine Haltung".

das Gesetz wird der Geist nicht gegeben. Aber[91)] durch das Gesetz bereitet sich der heilige Geist selbst das ‚Material', in dem er nachher wirken kann, nämlich demütige und zerschlagene Herzen. Ohne Gesetzespredigt würde also auch der Geist nicht verteilt werden können. Durch das Hinzutreten des Evangeliums wird ja aus dem Gesetz der Pädagog auf Christus, der Finger Johannes des Täufers, der sagt: siehe das Lamm Gottes, wie Luther sich gern ausdrückt.[92)] Gesetz war nie Selbstzweck, schon von den alttestamentlichen Vätern wurde Gerechtigkeit immer im Glauben an die promissio Christi[130] gefunden.[93)] Hebt nun so der heilige Geist sein eigenes Wirken auf? Nein, denn die Richtung, der Wille des Gesetzes war derselbe heilige Wille wie der im Evangelium, nur die Form hat

---

91) Lex quidem non dat Spiritum Sanctum, ut per evangelium, sed interim per legem praeparatur Spiritui Sancto materia, in qua postea suam vim et potestatem ostendere potest, videlicet, in pauperes, afflictos, contritos ... nec per evangelium datur Spiritus Sanctus, nisi prius praeparata fuerit per legem materia, ...[128] 480.

92) 370: Hie hor tuum officium, non diaboli aut latronis, sed paedagogi. ... Lex enim per sese tantum potest terrores incutere et deducere ad inferos. Sed deinde venit evangelium et aufert cuspidem legi et facit ex ea paedagogum. Atque ita debet lex per evangelium interpretari ... oportet, ut accedat ministerium Spiritus, evangelium id est, seu digitus Ioannis, qui dicat: Ecce agnus Dei, non morieris.[129]

93) cf. 686, Th. 1–7.

128 Dt.: „(Richtig: 481:) Zwar gibt das Gesetz nicht den Heiligen Geist, wie durch das Evangelium, sondern durch das Gesetz wird dem Heiligen Geist einstweilen der Stoff vorbereitet, an dem er später seine Macht und Gewalt zeigen kann, nämlich gegenüber Armen, Zerschlagenen, Zerknirschten. ... und nicht wird durch das Evangelium der Heilige Geist gegeben, wenn nicht zuvor durch das Gesetz der Stoff bereitet ist ..." – Statt „potestatem" („Gewalt") bei Drews: „virtutem" („Kraft"). □ **129** Dt.: „(Richtig: 370/372:) Hier höre deine Pflicht, nicht die des Teufels oder des Räubers, sondern die des Pädagogen ... Denn das Gesetz kann aus sich selbst nur Schrecken einjagen und zur Hölle hinabführen. Aber dann kommt das Evangelium und nimmt dem Gesetz den Stachel und macht aus ihm einen Pädagogen. Und so muß das Gesetz durch das Evangelium ausgelegt werden ... hinzutreten muß der Dienst des Geistes, d. h. das Evangelium, oder der Finger des Johannes, der sagt: Siehe, das Lamm Gottes, du wirst nicht sterben." – Joh 1,29; zum ‚Finger des Johannes' vgl. auch K. Barth, Menschenwort und Gotteswort, 130, und Ders., Das Wort Gottes und die Theologie, 79 ff, 85 ff u. 91. □ **130** Dt.: „Verheißung Christi".

sich verändert (s. o.). Das Gesetz ist nicht als unbrauchbar durch das Evangelium abgetan, sondern es ist in diesem ‚wohl aufgehoben‘[131]; wo kein Gesetz, da keine Sünde, wo keine Sünde, da keine Vergebung, wo keine Vergebung, da ist Christus umsonst in die Welt gekommen und gestorben. Also Evangelium und Gesetz als zwei Wirkungen des heiligen Geistes können und dürfen nicht getrennt werden, wie Buße und Vergebung nicht getrennt werden können.[94)] Wo Gesetz nicht verstanden wird, wird ja auch seine Erfüllung gegenstandslos. Ja, das Gesetz verwerfen bedeutet Christus zum 2. Mal kreuzigen.[95)] Also gut, an seiner Stelle ist das Gesetz heilig, gerecht und gut[134]. Hat es aber eine Stelle auch noch im Christenstand? Im Evangelium ist das Gesetz ‚aufgehoben‘ in doppelter Bedeutung. Braucht der Glaubende noch das Gesetz? Jeder Mensch, der imputative iustus ist, bleibt trotz der Heiligung per effectum Sünder[135]. Dem vom heiligen Geist ins Reich Gottes Getragenen „hangen die Füßlein noch herfür“[96)] und so gewiß er vor Gott gerecht ist, so gewiß ist er auf dieser Welt noch Sünder; so gewiß in ihm der Geist ist, so gewiß ist in ihm auch das Fleisch; und ein gewaltiger Kampf zwischen den beiden Giganten tobt im Menschen. Der Tod selbst und der Tod Christi ringen miteinander. Aber Christus ruft: ich bin der Tod des Todes, Hölle der Hölle, Teufel des Teufels, fürchte dich nicht, ich habe gesiegt![97)]

---

94) Lex et evangelium non possunt nec debent separari, sicut nec poenitentia et remissio peccatorum ... nec impletio quid sit intelligi potest, nisi intelligatur, quid sit lex, ...[132] 332.

95) 458: Nam qui legem reiiciunt, non minus sunt crucifixores Christi.[133]

96) 480.

97) 348.

131 Vgl. Röm 7,6: καταργεῖν. Zu καταργεῖν auch Röm 3,31 und K. Barth, Der Römerbrief[3], 66 ff □ **132** Dt.: „(332:) Gesetz und Evangelium können und dürfen nicht getrennt werden, wie auch nicht Buße und Vergebung der Sünden ... man kann nicht verstehen, was Erfüllung ist, wenn man nicht versteht, was Gesetz ist ...“ □ **133** Dt.: „(458:) Denn diejenigen, die das Gesetz verwerfen, kreuzigen Christus nicht weniger.“ □ **134** Vgl. Röm 7,12. □ **135** Dt.: „durch Zurechnung gerecht“ – „durch Wirkung Sünder“.

Also der Geist hat zwar eine neue Person geschaffen, aber Wille ist nicht Substanz[136], d. h. nichts Unverdrängbares, fest Eingegossenes, sondern lebendige Kraft, die, wie es im Wesen der Kraft liegt, auch ihre Widerstände hat und diese Widerstände sind auch im erneuerten Menschen kräftig vorhanden[98)]. Wieweit die Einheit der beiden Willen psychologisch anschaulich in einer Person vorhanden vorstellbar ist, nämlich des vom Geist erneuerten und des sündhaften, ist Luther hier gleichgültig gewesen, er empfindet umso stärker ethisch ihre Einheit und seine Verantwortlichkeit für beides. So ist das ethische Problem auch für den neuen Menschen unvermindert ernst. Der heilige Geist muß kämpfen, denn der Mensch kann, solange er lebt, nicht *nicht* sündigen[99)]. Immer nur den Anfang zum neuen Leben können wir machen[100)], dann aber immer von neuem Buße tun, weil wir sehen, daß wir nicht ohne bleiben können. Aber der Sinn der evangelischen Buße ist es, daß sie, wenn der Christ durch Sathans Macht in Sünden gefallen ist, diesen darin nicht verzweifeln läßt, sondern in ihrer Demut doch Gott die Ehre gibt, kindliche, nicht knechtische Furcht[101)] empfindet und die Sündenvergebung durch den Glauben, d. h. unter Wirkung des heiligen Geistes erfaßt[102)]. Die Erbsünde bleibt in uns trotz Taufe und Rechtfertigung und spricht uns schuldig des

---

98) 145: Nostra enim voluntas non potest hic esse neque fieri perfecta, non potest implere legem et congruere cum voluntate divina, sicut erit in coelis post hanc vitam.[137]

99) Antequam sepeliamur, non possumus non peccare etiam sancti.[138] 445.

100) 145: Sumus tantum primitiae creationis, tantum primitias Spiritus accipimus et habemus in hac vita ...[139] cf. 431, 144.

101) cf. auch S. 362.

102) S. 302.

136 Vgl. o. Anm. 104. ☐ **137** Dt.: „(145:) Denn unser Wille kann hienieden nicht vollkommen sein und nicht vollkommen werden, nicht kann er das Gesetz erfüllen und mit dem göttlichen Willen übereinstimmen, so wie es in den Himmeln sein wird nach diesem Leben." ☐ **138** Dt.: „(445:) Bevor wir begraben werden, können wir nicht umhin zu sündigen, auch als Heilige." ☐ **139** Dt.: „(145:) Wie wir die Erstlingsfrüchte der Schöpfung sind, so empfangen und haben wir in diesem Leben die Erstlingsfrüchte des Geistes ..." – Vgl. Röm 8,23.

Todes und des göttlichen Zornes[103)]. Tag um Tag müssen wir neu gereinigt[104)] und wiedergeboren werden, Tag um Tag muß somit der Geist in uns kommen, und solche Wiedergeburt ist immer nur Anfang, der alsbald wieder von der Sünde erstickt wird. Freilich, der endgültige Sieg des Geistes ist gewiß; Christus ruft im Menschen immer von neuem das ‚ego vici'[142], der Heilige Geist bleibt beim Menschen[105)], er ist nicht wie ein Künstler, der ein Kunstwerk macht und dann fortgeht, sondern er bleibt, ist immer da, stützt und bewahrt uns, „denn er hat immerdar an uns zu halten und wie an einem alten bösen peltz zu flicken". Und doch mit allzugroben Sünden können wir auch den Geist verjagen.[106)] Dieser Ausdruck behauptet natür-

---

[103)] 64: Peccatum originis ... quoddam ingenitum malum, [...] quod nos reos facit peccati et mortis aeternae. ... et manet in nobis etiam post baptismum repugnatque legi Dei et Spiritui Sancto. 369: Imperfecta impletio legis est, quando Spiritus Sanctus incipit formaliter implere legem in nobis, seu quando per Spiritum Sanctum nos incipimus implere legem.[140]

[104)] 145: Imo nos quotidie purgari per verbum et sacramenta, mittente Deo in corda nostra Spiritum suum Sanctum, qui de die in diem nos mundat ...[141]

[105)] 150: Nam opera Spiritus Sancti non sunt sicut artificis, qui perfecta creatura abeat ... 151: Sed semper adest nobis fulcit et conservat nos. Denn er hat immerdar ... Es wäre denn, daß wir in mutwilliglich durch unsre sünden verjagten.[143]

[106)] Siehe Anm. 105).

140 Dt.: „(64:) Die Erbsünde ... ist gewissermaßen ein angeborenes Übel, [...] das uns der Sünde und dem ewigen Tod verhaftet macht, ... und sie bleibt in uns auch nach der Taufe und widersetzt sich dem Gesetz Gottes und dem Heiligen Geist. (369:) Die Erfüllung des Gesetzes ist unvollkommen, wenn der Heilige Geist [erst] beginnt, mit seiner Form in uns das Gesetz zu erfüllen, oder wenn wir beginnen, durch den Heiligen Geist das Gesetz zu erfüllen." – Das zweite Zitat ist von B am Rand nachgetragen. □ **141** Dt.: „(145:) [Wir sagen] vielmehr, daß wir täglich durch das Wort und die Sakramente gereinigt werden, indem Gott in unsere Herzen seinen Heiligen Geist sendet, der uns von Tag zu Tag reinigt ..." □ **142** Dt.: „das ‚Ich habe gesiegt'"; vgl. o. 385 u. Anm. 97). □ **143** Dt.: „(150:) Denn die Werke des Heiligen Geistes sind nicht wie die eines Künstlers, der eine Schöpfung vollendet und dann davon geht ... (151:) Sondern er ist uns immer nahe, stärkt und bewahrt uns ..." – Der an das lat. Zitat unmittelbar anschließende erste dt. Satz findet seine Ergänzung o. im Text, der zweite lautet bei Drews: „Es were denn, das wir in selber mutwilliglich mit unsern sünden von uns jagten."

lich nicht die Übermacht der Sünde über den Geist – denn Gott kann auch dem Widerspänstigen Glauben geben![107)] –, sondern hier ist der prädestinatianische Gedanke des nicht gewährten donum perseverantiae[145] ins Ethisch-Schuldhafte umgedeutet. – Das Wort bedeutet aber auch eine deutliche Wendung gegen die katholische Anschauung, daß der Gerechtfertigte mit jeder Sünde aus dem Gnadenstand falle und erst durch das Sakrament wieder eintrete. Für Luther ist grade der sündige Mensch in seiner Sündhaftigkeit im Gnadenstand.

In diesen Zusammenhang gehört auch Luthers Anschauung von der Sünde wider den heiligen Geist. Eigentlich ist für Luther jede Sünde eine Sünde wider den Geist. In Bezug auf das Wort Jesu aber besteht sie für ihn in endgültigem Zweifel und endgültiger Überhebung[108)], also in der bewußten Abweisung der von Gott im Evangelium und Gesetz gegebenen Offenbarung. Auch hier wieder die Umwendung des Prädestinationsgedankens. Also „es sei denn, das wir ihn mutwilliglich von uns jagten"[147], so ist der heilige Geist bei uns und wird uns doch täglich wieder gegeben in der Buße und das ist kein Widerspruch. So befreit er uns zwar nicht von Affekten und Sinnlichkeit[109)], aber er gibt uns Kraft, sie zu überwinden[110)]; er gibt mir die Kraft, das Böse, weil es böse ist, zu hassen[111)]; schafft aber in mir eine immer tiefere Erkenntnis der Sünden, je mehr er in mir

107) Fides [...] datur ... etiam contraluctanti, si Deus voluerit.[144] 43.

108) 350: Finalis praesumptio et finalis dubitatio utraque est peccatum in spiritum sanctum.[146]

109) cf. 436–37.

110) 454: Ora, ut audiam te, et faciam, ut possis ...[148]

111) 358: Spiritus [...], quo recepto incipio ex animo odisse omne, quod offendit eius nomen.[149] U. ö.

144 Dt.: „(43:) Der Glaube [...] wird ... auch den Widerstrebenden gegeben, wenn Gott es will." □ **145** Dt.: „des nicht gewährten Geschenks der Beharrlichkeit". □ **146** Dt.: „(350:) Endgültige Überhebung und endgültiger Zweifel sind beide Sünden wider den heiligen Geist." □ **147** Vgl. o. Anm. 105) u. 143. □ **148** Dt.: „(454:) Bete, daß ich dich höre, und ich werde bewirken, daß du es kannst ..." □ **149** Dt.: „(Richtig: 356/358:) Der [heilige] Geist, den ich empfangen habe, worauf ich alles von Herzen zu hassen beginne, was seinen Namen beleidigt."

wächst[112)], und damit immer erneut desperatio und Buße, damit aber auch tristitia; so trauern die Frommen mehr über ihre Sünde, als sie sich über die Gaben Gottes freuen. Hier liegt der eigentliche Punkt, an dem auch der Frömmste zu kämpfen hat; denn tristitia ist Sünde und je mehr man auch versucht, sie mit dem Geiste zu überwinden – sie kehrt immer wieder.

Gerade dieses Mißtrauen und Zweifeln an Gott ist Sünde gegen das 1. Gebot[113)] und schwerstes Verbrechen. Kommt das Evangelium gerade dazu, um Gottes Willen dem Menschen sicher zu machen[114)], so ist der Zweifel Werk des Gesetzes[115)], das, wenn auch nicht immer, so doch in Abständen den Menschen heimsucht. Aber schließlich siegt doch der heilige Geist in uns und die certitudo remurmurante dubio[154].

Luther kann den Gedanken auch umwenden; so schlimm dieser Kampf zwischen Geist und Sünde auch ist, gottlob, daß

[112)] 330: Ideoque etiam mittitur Spiritus Sanctus, qui ubi occupaverit totum hominem, subinde magis ac magis innotescunt peccata ...[150]

[113)] 482: De Deo desperare est summum flagitium et peccatum contra primum praeceptum ...[151]

[114)] 240: Et totum evangelium nihil aliud agit, quam ut nos de voluntate Dei certificet.[152]

[115)] 657: Dubitatio manet in sanctis et renatis et viget in illis, etsi non semper, tamen per intervalla. Est autem dubitatio opus legis ... Pugnant autem haec duo acerrime inter se, certitudo et dubitatio ... etsi dubitatio maior appareat, tamen cooperante Spiritu Sancto debilitatur per certitudinem ... ut semper superet certitudo remurmurante dubitatione.[153]

150 Dt.: „(330:) Und deshalb wird auch der Heilige Geist gesandt, und sobald dieser sich des ganzen Menschen bemächtigt hat, werden sofort die Sünden mehr und mehr offenbar ..." □ **151** Dt.: „(482:) An Gott zu zweifeln, ist die größte Niedertracht und Sünde gegen das 1. Gebot ..." □ **152** Dt.: „(240:) Und das ganze Evangelium geht auf nichts anderes aus, als uns des Willens Gottes zu versichern." □ **153** Dt.: „(657:) Der Zweifel bleibt bei Heiligen und Wiedergeborenen und ist stark in jenen, wenn auch nicht immer, so doch in Abständen. Der Zweifel ist aber ein Werk des Gesetzes ... Es kämpfen aber diese beiden sehr heftig miteinander, nämlich Gewißheit und Zweifel. ... auch wenn der Zweifel größer erscheint, wird er dennoch unter Mitwirkung des Heiligen Geistes durch die Gewißheit geschwächt ..., so daß die Gewißheit immer siegt, während der Zweifel dagegen murrt." – Die Reihenfolge der beiden letzten Sätze ist von B bei der Wiedergabe des Zitats vertauscht worden. □ **154** Dt.: „... Gewißheit, während der Zweifel dagegen murrt" (vgl. den Schluß von Anm. 115)).

er da ist; wahrhaftig, wenn er fehlte, wäre die Gefahr groß, mit ihm auch Christus verloren zu haben.[116)]

Jetzt ist die Bedeutung des Gesetzes für den Christen klar. Soweit er Geist, ist er frei, ist es ‚aufgehoben'[156], soweit er Sünder ist, ist es in Kraft und führt durch[117)] Ermahnung als mortificatio iustificatoris[157] zur Buße, bis der Geist des Gesetzes ganz aufgegangen ist in dem des Evangeliums, bis Gottes Zorn ganz zur Gnade geworden ist, das wird aber hier nicht geschehen, sondern im Jenseits. Wir sehen hier wie schon öfter die Anschauung vom Wirken des heiligen Geistes immer über sich selbst hinausdrängen zu einer Eschatologie. Dereinst wird kein ministerium Spiritus Sancti[158] mehr sein[118)], wo aus dem Glauben Schauen geworden ist[119)], wo wir den Anblick des heiligen Geistes ohne Hüllen in seiner Glorie werden ertragen können[120)], weil unsere Augen ganz rein und unser Herz ganz neu sein werden[121)], wo das Gesetz nicht nur reputative im

---

116) 431: Nisi essent christianis tales luctationes, pugnae, cruces et tribulationes, periculum esset, ne Christum prorsus perderent et amitterent.[155]

117) 274, 402, 326; u. ö.

118) 116, Th. 24: Cessabit enim tunc et ipsa fides, reputatio Dei et remissio peccatorum, cum universo spiritus ministerio. cf. 128; cf. 737. 116 [Th.] 26: Lex ipsa cessabit et evacuabitur cum omni scientia et prophetia et tota scriptura.[159]

119) Siehe Anm. 118).

120) 128: ... spiritus sanctus revelabitur tunc, et quod est sensibile, externum, corporale, illud cessabit. Iam videtur Spiritus Sanctus quodam medio ... sed illic eum videbimus in sua gloria ...[160]

121) 151: Videbimus eum, sicut est, et feremus suam maiestatem. Nam tum oculi nostri erunt purgati et cor nostrum innovatum.[161]

155 Dt.: „(431:) Wenn die Christen nicht solches Ringen und Kämpfen, nicht solche Kreuze und Anfechtungen hätten, dann bestünde die Gefahr, daß sie Christus ganz und gar verlören und aufgäben." □ **156** Vgl. Anm. 131. □ **157** Dt.: „Abtötung durch den Rechtfertiger". □ **158** Dt.: „Dienst des Heiligen Geistes". □ **159** Dt.: „(116 Th. 24:) Denn dann wird der Glaube selbst, die Zurechnung Gottes und die Vergebung der Sünden zusammen mit dem Dienst im Geist aufhören. (116 Th. 26:) Das Gesetz selbst wird schwinden und wird mit der gesamten Wissenschaft und Prophetie und der ganzen Schrift zugrunde gehen." □ **160** Dt.: „(128) ... der heilige Geist wird dann offenbart werden, und jenes, was wahrnehmbar, äußerlich und körperlich ist, wird aufhören. Jetzt scheint der Heilige Geist gewissermaßen vermittelt [zu sein] ..., aber dort werden wir ihn in seiner Herrlichkeit schauen ..." □ **161** „(151:) Wir werden ihn sehen, wie er ist, und seine Majestät ertragen. Denn dann werden unsere Augen gereinigt und unser Herz erneuert sein."

Glauben, sondern formaliter[162] in der Liebe erfüllt werden wird. Dann wird der heilige Geist im jüngsten Gericht uns soweit gereinigt haben, daß wir vor Gott wirklich werden bestehen können.[122)] – Einer Lehre vom heiligen Geist, der die Eschatologie fehlte, würde die Spitze abgebrochen, sie entbehrte des Sinnes.

Nun erhebt sich am Schluß dieses großen Gedankenzusammenhangs noch einmal die Frage mit großer Macht, die sich schon oben bei der Wirkung des heiligen Geistes im Gesetze erhob: die Frage nach der Gewißheit. Wie komme ich dazu, zu behaupten, in mir sei der heilige Geist? Ja, wie darf ich mir anmaßen zu meinen, daß grade mein Glaube vom heiligen Geist gewirkt ist? Ist das nicht vielleicht entsetzlichste Lästerung? D. h., es ist [die] Frage nach der Rechtfertigungsgewißheit, vor der wir hier stehen, die die nach dem Besitz des Geistes einschließt.[164] Es ist klar, daß hier das Problem schwieriger liegt als oben. Da hatte Luther den subjektiven Erfahrungsbeweis aus dem Gewissen an der Hand; der Mensch war faktisch gestorben, weil er mußte, nicht weil er wollte. Von außen war etwas an ihn herangetreten und hatte ihn überwältigt, sittlich gebrochen. Lag die Erfahrung hier bei der Einwohnung des Geistes ebenso klar? Lag es hier nicht garzu nah, daß man sich mit einer Illusion aus der fatalen Lage, in die das Gesetz geführt hatte, heraushalf? Ob die innersten Motive durch den heiligen Geist wirklich andere geworden waren, kann ja der Mensch nicht spüren, denn nur Gott erforscht die Herzen, woran soll aber der Mensch dann erkennen, daß wirklich nicht er, sondern der heilige Geist in ihm wirkt, daß er wirklich glaubt und d. h. vor Gott gerecht ist?

Hier versagt auch das Gewissen, das beim Christen[123)] zwar

---

122) Donec vere et prorsus purgetur (sc. peccatum). ... quod fit in ultimo iudicio.[163] 61.

123) 439: Certe omnes christiani habent bonam conscientiam ...[165]

162 Dt.: „... nicht nur durch Zurechnung im Glauben, sondern mit seiner Form ..." □ **163** Dt.: „(61:) Bis sie wahrhaft und ganz und gar getilgt wird (sc. die Sünde). ... was beim jüngsten Gericht geschieht." – Die Ergänzung in Klammern stammt von B. □ **164** Der Satz ist von B am Rande nachgetragen. □ **165** Dt.: „(439:) Gewiß haben alle Christen ein gutes Gewissen ..."

‚gut' ist, aber ist ein gutes Gewissen nicht ein recht zweideutiges Phänomen? Gewiß, es bleibt die Grundlage für alles weitere, aber es vermag doch den Glauben nicht zu ‚spüren'.

Luther antwortet zunächst einfach, die Werke sollen dir Zeugnis davon geben, daß du innerlich ein andrer geworden bist und daß du wirklich glaubst[124)]; denn nur der wahre Glaube ist wirksam in der Liebe; und so werden andere an dir und du an dir selbst erkennen, daß du ein Kind Gottes bist. Dieser Gedanke ist später vom Puritanismus besonders stark ausgebildet worden.[125)] Zwar den ersten Einwand, den man ihm machte, hat Luther durchschlagend abgetan. Man fragte[126)], wie denn aus der Mittelstellung des Menschen zwischen Sünde und Geist je eine Gewißheit über eines von beiden entspringen könne. Luther hat die einfache Antwort gegeben, daß der Mensch nicht vielleicht in Sünden, vielleicht in Gnaden, sondern ganz gewiß in allen beiden sei, sowahr der heilige Geist in einen sündigen Menschen gekommen sei, ihn zu reinigen. Das hat man sich zu verdeutlichen, um zur Gewißheit zu gelangen, und das soll jeder Mensch[127)], sonst erhebt er sich gegen Gottes Ehre. Aber Luther sah selbst, daß sein Gewißheitsargument für

---

124) Christus requirit bona opera ... ut nos et alii certificemur istis bonis operibus, nos certe credere.[166] 194: Est verum, opera certificant nos et testantur coram hominibus et fratribus et [...] coram nobis ipsis, quod vere credimus et sumus filii Dei ...[167] cf. 214; 230f.

125) Von Luther aufgenommen in dem Satz, daß wir „unsere Berufung sicher machen müssen durch Werke". Aus 2. Petr. 1,10. cf. 744. Vgl. auch 44.

126) 473: ... quia *certissimum* est, nos esse partim iustos, partim peccatores, ... et si quis ignorat nec videt peccatum in se, consulat suum ipsius cor et conscientiam.[168]

127) cf. 240; 742.

166 Dt.: „(204:) (Christus fordert gute Werke) ..., auf daß wir und andere durch diese guten Werke Gewißheit darüber erlangen, daß wir gewiß glauben." – „Christus requirit bona opera" ist Zusatz B's. □ **167** Dt.: „(194:) Es ist wahr: Die Werke verleihen uns Gewißheit und bezeugen vor Menschen und Brüdern und [...] vor uns selbst, daß wir wahrhaft glauben und Kinder Gottes sind ..." – Holl (in: W. Bodenstein, Die Theologie Karl Holls, 344) verbindet wie B Drews 204 mit 194. □ **168** Lies: „... et si quis ignorat hoc neque videt ..." Dt.: „(473:) ... weil es *ganz gewiß* ist, daß wir teils gerecht, teils Sünder sind, ... und wenn jemand das nicht weiß und die Sünde in sich nicht sieht, dann soll er sein eigen Herz und Gewissen befragen." – Hervorhebung von B.

den Geistbesitz so nicht zu halten war. Denn 1. gibt es doch immer noch die iustitia externa[169] [128)], gibt es Leute, die reden können als hätten sie den Geist und die ihn doch sicher nicht haben. 2. aber, wie kann der Mensch aus seinen Werken, denen doch immer ein Stück Unvollkommenheit und Unreinheit anhaftet, auf einen vom heiligen Geist geschaffenen tätigen Glauben schließen? Luther antwortet[129)], der, der wirklich glaubt, hat die Kraft zu glauben, daß auch die unreinen, unvollkommenen Werke Gott wohlgefallen und vor ihm rein und vollkommen sind, und so wird er also durch seine Werke gewiß; d. h. aber *sofern er glaubt*, wird er durch die Werke gewiß, durch die der Glaube erst *gewiß gemacht werden* soll. Wir stehen deutlich vor einer petitio principii, aber einer unvermeidlichen. Glaube kann nur aus Glauben gewiß werden; der Besitz des heiligen Geistes nur dadurch, daß man ihn glaubt und d. h. eben ‚ihn hat'. Gleiches kann nur durch Gleiches erfaßt werden. Gott ist, weil ich ihn glaube, und ich glaube ihn, weil er ist. Ich habe den Geist, weil ich es glaube und weil ich den heiligen Geist habe, glaube ich an ihn.[130)] In diesem Zirkel bewegen sich notwendig

[128)] 502: Longe aliter est credere in filium Dei, habere et exspectare vitam aeternam, quam esse castum coniugare, honeste vivere ...[170] cf. 436.

[129)] 230: Respondeo ... quod iusti et credentes habent hoc propter[171] misericordiam apud Deum, ut sciant sua opera placere, etiam quando sint impura, immunda et imperfecta ... Per se sunt quidem incerta, mala et impia, secundum gratiam sunt pia, bona, iusta, sancta ... confirmant fidem nostram, et certificant nos, quod vere credimus ...[172]

[130)] 360: Habemus [...] certum *testimonium* Spiritus Sancti in cordibus nostris, quod propter Christum certo sint nobis condonata peccata ... Hic reipsa et *in me ipso experior* Spiritum Sanctum habitare in corde meo et efficacem esse.[173] Das testimonium Spiritus Sancti geht notwendig voraus!

169 Dt.: „die äußere Gerechtigkeit". □ **170** Drews liest: „Sed longe aliud ..." Dt.: „(502:) Es ist aber etwas völlig Anderes, an den Sohn Gottes zu glauben, ewiges Leben zu haben und es zu erwarten, als keusch zu sein, zu heiraten, ehrenhaft zu leben ..." □ **171** Drews liest statt dessen: „per" („durch"). □ **172** Dt.: „(230:) Ich antworte ..., daß die Gerechten und Gläubigen dies haben wegen der Barmherzigkeit bei Gott, so daß sie wissen, daß ihre Werke gefallen, auch dann, wenn sie unrein, befleckt und unvollkommen sind ... An sich sind sie zwar ungewiß, schlecht und gottlos, gemäß der Gnade [aber] sind sie fromm, gut, gerecht, heilig, ... stärken sie unseren Glauben und vergewissern uns, daß wir wahrhaft glauben ..." □ **173** Dt.: „(360:) [...] wir haben ein

alle Glaubensgedanken, treten sie heraus, so war nie ein Zirkel, d. h. Glaube und heiliger Geist, da. So bleibt es ein praktischer Rat Luthers, sich aus seinen Werken zu beurteilen und Gewißheit zu schöpfen, der von großer Bedeutung ist, der aber einen an sich richtigen Schluß: wenn keine Werke, so auch kein Glaube, dogmatisch unerlaubt umkehrt. Luther selbst hat das erkannt und ist so in die tiefste Tiefe des Problems gedrungen.

Alles bisher Dargestellte ist, soweit nicht schon früher vorhanden, wesentlich Erkenntnis, die sich im antinomistischen Streit ergab, d. h. unter dem Problem Gesetz und Evangelium entstand. Nun haben wir in diesem Zusammenhang aber ein Problem ganz beiseite gelassen, was inhaltlich eigentlich garnicht zu trennen war von dem, was wir über die Entstehung des Glaubens oben gesagt haben. Nur aus Übersichtlichkeitsgründen lassen wir es erst jetzt folgen. Es ist die Frage nach der Wirksamkeit des Geistes durch das Wort.

Wir hörten, daß der heilige Geist durch Christus dem Menschen verdient ist, oder daß der Glaube durch den heiligen Geist Christus ergreift; das geht nun aber nicht unmittelbar durch irgendwelche Sondereingießung des heiligen Geistes vor sich, sondern der heilige Geist spricht – so unwahrscheinlich es sein mag – durch dasselbe Wort, das wir täglich gebrauchen[131)]. Es gibt für die Vermittlung geistiger Dinge eben nur dieses dem menschlichen Fassungsvermögen angemessene eine Mittel des Wortes, und da der heilige Geist nicht ästhetische Regungen, sondern klares Wissen von Gott vermitteln will, geht er in dieses Wort ein. Er verhüllt sich darin[132)], weil wir seinen

---

[131)] 128: Audimus enim (sc. Spiritum Sanctum) in voce humana in verbo.[174]

[132)] 151: Revera adest [...] Spiritus Sanctus, suis involucris tectus et vestibus, ut possit capi ab hac valetudinaria, infirma et leprosa natura ac intelligi a nobis. 150: Non tangit eos sua essentia, quia involutus est, quasi in aenigmate ...[175]

sicheres *Zeugnis* des Heiligen Geistes in unseren Herzen, daß uns um Christi willen gewiß die Sünden erlassen sind ... Hier *erfahre ich* tatsächlich auch *in mir selbst*, daß der heilige Geist in meinem Herzen wohnt und wirkt." – Hervorhebungen von B. ☐ **174** Dt.: „(128:) Denn wir hören ihn (sc. den Heiligen Geist) in der menschlichen Stimme im Wort." – Die Ergänzung in der Klammer stammt von B. ☐ **175** Dt.: „(151:) Tatsächlich ist [...] der Heilige

unverhüllten Anblick nicht ertragen können. Er paßt sich *unsrer* Fassungskraft an und bleibt auch so der heilige Geist[133)], er muß sich in irdische Formen verbergen, um sich irdischen Wesen offenbaren zu können. Er ist im Wort revera da und je nach dem Inhalt ist das Wort Wort des Heiligen Geistes als Gott oder Wort des Geistes, der sich selbst zum Geschenk gibt. Also nicht immer ist dieses Wort Geschenk, aber jedenfalls ist es das Wort des heiligen Geistes und regnum Dei efficax[177]. Die Paradoxie dieses Tatbestandes muß sich nun in den Wirkungen auf den Menschen widerspiegeln. Spricht der heilige Geist durch das Wort, so ist er offenbar nicht das Wort selbst, sondern wirkt eben nur durch dieses hindurch.[134)] Zweitens aber ist das Wort Ursache des Glaubens[135)]; denn eben nur durch dieses wirkt der heilige Geist. Wie kann ich dieses Wort des heiligen Geistes fassen? Zwar das Wort ist mir adäquat gemacht und auch sein Inhalt ist intellektuell zu erfassen, aber seine Kraft, die seinen Inhalt auf mich bezieht, ist mir verborgen. So bleibt also dem Geiste nur noch übrig, diese Beziehung zu setzen; und diese zu gewinnen, brauche ich den Geist[136)]; dieser Geist kommt uns aber nur aus dem Worte zu; denn dazu hat sich ja der Geist mit dem Worte verbunden, d. h., um den Glauben aus dem Worte zu bekommen, brauche ich geistliches

---

133) 480: Verum est, Deus dat Spiritum Sanctum propter verbum auditum datum seu praedicatum mundo per Christum.[176]

134) per[178] ... 151, 145, 610.

135) 242: Verbum est causa fidei, hoc est certum, ...[179]

136) 100, Th. 10: Sed Spiritu Sancto inspirantur homines Dei, ut interpretentur scripturas non propria interpretatione.[180]

Geist anwesend, bedeckt mit seinen Hüllen und Gewändern, auf daß er von dieser kranken, schwachen und aussätzigen Natur begriffen und von uns erkannt werden kann. (150:) Nicht berührt sie [sc. die Geschöpfe] sein Wesen, weil er verhüllt ist, gleichsam in einem Rätsel ..." □ **176** Dt.: „(480:) Es ist wahr, Gott gibt den Heiligen Geist dadurch, daß das Wort gehört wird, das durch Christus der Welt gegeben und verkündet wurde." □ **177** Dt.: „wirksame Herrschaft Gottes". □ **178** Dt.: „durch". □ **179** Dt.: „(242:) Das Wort ist Ursache des Glaubens, das ist gewiß ..." □ **180** Dt.: „(100 Th. 10:) Aber durch den Heiligen Geist werden die Menschen Gottes inspiriert, die Schriften nicht mit einer eigenen Deutung auszulegen." – Vgl. dazu II Tim 3,16.

Verständnis[181] des Wortes, dieses geistliche Verständnis aber kann eben nur wieder aus dem Worte herstammen. Also Glaube nur aus dem geistlich verstandenen Wort, dies setzt aber den Glauben voraus. Geist aus dem Glauben, Glauben aus dem Geist. Wieder stehen wir vor einem Zirkel und wieder sind wir ganz konsequent auf ihn geführt worden; und wenn wir genauer zusehen, so ist es immer derselbe heilige Zirkel, auf den wir in den letzten Tiefen stoßen. Gleiches kann nur aus Gleichem begriffen werden, Gott nur aus dem Geist; Hören des Wortes oder ‚Glauben empfangen' kann keine eigene Tat, sondern nur Werk des Geistes (passio) sein[137)]. Gott schafft sich im Menschen im Glauben ein Organ, durch das er erfaßt wird. Gott ist Subjekt und Objekt des Glaubens zugleich und doch glaubt der Mensch in voller Freiheit des Ja- und Neinsagens und wehe[183] dem Menschen, der ‚Nein' sagt, für ihn gibt es nicht Verzeihung noch Entschuldigung. Nicht anders verhält es sich mit dem Sakrament. Auch hier wirkt der Geist durch äußere Zeichen[138)] und auch hier nur, indem er gleichzeitig Glauben schafft. So haben selbst die Kinder im Sakrament der

---

137) 242: Auditus (verbi sc.) autem est passio et materia iustificationis.[182]

138) 131: Nunc ... in baptismo, in voce humana videmus et audimus Spiritum Sanctum ... Sic Spiritus Sanctus nos per illa externa, quibus nos lactat et invitat, ad aeterna, coelestia [...] invisibilia, quae captum nostrum excedunt, ducit. 151: ... operatur in nobis per verbum et sacramenta Spiritus Sanctus ...[184]

181 Korr.: „Was heißt geistliches Verständnis?" Vgl. dazu K. Holl (in: W. Bodenstein, Die Theologie Karl Holls, 344): „Was heißt *geistliches Verständnis*? *Persönliche* Beziehung, Beziehung aufs *Gewissen*." Siehe auch K. Holl, Luther³, 556 ff – B greift hier und im folgenden Thesen der Dialektischen Theologie auf (vgl. B's Referat über historische und pneumatische Schriftauslegung o. S. 305 ff, bes. 312 f). □ **182** Dt.: „(242:) Hören (sc. auf das Wort) aber ist Erleiden und Stoff der Rechtfertigung." – Die Ergänzung in Klammern von B. □ **183** In B's Ms. findet sich hier eine Anmerkungsziffer, zu der die entsprechende Anm. im Apparat fehlt. □ **184** Dt.: „(Richtig: 129/131:) Jetzt ... in der Taufe [und] in der menschlichen Stimme sehen und hören wir den Heiligen Geist ... So führt uns der Heilige Geist durch jenes Äußerliche, wodurch er uns lockt und einlädt, zum Ewigen, Himmlischen und Unsichtbaren, das unser Begreifen übersteigt. (151:) ... der Heilige Geist wirkt in uns durch das Wort und die Sakramente ..."

Taufe von Gott den dazu nötigen Glauben bekommen.[139)] Hier finden sich sonst keine tieferen Probleme für den heiligen Geist. – So also die dogmatische Lösung des Problems Wort und Geist bei Luther. Die psychologische Deutung des Vorgangs geistigen Verstehens überhaupt hat Dilthey dargelegt[186] und sie interessiert hier bei der Anschauung Luthers vom heiligen Geist nicht.[140)]

Im Problem von Wort und Geist haben wir den Schlüssel zu dem Schriftproblem in der Hand. Sinn der Schrift ist Spendung des Geistes und des Glaubens, d. h. also, die Gabe Christi. Christus aber bekommen wir nur aus der Schrift, und so bleibt diese einerseits immer letzter Maßstab und Richtschnur, aber dialektisch gewendet sagt Luther[141)], wenn wir den Geist haben durch Christus, was brauchen wir die Schrift; „wenn die Gegner die Schrift gegen Christus führen, so führen wir Christus gegen die Schrift“[188], „so haben wir den Herrn, diese die Sklaven“[142)]. Christus ist Sinn und Krisis der Schrift, der ganzen Schrift, also auch des Gesetzes. In ihm haben wir das Licht, mit

---

139) 94: Deus aeque potest infundere fidem infantibus atque aliis.[185] cf. 745.

140) Jetzt wird uns klar, inwiefern die Frage nach dem Geist des Gerichtes allein aus dem Gewissen, die nach dem Besitz des Geistes aber nur aus dem Glauben beantwortet werden konnte; denn beim zweiten ist das Wort von Christus, im Glauben erfaßt, Real- und Erkenntnisgrund des Geistbesitzes.

141) 12, [Th.] 49: Quod si adversarii scripturam urserint contra Christum, urgemus Christum contra scripturam.[187]

142) 12, [Th.] 50: Nos dominum habemus, illi servos, nos caput, illi pedes seu membra, quibus caput oportet dominari et praeferri.[189]

185 Dt.: „(94:) Gott kann geradeso wie anderen auch Kindern den Glauben eingießen.“ □ **186** Wilhelm Dilthey (1833–1911), Historiker der Philosophie- und Geistesgeschichte, im Rückbezug auf Schleiermacher Begründer der Philosophie als Hermeneutik. B bezieht sich hier auf W. Dilthey, Die Entstehung der Hermeneutik, 185 ff; vgl. auch AS 32 f u. 106. □ **187** Dt.: „(12 Th. 49:) Wenn aber die Gegner die Schrift gegen Christus bemühen, so bemühen wir Christus gegen die Schrift.“ □ **188** Das Zitat stellt B's Übersetzung der in Anm. 141) nachgewiesenen Disputationsthese dar. Die im Ms. hier irrtümlich plazierte Anm. 142) gehört zu dem unmittelbar folgenden Zitat. □ **189** Dt.: „(12 Th. 50:) Wir haben den Herrn, jene die Sklaven, wir das Haupt, jene die Füße oder die Glieder, denen das Haupt gebieten und vorgezogen werden muß.“

dem wir ins Alte Testament hineinleuchten.[143)] Weiß ich, daß ich Christus und den Geist habe, so bin ich Herr der Schrift, denn ich habe ja die schöpferische Kraft aus dem Geiste in mir, aus der ich „neue Dekaloge schaffen kann“[191]. So ist die Schrift letztlich ihr eigner Maßstab; aus der Schrift über die Schrift. Damit wankt die Autorität des Kanons. Es kann nicht ein einzelner Brief wie der des Jakobus eine solche Autorität haben, daß man darüber die doctrina fidei verlassen dürfte[144)]; also wahrhaftig keine Wortinspiration, sondern prinzipielle Offenheit des Kanons nach dem Maßstab des Geistes.

Wie ist nun von Gott dafür gesorgt, daß dieses Wort des heiligen Geistes der Welt erhalten bleibe? und immer weiter getragen und verbreitet wird? Dafür ist in der Existenz der Kirche gesorgt, in dem ministerium verbi[193 145)], an das sie gebunden ist. Nun müssen es aber konkrete Personen sein, durch die dieses Wort in der Kirche weitergesprochen wird, und hier sehen wir ein schwieriges Problem aufsteigen; wie [kann] das Wort, durch das in [der] Bibel ‚vom‘ heiligen Geist gesprochen wird (d. h. von ihm als Subjekt und Objekt), wie kann ein solches Wort weitergesprochen werden aus menschlichem Munde, ohne damit gelästert zu werden oder eben ganz tot und erfolglos zu bleiben; d. h., es erhebt sich hier das Problem des ‚Theologen‘ und der ‚Theologie‘ in prägnantem Sinne des Wortes, als desjenigen Menschen, der über Gott

---

143) 714: Nos habemus novum testamentum, lucernam illuminandi veteris testamenti.[190]

144) 714: Non est tanta eius autoritas, ut propterea doctrina fidei relinquatur et discedatur ab autoritate relinquorum apostolorum et totius scripturae ... Es ist Spiritui Sancto ein schlecht ding umb ein Wort.[192]

145) 680: Verum est, ecclesia est alligata ad ministerium, ad evangelium. ... Verbum das thuts.[194]

190 Dt.: „(714:) Wir haben das Neue Testament, das Licht zur Erleuchtung des Alten Testaments.“ □ **191** B's Übersetzung von Drews 12 Th. 53 (vgl. o. S. 381 u. Anm. 82)). □ **192** Dt.: „(Richtig: 714 f:) Seine [sc. des Jakobusbriefes] Autorität ist nicht so groß, daß man deswegen die Glaubenslehre verlassen und von der Autorität der übrigen Apostel und der ganzen Schrift sich entfernen dürfte ... Es ist dem Heiligen Geist ein einzelnes Wort nicht so wichtig.“ □ **193** Dt.: „... Dienst am Wort“. □ **194** Dt.: „(680:) Es ist wahr: die Kirche ist an den Dienst, an das Evangelium gebunden ... Das Wort: das machts.“

nachdenkt und spricht, und zwar zunächst das des Predigers.[195] Wie ist Predigt und Dogmatik möglich als Reden von Gott, Glaube, Gnade, Geist etc.? Zunächst, was veranlaßt mich denn überhaupt zur Predigt, d. h. also, zu dem Versuch, durch mein Wort Geist zu geben? Daß es Gott gefallen hat, grade durch den Dienst an Wort und Sakrament den Geist zu verteilen und wachsen zu lassen.[146)] Also die Predigt ist Pflicht, der Theologe hat einen ‚Beruf'. Freilich nur, wer selbst den Geist hat[147)], kann *über diese Dinge* reden, d. h. *reden* kann auch ein anderer über diese Dinge, aber er trifft die Sache nicht. Gott will, das muß genügen, daß auch ich will.[148)] Ja, wirklich, „*ich* will Schüler machen und den heiligen Geist geben"[149)], ein Unternehmen, das sich nur rechtfertigt, weil Gott es will, und ich wollen muß.

[146)] 115, [Th.] 10: Placuit enim Deo per ministerium verbi et sacramenti Spiritum distribui et augeri. 266: Evangelium praedicare debemus ...[196]

[147)] 620: „De fide, de gratia nemo potest docere sine Spiritu" und R.[197]

[148)] 318: ... Deus sic *statuit* convertere homines ...[198]

[149)] 410: Ich will selben schuler machen et Spiritum Sanctum dare, sed tamen per verbum.[199]

195 Zum Problem des Theologen als Prediger vgl. K. Barth, Menschenwort und Gotteswort, 119ff, bes. 139f. □ **196** Dt.: „(115 Th. 10:) Denn es gefiel Gott, daß der Geist durch den Dienst am Wort und am Sakrament verteilt und vermehrt werde. (266:) Wir müssen das Evangelium verkünden ..." □ **197** Vollständig, d. h. einschließlich „R." (= Responsio), lautet der Text bei Drews 620: „Aliud contra 7. De fide, de gratia nemo potest docere sine spiritu. Antinomi docent de fide, de gratia. Ergo habent spiritum, et per consequens non sunt fratres diaboli. R. ad maiorem: Si intelligitur de fide vero sensu, tunc maior est vera, sed diabolus potest sic docere sine vero sensu. Ex hoc praecepto manifestum est, ipsos non habere verum sensum: Non assumes nomen domini in vanum. Etiamsi scriptura per se vera est, tamen illi falso scriptura utuntur." („Des weiteren gegen 7.: Über den Glauben und über die Gnade kann niemand ohne den Geist lehren. Die Antinomer lehren über den Glauben und die Gnade. Also besitzen sie den Geist und sind folglich nicht Brüder des Teufels. Antwort auf den Vordersatz: Wenn man mit wahrhaftigem Sinn Erkenntnis über den Glauben gewinnt, dann ist der Vordersatz wahr, aber der Teufel kann auch ohne wahrhaftigen Sinn lehren. Aufgrund des Gebots [Ex 20,7] ist offenkundig, daß jene keinen wahrhaftigen Sinn besitzen. Auch wenn die Schrift an und für sich wahr ist, gebrauchen jene jedoch die Schrift auf eine falsche Weise."). □ **198** Dt.: „(318:) ... so hat Gott *beschlossen*, die Menschen zu bekehren ..." – Hervorhebung von B. □ **199** Dt.: „(410:) Ich will selber Schüler machen und den Heiligen Geist geben, aber gleichwohl durch das Wort."

So ist der Prediger Diener des Wortes Gottes[150)]; er hat den Auftrag und führt ihn aus, wie er kann. Neben dieser Gedankenreihe steht aber für Luther eine andere, daß Gott geistliche Güter auch durch Unwürdige verleihe zum Nutzen der Gemeinde. Gottes Gaben sind nicht an Personen geknüpft, sondern wirken durch sich.[202] So *hat* auch Judas Ischarioth Gottes ewiges Wort verkündigt[151)], so kann auch bei totem Glauben Sakrament recht ausgeteilt werden, ja auch Wunder getan werden.[152)] Mancher Ungläubige kann, wenn er unter Menschen ist, größere Dinge tun als irgendein frommer Privatmann. Aber der ‚Glaube', der zu den Wundern verhilft, ist kein heilschaffender Glaube, sondern ist nur der Gemeinde zum Nutzen; ein solcher ist ja auch 1. Kor. 13 gemeint. Die so begabten Männer sind mit einem einzigartigen Vertrauen beseelt[153)], durch das sie

---

150) 318: Nos ministri sumus, non domini, qui docere et simul corda movere possint.[200] cf. ‚ministerium'[201].

151) 689, [Th.] 41: Non est negandum, miracula fieri posse per impios in fide mortua, praesertim si sunt in officio vel coetu ecclesiastico; [Th.] 42: Sicut verbum et sacramentum id est, vita aeterna[203], quae superant omnia miracula, etiam per Iudam Scharioth conferuntur. [Th.] 44: Ita Paulus 1. Cor. 13 privatim ipsis nihil prodesse dicit, qui fide sua etiam montes transferant.[204] cf. 730, Th. 9–12.

152) Siehe Anm. 151).

153) 731, [Th.] 23: Fidem hanc publicae utilitatis similem esse dicerem motibus illis, quibus heroici homines excitantur. [Th.] 24: Necesse est, heroicos viros fiducia quadam singulari excitari, si quid magnum et memorabile sunt facturi. [Th.] 29: Etiam in gentibus ingratis dispersit semper excellentia dona et miraculis similia. [Th.] 30: Quanto magis populo suo tam per pios, quam per impios magna facere et donare potest. [Th.] 31: Igitur divisiones gratiarum, ministeriorum, operationum gratuita et publica dona sunt, quibus ecclesiae utilitati servitur.[205]

200 Statt „possint" bei Drews: „possimus". Dt.: „(318:) Wir sind Diener, nicht Herren, die lehren und zugleich die Herzen bewegen können." □ 201 Gestr.: „verbi". Dt.: „Dienst [am Wort]". □ 202 Vom Korr. am Rand mit einem Fragezeichen versehen. □ 203 Bei Drews: „... sacramentum et verbum (id est, vita aeterna)". □ 204 Dt.: „(689 Th. 41:) Es ist nicht zu leugnen, daß Wunder auch durch Gottlose bei totem Glauben geschehen können, zumal wenn sie in einem Amt oder einer Gemeinschaft der Kirche sind, (Th. 42:) so wie Wort und Sakrament, d. h. das ewige Leben, was alle Wunder übersteigt, sogar durch Judas Ischarioth mitgeteilt werden. (Th. 44:) So sagt Paulus in I Kor 13, daß es denen persönlich nichts nützt, die mit ihrer Glaubenskraft sogar Berge versetzen können." □ 205 Dt.: „(731 Th. 23:) Ich würde sagen,

ihre Wunder und Taten vollbringen. Auch unter den Heiden sind solche Gaben verstreut, wieviel mehr wird Gott dann in seinem Volk durch Fromme und Unfromme Großes vollbringen; aber er wird es nur tun zum Nutzen der Gemeinde. So wird ein eigenes Wirken des heiligen Geistes für seine Kirche angenommen, unabhängig von seinem glaubenschaffenden Wirken. Auch die Gaben der Starken sind so auf die Gemeinde zu beziehen. Freilich sieht auch Luther, daß Wunder auch außerhalb des Gemeindelebens vorkommen[154)], aber das macht ihm wenig zu schaffen. Er hat von keinerlei Wunder je viel gehalten; denn das eigentliche[155)] Wunder, das liegt für ihn dort, wo der Glaube im Menschen wirkt, wo Kampf und Sieg der Liebe im Menschen ist. Gott und den Nächsten lieben, frei und beharrlich, das ist recht Totenauferwecken.

Doch zurück. Predigt ist Amt und im Amt haben wir keine promissio spiritus sancti in individuo[208] wie die Apostel.[156)] Wir sind durch das Amt nicht andre Menschen als ohne dieses. Aber hinter unsrem Auftrag steht die Verheißung von Jes. 55[209]. Ob

---

154) 689, [Th.] 41: ... *praesertim* si sunt in officio ...[206]

155) 730, [Th.] 16: Nam peccatum, mundum, diabolum vincere longe maius est, quam montes transferre. [Th.] 17: Imo Deum et proximum gratuito et perseveranter diligere, hoc est plane mortuos suscitare.[207]

156) cf. 104, und s. u.

daß dieser Glaube hinsichtlich seines öffentlichen Nutzens jenen Antrieben ähnelt, durch die heroische Menschen angetrieben werden. (Th. 24:) Heroische Menschen müssen gleichsam durch eine einzigartige Zuversicht angetrieben werden, wenn sie etwas Großes und Denkwürdiges tun wollen. (Th. 29:) Auch unter den Heiden, die ohne Gnade sind, hat er immer hervorragende Gaben und Wunderähnliches verstreut. (Th. 30:) Um wieviel mehr kann er seinem Volk sowohl durch Fromme als auch durch Gottlose Großes tun und schenken. (Th. 31:) Die Verteilung der Gnadengaben, der Dienste und der Tätigkeiten sind also unentgeltliche und öffentliche Geschenke, durch welche dem Nutzen der Kirche gedient wird." □ **206** Dt.: „(689 Th. 41:) ... *zumal* wenn sie im Amt sind ..." – Hervorhebung von B. □ **207** Dt.: „(730 Th. 16:) Denn Sünde, Welt und Teufel zu bezwingen, ist weitaus größer, als Berge zu versetzen. (731 Th. 17:) Nein vielmehr, Gott und den Nächsten unentgeltlich und beständig zu lieben, das heißt offensichtlich: Tote auferwecken." – Wie B in den Anm. 154) und 155) stellt Holl (in: W. Bodenstein, Die Theologie Karl Holls, 344) Drews 689 Th. 41 und 730f Th. 16 u. 17 zusammen. □ **208** Dt.: „Verheißung des heiligen Geistes für den einzelnen". □ **209** Vgl. bes. Jes 55,11.

sie sich durch uns bewahrheitet, steht nicht bei uns. Sinn der Predigt ist, Geist zu geben. Aber des Predigers Wort schlägt ein oder nicht, es kann die Herzen nicht bewegen wie der Geist.[157)] Schlägt es ein, gut, so ist es nicht *sein* Wort[158)], schlägt es nicht ein, nun, so blieb es eben bei seinem Menschenwort über Gott, nicht Gotteswort ‚von' Gott[159)]. Durch die Macht *meiner* Predigt werde ich nie bekehren, es sei denn, der Geist kommt dazu und macht aus *meinem* Wort *sein* Wort.[160)] Es können dieselben Worte sein, die einmal Geist wirksam verteilen, das andremal leer bleiben. Man kann weiterschließen, selbst ein Zitieren der Bibel hilft nichts, so fängt man den Geist nicht ein! Also das Wort des Menschen, der den Geist besitzt, ist von sich aus noch nicht geist*spendend*, hier muß der heilige Geist selbst immer neu dazutreten, in Analogie zu dem oben beschriebenen Wirken des Geistes für die Gemeinde.

Wie steht es nun aber mit der Theologie als Wissenschaft, die ja nicht Geist spenden, sondern die ja eigentlich nur nachdenken und nachsprechen will, was in der Bibel gesagt ist? Voraussetzung für diese Arbeit ist unbedingt – nicht wie beim Prediger bedingt – Geistbesitz[161)]; nur so wird er eine Exegese bieten können, die nicht seine ist[162)]; dann aber wird alles, was er sagt, in diesen Dingen wahr sein, denn der heilige Geist hat es so gefügt, daß der Mensch, der ihn besitzt – besser, den er besitzt –

157) 318. Siehe Anm. 150).

158) 733, [Th.] 25: Non enim nos sumus, qui loquimur, sed qui gratuito omnia donat, ipse omnia gratuito per nos facit et loquitur.[210]

159) Siehe Anm. 158). 266: Neminem virtute meae praedicationis converto, nisi Deus adsit et suo spiritu cooperetur ... 318: Tangit, quos tangit, nihil possumus amplius ...[211]

160) Siehe Anm. 159).

161) 620,7[212]. Siehe S. 399 f.

162) cf. 100, Th. 10.

210 Dt.: „(733 Th. 25:) Denn nicht wir sind es, die sprechen, sondern der, der alles unentgeltlich schenkt und selbst alles unentgeltlich durch uns bewirkt und spricht." □ **211** Dt.: „(266:) Niemanden bekehre ich durch die Macht meiner Predigt, wenn nicht Gott anwesend ist und durch seinen Geist mitwirkt ... (318:) Er berührt, die er berührt, wir vermögen nichts darüber hinaus ..." □ **212** Die Angabe bezieht sich auf den bei Drews 620 abgedruckten Diskussionsbeitrag „Aliud contra 7" (vgl. o. Anm. 197).

sogar logisch Falsches sagen kann und doch sinngemäß Wahres spricht[163]; theologische Gedanken gehen über philosophische Deduktionen und werden von diesen nicht ergriffen[164]; aber sie sind gebunden an die Formeln, die der heilige Geist gegeben und vorgeschrieben hat[165]. So hat der Theologe vorsichtig zu sein, in dem, was er sagt, und in den Dingen, die die Vernunft übersteigen, diese zurückzuschieben und die Formeln nach-[zu]sprechen, die der heilige Geist gegeben hat und durch die er den Theologen unterstützt. Diese Formeln sind aber ganz festzuhalten, „wer nicht will, der ist ein Ketzer“[166]. Aber letztlich kann da, wo das Herz nicht irrt, auch die Zunge nicht irren. Der heilige Geist vergibt uns unsre Stammelei.[167] So sind schließlich auch so paradoxe Ausdrücke nicht ‚falsch‘, wie Augustin und andere sie brauchten. Aber wir sollen mit solchen

---

[163] 589, Th. 61: Tanta est simplicitas et bonitas Spiritus Sancti, ut homines sui dum falsa loquuntur (grammatice), vera loquuntur sensu. cf. [Th.] 62; [Th.] 63: Hic potest dici: Si mentiris, etiam quod verum dicis, mentiris, e contra, si verum dicis, etiam quod falso dicis, verum dicis.[213]

[164] 50: ... theologia spiritualis, quam philosophi non intelligunt ...[214]

[165] 596: Praescribuntur enim ibi nobis a Spiritu Sancto formulae; in illa nube ambulemus ... Spiritus Sanctus habet suam grammaticam ... eloquentia est restringenda et manendum est in formulis praescriptis Spiritus Sancti. Non exeamus absque ulla necessitate, quia res est ineffabilis et incomprehensibilis.[215]

[166] 777.

[167] 603: Non errante corde non erret lingua, balbutiam nostram condonat nobis Spiritus Sanctus.[216]

213 Dt.: „(589 Th. 61:) So groß ist die Einfalt und Güte des Heiligen Geistes, daß Menschen, die ihm gehören, während sie (grammatikalisch) Falsches reden, doch sinngemäß Wahres reden. (Th. 63:) Hier kann man sagen: Wenn man lügt, dann lügt man auch in dem, was man wahrheitsgemäß sagt, und umgekehrt, wenn man Wahres sagt, dann sagt man auch Wahres in dem, was man falsch sagt.“ □ **214** Dt.: „(50:) ... die geistliche Theologie, die die Philosophen nicht begreifen ...“ □ **215** Dt.: „(596:) Denn es werden uns da vom Heiligen Geist Formeln vorgeschrieben; in jener Wolke sollen wir wandeln. ... Der Heilige Geist hat seine eigene Grammatik. ... Die Beredsamkeit muß eingeschränkt werden, und man muß in den vorgeschriebenen Formeln des Heiligen Geistes bleiben. Wir dürfen nicht ohne Notwendigkeit abweichen, weil die Sache unaussprechlich und unfaßbar ist.“ □ **216** Dt.: „(603:) Wo das Herz nicht irrt, dürfte [auch] die Zunge nicht irren; der Heilige Geist verzeiht uns unser Stammeln.“

Paradoxien vorsichtig sein aus Liebe zu den Schwachen, die ein solcher Ausdruck aus dem Geleis bringen könnte (!)[168)], auch wenn wir als Starke im Geiste sie ertragen können.

Diese Probleme des ‚Theologen' entspringen für Luther unmittelbar aus der Verwaltung des Wortes durch die Kirche und der Spendung des Geistes. Aber sie, die das Wort zu verwalten hat, ist selbst durch den im Worte wirkenden Geist konstituiert, insofern durch das Wort der gemeinsame Besitz, nämlich Christus, geschaffen wird[169)] und damit wechselseitiger belehrender Austausch zwischen den Gliedern stattfindet; durch gemeinsamen durchs Wort vermittelten Glauben, d. h. aus Glaubensinhalt durch den gemeinsamen Geistbesitz wird die Kirche eine Gemeinschaft. Wirkte der Geist nicht durch das Wort, so würde das gemeinschaftbildende Element wegfallen. Dieses Wort ist Vermittlung zwischen der unsichtbaren heiligen Kirche, in der nur der Geist wirkt, und der sichtbaren Kirche. Die wahre geistliche Kirche aber muß notwendig verhüllt sein; sie ist in der Welt und doch nicht selbst ein Stück Welt[170)], sie ist in Personen und ist doch nicht gleich diesen Personen, d. h., sie ist verborgen und wird nur mit geistlichem

---

168) 603: Oportet nos retinere formulas a spiritu sancto praescriptas, praesertim apud infirmos; apud fortes christianos nihil nocet, quomodo loquaris, sicut apud me ...; apud docendos (!) est abstinendum.[217] cf. 597.

169) Per Spiritum Sanctum in verbo omnes habebimus unum et eundem Christum, quem invicem alter alterum docebimus.[218]

170) 656: Necesse est, ecclesiam esse involutam in carne, sed non est caro neque secundum carnem vivit, sic etiam ecclesia exsistit in mundo, sed non est ipse mundus neque secundum mundum vivit, est in persona etc. ...[219]

217 Dt.: „(630:) Wir müssen die vom heiligen Geist vorgeschriebenen Formeln beibehalten, vor allem bei den Schwachen; bei den starken Christen verursacht es keinen Schaden, wie man redet, wie [z. B.] bei mir ...; bei denen, die der Unterweisung bedürfen(!), muß man sich zurückhalten." – Das Ausrufezeichen stammt von B. □ **218** Dt.: „(410:) Durch den Heiligen Geist werden wir alle im Wort den einen und denselben Christus haben, den wir uns gegenseitig, einer dem anderen, lehren werden." □ **219** Dt.: „(656:) Notwendigerweise ist die Kirche im Fleische verhüllt, aber sie ist nicht Fleisch und lebt nicht gemäß dem Fleische; so ist auch die Kirche in der Welt, aber sie ist selbst nicht die Welt und lebt nicht gemäß der Welt, sie ist in der Person, usw. ..."

Glauben erkannt, d. h., der heilige Geist muß sie offenbaren[171)] Daher das credo ecclesiam[221].

Durch die seit 1534 auftauchende Konzilsfrage wird für Luther die Frage wieder lebendig, die er schon auf der Leipziger Disputation[222] beantwortet hatte, wie sich Konzil und Kirche und Konzil und Wort und heiliger Geist zueinander verhalten. Die katholischen Konzilien erhoben den Anspruch, den heiligen Geist zu besitzen. Luther sagt, ein Konzil steht nur [unter][223] dem heiligen Geist, wenn sein Fundament das apostolische Wort ist und nicht eigene Gedanken; denn die Autorität der Apostel ist nur noch übertroffen durch die Christi[172)]; nur sie haben in ihrem Amt die promissio Spiritus Sancti in specie et in individuo[225], die ihre Nachfolger nicht haben; sie sind durch ein bestimmtes göttliches Dekret zu unseren Lehrern ge-

---

[171)] 85: Ecclesia non videtur oculis carnis, sed fidei. Ideo dicimus: ‚Credo ecclesiam ...‘ cf. 86. 642: Talis congregatio ecclesia, quam, nisi Spiritus Sanctus revelaverit, non possumus eam comprehendere ...[220]

[172)] 100, Th. 1: Nulla autoritas post Christum est apostolis et prophetis aequanda. Th. 3: Apostoli certam (non in specie solum, sed individuo quoque) promissionem Spiritus Sancti habuerunt. [Th.] 5: Nulli successores in individuo promissionem Spiritus Sancti habuerunt. cf. 104. 101, [Th.] 18: Congregari facile est, sed in Spiritu Sancto congregari non possunt, nisi apostolorum fundamentum secuti non suas cogitationes, sed fidei analogiam tractarint.[224]

220 Dt.: „(85:) Die Kirche wird nicht mit den Augen des Fleisches, sondern des Glaubens geschaut. Deshalb sagen wir: ‚Ich glaube an die Kirche ...‘ (642:) Die Kirche [ist] eine solche Gemeinschaft, die wir nicht begreifen können, wenn der Heilige Geist sie nicht offenbart hat ...“ □ **221** Dt.: „... das ‚Ich glaube an die Kirche‘“. □ **222** Zur Leipziger Disputation (27. 6.–16. 7. 1519) vgl. WA 2,160 f. □ **223** Ergänzung der Bearbeiter (Vorschlag: E. Bethge). □ **224** Dt.: „(100 Th. 1:) Nach Christus darf keine Autorität den Aposteln und Propheten gleichgestellt werden. (Th. 3:) Die Apostel besaßen die gewisse Verheißung des Heiligen Geistes (nicht nur die Apostel insgesamt, sondern auch jeder einzelne). (Th. 5:) Keiner der Nachfolger besaß die Verheißung des Heiligen Geistes für sich persönlich. (101 Th. 18:) Sich zu versammeln ist leicht, sich aber im Heiligen Geiste zu versammeln, [das] können sie [sc. die Konzilsteilnehmer] nicht, es sei denn, sie sind dem, was die Apostel grundgelegt haben, gefolgt und haben nicht ihre eigenen Überlegungen, sondern die Übereinstimmung ihres Glaubens [mit dem der Apostel] bedacht.“ □ **225** Dt.: „... die Verheißung des Heiligen Geistes für alle insgesamt und für jeden einzelnen“ (vgl. Anm. 172)).

setzt[173)], auf uns aber bezieht sich kein solches Dekret und deshalb können wir, nicht die Apostel, irren. So kann jeder sichtbare Ausschuß der Kirche, wie ein Konzil, immer nur Repräsentant[174)] der unfehlbaren geistlichen Kirche sein; ist er mehr, so ist es Zufall (fit casu), d. h. dann wirkt der heilige Geist und nicht die Kraft des Konzils. Da nun im Konzil von sich aus Irrtum und Sünde da sind, so darf ein[175)] einzelner mit größerer geistlicher Einsicht in die Schrift dem ganzen Konzil widersprechen, wie es die Geschichte ja oft gezeigt hat. Daraus ergibt sich aber weiter, daß die Sukzession in der Kirche nicht durch Person hergestellt werden kann, wie im Katholizismus, sondern „das Evangelium soll die Sukzession sein".[176)]

Denn nur wo das Wort ist, ist die Kirche.[177)] In der katholischen Kirche ist aber das Evangelium von Menschensatzungen überdeckt worden und so ist zweifelhaft, ob in ihr überhaupt der Geist wirksam sei. Luther bejaht das, offenbar im Gedanken an Jes. 55; auch unter schlechten Bischöfen ist immer ‚Kirche' gewesen[178)]; wo immer das Wort war, durch das der Geist wirkt, da war auch Kirche, denn wir sollen uns nicht vor schlechten Pfarrern fürchten und auf gute Pfarrer allzusehr

173) 12, Th. 59: Non enim sumus omnes apostoli, qui certo Dei decreto nobis sunt infallibiles doctores missi. [Th.] 60: Ideo non illi, sed nos, cum sine decreto tali simus, errare possumus et labi in fide.[226]

174) 101, [Th.] 19–23.

175) 101, [Th.] 26: Et ipsimet dicunt, quod unus homo potest toti concilio contradicere, si meliorem rationem aut scripturam habuerit.[227]

176) 672.

177) 672: Ubi est verbum, ibi est ecclesia.[228] Das ist recht.

178) 662: In ecclesia papistarum mansit vera scriptura et conservata est ipse mirabili Dei consilio. Mansit baptismus, sacramentum altaris, absolutio conservata divino miraculo ...[229] cf. 105.

226 Dt.: „(12 Th. 59:) Denn wir sind alle keine Apostel, die uns auf den gewissen Beschluß Gottes hin als unfehlbare Lehrer gesandt worden sind. (Th. 60:) Deswegen können nicht jene, sondern [nur] wir irren und im Glauben fehlen, da wir ohne einen solchen Beschluß sind." □ **227** Dt.: „(101 Th. 26:) Sie selbst sagen, daß ein einzelner Mensch einem ganzen Konzil widersprechen kann, wenn er die bessere Einsicht oder die Schrift auf seiner Seite hat." □ **228** Dt.: „(672:) Wo das Wort ist, da ist die Kirche." □ **229** Dt.: „(662:) In der Kirche der Papisten verblieb die wahre Schrift und ist durch wunderbaren Ratschluß Gottes bewahrt worden. Es verblieb die Taufe, das Altarsakrament, die Absolution durch göttliches Wunder bewahrt."

verlassen[179)]; nicht auf Menschen ruht unser Glaube, sondern auf dem Evangelium.

Damit haben wir die Anschauungen Luthers über das Wirken des heiligen Geistes im einzelnen Gläubigen, im Wort, im Theologen, in der Kirche und im Konzil, d. h. hier in der Welt, in großen Zügen abgeschlossen.

Es folgt nun der Teil der Lehre über den heiligen Geist, den Luther schon stark in der katholischen Scholastik vorgebildet fand, der ihn aber grade in den Disputationen häufig beschäftigt, freilich aus anderem Grund als die Scholastik: die Trinitätslehre. Hatte die Scholastik hier metaphysisch und psychologisch spekuliert, so hatte Luther ein ganz andersartiges Interesse am Gegenstand: er wollte grade an diesem Kapitel die letzte Undurchdringlich[keit] und Verborgenheit der christlichen Religion dartun. Er ist unermüdlich zu zeigen, daß an diesem Problem die dialektischen Regeln versagen und verstummen müssen[231]; hier gilt es einfach hinzunehmen und zu glauben, und was hieße denn Glauben, wenn die Sache auch rational verständlich wäre[180)]. Luther will also keine Auflösung des Problems geben, sondern spricht wirklich nur die notwendig aus der Schrift zu folgernden, vom heiligen Geist vorgeschriebenen dogmatischen Aussagen darüber nach: ein einiger Gott[181)], aber in dieser Einheit der Substanz 3 verschiedene Personen[182)] und jede der 3 Personen ist die ganze Gottheit[183)]

[179)] 105: Non igitur terreri debemus a facie malorum pontificum nec confidere in bonos pontifices. Deus non vult fidem nostram in hominem constitui aut aedificari ...[230]

[180)] 601: Incomprehensibilia esse credimus, si comprehendi possint, non opus esset credere.[232]

[181)] 785, [Th.] 7.

[182)] 601.

[183)] 785, [Th.] 9.

230 Dt.: „(105:) Wir dürfen uns also nicht vom Anblick schlechter Päpste schrecken lassen noch auf gute Päpste vertrauen. Gott will nicht, daß unser Glaube sich auf den Menschen gründet oder aufbaut." – B übersetzt „pontifex" im Text mit „Pfarrer". □ **231** Der Belegnachweis zu der im Ms. hier plazierten Anmerkungsziffer fehlt in B's Apparat. Vgl. etwa Drews 751 u. 810. □ **232** Dt.: „(601:) Wir glauben, daß dies unbegreiflich ist; wenn es begriffen werden könnte, wäre Glauben nicht notwendig."

Der Sohn hat keinen zeitlichen Ursprung, aber einen Ursprung der Gottheit, und Vater und Sohn sind der Ursprung des heiligen Geistes[184)], aber nicht in der Zeit. Dieser ging in Ewigkeit aus beiden hervor in ewiger Erzeugung.[185)] Die Zahlen eins, zwei, drei behalten hier nicht ihren alten Sinn.[186)] Nur in Beziehungen auf- und ineinander kann hier gedacht werden.[187)] Alle drei Personen haben dieselben Eigenschaften und doch schreibt man z. B. dem heiligen Geist Güte und vivificatio[233] zu, obwohl die Trinität an diesem Werke teilnimmt.[188)] In den Werken des Sohnes ist nur der Sohn Mensch geworden und gestorben[189)], doch sind Gott, Geist und Sohn eine persona incarnata und impassibilis[234]; aber wenn die Gottheit Christi gestorben ist, so muß auch der Vater und der Sohn gestorben sein[190)]. Und so könnte man fortfahren. Luther haben diese paradoxen Fragen und Lösungen der ‚immanenten Trinität' nur unter dem Aspekt ihrer Unbegreiflichkeit interessiert. Inhaltlich liegt auch seiner ökonomischen Trinitätslehre nur ein großzügiger Gedanke zugrunde. Gottvater in seiner Majestät sendet als Gaben (im weiteren Sinne des Wortes!) den Sohn und den heiligen Geist, deren Wirksamkeit aber mit dem Ende der Welt auch zu Ende geht; denn im status perfectionis[235] brauchen wir nicht mehr Wort noch Sakrament (s. o.), also auch nicht Christus und die Gaben des Geistes, denn diese haben uns zur Reinheit vor Gott geführt. Darauf läuft all das hinaus, was wir oben ausführlich dargestellt haben und was sich aus den oben angeführten Stellen belegt.[236]

---

184) 789.
185) 898.
186) 799.
187) 834, [Th.] 12–16.
188) 834, [Th.] 10; s. [Th.] 8.
189) 601.
190) 777.

233 Dt.: „Lebendigmachung". □ **234** Dt.: „. . . eine Person, zu Fleisch geworden und nicht leidensfähig". □ **235** Dt.: „im Stand der Vollkommenheit". □ **236** Gesamturteil des Korr.: „Gut (I–II), Holl".

Inhalt[237]

Einleitung: Stoff und Wert der Disputationen

1. Gesetz und Geist
Der Ursprung des Geistproblems in der Scholastik und bei Luther. – Das Geisterlebnis im Gesetz – Geist und Gewissen. Der objektive Sinn des Geisterlebnisses und seine Gewißheit – Mystik und Luther – Der heilige Geist als maiestas. Begriff der maiestas Dei[238]. Der Begriff der Heiligkeit. – Geist und Gesetz – Heiliger Geist, Gesetz und Sünde – Contritio als opus legis[239] und der heilige Geist.

2. Die Gnade und der Geist
Geist als donum[240]. – Der Glaube und der heilige Geist. Der Zirkel. – Glaube, Christus, heiliger Geist und ihre Untrennbarkeit; der Glaube als Gabe, der heilige Geist als Gabe, Christus als Gabe, etc. – Glaube oder heiliger Geist; Christus und Gott. – Die Frage nach dem Subjekt des Glaubens. Die Hoffnung der nova persona[241]. Heiliger Geist und Mensch in dieser Freiheit und Alleinwirksamkeit – Der verborgene Mensch des Glaubens und des Geistes, die imputatio[242] – Der sichtbare Mensch des Glaubens und des Geistes – Das Problem des kämpfenden Geist[es] und seine Auflösung. – Die Gaben des Geistes – Glaube und Liebe – Frei vom Gesetz durch den Geist der Gesetzeserfüllung. – ‚Jenseits des Gesetzes'? Der Starke – Das Mehr und Weniger des Geistes – Der sündige Christ und das Gesetz – Gesetz und Evangelium und der heilige Geist in beiden – Fleisch und Geist; die ethische Person – Die tägliche Buße und der täglich erneuerte Geistbesitz; der täglich neue und der dauernde Geistbesitz. Das donum perseverantiae[243],

---

237 NL A 12,4; hsl. Das Inhaltsverzeichnis ist in NL irrtümlicherweise dem Referat über den heiligen Geist bei Frank (vgl. DB 118f) zugeordnet. □ 238 Dt.: „Majestät Gottes". □ 239 Dt.: „Zerknirschung als Werk des Gesetzes". □ 240 Dt.: „Geist als Geschenk". □ 241 Dt.: „Die Hoffnung der neuen Person". □ 242 Dt.: „Zurechnung". □ 243 Dt.: „Das Geschenk der Beharrlichkeit".

Prädestination und Sünde wider den Geist. – Anfechtungen, ihr doppelter Charakter. Das Drängen [der] Geistlehre zur Eschatologie. – Die Gewißheitsfrage des Geistbesitzes. Die Werke oder der Glaube? Zum 2. × der Zirkel.

Geist und Wort. Zum 3. Mal der Zirkel. Der Zusammenhang des Problem[s] mit dem des Glaubens und der Gewißheit. Das Sakrament. Das Schriftproblem; mit Christus und dem Geist gegen die Schrift; der Kanon.

Die *Kirche* als Verwalterin des Worts. – Das Problem ‚des Theologen'. – 1.) Predigt, das Wirken des Geistes für die Gemeinde, abgesehen vom Heilsglauben. Wunder. Fides heroica[244]. 2.) Die Exegese und Dogmatik. Die formulae praescriptae spiritus sancti[245]. – Das Wort konstituiert die Kirche im gemeinsamen Besitz. – Konzil und Geist. – Evangelium soll die Sukzession sein.

3. Die Trinität

Luthers Interesse am Gegenstand.

11. ‚FREUDE' IM URCHRISTENTUM. FESTGABE FÜR ADOLF VON HARNACK[1]

[Übersicht über den Gesamtplan der Arbeit][2]

I. Synoptiker, Acta, apokryphe Evangelien	*Herr Goes, Göppingen, Württemberg Blumenstr. 18*[1] *Herr Kern, Gaildorf, Württemberg*

244 Dt.: „Der heroische Glaube". □ 245 Dt.: „Die vom heiligen Geist vorgeschriebenen Formeln".

1 Zu Harnacks 75. Geburtstag am 7. 5. 1926 fertigten die Teilnehmer seines Seminars eine Gemeinschaftsarbeit mit Untersuchungen zum Begriff ‚Freude' im Neuen Testament an, einem von Harnack besonders geliebten Begriff. B, der dies Unternehmen organisiert und redigiert hatte (vgl. DB 96), und Frl. Ludwig überreichten die Schrift mit folgendem von Helmut Goes verfaßten

II. Johannes und Petrus-apokalypse	*Herr Bonhoeffer* *Frl. Ludwig, Lichtenberg Realgymnasium*
III. Paulus	*Herr Frik, Ulm a. D., Georgstr. 6* *Frl. Schulze, N. 31 Ackerstr. 80^{II}*
IV. Katholische Briefe und 1.2. Klemens	*Frl. Schümer, Magdeburg, Neustädterstraße 46* *Frl. v. Aschoff, Magdeburg, Halberstädterstraße 9 b*

Schüttelreim: „Drei Viertel eines Saeculums Dich heute freut. / Drum bringen wir Dir diese ‚Freude' heut'. / Das Seminar, das Dir die ‚Freude' beut', / wünscht Glück und Freud', und daß die Beute freut!". – Das Werk ist in NL nur unvollständig erhalten: Außer den hier abgedruckten Stücken finden sich dort noch eine Untersuchung über „Freude im Hirt des Hermas, Barnabas und Didache" von R. Ratter und W. Schäfer (NL A 11, 6(3)) und eine Zitatensammlung zu χαρά und verwandten Begriffen in den Paulusbriefen von unbekannter Hand (NL A 11, 6 (4)). Der vollständige Text hat sich weder im Harnack-Archiv noch an anderer Stelle auffinden lassen. – Bearbeiter: C.-J. Kaltenborn, H. Pfeifer. □ 2 NL A 11,6 (1); hsl., aber bis auf zwei kleinere Zusätze nicht von B. – Aus den Unterlagen im Archiv der Berliner Friedrich-Wilhelms-Universität (jetzt: Humboldt-Universität) ließen sich folgende Informationen zu den genannten Personen erschließen: Helmut Goes, geb. 1906 in Langenbeutingen/ Württemberg, Bruder des Dichters Albrecht Goes, Theologiestudium 1924–28 in Tübingen, Berlin u. Bonn, an der Berliner Theologischen Fakultät vom Okt. 25–Okt. 26, ab 1935 Pfarrer in Ohmden ab 1950 in Stuttgart-Uhlbach, lebt jetzt in Bad Boll im Ruhestand; Dietrich Kern, geb. 1905 in Tübingen, in Berlin vom Okt. 25–März 26, zuvor Universität Tübingen; Bertha Schulze, geb. in Berlin, in der Zeit vor B Seniorin in Harnacks Seminar, in Berlin vom Nov. 20–Juli 24; Anna Schümer, geb. 1904 in Magdeburg, in Berlin vom Nov. 25–April 26, zuvor Universität Jena; Elisabeth von Aschoff, geb. 1904 in Melsungen/ Hessen-Kassel, in Berlin vom Nov. 25–April 26 an der Philosophischen Fakultät (Germanistik), zuvor Universität Jena; Annemarie Nossen, geb. in Berlin, in Berlin vom April 19–Juni 22 an der Philosophischen Fakultät (Geschichte), zuvor Universität München; Richard Ratter, geb. 1905 in Ulm, in Berlin vom Mai 25–März 26, zuvor Universität Tübingen; Wilhelm Schäfer, geb. 1900 in Berlin, in Berlin vom Mai 23–Juli 24; Ewald Schmid, geb. in Stuttgart, in Berlin vom Okt. 20–Sept. 21; zuvor Universität Tübingen; Dr. Gertrud Ferber, geb. 1889 in Danzig, 1910–13 Lehrerin in Danzig; ab Okt. 1913 in Berlin an der Philosophischen Fakultät (Religionsgeschichte, Französisch, Germanistik), Promotion 1924 in Hamburg mit der Diss. „Arbeitsfor-

V. Ignatius, Polykarp, Gnostiker[3]	*Herr Tschuschner (?)* *Neukölln, Herzbergstr. 29* *Frl. Nossen, Berlin* *Levetzowstraße 13*
VI. Hermas, Barnabas, *Didache*	*Herr Ratter, Ulm a. D.,* *Glöcknerstraße, Schuhgeschäft* *Herr Schäfer, Steglitz, Maßmannstr. 12*
VII. Apologeten	*Herr Schmid, Stuttgart,* Gutenbergstr. 49[I 4] *Frl. Dr. Ferber, Wilmersdorf,* *Badnorickestr.*[5] 35

[‚Freude' bei Johannes][6]

In den johanneischen Schriften nimmt die christliche Freude eine ganz eigentümliche Gestalt und Bedeutung an. Das Wort χαρά tritt dort zahlenmäßig und sinngemäß am meisten ins Licht, wo Johannes am selbständigsten und tiefsten redet: in den Abschiedsreden von c. 14–17, hier allein 7×, sonst im Evangelium nur noch 5×. Da wo Johannes recht eigentlich von der Heilsbedeutung Christi für uns, von seinem und unserem

men und Bildungswerte im Bertold Otto'schen Unterrichtsverfahren"; Renate Ludwig, geb. 1905 in Berlin-Schöneberg, in Berlin an der Philosophischen Fakultät (Geschichte); Frik und Tschuschner konnten nicht identifiziert werden. □ **3** „Gnostiker" ist hsl. Ergänzung B's. □ **4** „Gutenbergstr. 49[I]" ist hsl. Zusatz B's. □ **5** U. L. □ **6** NL A 11,6 (2); hsl. Entwurf von R. Ludwig (kursiv gesetzt), Überarbeitung (in Gemeine) von B. Abgedruckt wird die von B redigierte Fassung, von ihm gestr. Passagen des Textes von Frau Ludwig werden im Apparat des Herausgebers wiedergegeben, um B's Redaktion des Textes von Ludwig zu dokumentieren. Die griechischen Worte stammen – auch in von B formulierten Passagen – von Frau Ludwig. – Vorangestellt ist der Arbeit eine von B's Hand stammende Sammlung von durchgestr. Zitaten aus Joh: „χαρὰ [„Freude"] 3,29; 4,36; 9,56 [korr. in: „8,56"]; 11,15; 14,28; 15,11; 16,20.21.22.25; 17,13; 21,20. ἀγαλλιᾶσθαι [„sich freuen"] 5,35. παρρησία [„freudige Zuversicht"] 11,14. θαρσεῖν [„guten Mutes sein"] 16,35. εἰρήνη [„Friede"] 16,33". Darunter findet sich der Vermerk von B: „Bitte an den Anfang *sämtliche* Citate für χαρά und χαίρειν [„sich freuen"] *mit Text*, dazu die wichtigsten für παρρησία, εἰρήνη, δόξα [„Herrlichkeit"] etc. mit Text, sonst nur die Zahlen!"

Verhältnis zu Gott spricht, da muß auch von der Freude die Rede sein.[7]

Zwei[8] *Güter stehen im Mittelpunkte der johanneischen Verkündigung: ‚Leben' und ‚Licht'.*[9] Ἐν αὐτῷ ζωὴ ἦν, καὶ ἡ ζωὴ ἦν τὸ φῶς τῶν ἀνθρώπων[10] *(1,4)* und[11] οὕτως γὰρ ἠγάπησεν ὁ θεὸς τὸν κόσμον, ὥστε τὸν υἱὸν τὸν μονογενῆ ἔδωκεν, ἵνα πᾶς ὁ πιστεύων εἰς αὐτὸν μὴ ἀπόληται ἀλλ' ἔχῃ ζωὴν αἰώνιον.[12] *(3,16)* Das[13] *‚ewige Leben' liegt aber nicht*[14] *in der Zukunft (wenn sich auch dafür noch Stellen finden 10,28; 11,25)*[15], *sondern* ist *in jedem Augenblick dieses irdischen Lebens* schon da.[16] *Es ist unzerstörbar und unvergänglich, unberührbar vom* leiblichen *Tode*[17] *(11,25); es* erfüllt und *umspannt Zeit und Ewigkeit.*

Der Glaube an Jesus Christus bringt ζωὴν αἰώνιον[18], *an den, der das Licht der Welt ist.* Ἐγώ εἰμι τὸ φῶς τοῦ κόσμου· ὁ ἀκολουθῶν μοι οὐ μὴ περιπατήσῃ ἐν τῇ σκοτίᾳ, ἀλλ' ἕξει τὸ φῶς τῆς ζωῆς[19] *8,12 und ähnlich 12, 35–36. Das Licht führt zum Leben, da es Gott und sein Wesen*[20] *erkennen lehrt.*

Wo ‚Licht' und ‚Leben' ist, herrscht auch die ‚Freude'. Wo sie bei Johannes im Evangelium oder in den Briefen[21] *ihren Ausdruck findet, stammt sie aus dem Wissen um ‚Licht' und ‚Leben'* in und durch Christus.[22]

---

7 Der erste Absatz ersetzt folgende Passage: *„In dem religiösen Leben des Johannes ist die ‚Freude' einer der Hauptfaktoren. Die Sünde, das Leid, all das, was den Menschen von Gott trennt und das Verhältnis zum Vater stört, findet bei ihm keinen oder nur ganz geringen Widerhall. Die tiefsten Quellen für diese der paulinischen so ganz entgegengesetzte Frömmigkeit werden sich schwer aufzeigen lassen, aber einige Ansatzpunkte kann man vielleicht finden."* □ **8** Gestr.: *„herrliche"*. □ **9** Gestr.: *„Am Anfang steht das hohe Wort:"* □ **10** Dt.: „In ihm war das Leben und das Leben war das Licht der Menschen." □ **11** Ersetzt: *„ferner heißt es"*. □ **12** Dt.: „Denn so sehr hat Gott die Welt geliebt, daß er seinen eingeborenen Sohn gab, damit jeder, der an ihn glaubt, nicht verloren gehe, sondern ewiges Leben habe." (Joh 3,16) □ **13** Ersetzt: *„Dieses"*. □ **14** Gestr.: *„mehr"*. □ **15** B versieht die Bibelstellenangaben in der Klammer mit einem Fragezeichen und streicht: *„3,15"*. □ **16** Ersetzt: *„kann sich in jedem Augenblick erfüllen."* Im Anschluß daran gestr.: *„Es ist geheimnisvolle Fülle."* □ **17** Gestr.: *„im gewöhnlichen Sinne"*. □ **18** Dt.: „. . . ewiges Leben". □ **19** Dt.: „Ich bin das Licht der Welt; wer mir nachfolgt, wird nicht in der Finsternis wandeln, sondern das Licht des Lebens haben." (Joh 8,12) □ **20** Gestr.: *„zu"*. □ **21** Gestr.: „in Worten". □ **22** „in und durch Christus." ersetzt: *„So klingen die höchsten Freudentöne da, wo es sich um Christus handelt."*

Im Licht Johannes des Täufers wollten sich die Menschen[23] für kurze Zeit freuen, 5,35, nun können sie es erst im Licht des Christus![1)] *Schon Abraham freute sich auf den Tag, da Er kommen sollte; und als er ihn* von seiner himmlischen Wohnung aus sehen durfte[24], da *freute er sich über die Erfüllung der Verheißung (8,56). Freude herrschte, als Er kam; Johannes der Täufer verkündet sie in einem frohen Bilde:* Ὁ ἔχων τὴν νύμφην νυμφίος ἐστίν· ὁ δὲ φίλος τοῦ νυμφίου, ὁ ἑστηκὼς καὶ ἀκούων αὐτοῦ, χαρᾷ χαίρει διὰ τὴν φωνὴν τοῦ νυμφίου. αὕτη οὖν ἡ χαρὰ ἡ ἐμὴ πεπλήρωται[25] *(3,29).* Aber das Licht in der Welt kommt in die Finsternis hinein, und Freude in Leid und Trauer. Die Freude über das Kommen des Christus ist schwer bedroht durch den Tod am Kreuz, sie müßte zerbrechen, wäre sie nicht eine überweltliche. In der Freude über Christus ist nicht eine gewöhnliche Affektäußerung zu erblikken, als vielmehr die Gewißheit des inneren Besitzes, die über die Welt und ihre Ängste hinausweist, cf. 16,33, siehe vorige Seite. So ist wahre Freude über Christus nur dort zu finden, wo Friede gegenüber dem Leid der Welt gefunden ist. Εἰρήνην ἀφίημι ὑμῖν, εἰρήνην τὴν ἐμὴν δίδωμι ὑμῖν· [...] μὴ ταρασσέσθω ὑμῶν ἡ καρδία μηδὲ δειλιάτω[26] *(14,27).* Dieser Friede kann der Seele nur durch Christus gegeben werden. So ist Freude weniger ‚Jubel' als Ruhe, Gewißheit, Friede, nicht etwas einmaliges oder sich wiederholendes, sondern etwas dauerndes, stetiges. Die[27] *Jünger müssen auf* den Tod Jesu[28] *gefaßt sein*; ja sie sollen sich freuen[29], *daß er zum Vater geht:* zumal ja[30] der

---

[1)] Ob χαῖρειν hier wirklich den allgemein angenommenen Sinn etwa von ‚Kurzweil haben' hat, ist mir sehr zweifelhaft.

23 Gestr.: „die Jünger". □ 24 „von ... durfte" ersetzt: „*sah*". □ 25 Dt.: „Wer die Braut hat, ist der Bräutigam. Der Freund des Bräutigams aber, der dabeisteht und ihm zuhört, freut sich sehr über die Stimme des Bräutigams. Diese meine Freude ist nun erfüllt." □ 26 Dt.: „Frieden lasse ich euch, meinen Frieden gebe ich euch. [...] Euer Herz erschrecke nicht und fürchte sich nicht." – Das Zitat ist im Text von R. Ludwig an anderer Stelle plaziert (vgl. Anm. 32). □ 27 „Die" ersetzt: „*Das Licht ist in die Finsternis der Welt gekommen, aber die Finsternis hat es nicht begriffen. So hat Jesus seinen Tod immer vor Augen und auch die*". – Vgl. Joh 1,5. □ 28 „den Tod Jesu" ersetzt: „*ihn*". □ 29 „ja ... freuen" ersetzt: „*aber sie sollen sich nicht über seinen Abschied beunruhigen, sondern sich vielmehr freuen*". □ 30 U. L.

Paraklet, der Tröster, dann kommen wird[31], *um sie in alle Wahrheit zu führen.*[32] Εἰ ἠγαπᾶτέ με, ἐχάρητε ἂν ὅτι πορεύομαι πρὸς τὸν πατέρα[33] *(14,28).*

Nicht nur der Paraklet kommt zu den Verlassenen, sondern noch ein Trost wird der gläubigen Gemeinde gegeben: Jesus will[34] *sie wiedersehen.* Kommen des Parakleten, das Sehen Jesu und die Parusie sind bei Johannes verschiedene Ausdrücke für dieselbe Sache, die in der Oster- und Pfingstfreude erlebt wird. *Von da an ist die Freude ein sicherer Besitz der Gemeinde*[35], *diese Freude über die ‚Parusie' soll*[36] *vollendete sein. Alles Fragen fällt dann fort (16,23) und* erst jetzt kann die Gemeinde unter Anrufung des verherrlichten Namens Jesu Christi zum Vater beten[37] und es wird ihnen alles erfüllt werden und ihre Freude, ihr Vertrauen, ihre Gewißheit zu Gott wird wieder[38] vollendet sein, 16,23 ff; 15,7.16 b; I. Joh. 5,15[39]. Hier ist wieder [ein] Beispiel für die Weite und die religiöse Tiefe der Freude, χαρά[40], im Johannesevangelium gefunden. Freude ist Gebetsgewißheit, und Ruhe gegenüber den Problemen der Welt, beide durch die Einigung im Geiste mit Christus geschenkt und aus ihr notwendig herauswachsend. So wird die Freude Jesu selbst vollkommen in seinen Jüngern. 'Αμὴν ἀμὴν λέγω ὑμῖν ὅτι κλαύσετε καὶ θρηνήσετε ὑμεῖς, ὁ δὲ κόσμος χαρήσεται· ὑμεῖς λυπηθήσεσθε, ἀλλ' ἡ λύπη ὑμῶν εἰς χαρὰν γενήσεται. ἡ γυνὴ ὅταν τίκτῃ λύπην ἔχει, ὅτι ἦλθεν ἡ ὥρα αὐτῆς· ὅταν δὲ γεννήσῃ τὸ παιδίον, οὐκέτι μνημονεύει τῆς θλίψεως διὰ τὴν χαρὰν ὅτι ἐγεννήθη ἄνθρωπος εἰς τὸν κόσμον. καὶ ὑμεῖς οὖν νῦν μὲν λύπην ἔχετε· πάλιν δὲ ὄψομαι ὑμᾶς, καὶ χαρήσεται ὑμῶν ἡ καρδία, καὶ τὴν χαρὰν ὑμῶν οὐδεὶς αἴρει ἀφ' ὑμῶν. καὶ ἐν ἐκείνῃ τῇ ἡμέρᾳ ἐμὲ οὐκ ἐρωτήσετε οὐδέν. *(16,20–23).*[41] Ταῦτα λελάληκα ὑμῖν ἵνα ἐν ἐμοὶ εἰρήνην ἔχητε.

---

31 „zumal . . . wird" ersetzt: „*Der Paraklet, der Tröster wird dann kommen*". □ 32 Hier stand im Entwurf von R. Ludwig das Zitat Joh 14,27 (vgl. Anm. 26). □ 33 Dt.: „Hättet ihr mich lieb, würdet ihr euch freuen, daß ich zum Vater gehe." – Anschließend gestr.: „*Eng gehören auch hier Friede und Freude zusammen.*" □ 34 Ersetzt: „*sollen*". □ 35 Gestr.: „*ja*". □ 36 Ersetzt: „*eine*". □ 37 „erst . . . beten" ersetzt: „*vor allem haben sie die Möglichkeit zum Vater im Namen Jesu zu beten*". □ 38 U. L. □ 39 U. L. □ 40 „der Freude, χαρά" ersetzt: „*des Wortes χαρά*". □ 41 Dt.: „Wahrlich, wahrlich, ich sage euch! Ihr

ἐν τῷ κόσμῳ θλίψιν ἔχετε· ἀλλὰ θαρσεῖτε, ἐγὼ νενίκηκα τὸν κόσμον.[42] Καὶ ταῦτα λαλῶ ἐν τῷ κόσμῳ ἵνα ἔχωσιν τὴν χαρὰν τὴν ἐμὴν πεπληρωμένην ἐν ἑαυτοῖς.[43] *(17,13)* und 15,11. Hier steht die letzte *unio mystica mit dem Herrn* in Rede.[44] *Mit ihm überwinden die Seinen die Welt, wenn auch Leib und Seele in tiefer Drangsal sind.*

Wir bringen diesen Gedanken zur vollen Durchdringung im Zusammenhang mit dem 17,22–23 Ausgesprochenen.[45] Ταῦτα λελάληκα ὑμῖν ἵνα ἡ χαρὰ ἡ ἐμὴ ἐν ὑμῖν ᾖ καὶ ἡ χαρὰ ὑμῶν πληρωθῇ[46] *(15,11).* Am Ende der Reden[47] tritt noch einmal der Begriff der δόξα stark hervor, die Einheit mit Christus in der vollkommenen Freude, im Leben und im Licht, *ist mit der vollen Teilnahme an der* δόξα, *der Herrlichkeit, verbunden:* Κἀγὼ τὴν δόξαν ἣν δέδωκάς μοι δέδωκα αὐτοῖς, ἵνα ὦσιν ἓν καθὼς ἡμεῖς ἕν · ἐγὼ ἐν αὐτοῖς καὶ σὺ ἐν ἐμοί, ἵνα ὦσιν τετελειωμένοι εἰς ἕν, ἵνα γινώσκῃ ὁ κόσμος ὅτι σύ με ἀπέστειλας καὶ ἠγάπησας αὐτοὺς καθὼς ἐμὲ ἠγάπησας. *(17,22–23)*[48] s. o. *Der eingeborene Sohn besitzt die* δόξα *(1,14),*

---

werdet weinen und klagen, aber die Welt wird sich freuen; ihr werdet leiden, doch euer Leid soll in Freude verwandelt werden. Wenn eine Frau ein Kind zur Welt bringt, muß sie leiden, denn ihre Stunde ist gekommen. Wenn sie aber das Kind geboren hat, denkt sie nicht mehr an die Angst, aus Freude darüber, daß ein Mensch zur Welt gekommen ist. Und auch ihr habt nun Leid; aber ich will euch wiedersehen, und euer Herz soll sich freuen, und eure Freude soll niemand von euch nehmen. An dem Tag werdet ihr mich nichts mehr fragen." – Anschließend gestr.: „*Unbedingt gehört noch V. 33* [... unl.] *desselben Kapitels dazu*:" □ **42** Dt.: „Das habe ich euch gesagt, damit ihr in mir Frieden habt. In der Welt habt ihr Angst; aber seid getrost, ich habe die Welt überwunden." (Joh 16,33) – Am Rand hat B notiert: „16,33; s. vorige Seite!" – Im Anschluß an das griechische Zitat ist gestr.: „*Aber über diese Verheißung zur Freude über die Parusie geht das Evangelium noch hinaus*: Νῦν δὲ πρὸς σὲ ἔρχομαι. [„Nun aber komme ich zu dir ..."]." (Joh 17,13 a) – Das gestr. Zitat schließt unmittelbar an das im Text folgende an. □ **43** Dt.: „... und ich sage dies in der Welt, damit sie *meine* volle Freude *in sich* haben." (Joh 17,13 b) – Hervorhebungen von B. □ **44** „Hier steht ... in Rede." ersetzt: „*Was bedeutet das für die Gläubigen? Eine letzte unio mystica mit dem Herrn.*" □ **45** „Wir ... Ausgesprochenen" ersetzt: „*Nun nennt Jesus seine Jünger auch seine ‚Freunde' (15,13ff). Dieselbe Freude in der Einheit mit Jesus spricht auch das andere Wort aus*:" □ **46** Dt.: „Das habe ich euch gesagt, damit meine Freude in euch bleibt und eure Freude vollkommen wird." □ **47** Gestr.: „in c. 14–17, in denen die Worte von der Freude am zahlreichsten und bedeutungsvollsten sind". □ **48** Dt.: „Und ich habe ihnen die Herrlichkeit gegeben, die du mir gegeben

die ihm vom Vater gegeben ist, 8,54 und 13,31–32, *oder wie andere Stellen besagen*[49], *ihm bei seinem Tode, seiner Erhöhung gegeben wird (12,23 und 17,1–5). Die Auferweckung des Lazarus dient dazu, die Verherrlichung des Sohnes zu zeigen (11,4), und so freut sich Jesus, daß er bei dem Tode nicht anwesend war. Das Schauen seiner* δόξα *soll* das *Volk zum Glauben (11,15)* und damit zum Teilhaben am Gut der δόξα selbst führen[50]. So erkennen wir die johanneischen Begriffe wie Glaube, Leben, vollkommene Freude in Christus, Teilhaben an der δόξα als inhaltlich identisch, nur von verschiedenen Seiten aus gesehen.

Wenn daher die Gläubigen an der δόξα teilhaben[51], *ist auch Jesu Freude in ihnen erfüllt.*

Im ersten Johannes-Brief[52] *stellt sich die Freude noch in einem etwas anderen Sinne dar:*[53] An die Stelle der χαρά im Evangelium tritt hier die παρρησία.[54] Χαρά kommt in den

---

hast, damit sie eins sind, so wie wir eins sind, ich in ihnen und du in mir, damit sie vollkommen eins sind und die Welt erkennt, daß du mich gesandt hast und sie so liebst, wie du mich liebst." – Die vorstehende Passage („ist mit ... (17,22–23)") ist die von B gekürzte und umgestellte Fassung des folgenden Ludwig-Textes: „*Darüber hinaus führt auch das* [es folgt das von B im Text belassene griech. Zitat aus Joh 17,22f]. *Die Einheit in Christo ist mit der vollen Teilnahme an der* δόξα, *der Herrlichkeit verbunden. Sie zu erlangen, war die höchste Hoffnung der altchristlichen Gemeinde. Sie ist ein Gut, das sich im Johannes-Evangelium neben* φῶς [„Licht"], ζωὴ [„Leben"] *und* χαρὰ [„Freude"] *stellt.*" □ **49** Gestr.: „– *die Aussagen sind hier verschieden* –". □ **50** „soll ... führen" ersetzt: „*soll dem Volk zum Glauben gereichen (11,15)*". □ **51** „an der δόξα teilhaben" ersetzt: „*bei der Parusie diese* δόξα *in sich aufnehmen*". □ **52** Gestr.: „*2,28* καὶ νῦν, τεκνία, μένετε ἐν αὐτῷ, ἵνα ἐὰν φανερωθῇ σχῶμεν παρρησίαν καὶ μὴ αἰσχυνθῶμεν ἀπ' αὐτοῦ ἐν τῇ παρουσίᾳ αὐτοῦ [„Und nun, Kinder, bleibt in ihm, damit wir, wenn er erscheinen wird, Zuversicht haben und bei seiner Wiederkehr vor ihm nicht zuschanden werden." (I Joh 2,28)] *und 4,17* 'Εν τούτῳ τετελείωται ἡ ἀγάπη μεθ' ἡμῶν, ἵνα παρρησίαν ἔχωμεν ἐν τῇ ἡμέρᾳ τῆς κρίσεως [„Darin ist die Liebe bei uns vollendet, daß wir Zuversicht haben am Tage des Gerichts." (I Joh 4,17)]." □ **53** Gestr.: „sie ist auf die Endgeschichte hin gerichtet." □ **54** „An die Stelle ... παρρησία." ersetzt: „*man könnte sie hier vielleicht ,eschatologisch' nennen. Der Glaube, der in der Liebe bleibt, hat einen festen Halt an der inneren Ähnlichkeit mit Gott, dem zukünftigen Richter, und braucht eine Verurteilung nicht zu fürchten.* Παρρησία, *d. h. freudige Gewißheit, soll ihn deshalb beherrschen. Im Griechischen steht an diesen Stellen nicht* χαρὰ, *sondern* παρρησία."

Briefen 2× formelhaft I 1,4; II 12, einmal II 4, wie auch χαίρειν II 4; III 3, in nicht spezifisch religiösem Sinne (d. h. wie im Evangelium) vor. Παρρησία 4× I 2,28; 3,21; 4,17; 5,14.

Im Evangelium findet sich dieses Wort neunmal aber noch im wesentlich *antiken Sprachgebrauch: Freimut in der Rede. In den Briefen wäre es vielleicht mit ‚freudiger* freimütiger *Gewißheit' zu übersetzen, ein Begriff, der dem der* χαρά *sehr nahesteht,* aber aktiver gefüllt ist. Der Grund für diese Veränderung des Wortschatzes ist bei Annahme der Identität der Verfasser des Evangeliums und der Briefe schwer ersichtlich. Sicher besteht hier ein Zusammenhang zwischen dem praktischen Charakter der Briefe und dem aktiv-demonstrativen Sinn der παρρησία, und zwischen dem religiösen erbaulichen Charakter und dem abgeklärten, beschaulichen Sinn der johanneischen χαρά.[55] 2× weist uns der Ausdruck παρρησία auf die letzte Zeit, auf das Gericht und die Parusie, 2,28; 4,17. Freude und Zuversicht soll in dieser Zeit in uns sein, der Glaube, der in der Liebe ist, braucht kein Gericht zu fürchten; wir glauben hier schon etwas von dem Bekennertum des jungen Christentums herauszuhören; jedenfalls sehen wir, daß für die Charakterisierung dieser Lebenshaltung die παρρησία viel geeigneter war als die χαρά. Ἀμὴν ἀμὴν λέγω ὑμῖν, ἄν τι αἰτήσητε τὸν πατέρα δώσει ὑμῖν ἐν τῷ ὀνόματί μου. ἕως ἄρτι οὐκ ᾐτήσατε οὐδὲν ἐν τῷ ὀνόματί μου· αἰτεῖτε, καὶ λήμψεσθε, ἵνα ἡ χαρὰ ὑμῶν ᾖ πεπληρωμένη[56] *(Evang. 16,23.24).*[57]

In den Briefen ist mehr als im Evangelium die Gemeinsamkeit des religiösen Besitzes betont, das[58] *Bewußtsein* davon *ist*

55 Hier folgt das Wort: „verte!", das auf die Rückseite hinweisen soll, auf der der Rest dieser Ergänzung B's („2 x weist ... als die χαρά.") notiert ist. □ **56** Dt.: „Wahrlich, wahrlich, ich sage euch: Wenn ihr den Vater in meinem Namen um etwas bittet, wird er's euch geben. Bisher habt ihr in meinem Namen noch nie um etwas gebeten. Bittet, so werdet ihr empfangen, damit eure Freude vollkommen ist." – Zum vorstehenden Zitat findet sich unten eine Randbemerkung B's: „Siehe S. 415". □ **57** Gestr.: *„Dasselbe sagen auch: 15,7.16b; 1.Joh. 5,13.14. Diese Zuversicht auf Erhörung des Gebets ist ein beglückender Ausfluß des ewigen Lebens. Diese Zuversicht haben die Gläubigen ‚zu ihm', aber nur, wenn sie nach seinem Wollen bitten. Können sie aber bei der bestehenden unio anderes erbitten als das, was Gott will?"* □ **58** „In den ... betont, das" ersetzt: *„Alle Gläubigen haben aber Gemeinschaft in diesem Besitz des Lebens, der* δόξα *und der* χαρά *und dieses"*.

dem Verfasser der Johannes-Briefe ein Grund zur Freude[59]. Καὶ ταῦτα γράφομεν ἡμεῖς ἵνα ἡ χαρὰ ἡμῶν ᾖ πεπληρωμένη.[60] (*1. Joh. 1*,3 b und *4*) ... ἀλλὰ ἐλπίζω γενέσθαι πρὸς ὑμᾶς καὶ στόμα πρὸς στόμα λαλῆσαι, ἵνα ἡ χαρὰ ἡμῶν πεπληρωμένη ᾖ.[61] Freude herrscht aber nicht nur über den Wandel in der Wahrheit bei den Ältesten über ihre geistlichen Kinder (3. Joh. 4), sondern erst recht über neu gewonnene Seelen, d. h. über das Missionswerk.[62] *Diese Freude kommt*[63] *4,36 zum Ausdruck: Sämann und Schnitter sollen sich freuen. Das Wort: „ein anderer säet, ein anderer erntet", hat sonst nicht so frohen Klang. Hier ist es anders:* Ein Christ arbeitet dem andern in die Hände, keine Ehrsucht, kein Egoismus, nur die gemeinsame Freude an der angenommenen Botschaft (ob das καρπὸν φερεῖν cf. 15,8 mit in diesen Komplex gehört, erscheint mir zweifelhaft). Die merkwürdige Tatsache, daß der Begriff εὐαγγέλιον im Johannesevangelium und in den Briefen ganz fehlt, statt dessen durch φῶς und ζωή ersetzt wird, läßt wohl kaum weitere Argumente e silentio zu.[64]

---

59 Ersetzt: *„sich zu freuen"*. □ **60** Dt.: „Und das schreiben wir, damit unsere Freude vollkommen ist." (I Joh 1,3 b.4) □ **61** Dt.: „... ich hoffe aber, zu euch zu kommen und von Mund zu Mund mit euch zu reden, damit unsere Freude vollkommen ist." (II Joh 12) □ **62** „Freude ... Missionswerk" ersetzt: *„Und auch das gereicht ihm zur Freude, wenn Seelen gewonnen werden und den Weg zu Christus gefunden haben und in der Wahrheit wandeln.* Ἐχάρην λίαν ὅτι εὕρηκα ἐκ τῶν τέκνων σου περιπατοῦντας ἐν ἀληθείᾳ [„Ich bin sehr erfreut, daß ich gefunden habe unter deinen Kindern, die in der Wahrheit wandeln."] *(2 Joh. 4) und* μειζοτέραν τούτων οὐκ ἔχω χαράν, ἵνα ἀκούω τὰ ἐμὰ τέκνα ἐν τῇ ἀληθείᾳ περιπατοῦντα [„Ich habe keine größere Freude denn die, daß ich höre, wie meine Kinder in der Wahrheit wandeln." (III Joh 4)]"; ursprünglich wollte B an die Stelle des vorstehenden Ludwig-Textes den folgenden, jetzt gestr. Satz treten lassen: „Diese Gemeinschaft [u. L., vielleicht auch: „Gemeinde"] der Gläubigen hat [u. L.] aber den größten Wert [u. L.] und der Christ freut sich über jede neue gewonnene Seele." □ **63** Ersetzt: *„Diese Freude am Missionswerk kommt im Evangelium"*. □ **64** „Ein Christ arbeitet ... e silentio zu." ersetzt: *„In der Ernte des Reiches Gottes steht einer auf den Schultern des anderen und Säer wie Schnitter sollen sich freuen. In diesen Zusammenhang gehören auch vielleicht die Worte im Evangelium 15,8 und 15,16 a: Frucht bringen sollen die Jünger, den Samen Gottes auch in die Herzen anderer Menschen säen.* [Absatz] *Im religiös indifferenten Sinn findet sich das Wort* χαρά *im 3. Johannes-Brief V. 3 und* χαῖρειν *= grüßen 2. Joh. 10.11. Der Begriff* εὐαγγέλιον [„Evangelium"] *fehlt im Johannes-Evangelium. Wie könnte*

Die Freude[65] *des Johannes-Evangeliums und der Briefe stellt sich uns also als ein rein geistliches Gut dar, das* mit der *Person* Christi gegeben ist, mit ihrem *Kommen*[66] *auf die Erde, wie auf ihre Erhöhung und ‚Parusie'. Eine ‚Freude' an der Welt kennt Johannes nicht. Wir vermissen auch* jede *ethische Beziehung*, in der die Freude etwa als Ausgangspunkt für sittliches Handeln angesehen würde.[67] *Dieses tritt alles zurück hinter dem andern großen Erleben, der Einheit zwischen Mensch, Gott und Christus. Die*[68] *‚Freude', die hier ihren Ursprung hat, ist von der Welt losgelöst und blickt allein auf ihre Quellen: Gott und Christus.*

Ohne religiösen Sinn kommt χαρά 3. Joh. 3 vor, χαίρειν im Sinne von ‚grüßen' 2. Joh. 10.11.[69]

Ganz andern Charakter trägt[70] *die ‚Freude' in der Johannes-Apokalypse. Sie ist nicht ein religiöses Gut*, ein Besitz *der Frommen, sondern eine zwar aus bestimmten Voraussetzungen sich gestaltende, aber doch jedem Menschen zugängliche Affektäußerung. Den Inhalt der Worte:* χαίρωμεν καὶ ἀγαλλιῶμεν καὶ δώσομεν τὴν δόξαν αὐτῷ, ὅτι ἦλθεν ὁ γάμος τοῦ ἀρνίου καὶ ἡ γύνη αὐτοῦ ἡτοίμασεν ἑαυτήν ...[71] *19,7, muß man wohl als apokalyptische*[72] *‚Freude' bezeichnen. Alles Schreckliche für die letzte Zeit, das Propheten vorausgesagt haben, hat sich erfüllt; es bleiben nur noch das letzte Gericht und die letzte Seligkeit.*[73] Der Seher sieht diese Vollendung und entwickelt in

---

man das deuten? Vielleicht so?: Die Botschaft an sich ist schon etwas Zurückliegendes, etwas Geschehenes, auf das es nicht mehr so ankommt. Es handelt sich jetzt darum, daß sie in dem gläubigen Herzen zum Leben wird, und das will das Evangelium vollbringen." □ **65** Ersetzt: „χαρά". □ **66** „das mit der Person ... Kommen" ersetzt: „*das sich konzentriert auf die Person Jesu, auf ihr Kommen*". □ **67** „Wir vermissen ... würde." ersetzt: „*Wir vermissen auch eine ethische Beziehung, wie sie einmal nur andeutungsweise 1. Joh. 3,21 zum Ausdruck kommt.*" □ **68** Ersetzt: „*Diese*". □ **69** Vgl. Anm. 65. □ **70** Ersetzt: „*Ganz anders ist*". □ **71** Dt.: „Laßt uns fröhlich sein und uns freuen und ihm die Ehre geben; denn die Hochzeit des Lammes ist gekommen, und seine Braut hat sich bereit gemacht." (Apk 19,7) □ **72** Gestr.: „*oder endgeschichtliche*". □ **73** Der durch B's Überarbeitung der Schlußpassage ersetzte Text von Frau Ludwig fährt fort: „*Sie steht am Ende aller Dinge, von der Vollendung schaut sie rückwärts. In diesen Zusammenhang gehört vielleicht auch das andere Wort: 20,6. Dort wird der* μακάριος [„selig"] *genannt, der an der ersten Auferstehung*

der Darstellung der letzten Zeit eine Stimmung, die an manche Psalmen anklingt. Das Böse, Widergöttliche stürzt, Babel fällt und Jubel bricht darüber, 18,20, bei den Frommen und im Himmel aus. Von Mitleid oder Barmherzigkeit spürt man bei dem scharfen Dualismus selten etwas[74]. Auf der andern Seite entsteht heller Jubel[75], wenn Gott, der Herr, mit seinem Gesalbten die Weltherrschaft ergreift und nun herrschen wird in alle Ewigkeit. 11,14 ff; 12,12. Von ‚Freude' im Sinne des Evangeliums kann aber hier nicht die Rede sein. Zu dieser stimmt eher ein ruhiges Wort wie die Seligpreisung 14,13. Im Ganzen der Apokalypse ist die Freude kein wichtiger Begriff, sie ist zu sehr mit dem Frieden verknüpft und wird vom Geschrei des Kampfes, des Elends und des Jubels übertönt. Alle Einzelheiten können hier fortbleiben.

Auch die Petrusapokalypse ist hier unausgiebig. Deutlich überwiegt hier das ästhetische Moment über das sittliche[76]. Der Begriff χαρά oder verwandte Begriffe kommen nicht vor. In der chiliastischen Stelle bei Papias entdecken wir eine fast kindische Freude (Irenäus V) an der Ausdeutung von grobsinnlichen Einzelheiten im 1000jährigen Reich. (Im profanen Gebrauch steht die χαρά bei Papias: Eusebius, h. e. III 39.)[77] Der Begriff selbst kommt nicht vor.

---

teilnimmt. [Absatz] *Glücklich werden die gepriesen, die ihr Leben nicht bis an den Tod geliebt haben (12,12* [richtig: Apk 12,11]) *und diese Stelle weist auf eine andere Seite der ‚Freude' in der Apokalypse: Ein sittliches Moment tritt hervor und wird betont, wie es sich auch 18,20 in der Freude über den Fall Babels und 11,15–19 ausspricht.* [Absatz] *Zu bemerken wäre vielleicht noch, daß 14,6 das* εὐαγγέλιον *genannt wird. Es hat hier den Zusatz ‚ewig', soll also wohl für unabänderlich und für alle Ewigkeit gültig gehalten werden. Die letzte Bußpredigt vor dem Gericht wird ‚Evangelium' genannt und wie das, das Jesus brachte, enthält es neben der ‚frohen Botschaft' eine ernste Mahnung zur Buße.*" □ **74** „selten etwas" ersetzt: *„gar nichts"*. □ **75** Ersetzt: „bricht heller Jubel aus". □ **76** Gestr.: „in der Johannesapokalypse". □ **77** *Papias*, um 150 Bischof von Hierapolis, verfaßte eine verlorengegangene fünfbändige Sammlung von außerkanonischen Jesus-Worten, aus der u. a. die Kirchenväter Irenäus und Eusebius zitieren. Eine von Papias stammende Schilderung des 1000-jährigen Reiches ist erhalten bei: Irenäus, Adv. haereses V,33,3 f, und Eusebius, Kirchengeschichte III,39,12; beide Belege sind genannt bei: R. Seeberg, Dogmengeschichte I³, 187.

‚Freude' im Urchristentum

Versuch einer Zusammenfassung[78]

Es ist merkwürdig zu sehen, wieviel Arbeit darauf verwandt wurde, die Entwicklung der christlichen Botschaft von ihren Anfängen an klarzustellen und wie wenig man darauf geachtet hat, warum diese Botschaft eine *frohe* Botschaft war und blieb und wie gerade das, was man in der Entwicklung an ihr als das Frohe, Freudige empfand, im engsten Zusammenhang mit der jeweiligen Fassung ihres Inhaltes stand.

Wir wollen nun hier versuchen, aus der bunten Mannigfaltigkeit der Gefühlsregungen und Gedanken heraus, die sich mit | der urchristlichen Freude verbinden, einige Richtlinien zum historischen wie zum rein werthaften Verständnis aufzufinden. Es wird streng darauf zu achten sein, Gefühlskomplexe, die mit der spezifisch christlichen Freude nichts mehr zu tun haben, von diesen scharf zu trennen. Andrerseits wird das Auge darauf zu richten sein, wieweit die rein christliche Freude vermochte, ‚weltliche' Freude zu durchtränken.

Die urchristliche Freude ist zunächst die Freude der Christgläubigen über den erhöhten Herrn. Die Osterfreude steht am Anfang (cf. Joh. 16,20–24) und mit ihr gehört zusammen die Pfingstfreude (s. die Sonderarbeit über Johannes[79]). Da aber die Sendung des Geistes nur interimistischen Charakter trägt, so verknüpft sich hier der Gedanke mit dem parusiastischen. Also mit Abschluß des Heilswirkens Jesu Christi (Ostern) und mit der eigentlichen Gründung seiner Gemeinde (Pfingsten) bzw. Kirche und der Hoffnung auf die Parusie ist der Ursprung der Christenfreude gegeben und an diesen 3 Tatsachen ist sie orientiert. Je nachdem diese 3 Komplexe eng zusammengedacht oder schroff getrennt werden, ergeben sich die Variationen in der Gestaltung der Freude.

---

78 NL A 11,6 (1); hsl.; Abdruck: GS V 106–115. – Oben rechts am Rand trägt das Blatt den Vermerk: „Bitte das im Text Unterstrichene fett zu schreiben oder zu unterstreichen. Überschrift unterstreichen! Anbei 20 Mark Anzahlung. (Die Zitate für die Paulusarbeit folgen)". □ **79** Vgl. o. die Arbeit von R. Ludwig/D. Bonhoeffer S. 412 ff.

Das erste authentische Zeugnis liegt uns in den Paulusbriefen vor; zeitlich später, doch inhaltlich von Paulus hier ganz unbeeinflußt, steht *neben* ihm das Johannesevangelium. Hingegen steht die gesamte Entwicklung zum Altkatholizismus hin stark unter paulinischem Einfluß.

Es ist für die Freude des Paulus sehr wichtig, daß sie im Missionswerk wurzelt und nicht, wie bei Johannes, im religiösen Leben des Einzelnen; damit bekommt die Freude eine konkrete, praktische Gestalt. Sie entspringt an der Tatsache der Auferstehung und der Hoffnung auf seine (baldige) Parusie. Aber sie ist nicht wesentlich, obschon natürlich auch, eine menschliche Stimmung, sondern sozusagen eine objektive, das | Leben der Christen bestimmende Macht wie Gerechtigkeit und Friede (cf. Rm 14,17), die beide auch nicht durch gerechte und friedliche Gesinnung des Einzelnen erschöpft sind, so notwendig diese vorhanden ist, sondern die das Fundament des Reiches Gottes selbst sind. Es sind Werte, die durch Christus erst geschaffen werden, aber doch ein selbständiges Ethos in sich tragen, in das es voll hineinzuwachsen gilt, denen also nicht ein augenblicklicher Gefühlsschwall, sondern eine im Wesen der Sache gegründete Stetigkeit des neuen Lebens entspricht. In diesem Sinne sind alle Stellen bei Paulus aufzufassen, die ganz allgemein von der christlichen Freude sprechen und zu ihr auffordern und wo im besondern von der Freude im Geiste (en pneumati) die Rede ist (s. Sonderarbeit zu Paulus[80]). Nur hieraus ist die merkwürdige Vorstellung von der Freude bei den Engeln und Gottvater selbst zu rechtfertigen, die also nicht einfach als Anthropomorphismus wie andere auch angesehen werden darf.

Die unerhörten Energien, die ungestüme Ungeduld, die in der Freude, wie sie Paulus den Gemeinden predigt, sprüht, hat ihren Grund in der parusiastischen Erwartung (Phil 4,4 χαίρετε ἐν κυρίῳ πάντοτε ... ὁ κύριος ἐγγύς[81], noch stärker in den früheren Briefen wie Thess.). Daher die eigenartige kraftvolle

---

80 Davon ist nur noch eine ausführliche Zitatensammlung erhalten (vgl. o. Anm. 1). □ **81** Dt.: „Freuet euch in dem Herrn allewege ... Der Herr ist nahe!" (Phil 4,4 f)

Spannung zwischen gegenwärtigem Besitz und künftiger Erfüllung. Hier spielt nun das Missionswerk, der Auf- und Ausbau der Gemeinden die entscheidende Rolle.

Schon der Einsatzpunkt liegt bei Johannes ganz woanders. Der Ursprung der Freude ist selbstverständlich der erhöhte Herr. Aber Ostern, Pfingsten und Parusie fallen bei ihm inhaltlich soweit zusammen, daß jedenfalls keine eschatologische Spannung eintritt, sondern der Nachdruck auf dem gegenwärtigen Besitz des Lichtes und des Lebens liegt. Damit ist von vornherein der johanneischen Freude ein ruhiger, beschau- | licher, überweltlicher Ton gegeben; aber auch der Missionsgedanke tritt ganz in den Hintergrund (cf. nur 4,35 ff) wie ebenso der der Gemeinde, und wir erhalten ein Bild ganz individueller Freude über das Teilhaben am Leben und am Licht; daher auch gerade und nur hier das persönliche Gebet in ganz unmittelbare Verbindung mit der Freude gebracht wird (s. Sonderarbeit Johannes[82]). Vollkommene Freude schon hier im Einssein mit Christus, damit verbunden Überwindung der Welt und ihres Leides, das bedeutet das *eu*aggelion für Johannes. Freude ist aber auch hier nicht wesentlich Affektäußerung, d. h. freudige Erregtheit, sondern ist wesentlich identisch mit ‚Glaubensgewißheit', ist mithin unveräußerlicher *religiöser* Besitz, d. h. stetig und immer wieder erzeugt oder genährt durch die Betrachtung des in die Welt gekommenen Lichtes. „Wir schauten seine Majestät" (1,14; cf. Mt. 5,8; auch 4. Esra c. 7), in diesem Schauen liegt für das Johannesevangelium die ganze Christusfreude beschlossen. Dieser beschaulichen Betrachtungsweise liegt keine praktische Konkretisierung; der Christ ist ja nicht wie bei Paulus durch die parusiastische Erwartung an die Erde gebunden, sondern hat in jedem Augenblick ewiges Leben und vollkommene Freude.

Dem ewigen Leben, der zoë aionios, bei Johannes entspricht bei Paulus das Reich Gottes, als Gegenwart *und* Zukunft. Paulus denkt kollektiv, stets im Interesse der Gemeinde. Wir sahen auch schon, daß bei Paulus das Interesse an Gemeinde und Mission mit der zeitlichen Spannung zwischen Gegenwart

---

82 Siehe o. S. 412 ff.

und Parusie eng zusammenhing[83]. In der Zwischenzeit waren die christlichen Gemeinden die von Gott verordneten Träger der Christusverkündigung und -freude. Sie sollten sich der geschehenen und zukünftigen Dinge freuen. Aber sie sollen sich auch einander eine Freude sein, das kann nur heißen: eine Gemeinde [soll] der andern sich als Glied am Leib Christi zeigen. Hier wird der Begriff συγχαίρειν[84] von Paulus eingeführt (s. Sonder- | arbeit Paulus), an Glauben und Wandel des Nächsten soll man sich freuen und selbst dem anderen zur Freude werden. Es sind das Gedanken, die sich notwendig aus dem christlichen Gemeindeleben ergeben, und die auch in den Johannesbriefen (s. Sonderarbeit[85]) anklingen. Daß sie auch dem Evangelium Johannes nicht ganz fern liegen, sehen wir 4,36 ff, obwohl hier sonst als Gegenstand der Freude ja einzig die Person Christi zu finden war. Daß sie freilich einer Anschauung, nach der die Freude Fundament des Reiches Gottes ist, selbstverständlich sind, braucht kaum gesagt zu werden.

Es gilt also, sich gegenseitig zur Freude zu werden und sich wieder über die Freude des andern zu freuen (2. Kor 7,13) und so ein gewaltiges Feuer der Freude zu entzünden. Es ist unmittelbar klar, daß hier auch gerade das Affektvolle der Freude ungemein wichtig ist, viel wichtiger als in der Frömmigkeit des Johannes.

Das muß nun zu praktischen Erwägungen führen, wodurch man Gegenstand der Freude werden, und worüber man sich beim Nächsten als Christ freuen kann. Aber nicht nur der Nachdruck, der bei Paulus auf dem christlichen Gemeinde- und Missionsleben ruht, sondern auch der von Johannes fast ganz übergangene Gedanke über die Sünde führt Paulus zur Konkretisierung und Aktivierung der Freude.

Bei Paulus führt der Gedanke der Sündhaftigkeit des Menschen weder zur Hingabe der Freude, d.h. zur Resignation, noch übertönt die helle Freude das Wort von der Sünde, sondern beides steht neben- besser gegeneinander; hierdurch

---

83 „daß bei ... zusammenhing" ersetzt: „daß sich bei Paulus das Interesse an Gemeinde und Mission besonders aus der zeitlichen Spannung zwischen Gegenwart und Parusie ergab". □ **84** Dt.: „sich mit jemandem freuen". □ **85** Siehe o. S. 418 ff.

erhält aber die Freude eine praktisch ethische Betonung, sie wird zum Quell aller Tugend (s. Sonderarbeit; cf. 2. Kor. 1,24; bes. 2. Kor. 8,2; vgl. auch Goethes: „Die Freudigkeit ist die Mutter aller Tugenden“[86], mit der feinen Unterscheidung zwischen ‚Freude‘ und ‚Freudigkeit‘, die bei Paulus inhaltlich, | aber nicht sprachlich vorhanden ist). Also Christusfreude muß da sein, damit ein Werk sittlich gut sei. Freude, Gerechtigkeit etc. sind nicht Gesinnungen, die aus dem Handeln herauswachsen, sondern Werte, die das Handeln erst wertvoll machen. Diese Wendung des Gedankens konnte bei Johannes gar nicht auftreten, weil bei ihm der sittliche Dualismus gar nicht vorhanden ist.

Auch in der folgenden Entwicklung wird noch die Freude mit der Sittlichkeit in Verbindung gebracht, und sogar in dieser Verbindung ist das begründet, was man damals als Freude bezeichnete. Nur hat sich das Verhältnis umgekehrt: die Freude entspringt aus den ‚guten Werken‘, die man getan hat, und auf Grund dieser Werke bekommt man einen Vorgeschmack der kommenden Herrlichkeit. Also man verdient sich schon hier ein Stück Ewigkeitsfreude; Freude ist nicht mehr Quell der Tugend, Fundament der Gemeinde, ist mithin nicht mehr rein religiös begründet als Frucht des Geistes, sondern sie entspringt erst an der eignen Sittlichkeit als erwartungsvolle, lohnbegierige Hoffnung. Das ist der Typus der Freude, wie er zunächst in I. Clem., dann in Hermas, Barnabas ausgeprägt ist (s. die Sonderarbeiten[87]) und sich in der altkatholischen Kirche erhalten hat.

Die Freude auf die kommende Herrlichkeit war stark genährt durch die christlich-apokalyptische Literatur, die wieder von der jüdischen stark abhängig war. Man vergleiche nur die Schilderung der 7 Freuden 4. Esra 7 etwa mit der Johannesapokalypse, so wird man spezifische Unterschiede kaum aufzeigen können. Der Jubel – denn das ist hier = Freude – im Himmel beim Anschauen Gottes, bei Sturz und Bestrafung des Bösen etc. enthält nichts spezifisch Christliches. Hierher gehören auch die grob-sinnlichen chiliastischen Schilderun- | gen (Papias), als

86 J. W. v. Goethe, Götz von Berlichingen, 1. Akt (Hamburger Ausgabe, Bd. 4, 78). □ 87 Siehe o. die Übersicht über den Gesamtplan S. 410 f u. Anm. 1; die Arbeit über den I Clem ist nicht mehr erhalten.

Belohnung für sittenreines Leben dargestellt. Daß diese an niedrige menschliche Instinkte appellierende Freude nicht die Freude en pneumati[88] ist, ist klar. So kraß freilich ist sie nicht in die altkatholische Kirche eingegangen, im Gegenteil, die strenge Sittenzucht – bei Paulus auf die Freude im Geiste begründet! – nahm schon bald soviel Energien in Anspruch, durch die beginnende Organisation wurde der Geist so gedämpft, daß man von Freude nicht nur wenig sprechen hört, nein auch im ganzen Leben wenig spürt. Schon im I. Clem. ist die paulinische χαρά durch eine ganz blasse παρρησία[89] ‚ersetzt'. Aus dem mangelnden Verständnis dessen, was Paulus unter Freude verstanden hatte – man kann eigentlich nicht, jedenfalls nicht vorwurfsvoll, von mangelndem Verständnis sprechen, denn Freude aus dem Geiste wird nach Paulus geschenkt oder nicht[2)], man kann sie nicht nachkonstruieren –, erwuchs die Umkehrung des Verständnisses von Freude und Sittlichkeit von selbst und damit war der lohnbegierigen Apokalyptik die Tür geöffnet. Für diese Umkehrung ist noch eine andere Tatsache charakteristisch: Die Stellung des Christen zum Leid der Welt. Den Johannes konnte in seiner innigen Verbundenheit mit dem Herrn und in der vollkommenen Freude des Glaubens das Leid der Welt nicht mehr berühren. Er wußte, daß Angst in der Welt ist, aber der in der Freude Vollkommene hat mit seinem Herrn die Welt überwunden. Sie ist für ihn Nichts, nicht einmal ein Feind. Auch Paulus triumphiert trotz der widrigsten Umstände im Glauben über das Leid. Die Freude ist hochgemuth, sieghaft, „Tod, wo ist dein Stachel . . ."[90] (s. die Sonderarbeiten Paulus und Johannes). Nun bringt die Entwicklung der Gemeinde immer mehr Elend, sie zwingt zum Bekenner-, | ja zum Märtyrertum, nicht daß nun die sieghafte Freude geschwunden wäre, im Gegenteil, man tat noch etwas hinzu, was bei Paulus fehlte, man verherrlichte das Leiden als solches, man freute sich *über* das Leiden, nicht *trotz* des Leidens. Ein herrliches Schau-

[2)] Hiergegen einzuwenden, Paulus habe auch oft zur Freude aufgefordert, beruht auf mangelndem Verständnis des Indikativ-Imperativ-Verhältnisses bei Paulus. Stets ist der Indikativ das primär Begründende.

88 Dt.: „im Geist". □ **89** Dt.: „Freude durch ... freudige Zuversicht ‚ersetzt'". □ **90** I Kor 15,55.

spiel sei für Gott ein christliches Martyrium, meint Minucius Felix.[91] Dies wuchs einmal aus dem Gedanken des Opfers heraus, der Nachahmung Christi etc., dann aber doch ganz sicher auch daraus, durch dieses Leiden zu umso herrlicheren jenseitigen Freuden zu gelangen. Der erste, bei dem sich diese leidensfreudige Stimmung deutlich ausgeprägt findet, ist Ignatius (Phil. V[92], cf. die Sonderarbeiten[93]). Aber schon Mt 5,10.11, der Jakobus- und Hebräerbrief weisen in diese Richtung (s. Sonderarbeiten zu Jakobus und Hebräer[94]).

Also auch hier eine mit der oben dargestellten Umkehrung nah verwandte Erweiterung und Erweichung der paulinischen Freude. Diese Freude aber konnte nicht durch Organisation noch durch Sittenzucht erdrückt werden, sie war eine mächtig pulsierende und, weil nur im Einzelnen wurzelnde, nicht geschwächte Kraft des jungen Christentums. Ganz deutlich spürt man hier noch etwas von dem Geiste des Paulus; aber ebenso deutlich von dem des werdenden Katholizismus.

Mit dieser Verherrlichung des Leides ging nun im großen ganzen nicht etwa Hand in Hand ein entsprechend weltverneinender Zug, sondern im Gegenteil macht man die Beobachtung, daß mit dem Eindringen der paulinischen Gedanken in die griechisch-römische Geisteswelt, ihre Gleichgültigkeit bzw. Feindseligkeit gegenüber der Welt zu schwinden scheint. Beibehalten und gesteigert wird der Haß gegen die ‚Freuden' dieser Welt, besonders Apologeten vernimmt man hier deutlich mit ihrem Ideal des ἀπαθής[95]. Aber die Freude am Kosmos, an der Schöpfung wird schon 1. Clem. laut, dann besonders bei den Apologeten und hier wieder bei Minucius Felix. Man | nimmt eine ganz unbefangene Stellung zu den ‚reinen' Freuden dieser Welt, zu Natur, Kunst, Wissenschaft, Spiel etc. ein, wie sie bei Paulus durch das enthusiastisch-parusiastische Element unmöglich war, und doch ist diese Freude weit mehr bürgerlich-philosophisch als religiös fundamentiert und so mit der unbefangenen Freude eines Jesuswortes wie Mt 6,29 nicht zu vergleichen.

---

91 Vgl. Minucius Felix, Octavius 37,1,1. □ 92 Gemeint ist: IgnPhld V. □ 93 Nicht mehr vorhanden. □ 94 Nicht mehr vorhanden. □ 95 Dt.: „leidensunfähigen".

Die Freude, die sich von Anbeginn unserer Quellen ungeschwächt erhalten, ist die Freude an dem von Christus geleiteten Gemeindeleben, am *gemeinsamen* Besitz im Glauben, brüderlicher Liebe im Verkehr, dann aber auch am Glaubensleben der andern und Zuwachs an Gliedern. Diese Freude steht bei Ignatius, Hermas u. a. im Mittelpunkt und zwar im Sinn des Paulus; aber auch hier mußte bald die Organisation aus dem Zeitalter des Enthusiasmus eines des organisierten Kultus machen. In Rom wird dieser Übergang naturgemäß zuerst bemerkbar, wie man aus I. Clemensbrief lernt. Im Hermas z. B. überwiegt die Freude und der Jubel über die Kirche als solche, über den Turm, über ihre Pracht und Herrlichkeit, die andre über den gemeinsamen Glaubensbesitz und das Glaubensleben der andern.

Wir könnten hier viel ausführlicher werden. Viel Gemeinsames und Trennendes ließe sich noch herausarbeiten; es liegt das aber nicht in unserer Absicht.

Bevor wir schließen, soll nur noch kurz auf einen bisher unerwähnt gebliebenen Typus christlicher Freude hingewiesen werden. Es ist die Freude bei den Gnostikern. Es ist die *Erlösung* und die *Offenbarung*, die diesen Männern Gegenstand der Freude werden, mithin Werte höchster Geistigkeit, entsprungen aus dem Gefühl der *sittlichen* und *intellektuellen* Unzulänglichkeit. Erstes finden wir schon bei Paulus, wenn auch nicht in dieser Einseitigkeit, dem andern ist bei Johannes vorgearbeitet (besonders in Worten wie 16,23 u. a.). Daß einmal der Gemeindegedanke, zum andern die innige persön- | liche *Freude* in der *Verbundenheit* mit Christus, obwohl dies viel weniger als das erste, fehlt, gibt ihrer Freude einen wirklichkeitsfremden Anstrich.

Als Zusammenfassung wäre zu sagen, daß von den beiden Haupttypen der christlichen Freude der paulinische mit seiner Betonung der Gemeinde in der Entwicklung zum Katholizismus den johanneischen ganz verdrängte. In dem Werdeprozeß vom Zeitalter des Geistes zu dem der ‚Sittlichkeit' und Organisation vollzog sich das oben Dargestellte. Da, wo der Geist ausging, fand die christliche Freude keinen Eingang. Das urchristliche Reich Gottes wurde zur Kirche. Der Geist war nicht mehr in der Gemeinde als solcher, sondern in einzelnen Männern. Nur dort gab es noch christliche Freude, wo sie individuell war (Märtyrer!). Denn die Freude an der Kirche war nur höchst indirekt christlich zu nennen. Die johanneische Freude lebte in den Einzelnen fort, sie blieb bis ins Mittelalter ein Korrektiv für die entstellte paulinische.

12. REFERAT ÜBER DIE ALTLUTHERISCHE ESCHATOLOGIE[1]

Die Lehre der altprotestantischen Dogmatik vom Leben nach dem Tode und den letzten Dingen

Die Eschatologie gehört nicht zu den eigentlich umstrittenen Punkten in der altprotestantischen Dogmatik. Im wesentlichen herrscht hier Übereinstimmung; auf die Differenzen werden wir nur selten einzugehen haben.[2]

Mit der Rechtfertigung ist das Ziel des menschlichen Lebens noch nicht erreicht[3], sondern erst in der Endzeit[4] kann es sich vollenden, wenn die Macht der Erbsünde gebrochen ist und die des heiligen Geistes den ganzen Menschen in Besitz nimmt.[5] Dann geht der Einzelne und die ganze Welt der Erfüllung ihres

---

1 NL A 12,3; hsl. Das Titelblatt lautet: „Referat über altprotestantische Eschatologie. 14. Mai 1926." Auf der ersten Seite links oben: „Dietrich Bonhoeffer". Das Referat wurde im Seminar bei Reinhold Seeberg (= Korr.) gehalten und von diesem korrigiert (s. S. 641). – Bearbeiter: Th. Mahlmann, H. Pfeifer. – Abgesehen von den letzten zwei Absätzen und einigen kritischen Bemerkungen hat B in diesem Ms. zwei Quellen wörtlich oder beinahe wörtlich ineinander verwoben: K. v. Hase, Hutterus redivivus, [12]1883 und H. Schmid, Die Dogmatik der evang. luth. Kirche, [7]1893 (im folgenden zit.: Hase; Schmid). B besaß diese Ausgaben der beiden Kompendien und hatte sie, nach Auskunft von Albrecht Schönherr, noch in Finkenwalde in seiner Handbibliothek. Um deren Benutzung in diesem Referat genau nachzuweisen, werden zusätzlich zu den Seiten auch die Zeilen angegeben. Auf wörtliche Anführung der beiden Kompendien wird verzichtet. □ **2** Unter „altprotestantische Dogmatik" versteht B wie Hase (V u. ö.) „die alte lutherische Dogmatik" (VII) bzw. „die lutherische Orthodoxie" (XI). Hinsichtlich ihrer „Übereinstimmung" folgt B dem Urteil von Schmid (VI f u. VIII). Die zitierten Quellen kennt B nicht; vgl. Anm. 80. □ **3** Schmid 461,4. □ **4** Korr. „eher: Jenseits". □ **5** Hase 278, 13.15.16.

Daseins entgegen, dann wird aus der streitenden Kirche die triumphierende.[6]

Von den zwei Seiten der Vollendung, der des μικροκοσμος[7], d. h. des Menschen, und der des μακροκοσμος[8], d. h. der Welt, handelt durchgehend der locus de novissimis[9]. Nun ist die Vollendung, besser das Ziel des Einzellebens, die vita bzw. damnatio aeterna[10], so eng verknüpft mit der Idee der Prädestination[11], daß die analytische Methode von Calixt an diesen Artikel schon als finis theologiae formalis[12] unter dem locus de Deo[13] behandelt und für den locus de novissimis nur noch die 4 übrigen Teile aufbewahrt: mors, resurrectio mortuorum, extremum iudicium, consummatio mundi[14]. Durch die sachlich durchaus gerechtfertigte Hineinsetzung des Artikels über vita bzw. damnatio aeterna in den locus [de] Deo entsteht aber eine für die Übersichtlichkeit des Ganzen sehr nachteilige Zerreißung des eschatologischen Gesamtprozesses und aus diesem Grunde folgen wir der z. B. von Gerhard vorgetragenen älteren Darstellung der Eschatologie und zwar in der üblichen Aufeinanderfolge der Artikel: mors, resurrectio mortuorum, judicium extremum, consummatio mundi, vita bzw. damnatio aeterna.[15]

Ein Problem in unserm Sinne bildet für die altprotestantischen Väter[16] der Tod eigentlich nicht.[17] In der starren substanziellen Scheidung zwischen Seele und Körper ist der Unsterblichkeitsglaube ungefährdet.[18] Seele und Leib trennen sich[19], als ob sie nie zusammengehört hätten, wie zwei aufeinander geklappte Kugelhälften, wie man eine Flüssigkeit aus einem Gefäß gießt. Man ist sich zwar über ihre gegenseitige Wechselwirkung klar[20], aber man sieht darum noch keine Schwierigkeit dort, wo diese aufhört. Gerhard meint: nach jener Trennung wirken die

---

6 Hase 278, 20.21.16.17; 264, 39–265,1. – Schmid 432,31–33; 462, 22.23.25.26. □ **7** Dt.: „Mikrokosmos". □ **8** Dt.: „Makrokosmos". □ **9** Dt.: „Kapitel ‚Von den letzten Dingen'"; Hase 278, 38–40.11. – Schmid 462, 37. 38; 463, 8–10. □ 10 Dt.: „Ewiges Leben bzw. ewige Verdammung". □ **11** Korr.: „Providenz". □ **12** Dt.: „formales [d. h. inneres] Ziel der Theologie [in sich selbst]". □ **13** Dt.: „Kapitel ‚Gott'". □ **14** Dt.: „Tod, Auferstehung der Toten, Jüngstes Gericht, Weltvollendung" (Schmid 462, 32–37 verbunden mit Hase 33, 17–20). □ **15** Wie Schmid 462, 37. □ **16** Siehe Anm. 2. □ **17** Vgl. Hase 279, 3–6. □ **18** Vgl. Hase 279, 6.7. □ **19** Hase 279, 1. 2. 28. – Schmid 462, 17.18; 463, 13.14.□ **20** Schmid 464, 39–43.

Affekte und Leidenschaften der Seele nicht mehr auf den Körper (der wird vielmehr zu Staub) und auch handelt die Seele nicht mehr durch das Instrument des Körpers, sed extra corpus subsistens immortalem agit vitam atque ab omni corporis commercio semota in certo ποῦ adversatur[21] (Gerhard XVII 149). Die Seele lebt nun fern vom Körper weiter mit ihren intellektuellen und voluntativen Funktionen.[22] Die Gewißheit über diesen Tatbestand wird der Schrift entnommen[23], z. B. Mt 10,28: μή φοβεῖσθε ἀπὸ τῶν ἀποκτενόντων τὸ σῶμα, τὴν δὲ ψυχὴν μὴ δυναμένων ἀποκτεῖναι u. a.[24], dann aus der Erschaffung der Seele aus dem Hauch Gottes geschlossen.[25] Aber auch der Vernunft ist diese Erkenntnis nicht unzugänglich[26]; vielmehr haben ihre Beweise quandam veri similitudinis persuasionem[27] (XVII 159): die Seele ist denkende Substanz, ist unorganisch, einfach, unsichtbar, immateriell, gottähnlich, sich selbst bewegendes Wesen, ferner hat sie ein angeborenes Urteilsvermögen über Gut und Böse, eine ‚religiöse Anlage', ecstasin quandam, h. e. intentam partis rationalis ad res sublimes[28], – dies alles Tatsachen, die auch den Philosophen e lumine naturae et historiae[29] zur Annahme ihrer Ewigkeit zwingen sollten; doch läßt sich die Gewißheit nur der Schrift entnehmen.[30]

Woher kommt nun aber Tod, mors temporalis[31], in die Welt? Drei Gründe nennt Gerhard: die Bosheit des Teufels, die Schuld des Menschen, den Zorn des rächenden Gottes (XVII 30).[32] Aber durch Christus ist das Schicksal des Todes zum Guten für die an ihn Glaubenden gewandt worden, sie gehen

---

21 Dt.: „sondern außerhalb des Körpers subsistierend führt sie ein unsterbliches Leben und wird, von jeder Gemeinschaft mit dem Leibe entfernt, in einem bestimmten Wo aufbewahrt" (Schmid 464, 47–465, 6). □ **22** Schmid 461, 23.24. □ **23** Schmid 461, 26–28; 465, 9.10. – Vgl. Hase 280,5. □ **24** Dt.: „Fürchtet euch nicht vor denen, die den Leib töten, die Seele aber nicht töten können" (Schmid 465, 11.12). □ **25** Schmid 465, 17–25. □ **26** Schmid 461, 25.26. □ **27** Dt.: „eine gewisse Wahrscheinlichkeitsüberzeugung" (Hase 280,33–35 = Schmid 466, 1–3). □ **28** Dt.: „eine gewisse Verzückung (ihres) rationalen Teils, d. h. gerichtet auf erhabene Dinge" (Schmid 466, 5–11.18.19. 26–28). □ **29** Dt.: „aus dem Licht von Natur und Geschichte". □ **30** Hase 280,6.35–37. □ **31** Dt.: „der zeitliche Tod", gemeint ist der Tod bis zum Jüngsten Gericht (Hase 279, 29.30). – Die Distinktionen bei Schmid 463, 20 ff, berücksichtigt B nicht. □ **32** Schmid 463, 40–43.

nur durch den Tod zum Leben ein.[33] Wo weilen die Seelen nach dem Tode vor dem letzten Gericht? Die katholische Scholastik hatte hier die Lehre vom Fegfeuer mit ihrer Geographie des Jenseits eingeschoben, die aber von protestantischer Seite aus guten dogmatischen Gründen abgelehnt wird[34]: der Mensch wird allein durch Christus gerecht, quidquid expiationibus vel purgatorii vel suffragiorum adscribitur, id omne Christi merito, quod solum nos a peccatis purgat, derogatur[35] (Hafenreffer 667), daß diese Entgegnungen eindringenderem Blick nicht standhalten, ist deutlich. Warum sollte sich Christi läuterndes Wirken nicht noch auf's Jenseits beziehen?[36] Es will mir scheinen, als ob hier mit dem Unkraut auch Weizen herausgerissen worden wäre. Ebenso werden Ansichten über den status intermedius[37] als Seelenwanderung, Seelenschlaf etc. abgelehnt.[38] Man lehrt mithin einen unmittelbaren Übergang vom Tode zum seligen bzw. unseligen Leben.[39] Das Los eines jeden entscheidet sich im iudicium particulare[40] im Todeskampf des Menschen[41]; nach dem Tode genießen die einen sofort die Seligkeit, die andern die Verdammnis.[42] Doch ist dieser Zustand nach Ansicht der Dogmatik von Baumgarten und Mosheim an noch kein endgültiger.[43] Wäre er das, wie Quenstedt[44] und andere meinen, so wäre der Sinn der Auferstehung unklar.[45]

Diese wird aber von der Bibel gelehrt[46] in dem Sinne, daß die unsterbliche Seele am Ende der Zeiten wieder mit einem Körper bekleidet werden wird und zwar bei der allgemeinen resurrectio mortuorum.[47] Über die Notwendigkeit dieses Prozesses wird, da er biblisch begründet ist, kaum nachgedacht[48], statt dessen über seine Gestalt. Zugrunde liegt wohl meist der Gedanke, daß

---

33 Etwas anders Schmid 464, 2–5. □ **34** Hase 281, 9–282, 3.24. □ **35** Dt.: „Was auch immer den Sühneleistungen des Fegefeuers oder der Fürbitten zugeschrieben wird, wird alles dem Verdienst Christi, das allein uns von Sünden reinigt, entzogen" (Schmid 467, 39–43). □ **36** Vgl. Hase 282, 6.7.43–52. □ **37** Dt.: „Zwischenzustand" (zwischen Tod und Jüngstem Gericht). □ **38** Hase 282, 8–10. – Schmid 462, 4–6; 467, 1.2.7–14. □ **39** Hase 282, 4.5. □ **40** Dt.: „besonderes Gericht" (über den einzelnen Menschen). □ **41** Hase 282, 5.6.39.40. □ **42** Korr.: „!"; Schmid 462, 1.2; 466, 33–39. □ **43** Siehe Anm. 36. □ **44** Hase 282, 40–43. – Schmid 467,2–7. □ **45** Vgl. Hase 282, 45.46 und Schmid 468, 11–16; 470, 5–8. □ **46** Schmid 468, 5. □ **47** Schmid 474, 2. □ **48** Vgl. Schmid 468, 19–29 und Hase 285, 3.4.

nur ein leibliches Wesen in Gemeinschaft mit anderen und in Wirksamkeit im geistlichen Leben stehen kann.[49] Der neue Leib muß nun aber ganz andre Eigenschaften haben, als der alte.[50] Guten wie Bösen sind nach Quenstedt gewisse Eigenschaften gemeinsam: der organische Körper wird wiederhergestellt und zwar unvergänglich, Geschlechtsunterschiede bleiben, über das Alter einigte man sich für die Gläubigen auf das Alter Christi, also etwa 30 Jahre.[51] Die Leiber der Gläubigen werden glorificata, potentia, spiritualia, coelestia sein[52], die der Gottlosen zwar auch ewig, aber non impassibilia, aeternis cruciatibus obnoxia, nullo decore nulla gloria[53] etc. Die so verstandene resurrectio ist in besonderem Sinne eine resurrectio carnis[54], denn an der Seele geht durch den Tod keine Veränderung vor, nur das zu Staub gewordene Fleisch wird wieder auferweckt.[55] Nun wird aber die allgemeine Auferstehung[56] noch auf Erden lebende Menschen[57] finden, und diese werden nicht erst durch den Tod gehen, sondern sie werden verwandelt werden[58]; an ihnen vollzieht sich eine ad statum resurgentium transfiguratio.[59]

All das geschieht aber erst bei der Wiederkunft Christi.[60] Die Zeit des reditus Christi[61] aber kennt kein Mensch.[62] Christus hat ihre Vorzeichen offenbart[63] und nur aus ihnen kann man auf das Weltende schließen.[64] Auch hier halten sich die Dogmatiker fest an die biblischen Aussagen und arbeiten nur ganz formal weiter. Man scheidet zwischen signa remota s. communia und signa propinqua s. propria.[65] Erste wiederholen sich und weisen mehr auf Ernst und Heiligkeit als auf den Zeitpunkt des reditus

49 Korr.: „Wo steht das?" B. zitiert: Hase 285, 2.3.4.5.9–11.45. □ **50** Vgl. Schmid 468,9–11. □ **51** Hase 285, 19–23 – Schmid 469, 12–14. □ **52** Dt.: „verherrlicht, mächtig, geistlich, himmlisch" (Hase 285,28–33 und Schmid 469, 24–44). □ **53** Dt.: „nicht leidensunfähig, ewigen Qualen unterworfen, ohne Zier, ohne Herrlichkeit" (Schmid 469, 46–470,2). □ **54** Dt.: „Auferstehung des Fleisches" (Hase 284, 39–43). □ **55** Vgl. Hase 284,45.46 – Schmid 468, 30–32. □ **56** Schmid 474, 42. □ **57** Schmid 470, 13.14 – Hase 284, 8.9. □ **58** Hase 284,52. □ **59** Dt.: „Verwandlung in den Zustand der Auferstehenden" (Hase 284, 9). □ **60** Dt.: „Wiederkunft Christi" (Hase 282, 14). □ **61** Hase 282, 12. □ **62** Schmid 471, 28–30. □ **63** Hase 283, 1.2. □ **64** Schmid 470, 12.20.21. □ **65** Dt.: „entfernte oder allgemeine Zeichen und nahe oder eigentliche Zeichen".

hin.[66] Letztere gehen zeitlich unmittelbar dem Einbruch des Gerichts voran.[67] Zu den ersten gehören: haeresium multiplicatio, securitatis et impietatis inundatio, universalis evangelii praedicatio[68]; zu den zweiten: der Zusammenbruch des 4. Weltreiches, ebenso des Antichristen[69], gewaltige Zeichen[70], manche rechnen auch hier noch die endliche Bekehrung der Juden nach Rom 11,25 ff.[71] Beim Antichristen unterscheidet man die antichristi parvi und den antichristus magnus[72] aus biblizistischem Grunde. Der Gedanke der conversio Judaeorum wird zumeist abgelehnt[73] und ist eine dogmatisch nicht gerechtfertigte Herübernahme eines historisch zu verstehenden Interesses ins Gebiet der Dogmatik.

Wir sehen also das urchristliche Bild vom Ende der Geschichte bis ins Detail unverändert aufgenommen. Im Gegensatz zu jedem Evolutionismus ist die schroffe Antithese in der Weltentwicklung betont und damit jede schwächliche Eschatologie oder Reich-Gottesvorstellung unmöglich gemacht. Ihr rein transzendenter Charakter ist gewahrt, aber wir vermissen jeden philosophischen Versuch, die biblischen Aussagen zu begreifen und zu verarbeiten. Bunt durcheinander gehen religiös wertvolle Gedanken mit der Aufnahme reiner Phantasiebilder der Bibel als dogmatischer Wahrheiten, woraus dann der Mangel einer einheitlichen dogmatischen Methode nur zu deutlich wird.

Ist nun Christus gekommen, so wird er – nach Meinung der millenarii[74] – ein herrliches Reich auf 1000 Jahre aufrichten und mit seinen Erwählten regieren. Dieser Chiliasmus[75] aber wird abgelehnt mit der Begründung, daß die Wiederkunft Christi, die allgemeine Auferstehung, das jüngste Gericht und das Weltende so unmittelbar zusammenhänge, daß für die Aufrichtung eines irdischen Reiches mitten in diesem Prozeß gar keine Zeit

66 Schmid 471, 34–41. □ **67** Hase 283,35. □ **68** Dt.: „Vervielfachung der Irrlehren, Überhandnehmen von Sicherheit und Gottlosigkeit, weltweite Predigt des Evangeliums". □ **69** Schmid 471, 44.45; 472, 22.24–27. □ **70** Vgl. Schmid 470, 20.22.23 und Hase 283,36. □ **71** Schmid 474, 2.3.8.9. und Hase 283, 30.31. □ **72** Korr.: „Ist das eine Person?"; Schmid 473, 15–18. □ **73** Dt.: „Bekehrung der Juden" (Schmid 474, 4.5). □ **74** *Millenarier,* Vertreter des Glaubens an ein tausendjähriges Reich am Ende der Zeit (Chiliasmus). □ **75** Schmid 474, 31–39. – Hase 284,17.

mehr bliebe. Eines folge aufs andre ohne Zwischenraum.[76] Doch mag das mehr ein apologetischer Gedanke gewesen sein. Die eigentliche Abneigung gegen den Chiliasmus[77] mag eher aus dem berechtigten Gefühl einer Gefahr, sich im Materiellen zu verlieren, erwachsen sein, wie auch aus der Kenntnis der revolutionär-sektiererisch-unreligiösen Tendenzen, die sich meist mit dem Chiliasmus verbanden.[78]

Nachdem nun Christus auf den Wolken in gottmenschlicher Natur – ein Schrecken den Gottlosen, eine Freude den Frommen – herabgekommen ist, wird er nach der Auferstehung Gute und Böse vor das extremum judicium, das er halten wird, zitieren.[79] Extremum iudicium universale est actio solemnis, qua Deus unitrinus per Christum in visibili forma summaque gloria apparentem, angelos malos omnesque homines ad normam Legis et Evangelii judicabit, piis aeterna gaudia, improbis aeternos cruciatus assignaturus (Gerhard).[80] Der ganze Akt des Gerichts kann ja nach dem vorangegangenen judicium particulare in agona mortis[81] und der Bekleidung mit dem Leib der Herrlichkeit oder Schande neues nicht mehr bringen. Er ist die feierliche Erklärung und öffentliche Verkündigung des schon erfolgten Urteilsspruches.[82] In mehreren Etappen wird sich der Gerichtsakt vollziehen: 1. Solemnis praeparatio a.) Christi iudicis in throno collocatio b.) omnium hominum coram tribunali Christi congregatio c.) congregatorum separatio.[83] Das iudi-

---

76 Schmid 474, 41–47. □ **77** Korr.: „das 1000jährige Reich in der Geschichte der Kirche". □ **78** Vgl. Schmid 475,2–7.11–13.21–24 und Hase 284, 29.30. □ **79** Hase 284,47.48. – Schmid 476, 44.45; 470,27–29. – Hase 285, 12.13. □ **80** Dt.: „Das allgemeine Jüngste Gericht ist der feierliche Akt, in dem der dreieinige Gott durch Christus, der in sichtbarer Gestalt und höchster Herrlichkeit erscheint, die bösen Engel und alle Menschen nach der Richtschnur des Gesetzes und des Evangeliums richten und den Frommen ewige Freude, den Gottlosen ewige Qualen zuteilen wird". (Hase 286,2–5). Hase gestaltet die Formulierung von Hollatz (Schmid 476, 4–9) um, die B wegen Hase 286,21 auf Gerhard zurückführt. Dessen Definition im Tractatus de extremo iudico § 126 kann er nicht gelesen haben (Loci theologici, tomus nonus, 1875, 124a). □ **81** Dt.: „Das besondere Gericht im Todeskampf" (Hase 286,14; 285 13.14; 282,4.5.39–43; vgl. Anm. 39–42). □ **82** Hase 285,15–17. □ **83** Dt.: „Feierliche Vorbereitung (a) Sichsetzen Christi als Richter auf den Thron (b) Versammlung aller Menschen vor dem Richterstuhl Christi (c) Trennung der Versammelten" (Hase 286, 21.22.26.27).

cium dann zerfällt wieder in iudicium discussionis[84], wobei alle Sünden der Gottlosen aufgezählt, die der Frommen aber wohl kaum in extenso genannt werden, und in das iudicium retributionis[85], d. h. der Gerecht- bzw. Schuldigsprechung[86], und damit ist das Gericht beendet. Der Ort des Gerichts wird nicht, wie die katholische Scholastik meint, das Tal Josaphat sein, sondern es wird irgendwo in der Luft stattfinden. Über die zeitliche Ausdehnung streitet man sich.[87]

Ist nun das Gericht vollzogen, dann ist auch das Schicksal der Welt besiegelt. Sie muß verbrennen[88] und eine herrlichere Welt wird entstehen[89]; zwar tritt die Idee einer neuen Welt nach der consummatio mundi nur selten auf; die meisten belassen es bei der abolitio substantiae[90] und lehren nicht, wie Luther und auch Gerhard, eine qualitatum alteratio.[91] Bekannt ist Luthers: „Der Himmel hat itzo an sein Werkeltagskleid, dort aber wird er anziehen sein Sonntagskleid."[92] Es entspricht diese Anschauung auch vielmehr der andern von dem neuen Leib. Gott läßt nichts vergehen, was er gemacht hat, sondern er verklärt das Körperliche zu einer höheren Seinsweise, zum σῶμα πνευματικόν.[93] So wundert man sich über das häufige Fehlen dieses Parallelgedankens.[94] – Mit diesem Artikel schließt die analytische Methode die Dogmatik ab. Die früheren Dogmatiker fügen als Abschluß erst hier die Lehre von der vita und damnatio aeterna an; diesen folgen wir hier.[95]

Im Gericht ist das Schicksal der Menschen für die Ewigkeit entschieden.[96] Die Verdammten fahren zur Hölle; wo diese ist, ist nicht offenbart.[97] Dort erleiden sie ewige Qualen. Ihre Furchtbarkeit können wir uns nur in ganz schwachen Bildern ausmalen, weil sie unser Fassungsvermögen gewaltig übersteigen.[98] Man unterscheidet zwischen den Qualen der Entbehrung

84 Dt.: „das Gericht der Erörterung". □ **85** Dt.: „das Gericht der Vergeltung". □ **86** Hase 286, 27.28.33–36.37.38 und Schmid 477, 22–25. □ **87** Hase 286, 40–44. □ **88** Schmid 478, 1; 477, 43 und Hase 286, 16. □ **89** Vgl. Hase 286, 17. □ **90** Dt.: „Vernichtung des Wesens". □ **91** Dt.: „Veränderung der Eigenschaften". □ **92** Hase 287, 1.2.13–16.42–47.27–29. B. hat mit Hase Gerhard mißverstanden (vgl. K. Stock, Annihilatio mundi, 1 ff). □ **93** Dt.: „geistlicher Leib" (vgl. Hase 287, 11–13. 16–19.25.26). □ **94** Wie Hase 287,1.2. □ **95** Vgl. Anm. 14 u. 15. □ **96** Hase 287, 31.32 und Schmid 478, 16.17. □ **97** Schmid 479, 34.35 und Hase 288, 2.4. □ **98** Hase 288, 3.32.33.

(mala privativa) und den positiv fühlbaren Qualen und hält sich in deren Schilderung fest an die biblischen Aussagen.[99] Stufen der Verdammnis, wie sie z. B. Hutterus annimmt, widersprechen offenbar der Absolutheit des Urteils und der Unendlichkeit der Sündenschuld, ebenso wie die von den Symbolischen Büchern angenommenen Grade der Seligkeit.[100] Wir haben hier deutlich einen katholischen Rest vor uns. Konsequent wird von den Dogmatikern verurteilt die Annahme einer zeitlichen Begrenztheit der Höllenstrafe, CA 14[101]: damnant ... qui sentiunt hominibus damnatis ac diabolis finem poenarum futurum esse.[102] Diese Ansicht führt zum Pelagianismus, d. h. der Lehre von der Möglichkeit der Bekehrung abgesehen von Gottes Gnadenspruch, oder nimmt ein Wirken göttlicher Gnade auch in der Hölle an.[103] Beides ist zu verwerfen. Damit ist die origenistische ἀποκατάστασις πάντων[104] ebenfalls abgelehnt. Die Stellen der Heiligen Schrift, die darauf hinzuweisen scheinen, wollen nur von dem vollen Sieg des Gottesreiches reden.[105] Entsprechend der Verdammnis wird bei der Seligkeit zwischen privativa und positiva bona[106] unterschieden: Fernsein von aller Sünde und Übel, Gottesschau, visio et fruitio Dei[107], Freude und Jubel, Verherrlichung Gottes in Ewigkeit. Der Ort der Seligkeit ist der Himmel (Gerhard).[108] In dieser Seligkeit sind alle Frommen gleich, nur in der tätigen Wirksamkeit[109] im Reich Gottes gibt es Stufen, je nach den guten Werken auf Erden (AC 135).[110] Wie die Apostel den Herrn, so werden auch die Menschen ihre Geliebten wiedersehen.[111] Kein Mitleid mit den Verdammten wird ihre Seligkeit stören, denn ihr Wille ist mit dem göttlichen eins geworden.[112] Beati videbunt suos notos

99 Hase 288, 5.6.39–45 und Schmid 480, 10–25. □ **100** Hase 288, 9–11.48.49; 289, 19.20 und Schmid 481,15. □ **101** Hase 288: „C. A. 14: (XVII.)". □ **102** Dt.: „Derhalben werden [die Wiedertaufer] verworfen, so lehren, daß die Teufel und verdammte Menschen nicht ewige Pein und qual haben werden" (BSLK 72; Hase 288, 11–15; 289, 35.36). □ **103** Hase 288, 15.19–21. □ **104** Dt.: „Wiederherstellung [des Gnadenstandes] aller [Menschen]". □ **105** Hase 289,11.12.14.16–19. □ **106** Dt.: „Güter, die in der Abwesenheit von Übel und Bösem bestehen, und solche, die positiv Gutes beinhalten". □ **107** Dt.: „Schau und Genießen Gottes [durch die Seligen]". □ **108** Hase 290, 16–20 und Schmid 481, 46; 482, 43.44. □ **109** Ersetzt: „Tätigkeit". □ **110** Hase 290, 5.4.6.–8.39.40 und Schmid 481, 15.17.18. □ **111** Hase 290, 9.10. □ **112** Hase 290, 12 – 291,1.

et cognatos inter damnatos, quotiescumque voluerint, sed absque ullo commiserationis afflatu.[113] Hier ist das coelum gratiae oder die ecclesia militans zum coelum gloriae, d. h. der ecclesia triumphans geworden.[114]

So endet die altprotestantische Dogmatik. Überblicken wir kurz das Gesehene, so haben wir zunächst kritisch einiges zu bemerken. Es stellt sich heraus, daß im Ganzen die biblischen Aussagen einfach übernommen und formalistisch weitergebildet werden. Schwierige Schriftprobleme, wie die Apokatastasis oder der Chiliasmus werden ignoriert, d. h. verdammt, ohne ausreichende inhaltliche Durchdringung. Die Lehre von der Unsterblichkeit der Seele ist mit der der Auferstehung höchst äußerlich kombiniert, das Verhältnis von Prädestination, iudicium particulare und iudicium universale inhaltlich unentwikkelt gelassen, das johanneische Problem der Eschatologie gar nicht berührt, das Ganze ohne eigentlich philosophisch-metaphysisches oder geschichtsphilosophisches Interesse, statt dessen eine Fülle unwichtiger Dinge ausführlich erörtert, biblische Phantasiebilder und dogmatische Sätze bunt vermischt; kurz, man hat in der Entwicklung der Eschatologie eine sehr geringe produktive systematische Kraft bewiesen. Und doch ist diese Lücke durch ein Anderes ausgeglichen: Zunächst ist unter der Fülle von dogmatischem Unrat wenigstens alles Wichtige erhalten geblieben: die Idee des gespaltenen Geschichtslaufes[115], der rein transzendente Reich-Gottesbegriff, das und anderes ist klar und eindeutig ausgeprägt. Aber was noch mehr ist: wir dürfen nicht übersehen, daß zur radikalen Übernahme der biblischen Eschatologie eine religiöse und sittliche Kraft von nicht geringer Art gehört, daß hierdurch ein Ernst großgezogen wurde, wie ihn die systematisch selbständigeren kommenden Generationen nicht wieder erreicht haben, daß man auch in Äußerlichkeiten nie spielerisch wurde, sondern wirklich den Versuch

113 Dt.: „Die Seligen werden ihre Bekannten und Verwandten unter den Verdammten sehen, so oft sie wollen, aber ohne irgendeinen Anflug von Mitleid" (Hase 291, 26–28. □ **114** Dt.: „Hier ist der Himmel der Gnade oder die kämpfende Kirche zum Himmel der Herrlichkeit, das heißt der siegenden Kirche geworden" (vgl. Hase 278, 16.17; 290, 21.22; 264, 39–265,1 – Vgl. Anm. 6). □ **115** Vgl. B's Seminararbeit über Luthers Stimmungen gegenüber seinem Werk (s. S. 279 ff; vgl auch S. 349).

gemacht hat, die Schroffheit biblischer Bilder und Gedanken ganz ernsthaft nachzudenken. Daß hier das Fehlen jedes historischen Blickes, ebenso, oder besser im Zusammenhang damit, die überspannte Inspirationslehre viel Schaden eintrug, kann von der religiösen Kraft eines derartigen Versuches nichts abtragen.

Können wir methodisch hier wenig von den altprotestantischen Vätern lernen, lernen können wir von dem ungeheuren Ernst und der Ehrfurcht, mit denen sie an jedes Kapitel der Dogmatik herantraten.[116]

Zusammenfassung[117]

Altlutherische Eschatologie
(in der Hauptsache nach Joh. Gerhard)
Tod, Auferstehung.
(Leib-Seele-Problem).
Wiederkunft Christi und ihre Vorzeichen
Biblischer Befund *unverarbeitet* tradiert
Extremum judicium
Consummatio mundi
(Dann die ‚neue Welt')
Gerettete und Verdammte.
Freuden der Guten[118]
Ablehnung der Apocatastasis
Beurteilung auf den letzten 2 Seiten
1. Biblischer Befund nur formal tradiert, nicht durchdrungen
2. Schwierige Komplexe ignoriert (z. B. Johanneische Eschatologie)
3. Im ganzen bei diesem Lehrstück keine systematische Kraft erwiesen
Positiv: Große Betonung auf transzendentem Reich Gottes[119] in der biblischen Vorstellung und der gespaltene Geschichtslauf

---

116 Gesamturteil des Korr.: „Recht gut Seeberg 14. 5. 26". □ **117** NL A 12,6 (2); hsl. Text auf einem Schmierblatt. Zusammenfassung des vorliegenden Referats; in großer Eile und schlecht leserlich geschrieben, offensichtlich Hilfsmittel beim Vortrag im Seminar. □ **118** Siehe S. 412 ff. □ **119** U. L. Im Ms.: „Betonung auf t R Gottes".

13. REFERAT ÜBER JOHANNES UND PAULUS[1]

Das 15. Kapitel des Johannesevangeliums und Paulus

Das 15. cap. des Johannesevangeliums gliedert sich etwa so: V. 1–17 Christus und seine Jünger in ihrem gegenseitigen Verhältnis, V. 18–24 ihrer beider Stellung zur Welt, V. 24–27 das Zeugnis von Christo in der Welt; im einzelnen ausgeführt: V. 1–6 die Allegorie vom Weinstock, V. 7–17 weitere Ausspinnung der in der Allegorie angedeuteten Gedanken, insbesondere das ‚Bleiben in Christo‘[2], das Verhältnis vom Vater zum Sohn als Vorbild für das Verhältnis Jesu zu den Jüngern und umgekehrt; das ‚Bleiben in der Liebe‘ bedeutet Halten der Gebote Gottes und Jesu 9 und 10. – (Die vollkommene Freude Jesu 11.) Im Anschluß an das Liebesgebot die Deu- | tung des Todes Jesu als für seine Freunde geschehen V. 12 und 13. Die Jünger sind die Freunde Jesu, die er sich erwählt hat 15, 16. Der κόσμος[3] aber haßt Jesus und die Jünger 18–20, er kennt den Vater nicht 21; aber durch eigene Verschuldung 22–24. Wenn Jesus nicht mehr sein wird, wird der Paraklet für ihn zeugen 26–27. Um nun in der Fülle von Problemen keine Verwirrung anzurichten, können wir bei dem im ganzen durchsichtig und folgerichtig gegliederten Kapitel dem Lauf seiner Entwicklung von V. 1 an folgen.[4]

Mit der Allegorie vom Weinstock betreten wir religionsvergleichend schwieriges Feld. Bultmann hat jüngst eine frappante

---

1 NL A 12,1; hsl.; Abdruck: GS V 95–106. Referat für das Neutestamentliche Seminar über ‚Paulus und Johannes‘ im SS 26 bei Adolf Deißmann. Die Arbeit wurde vom Dozenten weder korrigiert noch benotet. Sie trägt auf der ersten Seite oben links den hsl. Vermerk B's: „Deißmann“, und rechts: „Dietrich Bonhoeffer“. – Bearbeiter: C.-J. Kaltenborn. – Ohne weitere Angaben zit. Verse beziehen sich in der Regel auf Joh 15. Aus der Sekundärliteratur hat B auf R. Bultmann, Die Bedeutung der neuerschlossenen mandäischen und manichäischen Quellen für das Verständnis des Johannesevangeliums, in: ZNW 24 (1925), 100ff, zurückgegriffen; darüber hinaus hat er mit großer Wahrscheinlichkeit W. Bauer, Johannes (HNT 2/2), 1912, benutzt. □ **2** Gestr.: „zunächst mit dem Problem der Gebetsgewißheit“. □ **3** Dt.: „die Welt“. □ **4** Im Ms. statt des Absatzes lediglich ein Gedankenstrich.

Parallele der mandäischen Literatur aufgewiesen; sie lautet: „Ein Weinstock bin ich, des Lebens Weinstock, ein Baum an dem keine Lüge ist [...]. Ein jeder, der Umkehr tut, dessen Rebe soll nimmer abgeschnitten werden [...]. Doch die Bösen, sie die Lügner ... die Bösen sinken nach ihrem eignen Willen in das große Suf-Meer."[5] Die Parallele ist zweifellos auffällig; doch kaum zwingend; denn 1. das spezifisch johanneische ἐν ἐμοί[6] fehlt (könnte freilich in den ausgefallenen Versen gestanden haben). 2. Wundert sich Bultmann über die ins einzelne gehende Parallele vom ‚Abgeschnitten werden'[7] – in unserm cap. V. 2 –, so ist doch andrerseits der mandäische Weinstock einer, an dem keine Lüge ist, der johanneische aber einer, an dem auch unfruchtbare Reben wachsen. Trotzdem soll nicht ausgeschlossen sein, daß das Bild des Weinstocks in irgendeinem Zusammenhang, aber wohl kaum literarischem, mit den mandäischen Quellen steht. Als Anknüpfung könnte freilich näherliegend an die alttestamentlichen Vorbilder Ps. 80, Jer. 2 gedacht werden, an den Wein des Abendmahls (so wäre auch das ἀληθινή[8] V. 1 zu verstehen) oder an eine zufällige Anknüpfung[9] auf dem Weg zum Kidrontal. Es könnte auch mehreres zusammenfließen, kurz wir sind nicht in der Lage, eindeutig zu entscheiden.[10] |

Viel wichtiger ist nun aber die theologische Betrachtung. Das johanneische Bild vom Weinstock ist schon oft parallelisiert worden mit dem paulinischen von der Kirche als dem Leibe Christi 1. Kor 12,12; Rm 12,5; Eph 5. Ist das gerechtfertigt? Johannes will mit seiner Bildrede die innige Vereinigung zwischen Jesus und den Jüngern darstellen. Wir können sagen, das ganze johanneische Bild kristallisiert sich um die Formel ‚ἐν ἐμοί', ‚bleibt in mir, wie ich in euch'. Weiter wird V. 1 ἡ ἄμπελος ἡ ἀληθινή[11] als Bezeichnung für den Gesamtorganis-

---

5 R. Bultmann, Die Bedeutung der mandäischen Quellen, 117; Bultmann zit. aus den Druckbogen der Übersetzung der „Rechten Ginza" von M. Lidzbarski (GR II 3 p 64–66, S. 57–61). Statt „Rebe" im Orig.: „Seele". Bei den ‚Mandäern' handelt es sich um eine im Südirak und Westiran lebende gnostische Täufersekte. □ 6 Dt.: „in mir". □ 7 Vgl. R. Bultmann, Die Bedeutung der mandäischen Quellen, 117 Anm. 1. □ 8 Dt.: „wahr". □ 9 Ersetzt: „ein zufälliges Zusammentreff[en]". □ 10 Im Ms. kein Absatz. □ 11 Dt.: „der wahre Weinstock".

mus, also für Christus *und* die Glieder gebraucht. Wo Paulus vom Leib Christi redet, da ist der ihn bewegende Gedanke in erster Linie der der Bruderliebe und ihrer Begründung in dem gemeinsamen ‚*ein* Leib sein'. Es liegt das im Wesen des kollektivistisch denkenden Paulus und des individualistisch denkenden Johannes. Das ist zunächst nur eine Verschiedenheit im Akzent. Wie steht es nun mit dem Inhalt?[12]

Ist das paulinische ‚*ein* Leib sein' identisch mit dem johanneischen ‚bleiben in Christo, dem Weinstock'? Offenbar entspricht der umfassenden Bedeutung von ἄμπελος = Christus V. 1 genau die Bedeutung von Christus 1. Kor 12,12, „denn gleichwie ein Leib ist und hat doch viel Glieder, alle Glieder aber *eines* Leibes, wiewohl ihrer viel sind, sind sie doch *ein* Leib: also auch *Christus*".[13] Also hier herrscht Übereinstimmung. Christus ist der Gesamtkörper, in dem die Jünger sich irgendwie befinden. Bei Johannes ist es der Saft des Stockes, der die Reben speist, bei Paulus der Geist, der den Leib regiert. Wie ist nun bei beiden das Verhältnis Christi zum Jünger gefaßt? Obwohl Paulus meines Wissens, sooft er vom Leib Christi redet, nie die Formel ‚wir in Christo, Christus in uns'[14] gebraucht, so können wir m. E. doch diese Formel für die Beantwortung der Frage heranziehen. Der Grund wird noch kurz gezeigt werden. Also für Paulus und Johannes sind wir für das Verständnis ihrer korrespondierenden Gedanken auf die Formel ‚Christus in uns, wir in Christo' gestoßen: eine Tatsache, | die wir im Auge behalten wollen. Um die paulinische Bedeutung der für ihn zentralen Formel zu verstehen, haben wir von dem Zentralpunkt seines Christusglaubens auszugehen, von seiner Rechtfertigungsgewißheit, von seiner Anschauung über Sünde und Gnade, Gesetz und Evangelium, vom alten und neuen Adam, von Geschichte und Eschatologie. Der alte Mensch wird, durch den Glauben und den Geist gerechtfertigt und geheiligt, der neue Mensch; seine Sünde steht unter der Gnade, er steht als neue Kreatur in der Welt der Gnade Gottes,

---

12 Im Ms. kein Absatz. **13** Vgl. W. Bauer, Johannes, 143. □ **14** Die von B angeführte Formel steht im Zentrum vor allem der Paulusinterpretation von Adolf Deißmann. Vgl. dazu A. Deißmann, Die neutestamentliche Formel ‚in Christo Jesu', bes. 91 ff u. 130, und Ders., Paulus, 86.

in dem Jenseits der Geschichte, *in Christus*. ‚In Christo' heißt: „unsre Einbeziehung in die in Jesus als dem Christus sich offenbarende Aufhebung dieses Menschen, in der er als *neuer* Mensch begründet wird" (Barth).[15] Es ist mithin primär eine Aussage des geistgewirkten Glaubens, nicht des irgendwie mystischen Erlebnisses.[16] Dementsprechend ist das ‚Christus in uns' bei Paulus nicht ein Erlebnis, weil Wort Gottes vielmehr *vor* allem Erlebnis in uns zur Wirklichkeit geworden [ist], Begnadigung und Heiligung, nicht durch uns selbst hergestellt, sondern durch Gott-Christus. Die Gemeinschaft derer aber, die ‚in Christo' und in denen Er ist, ist der Leib Christi; sie alle sind *Einer jenseits* aller Verschiedenheiten, nämlich Christus. Es [ist] hier leider nicht der Ort, diese Auffassung näher zu begründen. Am deutlichsten treten diese paulinischen Gedanken hervor Rm 8,1: „Jetzt aber: kein Todesurteil über die, die in Christus Jesus sind; denn das Gesetz des Geistes des Lebens in Christus Jesus hat dich freigemacht von dem Gesetz der Sünde und des Todes"; Rm 8,10: „Sofern aber Christus in euch ist, ist der Leib tot wegen der Sünde, der Geist aber Leben wegen der Gerechtigkeit"; schließlich sei noch Gal 2,2[17]: „nun aber lebe nicht ich ...", genannt.[18]

Wir vergleichen hiermit Johannes. Auch für sein Christentum ist der Gedanke ‚wir in Christo, Christus in uns' zentral, aber doch anders begründet. Für ihn spielt die Rechtfertigungslehre, mit ihr der sittliche Dualismus, das Problem Gesetz und | Evangelium, keine Rolle. – Christus, der Offenbarer seiner und seines Vaters Gottheit, kommt als das Licht und die Liebe in den finsteren, haßsüchtigen κόσμος und will in sein Licht seine Jünger ziehen und mit ihnen in inniger Gemeinschaft leben. Sie sollen in seine Liebe und sein Licht kommen, in ihm sein, und er will mit seiner Liebe in ihnen sein, ‚*seine*' Freude, *seinen* Frieden (14,27; 16,33) ihnen geben. Sie sollen in ihm sein wie Reben am Weinstock, die nur in ihm leben können, ohne ihn verdorren; ihre Kräfte sollen sie in ihm finden, und seine Kraft

---

15 K. Barth, Der Römerbrief^3, 255 (zu Röm 8,1 f). □ **16** B bezieht hier und im folgenden eine Gegenposition zu Deißmanns erlebnistheologischer Paulusdeutung (Vgl. A. Deißmann, Paulus, bes. 78 ff). □ **17** Richtig: Gal 2,20. □ **18** Im Ms. kein Absatz.

soll in ihnen sein. Wir sehen hier ein andersartiges Bild des ‚Christus in uns' als bei Paulus. Die Verbindung zwischen Christus und Jünger hat etwas Naturhaft-mystisches, und doch würden wir die johanneische Form falsch bezeichnen, wollten wir sie schlechthin mystisch nennen; hierfür fehlt ihr sonst das Interesse an der Erlebnisfrömmigkeit zu sehr. Bultmann meint die besondere Eigenart des Evangeliums damit zu verstehen, daß ihm ein mandäischer Mythos zugrunde liege, und so die Christusverbundenheit des Johannes nicht eine mystische, sondern eine mythische wäre[19] ; eine Vermutung, für die manches spricht. Wichtig ist für uns nur die Betonung des wesentlichen Unterschieds zwischen Johannes und Paulus in der Begründung des ἐν Χριστῷ[20] als einmal eine Aussage über die Rechtfertigung, dann als solche über erlebte innige Verbundenheit mit dem Lichtreich Christi.[21] Auffallend ist freilich bei aller Verschiedenheit die annähernd identische Formulierung; ein zufälliges Zusammentreffen der Formel von 2 Seiten ist äußerst unwahrscheinlich.[22]

Da ich nun nicht weiß, ob die Kultformeln der Mysterien Ähnliches aufweisen oder die Form Sondergut des Christuskultes ist, kann ich über die Abhängigkeitsverhältnisse nichts Genaueres sagen. Im ersten Fall würde dann die Formel (ἐν Χριστῷ oder entsprechend) Paulus wie Johannes vom hellenistischen Kultboden entgegengebracht worden sein, im zweiten aber wäre eine Unabhängigkeit des Johannes von Paulus | kaum denkbar. Johannes müßte die Formel aus den paulinischen Gemeinden übernommen und für sich umgestaltet haben.

Nach dieser Verständigung über den Grundgedanken von V. 1–17 können wir auf die Einzelheiten eingehen, die interessante Berührungen und Verschiedenheiten im Vergleich mit Paulus aufweisen. An dem Weinstock sind fruchtbare und faule Reben, wie in jenem Netze gute und faule Fische waren; die schlechten Reben aber werden abgeschnitten, wie jener Blutschänder 1. Kor 5 aus der Gemeinde ausgewiesen wurde, freilich damit sein Geist gerettet werde am Gerichtstage (5 b). Die guten

---

19 Vgl. R. Bultmann, Die Bedeutung der mandäischen Quellen, 103 ff u. 139 ff. □ **20** Dt.: „in Christus". □ **21** „als einmal ... Lichtreich Christi" von B am Rande nachgetragen. □ **22** Im Ms. kein Absatz.

Reben werden vom γεωργός gereinigt, damit sie mehr Frucht bringen.[23] Unter Wiederholung von 13,10 sagt Jesus, daß die Jünger schon rein seien διὰ τὸν λόγον ὅν λελάληκα ὑμῖν[24]; Christi Wort ist Geist und Leben, cf. 6,63, und hat so reinigende Kraft. Die Reinheit der Jünger kann also nicht als dauernde, sondern als prinzipielle gedacht sein[25], d. h. als Sündenvergebung, die durchs Wort gewirkt ist. Man könnte hier Rm 10,10 und 17, die Worte vom Glauben durch das verkündigte Wort heranziehen. Ein ähnlicher Gedanke ist (1. Tim 4,5) besonders Eph 5,26, „er hat sie gereinigt durch das Wasserbad im Wort", ausgesprochen (cf. auch 1. Petr. 1,23, wiedergeboren werden durchs Wort).[26]

Das Wort Gottes ist bei Johannes viel selbstwirkender gedacht als bei Paulus. Bei diesem führen nur Stellen wie Kol 3,16: „lasset das Wort ..." auf gesonderte Selbstwirksamkeit[27] des Wortes. *Bei Johannes* müssen die Worte Jesu[28] in den Jüngern bleiben; das ist dasselbe, als wenn Christus in ihnen ist, V. 7. Eine Rebe kann nur am Weinstock Frucht bringen. 4 und 5 zu καρπὸν φέρειν[29] also nicht im Sinne von Missionserfolgen wie oft bei Paulus cf. Rm 1,13; Phil 1,22, sondern im Sinne der Heiligung. Cf. Gal 5,22; Phil 1,11: „erfüllet mit Früchten der Gerechtigkeit" u. a. Aber χωρὶς ἐμοῦ οὐ δύνασθε ποιεῖν οὐδέν[30], dies ein Satz, den wir auch bei Paulus finden könnten. Wir vergleichen Eph 2,12 χωρὶς Χριστοῦ[31], bes. 2. Kor 3, | 5: „Nicht daß wir tüchtig sind, von uns selber etwas zu denken, als von uns selber, sondern daß wir tüchtig sind, ist von Gott." Dieser Gedanke von der völligen Impotenz des Menschen, der bei Paulus aus der Rechtfertigungslehre stammt, ist bei Johannes Folge seines Gedankens, daß der nicht zu Christus Gehörige aus dem κόσμος und daher untauglich ist. Freilich zum

---

23 „vom γεωργός [„Gärtner"]" ist nachträglich von B eingefügt, dafür ist (nach: „... Frucht bringen.") gestr.: „Das geschieht durch den γεωργός Gottvater." □ 24 Dt.: „... wegen des Wortes, das ich euch gesagt habe" (Joh 15,3). □ 25 Gestr.: „sonst wäre der Widerspruch zu deutlich". □ 26 Im Ms. kein Absatz. □ 27 Ersetzt: „besondere Bedeutung". □ 28 „Bei Johannes ... Jesu" ersetzt: „Bei Johannes ist das Wort auch Richter: 12,48. Die Worte Jesu müssen". □ 29 Dt.: „Frucht bringen". □ 30 Dt.: „Ohne mich könnt ihr nichts tun" (Joh 15,5). □ 31 Dt.: „Ohne Christus".

Bösen ist der Mensch frei, nach V. 2 kann er sich jederzeit von Christus trennen.[32] Also von einer gratia inamissibilis[33] weiß Johannes trotz 10,28, „niemand wird sie aus meiner Hand reißen", nichts. Paulus steht hier etwas anders. Luthers Galaterkommentar hebt hervor, daß Paulus trotz des Irrens der Galater in *Glaubens*sachen sie dennoch zur Kirche zählt, wie Gal. 1,2 zeigt, mithin Gottes Gnade nicht abhängig macht von menschlichen Entschlüssen.[34] Die prinzipielle Differenz ist klar; trotzdem die Übereinstimmung in dem Satze „außer Christus können wir nichts".[35]

Unfruchtbare Reben werden nach V. 6 verbrannt. Man vergleiche hierzu die scharfe Trennung des Paulus 1. Kor 3,15 zwischen Werk und Person; das Werk verbrennt, die Person besteht. Bleibt einer in der Verbindung mit Christus (μένειν ἐν[36] ein Lieblingswort des Johannes), so wird ihm erfüllt werden, was er auch erbittet, V. 7. Paulus hat nie so gesprochen. Der Mensch kann allein gar nicht beten; der Geist tritt für ihn ein, Rm 8,26. Paulus selbst hat mit seinen Gebeten Mißerfolg gehabt, das erzählt er 2. Kor. 12,8, wie er 3 × umsonst um Befreiung von der Krankheit gefleht habe. Aber Verheißung war der ‚Erfolg' dieses Gebetes. Eine interessante Differenz zu Johannes. – Durch Fruchtbringen wird Gott gepriesen, V. 8, vgl. Phil 1,11: „erfüllet mit Früchten der Gerechtigkeit, die durch Jesus Christus geschehen in euch zu Ehre und Lobe Gottes".[37]

V. 9 folgt der Vergleich zwischen der Liebe Gottes zum Sohn und der Liebe des Sohnes zum Menschen; in dieser Liebe, die Christus hat, sollen die Menschen bleiben (μένειν!). Der Mensch | bleibt in der Liebe Christi, indem er seine Gebote hält. Sein Gebot aber ist die Liebe der Jünger untereinander; so

---

32 „Freilich zum . . . trennen" ersetzt: „wie wir noch sehen werden. – Der zum Guten untaugliche Mensch bekommt von Christus Kraft dazu. Daß hier von einer deterministischen Bestimmtheit gar nicht die Rede ist, ist klar. Schon aus Vers 2 und 6 geht hervor, daß die Freiheit zum Bösen im Menschen immer vorhanden ist, d. h. daß er sich von Christus immer wieder trennen kann." □ **33** Dt.: „unverlierbaren Gnade". □ **34** Vgl. M. Luther, WA 2,456, bes. 26–28 (Galaterkommentar. 1519). □ **35** Im Ms. statt Absatz ein Gedankenstrich. □ **36** Dt.: „bleiben in". □ **37** Im Ms. kein Absatz.

bleibt der in Jesu Liebe, der Liebe übt. Das alles sagt Jesus den Jüngern, damit seine Freude in ihnen sei, d. h. die Freude, die er in der Liebe Gottes hat, in ihnen in der Liebe Jesu gefunden werde. Freude ist in den Abschiedsreden religiöses Gut[38], cf. 16,20; 17,13 und die Briefe. Auch sie trägt bei Johannes andre Züge als bei Paulus; sie ist individualistisch; bei Paulus Fundament des Reiches Gottes, Rm 14,17: „Das Reich Gottes ist ... Gerechtigkeit, Friede, Freude." Sie ist bei Paulus viel aktiver, cf. Phil 4,4: „Freuet euch ...", im Zusammenhang mit dem Missionswerk und Quell der Ethik 2. Kor 8,2, was auszuführen wir hier nicht Zeit haben. Das Motiv der Freude von den Mandäern herzuholen, scheint mir überflüssig. Bei den Ausführungen über die Liebe ist für Johannes charakteristisch die Gegenüberstellung Vater und Sohn, Sohn und Jünger. Vgl. [für] Paulus nur Phil 2,5, charakteristischerweise eine Stelle, wo vom absoluten Gehorsam die Rede ist, und nicht von mystischer Einheit. Überhaupt scheint mir auch in der Betonung des ‚Gebotehaltens' bei Johannes[39] ein ganz unmystischer Zug zu liegen. Wie Jesus gehorcht und in der Liebe bleibt, so auch die Jünger: „Ein jeglicher sei gesinnt wie Jesus Christus auch war, welcher ... ward gehorsam bis zum Tod, *darum* hat ihn auch Gott erhöht." Also Preis des Gehorsams gegen Gottes Gebot, und d. h. für uns gegen Jesu Gebot. Jesu Gebot aber ist die Liebe. Cf. Gal 5,14: „denn alle Gesetze werden erfüllt in einem Wort: Liebe deinen Nächsten als dich selbst", und Rm 13,8: „wer den andern liebt, der hat das Gesetz erfüllet", 10: „so ist nun die Liebe des Gesetzes Erfüllung". Charakteristisch nimmt Paulus beim Liebesgebot sofort Bezug aufs Gesetz, das nur aus Freude und Liebe heraus erfüllt werden kann, bei Johannes steht das Liebesgebot – übrigens in auffallender Verengerung der Freundesliebe – im Gegensatz zum hassenden κόσμος. Wenn Paulus | Rm 8,22[40] sagt: „Ich bin gewiß, daß weder Tod noch Leben ... uns scheiden mag von der Liebe Gottes, die in Christo Jesu ist, unserm Herrn", so sind wir aber hier doch auf einem Punkt jenseits des paulinisch-johanneischen Gegensat-

---

38 Vgl. B's Arbeit über die ‚Freude' im Urchristentum (o. S. 424). □ **39** Muß wohl richtig heißen: „Paulus". □ **40** Richtig: Röm 8,38.

zes. Sogleich sehen wir ihn wieder entbrennen, wenn Johannes V. 13 vom Opfertod Christi für seine Freunde spricht. Die Präposition ὑπέρ[41] für den Tod Christi ist wohl urchristliches Gemeingut. Merkwürdig berührt aber der Gegensatz von dem Sterben für die Freunde und Rm 5,10: „so wir versöhnt sind durch den Tod seines Sohnes, da wir noch Feinde waren"; V. 8: „da wir noch Sünder waren". Eine bedenkliche Verkürzung der Bedeutung des Welterlösers! Und in der johanneischen Aussage liegt zweifellos mehr als eine dialektische Umkehrung des Rechtfertigungsurteils![42]

V. 15: Jesus nennt seine Jünger Freunde, nicht mehr Knechte, weil er ihnen alles gesagt hat. (Nach 16,12 hat er zwar nicht alles gesagt, das ist eine unwesentliche Inkongruenz.) Sollte in der Bezeichnung eine bewußte Korrektur der durch Paulus geläufig gewordenen δοῦλος-Bezeichnung liegen, Rm 1,1; Gal 2,22; Rm 6,6[43]: „wisset ihr nicht, daß ihr euch begebet zu Knechten im Gehorsam?" Auch Paulus lehnt den Gebrauch des Wortes in servilem Sinn ab, cf. Rm 8,15; Gal 4,7: „also ist nun hier kein Knecht mehr, sondern eitel Kinder". Johannes scheint in der Bezeichnung δοῦλος nur das Servile gesehen zu haben. Trotzdem werden 15,20 die Jünger schon wieder Knechte genannt. Die Bezeichnung φίλος mag aus dem Namen Abrahams als des ‚φίλος θεοῦ'[44], cf. Jak 2,25[45], oder aber aus der griechischen Philosophenschule stammen. Durchgesetzt hat er sich wegen des viel persönlicheren ἀδελφοί[46] nicht. Die Gemeinschaft der Freunde wählt sich nicht ihr Haupt, sondern ist von Jesus erwählt. Ἐγὼ ἐξελεξάμην ὑμᾶς, καὶ ἔθηκα ὑμᾶς.[47] Zu ἔθηκα vgl. 1. Kor 12,28: οὓς μὲν ἔθετο ὁ θεὸς ἐν τῇ ἐκκλησίᾳ.[48] 18: νυνὶ δὲ θεὸς ἔθετο τὰ μέλη[49]: ein merkwürdig ähnlicher Sprachgebrauch!

Diese Gemeinschaft aber ist im κόσμος. | Der κόσμος aber haßt Jünger wie Meister; denn sie alle sind nicht aus dem

41 Dt.: „zugunsten von". □ 42 Im Ms. kein Absatz. □ 43 Richtig: Gal 1,10; Röm 6,16. □ 44 Dt.: „Freund Gottes". Vgl. dazu W. Bauer, Johannes, 145. □ 45 Richtig: Jak 2,23. □ 46 Dt.: „Brüder". □ 47 Dt.: „Ich habe euch erwählt und dazu eingesetzt" (Joh 15,16). □ 48 Dt.: „die Gott in der Gemeinde eingesetzt hat" (I Kor 12,28). – Siehe dazu auch: W. Bauer, Johannes, 145. □ 49 Dt.: „Nun aber hat Gott die Glieder eingesetzt ..." (I Kor 12,18).

κόσμος, sondern ἐξελεξάμην [. .] ἐκ τοῦ κόσμου.[50] Was ist der κόσμος bei Johannes? Das Wort begegnet bei ihm 70 ×. Es bezeichnet das, was dem sich offenbarenden Gott radikal entgegengesetzt ist, die Finsternis, die Verständnislosigkeit, Lieblosigkeit, d. h. die Sünde schlechthin, aber nicht eigentlich willensmäßig, sondern naturhaft gefaßt. Er wird im Gegensatz zur ζωὴ αἰώνιος als der κόσμος οὗτος[51] bezeichnet, er bedeutet mithin den Tod; Joh. 12,35[52]. Es gibt einen Fürsten dieses κόσμος, der Gott und Christus entgegen ist, offenbar als ursprünglich gegeben gedacht. Man redet deshalb von dem kosmologischen Dualismus des Johannes. Es gibt gewissermaßen von vornherein 2 Reiche; befinden sich Glieder des göttlichen in dem satanischen, so sind sie trotzdem nicht aus dieser Welt, sondern aus ihr erwählt für jene. V. 19 ἐξελεξάμην ὑμᾶς ἐκ τοῦ κόσμου, was aber nicht aus dem κόσμος ist, das haßt er; denn sein Wesen ist Lieblosigkeit; man vergegenwärtige sich für diese Erkenntnis nur den 1. Teil des cap. In einem mandäischen Text hören wir: „du hast uns erwählt und herausgeholt aus der Welt des Hasses“[53], eine auffallende Parallele zu unsrem Text.

Wir sehen zu Paulus hinüber. Dieser scheint der erste, der den Begriff κόσμος aus dem griechischen Verständnis der Weltordnung, Harmonie zum christlichen der argen Welt geführt hat. Bei ihm besteht aber kein kosmologischer, sondern ein rein anthropologischer, sittlicher Dualismus, so ist die Welt nicht *Prinzip* des Bösen. Für Paulus wird der κόσμος versöhnt durch Christus, ein für Johannes unmöglicher Gedanke, Rm 11,15; 2. Kor 5,19 u. ö.; freilich in der Welt herrscht das Böse, die Weisheit der Welt ist vor Gott nichts, 1. Kor 1,20, aber die Weltbetrachtung steht bei Paulus noch zu stark unter dem Gedanken der Schöpfung, als daß er zu den dualistischen Konsequenzen des Johannes kommen könnte. Auch Paulus kann von der Errettung aus der argen Welt sprechen: ὅπως | ἐξέληται ἡμᾶς ἐκ τοῦ αἰῶνος τοῦ ἐνεστῶτος πονηροῦ[54], Gal

---

50 Ergänze: ὑμᾶς. Dt.: „Ich habe [euch] aus der Welt erwählt“ (Joh 15,19). □ 51 Dt.: „ewiges Leben“ – „diese Welt“. □ 52 Richtig: Joh 12,31. □ 53 Vgl. R. Bultmann, Die Bedeutung der mandäischen Quellen, 118. Bultmann zit.: M. Lidzbarski, Mandäische Liturgien, 75. □ 54 Dt.: „. . . um uns von dieser gegenwärtigen bösen Welt zu erlösen“ (Gal 1,4).

1,4, wie er vom Seufzen der Kreatur spricht; aber das sind bei ihm seltene, zweifellos allerdings in die johanneische Linie weisende Gedanken. Wir vergleichen zu V. 19 noch Eph 1,4: „ich habe euch erwählt, *ehe* die Welt wurde", Gal 1,15: „er hat euch ausersehen von Mutterleib an". Nach V. 21 werden die Jünger um des Namens Christi willen verfolgt werden, cf. Mk 13,13; Mt 5,11; 10,22, vgl. auch Phil 1,22[55]: „daß ihr auch für ihn leidet", und Phil 2,30: „um des Werkes Christi willen ist er dem Tode nahegekommen".

μισεῖν[56] ist bei Johannes sehr häufig, nicht bei Paulus. Die Welt haßt, weil sie Gott nicht erkennt. Wäre Jesus nicht mit Wort und Werk gekommen, dann hätte sie keine Schuld. Nun aber hat sie gesehen und doch gehaßt, und die Schrift ist erfüllt.[57] Nach Paulus kann auch der Heide Gott erkennen, Rm 1,20. Der Gedanke, daß Jesu Kommen erst die Schuld gebracht habe, erinnert stark an den [des] Paulus vom Kommen des Gesetzes, Rm 4,15, wo das Gesetz nicht ist. 5,13; 7,8[58], beidesmal wird das göttliche Wort zum Anlaß der Schuld; aber das nicht gegen Gottes Willen, sondern damit die Schrift erfüllet würde, 11,38[59]. Mit solchem Wort ist dann der endgültige Dualismus wenigstens gemildert.[60]

All diese Worte stehen aber unter dem Zeichen des Abschieds Jesu. So geht wie von selbst die Rede auf den Parakleten über, den Jesus nach dem Hingang vom Vater schicken wird, den Geist der Wahrheit, der von Gott ausgeht und für Jesus zeugen wird wie auch [für] die Jünger. Der Geist, der nach 14,7 vom Vater gesandt wird, wird es hier vom Sohn ‚vom Vater her'. Er geht von Gott aus und ist der Geist der Wahrheit (über ἀλήθεια[61] bei Johannes zu sprechen wird 18,37 Anlaß geben). Wir stehen hier übrigens an der Stelle, die den Streit über das ‚filioque' veranlaßte.[62]

---

55 Richtig: Phil 1,29. □ **56** Dt.: „hassen". □ **57** Die vorstehenden Sätze sind eine Paraphrase B's von Joh 15,18–25. □ **58** B meint hier Röm 5,13 u. 7,8. □ **59** Gemeint ist wohl Joh 13,18; vgl. aber auch Joh 15,25 □ **60** Im Ms. kein Absatz. □ **61** Dt.: „Wahrheit". □ **62** Dt.: „und durch den Sohn"; bei der Formel handelt es sich um einen von der Ostkirche bestrittenen Zusatz der abendländischen Kirche zum Nicaeno-Constantinopolitanischen Glaubensbekenntnis, wonach der heilige Geist vom Vater und dem Sohne ausgehe.

V. 26 μαρτυρεῖν[63] kommt bei Johannes 36 × vor, bei Paulus nur 6 ×. Nach Paulus ist der Geist des Sohnes in die Herzen | der Menschen von Gottvater gesandt, Gal 4,6, bei ihm schwankt die persönliche und unpersönliche Fassung des Geistbegriffs. Rm 8,26 ist deutlich personhaft gedacht. An den meisten andren Stellen aber nicht. Für Johannes ist der Geist stets Person, schon an dem Maskulinum παράκλητος[64] gegenüber dem Neutrum πνεῦμα[65] erkenntlich.

Wir sind am Ende. Zusammenfassend können wir sagen, daß wir zwar viele Berührungen zwischen Johannes und Paulus' Denken fanden, aber selten inhaltliche Übereinstimmung. Das Ergebnis schließt nun keineswegs eine Beeinflussung des Johannes durch paulinische Gedanken aus, aber gerade die mannigfache äußere Übereinstimmung läßt die innere Gegensätzlichkeit beider Männer umso deutlicher erkennen.[66]

d) Arbeiten in der Schlußphase des Studiums, Promotion und Erstes Theologisches Examen. Januar 1927 – Januar 1928

14. SEMINARARBEIT ÜBER HIOB[1]

Die verschiedenen Lösungen des Leidensproblems bei Hiob

Wie so oft, sind auch im vorliegenden Thema Einleitungsfragen mit der Beantwortung des inhaltlichen Problems unlösbar verknüpft, nicht so, daß eine formale Einleitungskritik uns erst zu

---

63 Dt.: „bezeugen". □ **64** Dt.: „der Tröster". □ **65** Dt.: „Geist". □ **66** Das Ms. enthält unter dem Text noch folgende hsl. Mitteilung B's: „Bitte mir die Arbeit Mittwoch vormittag wieder zur Verfügung zu stellen im neutestamentlichen Seminar zwischen 1¼–1¾. Falls Sie zu dieser Zeit nicht können, bitte es ins Fach der Johannes-Literatur einstellen!"

1 NL A 12,5; masch. – Die Seminararbeit schrieb B bei Ernst Sellin (= Korr.)

sicheren Ergebnissen führen müßte, ehe wir zum inhaltlichen Problem durchdringen, sondern vielmehr ist auch kaum eine Einleitungsfrage zu entscheiden, ohne gewisse inhaltliche Ergebnisse festgelegt zu haben. Gelingt das nicht, so schwebt das Ganze in der Luft. Am eklatantesten zeigt sich dies beim Problem der Elihureden und Gottesreden. So aber wird auch das Ineinander der formalen und der inhaltlichen Fragestellung im Folgenden verständlich. Es wird nun versucht werden, möglichst vom Inhaltlichen her die Einleitungsfragen und damit die Problemlage zu entscheiden, obwohl, wie gesagt, dieser Weg nicht immer einzuhalten ist. Vom feststehenden Inhalt weiterschließend glauben wir auf eine haltbare Ansicht des ganzen Zusammenhangs zu kommen, ohne daß wir die Arbeit mit ausführlichen Exegesen von etwa 6,19; 19,20 belasten.

Die ‚Lösungen' des Leidens‚problems'

Goethe hat einmal zu Eckermann gesagt, es sei die unverbesserliche Eigenschaft der Deutschen, alles künstlerische Schaffen unter dem Gesichtspunkt der ‚Idee' zu betrachten, das aber sei eine höchst unkünstlerische Einstellung und treffe oft durchaus nicht den Kern des Kunstwerks.[2] Hätte man sich an dieses Wort nur öfter bei der Behandlung des Hiobproblems erinnert, viel Schulmeisterlichkeit wäre der Betrachtung ferngeblieben. Man wird sagen, wo man Dialoge führt, muß eine Idee vorliegen. Gewiß, es gibt Themata, über die man hier streitet, wir werden aber sehen, wie der Dialog geführt wird, und daß diese

---

im WS 1926/27 (s. S. 641). Auf der ersten Seite steht links oben in B's Hs.: „Dietrich Bonhoeffer". – Bearbeiter: C.-J. Kaltenborn, H. Anzinger. – Von den erschließbaren Kommentaren und Monographien hat B bes. die beiden folgenden intensiv benutzt: K. Budde, Das Buch Hiob (HK 2/1), [2]1913 (im folgenden zit.: Budde), u. B. Duhm, Das Buch Hiob (KHC 16), 1897 (zit.: Duhm); darüber hinaus wurden von B verwendet: E. Sellin, Das Problem des Hiobbuches, 1919; C. Siegfried, The Book of Job, 1893; R. Smend, Lehrbuch der alttestamentlichen Religionsgeschichte, [2]1899; C. Steuernagel, Das Buch Hiob, in: Die Heilige Schrift des Alten Testaments II (hg. v. E. Kautzsch), [4]1923, 323–389; H. Torczyner (= N. H. Tur-Sinai), Das Buch Hiob, 1920; zu der für den Exkurs (s. S. 470 ff) benutzten Literatur s. Anm. 40. □ **2** Vgl. J. P. Eckermann, Gespräche mit Goethe, hg. v. R. Otto, 1982, 546 (Gespräch vom 6. Mai 1827).

Form dem Inhalt nicht entspricht, wieweit man also hier von einem Problem oder gar seiner Lösung reden kann.

Daß das *Volksbuch*[1)], ähnlich der Faustsage, ein alter Erzählungsstoff ist, an den der Dichter des Hi. Kap. 3/31 sein Werk anlehnte, ist bekannt und aus inhaltlichen Gründen evident zu machen.[2)] Die Volkssage kennt kein Leidensproblem im Sinne einer Theodiceefrage. Nichts ist in der ganzen Erzählung problematisch; daß Gott auch den frommen Menschen prüft, ist, obwohl eine Ausnahme, ebenso selbstverständlich, wie daß dieser dann nicht aufbegehrt, sondern sich in Demut einer solchen Prüfung unterwirft. Daß Hiob's Leiden ein Prüfungsleiden ist, wird nicht erzählt, um Hiobs Verhalten zu erklären – Hiob weiß ja nichts von dieser Motivation[4] – vielmehr soll Gottes Handeln für den Leser nicht einfach den Eindruck eines Machtaktes der Willkür und der Unbezogenheit[5] auf den betroffenen Menschen hervorrufen. Gott und Mensch stehen in *persönlicher* Beziehung, d. h. aber diese muß ethischer Art sein. Was Gott dem Menschen zu sagen hat, muß auf dessen ethischen Wert bezogen sein. Wird nun das Unglück des Menschen überhaupt als göttliche Tat betrachtet, so ergeben sich nur zwei mögliche Gedanken: Entweder Gott will den gerechten Menschen prüfen, oder Er will den ungerechten strafen. Anders ausgedrückt: Gott will Zeugnis für die Frömmigkeit Hiobs, entweder (nämlich, wenn die Satansstücke unecht sind), weil Er selbst an ihr zweifelt, oder weil Er sie dem Zweifler eindeutig nachweisen will. Oder wieder, Gott will Vergeltung der Bosheit. Der Hiob des Volksbuchs soll als gerecht angesehen werden. Kommt dennoch Unheil über ihn, so ergibt sich

[1)] Die Bezeichnung als ‚Volksbuch' ist unglücklich, da die schriftliche Fixierung eventuell späteren Datums ist, jedenfalls aber der Umfang der Erzählung nicht der eines Buches war.[3]

[2)] Die äußeren Gründe: Der Gebrauch des Jahwe-Namens, Umschreibungen der Fluchworte, der Unterschied zwischen Hiob, dem Hirtenfürsten, Kap. 1 V. 1,4 und Hiob, dem Stadtfürsten Kap. 29 V. 7 ff., 31,21 und öfter; die andersartigen Leiden des Letzteren 16,10; 30,1; 19,3 brauchen hier nur zu bestätigen.

3 Gegen Duhm VII f, u. Budde XIII f; vgl. zu B's Kritik auch: E. Sellin, Das Problem des Hiobbuches, 22. □ **4** Vom Korr. mit Wellenlinie unterstrichen. □ **5** Im Original versehentlich: „Ungezogenheit".

notwendig der Gedanke des Prüfungsleidens (freilich immer nur auf der genannten Voraussetzung) als dessen göttliche Motivation. So bleibt in der Betrachtung kein Rest. Für Hiob stellt sich die Lage folgendermaßen dar: Er ist von seiner Gerechtigkeit überzeugt und weiß sein bisheriges Glück als göttliches Geschenk (Jawe hat's gegeben) und bezieht es zweifellos auf sein gerechtes Verhalten. Doch ist es mit dem ethischen Verhalten nicht derartig verbunden, daß sein Ausbleiben die Dokumentierung seines unethischen Verhaltens wäre. Vielmehr ist gerade im Falle solches Ausbleibens nicht irgend eine diesbezügliche Frage zu stellen, um nicht aus der ethischen Haltung herauszutreten, in eine dynamische hinein.[3)] Das Leiden ist von Jahwe[6] geschickt, ganz bewußt auf die Einzelperson bezogen, also nicht Tat der Willkür; aber gerade darum ist die einzig mögliche Stellungnahme demgegenüber die Bewahrung der ethischen Haltung in der Zurückhaltung sämtlicher dynamischer Momente. Jahwe gegenüber darf man nur hinnehmen, Glück wie Unglück; denn Jahwe ist gerecht. So ist der Kern des Buches gerade die Quallosigkeit, die Problemlosigkeit dort, wo der Fromme mit Gott zu tun bekommt. Über die Haltung des Ungerechten beim Leiden wird gar nicht nachgedacht. Daß Hiob gerecht ist, wird einfach vorausgesetzt für Gott, für Hiob selbst, für den Leser und offenbar auch für Hiobs Weib. Es ist mir durchaus zweifelhaft, ob die Freundesreden (gesetzt, sie gehörten zum Volksbuch) ursprünglich dies bezweifelten. Mit diesem Zweifel nämlich wäre ein völlig anderes komplizierendes Moment in die schlichte, einheitlich komponierte Geschichte vom frommen Hiob gekommen. Das ist nach allem nicht anzunehmen, besonders wenn man bedenkt, daß im Grunde die Freundesreden völlig ausfallen könnten und 42,10 an 2,10 gut anschließt (bei Streichung der Glosse in 42,10a).

Hiob hat sich als gerecht bewährt, indem er keine Fragen stellte, sondern hinnahm, was Jahwe schickte. So wendet Jahwe (nach Zurechtweisung der Freunde) Hiobs Geschick. Hiob

---

3) Als dynamisch möchte ich die Haltung des naturhaften Aufbegehrens, gleichgültig aus welchem Motiv es sei, bezeichnen.

6 Hier und im folgenden ist das masch. „Jawe" hsl. verbessert in: „Jahwe".

wird doppelt so reich und glücklich wie vorher. Damit ist das ‚Problem' der Volkssage gelöst. Es bedarf durchaus keiner Aufklärung mehr über die himmlischen Abmachungen, es bedarf auch keiner himmlischen Schlußszene, in der der Satan seine Wette als verloren zugeben muß; das alles sind Konstruktionen einer ideensüchtigen christlichen Leidenstheologie. Hiob will selbst von all dem gar nichts wissen, und der Leser weiß es schon, wes bedarf es da noch?

Zusammengefaßt: Das Volksbuch ist die rein moralische (nicht theologische) Geschichte von dem im Unglück durch demutvolles Hinnehmen sich als fromm bewährenden Hiob. Als solcher fromme Dulder ist Hiob auch bekannt in Ez. 14,14 und besonders Jak. 5,12[7]. Der Besuch der Freunde ist die Einleitung zu den großen *Redegängen Kap. 3/31.* Sie sind gekommen, um zu trösten (2,11). Das erkennt auch Hiob (16,2 V. 5; 21,2). Ihre erste Trostbezeugung ist 7 Tage langes Schweigen. Das wird Hiob zum Anlaß, seines Schicksals leid zu werden und den Tag seiner Geburt zu verfluchen (in Anlehnung an Jer. 20,24[8]); „der Wechsel der Stimmungen gegen 2,10 ... ist hinreichend motiviert durch den Zeitabstand (das andauernde Leiden erschöpft die Widerstandskraft) und durch das Verhalten der Freunde, das nur dazu geeignet war, seine Stimmung herabzudrücken." (Steuernagel bei Kautzsch 2, S. 330) Wahrhaftig, wir sind ja heute nicht mehr so hartherzig, daß wir nicht mit einem Hiob mitfühlen wollten, gewiß es könnte auch durchaus so sein, nur daß es für die Volkserzählung einen Schlag ins Gesicht bedeutet. Der geduldige, bewährte und deshalb belohnte Hiob wird doch ungeduldig, er nimmt nicht einfach hin, er bewahrt nicht die ethische Haltung, vielmehr, er beginnt seine Worte mit einer Verfluchung seines ganzen Daseins. Der Erzähler der Volkssage wäre nicht wenig erschrokken gewesen über die Wendung, die man seinen frommen Hiob tun läßt. Es zeigt sich mit absoluter Deutlichkeit, daß mit Kap. 3 inhaltlich etwas völlig Neues beginnt. Dieses Neue ist nun zu schildern, völlig losgelöst von dem Vorangegangenen.

Hiob flucht und mit Notwendigkeit stellt sich sofort das

7 Richtig: Jak 5,11. □ 8 Richtig: Jer 20,14.

erste Warum ein (3,11). Warum mußte er sein Leben empfangen und behalten? Warum leben überhaupt unglückliche Menschen? Warum gibt Er – dessen Name zu schrecklich und heilig ist, um Ihn zu nennen – dem Geplagten Licht? (3,20) Also nicht: Warum muß *ich* leiden?, sondern warum muß ich, wenn ich schon leiden muß, leben? Voraussetzung für alles – das ist immer im Auge zu behalten – bleibt bei Hiob seine Gerechtigkeit, nicht im Sinne einer völligen Sündlosigkeit (13,25 ff; 14,3 ff; 7,21; 31,33 ff), aber einer stetigen rechtschaffenen Gesinnung, und ebenso unerschüttert ist das Bewußtsein, dem persönlichen Gott persönlich gegenüberzustehen. Nur eine Voraussetzung ist ihm und den Freunden gemeinsam, nämlich, daß das Schicksal des Menschen mit seinem Tun notwendig zusammenhängt. „Mit dieser Behauptung hat er freilich einen viel schwereren Stand als die Freunde mit der ihrigen. Jene brauchten nur einen Freund zu opfern, Hiob Gott und damit die ganze Welt." (Budde, Komm. XXIV) Als erster antwortet Eliphas: „Kein Mensch ist gerecht vor Gott" 4,17. „Der Mensch erzeugt selbst das Elend" 5,7. Hatte Hiob danach gefragt? Das erste hätte er nie geleugnet, das andere aber muß ihm völlig sinnlos erscheinen. Offenbar geht Eliphas von einer ganz anderen Voraussetzung aus als er. Schließlich besinnt sich Eliphas aber auf Hiobs Worte vom unerträglichen Leiden und meint, Leiden sei Glück: „Glücklich der Mensch, den Gott zurechtweist" 5,17, und setzt damit dem Hiob wirklich eine Ansicht entgegen. Er mahnt zur Ruhe, zur Geduld, zur Demut, dann wird noch alles glücklich enden. Die Moral der Volkssage wird in ihm, dem Gegner Hiobs lebendig. Aber anscheinend wieder von einer völlig anderen Voraussetzung her, als Hiob denkt. Erschütternd klagt Hiob aufs neue über die Furchtbarkeit und Rätselhaftigkeit seines Leidens (6,2), dann über die Treulosigkeit des Freundes; da endlich geht ihm die ungeheuerliche Voraussetzung des Eliphas auf. Er selbst soll ja an allem schuld sein. „Belehrt mich, so will ich schweigen, und worin ich geirrt habe, tut mir kund" (6,24). Aber er weiß, daß ja keiner das kann, und gleich kommt er von diesem unsinnigen Gedanken seiner Schuldhaftigkeit ab und von neuem hebt die Klage an. Er schließt mit seinem Leben und seinem Glücke ab. Damit aber wächst ihm neue Kraft zum Kampfe zu; er weiß sich nun persönlich angegriffen von Gott als seinem Feinde (7,13[9]), der eben noch sein Freund war, – wird Er es je wieder werden? (7 V. 8 und 21) Gott achtet den Menschen so groß, daß es ihm lohnt, ihn bis zur Verzweiflung zu quälen (7,17). Sollte wirklich Sünde der Anlaß für alles sein, warum vergibt Gott sie nicht? Es wird noch soweit kommen, daß Gott mit Seinem Zorne zu spät aufhört, und wenn Er Frieden schließen will, ist Hiob nicht mehr (7,21). All das ist nur auf Grund einer ganz persönlich ethisch aufgefaßten Beziehung zu Gott zu begreifen. Die Anthropomorphismen sind ungeheuerlich, Bildad antwortet mit der Weisheit der Alten, die ja wohl auf alles passen muß: Du bist schuld, Gott ist immer im Recht (Kap. 8). Mit dem Letzten hat er Hiob wahrlich nichts Neues gesagt (9,1). Hiob spürt es ja mehr als er, d. h., wenn Recht gleich Macht ist (V. 3). „Ist einer weisen Sinnes und von gewaltiger Kraft, wer hat Ihm je getrotzt und blieb unversehrt?" (V. 4) Seine Macht ist über alle Maßen groß, so groß, daß er launisch (12,14 ff) und grausam werden darf. „Im Sturme schnappt Er nach mir, ohn Ursach mehrt Er meine Wunden" (9,17). „Er lacht über die Verzweifelung Unschuldiger" (9,23). Gott will ihn schuldig, und er hat die Macht, – was will da Hiob? (9,29) Der einsame Ruf: „laß' mich erfahren, warum Du mich befehdest" (10,2), verklingt hoffnungslos. Gott hat ihn geschaffen mit der Absicht, ihn zu verderben, so geht's dem Tode ohne Wiederkehr eilend zu (10,20 ff). Wie ein schlechter Refrain, der hinter jeden Vers paßt oder nicht paßt, den man in verschiedenstem Tonfall singen kann, klingt Sophars polternder Spruch, daß Gott gerecht ist, also Hiob schuldig, daß Gott von Sünden Hiobs wisse, die dieser gar nicht kenne, 11,6 ff, aber gegen einen derartigen Schuldbegriff habe sich Hiob in 7,21 mit vollem Recht geschützt.[10] Das war also wirklich keine Antwort auf Hiob, der ja allerdings auch eigentlich nichts gefragt hatte; wie er ja meistens Antwort erhält auf Fragen, die er nicht stellte. Die Dialogform ist nicht glücklich.

Hiob wagt nun dem Sophar kühn entgegenzuhalten, daß gerade die Frommen dem Verderben verfallen, die Sicheren

---

9 Richtig: Hi 7,13 f. □ **10** „daß Gott ... Recht geschützt" hsl. Zusatz B's.

aber feststehen (12,4).[4)] Gott tut eben, wie Er es will, wer sähe das nicht? Aber gerade darum: „Mit Gott zu rechten habe ich Lust!" (13,3) und „er wird euch strafen" (13,10). Ja töten wird er mich sicherlich, aber komme, was da will, ich werde Ihm meine Unschuld nachweisen, ich weiß, wer ich bin und habe festen Fuß gefaßt. Wagt wohl ein Schuldiger so zu sprechen? Endlich hat sich Hiob eine Position geschaffen, von der aus alles verhandelt werden muß. Die Freunde haben ihn dorthin gedrängt. Er ist gewillt, bis aufs Letzte, das gut zu nennen, was gut ist. Er will nicht Gott zuliebe aus schwarz weiß machen (13,7); denn es muß geschehen, daß Gott selbst solches Tun als Betrug hinstellt (13,10). Damit ist ein völlig neuer Hintergrund in den Gottesgedanken des Hiob gekommen. Gott ist launisch, gewiß, aber er ist dennoch gerecht; zeigt er sich jetzt von der ersten Seite, so muß die Zeit doch kommen, wo Hiob ihn von der zweiten wiedersieht. Beide Seiten aber stehen in undurchforschlichem Zusammenhang. Und es liegt in der ganzen Weiterentwicklung des Gedichtes, daß Hiob sich immer mehr zu dem gerechten Gott durchringt, freilich nie[12] ohne den launischen Gott darüber zu vergessen. So ist die Haltung Hiobs auch eine doppelte: Neben dem sich Aufbäumen der hoffnungslosen Klage tritt immer mehr hervor die hoffnungsvolle Gewißheit; neben oder besser auf der dynamischen Haltung der ersten Kapitel bricht sich eine ethische die Bahn. Freilich in ganz anderem Sinne als in der Volkssage, nicht in demutvoller Hinnahme, sondern in der selbstbewußten Forderung eines gerechten Urteils.[13]

Mit dieser neugewonnenen Haltung und Hoffnung wendet sich auch das Problem des ganzen Dialogs. Hätte der Hiob der ersten Kapitel sich noch einfach bei einem gewaltigen Umschwung der Dinge, wie er in 42,10 geschildert ist, beruhigt, war alles Bisherige nichts gewesen als *ein* erschütternder Auf-

---

[4)] V. 4/6 mit Siegfried und Duhm für unecht zu halten, ist durch die von ihnen vorgebrachten Argumente nicht geboten; allerdings werden V. 9 und 10 unecht sein (der Jawename!).[11]

11 Vgl. C. Siegfried, The Book of Job, 7 u. 49; u. Duhm 66f. □ **12** Das „nie" widerspricht der Aussageintention B's und ist wohl zu streichen. □ **13** Im Ms. kein Absatz.

schrei eines Todwunden über rätselhaftes Verhängnis, Flehen nach dem Gnadenstoß oder nach Heilung, war seine eigene Unschuld die selbstverständliche Voraussetzung für ihn, an der erst seine Freunde rüttelten, so ist hier alles anders geworden. Hiob will gar keine Wendung der Dinge mehr, jedenfalls steht sie ihm weit im Hintergrund; freilich er hofft, aber er weiß auch um die Hoffnungslosigkeit seines Zustandes. Mit seinem baldigen Tode ist alles vorbei, er will von keiner Auferstehung wissen (14,10 ff). Aber er will an den gerechten Gott appellieren, wenigstens seine Unschuld will er bezeugt wissen, die Freunde sollen erkennen, daß er als Gerechter ins Unglück kam. Aber freilich nur in seltenen Lichtblicken denkt und hofft Hiob so, und der Umschlag folgt meist um so furchtbarer (14 V. 15/17 und 18/22). So schließt der erste Redegang. Eliphas wiederholt ohne neue Gesichtspunkte beizubringen seinen Refrain von der Schuld des Menschen. Hiob will sein Reden aufgeben, er befindet sich wieder in niedergeschmettertster Stimmung (16 V. 6/16), aber er gibt nicht nach: „kein Frevel ist an meinen Händen, mein Gebet ist lauter" (16,17), und er ringt sich durch. Ewig will er klagen; aber er weiß, schon jetzt ist der Zeuge seiner Unschuld im Himmel, Gott wird einst Recht schaffen zwischen dem Menschen und seinem Freund, der Gott selbst ist (16,20 ff).[5] Gott heißt nicht nur der gerechte Gott, sondern was dasselbe sein muß, er ist im Grunde sogar der Freund Hiobs. Hiermit ist ein Wort gefallen, das die Freunde für gotteslästerlich halten mußten. Er, der von Gott Geplagte, will sich Freund Gottes nennen, gerade jetzt, wo es am hoffnungslosesten um ihn steht, wo Gottes Zorn am augenscheinlichsten wird, wo alles Äußere gegen ihn sich aufbäumt (16,8), wo die Laune Gottes am fürchterlichsten tobt, dort dringt Hiob zum gerechten liebenden Gott durch. Und bei all dem hofft Hiob gar nicht mehr auf Wendung des Geschicks, er weiß seinen Tod vor der Tür, und er klagt darüber, aber es gibt für ihn noch Wichtigeres. Seinen Höhepunkt erreicht diese Stellung im 19. Kap. Hiob weiß sich gerecht und das berechtigt ihn

---

[5] Ich folge der Duhmschen Exegese, die schon in 20a konjiziert: יִמָּצֵא לִי רֵעִי und unter dem Freunde 21b Gott versteht.[14]

zu der kühnen Hoffnung, noch im Tode[6)] Gott zu schauen[7)] und sein Recht sprechendes Urteil zu hören. Mit aller Vertrauenskraft hängt er sich an den Gott, der sein Freund war und wieder werden muß und es auch jetzt im Grunde noch ist. Worte wie: „ich lasse dich nicht, du segnest mich denn"[18], oder Psalm 73,23 ff, sind hier zu vergleichen.[19]

Diese immer höher steigende Gewißheit wird dem Sophar unerträglich, „ob auch sein hoher Mut sich bis zum Himmel erhebt, und sein Haupt bis an die Wolken reicht, gleich seinem Kote schwindet er für immer" (20 V. 6 und 7). Von da an wird nichts Neues mehr gesagt. Hiob wird immer siegesbewußter, freilich ohne daß die Stimmungen der furchtbarsten Schicksalsklage aufhörten. Kap. 21 redet er offen von der ungerechten Verteilung von Glück und Unglück, Kap. 23 wacht die alte Qual wieder auf. Endlich[8)] Kap. 29 schildert Hiob mit Wehmut sein ehemaliges Glück und sein verheerendes Schicksal.[9)] Aber in seinem gewaltigen Reinigungseid gewinnt und bewahrt er seine Gerechtigkeit, und indem er unter alle seine Worte seinen Namen setzen will, will er im stolzen Bewußtsein seiner Freundschaft mit Gott ihm als Fürst zum Zweikampf entgegengehen. Mit Gott und zu Gott will er gegen Gott gehen; Gottes

---

[6)] Nicht wie Duhm meint, nach dem Tode[15], was mir trotz seiner Entgegnungen allem Früheren zu widersprechen scheint, vgl. 14,10 ff. Im übrigen hat das für das eigentliche Problem nicht allzuviel zu sagen. Torczyner setzt die Worte 25/27[16] hinter 42,5.[17] Das ist schön, aber nur von den allgemeinen Voraussetzungen Torczyners zu billigen.

[7)] Zum Gedanken des Gottschauens vgl. z. B. Ps. 11,7; 17,5.

[8)] Kap. 28 ist unecht. In Hiobs Munde wäre es eine merkwürdige Vorausnahme der Gottesreden. Zudem eine Hypostasierung der Weisheit ist in der Zeit unsers Dichters nicht denkbar. Der Versuch Buddes, dies Kapitel als gesteigerten Angriff gegen Gott zu fassen, scheitert schon allein hieran. Torczyner setzt das Kapitel an den Schluß der Gottesreden. Die Schwierigkeit ist damit auch nicht gelöst.[20]

[9)] Im psychologischen Aufbau ist das ganze durchaus nicht durchsichtig, und es spricht manches dafür, mit Torczyner eine spätere Redaktion von Fragmenten anzunehmen.[21]

14 Duhm 89 f. ☐ **15** A. a. O., 103. ☐ **16** Gemeint ist Hi 19,25–27. ☐ **17** H. Torczyner, Das Buch Hiob, 130. ☐ **18** Gen 32,27. ☐ **19** Im Ms. kein Absatz. ☐ **20** Vgl. Budde 162 ff, u. K. Budde, Die Capitel 27 und 28 des Buches Hiob, 193–274; H. Torczyner, Das Buch Hiob, 201. ☐ **21** Vgl. H. Torczyner,

Laune soll Gottes Liebe und Gerechtigkeit nicht verdecken. „Hier enden die Reden Hiobs“ (Kap. 31,40).

Wir versuchen das Bisherige zusammenzufassen: Erzählte die Volkssage von Hiobs Frömmigkeit, so der Dichter von Hiobs Klage. Sein einziges ‚Problem‘ ist zunächst, sein eigenes beschwertes Herz auszuschütten, sich den Tod herbeizuwünschen. „Und wenn der Mensch in seiner Qual verstummt, gab mir ein Gott zu sagen, was ich leide.“[22] Stillschweigende Voraussetzung ist Hiobs Gerechtigkeit, mag Gott launisch, ja ihm feindlich sein, die andere Voraussetzung ist, zu Gott immer in persönlicher ethischer Beziehung zu stehen, d. h. also wirklich unter der Feindschaft, nicht der Gleichgültigkeit Gottes zu leben, mag diese noch so unbegründet sein. Gott meint wirklich den Menschen mit dem, was er ihm geschehen läßt. Erst als ihm die Freunde die erste Voraussetzung rauben wollen, kristallisiert sich aus der Unzahl von Ansatzmöglichkeiten allmählich eine konkrete Fragestellung, und zwar die nach Hiobs Gerechtigkeit. Viele andere Nebenfragen tauchen mit auf, selbstverständlich, bei einem Dichter, aber der Ton liegt auf dem Nachweis der Gerechtigkeit Hiobs, d. h. für den Dichter und Leser darauf, die *Wahrhaftigkeit Hiobs* seinem Tun gegenüber trotz allen Widerscheins und den Triumph des Gerechten, der über dem launischen Gott den gerechten liebenden Freund Gott nicht vergißt, darzustellen. Erst wenn diese Hauptfrage der Unschuld geklärt war, konnte man an die Frage nach dem Grunde des unschuldigen Leidens herantreten, damit war aber dann die ‚Lösung‘ der Freunde von vornherein hinfällig, die immer dies Problem im Auge haben, aber unter falscher Voraussetzung[23]. Ein Leidensproblem im Sinne einer metaphysischen Frage: Warum geht es dem Frommen schlecht, dem Bösen gut?, tritt zwar im Verlauf des Dialogs immer wieder auf, steht aber nicht in seinem Mittelpunkt, sondern ist erst Folge aus dem Verhandelten. Es konnte gar nicht behandelt werden, wenn man von so verschiedenen Voraussetzungen ausging, wie Hiob und die Freunde. Über die Voraussetzung aber ist bis

---

Das Buch Hiob, 202–207. □ **22** Motto der Elegie aus: J. W. v. Goethe, Trilogie der Leidenschaft (Hamburger Ausgabe, Bd. 1, 381; vgl. auch o. S. 210 Anm. 84). □ **23** „aber unter falscher Voraussetzung“ von B hsl. hinzugefügt.

Kap. 31 nichts entschieden. Die Differenzen haben sich nur aufs Höchste verschärft. Für den Dichter und den Leser war im übrigen diese Frage schon gelöst, – im Prolog; das ist die Hauptbedeutung desselben für die Dichtung und der Erweis ursprünglicher Zusammengehörigkeit. Das Hauptinteresse des Dichters aber ist der Mensch. Der leidende Gerechte spricht den Grund für das Unglück nach dem Dichter der Launenhaftigkeit Gottes zu, aber als Gerechter läßt er sich den Gedanken des gerechten Gottes und seiner Freundschaft nicht nehmen; so kann man auch nicht sagen, wie Duhm es schon sehr vorsichtig tut, es sei das „Hauptproblem, ob das diesseitige Weltgeschick und der Welt Lauf mit den überlieferten Vorstellungen von Gott und seiner Weltregierung in Einklang zu setzen sei" (S. 42). Das Problem ist gelöst in dem Augenblick, wo Gott reden wird. Es liegt zwar unmittelbar neben dem Hauptproblem, ist es aber nicht selbst. Noch weniger aber können wir mit Budde sagen, der gerechte Hiob wird über seiner Verteidigung seiner Gerechtigkeit zum Sünder. Der Sinn der Dichtung sei die Läuterung Hiobs von seiner Selbstgerechtigkeit (XXXII). Duhm kommt zu seinem Resultat von der Deutung der Gottesreden her, Budde von den Elihureden. Wie aber, wenn dem ursprünglichen Entwurf keine von beiden angehörte? Wir haben uns bemüht, den Dialog rein aus sich heraus zu verstehen und fragen: Kann das Buch Hiob einmal mit 31,40 geendet haben? Die Gegensätze sind dort auf die Spitze getrieben, Gott ist herausgefordert: Gott *muß* erscheinen, eine einfache Wendung des äußeren Schicksals tut es nicht mehr. Und Gott erscheint. Hiob wird in seiner Erwartung nicht getäuscht; offenbar sehen auch die Freunde das (19,27[10]) möchte ich deuten: „nicht als Fremder"). Aber Gott tut es erst, nachdem wir „die Kindlichkeiten eines schwülstigen Rabbi über uns ergehen ließen" (Duhm)[25]. Das ist übertrieben. Denn faktisch bringt Elihu in allerdings fast unerträglich langen Reden unter

[10]) וְלֹא זָר 19,27 wird auch übersetzt: „nicht ein Fremder".[24]

24 Anm. 10) von B hsl. hinzugefügt. – B folgt in seiner Übers. von Hiob 19,27: Budde 107. □ **25** Duhm 152. – Zu B's unmittelbar folgender Ablehnung des Duhmschen Verdikts s. E. Sellin, Das Problem des Hiobbuches, 18.

zahllosen Wiederholungen von schon Gesagtem einen neuen Gedanken: Der Hochmut des Gerechten soll durchs Leiden gebeugt werden (33,17; 36,9). Das bezieht sich aber nicht auf die Ausfälle Hiobs, die die drei Freunde in Harnisch brachten, sondern auf die Zeit seines glücklichen Lebens. Und so soll Hiob sein Leiden als von Gott zur *Läuterung* gesandt hinnehmen. Elihu schwingt sich zu dem schönen Satz auf: Gott rettet den Elenden durch sein Elend (36,15). Das ist wirklich ein neuer und möglicherweise erlösender Gedanke, aber erstens kann man wohl sagen, daß er bei Elihu nicht allzu deutlich ausgesprochen ist, sondern unter den Wiederholungen der Ansichten der Freunde versteckt bleibt, zweitens aber, daß es keine Lösung der Frage des Dichters von C. 3–31 (s. oben) ist, vielmehr höchstens eine Veredelung und Vertiefung der Ansicht der drei Freunde; denn auch seine Voraussetzung ist: unglücklich, also schuldig. Drittens aber kann nach C. 13,16; 19,31 die Lösung nicht mehr von einem Menschen, sondern nur von Gott gebracht werden. Diese inhaltlichen Argumente führen neben hier nicht auszuführenden sprachlichen mit Evidenz zur Ausscheidung der Elihu-Reden aus dem ursprünglichen Entwurf. Also an 31,40 schließt 38,1 unmittelbar an. Gott erscheint im Sturmwind, und wird also nun wohl die Lösung bringen, über Hiob sein Urteil sprechen, seine Gerechtigkeit bestätigen, vielleicht auch Hiob den Grund seines Leidens sagen (obwohl das nicht unerläßlich ist) und die Freunde strafen. Gott spricht auch genauso wie Hiob es schon gesagt hatte; donnernd ruft er, wer sich anmaße, über göttlichen Ratschluß zu reden, er fragt nach den Pfeilern der Erde und ihrer Gründung, nach dem Wohnort des Lichts und der Finsternis, und Hiob kann nicht antworten. Er sagt, auch dort, wo keine Menschen seien, lasse er regnen und wachsen (38,26)[11)], er schlägt Hiob spottend vor, doch einmal das Weltregiment in die Hand zu nehmen (40,10) und fragt, ob denn er ungerecht sein müsse, weil Hiob gerecht sein wolle (40,8–14). Und Hiob kann auf Nichts Rede stehen. Vielmehr er gibt zu, im Unverstand gesprochen zu haben, nun wo sein Auge Gott sah, erkennt er

[11)] Siehe S. 467 Anm. 14).[26]

das und bereut in Staub und Asche. Es war also so gekommen, wie Hiob schon wußte (C. 9). Gott hatte ihn beiseite gedrängt, er hatte „im Sturme nach ihm geschnappt" (9,17), seiner schrecklichen Erhabenheit hatte er nichts entgegenzusetzen gewußt. Hiob gab sich geschlagen, die Freunde hatten also wohl Recht gehabt, er hatte sich in titanenhaftem Prometheussinn überhoben, und lag nun gedemütigt im Staub und bereute, und das nächste, was Gott sagt, ist ein Wort an die Freunde mit dem Inhalt: Hiob hatte völlig Recht, Ihr aber unrecht. – Was soll das? Das ist doch offenbarer Widersinn. Sollte etwa auch der Zusammenhang mit C. 9 nicht sehr sinnvoll sein? Wirklich kommt alles auf dieses C. 9 bei der Frage der Echtheit der Gottesreden an. Hiob hatte sich dort angesichts seiner schier unerträglichen Qualen der Hoffnungslosigkeit hingegeben (vgl. dazu Jeremias 12,1). Nichts würde mehr helfen, und mag er zu Gott schreien, wer weiß, ob er Antwort erhielte, und erhielte er sie, so sei es doch keine, sondern niedergeschmettert von der grausamen Gewalt würde er sich als schuldig bekennen müssen, ohne daß er es wäre. Nicht Recht, sondern Gewalt würde Gottes Begegnung bringen. Und so war es gekommen. Duhm meint, es sei ein Unterschied ganz deutlich: die Einsicht Hiobs, keine Antwort zu wissen in den Gottesreden, sei demütigend, die in C. 9 erbitternd.[27] Wir müssen zugeben, daß man sich nach C. 9 andere Fragen Gottes gedacht hatte als in C. 38 gestellt werden. Dennoch ist das Entscheidende bei beiden gleich. Duhm gibt selbst zu, wenn sein Einwand nicht stichhaltig sei, müsse man die Gottesreden für unecht halten.[28] Und so ist es; denn Gott geht gar nicht auf Hiob ein, allerdings wieder mit dem Unterschied: in C. 9 aus Feindschaft, in C. 38 ff aus Gleichgültigkeit. Aber bei beiden wird bloße Naturgewalt dem Rechtssinn Hiobs entgegengehalten, an ihr zerbricht alles, nicht weil Hiob sich demütigen will, sondern weil er schlechthin nicht anders kann, muß. So folgt daraus (indirekt[29] auch mit Duhm) notwendig die Unursprünglichkeit der Gottesreden. Es war ja des Dichters Ziel gewesen, sich seinen Hiob durchringen

---

26 Anm. 11) von B hsl. hinzugefügt. □ **27** Vgl. Duhm 182. □ **28** Ebd. □ **29** Von B hsl. hinzugefügt.

zu lassen zu einem ethisch rechtlichen Verhältnis zu Gott und ihn die berechtigte Forderung stellen zu lassen, des Hiobs Unschuld zu bezeugen, und dabei war des Dichters Absicht nicht, Hiob im Grunde doch unrecht zu geben. Das hätte er viel deutlicher tun müssen, sondern ihn praktisch Recht haben zu lassen. Es ist zudem einem antiken Dichter nicht zuzutrauen, die moderne Dramen- und Romantechnik, alle unrecht haben zu lassen, [anzuwenden]. Budde meint, die Absicht des Dichters, Hiob überheblich, ja gotteslästerlich reden und somit schuldig werden zu lassen, sei evident; kein Leser der damaligen Zeit würde das haben übersehen können.[30] Das ist in der Tat ein ernster Einwand. Daß Budde in letzterem recht hat, sehen wir ja an den Gottesreden selbst. Diese setzen eben eine völlig andere Interpretation des ganzen Dichterbuches voraus. In ersterem aber können wir ihm nicht zustimmen. Das gerade war die unerhörte Kühnheit des Dichters von C. 3–31, solche Invektiven, wie Hiob sie gegen Gott schleuderte, auf Grund seiner eigenen Gerechtigkeit zu sanktionieren.

Er wollte seinen Hiob so gerecht sein lassen, daß er das Recht hatte, sogar Gott ungerecht werden zu lassen.[12)] Prometheus sollte sittliche Weihe erhalten. Daran anzustoßen war Sache jedes Gewissens, erst recht jedes christlichen. Hiob aber hatte ein gutes Gewissen, d. h. er hatte gar keines. Daß wir leicht jene christliche Beurteilung an den Dichter legen, ist selbstverständlich, aber eben durchaus zu vermeiden. Die Interpretation, die die Gottesreden von C. 3–31 geben, als immer wachsende Überhebung und somit von C. 9 als eigentlich tief-

---

[12)] Die Selbstgerechtigkeit von Psalmen wie 7,1; 17,3 ff, 26 u. a. kommt hier zum Vergleich gar nicht in Betracht. – Daß der Dichter bei den Anschuldigungen Gottes immer den Satan im Auge hatte, „nicht den wahren Gott schmäht Hiob nach dem Dichter, sondern den falschen Gott der Lehre"[31], will mir nicht scheinen. Hätte er nicht diese Absicht verdeutlichen können, indem er z. B. die Freunde dem Hiob vorwerfen ließ, er spräche von Gott wie vom Satan? Das ist auch der Grund, aus dem ich die Ursprünglichkeit der Satansstücke nicht ablehnen würde. Daß im AT oft genug von Versuchungen Gottes gesprochen wird (Gen. 15,6; 21,1; bes. 2. Sam. 24,1 und dazu 1. Chron. 21,1), ist sicher.

30 Vgl. Budde XXIX–XLIX, bes. XXXIII f und XL ff. □ 31 E. Sellin, Das Problem des Hiobbuches, 36, vgl. auch 23 f, wo Sellin, die Ursprünglichkeit der Satansstücke bestreitet, und 25, wo sich die von B angegebenen Bibelstellen (bis

ster Einsicht, ist dem ursprünglichen Entwurf unangemessen. Daraus folgt aber, daß die Gottesreden eine Antwort geben auf etwas, was eigentlich gar nicht gefragt war, nämlich auf die von Duhm als Hauptproblem bezeichnete Frage nach dem Verhältnis von menschlichem Leid und göttlicher Weltregierung.[32] Über Hiobs Gerechtigkeit wird kaum ein Wort verloren, nur der Erfolg erweist seine ‚Ungerechtigkeit' (cf. aber S. 464 ff zu 40,8–14)[33]. Gott durfte nicht kommen als der Herr der Natur, sondern nur als der gerechte Freund des Menschen. Die Begegnung durfte nicht als eine dynamische dargestellt werden, sondern als eine ethische; sagt man, diese Spannung und Lösung sei gerade die Krone des Ganzen, so exegesiere man C. 9 erst anders und damit die ganze persönlich-ethische Entwicklung des Buches. Die Gottesreden verlangen wirklich eine so völlige Unterwerfung unter das Geschick wie Eliphas und die Volkssage, freilich mit dem Unterschied, daß sie bei den letzten ethisch motiviert ist. Bei den Gottesreden aber heißt es, Gott und seine Macht sei viel zu groß, als daß der Mensch ihm einen Vorwurf machen könne; ist denn nicht die Welt für Gott geschaffen und nicht für den Menschen? Ist denn nicht Gott ihr Zentrum und nicht der Mensch?[13)] Mit solcher Einsicht entlassen uns die Gottesreden. Es gibt wirklich eine Lösung des Problems des Leidens, aber vom Standpunkt des allgewaltigen, nicht des gerechten Gottes. Diese aber kann dem Dichter von C. 3–31 nicht genügt haben.[14)] C. 40,8–14 geht indirekt auf die eigentliche Frage ein, ob Hiob gerecht sei, und anscheinend mit der Absicht, ihn als gerecht erscheinen zu lassen. Gottes Gerechtigkeit und Hiobs Unschuld schließen sich nicht aus (Smend)[35]; und der andere Gedanke: was würde dann, wenn Du, Hiob, jeden Gottlosen gleich verdammtest, scheint das nur zu bestätigen. Also auch hier ist Hiobs Unschuld nicht bestrit-

---

13) Hier sieht Duhm den Kern der Gottesreden 38,26 ff.[34]

14) Die äußeren Gründe für die Unechtheit der Gottesreden: vor 38,1 muß Hiob gesprochen haben, vor 42,7 Jahwe. Noch nicht beachtet wurden m. W. die Verschiedenheiten der Vorstellungen von der Erdphysik: 38,6 und 26,7b.

auf I Chr 21,1) finden. □ **32** Vgl. Duhm IX f, 42 u. 203. □ **33** Die Klammerbemerkung ist von B hsl. hinzugefügt. □ **34** Duhm 180 ff. □ **35** Vgl. R. Smend, Religionsgeschichte², 476.

ten. So könnte man vielleicht annehmen, hier ein Stück der sicher vorhanden gewesenen ursprünglichen Gottesrede des Dichters erhalten zu haben, die später völlig überarbeitet wurde. Doch ist darauf kein großes Gewicht zu legen. Festhalten müssen wir nur den Gedanken, daß der Dichter mit einer Gottesrede sein Hiobdrama beendigte, an die dann 42,7 sinnvoll anschließen konnte im Sinne des oben Dargestellten. Hiobs Gerechtigkeit ist also bezeugt, er hat sich bewährt und hat triumphiert. Freilich eigentlich sollte Hiob im Augenblick des Gottschauens sterben (vgl. 13,15 ff; 19,25 ff und öfter). (Daß die Elihu-Reden alles glücklich ausgehen lassen, spricht noch nicht gegen ihre Echtheit; gegen Smend.)[36] Aus den Gottesreden ist darüber wenig zu entnehmen (gegen Duhm)[37], und nach der Volkssage ist es vollends anders. Hier mußte sich eben der Dichter wohl oder übel der Tradition anpassen; daß ein Widerspruch vorliegt, ist offenbar.

Wir wollen zusammenfassend unser Thema beantworten.

Im eigentlichen Hiobbuch C. 3–31 gibt es kein Leidensproblem im Sinne einer Theodicee und infolgedessen auch keine Lösung. Doch werden so viele Probleme angerührt, daß es schwer ist, eine einheitliche Fragestellung ausfindig zu machen, und daß dieser Umstand die Folge hat, daß man die C. 3–31 je nachdem, ob man sie von C. 32 ff, von C. 38 ff aus interpretiert, völlig verschieden auffassen und also relativ bequem vergewaltigen kann. Wir haben uns bemüht, die Kapitel aus sich heraus zu erfassen und sind dabei zu dem Ergebnis gekommen, daß nicht eine theologische Wahrheit gefunden, sondern die Leidensgeschichte eines gerechten Menschen erzählt werden sollte. Das ist der Grund dafür, daß die Dialogform dem Ganzen unangemessen erscheint. Das Leidensproblem der Theodicee wird allerdings immer wieder erörtert von den drei Freunden im Sinne der Vergeltungslehre, wie sie im Volke umlief und besonders von Ezechiel vertreten wurde, von Elihu im Sinne des Läuterungsleidens, also immer unter der Voraussetzung des *verdienten* Unglücks. Das Problem des unverdienten Unglücks, das eigentliche Hiobproblem, ist gelöst im Prolog, im

36 A. a. O., 475 Anm. 1. □ 37 Vgl. Duhm 180 ff.

Gedanken des Prüfungsleidens, in den Gottesreden, im Gedanken der geringen Bedeutung menschlicher Leiden im großen Naturzusammenhang. Es bleibt bewußt ungelöst in C. 28. C. 38 ff ist als Lösung nicht anzuerkennen, weil es mit einem rein dynamischen Gottesbegriff arbeitet, den das prophetische Judentum überwunden hatte. Der Gedanke des Prologs, der tiefste im ganzen Buche Hiob, ist erst überwunden worden in dem allgemeineren des Christentums: denen, die Gott lieben, müssen alle Dinge zum besten dienen[38]; und in der eschatologischen Erwartung.

Einen überaus vertiefenden Gedanken birgt noch der Epilog: indem Hiob durch seine Leidensprüfung die Kraft gewinnt, Gott für seine Freunde zu bitten. Ob dieser Gedanke der ursprünglichen Volkserzählung angehört, ist schwer zu entscheiden. Wir bringen ihn unwillkürlich in Zusammenhang mit dem vom leidenden Gottesknecht (Jes. 53) und möchten ihn darum lieber dem Dichter zutrauen. Damit wacht noch einmal das Problem des Verhältnisses von Dichter und Volkserzählung auf. Wie konnte der Dichter wagen, seine Erzählung vom klagenden Hiob in Zusammenhang mit der beispiellosen Geduld des frommen Hiob zu bringen? Wo liegt das tertium comparationis? Oder ist vielleicht wirklich ein Riß da, und das Gedicht hatte vielleicht ursprünglich gar nicht die Hiobsage zum Gegenstand? Oder unsere ganze These ist falsch, und Hiob soll wirklich bei der letzten Versuchung bei dem Besuch der Freunde schuldig werden? Wir sind zu keiner der Hypothesen genötigt. Das tertium comparationis liegt in der persönlich-ethischen Beziehung zu Gott, die sich Hiob nie nehmen läßt und die ihren Grund in seiner objektiven Gerechtigkeit hat. Blieb der Dichter nur hierbei, so konnte er die Volkserzählung, die jeder Leser sofort als solche erkannte, wahrscheinlich überhaupt schon kannte, ruhig übernehmen (man denke an die Bearbeitungen der Faustsage). Es bleibt die Hypothese zu prüfen, ob das ganze Buch Bild der Entwicklung *eines Dichters* in seiner Stellung zum Leiden in der Welt sein könne. Es ist schon möglich, anzunehmen, daß ein ängstliches Gewissen dem

---

38 Vgl. Röm 8,28.

Dichter von C. 3–31 allmählich sagte, der Titanismus sei gotteslästerlich; aber war es dann eine sittlich höherstehende Lösung, diesen Starken von einem noch Stärkeren einfach zu Boden schlagen zu lassen? Sollte der Dichter nicht gesehen haben, daß er damit sein ganzes bisheriges Werk vernichtet? Hätte er nicht eher gestrichen als dazu gedichtet? M. E. konnte doch nur einer, der den Glaubenskampf des Hiob als solchen schon verurteilte, der aber dennoch eine heimliche Freude an Titanentum hatte, die Lösung der Gottesreden geben; und zu einem solchen ist unser Dichter wohl kaum geworden. Erst recht unmöglich scheint mir aber der Dichter zuletzt zu unserem Elihu geworden zu sein, denn offenbar geht dieser doch von einer Voraussetzung aus, die auf Hiob jedenfalls gar nicht paßt: Daß die heimlichste Frucht der Ungerechtigkeit die Selbstgerechtigkeit ist, ein tiefer, aber hier gar nicht hergehöriger Gedanke. Also in beiden Fällen müßten wir annehmen, daß der Dichter seine ganze Grundeinstellung gewechselt hätte; hätte er dann wirklich sein altes Gedicht stehen lassen, ohne deutlicher anzugeben, von wo aus es nun endgültig zu interpretieren sei? Durften die ursprünglichen und späteren Gottesreden durch die des Elihu ersetzt bzw. übertrumpft werden? Konnten die Elihureden auf den Beifall des Lesers hoffen, wenn die Gottesreden etwas anderes sagten? Ich glaube, daß all diese Fragen verneint werden müssen, und damit sind die Konsequenzen klar.[39]

Exkurs über R. Otto's Darstellung der Gottesreden in „Das Heilige" S. 97ff und die Beurteilung des Leidensproblems im Christentum nach Luther (vgl. Holl: Luther[3] S. 90ff)[40]

Otto will in den Gottesreden Hiob eine ‚Seelenstillung' finden lassen können, kein Erdrücktwerden von einer puren Übermacht. Wie wäre sonst das Wort Hiobs vom ‚Bereuen' in Staub und Asche zu verstehen? „Das ist ein Zeugnis innerlichen Überführtseins."[41] Es liegt also auch nicht eine Parallele zu Rm

39 Der folgende ‚Exkurs' ist hsl. □ 40 R. Otto, Das Heilige, [6]1921, 95ff; K. Holl, Was verstand Luther unter Religion, in: Ders., Luther[3], 1ff. □ 41 R. Otto, Das Heilige[6], 98.

9,20 ff vor; vielmehr eine gewaltige Rechtfertigung Gottes, nicht einen Verzicht auf sie, soll das Ganze darstellen. Das ‚Mysterium', das hier zugleich fascinans und augustum ist, hat zum Inhalt die ‚Dysteleologie' des Weltgeschehens[42], und vor dieser geheimnisvollen Wunderbarkeit, die aller Sinn-Suche widerstreitet, wird Hiob ruhig und in ihr seine Seele gestillt.

Wir können uns diesen Ausführungen Otto's in ihrer Verwertung für das Hiobproblem nicht anschließen. Eine Antwort ist dem Hiob von C. 3–31 mit den Gottesreden nicht gegeben und so kann er auch nicht in ihnen seine Ruhe finden.

Es ist bezeichnend, daß Otto das Gefühl der ‚gestillten Seele' ohne weiteres gleichsetzt mit dem ethischen Akt der Reue (s. o.). Daß eine von furchtbarem Unglück gemarterte, auf religiöses Erleben gerichtete Seele eine gewisse Stillung bei dem Gefühl der Dysteleologie des Geschehens finden kann, ist gar nicht zu bezweifeln. Sie empfindet dann plötzlich so universal, daß ihr objektives dysteleologisches Zurückgedrängtsein sich subjektiv von einem gewissen Universalgefühl her als Befreiung darstellt; gerade die Unwerthaftigkeit ihres Daseins schlägt dann um in den Gedanken der Werthaftigkeit des Unwerthaften, der Paradoxie des Irrationalen. Das sind gewiß religiöse Erlebnisse nicht ganz außergewöhnlicher Art. Aber Hiob ist mehr als eine ‚gemarterte Seele'. Er ist ein Mensch mit einem ethischen Anspruch und mit einem ethisch-persönlichen Gottesgedanken. Er ist der Freund Gottes trotz aller Freundschaft[43]. Er hält über der von ihm längst erkannten Dysteleologie des Weltgeschehens an einer persönlichen Beziehung zu Gott fest und nur auf sie, auf ihre Bestätigung kommt es ihm an. Kann man dann von einer ‚Rechtfertigung Gottes' reden (s. o.), wo nichts als seine völlige Rätselhaftigkeit dem Menschen gelehrt wird. Nein, nur an einem positiven persönlichen Willen kann ein ethischer Wille zerbrechen. Wir wissen mit dem Dichter des Hiob von einer ‚Rechtfertigung Gottes' – wenn man dies Wort aussprechen darf – nur in der persönlichen Beziehung zum Menschen, in seiner Rechtfertigung des Men-

---

42 Dt.: „faszinierend" – „erhaben"; ‚Dysteleologie' (= Zweckwidrigkeit), ein von R. Otto, Das Heilige[6], 249, verwendeter Begriff. □ 43 Sicher Verschreibung für „Feindschaft".

schen. Daß auch hier ein letztes Rätsel im deus absconditus bleibt, nämlich die Prädestination, R 9,20 ff[44], beweist die Relativität der ‚Rechtfertigung', beweist aber auch den Unterschied einer ethischen und naturalistischen Rechtfertigung. R 9,20 ff steht weit über der Problematik der Gottesreden! Wo aber die ethische Höhe schon einmal erreicht ist, bedeutet *alles* andre einen Abfall, auch wenn es den Vorzug der Modernität besitzt!

So können wir keine Lösung des Hiobproblems in den Gottesreden erblicken.

Ist nun Hiobs Dichter in seiner Darstellung des klagenden Hiob schon bei der christlichen Lösung des Problems angekommen? Bis zu einem gewissen Grade muß das bejaht werden, 1. soweit er das Leid wirklich auf den persönlichen Gott zurückführt und nicht auf eine satanische Macht, ein Gebot, das Luther immer aufs Neue betonte. Luther nennt es eine Sünde gegen das 1. Gebot, „wer sein unglück und widerwertigkeit dem teufel oder bosen menschen zuschreibt ..." WA I, 252[45]; 2. soweit er nicht größte Ruhe mit Gottvertrauen verwechselt (WA XIV, 467)[46]; hier liegt die ‚religiöse' Wurzel des Titanismus; 3. soweit auch er eine Glaubensprobe in dem sich bewährenden Hiob sich vollziehen läßt; 4. soweit er ‚im' Unglück noch den liebenden Gott findet. Letzteres birgt allerdings auch den entscheidenden Unterschied zur christlichen Auffassung. Diese findet Gott mitten ‚*im*' Unglück, Hiob mehr *trotz* des Unglück[s] und *jenseits* von ihm. Er konnte Gottes Zorn und Liebe noch nicht zusammendenken. Gewiß, Gott ist Feind und Freund zugleich – ‚mit Gott wider Gott' – (Holl[47] und vgl. oben), daß er aber *aus* Liebe zürnt, das ist von Hiob noch nicht gefunden; in seinem Gottesgedanken klafft noch der Riß, den erst das Christentum schloß. Der letzte Grund aber für all das liegt in der christlichen Vertiefung des Gedankens von der Gerechtigkeit, und so tut sich wirklich hier eine gewaltige Kluft zwischen Hiob und uns auf. Hier liegt denn auch die andre

---

44 Gemeint ist hier ebenso wie etwas weiter unten: Röm 9,20 ff. □ **45** M. Luther, WA 1,252,9 (Eine kurze Erklärung der zehn Gebote. 1518). – B zit. nach K. Holl, Luther^3, 91 Anm. 1. □ **46** Vgl. M. Luther, WA 14, 467, 20 ff. (Predigten über das erste Buch Mose. 1523/24). – Der Beleg findet sich bei K. Holl, Luther^3, 90 Anm. 3. □ **47** Vgl. K. Holl, Luther^3, 91.

Wurzel des titanischen Aufbegehrens, das wir mit Budde u. a. geneigt sind als schwerste Verschuldung aufzufassen, bei dem wir aber dennoch nicht[48] die Voraussetzung und die ungeheure Leistung des Dichters von ihr aus nicht ignorieren dürfen.[49]

15. NOTIZEN ZU KARL BARTHS CHRISTLICHER DOGMATIK[1]

Barth 335: Verhältnis der Schrift zu der in ihr bezeugten Urgeschichte. Der Satz, daß die Bibel Gottes Wort ist, greift auf den Gegenstand dieser Literatur zurück.

Die Kirche findet in der Schrift von den Verfassern *gehörtes* Wort.[2]

337: Keine Intuition. *Gott* schreibt die Schrift.[3]

---

48 Das „nicht" ist aus logischen Gründen zu streichen. □ **49** Gesamturteil des Korr.: „Literaturangaben! Sonst Recht gut. Sellin".

1 NL Anh. A 21(a)-(c); hsl. Zeitl. Einordnung unsicher. Drei Zettel in B's Exemplar von K. Barth, Christliche Dogmatik, 1927 (im folgenden zit.: Barth), erschienen im Spätsommer 1927, wahrscheinlich von B sofort gelesen. – Bearbeiter: H. Pfeifer – Die Mehrzahl der Notizen beziehen sich auf das dritte Kap.: Die Heilige Schrift, § 20: Gott im Zeugnis der Propheten und Apostel (Barth 334–362). Zwei Notizen beziehen sich auf das vierte Kap.: Die Verkündigung der Kirche; davon die erste auf § 23.3: Gott in der Predigt, der Dienst der Dogmatik (Barth 421); die zweite auf § 25.1: Das dogmatische Denken, Formal- und Materialprinzip (Barth 451). – Vgl. auch die Rezeption der „Christlichen Dogmatik" in: DBW 1 (SC), 172 ff. □ **2** „Die Erkenntnis der christlichen Kirche, daß die Bibel Gottes Wort ist, greift also zurück auf eine darin eingeschlossene Erkenntnis in bezug auf den *Gegenstand* dieser Literatur. Sie findet in der Bibel, nicht von ihr zu trennen, aber auch nicht mit ihr zu verwechseln, durch die Bibel ebenso verhüllt wie gezeigt, ebenso verborgen wie dargeboten, ein primäres Datum, das Wort, das die Verfasser der Schrift nicht sowohl gesprochen und geschrieben als gehört und vernommen haben, das Wort Gottes in seiner ersten Gestalt, die *Offenbarung*" (Barth 335). □ **3** Anders als Barth formuliert B hier eine undialektische Identität von Gottes Offenbarung und Bibelbuch. „Meint die Kirche wirklich in den Zeugnissen dieser Menschen (sc. der Propheten und Apostel) Gott gehört zu haben, dann muß sie allen Ernstes auch das andere meinen, daß Gott in ihnen gesprochen habe" (Barth 337). Und dazu: „Die Wirklichkeit der Offenbarung ist indirekt identisch mit der Wirklichkeit der Bibel. Indirekt: wir wissen, daß die Bibel eines ist und die Offenbarung ein anderes. Aber identisch: die Offenbarung geschieht nicht im leeren, durch historische Feststellungen und Vermutungen

338: Der Kanon ist zu glauben als von *Gott* ausgesondert.[4]

421: Mündlichkeit und Schriftlichkeit der menschlichen Mitteilung ist nur Accidens des Wortes Gottes.[5]

Geht nicht! Die Kirche ist eben nur so da.[6]

451: Formal- und Materialprinzip der Dogmatik sind identisch, das Materialprinzip ist nicht ein aus anderen Quellen geschöpftes, sondern auch = Schrift[7].

d.h. also: Superformalprinzip. calvinisch?[8]

341: Man darf sich nicht, wie Luther will, nach einer Dogmatik die Bibel zurecht machen, im Kanon sind eben Johannes, Jacobus, *Gesetz und Evangelium* beisammen, beide sind Gnade. Denn das Wort Gottes hat keine Geschichte. (bestreitet Luther nicht, alles Wort Gottes ist ausgesagt!)[9]

342[10]: „Daß es Gesetz und zwar Gesetz der Kirche ist, nicht daß es irgendeinem erfahrungsgemäß besonders einleuchtet, begründet die Priorität des Propheten- und Apostelwortes vor anderen (Goethes) Worten" – zum Teil einfach falsch![11]

Wie[12] die Fleischwerdung des Logos ist die Wortwerdung des Wortes ewig, 343[13].

344: Wirklichkeit der Offenbarung ist indirekt identisch mit der Wirklichkeit der Bibel, das Christentum ist Buchreligion.[14]

---

erst zu füllenden und zu belebenden Raum hinter der Bibel. Sie geschieht im Zeugnis von ihr. Sie geschieht in der Bibel" (Barth 344). □ **4** „Indem man diese und diese Schriften aus der Masse der übrigen auswählte als wahres Gotteswort, meinte man doch nichts anderes zu tun, als festzustellen, daß sie als solche schon ausgewählt seien, daß diese und diese Schriften sich als Gottes Wort selbst schon erwiesen hätten" (Barth 338). □ **5** B zieht hier Aussagen von Barth über die Bedeutung der Bibel für die Dogmatik heran: „Wie die heilige Schrift *heilige* Schrift nur in dem göttlichen Herrschafts*akt* [Kursivierung vom Bearbeiter], der zugleich absolute Autorität und absolute Freiheit ist, so ist auch die Verkündigung der Kirche nicht an sich Gottes Wort, sondern auch sie nur im *Akt* [Kursivierung vom Bearbeiter] der heute geschehenden göttlichen Anrede" (Barth 421). □ **6** Vgl. zu dieser Kritik von B: AS 61 ff u. 76 f. □ **7** U. L., vielleicht: „Schriften". □ **8** „Daß das Formal- und Materialprinzip also eins und dasselbe ist" (Barth 451). □ **9** Zusammenfassende Wiedergabe von Barth 340 f. Der Satz in der Klammer ist als Verteidigung Luthers gegen Barth zu interpretieren. □ **10** Beginn des 2. Blattes, mit Ausnahme des Wortes in der Klammer wörtliches Zitat (Barth 342). □ **11** Zu dieser Kritik vgl. B's Referat über Schriftauslegung (bes. S. 311 ff). □ **12** Ersetzt: „Mit der". □ **13** Bei Barth steht dem ewigen fleischgewordenen Logos das irdische Menschenwort in der Bibel gegenüber. B's Formulierung ist Kritik an dieser Passage (Barth 343). □

Aber Evangelium ist die Menschheit Christi, das ist doch kein Buch.[15]

Bestimmen: (bei Luther) Verhältnis von *Menschheit* Christi und Bibel

Wort über Christus = Predigt *(Christus geistlicher Leib)*

Bibel *menschliches* Zeugnis. *Indirekte* Mitteilung, sonst geht der Entscheidungscharakter der Schrift verloren. Sie will nicht Gottes Wort *sein*, sondern *gehört* werden[16] (gut! aber!)

Das Ärgernis [Zusatz über „Ärgernis": „liegt aber nicht hier"] im *Glauben* überwinden[17]: deshalb keine Inspirationstheorie, *die Calvin auch nicht hat*, 345/6 genauso unglücklich wie Gott in der Geschichte.[18]

356[19]: Die Crux, daß nur mit dem Gefangengeben unserer Vernunft sich Gott[20] erschließt, bedeutet doch längst noch nicht, daß man anstelle des Paradoxes Christus das Paradox ‚Schrift'[21] setzt.[22]

358: Inspirationslehre, Erlebnistheologie – Abwege[23]

testimonium Spiritus Sancti < Geist in der Bibel
Geist in uns[24] nicht abstrakt für sich nehmen[25]

Offenbartheit (Inspiration) ist nicht Offenbarung![26]

---

14 „Will man das Christentum darum eine ‚Buchreligion' nennen, so mag man das immerhin tun" (Barth 344). □ **15** Das Folgende (bis: „... der Schrift verloren") in lateinischer Schrift, wahrscheinlich nicht von B, danach wieder B's Hs. □ **16** Zusammenfassung von Barth 345. □ **17** U. L., vielleicht: „überwunden". □ **18** „Es kann sich nicht darum handeln, für die Möglichkeit des Ärgernisses blind zu sein, nicht um den unmöglichen Versuch, das Wort Gottes in der Bibel direkt aufzuweisen, sondern es geht darum, das Ärgernis zu sehen, um es im Glauben – aber wirklich nur im Glauben zu überwinden" (Barth 345). Ab Doppelpunkt zusammenfassende Wiedergabe von Barth 345. □ **19** Beginn von Blatt 3. □ **20** Ersetzt: „die Schrift". □ **21** Ersetzt: „Kirche". □ **22** Rechtfertigung Luthers gegen Barths Satz: „Die Begründung Luthers, daß die Schrift insofern Gottes Wort sei, als sie Christum treibe, darf also, wenn sie nicht einen versteckten Rationalismus bedeuten soll, jedenfalls nicht im Sinne jenes Erfahrungsbeweises verstanden werden und erneuert werden, keine Umgehung der crux in sich schließen. Daß alle wirkliche Erkenntnis Gottes nur mit Gott selbst und also mit der Gefangennahme unserer Vernunft, zu der auch unsere religiöse Vernunft gehört, in den Gehorsam Christi anfangen kann" (Barth 356). □ **23** Zusammenfassende Wiedergabe. □ **24** Barth 358. □ **25** Barth 359. □ **26** Wörtliches Zitat von Barth 359. „(Inspiration)" ist Zusatz B's.

16. PROMOTIONSTHESEN[1]

Theologische Thesen

welche mit Genehmigung
des
Herrn Dekans der Hochwürdigen Theologischen Fakultät
an der
Friedrich-Wilhelms-Universität
zu Berlin
zur
Erwerbung des Grades eines Lizentiaten der Theologie
am 17. Dezember 1927 12 Uhr mittags
in der alten Aula
öffentlich verteidigen wird
Dietrich Bonhoeffer

Opponenten[2]:
Herr Cand. theol. Robert Stupperich
Herr Lic. theol. Walter Dress
Herr Vikar Helmuth Roessler

Berlin
Buchdruckerei Emil Ebering. Mittelstrasse 29

Theologische[3] Fakultät Dekan. Mühe. Rat und Tat freundlichst
Es ist mir in diesem Augenblick ein Bedürfnis.
Seeberg[4]. Viele Semester-Erinnerungen. Theologische Wissenschaft. Dogma, Leben. Zucht des Gedankens Herzstück.
Harnack[5]. Zusage.

---

1 NL A 17 (2); Druck; Abdruck: GS III 47; vgl. DB 128. – Bearbeiter: C.-J. Kaltenborn, H. Pfeifer. – In B's Handexemplar finden sich hsl. Notizen, die hier kursiv gesetzt sind. ☐ 2 Robert Stupperich (geb. 1904/Moskau), seit 1946 Prof. für Kirchengeschichte; Herausgeber der Studienausgabe von Melanchthons Werken. – Zu H. Roeßler vgl. S. 169 Anm. 4. ☐ 3 Im Ms. Beginn der

Zu eng mit meiner ganzen Person verbunden ist das, was ich in Ihrem Seminar gelernt und verstanden habe, als daß ich es je vergessen könnte.

1. Die Gottesreden Hiob C. 38–41 gehören nicht zum ursprünglichen Entwurf des Hiobbuches.[6]
2. Die Identifizierung von ‚in Christus sein' und ‚in der Gemeinde sein' steht bei Paulus in ungelöstem Widerspruch zu seiner Vorstellung vom Christus im Himmel.[7]
   1. Kor 12,12; 6,15; 1,13. Anziehen Jesu R 13,14; G 3,27.[8]
   Der neue Mensch
   Kol 3,10; Eph 4,24, Kol 3,10f Himmel Eph 4,8; 1. Thess 4,16; 1. Kor 15,23; 2. Thess 1,7; Phil 3,20.
3. Jeder evangelische Christ ist Dogmatiker.[9]
   Das ‚Wort'.[10]
4. Die Einführung des Begriffs Potentialität in den *christlichen* Gottesgedanken bedeutet eine Beschränkung der göttlichen Allmacht.[11]
   1. Etwas außer Gott 2. Spekulation 3. Sentimentalität. Selbstmächtigkeit. Weltmächtigkeit.
   Die Ursache für die Aktualisierung einer Potenz entweder allein in Gott, dann Potenz überflüssig; oder im Menschen, dann Gottes Allmacht aufgehoben.
5. Es gibt keinen soziologischen Kirchenbegriff, der nicht theologisch fundamentiert wäre.[12]
6. Die Kirche ist Christus ‚als Gemeinde existierend' und als Kollektivperson zu verstehen.[13]
   ‚Einer' Gal 3,28; Eph 2,5
7. Die Kirche faßt nach ihrer soziologischen Struktur sämtliche nur möglichen Typen sozialen Verbundenseins in sich zusammen und überhöht sie in der ‚Geistesgemeinschaft';

---

nächsten Seite. □ **4** Vgl. DB 98–100. □ **5** Vgl. DB 94ff u. ö. □ **6** Vgl. die Arbeit über das Leidensproblem bei Hiob (S. 454ff, bes. S. 464ff). □ **7** Vgl. DBW 1 (SC), 86 u. AS 91 Anm. 39. □ **8** Gemeint ist Röm 13,14 und Gal 3,27. □ **9** Vgl. DBW 1 (SC), 127 u. Karl Barth, Diktatsätze ... (NL A 10, 11 (1)) § 13. □ **10** Vgl. B's Referat über historische und pneumatische Schriftauslegung (S. 305ff, bes. 315f). □ **11** Diese These geht zurück auf die Lektüre von F. D. E. Schleiermacher, Der christliche Glaube^2, § 54,2; vgl. den Notizzettel zu Schleiermacher: NL A 10,10 (8). – Ferner GS III 78ff. □ **12** DBW 1 (SC), 18. □ **13** DBW 1 (SC), 76, 87, 126ff u. 144f, und AS 89f.

diese ruht auf dem soziologischen Grundgesetz der Stellvertretung.[14]

8. Der Glaube ruht logisch betrachtet nicht auf psychischen Erfahrungen, sondern auf sich selbst.[15]
sola fide! der ges. Akt. Intellekt und Wille.
haec vita non habet experientiam sui, sed fidem; nemo enim [...] experitur se esse justificatum, sed credit et sperat II.[16]
Der Glaub fordert nit kundschaft, wissenheit, sicherheit, sondern frei ergeben und frühlich wagen auf seine unempfunden, unversuchte, unerkannte gute. XV.[17]
non cognoscendus deus secundum fülen, sed secundum fidem.[18]
Der neue Mensch, Hegel. Paradoxie.
9. Die Dialektik der sogenannten dialektischen Theologie trägt logischen, nicht realen Charakter und läuft somit Gefahr, die Geschichtlichkeit Jesu zu mißachten.[19]
10. Evangelische Predigt und evangelischer Unterricht müssen dogmatisch orientiert sein.
11. Es gibt keinen christlichen Geschichtsunterricht.[20]
Es gibt christliche Geschichtsphilosophie und geschichtliche Erbauungsstunde. Geschichtsunterricht hat zum Ziel eine

---

14 DBW 1 (SC), 90 ff u. 173 ff. □ **15** Vgl. die Notiz zu Luthers Römerbriefvorlesung, S. 324; ferner S. 289 und S. 372 ff. □ **16** Das vollständige Zitat lautet bei J. Ficker (Hg.), Luthers Römerbriefvorlesung I, 54 (= WA 56,58,14-18): „*Si autem mortui sumus* spirituali (morte) per baptismum, ad finem peccati *cum Christo; credimus* Quia hec Vita non habet experientiam sui, Sed fidem. Nemo enim scit se vivere aut experitur se esse Justificatum, sed credit et sperat *quia simul etiam vivemus* in spiritu et novitate incipiente usque in eternum *cum illo.*" („Wenn wir aber in einem geistlichen (Tode) tot sind durch die Taufe, damit die Sünde mit Christus ein Ende hat; [dann] glauben wir dies, weil dies Leben keine Erfahrung davon hat, sondern nur den Glauben. Denn niemand weiß, daß er lebt, oder erfährt, daß er gerechtfertigt ist, sondern er glaubt und hofft, weil wir zugleich auch leben im Geist und in der beginnenden Neuheit auf die Ewigkeit hin mit ihm.") Vgl. DBW 1 (SC), 113 f Anm. 35 und K. Holl, Luther³ 139 Anm. 1; ferner R. Seeberg, Dogmengeschichte IV/1, 119. □ **17** M. Luther, WA 10.III,239,19–21 (Predigt am Jakobstage. 25. 7. 1522); vgl. DB 99 und R. Seeberg Dogmengeschichte IV/1,284 Anm. 4. □ **18** Dt: „Gott kann nicht mit dem Gefühl erkannt werden, sondern [nur] mit dem Glauben." (M. Luther, WA 15,536,34 (Predigt über Joh. 10,12 ff. 1524)). □ **19** Vgl. dazu AS 61 f und die Zusammenfassung des 2. Glaubensartikels (S. 546 ff). □ **20** Vgl. DBW 1 (SC), 94 ff u. ö.

möglichst objektive Darstellung geschichtlicher Größen und Zusammenhänge samt einer denselben möglichst adäquaten Beurteilung. Wir sehen nicht das Herz, sondern die Person. Nicht Weltrichter. Darum entzieht sich im Grunde alles Geschichtliche der christlichen Beurteilung.

17. DOGMATISCHE EXAMENSKLAUSUR ÜBER HEILSGEWISSHEIT[1]

Inwiefern ist die Frage nach der persönlichen Heilsgewißheit die entscheidende Differenz zwischen Katholizismus und Protestantismus?

Wir schicken uns an, das Problem der Heilsgewißheit als den entscheidenden Differenzpunkt katholischer und protestantischer Lehre und Frömmigkeit nachzuweisen, d. h. diese Frage derart zu fassen, daß das Wesen beider Konfessionen an der Stellung zu ihr ersichtlich wird. Man könnte freilich rein theologisch-dogmatisch betrachtet ebenso die Begriffe der Buße, der Kirche, des Gesetzes, des Wortes in den Mittelpunkt stellen, um gegen sie evangelisch-theologische und katholisch-theologische Begriffsbildung anlaufen zu lassen. Die Frage der Heilsgewißheit ist aber aus doppeltem Grunde dazu geschickt, diese Stelle des Wendepunktes beider Konfessionen einzunehmen: einmal ist historisch betrachtet sie der Anstoß geworden, an dem ihm[2] sein neues Verständnis des Evangeliums aufging, sodann aber ist in ihr nicht nur theologisch *ein* Brennpunkt, sondern religiös gradezu *der* Brennpunkt schlechthin aufgedeckt. Hier an der Frage nach dem persönlichen ‚Heil' – wie dieser Begriff zu fassen ist, darüber später – erwacht der evangelische Christ, und an der Antwort, die [er] gefunden hat, zehrt er sein Leben.

---

1 NL D 11(25); hsl. Erste von drei Examensklausuren, die B vom 14.–16. 1. 1928 geschrieben hat. Am Rand oben die Note: „Recht gut. Vits 16/ 1.28"; Vits = Korr. – Bearbeiter: C.-J. Kaltenborn. □ **2** Korr.: „wem!"

Holl hat in seinem „Luther“ darauf aufmerksam gemacht, daß es für Luther eine doppelte Gewißheit gibt, die Rechtfertigungsgewißheit und die Heilsgewißheit.[3] Jene muß jeder evangelische Christ gewinnen, diese nicht; d. h. jeder muß zu der Gewißheit kommen, einen gnädigen Gott zu haben, nicht aber zu der Gewißheit, zum ewigen Heile prädestiniert zu sein. Luther nimmt nun zu der Heilsgewißheit eine doppelte Stellung ein: einmal sei der, der glauben könne, er sei prädestiniert, gewiß auch wirklich prädestiniert; sodann aber sei es für den reifen Christen auch möglich, sich mit dem Gedanken abzufinden, er sei auf ewig verworfen und sich auch hier in den Willen Gottes zu schicken. Damit aber gerät er wider Willen auf den Gedanken, daß der, der sich in Gottes Willen schickt – sei er wie er wolle –, doch in Gemeinschaft mit Gott bleibt, d. h. einen gnädigen Gott behält, – und sei er auch in der Hölle – die ja dann freilich nicht mehr Hölle, sondern Himmel ist. So findet sich Luther immer wieder hindurch zu dem Gedanken des gnädigen Gottes und man könnte ‚Heilsgewißheit‘ für Luther (trotz Holl!) umschreiben: ‚*einen gnädigen Gott gefunden haben*‘.[4] Wie aber ist Luther zu diesen Gedanken gekommen?

Luther war der überwältigen[den] Tatsache der Sünde und der Schuld inne geworden, einer Schuld, für die es keine Heilung gibt auf der Welt, vor der die eigene ‚Gerechtigkeit‘ dahinsinkt ins Nichts, aus der allein eins helfen kann: ein gnädiges Wort Gottes, daß er mit dem Sünder Gemeinschaft haben wolle. Solchem Worte Gottes gegenüber aber gibt es nur eine einzige Haltung des Menschen: es hinnehmen, wie es gesagt ist, und auf es seine ganze Zuversicht bauen, d. h. glauben, daß Gott mir gnädig ist, meines Heiles gewiß sein.

Sündenbegriff, Bußbegriff, Gottesgedanke – alle sind sie bei Luther an der Frage nach dem gnädigen Gott entsprungen. Gott will den Sünder, er geht mit ihm persönlich Gemeinschaft ein und der Sünder soll das hinnehmen, das war es, was Luther fand und wonach sein Herz im Kloster geschrieen hatte. Hier,

---

3 K. Holl, Luther³, 111–154. □ **4** Korr.: „Richtig“. Hier ist R. Seebergs Einfluß zu vermuten: R. Seeberg, Dogmengeschichte IV/1, 107.

in der Gewißheit einen gnädigen Gott zu haben, hatte er die Fesseln abgeworfen, mit denen ihn der Katholizismus beschwert hatte. Diese Fesseln aber waren ein unevangelischer Sündenbegriff, Bußbegriff, verkehrte Gedanken über die Gerechtigkeit des Menschen und über sein Verhältnis zu Gott.

Es ist seit dem Mittelalter officielle katholische Lehre, daß der gewöhnliche Christ über sein Verhältnis zu Gott, über sein Heil nie zur Gewißheit kommen kann; nur Einzelnen in seltenen Fällen ist von Gott unmittelbar kraft einer revelatio specialis hierüber Gewißheit geschenkt.

Der tiefste Grund hierfür liegt in dem katholischen Gottesbegriff[5], genauer: in der Bestimmung des Verhältnisses zwischen Gott und Mensch. Man könnte das theologisch bis zur Urstandslehre verfolgen. Der Kürze wegen setzen wir er[st] später ein: der Mensch ist trotz der Sünde zu Werken fähig, die auf Gott einen gewissen Einfluß üben. Wie sich in diesen Werken menschliches und göttliches Tun begegnen – Thomas und Duns sind hier verschiedener Meinung –, ist für unsern Zweck gleichgültig; genug, daß der Mensch in einem gewissen rechtlichen Wechselverhältnis gedacht wird. Um nun freilich zu Werken, die auf Gott einen gewissen Druck ausüben in irgendeiner Richtung, zu kommen, muß man die kirchlichen Sakramente benutzen; d. h. die Kirche wird zur Mittelinstanz zwischen Gott und Mensch, die ihre Gnadenkräfte magisch in den Menschen durch ihre Sakramente hineingießt. Nun besteht also das Faktum[6], daß der Mensch auf seiner Seite ‚gute Werke' auf gute Werke häuft, um Gott gnädig zu stimmen, daß Gott andrerseits Sünde für Sünde bucht und nun nur noch übrig bleibt – das Facit aus der Rechnung zu ziehen, was der Mensch nie tun kann, da er nicht sein ganzes Leben überschaut. Kurz, der Mensch ist dazu verdammt, seines Heiles nie gewiß zu werden, indem er wohl weiß, daß Gott ihm diese oder jene Sünde vergab, nicht aber wie Gott nun alles in allem zu ihm stehe; mit anderen Worten: der Mensch ist verdammt dazu, auf seine eigenen Werke zu schauen, und muß sich als ernster

---

5 Vgl. zum Folgenden das Referat über die Kath. Kirche (S. 579 ff, bes. 581 ff). □ **6** „Nun ... Faktum" ersetzt: „Nun entsteht also der Tatbestand".

Mensch grade an ihnen immer wieder verurteilt und unter dem Zorn Gottes stehend wissen. Die Frage nach der Heilsgewißheit wird also, sobald sie von dem suchenden Katholiken gestellt wird, zurückgeschlagen auf die Frage: „wie verschaffe ich mir möglichst viel Gnaden, d. h. gute Werke?", d. h. aber auf die Frage nach der *Kirche*, die Herrin der Gnaden ist. Sie allein darf es wagen, den zerrissenen und geplagten Menschen zu trösten, wer sich ihr restlos anvertraut, den wird sie zur Seligkeit führen. *Wo also beim Protestanten Gott steht, da steht beim Katholiken die Kirche*. Und in dieser Tatsache ist die Erklärung für die Macht der katholischen Kirche über ihre Gemeindeglieder gegeben. Aus dem zermürbten Gewissen des Unsicheren und Ungewissen rekrutiert sich ihre Kraft. Sie, die es wagt, dem Menschen die Verantwortung ganz abzunehmen, weist ihn immer wieder von Neuem auf seine Werke, d. h. sie macht ihn trotz oder besser: grade wegen ihrer Versprechungen ungewiß.

Die Kirche, die bei Luther nichts ist als der Hinweis auf Gott, oder auf Kreuz und Auferstehung Christi, ist im Katholizismus zum Hinweis auf den Menschen geworden.

So erkennen wir, wie am Gedanken der Heilsgewißheit alle die Bedenken aufbrechen, die wir gegen die Schwesterkirche im Herzen tragen. Und theologisch auf den Grund der Sache gesehen bedeutet die Frage nach der Heilsgewißheit die Frage nach dem Gottesbegriff. Hat der Mensch mit Gott erst über seine Sachen zu reden, nun gut, dann geht er mit diesem scheinbaren Vorrecht, des Rechtes, Gott gewiß zu werden, verlustig. Hat aber Gottes Gnade allein das Wort, hat der Mensch nur hinzuhören und hinzunehmen, dann wird ihm aus dieser Knechtsstellung der herrliche Lohn, seines Gottes gewiß zu sein, der Gnade Gottes, von der ihn auch die Gebote einer Kirche nicht scheiden können.

An der Frage nach der Heilsgewißheit bleibt auf immer die Differenz zwischen Katholizismus und Protestantismus lebendig.

TEIL III:

Predigten, Katechesen, Ansprachen

a) Gemeindepredigten und Ansprachen im Kindergottesdienst vor der Teilnahme an praktisch-theologischen Seminaren. Oktober 1925 – Mai 1926

1. PREDIGT ÜBER LUKAS 17,7–10[1]

Predigt für Sonntag den 18. 10. 1925 in der Stahnsdorfer Kirche. Luc. c. 17,7–10

Christentum bedeutet Entscheidung, Wendung, Absage ja Feindschaft dem vergangenen, alten Menschen gegenüber, das vergessen hieße die Kraft, in der das Reich Gottes steht, vergessen, gegenüber menschlichen Stimmungen der Schwachheit und falscher Weichheit[2]. – Christus schlägt den vergangenen Menschen in Trümmer ganz und gar, er trifft und durchschneidet mit seinem Schwert, das er bringen will, den innersten Lebensnerv, und da gerade schmerzt der Hieb am meisten, wo er die scheinbar edelsten Gesinnungen einer vollkommenen Sittlichkeit traf. Aber wir fragen: Was ist es denn um diesen alten vergangenen Menschen, von dem da geredet wird? Ist es der Mensch in seiner natürlichen Körperlichkeit, gegenüber dem

---

1 NL A 13,1. Der Text ist in zwei Hs. überliefert: Ms. 1 in B's Hs. mit Bem. von unbekanntem Korr. und Ergänzungen aufgrund dieser Bem., und Ms. 2 in der Hs. der Mutter von B. Ms. 2 kennt die Bem., ohne sie mitzuteilen, übernimmt die Änderungen B's in den laufenden Text und ist noch einmal – an wenigen Stellen – von B überarbeitet; es stellt damit die (in PAM nicht berücksichtigte) letzte Fassung dar. Zum Abdruck kommt Ms. 2; Textabweichungen gegenüber der ersten Fassung werden, soweit es sich nicht um rein stilistische Verbesserungen handelt, ebenso wie die Bem. aus Ms. 1 in den Fußnoten vermerkt. Abdruck von Ms. 1 in PAM I 96 ff. In Ms. 1 lautet die Überschrift: „Predigt für Sonntag den 18. Oktober 1925 in Vertretung für Pfarrer Koller; Stahnsdorfer Kirche. Luc. c. 17,7-10". Martin Koller (geb. 1873), Pfarrer; Stahnsdorf, zwischen Teltow und Potsdam, damals ländlicher und geringfügig städtischer Vorort von Berlin, gehörte wie Grunewald zur Diözese Kölln-Land, Sup. Max Diestel. – Bearbeiter: H. Pfeifer, C. J. Green. □

2 „gegenüber menschlichen ... Weichheit" nicht in Ms. 1.

Menschen der Geistigkeit, ist es der Sünder gegenüber dem Gerechten, ist es der Unsittliche gegenüber dem Sittlichen, der Gesetzlose gegenüber dem Gesetzestreuen? Ist es der Zöllner gegenüber dem Pharisäer[3], d. h. ist es der, der nichts gethan hat, gegenüber dem, der alles gethan hat? Wohl gar zu gerne möchten wir diese Fragen leichtfertig und bequem bejahen, und doch, wenn wir es thun, so ist Christus umsonst in die Welt gekommen, umsonst am Kreuz gestorben, umsonst auferstanden. Vor diesem Abgrund stehen wir mit unserer Frage.

Ein voreiliges selbstsicheres und allzu gemütlich von Gott denkendes Pharisäerthum hat sein bestimmtes Ja zu diesen Fragen gesprochen und spricht es noch heute: Richten wir nur, so meint es, unser Leben nach den Maßstäben des Sittlich-Geistigen, gegenüber dem Natürlich-Sinnlichen ein, so können wir über jeden Tag und Abschnitt unseres Lebens Buch führen und schließlich, taten[4] wir einmal fehl – nun, so ist dieser Fehltritt wahrhaftig reichlich aufgehoben durch die große Zahl vortrefflicher Leistungen, die wir aufzuweisen haben. Und so treten wir am Ende unseres Lebens mit gemachter Abrechnung vor Gott hin und fordern nur noch die doch ganz selbstverständliche Bestätigung. So sprach man vor 2000 Jahren und so spricht man noch heute[5], wenn auch etwas gewitzigt verhohlener als damals. Aus dieser pharisäischen Selbstsicherheit[6] aufzurütteln, dazu kam Christus und an diesem anspruchsvollen Vortrefflichkeitsdünkel findet unser Wort seinen Gegenstand. Einen großen, bösen Fehler haben diese klugen Leute in ihrer Rechnung[7] gemacht, sie vergaßen, daß Gott Gott ist und der Mensch Mensch bleibt[8], daß Gott vom Menschen zu fordern hat und nicht der Mensch von Gott, daß Gott mit dem Menschen abrechnet und nicht der Mensch mit Gott und daß nicht der Mensch nimmt, sondern Gott gibt.

Eine andere Antwort erhalten wir auf unsere Frage nach dem vergangenen Menschen: es ist nicht der körperlich-natürliche

---

3 „Ist es der ... gegenüber dem Pharisäer" nicht in Ms. 1. □ **4** In Ms. 1: „traten". □ **5** In Ms. 1: „und nicht anders spricht man heute". □ **6** So auch in einer Kg über das Gebet (NL A 15,9). □ **7** „in ihrer Rechnung" fehlt im Ms. 1. □ **8** Vgl. K. Barth, Der Römerbrief², 130 u. ö.

gegenüber dem geistig-sittlichen, nein, der ganze Mensch als Körper *und* Geist ist vergangener Mensch und gegen den ganzen Menschen richtet sich also das Herrenwort. Wahrlich es kann einer Almosen über Almosen geben, er kann jeden Sonntag zur Kirche gehen, mag jeden Tag daheim die[9] Bibel lesen – herrlich und schön, aber in dem Augenblick, in dem er glaubt, dadurch auf Gott einen Anspruch zu haben, greift er mit unheiligen Händen an Gottes Allmacht und Heiligkeit und lästert Gott den Herrn. Der Mensch, der vor Gott steht, ist und bleibt Sünder, und hat er alles getan. „Wir sind allzumal Sünder und ermangeln des Ruhmes, den wir vor Gott haben sollten.“[10] – „Wenn ihr alles getan habt, was Euch befohlen ist, so sprechet: wir sind unnütze Knechte, wir haben getan, was wir zu tun schuldig waren“. Jesus sagt: „Wenn Ihr alles getan habt, was Euch befohlen ist“, und unsere Frage ist, ja was ist uns[11] befohlen und können wir denn alles tun? Befohlen ist das Gesetz, das sich mit unerbittlicher Strenge an uns richtet, es sind die sittlichen Forderungen, die sich auf unser ganzes Leben erstrecken und von denen es Jesus durchaus für möglich hält[12], daß sie erfüllbar seien. Gehe es auch durch Mühe, Arbeit, Entsagung, Opfer und Hingabe; sie müssen erfüllt werden und ist dies mühevolle Werk getan, so sprechet: „Wir sind unnütze Knechte, wir haben getan, was wir zu tun schuldig waren“.

Eine erschreckende Wendung! Ein Abgrund tut sich auf, in den wir mit offenen Augen hineinspringen sollen von mühsam erklommener Höhe! Es hatte nicht viel gefehlt, so hätten wir in Anstieg und im Fluge den Himmel erobert, schon hatte der Turm zu Babel die Wolken berührt[13], da ein jäher Schlag und wir liegen im Abgrund, in Finsterniß und Dunkel, in Schmutz und Sünde[14]. Der Gerechte, der alles getan hat – ein unnützer Knecht! Der sich Gott so nahe dünkte – in elendester[15] Gottesferne. Wir stehen an den Grenzen der Menschheit, und jenseits dieser für den Menschen[16] unüberschreitbaren Grenze in

9 In Ms. 1: „seine“. □ **10** Röm 3,23. □ **11** Statt „uns“ in Ms. 1: „denn“. □ **12** In Ms. 1: „zu halten scheint“. □ **13** Vgl. K. Barth, Das Wort Gottes und die Theologie, 8; ferner DB 121 und hier S. 514. □ **14** „Schmutz und Sünde“ unterstrichen, nicht von B. □ **15** Korr.: „liegt nicht im δοῦλος [„Knecht“]“. □ **16** „für den Menschen“ nicht in Ms. 1

unendlichem Abstand thront Gott, dem Diesseits die Grenze seines Mensch-, d. h. Knechtseins weisend.

Wenn der Mensch Knecht ist, so bedeutet das einmal daß Gott der Herr ist, allmächtig, allgewaltig, hocherhaben[17] und als solcher anzuerkennen und zu glauben, nicht zu verstehen und zu begründen, es bedeutet zum andern, daß der Mensch keinen eigenen Willen[18], kein eigenes Leben mehr hat, sowie[19] Alles, was er hat, Gott gehört: sein Besitz, sein Leben, sein Wille, sein Ruhm und seine Ehre. So ist er sein ganzes Leben, seine Mühe und Arbeit und Entsagung in allen Dingen Gott schuldig, und was er auch thun mag, nur für den Herrn kann er es thun. Ruhm und Ehre gehören nicht ihm, sondern dem Herrn. Aber Jesus sagt: wenn Ihr alles gethan habt, was Euch befohlen ist, so sprechet: wir sind *unnütze* Knechte![20] Also noch einen kräftigen Schritt weiter hinunter in den Abgrund, wir sind nicht nur Knechte, nein *unnütze* Knechte. Unsere pharisäische Natur bäumt sich auf mit aller ihrer Vortrefflichkeit.

Die Forderung übersteigt das mögliche Maß der Erniedrigung. Aber gerade diesen letzten Schritt müssen wir noch thun mit klaren Sinnen! Denn ist es nicht wahr? Wir bleiben nun einmal Sünder, „auch in dem besten Leben“[21]; wir bleiben unzulänglich und wollen letztlich gar nicht, was Gott will, sondern was wir wollen; wir lieben unser Heil mehr als Gottes Ehre, lieben also uns mehr als Gott und sollen doch Gott über alle Dinge lieben. Wir wollen durch unsern guten Lebenswandel einen Anspruch an Gott bekommen, wollen das erste Wort reden und nicht warten bis Gott spricht. Wir wollen mit ihm um unsere Seligkeit handeln und seinem Spruche zuvorkommen. Wir wollen in Gottes geheime Ratschlüsse eindringen und wissen doch, daß „ein Knecht nicht wissen soll seines Herren Heimlichkeiten“[22]. Wir ergeben uns nicht in dem Kampf von

---

17 „allmächtig ... hocherhaben“ in hsl., nicht von B stammenden Klammern; Korr.: „Eigenschaften noch nicht im κύριος [„Herr“] gegeben«. □ 18 Siehe dazu z. B. J. Ficker (Hg.), Luthers Vorlesung über den Römerbrief II, 225, 6 f, u. vgl. K. Holl, Luther, 119. □ 19 In Ms. 1: „sondern“. □ 20 Korr.: „s. Urtext“. □ 21 M. Luther, Aus tiefer Not schrei ich zu dir, 2. Strophe (EKG 195). □ 22 WA 18,549, 35 (Sendschreiben an die Christen zu Antwerpen. 1525), vgl. K. Holl, Luther, 52 Anm. 3.

vorneherein auf Gnade und Ungnade, sondern spielen uns als Streiter auf, die wir doch nie sein können. Wir können uns nicht mit dem Gedanken abfinden, daß, wenn es Gottes Wille ist, wir auch unsere Unberufenheit[23] und Verdammung als vollauf gerecht halten[24] und freudiglich anerkennen sollten, wie es Luther immer wieder gefordert hat[25]; d. h. wir wollen Ruhe, Selbstzufriedenheit und nicht die heilsame göttliche Unruhe, die vom Herrn gewirkt ist.

Mithin, wir sind im höchsten Maße selbstsüchtig und wahrlich *unnütze* Knechte. Also dies Wort vorweg allen andern Worten, die wir an Gott richten: „Herr wir sind *unnütze* Knechte!" Ohne diese Einsicht in die höchst ernst zu nehmende Lage, in der wir Menschen uns Gott gegenüber befinden, gibt es kein Reden zu Gott. Sind wir hier über uns selbst im Klaren, so werden wir uns hüten mit Ansprüchen vor Gott zu kommen. Eine gewaltige Wendung tritt mit diesem Wort in unser Leben. Wir erkennen, daß auch das Beste, was wir vermögen, vor Gott knechtisch, sündlich und wertlos bleibt und wir bekennen, daß wir *unnütz* sind und daß unser Verhältniß zu Gott eines ist, in dem er allein der Fordernde, Sprechende, Gebende ist, und wir die Ausführenden, Hörenden, Nehmenden. Wir müssen darum wissen, daß „all unser Tun umsonst ist, auch im besten Leben"[26]; eine versucherische Frage erhebt sich: sollten wir nicht vielleicht dann gleich von vorne herein alles Mühen und Arbeiten am Reiche Gottes lassen, wenn es letztlich doch sündig bleibt? „Da sei Gott vor", antwortet der Apostel, als er sich diese Frage stellt.[27] Nein, zur Ehre Gottes kämpfen, arbeiten und doch sich darüber klar sein, daß das Letzte immer nur Gott tun kann, das heißt Christ sein. Daran zu deuteln ist Lästerung, denn Gott hat es so gewollt; denn wir arbeiten und kämpfen ja nicht für unsere Seligkeit und Vollkommenheit, sondern für Gottes Ehre aus Dankbarkeit.[28]

Ist nun aber alle unsere christliche[29] Predigt ganz beendet mit der Erkenntniß unserer Unwürdigkeit und Sündhaftigkeit? Ja

---

23 Unterstrichen, nicht von B. □ **24** Statt „halten" in Ms. 1.: „gern". □ **25** Vgl. K. Holl, Luther, 111 ff. □ **26** Vgl. Anm. 21. □ **27** Röm 3,4. □ **28** „denn wir arbeiten ... Dankbarkeit" Zusatz von B am Rand von Ms. 1. □ **29** „alle" und „christliche" hsl. Korrektur von B gegenüber Ms. 1,

sie ist beendet, aber nie vergessen dürfen wir das andere[30]: Eine große Verheißung liegt in dem Worte vom „unnützen Knecht"; denn diese Erniedrigung kann nicht Werk des Menschen sein, sonst würde er ja doch für[31] sein eigenes Werk einen Anspruch an Gott bekommen, nein, hier tritt Gott selbst ein und hilft; hier befinden wir uns noch einmal an gefahrvollster Stelle: wehe uns, wenn wir eine eitle, künstliche Selbstverkleinerung und Knechtseligkeit mit gottgewirkter Buße und Reue verwechseln[32]; nicht aus eigener Kraft können wir unser Tun so ganz und voll entwerten, wie es vor Gottes Angesicht geschehen muß, dazu kann nur Gottes Gnade selbst uns helfen. Diese heilige Selbsterkenntniß ist vom Geiste gewirkt; wäre sie von Menschen, so würde sie zur Verzweiflung führen, nun sie aber von Gott ist, führt sie zum Gebet um einen gnädigen Gott, nicht den des Pharisäers, sondern des Zöllners, der damals im Tempel sprach: Gott sei mir Sünder gnädig.[33]

Unser Gedankenkreis hat sich geschlossen, Gott will nicht den sich als gerechten, sittlich fühlenden Pharisäer[34], sondern er will den reuigen Sünder, der die heilige Selbsterkenntniß gewann, und nicht forderte, sondern betete. Es hat nun einmal Gott gefallen, daß er nicht anders als im Gebet des Knechts und Sünders um Sündenvergebung angerufen sein will in gottgewirkter Reue und Buße, und zu diesem Sünder spricht Gott

30 „Ist nun aber ... dürfen wir das andere" Zusatz von B am Rand von Ms. 1, veranlaßt durch Korr.: „Begründung fehlt. Das stärkste und sicherste [u. L.] Motiv ist die Dankbarkeit, nicht das Streben nach Vollkommenheit. Stärkste Dankbarkeit bei größter Vergebungserkenntnis. Relativität aller Leistungen und aller *Befriedigung* über eigene Leistungen sowie über die *Gunst* der Welt". □ **31** Statt „doch für" in Ms. 1: „doch noch durch". □ **32** „hier befinden wir ... und Reue verwechseln" Zusatz von B am Rand von Ms. 1, ersetzt folgenden Zusatz: „es ist die größte Gefahr, der wir noch an dieser Stelle ausgesetzt sind, daß wir in künstliche Selbstverkleinerung, Knechtseligkeit verfallen, und damit Gott wohlgefällig sein wollen. Über diese Gefahr hilft uns Gott hinweg, indem". Beide Zusätze veranlaßt durch Korr.: „Also ja keine künstliche eitle Selbstverkleinerung! Keine Knechtseligkeit der Weg zum richtigen Selbstbewußtsein – Gottesbewußtsein bei aller menschlichen Knechthaftigkeit. (Aus Gottes Gnade bin ich, was ich bin – und seine Gnade ist an mir nicht vergeblich gewesen – *Du* frommer und getreuer Knecht gegenüber dem *ich* unnützer Knecht)". □ **33** Lk 18,13. □ **34** Statt „sich als gerechten, sittlich fühlenden" in Ms. 1.: „sich als Gerechten, Sittlichen fühlenden".

sein: „ei, Du frommer und getreuer Knecht“[35]. Gott selbst tritt für den Menschen ein, Gott selbst kommt zum Menschen, damit der Mensch im Gebet zu Gott kommen möge. „Mit Sorgen und mit Grämen und mit selbsteigner Pein läßt Gott sich gar nichts nehmen, es muß erbeten sein.“[36]

2. ANSPRACHE ÜBER DEN DEKALOG[1]

Ihr alle könnt mir auf die erste Frage Antwort geben. Was ist schöner: Schule oder Ferien? Wollen da wirklich so ein paar ganz Brave sagen: die Schule ist schöner. Ach nein, das glaub ich doch nicht. Die Ferien sind doch im Ganzen viel schöner als die Schule. Das meint Ihr doch im Grunde alle auch. Ja nun aber weiter, warum sind sie denn so viel schöner als die Schule? Weil man da treiben kann, was man will? Und wie nennt man denn das, wenn man tun kann, was man gerne möchte und einen nichts daran hindert? Man sagt dann, man ist ganz frei. Und warum ist es in der Schule oft gar nicht so sehr schön? Weil man da oft tun muß, was man nicht gern möchte. Und das nennt man nicht Freisein, sondern das nennt man: Gezwungensein, unter einer ganz bestimmten Ordnung stehen. Ja, und was ist schöner: Freiheit oder Zwang? Ja, das brauche [ich] kaum zu sagen, so klar ist es. Freiheit in der Zeit und allem, was man gern möchte, das ist das schönste, was es auf der Welt gibt. Ein schlimmes Zeichen für den, der den Zwang mehr liebt als die Freiheit. So einer hat eine Sklavenseele[2] und die wollen wir doch nicht haben. Nun gibt es doch aber Stunden in der Schule, die ihr gern habt, Naturkunde, Turnen, Geschichte[3], vielleicht

35 „und zu ... Knecht“ Zusatz von B am Rand von Ms. 1. Vgl. Mt 25,21. □
36 P. Gerhardt, Befiehl du deine Wege, 2. Strophe (EKG 294).
1 NL A 15,1; hsl.; Kg ohne Titel (vermutlich über den Dekalog), Febr./März 1926, zur Datierung s. S. 636 f. Gehalten wurde die Ansprache in der Grunewald-Kirche, B's Heimatgemeinde (vgl. DB 123 f). – Bearbeiter: H. Pfeifer. □
2 Vgl. Fr. Nietzsche, Jenseits von Gut und Böse, 260; Ders., Zur Genealogie der Moral, 1. Abh. 10; vgl. auch Katechese über die ‚Ehre‘, S. 585. □ **3** Ersetzt: „Mathematik“.

auch Religion. Wie ist es denn da? Seid ihr da nicht auch gezwungen zu lernen, wie diese Tiere leben oder was diese Leute vor 2000 Jahren für Schlachten geschlagen haben u.s.f.? Ja, gewiß seid ihr gezwungen. Aber, seht, ihr merkt das gar nicht und braucht das auch gar nicht zu merken. Zwang merkt man nur, wenn man ungern tut, wozu man gezwungen wird. Seht, ein Pferd, das recht im Zügel läuft, merkt gar nichts von den Zügeln. Aber will es plötzlich davonlaufen, da merkt es erst, daß es ja gefangen ist. Genauso ist es beim Menschen. Wenn er gern und recht tut, wozu er gezwungen ist, und das nennt man auch seine Pflicht, dann drückt ihn der Zügel nicht. Das fängt erst an, wenn er sich dagegen wehrt, wenn er auf seine Mathematikaufgaben schimpft und auf seine Geschichtszahlen.

Was wird denn nun vernünftigerweise ein Mensch machen, der weiß, daß er nun mal zu vielen Dingen gezwungen ist, und das seid ihr so viel wie nur[4] alle andern. Er wird versuchen, sich nicht darüber zu ärgern und aufzuregen, sondern es möglichst gern zu tun. Denn dann tut er es ja ganz freiwillig und hat also immer Ferien, denn er ist immer frei. Denkt nur, er hat immer Ferien! Ferien auch in der Schulzeit; das ist ein merkwürdiges Ding, nicht wahr? Aber doch wunderschön.[5] Nun haben wir alle ganz verschiedene Pflicht, ihr macht eure Schularbeiten, ich muß studieren, der Herr Pfarrer muß predigen, der Handwerker muß schustern oder schreinern; aber hinter all den verschiedenen Pflichten haben wir alle eine und dieselbe Pflicht, der Schuster und der Professor, ihr und Eure Lehrer und ich. Gegen wen möchten wir wohl alle dieselbe Pflicht haben? Ihr könnt sagen: gegen den Staat. Aber wenn ich euch nun sage, daß alle Menschen überhaupt dieselbe Pflicht in einer Sache haben, dann werdet ihr mir's sagen können: Es ist die Pflicht gegen Gott, der doch unser aller Vater ist. Ja, wir sagen: Gott ist unser Vater und wir sollen seine Kinder sein. Das heißt doch, die ganze Welt ist ein großes Haus, in dem viele, viele kleine Zimmer sind, in denen die Menschen wohnen. Aber alle

---

4 U. L., vielleicht: „wir". □ **5** „Denn dann ... wunderschön." ersetzt: „Das ist so ganz aus dem alltäglichen Leben gesagt."

die Menschen in dem Haus haben *einen* Vater. Jeder hat seine besondere Arbeit in seinem Zimmer, fein Ordnung zu halten, aber alle haben sie eine Pflicht, die, ihrem Vater gehorsam zu sein.[6]

Jetzt sagt mir aber, warum wir das mit unserm Haus vergleichen. Tun wir unsern Eltern im Ganzen gern ihren Willen oder ungern? Meinen wir, wir lebten zu Haus in einem Gefängnis, in dem es nichts als Zwang gäbe, oder meinen wir nicht, es ist ja unser eigener Wille unsern Eltern gehorsam zu sein? Ist das eine Pflicht des Zwanges oder eine der Freiwilligkeit? Ja, gewiß bei den meisten von uns ist es eine Pflicht, die wir freiwillig erfüllen. Wenn wir aus der Schule nach Hause kommen, da sagen wir doch nicht: jetzt geht der Zwang von vorne los, sondern wir kommen uns vor wie in den Ferien. Wir fühlen die Zügel gar nicht, die uns angelegt sind. Wir sind gern zu Hause, wir tun das meiste – gewiß ist es auch mal anders – aber das meiste eben tun wir doch gerne. Ja, so ist es, wenn man zu Haus ist. Man ist ganz frei, ganz in den Ferien, freut sich bei allem, was es zu tun gibt, und geht's einmal schwer und hart, und gibt's einmal Tränen, wenn dann die Mutter uns freundlich über den Kopf streicht, dann wissen wir, wir sind daheim bei Vater und Mutter und wo man zu Haus ist, da hat man sich lieb, und wo man sich lieb hat, da gibts keinen Zwang. Seht, wo einer sich für ein Fach in der Schule interessiert, da hat man es lieb und da spürt man keinen Zwang, sondern nur Freiheit. Und wo ich den Vater recht lieb habe, da sage ich nicht: „o weh, daß ich jetzt noch meinen kranken Vater besuchen muß!", sondern ich wills selbst tun, ganz freiwillig, und wenn ich dafür weit wegfahren muß. Oder man sagt nicht: o weh, jetzt muß ich meiner Mutter ein Geburtstagsgeschenk machen, sondern ganz von selbst tut mans, aus lauter Liebe macht man sich Arbeit, ganz freiwillig; denkt nur, lauter Ferien mitten in der Arbeit!

Nun sagten wir aber, wir sind im Grunde alle miteinander im Haus vom lieben Vater im Himmel zu Haus. Unsre Eltern und Großeltern und alle, alle sind wir dort Kinder im Haus; denkt nur *Kinder*, nicht Knechte, wir müssen nicht gezwungen ir-

6 Im Ms. kein Absatz.

gendeinen Dienst tun, sondern wir gehören selbst zum Haus, in dem es keinen Knecht gibt, wir tun alles aus lauter Liebe, ganz freiwillig aus Liebe zum Vater und zu den vielen, vielen Geschwistern. Viel gibts zu tun, zu helfen, zu nützen, aber immer tun wir's ganz frei, immer haben wir Ferien mitten in der Arbeit. O muß das schön in dem Haus sein, in dem nie ein böses Wort fällt, in dem es nie einen Zwang gibt, sondern jeder tut das, was er tut, aus lauter Liebe zum Vater und zum Andern. Ja, in dem Haus möchten wir schon zu Haus sein, wo es so zugeht; und da dürfen wir auch zu Haus sein, denkt es nur aus. Ja, da sehnen wir uns hin von dort weg, wo man häßliche, scheltende, grobe Worte in den Mund nimmt. Oh würden wir uns nur ordentlich danach sehnen und keine Freude an dem Groben haben, dann sähe es hier auch besser aus!

Jetzt ging es aber mit diesem schönen Haus ganz schrecklich. Der Herrgott hatte kaum die ersten Menschen in ihre Zimmerlein gesetzt und sich ihres Lebens freuen lassen, ihnen alles geschenkt, was sie nur wollten, da eines Tages liefen sie hinaus aus dem Haus und wollten es auf ihre eigene Faust einmal probieren zu leben. Aber, o weh, wie hatten sie sich getäuscht, sie kamen in öde Gegenden und da mußten sie schwer arbeiten, um ihr Brot[7] zum Essen zu haben[8], und als sie wieder Kinder bekamen, so dauerte es nicht lange, da hatte der eine Bruder den andern erschlagen aus Neid und Haß.[9] Und immer schlimmer wurde es, je mehr Menschen auf die Welt kamen, keiner wollte mehr im Hause Gottes wohnen, wo man sich lieb hat, sondern lieber dort sein, wo man sich tot schlägt. Da kam die Sündflut[10], die alle Menschen vertilgte, bis auf den einen, der im Hause Gottes wohnen blieb, Noah. Aber dessen Kinder wurden auch wieder böse[11], und bald wußte keiner mehr wie es im Hause Gottes eigentlich zugeht. Viele Völker gab es und alle kamen sie doch aus dem Hause Gottes, sie waren ihm eben entlaufen, alle wußten sie nur noch wenig von den Ordnungen, die dort galten. Da erbarmte sich der Herrgott über diese armen entlaufenen Menschenkinder und beschloß ihnen noch einmal zu

7 U. L., vielleicht: „ihre Brote". □ **8** Gen 3,19. □ **9** Gen 4,8. □ **10** Gen 6 ff. □ **11** Gen 9,20 ff.

sagen, wie es in seinem Hause zugehe. Und so geschah's. Unter dem kleinen Volk der Juden trat ein Mann auf, der von Gott gerufen war. Mit göttlicher Hilfe führte er das Volk aus Ägypten heraus, wo man es gefangen hielt, und mitten in der Wüste auf dem Berge Sinai rief Gott ihn an (2. Mose 20,32 f) und gab ihm – ihr wißt es – die 10 Gebote, die wir noch heute kennen.[12]

Nun schien es zunächst gut zu gehen, viele fromme Menschen bemühten sich alles genau zu erfüllen, man machte sich noch 1000 andere Gebote dazu und erfüllte alle. Aber wißt ihr, was geschah: man fühlte sich gezwungen, man war furchtbar ängstlich, wie man immer ist, wenn man eine gezwungene Arbeit tut, und liebte den Vater im Himmel gar nicht mehr. Aber Gott vergißt nie die, die doch alle aus seinem Hause kommen, und hat sie immer noch lieb, und so schickte er immer wieder Männer, die zeigten, daß es ja nur drauf ankomme, Gott recht zu lieben, und daß man wie ein Kind im Hause Gottes und nicht wie ein Knecht sei, fröhlich und voller Liebe in allem, was man tut. Aber die ungehorsamen Menschen hörten nicht, da schickte Gott seinen eignen Sohn. Der zeigte den Menschen, gerade den allerärmsten und bösesten, daß Gott sie nicht vergessen habe, und er war selbst aus lauter Liebe seinem Vater im Himmel so gehorsam, daß er sich vor den Augen aller Welt ans Kreuz schlagen ließ.[13] Als er gefragt wurde, was denn das höchste Gebot im Hause seines Vaters sei, da hat er geantwortet: „Du sollst Gott deinen Herrn *lieben* ...“[14] Er hat uns gezeigt, daß wenn wir erst den Vater recht lieb haben, wir auch seinen Willen gern tun werden, und verlangt er oft recht Schweres von uns. Seht, wie oft verlangt unsre Mutter etwas von uns, was wir nur mit großer Überwindung tun, wie ich einen Jungen kenne, der statt zu verreisen, die ganzen Ferien der Mutter verdienen helfen mußte, und er tat es so gern, war so fröhlich, daß er mitten in der härtesten Arbeit seine schönsten Ferien hatte. Seht, und haben wir unsre Mutter schon so lieb, sollten wir nicht viel mehr den lieben, der uns das alles geschenkt hat, unsre Mutter und unser Haus, unsre Arbeit

---

12 Im Ms. kein Absatz. □ **13** Zum Inhalt vgl. Kg über das erste Gebot, S. 498 ff, und über Mt 21,28-31, S. 502 ff; anschließend gestr.: „Der hatte die Menschen wirklich lieb gehabt.“ □ **14** Lk 10,27.

und unsre Ferien. Ja, denn mag der gute Vater im Himmel oft recht Schweres verlangen, mit fröhlichem Herzen wollen wirs tun. Gott ist ja Liebe und wer in der Liebe bleibt ...[15] Wenn wir uns an den nächsten Sonntagen darüber unterhalten, daß es manches Schwere zu tun gilt[16] im Hause Gottes, so wollen wir uns umso mehr freuen, und dann freut sich Gott der Vater gewiß auch. Auch der Herr Jesus wußte, daß es solches Schwere gibt, Proben auf die Kraft der Liebe, ob sie echt ist, und Aufregungen.[17] Gehet ein durch die enge Pforte. Die Pforte ist eng und der Weg ist schmal, der zum Leben führt.[18] Ja steil hinan gehts immer schwerer als gerade aus, je steiler, je schwerer, aber auch je höher hinauf.

Nun noch ein Letztes. Wir allein könnens nicht; das wissen wir alle. Die, die es allein versuchen, landen auf irgendeiner einsamen Bergspitze fern vom Wege ab, auf dem es in Gottes Haus führt. Wer sicher wandern will, dem muß einer an der Seiten stehen, der ihn, wenn eine Klippe kommt, fest an der Hand hält, der ihn, wenn ein verlockender bequemer, aber verkehrter Weg sich zeigt, an diesem vorbei führt, auf den rechten, vielleicht beschwerlichen. Und daß Gott uns Jesus als solchen Führer gibt, darum sollen wir bitten immer wieder. Nie dürfen wir einsam sein auf dem Wege durch die Berge, Jesus soll bei uns sein. Weise mir, Herr, deinen Weg, daß ich wandle in deiner Wahrheit.[19] Jesu geh voran auf der Lebensbahn.[20] Wir werden nicht müde und nicht matt, wenn er uns führt, „die auf den Herren harren, kriegen neue Kraft“[21].

Es war einmal ein König, der hatte einen mächtigen Park und ein herrliches Schloß darinnen. In dem Park durften die Kinder spielen den ganzen Tag. Eines Tages aber kam eines auf den Gedanken doch mal zu sehen, wie es draußen sei. Aber sie wußten, der Vater hatte es verboten. Aber eines sagte es dem andern und plötzlich waren sie alle hinaus aus dem schönen Park, ein mächtiges Stück weit liefen sie hinaus. Plötzlich aber wurde ihnen angst und sie wollten zurück. Da fanden sie den

---

15 I Joh 4,16. □ **16** U. L. vielleicht: „gibt“. □ **17** U. L. □ **18** Mt 7,13f. □ **19** Ps 86,11. □ **20** N. L. Graf v. Zinzendorf, Jesu geh voran (EKG 274). □ **21** Jes 40,31.

Weg nicht mehr und nun begannen sie zu zanken. Jedes versuchte seinen eignen Weg, jedes schalt das andere und keines fand zum Ziele. Einem Teil der Geschwister aber gefiel es draußen fern vom Vaterhaus und sie wollten gar nicht mehr heim; die andern suchten und fanden nicht.[22]

Der Vater aber wußte, was vorgefallen war, denn er war ein weiser König, er liebte seine Kinder noch immer, obwohl sie ihm ungehorsam geworden waren, und so schickte er endlich einen Mann aus, der sie heimführen sollte. Der mußte ihnen aber zuerst überhaupt wieder von dem Vater erzählen, wie es denn da zu Hause aussähe und daß ihr Vater sie noch immer lieb habe und daß sie ihn nur auch liebhaben sollten. Dann würde er ihnen den Weg zum Vater zeigen, und sie sollten in seinem Hause wieder leben, wie ehemals. Als der Gesandte des Vaters das erzählte, da wollten es viele gar nicht glauben, manche aber glaubten es, und die nahm er an der Hand und führte sie den rechten Weg zurück, den sie nicht hatten finden können. An allen Schluchten vorbei, über Klippen hinweg, und es war merkwürdig: immer sahen sie aus der Ferne das Licht des Vaterhauses leuchten und jeder ihrer Schritte war von ihm erhellt. Als sie aber ganz nahe waren, da kam der alte Vater mit offenen Armen ihnen entgegen, und weinend vor Schmerz und Freude zogen sie ein in das strahlende Haus.[23]

Seht, wo einer Gott, den guten Vater liebt, und um den rechten Führer den Herrn Jesus bittet, da findet er den Weg auch im Finstern, wo's schwer wird und viel verlangt wird. Immer näher weiß er sich zu Gott hingezogen, und immer heller leuchtet das Vaterhaus. Dort aber in der Heimat, dort ist alles Liebe, dort gibt es keinen Zwang mehr, kein böses Gesetz, da tut man ja alles ganz von selbst, ganz frei von sich, dort ist man ja Kind im Haus. Aber wir sind noch nicht da. Noch müssen wir beten und flehen, daß uns der Vater den rechten Weg finden lasse und den rechten Führer gebe. Weise mir, Herr, deinen Weg, daß ich wandle in deiner Wahrheit.[24]

22 Im Ms. kein Absatz. □ **23** Im Ms. kein Absatz. □ **24** Ps 86,11.

3. ANSPRACHE ÜBER DAS ERSTE GEBOT[1]

Wißt ihr, was ein Waisenhaus ist? Da sind in einem großen Haus zusammen viele Kinder, die alle keine Eltern mehr haben –, Waisenkinder nennt man sie. Habt ihr wohl schon mal so ein Haus gesehen? Ich sehe jeden Tag ein Haus, in dem viele, viele Menschenkinder wohnen, die ihren Vater verloren haben oder vielmehr nicht mehr kennen; doch, seht, eigentlich ist es kein richtiges Waisenhaus, was ich meine, denn der Vater all der Kinder lebt noch, aber die Kinder kennen ihn nur nicht und wollen ihn auch gar nicht kennen. Es sieht nur ebenso traurig in diesem Haus aus, als wäre es ein wirkliches Waisenhaus; denkt nur mal, wie es bei euch zuhaus aussähe, wenn Vater und Mutter plötzlich nicht mehr da wären; gradso sieht das Haus aus was ich meine. Und ihr alle kennt es auch. Es ist das große Haus von dem wir das letzte Mal sprachen[2], nicht das was Gott gebaut hatte, sondern das was die Menschen sich selbst bauten. Habt ihr's nicht auch schon gemerkt? Der ganzen Welt sieht man es an, daß sie ihren Vater verloren hat; ihr Gesicht ist immer so ernst, so gewichtig, so bedeutsam, so sorgenvoll, gar nicht ein bißchen voller Freude und Lachen, so recht sorglos und voller Liebe.

Wir aber wollen nicht gern zu denen gehören, die so aussehn, als hätten sie gar keinen Vater mehr, als seien *sie* verwaist, sondern man soll's uns beim ersten Blick ansehen, was für einen guten Vater wir haben. Wer einen schlechten Vater hat, der sieht vielleicht traurig und sorgenvoll aus, aber wer einen solchen Vater hat, wie wir alle ihn haben, der kann doch nur fröhliche Augen haben. Wir sprachen schon davon, daß es manchmal im Hause des himmlischen Vaters auch Dinge zu tun gibt, die nicht ganz leicht sind und wir dachten da an die 10 Gebote, und manches Einzelne. Aber bevor uns Gott die 10

---

1 NL A 15,4; hsl.; Kg ohne Titel (vermutlich über das 1. Gebot), im März 1926, zur Datierung s. S. 636 ff. Am Rand der ersten Seite findet sich die hsl. Eintragung B's: „214, 1.2.7.8; 266". Gemeint sind die Lieder Nr. 214: M. Luther, Ein feste Burg ist unser Gott; und Nr. 266: M. Luther, Gott sei gelobet und gebenedeiet. Quelle: Evang. Gesangbuch in der Provinz Brandenburg von 1884. – Vgl. K. Holl, Luther, 60 ff. – Bearbeiter: H. Pfeifer. □ 2 Vgl. S. 493 ff.

Gebote auf die Seele legt, da versichert er uns noch einmal seiner Treue; denn sagt, wo fangen die Gebote denn eigentlich erst an? Doch wohl erst da wo es heißt: Du sollst nicht andre Götter ... Und was davor steht, das ist kein Gebot, kein Befehl, sondern – ja, wie sollen wir das sagen? – das ist das Wort, in dem sich Gott jedem Einzelnen von uns ganz schenken will. Ich bin der Herr, dein Gott. Bedenkt nur jedes Wort! Gott spricht zu uns, zu mir, zu dir; es [ist] wirklich Gott, der Gewaltige, der Völker zerschmeißt wie Töpfergeschirr[3], der zu dir redet. Bedenk es und erschrick, erschrick bis ins Allerinnerste hinein, daß Er zu dir wirklich redet. Erschrick, und zittre bei dem Gedanken, daß Er es ist, der Gewaltige, der zu dir, dem entlaufenen Kindlein spricht. Werde klein vor ihm, der der König der Könige ist, dessen Stuhl der Himmel, dessen Schemel die Erde ist.[4] Erzittre und jauchze, juble und danke ihm, daß er zu dir gekommen ist. Werde groß, denn Er spricht mit Dir! Denkt's nur mal aus, er der Herr aller Herren, er ist dein Gott, du ungezogenes Menschenkind; Dein Gott, er gehört dir in allem, was du von ihm willst; er ist dein Helfer, er ist dein Gebieter, er ist dein Tröster, er ist dein Erretter. Könnt ihr's denken? Ach nein, wir könnens nicht denken, wenn wir's denken wollen, wird's plötzlich wieder so kalt; dann grübeln wir und fassen's doch nicht. Glaubt's doch nur, nimm's doch hin. Willst du verschmähen, was Gott dir schenkt. Ist dir's zu groß? Willst du vom König statt eines Königreichs nur einen Becher Wasser? Ich bin der Herr, dein Gott. Gott schenkt das Größte, was es gibt, er schenkt sich selbst.

Seht, wir reden so viel vom lieben Gott, jeden Sonntag, jeden Tag ein paar mal, aber denken wir denn auch wirklich daran, daß es so etwas wie einen Gott wirklich gibt? Ja vielleicht denken wir dran. Aber machen wir uns auch klar, was daraus für uns folgt? O wie stolz würde mancher von uns sein, wenn er einmal mit irgendeinem großen Mann, vielleicht mit Hindenburg[5], ein paar Worte reden dürfte und er zu ihm spräche. Jedes Wort würden wir uns merken. Ja, und daß wir mit dem, der

3 Vgl. Jer 18,1 ff; Röm 9,21 ff und die Predigt über Ps 127, S. 514. □ 4 Vgl. Jes 66,1. □ 5 Paul von Beneckendorff und Hindenburg (1847–1934), Generalfeldmarschall, 1925–1934 Reichspräsident.

König aller Könige ist, jeden Tag ein paar Mal reden, das nehmen wir gar nicht so groß, das geht mehr so nebenbei. Ach, wollten wir doch bloß aufwachen und hören, daß es wirklich Gott ist, der spricht und mit dem wir so einfach sprechen dürfen. Wahrhaftig wir würden manchmal bei dem Gedanken über unsre Gedankenlosigkeit in den Tod erschrecken. Der Herr ist *dein* Gott. Des sollst du gewiß sein vor allem andern, und was dasselbe ist, er ist *dein* Vater. O wollten wir wirklich Ernst mit diesem Worte machen, was für fröhliche Kinder müßten wir sein. Bevor Gott befiehlt, schenkt er, und wenn Gott schenkt, dann schenkt er alles, er schenkt nie weniger als sich selbst; und was sagen wir zu solch königlichem Geschenk? Denkt nur, wir sollen nichts, als es hinnehmen. Aber das *sollen* wir auch. Weh uns, tun wir's nicht! Ich bin der *Herr, dein* Gott. Ja spüren wir's denn nicht an uns selbst. Wer gab uns unser Leben? Wer uns unsere Eltern? Wer rettet aus schwerer Krankheit, aus großer Gefahr? Wer tröstet in Unglück und Not? Wer riß uns aus den Nöten des Gewissens? Ich bin der Herr dein Gott. Lobe den Herrn meine Seele. Als Luther[6] in seiner Klosterzelle unter dem Druck der Gebote zu verzweifeln drohte, als er litt, als sein Gewissen immer wieder anklagte, als er zagte und bang war um den gnädigen Gott, da lief er zur Bibel und schlug die Seite auf, wo in deutlichen Worten stand: Ich bin der Herr dein Gott. Und dann wußte er, Gott hat gesprochen. Was soll der Mensch dazu tun, und er fand Gewißheit in seiner Not. Und aus dem ernsten, sorgenvollen Gesicht des Doktor Martinus wurde das fröhliche Lachen eines Kindleins im Hause des himmlischen Vaters. So wollen wir's auch machen, wenn sich Falten auf unsrer Stirn ziehen wollen, vor Trauer oder wenn unser Gewissen unaufhörlich spricht und uns keine Ruhe gönnen will, dann wollen wir zu dem Worte fliehen, zu dem sich schon so mancher vor uns flüchtete: ich bin der Herr dein Gott. Gott weiß, was uns not tut. Er wird unsere Traurigkeit trösten, und wird unserm quälenden Gewissen Gewißheit geben; und so werden wir Kindlein im Hause Gottes und [keine] Waisenkinder sein.

---

6 Vgl. B's Seminararbeit über Luthers Anschauungen vom Heiligen Geist, S. 357 ff.

Wenn wir aber wissen, daß Gott zu uns spricht, dann werden wir keine andre Stimme lieber hören wollen als die unsers himmlischen Vaters. Wenn wir wissen, daß wir nur bei ihm daheim sind, wie sollten wir da lieber in die Fremde gehen? Er ist unser Gott ganz allein, von dem uns nichts trennen kann. Darum sagt Gott im 1. Gebot: Du sollst nicht andre Götter haben neben mir. Der Mensch hat nur eine Heimat. Gott ist allein Gott und wer einem andern Gott dienen will, der nimmt dem alleinigen Gott die Ehre, die er ihm schuldet. Denkt mal an die vielen Heiden, die noch so wenig von Gott wissen, daß [sie] Tiere, Bäume, ja, ihr wißt ja, Holzpuppen und Eisenstücke für Götter halten und zu ihnen beten. Und sie leben in entsetzlicher Angst vor ihren Göttern, ja sie hassen sie oft, und nur aus Furcht beten sie sie an. Seht, diese Menschenkinder haben ihren rechten Vater verloren, sie gehören auch zu dem Haus, von dem wir anfangs sprachen, wo es so traurig und trübe aussieht. Nun sagt ihr vielleicht, wir sind doch keine Heiden, sondern Christen, und so geht uns das 1. Gebot nichts an; aber denkt mal nach, sinnen wir denn wirklich nur darauf dem Gott zu dienen, der in den Geboten zu uns spricht. Wißt ihr, was es heißt, einem Abgott zu dienen? D. h. einer Sache dienen, die nicht Gott ist, sondern wider Gott. Der Abgott des Menschen kann sein Bauch sein, wie Paulus sagt[7]; das sind die Menschen, deren einzige Sorge in diesem Leben das Wort ist: was werden wir essen, was werden wir trinken?[8] Unser Abgott kann die Faulheit sein, in allem was es zu tun gibt, es kann der Reichtum sein; es kann allerlei ungerechte Neigung sein. Alles das nennen wir Abgott, worauf wir mehr hören als auf Gottes Stimme. Jesus hat einmal gesagt: Du kannst nicht zwei Herren dienen, Gott und dem Mammon.[9] Wißt ihr, die Leute, die einem Abgott dienen, sehen oft gar nicht soviel anders aus als die, die rechte Kinder im Haus Gottes sind. Sie gehen auch zur Kirche und tun allerlei Rechtes. Aber in einem eben, da dienen sie ihrem Abgott und nicht Gott, und d. h. sie laufen Gott davon und tun so, als ob das gar nicht schlimm wäre. Du sollst Gott

---

7 Phil 3,19. □ 8 Vgl. Mt 6,25. □ 9 Mt 6,24

deinen Herrn lieben, von ganzem Herzen, Seele und Gemüt.[10] Und du sollst Gott über alle Dinge lieben.[11]

Seht, da wo man liebt, da ist man zu Haus. Liebt einer Gott den Vater, d. h. will er ihn vor allen andern hören und ihm gehören, dann ist er ein rechtes Kind im Hause Gottes. Liebt aber einer seinen Abgott, sein Geld, sein Vergnügen mehr als Gott, so ist er aus [dem] Hause Gottes hinausgelaufen und ist nun gefangen in dem großen traurigen trüben Haus der Welt. Gott sagt nur: hier Menschenkind hast du mein Wort, mein Versprechen und mein Gebot. Tu damit, was *du* willst. Am Ende deiner Tage werden wir uns wiedersehen. Und wo wird dann der bleiben, der nur in dieser Welt geliebt und Schätze erworben hat? Der Herr Jesus hat harte Worte über diese Menschen gesprochen. Was aber wird Gott zu denen sagen, die sein Haus, sein Versprechen und seinen Befehl geliebt haben? O, wir können's nicht ausdenken, so herrlich wird's sein, da wo wir ewig zu Hause sind. Ganz still wollen wir uns freuen. Gott hat sich selbst uns geschenkt, sollte er uns nicht alles schenken? Gott hat gesprochen: ich bin der Herr *dein* Gott. Wer will uns scheiden von der Liebe Gottes?[12]

4. ANSPRACHE ÜBER MATTHÄUS 21,28–31[1]

Mt 21,28–31: Die ungleichen Söhne

[1.] Die Festung

Ostern steht vor der Tür, und d. h. die Versetzung. Da heißt's jetzt öfter als sonst zu Haus: Nun wie war's in der Schule, wie war der Aufsatz, die Rechenarbeit, wie klappten die französischen Verben? Seid ihr oft drangekommen? Was hat der Lehrer

10 Mt 22,37; Dt 6,5. □ 11 Luthers Erklärung zu den zehn Geboten im kleinen Katechismus (BSLK 507, 42 ff). □ 12 Röm 8,35.

1 NL A 15,2; hsl.; Kg im März 1926, zur Datierung s. S. 636 f. – Bearbeiter: H. Pfeifer.

dazu gesagt? usf. Und da ist manchem gar nicht wohl dabei; mancher hat sein schlechtes Gewissen, denn er weiß, daß er sündenfaul war und ihn nun wohl die gerechte Strafe erwischt.[2]

Da ist ein anderer, ein kleiner Junge, der jüngste von vielen Brüdern, der war lange krank gewesen und darum sehr zurückgekommen. Nun sollte morgen die französische Versetzungsarbeit geschrieben werden, und es ging halt noch sehr sehr schlecht. Die Mutter mußte ausgehen, der Vater kommt erst spät heim, die Brüder waren aus bis auf den Ältesten. „Nicht wahr, Fritz", sagt die Mutter zum ältesten Jungen, „du hilfst dem Kleinen bei der Arbeit." „Ach Mutter." „Nun, was ist denn?" „Du weißt doch, der Junge von drüben wollte doch heut kommen zum Soldatenspielen[3], heut geht's um die Festung und nun ..." „Nun müßt ihr eben morgen spielen." „Ich habe mich schon so drauf gefreut und morgen habe ich selbst zu viel Schularbeiten." „Aber Junge, was soll denn aus dem Kleinen werden?" „Nun, Mutter, ich kann doch nichts dafür, daß er krank geworden ist und nun sitzen bleibt. Nein, Mutter, ich tu's nicht, heute nicht, nein ich will's nicht." Die Mutter ist aus der Haustür heraus, da klingelt's. Fritz macht auf. Es ist der Nachbarsjunge. „Nanu, wie siehst du denn aus, bleich wie der Mond, hast wohl gar geheult", ruft der, als er Fritz sieht. „Ach was, red doch nicht solchen Unsinn", braust der auf. „Komm nun, wir spielen. Aber ein bißchen leise wollen wir sein, nebenan sitzt der Kleine und macht französische Arbeit." Nebenan hört man den Kleinen französische Verben hersagen. Das Soldatenspiel hebt an, aber Fritz will nicht recht munter dabei werden. Immer näher rückt das Feuer an seine Festung, jetzt ist der Gegner ganz dicht vor der Mauer und Fritz muß aufpassen, oder es ist vorbei.[4]

Da hört er nebenan ein Buch auf die Erde fallen und klägliches Weinen. Jetzt hält's ihn nicht mehr, er stürzt zur Tür, reißt sie auf, da sitzt der Kleine, tränenüberströmt am Pult, Buch und Heft liegen auf der Erde. „Es geht nun mal nicht, ich kriegs nicht rein in den Kopf." Hoffnungslos schluchzend sieht er

---

2 Im Ms. kein Absatz. □ **3** Vgl. Katechese über Lk 9,57 ff (S. 517 ff) und die Briefe Nr. 8 (S. 18) u. 12 (S. 23). □ **4** Im Ms. kein Absatz.

zum großen Bruder auf. Der kann's nicht mit ansehen. Schnell hebt er Buch und Heft auf, setzt sich neben das kleine Brüderchen auf die Bank, streichelt ihn über den Kopf. „Komm her, wir wollen's zusammen versuchen." Kaum wills der Kleine glauben, aber nun geht's los und als die erste Seite sitzt, sieht Fritz noch immer seinen Freund ganz verdutzt an der Türe stehen. „Worauf wartest du denn noch? Heute spielen wir doch nicht mehr." „Aber deine Festung, die ich nehmen wollte?" „Ach so – die Festung – ja weißt du – ich glaube die Festung, die ich mir gemacht habe – die hat schon ein andrer genommen, und deren Mauern waren so dick, ach so dick, ich hatte mich selbst darin gefangen gesetzt, aber plötzlich riß einer die Mauern ein, – vorhin, da, als du meine Festung nehmen wolltest – da als der Kleine so weinte, – da riß er sie ein, da war ich frei." „Fritz, was redest du denn? Deine Festung steht ja noch da. Kein Mensch hat ihre Mauern eingerissen. Ich verstehe dich gar nicht." „Nein, kein Mensch – gewiß kein Mensch hat sie eingerissen, aber glaub mirs, die Mauern meiner Festung sind zerstört. Lebwohl bis morgen."[5]

Langsam trollt sich der Nachbarsjunge zur Tür hinaus. Es war ihm jetzt so ein wenig von dem aufgegangen, was Fritz gesagt hatte. Seite für Seite gehts nun bei der Arbeit vorwärts. Die Augen des Kleinen leuchten, als er sieht, daß es doch noch geht. Aber als es 7 Uhr schlägt, klappen sie lachend das böse Buch und Heft zu, und im selben Augenblick kommt die Mutter zur Tür herein und sieht die beiden so fröhlich von der Arbeit aufstehen und war doch schon so traurig über ihren Ältesten gewesen. Nun nimmt sie beide in ihre Arme und auch der Große, der so häßlich zu ihr geredet hatte, ist wieder ihr guter Junge. Und – wenn ihr neugierig seid – die Klassenarbeit am nächsten Morgen hat der Kleine am besten von allen geschrieben und versetzt worden ist er auch.

5 Im Ms. kein Absatz.

2. Der Farbtopf des Bösen

Als die Welt mit allen Blumen, Tieren, Schmetterlingen, Pilzen und Menschen geschaffen war, und jede Blume und jedes Tier von den Engeln mit feinen Farben bemalt und auf die Erde gesetzt worden war, da gelüstete es den Bösen von den Farbenresten, die die Engel in ihren großen Farbtöpfen übrig hatten, etwas zu stehlen, und eines nachts, als die Engel schliefen, da schlich er herzu und stahl sich etwas von den schönsten Farben und von den herrlichsten Gerüchen der Blumen und fuhr damit auf die Erde. Er zog durch die Wälder und begegnete vielen Blumen und Pilzen. Da kam er an eine Stelle, an der ein Pilz stand, ganz grau bemalt, unscheinbar und so ein bißchen schmutzig aussehend, aber gut von Art und nicht giftig, der stand da neben den Pfifferlingen und Steinpilzen und Reizkern und war traurig, daß er am häßlichsten von allen aussah. Nun wird ihn keiner gern haben, ihn ansehen und bewundern. Da trat der Böse zu ihm und sagte: „Was gibst du mir, wenn ich dir die herrlichste Farbe gebe, die ich im Himmel gefunden habe? Ich will dich schmücken, daß jeder meint, Gott habe dich am liebsten von allen gehabt und daß alle andern dich bewundern müssen, daß ein jeder dir nur Gutes zutraut, daß du der schönste aller Pilze bist, daß du aussiehst, als preisest du mit deinem Kleid und deiner Gestalt die Herrlichkeit und die Güte Gottes." Da wurde der Pilz froh und sagte: „Alles, was bis jetzt gut an mir ist, sollst du haben."[6]

Da nahm der Böse seinen Farbentopf und begann zu malen mit dem herrlichsten Rot den ganzen Hut und ganz weiß, so ein Weiß wie es nur im Himmel gibt, wurde sein Stiel und kleine Punkte zierten seinen Hut. Mit der Farbe, die der Böse in der Hand hatte, drang aber ein schreckliches Gift in den ganzen Körper des Pilzes hinein und alles Gute war aus ihm heraus. Aber der Pilz wurde immer stolzer und als die ersten Menschen vorüber gingen, da meinten sie, Gottes Liebling vor sich zu sehen. So kann nur Gott ein Geschöpf geschmückt haben. Seht, wie sein Kleid Gottes Herrlichkeit preisen will, und keiner sah

6 Im Ms. kein Absatz.

das furchtbare Gift, das in ihm steckte, und daß er daher gefährlich und bös war, und sein Kleid ein Werk des Bösen war.[7]

Der Satan aber zog weiter und malte Pilze und Schlangen und verlieh die schönsten Düfte den Blumen und in alle, die er berührte, senkte er furchtbares Gift hinein. Und der Satan zog weiter und kam zu den Menschen nicht mit dem Farbentopf, und[8] auch hier fragte er: „Wollt ihr so werden, daß ihr ausseht wie Gottes Lieblinge? Und wollt ihr mir darüber alles Gute an euch geben? Wollt ihr ein Gesicht bekommen wie die Heiligen Gottes und mir dafür euer Herz schenken? Wollt ihr um euer Gesicht von den Leuten beneidet, bewundert und verehrt werden? All das will ich euch schenken." Und es gab viele, die mit dem Bösen einig wurden und ihm ihr Herz schenkten und so kamen die Scheinheiligen und die Heuchler in die Welt, voll von Pracht und voll von Gift. Und der Böse zog weiter und steht heute vor unsrer Tür und schmeichelt: Schenkt mir euer Herz und ich mache, daß es aussieht, als hättet ihr's Gott geschenkt. Ich schmücke euch mit heiligem Schmuck, als hätte euch Gott geschmückt. Mein Gift ist süß, Gottes Güte ist oft hart. Kommt mit! Kinder, wenn wir diese Stimme hören, dann steht fest, hängt euch an Gott mit aller Kraft. Gott, deine Härte ist uns lieber als des Bösen Süßigkeit. Führe uns nicht in Versuchung. Laß uns gering und unscheinbar, aber echt von Art sein. Laß uns auf deine und nicht auf unsre Heiligkeit trauen, kleide uns in Trauer und Plage, aber laß uns deine ewige Herrlichkeit, Wahrheit und Reinheit schauen.

3. [Die ungleichen Söhne]

Wenn ich euch jetzt eine Geschichte erzähle, die der Herr Jesus erzählt hat, dann denkt dabei an die beiden Geschichten, die vorangingen. Ein Weinbergbesitzer hatte zwei Jungen, vielleicht 15, 17 Jahre mögen sie gewesen sein. Der eine machte dem Vater viel Sorge und Mühe. Er war oft trotzig, widerspenstig, hart und grob. Oft schon war er dem Vater bös entgegen-

---

7 Im Ms. kein Absatz. □ **8** U. L.

getreten. Wie wir heute sagen: er hatte eine rauhe Schale. Der andere Junge machte immer [ein] freundliches Gesicht zu seinem alten Vater, nie wurde er zornig und bös[9] widerspenstig, der Vater muß ihn wohl recht in sein Herz geschlossen haben.[10]

Eines Tages war der Vater krank, im Weinberg aber ist Arbeit notwendig. Der Vater ruft den älteren Jungen: „Liebes Kind, du mußt heute in den Weinberg arbeiten gehen", sagt er freundlich zu ihm. „Vater, es ist heiß heute. Kaum einer ist in der Arbeit." „Kind, es ist unbedingt nötig, die Weinstöcke rutschen ab." „Vater, ich habe gestern gearbeitet, heute will ich in[s] Schwimmbad gehen mit meinen Freunden." „Kind, ich bitt dich, geh hin." „Nein, Vater, es ist zu viel, ich tu's nicht. Ich will nun mal heute grade nicht." Noch einen Blick wirft er auf den bittenden Vater und stürmt dann zornig zur Tür hinaus. Traurig bleibt der Vater zurück. Da kommt mit freundlichem Blick der Jüngere herein. „Nun, Vater, wie geht's." „Nicht gut, mein Junge, ich habe eine Bitte an dich, die mir dein Bruder abschlug, gehe in den Weinberg und sorg, daß alles in Ordnung kommt. Die Stöcke rutschen ab. Ich selbst kann heute nicht mehr, ich bin zu schwach." „Ganz gewiß, liebster Vater", sagt der Sohn, „augenblicklich will [ich] hingehen und für alles sorgen. Sei nur ganz beruhigt." Und dabei neigt er sich und küßt den Vater zum Abschied auf die Stirn.[11]

Inzwischen ist der Ältere auf dem Weg nach der Schwimmhalle. Aber eines will sich ihm nicht verlieren: das Gesicht des bittenden Vaters, auch seine Bitte. Er weiß genau, jetzt hat er den jüngeren Bruder geschickt und der hat ihm gewiß zugesagt. Noch kocht es in ihm vor Zorn; bei einer solchen Sommerhitze in den Weinberg, nein das ist zu viel, aber er will auch nicht mehr zum Schwimmen gehen, es ist ihm zuwider geworden. Er ist mit sich selbst unzufrieden. Gewiß er hatte recht, die Bitte abzuschlagen, aber – der Blick des bittenden Vaters – er weiß nichts mit sich selbst anzufangen. Er ist zornig auf den Vater und auf sich selbst zugleich. Da bleibt er auf dem Wege stehen. Heiße Sonnenglut liegt auf ihm. Aber der Blick des bittenden Vaters. Da – er weiß selbst nicht wie und warum – lenkt er seine

---

9 U. L. □ **10** Im Ms. kein Absatz. □ **11** Im Ms. kein Absatz.

Schritte zum Weinberg und immer schneller geht er und nun ist er angekommen, da liegt noch die Hacke von gestern, hastig greift er zu und Schlag und Schlag treibt er die harte Arbeit vorwärts. Aber nun blickt er sich um: Ist er denn ganz allein da? Wo bleib[t] denn der Bruder? Er müßte doch längst da sein. Aber er hat keine Muße zum Nachdenken. Schon geht die Arbeit weiter, und als die Sonne sinkt ist das Werk getan. Er legt die Hacke beiseite, sieht sich um, wischt sich den Schweiß von der Stirn und denkt nach. Wieder sieht er den bittenden Vater vor sich und er stürzt zum Gartentor hinaus: er muß zum Vater, ihn um Verzeihung bitten.[12]

Als er ans Haus kommt, fährt der jüngere Bruder mit vielen Freunden im Wagen mit dem freundlichsten Gesicht der Welt vor. Was war geschehen? Als er den Abschiedskuß dem Vater gab, da wußte er's schon, daß er damit genug getan habe. Er werde doch nicht im Ernst in den Weinberg gehen. Und als er aus dem Haus trat, da stand auch ihm vor Augen das Gesicht des bittenden Vaters, und als er's sah, da lachte er hell auf über den armen betrogenen Mann, daß er ihn wirklich für seinen lieben Sohn hielt. Und immer heller wurde sein Lachen, immer häßlicher seine Augen, wenn er des bittenden Vaters gedachte. Da kam er zu seinen Genossen und als er erzählte, was geschehen war, da erklang ein widerwärtig lautes schreiendes Gelächter aus aller Mund. Nun ging man an's Spielen, Trinken, Essen, und immer wieder rief einer: „Nun, wie gefällt dir die Arbeit im Weinberg? Wieviel Küsse hat dir dein alter betrogener Vater zum Dank gegeben?“ So verging der Tag, bis man abends johlend heimfuhr.[13]

Hier bricht die Geschichte ab. Jesus fragt, braucht eigentlich kaum mehr zu fragen: wer von beiden des Vaters Willen tat. Sogar die Pharisäer habens verstanden. Da sagt Jesus: Wahrlich, die Sünder und Zöllner, die sich bekehren, werden vor den Heuchlern, die ja sagen und nichts tun, ins Himmelreich eingehen. Und ein andres Wort könnte er damals auch gesagt haben: Es werden nicht alle, die zu mir sagen: Herr . . . in das Himmelreich kommen . . .[14]

---

12 Im Ms. kein Absatz. □ **13** Im Ms. kein Absatz. □ **14** Mt 7,21.

Versteht ihr nun die Geschichte von der Festung und von des Teufels Farbentopf? Wenn wir mal in Gefahr sind, dort ‚Ja, lieber Vater' zu sagen, wo wir im Herzen ‚Nein' meinen und auch ‚Nein' tun wollen, da wollen wir an des Teufels Farbentopf denken und an den jungen Bruder. Schön, aber giftig wie der Fliegenpilz, oder wie ein schöner Stein, unter dem abscheuliches Gewürm kriecht, das er bedeckt. O gewiß, es ist auch nicht schön ‚Nein' zu sagen, wenn einer bittet. Aber es ist ehrlicher und darum besser. Wir schmücken uns nicht schöner als wir sind. Einer, der erst das Gift der Farbe des Teufels in sich hat, der wird es schwerlich wieder los. Er sieht aus wie des Vaters, wie Gottes liebes Kind und ist doch nichts als die Wohnung des Bösen.

Denkt, was wir damit auf uns nehmen, daß wir jeden Sonntag in der Kirche sagen: „Dein Wille geschehe". Wollen wir uns nicht besser machen als wir sind, so sagen wir damit sehr sehr viel. Vielleicht wäre es für manchen von uns besser, er sagte gleich: Nein, nein, und dann käme eines Tags die Stunde, wo die Mauern seiner Festung fallen und er mit freudigem und ernstem Willen sagen kann: Ja, lieber Vater.

Kinder, die Scheinheiligkeit ist ja eine so furchtbar bequeme Sache und grade darum müssen wir uns so vorsehen. Denkt nur an die Schule, wieviel Scheinheiligkeit es dort gibt; wie oft sagt man doch selber der Mutter: Ja, und tut das Gegenteil. Wie böses Unkraut auf fruchtbarem Boden schnell Wurzel faßt und alles andre Gute erstickt, so zieht die Scheinheiligkeit in unsre Seele ein. Bis ins Innerste vergiftet sie alles gute Gewächs, und ihr wißt, wie mühsam es ist, ein tiefverwurzeltes Unkraut auszurotten. Da reicht oft die Kraft des einen gar nicht hin, da müssen die andern helfen, und nur in gemeinsamer Arbeit voller Qual wird man der Sache Herr. Hüten wir uns, daß nicht ein Samenkörnchen von diesem Unkraut auf den Boden unsrer Seele fällt. Sonst hat die Geschichte von des Teufels Farbentopf auch für uns ihre Richtigkeit.

Es gab einmal einen Mann, der lange Jahre seines Lebens zu allem, was er vom Herrn Jesus hörte, ‚Nein' sagte, dann kam aber die Stunde, wo die Festung fiel, und er sagte ein um so kräftigeres ‚Ja'. Paulus hieß dieser Mann. Es gab nur einen Menschen auf der Welt, der immer Ja gesagt hat und dann Ja getan hat, bei dem Reden und Tun eins war, der das Wort Gottes nicht nur sagte, sondern war, lebte. Dem gab Gott einen Namen über alle Namen. Ihr kennt ihn alle.

5. PREDIGT ÜBER PSALM 127,1[1]

Psalm 127,1: Wo der Herr nicht das [Haus] bauet, so arbeiten umsonst, die daran bauen. Wo der Herr nicht die Stadt behütet, so wacht der Wächter umsonst.

Wir leben heute in einer Zeit, in der wir mehr denn je von Aufbau, Neubau sprechen und sprechen müssen. Wir reden davon, wie unsre Wirtschaft wieder emporkommen müsse und welche Handelsverträge heute oder morgen uns am schnellsten zu diesem Ziele führen. Wir denken über die beste Regelung der Arbeitslöhne nach und wie man Arbeitsnehmer und Arbeitsgeber für die eine große Sache interessieren könne. Wie fangen wir es nur an, so fragen wir, wieder ein reiches, sorgenfreies, glückliches, angesehenes Volk zu werden? Wir arbeiten heute, wie vielleicht nie gearbeitet worden ist, um recht bald zum Ziel zu kommen. Wir wollen alle wirklich unser Bestes dransetzen, einen Stein zum Bau selbst beizutragen.

Weiß Gott es gibt auch andre. Laßt uns Gott für sie um Einsicht bitten! Aber wir reden hier nur von denen, die es wirklich ernst meinen mit dem Worte ‚Aufbau'; die wirklich ihr Leben dransetzen und ihre Arbeitskraft. Und wahrhaftig, es gibt deren viele, sehr viele. Und weh uns, gehörten wir nicht zu ihnen!

1 NL A 13,2; hsl.; Gemeindepredigt, mit dem Vermerk versehen: „Die vorliegende Predigt kann vor der Gemeinde gehalten werden. Berlin 20. 5. 26. Prof. Dr. Mahling". Dieser Vermerk eines ordinierten Theologen war erforderlich, wenn Nichtexaminierte eine Predigt halten wollten. Da die Predigt nicht für das Seminar angefertigt wurde, enthält sie keine Korrekturen von Mahling. Auf der ersten Seite findet sich links oben der Vermerk: „Dietrich Bonhoeffer, Grunewald". – Bearbeiter: C. J. Green, H. Pfeifer.

Mit der Frage nach der Wirtschaft hängt nun die andre, so brennende, die soziale Frage ganz eng zusammen. Wie viel ist hier schon gesagt, wie viel auch schon getan worden! Und wir danken den Männern und Frauen, die sich hier einsetzten und fruchtbare Arbeit taten. Und jeder von uns will ja auch zu den Männern und Frauen gehören, die an der Liebe zum Bruder mit Ernst arbeiten. Weh über unser Christentum, täten wir es nicht! – Das Volk soll reich, gesund, stark werden. Dafür sitzen von Morgen bis Abend die Männer der Wissenschaft an ihren Tischen, in ihren Instituten, an ihren Apparaten. Die Wissenschaft, die Technik, sie alle arbeiten am Bau der kommenden Jahre. – Nehmt irgendeine Zeitung zur Hand, in Worten oder doch zwischen den Zeilen steht es zu lesen, ja ruft es oft eindringlich laut, das eine Wort: Aufbau, Aufbau.

So weit wir uns unter die wirklich ernsthaften Menschen zählen, wollen wir nicht zuerst oder allein ein reiches, angesehenes Volk werden, sondern eins, das an Leib und Seele gesund ist. Wir schaffen der Großstadtjugend Gelegenheit zum Wandern, zum Turnen und Spielen und freuen uns daran, daß sie in die Natur hinauszieht, statt daß sie in schmutzigen und zweifelhaften Orten der Großstadt ihre Freuden sucht. Wir sprechen dann viel von sittlichem Neubau[2], ohne den nichts werden kann; und wissen, daß ein solcher Bau bestimmt nichts wird, wenn nicht jeder an seiner eigenen Person anfängt mit dem Bauen.[3] Viele Männer und Frauen sehen ihren Beruf darin, der sittlichen Ertüchtigung der Jugend sich hinzugeben, und sie arbeiten sich daran ihre Kräfte ab und klagen nie, sondern sind stolz auf ihren Beruf. Wohl uns, daß wir solche Männer und Frauen haben! Und wollen wir nicht alle auch zu einem kleinen Teil, so weit wir eben können, zu ihnen gehören? Weh uns, wollten wir's nicht! Wahrhaftig; umsonst nennten wir uns Christen, die wir es nur am Sonntag von 9–10 nur sein wollen!

Und nicht zuletzt: Männer aus dem ganzen Volk, aus Kirche und Schule, sehen das ganze Unglück unsrer Zeit in dem Fehlen der religiösen Erziehung. Und sie klagen Schule und Kirche,

---

2 Vgl. etwa K. Holl, Der Neubau der Sittlichkeit, in: Ders., Luther, 155-287. □

3 „und wissen ... dem Bauen." Zusatz B's am Rand. Anschließend gestr.: „und".

weiß Gott nur allzu sehr mit Recht, an, ihren Pflichten allzu gemächlich und gelinde nachgekommen zu sein. Mit erneuter Kraft geht man nun ans Werk, schon den Kindern etwas von dem großen, heiligen Gott und seinen Geboten wissen zu lassen.[4] Die Schule ist an der Arbeit, die Kirche arbeitet an einer Neugestaltung und Neubelebung ihres Gottesdienst[es], ihrer Seelsorge. Wohl uns, daß wir Männer und Frauen haben, die hier ihren Beruf gefunden haben! Und weh uns, wenn wir nicht alle in unserm Beruf einen Teil von dem ihren sehen!

Viele Kräfte sind an der Arbeit, guter und starker Wille ist am Werk. Alles, alles arbeitet an der Aufrichtung eines zusammengebrochenen Baues und jeder trägt einen Stein herzu und setzt sich so ein Denkmal für die Geschichte: der Arbeiter, der Bauer, der Professor, der Schulmann, der Industrielle, der Pfarrer, alle sind sie am selben Bau beschäftigt. Nun ist aber jeder Bau vielen Angriffen ausgesetzt. Wie ein schweres Ungewitter, ein Erdbeben, ein mächtiger kriegerischer Überfall über Nacht eine ganze Stadt vernichten kann, so sind dauernd Mächte am Werk, die das umstürzen wollen, was andre mit Mühe gebaut haben. Sie drohen über Nacht zu nichts zu machen, was in Jahrzehnten entstand. Es sind die Mächte der Zerstörung, die mit jedem Werk gleichsam mitwachsen und es dauernd bedrohen, die gleichsam in jeden Bau mit hineingebaut werden. Also Aufbau und Zerstörung, das ist der dauernde Kampf, die große Not, in der sich menschliches Wollen befindet.[5]

Nun hören wir noch einmal das Wort des Psalms: „Wo der Herr nicht das Haus baut ..." Wer diese Worte recht hört, der sieht, daß in ihnen das Gericht ergeht über alle Zeiten des Aufbauens wie über alle Zeiten des gesicherten Besitzes. Da, wo Menschenhände bauen und nicht der Herr baut, da ist es umsonst. Die zwei Dinge wollen wir uns recht eindringlich machen: „Wo *der Herr* nicht baut" und: „da ist es wirklich *umsonst*." Ja, aber was heißt es denn nur, daß Gott bauen soll? Ist auf Erden schon je ein Bau, ein Haus, eine Stadt vom Himmel gefallen, die nicht von Menschen gebaut worden wäre?

---

4 Ähnlich in der Kg über das erste Gebot, s. S. 495 f. □ **5** Im Ms. kein Absatz.

Und will uns etwa unser Wort dazu auffordern, zu warten, bis ein solches Wunder geschieht? Wenn all unser Bauen umsonst, wirklich umsonst, d. h. gar nichts wert ist, warum fangen wir dann erst wieder an, das Eingestürzte wieder aufzubauen und warten nicht, bis Gott baut? Warum arbeiten wir dann noch an der Kirche, sie wieder dahin zu stellen, wo sie hingehört? Warum kämpfen wir für sittliche und religiöse Erziehung der Kinder, wenn doch all *unser* Tun umsonst ist?[6]

So werden vielleicht jetzt viele fragen, die es mit dem ‚Umsonst' sehr ernst meinen. Doch eine andre Stimme erhebt sich und will trösten: Gewiß ist unser Tun umsonst, wenn wir nur tun, was wir wollen. Hier können wir nichts erhoffen. Aber wenn wir uns recht bemühen, das zu tun, was Gott will und nicht, was wir wollen, so ist das doch ebenso, als wenn der Herr selbst baut. Denn wie soll denn der Herr anders bauen als durch uns? Also: Nur wenn wir nicht im Sinne des Herrn mit unserm besten Willen bauen, dann ist's umsonst! Gewiß, die Leute, die so reden, haben in einem sehr recht. Weh uns, wenn wir nicht mit vollen Kräften und gutem Willen ans Werk gehen! Aber wollen wir wirklich mit ihnen sagen, es sei dasselbe, wenn wir mit unserm durchaus rechten Bemühen bauen, als wenn der Herr baut? Muß es nicht mit diesem Bauen des Herrn noch irgend eine andre Bewandtnis haben als mit unserm frommen und guten Willen? Keiner von uns wird doch bezweifeln, daß viele mit wirklich bestem Willen an sich und dem Ganzen arbeiten. Wollen wir aber deshalb schon sagen, daß hier Gott am Werke sei, wo es doch nur Menschen [sind]? Wollen wir wirklich den Anspruch erheben, mit unserm guten Willen Gottes Tat zu erübrigen? Sind wir denn so blind, daß wir nicht sehen, daß *all* unser Tun *immer* das Zeichen der Vergänglichkeit tragen wird und mit ihm das Zeichen der Sündhaftigkeit? Sehen wir wirklich nicht mehr, daß wir in der Welt sind und bleiben mit *allen unsern* Gedanken, auch mit den allerfrömmsten? Daß wir nicht Gottes Willen tun können, wenn nicht Gott es will? Daß wir *nicht* zu Gottes Willen Ja sagen können, wenn nicht Gott vorher zu uns Ja gesagt hat?[7]

---

6 Im Ms. kein Absatz. □ **7** Im Ms. kein Absatz.

Ja, es ist so: Wir sehen die Gefahr gar nicht, immer von neuem einen Turm zu Babel zu errichten[8], von dem wir sagen, daß wir auf ihm von selbst zum Himmel gelangen; daß wir nun die Tat Gottes gar nicht mehr brauchen, sondern sie durch unsern eignen Willen ersetzen. Wir glauben wirklich, mit dem Wort von der religiösen und sittlichen Erneuerung genug und alles getan zu haben. Und denken gar nicht daran, daß noch ein andrer dazu sagen muß: „Es ist sehr gut", als wir selbst. Wir wollen's nur sagen: Wir alle wollen viel lieber ein reiches, glückliches Volk und ein glücklicher guter Mensch sein als einen gnädigen Gott haben. Ach, es wird keiner von sich zugeben oder auch nur von sich selbst glauben. Aber prüfen wir uns nur einmal selbst ganz ernsthaft. Wer müßte da nicht vor sich erschrecken?! Ein zweifelhaftes Lob für den, der nichts zum Erschrecken hat! Familie, Volk, Staat, Kirche, Verein und nicht zuletzt die Bildung unsrer eignen ‚Persönlichkeit', das sind die Götzen, um die wir tanzen! Wer denkt da noch an den, der dem allen erst Sinn gibt, der Gericht und Gnade über dies alles spricht? Wer denkt noch, daß unser Gott ein Gott ist, der Völker zerschmeißt wie Töpfergeschirr? Und daß es an ihm liegt, ob unser Bau umsonst ist oder nicht? Daß es nicht an jemands Wollen oder Laufen, sondern allein an Gottes Erbarmen liegt, ob er Licht der Ewigkeit, Licht göttlicher Gnade in aller seiner Sünde empfängt?

Und warum haben wir das alle vergessen? Weil der gnädige Gott regnen läßt über Gerechte und Ungerechte[9]; weil auch ein Bau, den er nicht gebaut hat, Dauer haben kann in der Zeit, und weil er einen Bau, den er gebaut, vielleicht nur kurze Zeit währen läßt. Wir Menschen meinen mit dem ‚umsonst' die Welt. Gott meint die Ewigkeit. Wahrhaftig, jener Psalmensänger wußte es so gut wie wir, daß auch die Gottlosen Häuser und Städte bauen, die Bestand in dieser Welt haben, die für diese Welt nicht umsonst gebaut sind. Und daß die Stadt der Erwählten Gottes oft genug gar bald dahin mußte. Und doch sprach er: „Wo der Herr nicht das Haus bauet, da arbeiten *umsonst* ..." Umsonst nicht für diese Welt. Der Turm von Babel

8 Vgl. Gen 11 u.o.S. 487 Anm. 13. □ 9 Mt 5,45.

wurde höher als alle andern Türme. Umsonst nicht für die wirtschaftliche und ‚sittliche' Gesundung eines Volkes. Umsonst nicht für den rasenden Konkurrenzkampf des Weltmarktes. Umsonst aber für die Ewigkeit, umsonst! Denn auf sie fällt nicht das Licht der Herrlichkeit Gottes, umsonst! Denn Gottes Gnade ist fern von ihr, umsonst! Denn Gottes Liebe hat ihre Schäden nicht zugedeckt! Weiter spricht der Psalmist: „Wo der Herr nicht die Stadt behütet ..." Umsonst vielleicht nicht für diese Welt, umsonst nicht vor den Augen der Menschen, umsonst aber für die Ewigkeit, umsonst vor Gottes Auge, umsonst! Denn ihr Bestand steht unter dem Gericht Gottes, umsonst! Denn ihr Bestand in der Zeit ist ihr Tod in der Ewigkeit.

Wie von selbst tritt an uns die Versuchung heran: So laßt uns doch die Hände in den Schoß legen, beten und auf Gottes Eingriff warten. Aber täuschen wir uns nicht. Gott läßt keine Stadt vom Himmel fallen und Gottes heilige Gebote harren der Erfüllung. Wir müssen arbeiten mit unsern befleckten Händen. Wir müssen schaffen, auch wenn nur Gott für die Ewigkeit schafft. Wir müssen bauen an uns selbst, an Familie, Volk und Kirche und doch wissen, daß alles umsonst ist, wenn nur *wir* bauen. D. h. aber, wir müssen arbeiten mit dem Blick nach oben, mit dem Gebet, daß Gott die Sündhaftigkeit unsers Werkes nicht ansehe. Verstehen wir nun, was der Psalm meint, daß der Herr bauen muß und nicht wir? Gewiß, der Herr kann auch für die Zeit bauen, wenn er will. Wir denken an die Worte des weisen Gamaliel über die ersten Christen: „Ist das Werk aus den Menschen, so wird's untergehen; ist's aber aus Gott, so könnt ihr's nicht dämpfen."[10]

Aber immer baut der Herr auch für die Ewigkeit, auch wenn er nicht für die Zeit baut. Gott baut, indem er uns Gnade gibt; indem er Ja zu uns und zu unserm Tun sagt, zu unsrer Arbeit an uns selbst, zu unserm Bemühen, Wirtschaft, Gesundheit, Sittlichkeit und Religion in die Höhe zu bringen; indem er Gnade leuchten lassen will auch über die Sünde der Großstädte, Vergebung über den Konkurrenzkampf der Gewaltigen dieser Welt.

10 Act 5,38f.

Der Herr behütet, indem er durch das Hin und Her der Zeiten hindurch das, was ihm gefällt, für die Ewigkeit bewahrt. Nur wo Gott unsre Person und ihr Tun ansehen will, da bauen wir nicht umsonst. Nur wo Gott auf uns und unser Werk Licht der Ewigkeit fallen läßt, da wacht der Wächter nicht umsonst. Gott baut, indem er aus dem alten Menschen den neuen Menschen schafft, den Menschen für sein ewiges Reich. Wo aber Gott zu uns in unsrer Sünde Ja sagt, da sind wir schon gerecht und blieben wir gleich in allem sündig. Denn Gott sieht nicht das Zeitliche, sondern das Vollendete. So ist auch auf unser sündiges Tun Licht zur Vollendung hingefallen. Gottes Bau für die Ewigkeit ist Vergebung, übermächtige göttliche Liebe. So lange wir auf dieser Erde sind, bleiben wir und bleibt unser Werk voll Sünde, es ist vergänglich, wie alles andre auch. Aber Gott hat es gesehen, Gott hat es gebaut, Gott hat vergeben!

So lange *wir* handeln, werden wir Gottes Reich nicht bauen. Aber so wahr Gott uns und unser Werk angesehen und sich über die Gottlosigkeit erbarmt hat, so wahr wird er dereinst selbst sein Haus, das ewige Reich, bauen, wo der Geist alles ist. Gott der Vater wird seine Herrschaft offenbaren, uns, die wir durch Jesus Christus, seinen Sohn, Zugang zu ihm und Vergebung aller Sünden bekamen. Und der Heilige Geist wird in uns sein. Und Gott wird sein alles in allem. Dein Reich komme! Maranatha, ja komm, Herr Jesus![11]

11 Vgl. I Kor 16,22 u. Apk 22,20.

b) Texte aus dem homiletischen und dem katechetischen Seminar. SS 1926

6. EXEGESE UND KATECHESE ÜBER LUKAS 9,57–62[1]

Katechese über Lk. 9,57–62 für Jungen im Alter von 12–14 Jahren. Unter- und Obertertia eines Gymnasiums

Exegese

Die synoptische Parallele für Lk 9,57–60 findet sich Mt 8,19–22. So scheint der Stoff aus Q, der gemeinsamen Quelle des Lukas und Matthäus entnommen zu sein. Lk 9,60–62 wird mit Wahrscheinlichkeit aus der lukanischen Sonderquelle stammen. Nicht zeitliche, sondern sachliche Zusammengehörigkeit wird die Zusammenstellung der 2 bzw. 3 Geschichten veranlaßt haben. Im Gegensatz zu Matthäus finden wir bei Lukas die Geschichte in sinnvollem Zusammenhang zurück und vorwärts gesehen berichtet. Durch Lk 9,40–56 ist die Unvollkommenheit der Jünger Jesu deutlich erwiesen, 9,57–62 aber gibt die Gedanken von der rechten Nachfolge – freilich ohne besondere Bezugnahme auf das Vorangegangene – wieder. Lk 10,1ff folgt die Aussendung der Jünger in deutlichem Zusammenhang. Der ganze Inhalt aber von 9,57–62 wird durch die Einbeziehung der Geschichte in die Reise nach Jerusalem wesentlich erleuchtet.

V.57 ἐν τῇ ὁδῷ scheint wegen sonst unverständlichem Pleonasmus zu εἶπέν τις zu gehören. Der hier nicht näher Bezeichnete war nach Matthäus Schriftgelehrter, eine durchaus charakteristische Bezeichnung für den Mann, der sich Jesus als den

---

1 NL A 14,1; hsl.; Katechese für das Seminar von Prof. Mahling, SS 1926, vgl. S. 641. Außer der Überschrift enthält die erste Seite den Zusatz: „den 23. Juni 1926 – Dietrich Bonhoeffer". Zum Ganzen s. auch N 31 ff u. 96. Ausführliche Bem. des Dozenten. – Bearbeiter: H. Pfeifer, C. J. Green.

διδάσκαλος (cf. Mt 8,19), nicht als den umherziehenden Heiligen, den ‚Herrn' (8,21) denkt. Sein Temperament ist ein begeisterungsfähiges, offenes, herzliches, wesentlich affektives, nach der Wundtschen Terminologie[2] als sanguinisch zu bezeichnendes. Verstand und Wille werden vom Gefühl regiert, die Reflexion oft ganz ausgeschaltet. Man entnimmt diese Charakteristik aus den eignen Worten, wie aus der Antwort Jesu. Diese Antwort nämlich hebt das Fehlen jeder sachgemäßen Überlegung bei dem Antrag des jungen ‚Schriftgelehrten' hervor, ohne die ehrliche Begeisterung (dieses noch sehr jugendlich zu denkenden) zu verkennen. Sie hilft genau an der Stelle nach, wo es fehlt. Im Falle der ursprünglichen historischen Zusammengehörigkeit von Lk 9,46–56 und 57–58 würde das Wort Jesu vom „Menschensohn, der nicht hat, da er sein Haupt hinlege" zweifellos durch das Ereignis in Samaria motiviert sein, andernfalls würde auch hier ein schriftstellerischer Kunstgriff des Lukas vorliegen. Ob die Bezeichnung als Menschensohn an dieser Stelle nicht aus einem ursprünglichen ‚Ich' umgewandelt wurde analog den Stellen der Leidensverkündigung u. a., ist zum mindesten sehr zu erwägen; er klingt hier unnötig pathetisch. Eine ironische Deutung ist kaum gerechtfertigt, da ein derartig ironisches Wort Jesu irgendeine entsprechende, sinngemäße Anrede des Jüngers voraussetzen würde. Der Sinn des Ganzen ist die Kennzeichnung des rastlosen, ja gefahrvollen Lebens Jesu und jedes seiner Jünger[3], wie es ja Lukas noch gut genug wußte, daß die Nachfolge Jesu auch im Äußeren kein einfaches Ding sei.

V.59 Jesus fordert den Zweiten selbst auf. Nach Clem. Strom. III 25 soll dieser der ‚Evangelist' (nicht der Apostel!) Philippus gewesen sein[4], eine nicht weiter zu verfolgende Behauptung. Dieser Zweite ist ein vollständig anderes Temperament als der Erste: langsam, grüblerisch, resigniert, mit dem terminus technicus: melancholisch[5]. So fordert seine Art eine

---

2 Vgl. W. Wundt, Grundzüge der physiologischen Psychologie, 612 f. □ 3 Korr.: „richtig". □ 4 Clemens von Alexandrien, Stromateis III, 25, 3 (GCS 15,207). Der Hinweis auf Clemens Alexandrinus findet sich bei Th. Zahn, Das Evangelium des Lucas, 406 Anm. 53. □ 5 Ebenfalls eines der von Wundt unterschiedenen Temperamente (vgl. Anm. 2).

ganz andersartige Behandlung durch Jesus. Er bedarf des Anstoßes, des scharfen bestimmten Hinweises auf seine Aufgabe, er muß aus seinen Träumereien ausgerüttelt werden und hier kann nur ein ganz hartes Wort einmal helfen. Nun sind die Auffassungen über v.60 ganz auseinandergehende. Greßmann[6] versucht das Wort von den Toten, die Tote begraben, aus einem Märchenmotiv, nach dem wirklich Tote Tote begraben, zu deuten. In solchen Fragen ist es methodisch außerordentlich schwierig, Abhängigkeit nachzuweisen; und ich glaube, wir müssen der Wahrheit zuliebe ein Verständnis abgesehen von der Greßmannschen Deutung zu erringen versuchen. Der Anstoß der Stelle ist seit jeher die unerhörte Härte und Schärfe gewesen, mit der Jesus hier einen Konflikt zwischen Pietätsgefühl und Nachfolge aufdeckt und ihn rücksichtslos ohne Kompromiß zugunsten der Nachfolge ‚löst'. Man glaubt Jesus ein derartiges Wort nicht zutrauen zu dürfen und ist der Meinung, daß das Wort eine derartige Deutung nicht notwendig mache. Die Toten seien wirklich Tote und auch der Vater *sei* schon begraben und das Wort sei nur eine Umschreibung für einen Satz wie: Laß die Toten bei den Toten[7]. Damit wäre der Konflikt freilich gelöst; aber trotz langer Besinnung kann ich mich diesem Verständnis nicht anschließen. Das θάψαι v.59 u. 60 ist m. E. einfach nicht zu übergehen. Wäre auch v.60 mehr rhetorisch, so ist doch v.59 ein ganz ungezwungen anmutender Satz.[8] Der Vater kann mithin noch nicht begraben sein. Bleibt die Erklärung der ‚Toten', die die Toten begraben sollen. Im Vergleich mit Lk 15,24, dann Joh 5,24 u. ö., Eph 2,1.5; 5,14; 1 Tim 5,6 und den paulinischen Gedanken über das Tot- bzw. Gestorbensein in der Sünde scheint mir die paulinische Deutung vom geistlichen Tode die angemessene Interpretation zu sein. Die, welche Jesus nicht nachfolgen wollen, sondern im Zeremoniell des Gesetzes verstrickt sind[9], die sind tot für Jesus.

---

6 H. Greßmann, Die Bibel im Spiegel Ägyptens, in: PrBl 49, 1916, 281. □
7 Korr. ergänzt: „ruhen, während der Wunsch des Angeredeten etwa darin bestünde: laß mich vorher noch mein Trauerjahr zu Ende halten." □ 8 Korr.: „es sei denn, daß eben das Begraben als ein täglich sich erneuernder Vorgang gedacht würde: wir würden dann vielleicht sagen: beweinen! Beklagen!" □
9 Korr.: „Steht davon etwas im Text? Ist das Begraben – *wörtlich* gefaßt – wirklich nur ein gesetzliches Zeremoniell für den Sohn?"

Jesus scheint bestimmte Menschen, wahrscheinlich die Verwandten des ‚Philippus' im Auge zu haben[10], die mithin das Begräbnis besorgen konnten; hierdurch schon ist die Härte ein wenig gemildert. Wie können wir aber diese Härte, die zweifellos noch besteht, Jesus zumuten? Hier kommt zunächst in Betracht, daß das Wort nicht alleinstehend ist in der evangelischen Überlieferung. Mt 10,34ff und Lk 14,26ff überbieten das Lk 9 Gesagte weit.[11] Dann aber wußte Jesus, daß melancholischen Naturen nicht anders zu helfen ist als durch radikalen Bruch mit dem Vergangenen[12] und sei es unter Verletzung einer Pietätspflicht. Der Mensch ist Herr auch über Pietätspflichten[13], sie dürfen ihn nicht tyrannisieren. Sieht Jesus eine Menschenseele durch ein Gesetz[14] bedroht und gefährdet, da ist er radikal, er durchbricht die Schranken. Seine Nachfolge steht im Vordergrund, Menschenliebe kommt *hinter* Gottesliebe[15]; wo Gott Hintansetzung der Menschenliebe, des 4. Gebots fordert, da muß sie vollbracht werden; das weitere wird der besorgen, der es befahl. Ein Zurückweichen im letzten Augenblick ruft darum die ganze Schärfe der Forderung Jesu hervor. Dazu kommt nun noch die Tatsache, daß Jesus nach Lk 10 Arbeiter für die Ernte braucht; auch hier wieder macht sich die fein arbeitende Hand des Lukas bemerkbar, der sich über die Härte nicht minder entsetzte als wir, aber sie doch hinnahm. In diesem Sinne glaube ich v.59 u. 60 deuten zu müssen. Zu διάγγελλε v.60 cf. acta 21,26.

V.61ff cf. Aboth R. Jaqob: „Wer sich unterwegs befindet und studiert und sein Studium unterbricht und sagt: wie schön ist dieser Baum ... dem rechnet es die Schrift an, als hätte er sich an seiner Seele verschuldet."[16] Der Dritte ist Phlegmati-

---

10 Korr.: „Aber wie kommt Jesus dazu, diese als gänzlich Tote zu bezeichnen? Sowie dazu, den Sohn als gänzlich [u. L.] Lebendigen zu denken? Und würde nicht diese Unterscheidung zur Verachtung der Angehörigen und zur stolzen Selbstüberhebung über sie geführt haben?" □ **11** Korr.: „Dort wird nirgends etwas neues [u. L.] gesagt, was als eine Pflichtverletzung oder eine Verletzung der Liebe verstanden werden müßte oder dürfte." □ **12** Vgl. WEN 300f; N 21, 70ff u. 204. □ **13** Korr.: „besser hier – Äußerungen (wie Beweinen, Beklagen)". □ **14** Korr.: „siehe die Bemerkung zur vorigen Stelle [u.L.]". □ **15** Korr.: „vgl. aber dazu Matth 15,1-9, wo doch Jesus die Pflicht gegen die Eltern in so sehr starkem Maße hervorhebt." □ **16** Pirque 'aboth 3,7b.

ker[17], er freut sich über seinen heroischen Entschluß, geht aber nicht sofort an die Arbeit, sondern will sich noch einmal (und dann – wer weiß wie oft noch?!) an der Vergangenheit freuen, mit seinen Verwandten einen Abschied (zu τοῖς εἰς τὸν οἶκόν μου cf. act. 2,35 = die in sein Haus kommen, um ihn noch einmal zu sehen) zu feiern, wie es Elisa tat (1 Kön. 19,20). Er braucht die Mahnung, daß der Jünger Jesu sich nicht am Vergangenen zu freuen, sondern im Gegenwärtigen zu kämpfen hat mit dem Blick nach vorn. Initiative[18] in jeder Richtung ist seine Schwäche. Merkwürdig ist hier die Verquickung von Bild und Deutung v.62. Εἰς τὰ ὀπίσω wird von manchen Auslegern auf die zurückliegende Winterruhe bezogen. Ich halte das für gesucht. Das Bild vom Ackerbau findet sich z. B. Lk 10,2; Joh 4,35; 2 Tim 2,6; Lk 8,5 als Verwendung für den Gedanken vom Bau des Reiches Gottes.[19]

Katechese

Katechet *Kinder*

1. Wer von euch kann mir irgendein berühmtes, großes, tapferes Heer nennen aus der Vergangenheit? *1. Die Heere Alexanders, Napoleons, die Weltkriegsheere.*

2. Wißt ihr wie groß die Heere in diesem Weltkrieg ungefähr waren? *2. Allein 7 Millionen Deutsche waren draußen und noch viel mehr Feinde.*

Ja, denkt mal, was das für ein großes Heer war; wir können uns soviel Menschen gar nicht ausdenken. Aber ihr werdet staunen, wenn ich euch sage, daß es noch ein Heer gibt, das viel größer ist als alle die Heere in diesem Kriege zusammen. Zuerst war das Heer ganz klein, ein Hauptmann war's und ungefähr 12 Mannen und denkt nur, das waren nicht etwa Ritter, sondern Fischer und arme heruntergekommene[20] Leute, diese Mannen;

17 Dritter Typ der Wundtschen Temperamentenlehre (vgl. Anm. 2). □ 18 Korr. ergänzt: „Die mangelnde Initiative". □ 19 Korr.: „Der Ausdruck ‚Bau' des Reiches Gottes ist leicht unzutreffend [u.L.]". – Im Folgenden sind die von B erwarteten Antworten der Kinder kursiv gesetzt. □ 20 Korr.: „dürfen wir das sagen? Eher von den Menschen nicht geachtete Leute".

allmählich wuchs das kleine Heer ein wenig an, aber als es noch gar nicht sehr groß war, da wurde der Hauptmann als Revolutionär und Ruhestörer gefangen genommen, vor Gericht gestellt, dort bös mißhandelt und schließlich mit zwei[21] Räubern zusammen zum Tode verurteilt[22]. Seine Mannen aber waren davongelaufen und sein Getreuester hatte ihn vor allem Volk verleugnet[23]. Nun schien alles aus zu sein.

3. Ihr wißt längst, wer der Hingerichtete war. Wer war es? *3. Jesus.*

Ja, Gottes Sohn war es gewesen und ihr wißt auch, wie es weiter ging. Nach dem Kreuzestod Jesu wurden seine Mannen plötzlich ganz gewiß, daß ihr Herr gar nicht tot sei, sondern lebe, nur nicht mehr hier, und da begannen sie es weiterzuerzählen und das Heer nahm wieder zu, immer mehr und mehr, durch fast die ganze Welt drang die Botschaft und bis heute besteht das Heer und immer neue Menschen treten ihm bei, ja ganze Völker.

4. Wer waren denn die ersten Mannen? *4. Die Jünger.*

5. Und wer sind die vielen andern Kämpfer im Heer? *5. Die Menschen von den Jüngern an bis heute.*

6. Wer gehört denn heute zu den Soldaten? *6. Wir alle.*

Die alten Christen sprachen oft von der militia Christi und jeder Christ nannte sich einen miles Christi[24]; das könnt ihr doch übersetzen? Ein Soldat muß doch einen Feind haben. Kennt ihr[25] den Feind des miles Christi? Das ist die Sünde; von dem Feind werden wir noch manches sagen.

7. Jetzt sagt mir aber, wie kann man denn in einem Heer kämpfen, dessen Führer schon längst tot ist? *7.* – – – Unterfrage 7a. Wer war der Führer? *7a. Jesus Christus.* 7b. Was geschah denn mit dem Herrn Jesus nach seinem Tode? *7b. Er wurde auferweckt.* 7c. Ist er denn dann wirklich noch tot?[26] *7c. Nein, er lebt.* 7(d) Jetzt frage ich euch noch einmal Frage 7. *7(d) Der Führer ist gar nicht tot, sondern er lebt nur nicht mehr bei uns.*

---

21 Korr. fügt ein: „wirklichen". □ **22** Vgl. Lk 23,32. □ **23** Vgl. Mt 26,69 ff. □ **24** Dt.: „Kriegsdienst Christi" und „Soldat Christi"; vgl. A. v. Harnack, Militia Christi. □ **25** Korr. ersetzt „Kennt ihr" durch: „Wer kennt" [u. L.]. □ **26** Korr. ersetzt Frage und Antwort durch: „Wozu wurde er auferweckt? Zum Leben. Was müssen wir deshalb von ihm sagen? Er lebt."

8. Ja, wenn der Führer noch lebt, dann können wir freilich gut in seinem Heere kämpfen. Nun wißt ihr von euren Kriegsspielen her, was in jedem Heere das Allernötigste ist, damit alles klappt und keine Unordnung einreißt.[27] *8. Gehorsam gegen den Befehl des Führers.*
9. In welchem großen Heere werden wir denn auch solche Befehle und Gehorsam gegen sie[28] finden müssen? *9. Im Heere Jesus.*
10. Aber wie lernen wir denn diese Befehle kennen? *10. Durch die andern Soldaten.* 10a. Und woher wissen die sie?[29] *10a. Aus der Bibel.*
11. Im NT wird uns erzählt, was Jesus von den Leuten verlangte, die seine Soldaten werden wollten. Und wenn Jesus heute noch lebt, dann müssen wir wohl scharf hinhören, was er zu uns sagt; denn, was denkt ihr denn bei euern Kriegsspielen davon, wenn auf der einen Seite immer welche sind, die ungehorsam sind, Dummheiten, vielleicht gar Schlechtigkeiten machen? Oder was würde man von Napoleons Ehrenlegion gesagt haben, wenn da feige und schlechte Kerle drunter gewesen wären? Oder was sagt ihr, wenn eure Klasse vor der ganzen Schule etwas vormachen soll und dann macht es einer schlecht?[30] *11. Man sagt, der blamiert die ganze Klasse, die ganze Ehrenlegion.*
12. Und werden die andern von der Klasse viel halten?[31] *12. Nein.*
13. Genauso ist es im Heere Christi; wenn die, die nicht drinnen sein wollen aus Schlappheit, sehen, daß die Soldaten in diesem Heere Schlechtigkeiten tun, was werden sie dann denken? *13. Das Heer ist nicht viel wert, die blamieren das ganze Heer.*
14. Nun denkt nur, von uns würde gesagt werden müssen, wir brächten dem ganzen Heere Christi Schande, und am meisten

27 Korr. ergänzt: „Welches ist dies Nötigste?“ □ 28 Korr. klammert „gegen sie“ aus. □ 29 Korr.: „Dies Wort fällt aus dem Rahmen des Bildes. Und aus welchem Befehls- oder Gesetzbuch haben diese sie genommen?“ □ 30 Korr.: „Nicht mehrere Fragen auf einmal stellen, sondern jede einzelne belassen“. □ 31 Vom Korr. ersetzt durch: „Wie werden die anderen über die Klasse urteilen“.

doch dem Führer selbst – wie schrecklich beschämend wäre das für uns! Drum wollen wir fein auf alles achten, was wir an Befehlen aus dem Munde unsres Hauptmanns vernehmen. Meint ihr, daß diese Befehle sehr strenge oder milde sind?[32]
14. Strenge – milde.
15. Ihr habt alle beide recht, ganz wunderbar milde kann der Herr Jesus sein, ihr kennt solche Worte von ihm. Wer weiß eins? *15. Kommt her zu mir ...*[33]
16. Aber er kann auch furchtbar streng sein, so furchtbar, daß wir zusammenfahren, wenn wir ihn rufen hören. Und von dem, was der strenge Herr Jesus von uns verlangt, wollen wir uns heute erzählen. Schlagt Lk 9,57–62 auf. – Lesen – Der Katechet liest noch einmal vor.
16. Wovon handeln denn alle drei Geschichten? *16. Von der Nachfolge Jesu.*
17. Wie würden wir dafür sagen, wenn wir an das vorhin Besprochene denken? *17. Vom Kriegsdienst im Heere Christi.*
18. Sind nun diese drei jungen Männer sich ähnlich oder sehr verschieden?[34] *18. Sehr verschieden.*
19. Nehmen wir uns die erste Geschichte vor. Ein junger Schriftgelehrter, das ist er nach Matthäus, hat von Jesus gehört und nie glaubt er klügere, weisere, schönere Worte gehört zu haben als von diesem Jesus von Nazareth. Da erfährt er, daß Jesus auf dem Wege durch seine kleine Stadt ist und er eilt hinaus und sieht Jesus und seine kleine Schar aus der Ferne nahen. Voll Freude läuft er ihm entgegen und ruft, kaum herangekommen, Jesus zu: Lieber Meister, ich will dir folgen, wo du auch hingehst. Jesus sieht, wie ihm die helle Freude und Begeisterung aus den Augen sprüht und sieht ihn lange an. Und was sagt er dann? *19. Die Füchse haben Gruben ...*
20. Was wollte Jesus damit sagen? *20. Er wollte sagen, daß es die Tiere oft besser haben als er.*

---

32 Korr.: „Ein Befehl ist immer streng ... Hier werden wir also von den Befehlen Jesu voraussetzen dürfen: daß sie ernst und streng gefaßt sind". □
33 Mt 11,28. Dazu Korr.: „Das hier genannte Wort ist doch kein Befehl im Sinne eines Heeresgewaltigen, darum kann es nicht herangezogen werden als *Befehls*äußerung". □ 34 Vom Korr. ersetzt durch: „Wir lernen 3 Leute kennen; wenn wir all das Erzählte uns vergegenwärtigen, was müssen wir dann in bezug auf ihr gegenseitiges Verhältnis sagen?"

21. War diese Antwort für den jungen Schriftgelehrten grade eine Aufmunterung in das Heer Christi einzutreten? *21. Nein.*
22. Warum nicht?[35] *22. Weil man nicht gern mit jemandem geht, der ein so unsichres Leben führt.*
23. Warum hat es Jesus ihm dann überhaupt sagen müssen? *23. Weil der andre es nicht wußte.*
24. Warum wußte er es denn nicht? *24.* – – – 24a. Wie nennt ihr einen Menschen, der sich so verhält, wie sich der Schriftgelehrte Jesus gegenüber verhielt?[36] *24a. Stürmisch, voreilig, unüberlegt.*
24(b) Jetzt wißt ihr auch, warum der das alles nicht wußte? *24(b) Weil er sich die ganze Sache gar nicht so ernst überlegt hatte.*
25. Ja, er hatte seinen Verstand gar nicht gebraucht; was hatte er denn gebraucht? *25. Das Gefühl.*[37]
26. Seht, und von dem Gefühl sagt Jesus, daß es nicht reicht eine Sache durchzuführen; dazu gehört auch Überlegung; was geschieht denn mit den Menschen, die sich eine Sache, die sie begeistert vornehmen, nicht recht überlegen? *26. Sie führen sie nicht durch, sie werden enttäuscht.*
27. Schon bei jeder kleinen Sache ist solche Überlegung nötig; wieviel mehr erst bei einem so großen Entschluß, wie dem des Schriftgelehrten! Wer nicht selbst die Überlegung aufbringt, dem sagt hiermit Jesus ganz deutlich die Wahrheit, wie es mit denen steht, die ihm nachfolgen wollen. Er will keine enttäuschten Nachfolger haben. Haben sie es leicht? *27. Nein.*[38]
28. Nein, oft schlechter als die Tiere; die haben ihren Unterschlupf, aber die Jesus nachfolgen finden ihn oft nicht. Die haben nachts nicht auf Federn geschlafen und mittags am gedeckten Tisch gesessen, sondern die führen ein unstetes Leben, in Gefahr und Not, in Hunger und Entbehrung. Nun denkt ihr vielleicht, das ist ja schon sehr lange her, heute

---

35 Korr.: „Hier kann eine Entscheidungsfrage angewendet werden, die nachfolgende Begründung ist notwendig und richtig". □ **36** Korr. ersetzt „der sich so verhält . . . verhielt?" durch: „der einen Entschluß so schnell faßt, ohne daß er die Tragweite dieses Entschlusses sich vergegenwärtigt?" □ **37** Korr. ersetzt Frage und Antwort 25 durch: „Wovon allein hatte er sich leiten lassen? Von seinem Gefühl". □ **38** Korr. ersetzt „Haben sie es leicht. Nein." durch: „Denn worauf müssen sie sich gefaßt machen? Auf schwere dornenvolle Lagen und Aufgaben".

schläfst du und ich nachts auf feinem Federbett und wir sitzen mittags am gedeckten Tisch. Das ist alles nicht so ernst gemeint. Aber, Jungens, da irrt ihr euch doch sehr! Wißt ihr, wo noch vor ganz kurzem Leute, weil sie sich zu Christus bekannten, hingerichtet wurden? *28. Die Pfarrer im Baltikum.*[39]

29. Also, bis heute gibt es Leute, die ihr Leben dransetzen müssen, um Soldaten Christi sein zu dürfen. Viele andre schenkten sich arm[40] und „haben nicht mehr, wo sie ihr Haupt hinlegten". Aber sagt mal, gibt es solche Not nur in äußeren Dingen? Oder könnt ihr euch schon was von einer inneren Not der Nachfolger Christi denken? Was macht denn dem Christen[41] ganz tief im Innern soviel Unruhe und Not? Was[42] klagt ihn denn immer wieder an? *29. Das Gewissen.*

30. Ja, das Gewissen ist die große Not des Christen, daß er weiß, daß er vieles soll und doch nicht tut und daß ihn sein Gewissen anklagt immer wieder, daß man viel lieber schwere äußere Not erdulden möchte, als die große Not, den Kampf im Herzen. Wenn man in der Schule so gern was recht Schlechtes machen möchte mit all den Kameraden, und du weißt doch ganz genau, da sieht noch ein anderer zu und der will's nicht haben, dann brennt einem da drinnen, daß man bald zerspringen möchte vor Glut, Begierde und Gewissen. Seht, Jungens, diese Unruhe eines Christensoldaten kennt ihr alle schon. Wollen wir nun noch immer sagen, ein Christ hat es heute ganz ruhig und bequem? Wir wollens lieber nicht sagen! 2 Dinge haben wir aus der kleinen Geschichte gelernt. Was war das erste?[43] *30. Wer Jesus folgen will, muß vorher wissen, was von ihm verlangt wird.*

31. Und das zweite? *31. Mit Jesus gehen ist oft äußerlich, immer aber innerlich sehr schwer.*

32. Jetzt kommen wir zu der zweiten Geschichte. Die hat wohl keiner schon ganz verstanden, oder doch?! Wer trägt denn hier die Nachfolge an? *32. Jesus.*

---

39 Während der lettischen Revolution, 1905/07, waren fünf und während der Kommunistischen Revolution im Baltikum, 1918/19, 32 baltendeutsche Pastoren hingerichtet worden (vgl. O. Schabert, Baltisches Märtyrerbuch, 1926). □ **40** U. L. □ **41** Ersetzt: „Menschen". □ **42** Korr. ersetzt „Was" durch „und" und bemerkt am Rand: „(Sonst entstehen zwei Fragen)". □ **43** Korr.: „gut!"

33. Wie stellt ihr euch denn den Mann vor, zu dem Jesus hier spricht? Ist der auch stürmisch, heiter wie der erste? *33. Nein, er ist traurig.*
34. Warum war er traurig? *34. Der Vater war ihm gestorben.*
35. Was stand nun bevor? *35. Das Begräbnis.*
36. So ein Begräbnis wurde damals 8 Tage lang gefeiert.[44] Da saß er nun am Wege, der junge Bauer, traurig, in sich zusammengesunken, wie abgeschieden von dieser Welt, hört nichts, sieht nichts, war fast selbst kein lebendiger Mensch mehr. Da kommt Jesus und sein kleines Heer. Schon oft hatte der Bauer von Jesus gehört und ihn liebgewonnen und hatte sehr gehofft ihn einmal zu sehen. Nun sitzt er da und merkt gar nichts von dem, was um ihn vorgeht, bis ihn plötzlich eine Stimme erschreckt, die ihm[45] zuruft, nun, welche Worte[46]? *36. Folge mir nach.*
37. Er schrickt zusammen und erkennt Jesus und versteht sein Wort. Es schießt ihm durch den Kopf – der Meister – der tote Vater – Nachfolge – das Begräbnis – die Verwandten, die Mutter – wäre Jesus ein paar Tage früher gekommen, wie gern wäre er mitgezogen, aber nun grade jetzt, wo ihm so ganz traurig zumute war. Und was antwortet er? *37. Laß mich zuvor ...*
38. Mit flehenden Augen hat er das gesagt, nur kurze Zeit, ein Tag, zwei Tage Aufschub. Doch da muß er aus Jesu Munde hören die Worte, die ihm das Herz durchbohren: laß die Toten ... Wer kann denn mit den Toten, die da begraben sollen, gemeint sein? Tote können doch nicht begraben. Also das müssen doch lebendige Menschen sein, diese Toten. Schlagt mal auf Lk 15,24; Eph 2,1 und 5. Was heißt also tot sein?[47] *38. In Sünden sein.*
39. Warum nennt man das ‚tot sein'? Ist man denn tot für diese Welt?[48] *39. Nein, für die Welt Gottes.*

---

44 Korr.: „Es ist aber ein Unterschied: begraben und feiern. Begraben muß der Mensch noch an demselben Tage werden (Vgl. Jesus; Ananias und Saphira, Act 5,1-12)". □ **45** Korr. fügt ein: „etwas". □ **46** Korr. ergänzt: „sagt ihm Jesus?" □ **47** Korr.: „Vgl. zu dieser Ausführung die Bemerkungen bei der Exegese". □ **48** Korr. ersetzt: „Ist man ... diese Welt?" durch: „Für welche Welt ist man denn tot?"

40. Wer bleibt denn aber immer in Sünden? *40. Der Jesus nicht nachfolgen will.*
41. Wer sind also die Toten, von denen Jesus redet? *41. Die, die ihm nicht folgen, die sollen den Vater begraben.*
42. Ist das nun sehr freundlich vom Herrn Jesus, dem Sohn zu sagen, er solle andre Leute, die ja sicher da waren, den Vater begraben lassen und mit ihm ziehen?[49] *42. Nein.*
43. Hatte der Sohn etwas Böses gesagt, als er bat, den toten Vater begraben zu dürfen, dann gleich wolle er kommen. *43. Nein.*
44. Wir alle würden das doch ganz genauso machen, nicht wahr? Warum sagt dann aber Jesus so furchtbar scharfe Worte. Glaubt er etwa, ein Sohn hätte nicht die Pflicht, den Vater zu begraben? Das wird er doch kaum gemeint haben. Warum braucht er aber so harte Worte? *44.* – – – 44.a Was für ein Mensch war der junge Bauer? *44.a Ein langsamer, trauriger Mensch.* 44.b Man nennt so einen Menschen melancholisch. Wie muß man denn zu denen reden, damit sie aus ihren Träumen aufwachen? *44.b Schroff und streng.*[50] [44.c] Seht ihr, jetzt wissen wir, warum Jesus so zu dem jungen Bauer spricht und ihm ein langes Begräbnis verbietet? *44.(c) Weil er sonst aus seinen Träumen gar nicht aufwacht.*
45. Kennt ihr wohl einen solchen Menschen, vielleicht habt ihr in der Klasse so einen, der oft traurig ist und den Kopf hängen läßt und von niemandem etwas wissen will? Dann wißt ihr selbst, daß da oft gar nichts andres hilft als ein gutgemeintes, aber scharfes Wort. Dann fährt der innerlich zusammen und kann wieder ein neues Leben anfangen. Seht, Jungens, jenen ersten, der sein Herz auf dem Munde trug, den mußte Jesus zur Besonnenheit und Ruhe mahnen und warnen vor den Gefahren der Nachfolge; er wußte, solchen Leuten geht die Begeisterung aus, wie ein Lichtlein vom leichten Winde ausgeblasen wird. Von dem zweiten aber wußte er, daß wenn er sich erst einmal entschlossen hätte, er zäh und stark an seiner neuen Arbeit hängen würde. Der Hauptentschluß mußte gefaßt sein und da

49 Korr.: „Die Entscheidungsfragen mögen hier wegen ihrer Schwere in bezug auf das göttliche Urteil stehen bleiben." □ 50 Korr.: „Das ist nicht richtig!"

galt es eine dicke Mauer zu durchbrechen und das geht nicht ohne Gewalt ab; denkt nur, was verlangte doch Jesus? *45. Der Jünger sollte mitkommen und andre den Vater begraben lassen.*
46. Was ist also wichtiger, Jesus nachfolgen oder den toten Vater begraben?[51] *46. Jesus nachfolgen.*
47. War denn das Begräbnis in Israel keine wichtige Sache? An welches Gebot werdet ihr da denken? *47. An das 4. Gebot.*
48. Zu der Ehrfurcht vor den Eltern gehört doch auch, daß man sie begräbt, wenn sie tot sind, und kenntet ihr die vielen Vorschriften, die die Juden für ein Begräbnis hatten, da säht ihr, wie ernst und heilig diese Sache den Juden war; denn in welchem Buche war das alles aufgezeichnet? *48. Im Gesetz und das war das Heiligtum der Juden.*
49. Wenn nun das Begräbnis und all das so wichtig ist, wie wichtig muß dann erst die Nachfolge Jesu sein! alles muß man um Christi Willen lassen. Was will er, wenn er uns ruft, von uns?[52] *49. Daß wir gehorsam sind.*
50. Hat Jesus den Bauer nur fortgerufen von seiner Pflicht ohne ihm eine andere aufzugeben?[53] *50. Er hat gesagt: verkündige das Reich Gottes.*
51. Nun sagt noch einmal, kann es etwas Dringlicheres geben als das Reich Gottes zu verkünden, d. h. doch daß Gott unser aller lieber Vater sein will?! Nun, da gibt es gar nichts, was dringlicher und wichtiger wäre. Jesus hat gerufen, laßt uns eilen ihm nachzufolgen. Und wenn wir noch so wichtige Dinge tun zu müssen glauben zuhaus, in der Arbeit, im Spiel, wenn Jesus ruft, gilt es alles liegen [zu lassen] und hinzuhören und sofort ans Werk zu gehen. Da muß man oft nicht nur das Böse liegen lassen, das ist ja ganz klar, sondern auch etwas was eigentlich gar nicht bös ist, für irgendetwas viel Besseres. Aber was die Hauptsache ist, wir dürfen keine Ausreden machen und sagen: „Ach nur noch einen Augenblick, eine Stunde, einen Tag!" Jesus ruft nie zur unrechten Zeit. Wenn er ruft, dann hat's

---

51 Korr.: „Dieses Entweder-Oder kann in dieser Allgemeinheit nicht festgehalten werden". □ **52** Korr. stellt um: „von uns, wenn er uns ruft?" □ **53** Korr. ersetzt Frage 50 durch: „Wozu hat Jesus den Mann ermuntert im Gegensatz zu dem, was er unterlassen soll?"

immer Grund, Jungens, merkt euch das! Fand denn Jesus bei dem Bauer böse, daß er gern seinen Vater begraben wollte?[54] Nein, was hatte aber der Bauer Schlimmes getan? *51. Er war nicht gleich gefolgt, sondern hat Ausreden[55] und dem Herrn Jesus Bedingungen gemacht.*
52. Ja, daß er sagte: „nur noch einen Tag", das war das Gefährliche. Kann uns denn Jesus auch noch rufen? Und wie und wo kann er es denn?[56] *52. Er tut es durch unser Gewissen; er tut es überall, wo er will, zuhaus, in der Schule ...*
53. Überall kann er es tun, dort wo wir häßliche schändliche Dinge sehn auf der Straße, bei unsern Kameraden, und uns daran freuen wollen, da ruft er uns an, da macht er uns unruhig. „Geh fort, geh fort", ruft's da im Gewissen, und dann wollen wir's überhören oder überschreien „sei still, du da drin!" oder „ach nur noch einen Augenblick, ich komm ja gleich". Und dann wird das Klopfen an der Tür zum Herzen oft immer schwächer und schließlich hört's auf und dann ist Gott[57] fortgegangen, er will uns nun nicht mehr ‚stören', wer weiß vielleicht für lange lange Zeit, Jungens, vielleicht für immer! Wir wollten ihn nicht hereinlassen, wir sperrten ihm die Tür zu. Ruft's denn nur in uns, wenn wir Schlechtigkeiten tun wollen?[58] *53. Auch wenn wir Gelegenheit hätten, Gutes zu tun, einer alten Frau auf der Straße, dem kleinen Bruder, dann ruft Gott in uns.*
54. Jungens, keiner darf mir sagen „ich habe kein solches Gewissen", „mich hat Gott noch nie gerufen". Horcht nur in euch hinein, ganz aufmerksam, wenn schlimme Dinge im Anzug stehen, und ihr werdet's ganz gewiß hören, wie es da klopft. Ach Jungens und da wollen wir nicht noch einmal sagen: „nur noch einen Augenblick", sondern zeigen wollen wir, daß wir mutige und starke Jungens sind und wollen

54 Korr.: „Mit rhetorischen Fragen muß man bei der Katechese vorsichtig sein". □ 55 Korr.: „Als eine solche wird sein Einspruch vorher nicht charakterisiert". □ 56 Korr. stellt letzten Satz um: „Wie und wo kann uns denn Jesus auch noch rufen?" □ 57 Korr.: „Es war vorher immer von Jesus die Rede gewesen, so müßte erst die Vermittlung kommen, wer in Jesus zu uns kommt, und zu wem uns Jesus führen wollte". □ 58 Korr. ersetzt die letzte Frage durch: „Aber bei welchen anderen Gelegenheiten ruft uns Jesus durch unser Gewissen in seine Nachfolge?"

eintreten [in] das Heer Jesu als seine tapferen Soldaten, und ein tapferer Soldat in diesem Heer ist mehr als der tapferste im Heere Napoleons. Und wenn einer den Kopf hängen lassen will, weil die Mutter krank ist oder gar weil er sitzengeblieben ist, der soll sich wieder zurechtfinden in seine Arbeit. Jesus sieht ungern Kopfhänger, er will mutige Soldaten. Da wo es was zu leisten gibt, dort wollen wir doch sein, nicht dort, wo es nie zum Kampf kommt. Ihr kennt den Feind jetzt noch besser, den es zu bekämpfen gilt. Jeder steht in diesem Kampf ganz allein und da denken manche: „dort wo keine Zuschauer sind, dort mühe ich mich nicht umsonst ab". Das ist ein schlimmes Wort. Haben wir denn wirklich keinen Beobachter unsres Kampfes?[59] *54. Gott beobachtet uns auch im Stillen.*

55. Also nicht in die Etappe, sondern an die Front, wer nichts wagt, gewinnt nichts. Alles drangesetzt oder Nichts. Zieht an die Waffen des Lichts, tut ab die Werke der Finsternis.[60] Führt den heiligen Krieg Gottes!

56. Nun die dritte Geschichte. Wer trägt hier die Nachfolge an? *56. Der Jünger.*

57. Was sagt er aber noch dazu? *57. Er will noch ein Abschiedsessen halten mit seinen Verwandten.*

58. War das wohl nötig[61], nachdem er Jesus seinen Dienst angetragen hatte? *58. Nein.*

59. Seht, der wollte sich von seinen Freunden noch groß ansehen lassen wegen seines mutigen Entschlusses und konnte sich von dieser äußerlichen Sache nicht trennen. Er hing noch ganz am Alten. Als er nun zu Jesus gesprochen hatte, zeigt dieser mit der Hand auf einen Ackersmann, der pflügte: „Was würde geschehen, wenn der sich beim Pflügen umdrehen wollte und sich das ansähe, was er schon gearbeitet hätte?" „Er würde schiefe Furchen ziehen", war die Antwort. Da spricht Jesus: „Ebenso ist jeder, der seine Hand an den Pflug legt, um auf dem Acker des Gottesreichs zu arbeiten, und zurückschaut, nicht geeignet für das Reich Gottes." Auf wen bezog sich das Wort?

---

59 Korr. ersetzt den Satz durch: „Wer ist denn auf alle Fälle unser Beobachter?" □ **60** Vgl. Röm 13,12; Eph 5,11. □ **61** Korr. ersetzt „War das wohl nötig" durch: „Welche Notwendigkeit lag denn dazu vor".

59. Auf den Jünger.
60. Was meint denn Jesus damit? *60. Wenn man ihm seinen Dienst anträgt, darf man nicht nach dem sehen, was hinter einem liegt und was man schon geleistet hat.*
61. Jawohl, Jesu Jünger darf nicht zurückschauen auf das, was er verließ, und erst recht nicht, wenn er selbst den Dienst antrug. Wie schön war's doch in all der Bequemlichkeit, in all dem Schmutz und Schlamm, wo man so warm saß, oh und wie eisig und hart geht es oft im Heere Jesu zu. Wer so denkt, schaut zurück und kämpft nicht und wird alsbald vom bösen Feind getroffen sein. Versteht ihr das?[62]

Also drei Dinge haben wir gelernt, die im Heere Christi gelten; in drei kurzen Worten wollen wir die Parole im Heer zusammenfassen. Bei der ersten Geschichte: Erst wäg's, dann wag's! Bei der zweiten: „Alles oder nichts!" Bei der dritten: „Voran an den Feind! Pfui über den, der zurückblickt." Alles das gilt für heute, so wie für damals. Kommt, Jungens, laßt uns tapfere Streiter werden! Wer bleibt zurück?[63]

---

62 Im Ms. kein Absatz. □ **63** Schlußbemerkung des Korr.: „Die Katechese enthält bezüglich der Technik der Fragestellung noch manche Mängel. Inhaltlich leidet sie bei der Erklärung des 2ten Falles noch an der Schwere des Textverständnisses. Der 3te Fall ist im Verhältnis zu den beiden anderen etwas arg kurz geraten; der zweite könnte demgegenüber etwas gekürzt werden. – In ihrem ganzen Aufbau, in ihrer ganzen Tendenz, in der Manier ihrer Ausführung, in der Lebendigkeit, mit der die Kinder angepackt werden, in der reichen Beziehung zum wirklichen praktischen Leben ist die Katechese als eine recht gute zu bezeichnen."

7. EXEGESE UND PREDIGT ÜBER JAKOBUS 1,21–25[1]

Seid Täter des Worts!
Predigt über Jak. 1,21–25

Exegese

Das exegetische Verständnis unsrer Stelle erschließt sich erst bei Beobachtung des literarischen Charakters des ganzen Briefes. Man hat nachweisen zu können geglaubt, der Jakobusbrief sei überhaupt kein christlicher Brief, sondern rein jüdischer Herkunft.[2] Durch Streichung der beiden kritischen Stellen, wo Jesus Christus genannt wird 1,1 und 2,1 (die Streichung der zweiten Stelle erscheint berechtigt[3]), als Einschub christlicher Hand, meinte man das Rätsel gelöst zu haben. Die Gewalttätigkeit aber eines derartigen Vorgehens ist heute wohl allgemein anerkannt und durch die Arbeiten von v. Soden und Dibelius, wie mir scheint, endgültig als unhaltbar erwiesen.[4] Damit ist das Problem selbst aber in keiner Weise geklärt. Zur Lösung ist zunächst die nahe Verwandtschaft unsers Briefes mit dem I. Clemensbrief und Hebräerbrief zu beachten.[5] Bei der Analyse des I. Clemensbriefes ergibt sich, daß bis auf relativ kleine Abschnitte der ganze Brief auch von einem hellenistischen Juden geschrieben sein könnte.[6] Andererseits ist durchaus nichts vorhanden, (was ja im I. Clemensbrief selbstverständlich ist, aber bei Jakobus eben angezweifelt wird) was nur ein Jude

---

1 NL A 13,3; hsl.; Abdruck der Predigt (S. 539 ff) in: PAM I 109 ff. Seminarpredigt im homiletischen Seminar bei Prof. Mahling (= Korr.), SS 1926, s. S. 641. Außer der Überschrift trägt das Titelblatt den hsl. Vermerk B's: „zum 17. 7. 26. Dietrich Bonhoeffer". – Bearbeiter: C. J. Green, H. Pfeifer. – B hat für die Exegese M. Dibelius, Der Brief des Jakobus[7] (KEK 15), H. v. Soden, Hebräerbrief[3] (HC 3/2), und G. Hollmann, Der Jakobusbrief (SNT 2/3), benutzt (im folgenden zit.: Dibelius; Soden; Hollmann). □ **2** Spitta und Massebieau; vgl. Dibelius 19 Anm. □ **3** Vom Korr. ersetzt durch: „möglich". □ **4** Korr.: „richtig". Vgl. Dibelius 19, u. Soden 171. □ **5** Korr.: „nicht noch näher mit der Synopse; Matth 5, Eid; Matth 7 Tun". Dagegen Soden 141. □ **6** Vgl. B's Seminararbeit über den I. Clemensbrief (S. 220 ff)

hätte schreiben können. So wird man mit großer Wahrscheinlichkeit auf einen Judenchristen als Verfasser des Jakobusbriefes geführt.[7] Ist es möglich im Herrenbruder Jakobus den Verfasser zu erblicken? Diese Möglichkeit muß ausgeschlossen werden.[8] 1. setzt der Brief Zustände voraus in der angeredeten Gemeinde, wie sie der schon bald nach 60 gestorbene Jakobus nicht gekannt haben kann. 2. kennt der Verfasser zum mindesten den Römerbrief, was allerdings kein zwingendes Argument ist. 3. aber hätte der Herrenbruder die Gestalt Jesu Christi und seine Lehre nicht so in den Hintergrund gerückt gegenüber dem (übrigens dem aus der LXX zitierten) AT! So ergibt sich als die Zeit der Entstehung eine spätere, etwa die des I. Clemensbriefes und des Pastor Hermae[9], und als Verfasser ein Judenchrist, der feind aller paulinischen Theologie vielleicht ein Verehrer des Jakobus gewesen ist. Der Brief richtet sich wahrscheinlich nicht an Judenchristen, denn bei ihnen ist die im Brief vorausgesetzte Geringschätzung des Gesetzlichen und Werkmäßigen keinesfalls zu vermuten[10]. Das Charakteristische an dem Brief ist der durch judenchristliche Abfassung und relativ späte Entstehung verständliche Moralismus, das Lehrhafte, das vollständige Fehlen des urchristlichen Enthusias-

---

7 Korr.: „Es paßt der ganze Brief inhaltlich sehr zu dem Jakobus, dem Gerechten, wie er genannt wurde, dem Bruder des Herrn." – Anders Soden u. Dibelius, die beide im Vf. keinen Judenchristen sehen (vgl. Soden 176 u. 178; Dibelius 15f u. 18). □ 8 Korr.: „Das kann nicht bestimmt gesagt werden. Die Zustände der durch die erste Verfolgung in Palästina zerstreuten Gemeinde passen sehr gut. Die Auslegung von Abrahams Glauben und Werken ist *keine* Polemik gegen den Römerbrief, sondern eine unter völlig anderem Gesichtspunkt unternommene Beweisführung über das Thema: Wodurch kann ein Gläubiger es beweisen, daß er glaubt? Wodurch kann ein Maler beweisen, daß er ein Maler ist? Ein Musiker, daß er ein Komponist ist? Nur durch die Werke, die sie vorzeigen. Ist nicht auch hier die Verwandtschaft mit der Bergpredigt auffallend: *an ihren Früchten sollt ihr sie erkennen*! – Gerade von *Jakobus* wissen wir, daß er im AT lebte, ich möchte also vorschlagen, den Brief schon ganz früh anzusetzen, etwa 45 n. Chr." – B stützt sich hier auf Soden 178ff. □ 9 Bußschrift aus der ersten Hälfte des 2. Jhs. in Form einer Apokalypse. □ 10 Korr.: „Der Verfasser will ihnen gerade zeigen, daß die neue Lebensmoral die strengste Selbstzucht nicht aufhebt. Ist das nicht eine Botschaft gerade an eine eben erst gläubig gewordene Gemeinde, die aus dem Gesetz kam?"

mus.[11] Diese Erkenntnis müssen wir uns bei der Einzelexegese immer wieder vergegenwärtigen.

V. 21. ἀποθέσθαι[12] ist ein der urchristlichen Literatur geläufiger, vielleicht kultischer Ausdruck für Entsündigung R 13,12; E 4,22; Col 3,8 u. ö. περισσείαν[13] hier wo[hl] in adjektivischem Sinne. 'Εν πραΰτητι wird meist zu δέξασθε[14] gezogen. Dibelius lehnt das ab als überflüssige Selbstverständlichkeit und empfiehlt es selbständig zu fassen in Gegenüberstellung zu ὀργή[15] v. 19 und 20. Ich glaube, man kann die inhaltliche Gegensätzlichkeit bewahren ohne die grammatische Beziehung zu lösen.[16] „In Sanftmut aufnehmen" heißt soviel wie: sich ihm beugen, keine Widerrede machen, sich ihm unterwerfen. Sehr problematisch ist der Begriff des ἔμφυτος λόγος[17]. Was ist mit ihm gemeint? Man meint oft zum Verständnis auf den stoischen Gedanken vom λόγος σπερματικός[18] hinweisen zu müssen, ein Begriff, der ja auch später in der christlichen Philosophie und Dogmatik eine Rolle spielte. Es ist auch die Annahme keineswegs auszuschließen, nur scheint sie angesichts einer Stelle wie Jer 31,33 (dazu Hebr 8,10; 10,10) unnötig; hier hat der Ausdruck zur Zeit der Abfassung des Jakobusbriefes vielleicht schon einen formelhaften Charakter getragen; cf. Barn 9,9 οἶδεν ὁ τὴν ἔμφυτον δωρεὰν τῆς διδαχῆς αὐτοῦ θέμενος ἐν ἡμῖν[19], dazu Barn 1,2; Ps Ign Eph 17,2. Daß damit aber eine Verflachung des Inhalts eingetreten sein muß, vermag ich nicht zuzugeben (Dibelius)[20]. R 1,19 f und 2,14 f sind die Gedanken doch noch durchaus lebendig. Nun glaube ich hier im Zusammenhang eines Briefes an eine in Mißstände geratene Gemeinde die Bedeutung des λόγος ἔμφυτος ganz wesentlich im Taufakt sehen zu müssen wie auch in der Tatsache, daß jedem Gläubigen doch von Kind an das Wort gepredigt worden war. In der

---

11 Korr.: „Das liegt an der Person des Verfassers, er kann zu jeder Zeit je nach dem eintreten". □ 12 Dt.: „etwas ablegen". □ 13 Dt.: „Überfluß". □ 14 Dt.: „In Sanftmut" – „empfanget". □ 15 Dt.: „Zorn". □ 16 Korr.: „richtig"; gegen Dibelius 107. □ 17 Dt.: „das eingepflanzte Wort". □ 18 Dt.: „das samenhafte Wort", oder: „das Wort, das als Same vorhanden ist". Gemeint ist die stoische Lehre von der universalen Vernunft, die die Welt durchdringt und regiert. □ 19 Dt.: „Das weiß, der das eingepflanzte [sc. Wort] seiner Lehre als ein Geschenk in uns hineinlegt"; vgl. Dibelius 108. □ 20 Ebd.

Erinnerung an diese beiden Fakta mag vielleicht der dann überaus praktische Sinn des Wortes vom λόγος ἔμφυτος liegen, wobei nicht ausgeschlossen ist, daß dabei doch an Jer 31,33 oder auch den λόγος σπερματικός gedacht würde. Dogmatisch ist hier die gratia praeveniens gelehrt.[1)] [22] Widerspruchsvoll erscheint auf den ersten Blick die Aufforderung, dieses schon eingepflanzte Wort nun auch anzunehmen. Calvin meint: nehmt es so auf, daß es in euch hineinwächst[23]. Das steht nun aber nicht da. Sondern faktisch ist das Wort schon eingepflanzt. Mir scheint sich die scheinbare Schwierigkeit so [zu] lösen, daß eben Gottes Gabe auch angenommen sein will. Das ἔμφυτος bedeutet nur, daß von Gott aus alles fertig ist zum Verkehr, der Mensch muß nur noch sein ‚Ja' geben und der Bund ist geschlossen. Daß freilich auch dieses ‚Ja' nur als von Gott gewirktes Wert hat, liegt außer dem Bereich der Gedanken unsrer Stelle. Aber daß es ebenso wirklich *unser* Ja bleiben muß, ist hier deutlich ausgesprochen. Nicht „ohne inneren Zusammenhang" (Hollmann)[24], sondern in notwendiger sachlicher Folge folgt auf die Worte vom Hören das Wort vom Tun; denn gibt es wohl eine Gedankengruppe im Christentum, die enger zusammengehört als Glaube und Gehorsam?[25] Und kein andres Verhältnis ist Gegenstand des Textes. Nachdem noch vom Wort gesagt ist, daß von ihm die Kraft zur Errettung der Seele

---

[1)] In diesem Sinne ist dann auch v. 18 auszulegen, vgl. „Heute habe ich dich gezeugt" bei der Taufe![21]

21 Vgl. Ps 2,7; im Zusammenhang mit der Taufe Jesu in einigen Hss. von Lk 3,22 zitiert. □ 22 Korr.: „ἔμφυτος λόγος bezieht sich auf das vorhergehende Bild ἀπεκύησεν λόγῳ ἀληθείας = er hat uns durch das Wort der Wahrheit in das Leben (in die Welt des Gotteslebens) versetzt. Dadurch ist das Wort unzertrennlich mit euch verbunden; ἔμφυτος vom ersten Entstehen an mit vorhanden, angeboren. Nehmt das mit eurem Leben unzertrennlich verbundene Wort ohne Widerspruch hin. – Alles Leben, auch wenn es als Geschenk Gottes hingenommen wird, setzt zu seiner Erhaltung die Pflege durch Menschenhand voraus, ohne die Pflege stirbt es wieder ab. – So ist wohl hier weder von der Taufe noch von der Kindertaufe die Rede. Von dem λόγος σπερματικός, von der gratia praeveniens [„die (dem Glauben) vorangehende Gnade"] kann also wohl hier nicht geredet werden, sondern nur von der natürlichen Verbindung des λόγος mit dem ἀπεκύησεν, d. h. von dem Worte mit dem Versetztwerden in das Gottesleben hinein." □ 23 Zit. nach Dibelius 108. □ 24 Hollmann 7: „Ein innerer Zusammenhang fehlt." □ 25 Korr.: „gut".

ausgehe (cf. Rm 1,16; 1 Kor 1,18 u. ö.), wird nicht etwa die Bedingung zur Erlangung der Seligkeit gestellt, einzige Bedingung ist tatsächlich das aufgenommene Wort, aber es wird die selbstverständliche Folge des aufgenommenen Wortes beschrieben.[26] Dem scheint zwar die imperativische Form des nächsten Verses zu widersprechen, sie tut es aber faktisch nicht. Das Indikativ-Imperativverhältnis der christlichen Ethik ist ein grundsätzlich unaufhebbares; es entspricht der Betrachtung von zwei verschiedenen Standorten aus. Von Gott aus ist jedes ethische Werden ein organisches (Baum – Frucht, der Acker!) vom Menschen aus gesehen ein Werden in Brüchen und d. h. in der dialektischen Imperativform. Daß das Problem[2)] Hören–Tun nicht nur eins der „strohernen Epistel“[28] ist, beweisen Mt 7,26; R 2,13; Ez 33,32; u. a. V. 22. ποιητὴς λόγου[29] mußte von Griechen als Bezeichnung für den Redner verstanden werden. Es liegt hier deutlich ein Semitismus in der Genitivverbindung vor (cf. 1 Mcc 2,67).[30] Das v. 23 und 24 folgende Bild vom Spiegel hat die verschiedensten Auslegungen erfahren. Von der allegorischen Auslegung bis zur streng gleichnishaften im Sinne Jülichers[31] variiert die Interpretation. Dibelius vertritt die letztere: Wer nicht nach dem Wort handelt, dem bleibt in dem Gehörten soviel, wie dem, der sich im Spiegel beschaut von seinem Spiegelbild: er vergißt es.[32] Sicher richtig ist die Herausstellung der gemeinten Flüchtigkeit in unserm Bild. Aber ich möchte mich doch der v. Soden'schen Deutung anschließen.[33] Nach ihr geht neben diesem Gedanken her der andre, daß der Gläubige sich im Gesetze abgespiegelt in – seiner ganzen natürlichen Unvollkommenheit, wie der gewöhnliche Mensch im Spiegel seine Unordentlichkeiten bemerkt. Aber wie der zweite kaum, daß er sich vom Spiegel wandte, schon

---

[2)] Es gibt kaum einen schärferen Gegensatz als die Schleiermachersche Bestimmung des Religionsbegriffs (Wissen–Tun ausgeschlossen)[27] und die Auffassung des Jakobusbriefes.

26 Korr.: „gut“. □ **27** Fr. Schleiermacher, Der christliche Glaube, § 3. □ **28** M. Luther, WA.DB 6,10, 33 f (Vorrede auf das Neue Testament. 1522). □ **29** Dt.: „Täter des Wortes“. □ **30** Dibelius 108. □ **31** A. Jülicher, Die Gleichnisse Jesu, Bd. I und II. □ **32** Dibelius 109. □ **33** Soden 183 f.

wieder alles Korrigierbare vergaß[34], so auch der, der nur Hörer des Wortes ist. Also das Gesetz ist der Spiegel, wie das auch zu v. 25 gut paßt.[35] Weitere Ausdeutungen freilich scheinen mir nicht angängig. Im ganzen ist der Unterschied zwischen beiden Interpretationen inhaltlich nicht erheblich[36], sondern mehr vom Sprachgefühl her bestimmt. Das Bild vom Spiegel war in der alten Literatur nicht selten (cf. auch 1 Kor 13).

Der Gedanke vom Tun des Wortes Gottes verknüpft sich für den Judenchristen wie von selbst mit dem des Gesetzes. Nun tritt aber bei dem Judenchristen Jakobus das Gesetz nicht mehr als drückender Zwang, sondern als Gesetz der Freiheit auf. Man hat geglaubt hierin ganz unbedingt hellenistische Einflüsse oder stoische Philosophie finden zu müssen, erinnerte an die Freiheit des Weisen in der Stoa bei Epiktet[37] und dessen ‚Verwandtschaft' mit dem Christentum überhaupt. Doch bin ich nicht gewiß ob dies ein notwendiger Weg ist, den man hier einschlägt. Haben wir doch ähnliche Gedanken schon in den Pirke Aboth, schließlich auch schon Jer 31, die doch einem Heidenchristen Anlaß zur Bildung eines derartigen Begriffs hätten geben können. Pirke Aboth 6,2: „Denn du findest keinen Freien, außer dem, der sich beschäftigt mit dem Studium der Thora." Meint man oft, der Ausdruck des Jakobus stehe im schroffsten Widerspruch zu Paulus[38], so erinnere man sich doch an Worte wie vom Gesetz des Glaubens R 3,27; Gal 6,2; R 8,2. Daß freilich bei einem in Rom schreibenden Judenchristen stoische Einflüsse nicht rundweg auszuschließen sind, ist klar.[39]

---

34 Korr.: „Das Vergessen ist nicht die Hauptsache, sondern der Gedanke, daß das immer wiederholte Schauen in den Spiegel völlig nutzlos ist, wenn nicht in Abwechslung mit dem Schauen und zwischen demselben jedesmal die Reinigungsarbeit einsetzt. Man sieht doch nur in den Spiegel, um zu erkennen, ob man noch einen Flecken hat. Der Flecken geht nicht weg, auch wenn ich viele Male in den Spiegel schaue. Das letztere ist sinnlos; man geht weg, vergißt, wie man gestaltet war, daß man und was für einen Flecken man hatte, und es bleibt demnach alles beim alten". □ **35** Korr.: „Das Wort, nicht nur das Gesetz, sondern das Wort, durch dessen Verkündigung das Versetztwerden in das neue Leben ermöglicht und verwirklicht worden ist". □ **36** Korr.: „Das ist doch wohl der Fall". □ **37** Vgl. Dibelius 109 Anm. 2. □ **38** Korr.: „das ist nicht der Fall". □ **39** Korr.: „Der Ausdruck νόμος ἐλευθερίας [„Gesetz der Freiheit"] führt dazu nicht; es handelt sich darum, daß das Gesetz mir zur Freiheit wird, so daß es nicht mehr heißt: ich muß rein werden und ich darf rein werden; das

μακάριος bedeutet in Verbindung mit dem fast präsentisch zu verstehenden ἔσται nicht irgendeinen eschatologischen Zustand, sondern den Besitz der Gewißheit im Gehorsam Gottes zu stehen.[40] V. 21–25 sind die allgemeine Grundlegung für die v. 26 ff ausgeführten Einzelermahnungen.

Predigt
Bestimmt für einen Jugendgottesdienst unter der gebildeten, oder doch irgendwie geistig angeregten (Jugendbewegung etc.) Jugend von 16–20 Jahren

Es ist keine klassische Zeit der Weltgeschichte, in der wir leben, aber es ist noch viel weniger eine Zeit, über die man [in einem][41] späteren Jahrhundert zur Tagesordnung übergehen können wird. Eine Zeit, die den Tod so nah und so furchtbar sah, die Krieg, Not, Hunger, Teuerung so an sich erfuhr wie unsre, hat zuviel Narben, um ein klassisches Aussehen, erst recht aber um ein gleichgültiges Antlitz zu haben. Die Not hat ihr allzu deutlich ihre Furchen auf die Stirn gedrückt. Wo schaust du aber das Antlitz, das eine Zeit trägt, am unverkennbarsten? Du schaust es an der Jugend! Eine Jugend, die den Tod und den Hunger und einen verlorenen Krieg sah, trägt andre Züge als die Jugend des Schäferidylls und des Krieg*spielens.* Warum sollen wir's nicht ruhig sagen? Wir wissen ja alle drum. Gott bewahre uns, uns darauf etwas zugute zu tun. Wahrhaftig, wir wären kindischer als je eine Jugend war!

Ja, die Jugend heute trägt andre Züge. Aber sind es wirklich nur die Züge der Not? Gottlob nein! Aber es sind immer die Züge unerbittlichen Ernstes, aber nicht eines Ernstes, der resignierte, sondern eines Ernstes, der sucht, der weiß, daß er suchen muß, wenn nicht alles vorbei sein soll. Ich weiß, wir alle wollen uns nicht füttern lassen von unsern Eltern, wir wollen uns unsre Nahrung selbst suchen. Wir wollen nicht nur die Luft des elterlichen Hauses atmen. Wir wollen uns einen Ort su-

Gesetz will mich von dem Flecken frei machen, wenn ich mich der Arbeit unterziehe, selbst den Flecken säuberlich [u. L.] beseitigen zu wollen". □ **40** Dt.: „glücklich ... wird sein". – Korr.: „glücklich zu preisen wie Matth 5,1–10". □ **41** Vom Korr. ergänzt.

chen, wo der Wind freier bläst. Wir wollen, wir suchen, wir hoffen, wir ersehnen, wir kämpfen – immer wir, wir! Immer voller Tatendrang! Mitten in diesem Treiben und Drängen regt sich die Frage nach Gott mit furchtbarem Ernst, die Frage nach der Wirklichkeit des Heiligen; mitten in der Zeit der sogenannten Autoritätslosigkeit redet man wieder von einer Autorität, die wert ist, eine solche zu heißen; mitten in den Tagen der Sitten- und Zuchtlosigkeit hört man das Wort vom Gericht und von der Gnade laut rufen. Man fragt, man versucht, man philosophiert, man erschleicht sich Wege zum Verkehr mit einer andern Welt, aber man schläft nicht, man ist wirklich wach, freilich nicht nüchtern. Unter dem Stimmengewirr hören wir eine Stimme, der wir heute einmal lauschen wollen. Sie schreit nicht auf dem Markt, sie ist nicht sensationell, aber sie ist wach und sie ist nüchtern. „So leget ab alle Unsauberkeit ... nehmet das Wort an mit Sanftmut, das in euch gepflanzt ist, welches kann eure Seelen selig machen.“

„Ein Weg unter vielen“, wollen wir vielleicht sagen, „noch dazu ein höchst altmodischer und nicht recht klarer“. Ja, ein Weg und doch der einzige. Denn es ist keiner der menschlichen Wege, die nun einmal keine Wege sind. Es ist der Weg von Gott zum Menschen. Hört doch recht hin! Das Wort, das es zu ergreifen gilt, ist doch *Gottes* Wort. Ja, aber wie sollen wir Menschen denn Gottes erhabenes Wort fassen? Ist es *Gottes* Wort, so ist es viel zu groß und gewaltig für den Menschen! Ja gewiß, es ist Gottes Wort. Aber Gott hat es uns ja schon längst eingepflanzt.[42] Wir haben's vielleicht nur noch nicht gemerkt. Mitten in all unsrer Schmutzigkeit hat Gott sein heiliges Wort gepflanzt, ganz leis, vielen ganz unsichtbar wohnt's da drinnen. Gott ist ja schon bei uns, ja Gott ist ja schon *in* uns. Glaubt's doch nur, nehmt's doch nur an! In unsern argen Herzen hat Gott seine Wohnung aufgeschlagen, da hat Gott sein Wort hineingesenkt, das Wort, das eure Seelen kann selig machen! In der Taufe hat er's euch versprochen.[43] Und Gott ist getreu. Vielleicht haben wir es schon manchmal gespürt in Anklage oder Gnadenverheißung und haben uns nicht drum gekümm-

---

42 Korr.: „Exegese S. 536 [Anm. 22]“. □ **43** Korr.: „vgl. Exegese S. 536 [Anm. 22]“.

mert. Wir haben's hochmütig und eingebildet davon gestoßen und haben große Worte in den Mund genommen, etwas von Philosophie und Nietzsche und vom Größersein als seine Sünde gemurmelt[44] und unsre weisen Köpfe furchtbar hoch getragen. Ach, wißt ihr, wenn's nicht so traurig wäre, dann wäre es zum Lachen, und ich kann's mir nicht anders denken, als daß unser himmlischer Vater auch das Lächeln kennt über den menschlichen Hochmut, oh weh, sonst wär's schlimm!

Nehmt das Wort an, mit Sanftmut, das in euch gepflanzt ist. Glaubt's nur, daß Gottes Wort schon da ist, euch richtet und begnadigt und seid demütig, indem ihr euch ihm unterordnet. Nehmt es ernst, wenn's im Gewissen ruft: du hast dich versündigt. Und dann glaubt's doch, daß Gott bei euch wohnen will und immer schon wohnt. Nehmt's ernst, denn es ist Gottes Wort. Hier geht es um Gottes Treue. Und da sagt man Ja oder Nein; ich glaube oder ich glaube *nicht*, hier nimmt man an mit Sanftmut im Vertrauen auf *Gottes* Wort und Weg, oder man verweigert mit Hochmut im Vertrauen auf eigene Wege. Das einfache Ja Sagen, das gehorsame Hinhören, das ist Glaube, Hören und Annehmen des Worts, wie es Jakobus meint.

Was heißt es aber, daß Gott spricht und daß wir es *hören?* Wenn Gott, der die absolute Heiligkeit, das absolute Soll ist, spricht, so ist sein Wort immer der Anspruch, dem absoluten Soll zu genügen. Es ist Forderung der Heiligkeit: Ihr sollt heilig sein, wie ich auch heilig bin.[45] Und mit dieser Forderung trifft er uns im Gewissen. Er erschüttert uns. Er macht uns zittern vor seiner Heiligkeit.[46] Was soll es da, wenn wir vom Hören dieses Wortes reden? Ja, gewiß, wir hören es, wir glauben ihm ganz und gar, wir wissen, mit wem wir es zu tun haben und doch, ist das genug? Auch die Teufel glauben und – zittern.[47] Wenn Gott von mir etwas verlangt, soll ich da wirklich nur

44 Vgl. Nietzsches Kritik am Sündenbewußtsein (z. B. F. Nietzsche, Zur Genealogie der Moral, 19f). □ **45** Lev 11,44f; vgl. 19,2; 20,7.26. □ **46** Korr.: „Müßte nicht hier eine Beziehung auf das Fleisch gewordene Wort Jesus Christus, ein Hinweis auf ihn gegeben werden? In ihm ist das heilige, liebevolle, reine, gerechte und gütige Wort Gottes in leibhaftiger Gestalt erschienen; in ihm lockt und ruft uns Gott zum neuen Leben; so würde die Verbindung mit dem ἀπεκύησεν [„er hat uns hervorgebracht"] hergestellt und damit die Freudigkeit geweckt, diesem Wort gehorsam zu sein". □ **47** Jak 2,19.

sagen: „Ich habe es gehört", und damit genug? Nein, das geht ja gar nicht, wenn ich weiß, daß *Gott* es gesagt hat, dann gibt es nur eine Antwort: Gehorsam. *Beuget* euch unter die allmächtige Hand Gottes.[48] Ein Glaube, der hört, aber nicht gehorcht, ist ganz gewiß kein Glaube![49]

Ja, wirklich Gehorsam, wir können uns da nichts abschwatzen lassen. Gehorsam – ein Wort, das wir heute nicht sehr gern hören, dessen Sinn wir nicht mehr recht verstehen wollen, ein Wort, das wir seit Nietzsche mit Verachtung aus der Moral und erst recht aus der Religion hinausstoßen. Moral ist freie Selbstbestimmung der Person. Was soll da der Gehorsam? Religion ist irgendwie gefühlsmäßige Verschmelzung mit der Gottheit, vielleicht ihre theoretische Erkenntnis. Aber was soll der Gehorsam, wo ich selbst zum Gott werde? So denken viele aus unserm Kreise. Der Sklave gehorcht, der selbst denkende Mann ist frei. Aber ich will euch etwas anderes sagen: Religion ist Unterwerfung vor der deutlich erkannten Autorität, schlechthinnige Unterwerfung, Moral ist der Versuch, dieser Autorität zu gehorchen, ist die Demonstration[50], die wir der Autorität zu Ehren in unsrer Welt machen. Denkt doch nach, Gehorsam ist immer dort, wo Autorität ist. Nun ist es aber einfach undenkbar, daß ein ernsthafter Mensch in nichts eine Autorität verwirklicht sieht! Und sei es schließlich sein Verstand, der alle Autoritäten absetzte, ihm muß er wenigstens als Autorität gehorsam sein.

Aber nun sind alle für uns denkbaren Autoritäten ja nur leichte Abbilder, Schatten der einen Autorität, die wirklich verdient so zu heißen, ohne die es auch keine irdische Autorität gäbe. Grund und Sinn aller Autoritäten dieser Erde, die wir, erkennen wir sie nicht von jener Einen als bedingt, zu unsern Götzen machen, Staat, Kirche, Ratio und Genie: ist sie für uns nicht anschaubar als dort, wo sie sich selbst uns offenbarte in ihrer unbedingten Überweltlichkeit? Gott offenbart sich in seinem heiligen Wort. Der Weg von Gott zum Menschen ist

---

48 I Petr 5,6. Vgl. dazu Kg über Mt 21,28-31, s. o. S. 507 ff. □ **49** Vgl. N, bes. 35. □ **50** Korr.: „Ist dieser Ausdruck, der später wiederkehrt, verständlich? Gemeint ist wohl: Beweisführung, Anwendung?" B nimmt hier indessen K. Barth, Der Römerbrief³, 417 f, auf.

Jesus Christus.[51] Alle menschlichen Wegtafeln, welche Aufschriften sie auch tragen: zu Gott, zum Mysterium, zur Geisterwelt, zur Seele, zum Übermenschen, erhalten durch jenen Weg von Gott her ein deutliches Fragezeichen. „Nehmt an das Wort mit Sanftmut, das in euch gepflanzt ist. Seid aber Täter des Wortes und nicht Hörer allein, dadurch ihr euch selbst betrüget." Also: Die Autorität Gottes verlangt Gehorsam. Sein Wort tritt mit diesem Anspruch an uns heran. Das haben wir nun eingesehen. Sollen wir uns dessen schämen?

Kommt's denn gar nicht darauf an, in wessen Gehorsam wir stehen? Gibt es denn nicht ein[en] rechten Stolz, im Gehorsam eines Gewaltigen zu sein? Aber gleichviel, ob bequem[52], ob nicht, wir sind doch nicht zum Spaß auf der Welt. Nehmt es doch nur einen Augenblick für wahr und wirklich, daß es einen Gott, einen heiligen Anspruch und einen heiligen Weg von Gott zum Menschen gibt[53], Jesus Christus, und dann versucht noch einmal, den Mund aufzutun und vom Übermenschen und vom ‚größer als seine Sünde sein' zu reden oder seichtes Epikuräertum zu predigen, ich sage euch, das Wort bleibt euch bei *dem* Gedanken im aufgerissenen Munde stecken. Und nur ein Wort bleibt: Auf zum Dienst, zum Gehorsam! Wir alle kennen Menschen, die meinen das nicht. Sie kommen oft zur Kirche, Gottes Wort zu ‚hören', wie sie sagen. Die lassen sich auch, wie mir neulich jemand sagte, ganz gern ein bißchen in der Predigt auszanken. Die haben ihre Freude an den ‚wundervollen' Paradoxien des Evangeliums. Die haben einen gewissen Stolz, sich wenigstens einmal wieder ehrlich gegenüber gewesen zu sein und manche Schlechtigkeit an sich entdeckt zu haben; und denken, mit dem „Erkenne dich selbst"[54] genug getan zu haben. Dann gehen sie nach Haus und haben für eine Weile genug davon. Und sie sind nicht anders als jemand, der sich im Spiegel einen Augenblick betrachtet und sieht, daß vieles nicht

51 Korr.: „vgl. die Bemerkung zu S. 541 [hier Anm. 46]. Auch hier hätte dieser Gedanke etwas ausführlicher besprochen werden können." □ **52** Korr.: „bequem?" □ **53** Zum Begriff ‚Anspruch' vgl. K. Barth, Der Römerbrief³, 39, 48ff, 67 u. ö. Zum Ausdruck ‚Weg Gottes zum Menschen' vgl. Ders., Das Wort Gottes und die Theologie, 154f. □ **54** Das γνῶθι σαυτόν des delphischen Orakels.

so ist, wie es sein sollte. Aber kaum hat er sich weggewandt, so ist ihm das Bild entfallen und alle Unordnung bleibt.[55] Flüchtig wie der Blick ist bei jenem der Wille zum Ernstmachen. Und diese Menschen betrügen sich ja selbst. Sie machen sich vor, mit dem bloßen Hinhören schon genug getan zu haben und daran, daß sie das glauben[56], sehen wir schon, daß sie nicht einmal richtig gehört haben. Denn wie kann einer, der Gott hat sprechen hören, glauben, mit dem Hören sei's genug? Gottes Wort drängt zur Tat im Gehorsam. Es ist ein lebendiges und mächtig schaffendes Ding, das man [nicht][57] in sich aufnimmt, wie wenn es gar nichts wäre. Als Gottes Wort Fleisch ward, da „schauten wir seine Herrlichkeit".[58] Gewiß, wir schauten und hörten. Aber als Gottes Wort Fleisch [ward][59], da ward Gottes heiliger Anspruch Fleisch und wir mußten gehorchen!

„Seid *Täter* des Worts!" Wer nicht[60], ist gleich dem Mann, der sein Haus auf Sand baute, und bald war es vom Winde abgerissen. Seid *Täter* des Worts! Eigentlich brauchte man es gar nicht zu sagen, so selbstverständlich ist's für den, der wirklich *Gott* gehört hat; wie daß der gute Baum gute Früchte bringt.[61] Seid Täter des *Worts!* Also keine selbsterfundenen Gesetze und Moralen, die euch noch so bedeutend erscheinen, Täter des Worts! Steht in Gottes Gehorsam und sonst in niemands. Wenn ihr aber im Gehorsam an Gott gebunden seid, so seid ihr recht frei geworden. Frei allem gegenüber, wovon man frei sein soll; frei von Menschen und Mächten, denn ihr seid gebunden in Gott – frei von Gott aber heißt gott-los! Denkt daran! Sind wir im Gehorsam Gottes, so haben wir ein Gesetz der Freiheit[62]; ein Gesetz, das uns frei macht von allem, was uns Zwang ist; ein Gesetz, das wir selbst aus freiem Gehorsam erfüllen. Aber noch einmal: Wie kommen wir zu diesem Gehorsam? Ist er uns etwa angeboren? O nein, das gewiß nicht. Fliehen möchten wir zuerst, wenn Gott uns ruft,

---

55 Korr.: „denn er hat nichts, um den erkannten Flecken zu beseitigen". □ **56** Vom Korr. hier ebenso wie zwei Zeilen weiter unten ersetzt durch „meinen". □ **57** Ergänzung der Bearbeiter. durch: „meinen". □ **58** Vgl. Joh 1,14. □ **59** Vom Korr. ergänzt. □ **60** Korr. ergänzt: „tut oder Täter ist". □ **61** Vgl. Mt 7,17.26 f. □ **62** Korr.: „so wird uns das Gesetz zur Freiheit, d. h. zu einem freien Tun unsres Gott gehorsamen Willens."

wie Adam uns verstecken. Es wird uns angst und bang bei dem Gedanken, wir sollen's mit Gott zu tun kriegen. Schrecklich ist es, in die Hände des lebendigen Gottes zu fallen.[63] Nein, von uns kommt dieser Gehorsam sicher nicht. Aber indem wir das Wort Gottes recht hören, werden wir gehorsam. Das Wort vom Anspruch und vom Geschenk Gottes, von der heiligen Liebe, dies Wort lockt in uns den Willen hervor. Gott *hat* geliebt – sollten wir hassen? Gott ist schon da – sollen wir ihn abweisen? Das Wort ist eingepflanzt – sollen wir's nicht annehmen und Täter des Wortes werden?

Auf Worte und Gedanken sind wir gestoßen, die uns allen höchst unangenehm und unbequem sind: Autorität, Gehorsam, Gesetz. Und da wollen wir noch von Freiheit reden? Ja. Freiheit ist immer da, wo der Wille Ja sagt zu Gott, aber wirklich zu *Gott*, nicht zu einem Götzen.[64] Dadurch wird der Mensch unfrei, denn er bindet sich an Irdisches. Aber bindet er sich wirklich an Gott, so wird er recht frei vom Irdischen, durch Gehorsam – frei! Beharrt er im Gehorsam, so wird er selig[65] sein in seinem Tun. Gott wird bei ihm sein und wird die Gewißheit seiner Gottgebundenheit haben in allem, was er tut. Aber unser Brief sagt kein [Wort][66] davon, daß alles, was ein Christ tut, nun rein und vortrefflich sein wird. Eine Warnung ist nötig! Kein Heiligkeitsdusel.[67] Unser Tun bleibt sündig, bleibt Demonstration[68] und Hinweis. Tägliche Buße ist unsre Arbeit, grade weil wir im Gehorsam Gottes stehen. Buße ist das erste und letzte dessen, der Täter des Worts geworden ist. Tut Buße, *denn* das Himmelreich ist nahe gekommen![69] Der von Gott Angerufene, in seinen Gehorsam Gezwungene, grade er weiß, was tägliche Buße ist. Nimm mein gehorsames Tun als mein Opfer hin[70], als sonst gar nichts. „Herr, wir sind unnütze Knechte, wir haben getan, was wir zu tun schuldig waren."[71] Aber weil das Tun gehorsames Tun ist, spricht Gott nicht Gericht, sondern Gnade.

---

63 Hebr 10,31. □ **64** Korr.: „gut". □ **65** Korr. ersetzt „selig" durch „glücklich zu preisen". □ **66** Ergänzung des Korr. am Rand. □ **67** Korr.: „Statt Dusel besser ein anderes Wort!" □ **68** Korr.: „Vgl. zu Demonstration S. 542 [hier Anm. 50]". □ **69** Mt 4,17. □ **70** Vgl. K. Barth, Der Römerbrief^3, 416 ff. □ **71** Lk 17,10. Vgl. dazu auch B's Predigt über Lk 17,7-10, o. S. 485 ff.

Nun wissen wir, daß das Wort „seid Täter“ nicht heißt: „Verschafft euch Lorbeeren, auf denen ihr bei Gott ruhen könnt.“ Sondern: Zeigt, daß euer Glaube zu Gott wirklich ein Glaube zu *Gott* ist, daß er Unterwerfung unter die Autorität ist; zeigt, daß ihr gehorsam seid; „schafft, aber nicht zu eurer, sondern zu Gottes Ehre.“ „Schaffet, daß ihr selig werdet, mit Furcht und Zittern.“[72] Gottes Anspruch und Liebe ist euch zuvorgekommen. Nehmt sein Wort an, hört's und tut's!

Wollen wir wirklich noch fragen, was es zu tun gibt? Müssen wir wirklich noch reden von dem Ablegen von Unsauberkeit und Schlechtigkeit? Von der Liebe, die sich selbst vergißt? Von der Demut, die sich selbst nicht sieht?! Sollen wir dem Baum vorschreiben, welche Frucht er tragen soll, dem Weizenkorn, welche Ähre, der Lilie, welche Blüte?! Tu, was dir vor die Hand kommt. Adam, wo bist du? Adam, versteck dich nicht.[73] Der Herr sieht auch hinter die Schanzen. Tritt heraus, Mensch, aus dem Unterstand! Dorthin, wo freie Luft weht, wo die Kugeln pfeifen. Dort, Bruder, bist du rückenfrei. Dort heißt's: entscheide dich, handle! Glaube und sei gehorsam![74]

8. KATECHETISCHER ENTWURF ÜBER DEN ZWEITEN GLAUBENSARTIKEL[1]

Zusammenfassung des zweiten Artikels

1. Bei der Besprechung des zweiten Artikels ist zu bedenken, daß die Gemeinde in ihm sich zu Jesus Christus, ihrem Herrn, als dem Grund ihres Glaubens bekennt.

---

72 Phil 2,12. □ **73** Vgl. Koh 9,10 u. Gen 3,9. □ **74** Schlußbemerkung des Korr.: „Die Predigt ist als eine an die Jugend gerichtete gedacht: sie ist nach Inhalt und Form, nach dem Stile forscher Männlichkeit und herzlicher Güte, reiner Wahrhaftigkeit und gewissenhaften Ernstes als eine recht gute Auslegung und Anwendung des vorliegenden Textes zu bezeichnen“.

1 NL A 14,2; masch. Gehalten am 21. 7. 1926 im Seminar bei Prof. Mahling, zur Datierung vgl. NL A 15,12. – Bearbeiter: H. Pfeifer.

Die Relativsätze mit ‚welcher' sind nichts anderes, als Übersetzungen der ursprünglichen Partizipial-Appositionen, durch welche die Frage beantwortet werden sollte: Wer ist denn der Jesus, den du als deinen Herrn anerkennst? Antwort: Er ist der Jesus, von dem die Apostel und Evangelien erzählen, daß er ist empfangen von dem heiligen Geist – usw. bis hin zu dem Wort: Zu richten die Lebendigen und die Toten (cf. 1 Kor 15 κατὰ τὰς γραφάς)[2]. Darum, weil hier nur ein ganz zusammenfassender Überblick über die evangelischen Berichte gegeben werden soll und Aussagen über den Verlauf des Lebens Jesu von der ersten Lebenserscheinung an bis zur letzten, ist auch das Wirken Jesu in seinen Erdentagen gar nicht erwähnt; man vermißt den Hinweis darauf sehr und kann ihn nur auf die angegebene Weise verständlich machen.

2. Auch für den zweiten Artikel gilt es, daß der Glaube zu verstehen ist als eine persönliche Hingabe an Jesus Christus als den Herrn für den Glaubenden und für die Gemeinde. Der Gedanke, als müßte fortgefahren werden: ich glaube an Jesus Christus, unseren Herrn, ich glaube an das Empfangensein von dem heiligen Geist, ich glaube an das Geborensein von der Jungfrau Maria, ist ein Irrtum und würde sofort Glauben im Sinn der persönlichen Lebenshingabe und Glauben im Sinne des Fürwahrhaltens miteinander gleichsetzen. Glaube im evangelischen Sinn kann nicht als ein Fürwahrhalten verstanden werden.[3]

3. Bei den Aussagen: Gottes eingeborener Sohn, oder wahrhaftiger Gott vom Vater in Ewigkeit geboren, müssen wir uns vor jeder mythologischen Vorstellung hüten. Gott ist Geist, wie es uns der Herr Jesus offenbart hat. Folglich sind diese Ausdrücke auch nur unter diesem Gesichtspunkt zu verstehen. Gottes Geist wohnte in Christus, oder wie Paulus sagt 2. Kor. 5,19: Gott ist in Christo; und in solcher Lebensverbundenheit mit dem Geiste Gottes ist bei Jesus niemals ein Wechsel eingetreten. Jesus hat in so einzigartiger Weise Gott in seinem

---

2 Dt.: „nach der Schrift". – Die Klammerbemerkung ist hsl. Zusatz B's am Rand. □ **3** Zu B's Auffassung vom Apostolicum vgl. auch DBW 1 (SC), 134, 272 u. 295.

Erdenleben zur Darstellung gebracht, daß der, der Jesu Reinheit und Güte, Heiligkeit und Treue sah, unmittelbar damit die Reinheit und Güte, Heiligkeit und Treue Gottes selbst sah. „Wer mich siehet, der siehet den Vater."[4] Dadurch ist Jesus himmelhoch von allen anderen Menschen unterschieden. Er ist der Mittler zwischen Gott und den Menschen, darum blicken wir in tiefster Ehrfurcht zu ihm auf und bekennen uns zu ihm als unseren Herrn!

4. Luther hat in der Auslegung des zweiten Artikels das zusammengefaßt[5], was er an Segen und Gaben durch seinen Herrn Jesus Christus erfahren hat. Er weiß sich durch ihn, durch sein Leben und Leiden, sein Sterben und Auferstehen erlöst von der Macht der Sünde, die den Damm zwischen ihm und Gott aufgerichtet hatte und ihn dadurch zu einem ‚Verdammten' gemacht hatte, und er weiß sich aufs innigste mit seinem Herrn Jesus vereinigt, und durch ihn zu einem Leben des Dankes und Dienstes für ihn gewonnen. Diesen seinen persönlichen Heilsbesitz preist Luther mit Worten, die er wiederum dem Hausvater in den Mund legt, genau so, wie bei dem ersten Artikel.

5. Die Behandlung des zweiten Artikels und seine Auslegung mit den Kindern verlangt, daß wir auch hier versuchen, das was der reife Christ Luther aus seiner Sünden- und Gnadenerfahrung als Wahrheit ausspricht, in die Sphäre der Erlebnismöglichkeit der Kinder hineinzuversetzen, also auch hier, wie bei dem ersten Artikel gesagt war, die Glaubensmelodie Luthers in die Tonart der Kinder zu transponieren.

6. Dem kindlichen Verständnis würde es am meisten entsprechen, wenn man einfach und kurz den zweiten Artikel und seine Erklärung so zusammenfaßte:

Ich glaube an Jesus Christus, meinen Herrn, das heißt, ich gebe mein Herz meinem Herrn Jesu hin; ich bin dessen gewiß, daß er, der die Kinder zu sich gerufen und sie gesegnet hat, auch mich segnen will und mir helfen, daß ich ein reines und dankbares Kind Gottes werde.

---

4 Joh 14,9. ☐ **5** Vgl. Luthers Erklärung zum zweiten Artikel im Kleinen Katechismus (BSLK 511, 23–37).

7. Eine etwas ausführlichere Zusammenfassung besonders für reifere Kinder könnte etwa so formuliert werden:

a) Ich gebe mein Herz hin Jesus Christus als dem Mittler und Herrn meines Lebens.

b) Mit seinem Wort und seinem Leben hat er damals, als er auf Erden lebte, die Menschen dafür gewinnen wollen, daß sie mit ihrem ganzen Willen und Leben Gott gehörten und Gottes gehorsame und ihm vertrauende Kinder würden.

c) Und er ist gestorben, um durch seinen Tod im Kampf mit der Sünde den Menschen zu zeigen, wie lieb er sie hat und wie schändlich das Böse ist, das ihn ans Kreuz gebracht. Joh 10.[6]

d) Als der, der am Kreuz gestorben ist und wieder lebendig geworden ist, ruft er mich zu sich, um mich von allem frei zu machen und zu erlösen, was mit dem Willen Gottes nicht übereinstimmt, was mich darum nicht zum rechten Menschen werden läßt wie Gott ihn haben will, und mir darum Friede, Freude und Kraft nimmt.

e) Gott ist Liebe, Gott ist Freude, Gott ist heiliger Ernst. Wenn ich an der Hand meines Herrn Jesus meinen Lebensweg gehe, dann werde ich durch ihn dahin geführt, daß ich mich ewig als ein Kind Gottes freuen darf, und dafür will ich dem Herrn Jesus von ganzem Herzen dankbar sein!

---

6 „Joh 10" ist hsl. Zusatz auf B's Durchschlag. Gemeint sind die Verse 11 und 15.

c) Ansprachen im Kindergottesdienst. November 1926 – April 1927

9. ANSPRACHE ÜBER LUKAS 12,35 ff[1]

Totensonntag, Lk 12,35 ff

Wir haben neulich abend auf einem Ausflug mal vom Weltuntergang gesprochen und was da werden wird. Daran wollen wir heute mal anknüpfen.[2] Ihr wißt, Jesus hat oft von den Dingen gesprochen, die am Weltende sich zutragen werden. Warum wohl? Was wird denn nach dem Weltende geschehen? Da soll ja Gottes Reich ganz allein aufgerichtet werden. Darum spricht

---

1 NL A 15,5; hsl.; Kg, 22. Nov. 1926. Das Ms. besteht aus zwei Bögen zu je vier und einem Halbbogen zu zwei Seiten Text. Der Textverlauf ist aufgrund ungewöhnlich zahlreicher Streichungen, Einfügungen u. Umstellungen von B's Hand nicht ohne weiteres durchsichtig. Seitenzahlen fehlen; der zweite Bogen ist mit „2." gekennzeichnet. Schwierig ist vor allem die Zuordnung des Halbbogens. Die Lösung ergibt sich aus einem Hinweis B's auf der ersten Seite des zweiten Bogens: „S. I 2", der besagt, daß hier ein Text einzurücken ist, der unten auf der zweiten Seite des ersten Bogens beginnt und sich über die ganze Seite 3 des ersten Bogens erstreckt. An dessen ursprüngliche Stelle ist der Text von S. 1 (f) des Halbbogens zu rücken, der auf Seite 4 des ersten Bogens fortgesetzt wird. Der größere Teil von S. 2 des Halbbogens ist – wie entsprechenden Zuordnungszeichen B's zu entnehmen ist – auf der ersten Seite des zweiten Bogens einzufügen. Die Seiten des Ms. sind demnach etwa folgendermaßen zu numerieren: 1. Bogen, S. 1 und 2 = S. I und II; Halbbogen, S. 1 = S. III; 1. Bogen, S. 4 = S. IV; Halbbogen, S. 2 = S. V; 1. Bogen, S. 3 = S. VI; 2. Bogen, S. 1–4 = S. VII-X. In den fiches findet sich eine Transkription, die den Text anders ordnet. – Bearbeiter: H. Pfeifer, H. Anzinger. □ 2 Die beiden ersten Sätze ersetzen folgende gestr. Eingangspassage: „Wir wollen heute von etwas sprechen, wovon wir alle nicht allzu gern reden und bei dem sich mancher große Junge, aber auch mancher Erwachsene etwas geniert, weil's so etwas ist, was man nicht so recht vernünftig beweisen kann, es geht eben weit über all das hinaus, was wir für gewöhnlich denken. Und bei solchen Sachen ist's gut, wir hören recht genau auf das, was die Bibel uns da zu sagen hat und wir wollen doch mal sehen, ob da nicht etwas steht, was grade zu uns gesagt ist."

der Herr Jesus so oft davon. Und so malt er sich oft im Geiste aus, wie's an diesen letzten Tagen auf der Welt wohl aussehen wird und immer neue Bilder sah er da im Geiste, und immer ein anderes Gleichnis fand er, um davon zu erzählen. Manche davon haben uns die alten Christen aufgeschrieben und erhalten. Einst erzählte er den Jüngern. Ein großes Haus sah er mitten in tiefer Nacht. Aber das Haus ist hell erleuchtet. Und drinnen sieht man viele, viele Knechte aus den Fenstern spähen. Mitten in der schwarzen Nacht stehen sie da, jeder mit seiner Lampe, die weit hinausleuchtet auf die lange nächtliche Straße. Was mögen sie wohl wollen? Keiner spricht ein Wort. Da droht einer einzunicken. Aber der Nebenmann ruft ihn leise an und unermüdlich spähen sie weiter hinaus. Auf wen mögen sie warten? Warum gehen sie nicht schlafen in ihre Kammern? Wer wird denn so spät in der Nacht noch kommen? Sie hören wie die Nachtwachen ausgerufen werden. Nun geht's schon dem Morgen zu. Noch stehen die Knechte an den Fenstern. Gegenseitig müssen sie sich nun ermuntern, wach zu bleiben; denn immer wieder wollen die müden Augen zufallen. Ihren Herrn erwarten sie, der von der Hochzeit heimkehren soll. Nun warten sie schon viele Tage und Nächte, und noch verzieht er, aber die getreuen Knechte ermüden nicht, empfangen wollen sie ihn ja, wenn er heimkommt zu ihnen; wenn er an die Pforte klopft, da wollen sie nicht schläfrig sein, sondern eiligst ihm öffnen und mit ihren Lampen entgegengehen und sei's um Mitternacht.[3]

Jesus machte eine kleine Pause im Sprechen. Schweigend, staunend hören die Jünger die Worte Jesu. Da fährt er fort. Selig sind die Knechte, die der Herr, so er kommt, wachend findet. Wahrlich ich sage euch: der Herr wird sich einen Schurz machen und wird die Knechte zu Tische laden und vor ihnen gehen und ihnen dienen. Sprachlos sehen die Jünger dem Herrn Jesus in die Augen. Sie haben's nicht verstanden, was er meinte, da macht er's ihnen klar: „Darum sollt auch ihr bereit sein, denn Gottes Sohn und sein Reich kommt zu einer Stunde, da ihr's nicht meinet. Lasset eure Lenden umgürtet sein und eure Lichter brennen, wie jene Knechte." Da ist's den Jüngern

3 Im Ms. kein Absatz.

aufgegangen, was der Herr Jesus von ihnen wollte. Ob uns auch was aufgegangen ist, ob die Geschichte uns auch was zu sagen hat? Ihr glaubt gar nicht wie viel!

Also[4], nicht wahr, wir sind die Knechte in diesem Gleichnis, und der Herr, den sie so treulich[5] erwarten, das ist der Herr Jesus und sein Reich. Aber was geht das uns an? Sein Reich soll ja erst am Ende der Welt kommen, wenn die Erde und die Sterne einmal zusammenstoßen, oder sonst irgendeine schreckliche Katastrophe eintritt. Und da haben ja die Astronomen ausgerechnet, daß das noch viel tausend oder Millionen Jahre dauert. Also was geht uns das an, was in Millionen Jahren, wenn die letzte Zeit gekommen ist, einmal wichtig sein wird? So fragt ihr jetzt ganz natürlich. Und ihr habt völlig recht, diese letzte Zeit am Weltende geht uns wirklich überhaupt gar nichts an, darüber mögen sich andre den Kopf zergrübeln, wir lassen das besser bleiben. Aber was nun? Dann hat uns die Geschichte also doch nichts zu sagen? Was werdet ihr nur antworten, wenn ich jetzt behaupte: jeder Augenblick kann Weltende, „letzte Zeit" sein? Was soll das heißen, nicht wahr, ein Ende gibt es nur einmal, genau wie es nur einen Anfang gibt bei unserm menschlichen Leben und überall? Aber wir wollen das mal gründlicher überlegen. Sagen wir doch statt Ende ein ganz ähnliches Wort, nämlich „Vollendung". Und nun fragen wir nicht nach dem Ende der Geschichte oder unsres Lebens, sondern nach der Vollendung. Vielleicht geht uns jetzt was auf. Wann ist denn der Mensch in seinem Leben vollendet? Doch wohl dann, wenn er das geworden ist, wozu er auf der Erde ist[6]. Wann ist er denn aber das geworden? Da brauchen wir nur dem Herrn Jesus und seinem Wort gut zugehört zu haben, wenn wir das wissen wollen. Wenn wir Gottes Willen tun, wenn wir Gottes rechte Kinder sind, wenn Gott selbst in unser Herz gezogen ist und uns unser Herz auskehren hilft, „dann ist lauter Himmel hier"[7]; dann ist der Mensch vollendet. So hat Jesus gelehrt.[8]

---

4 Hier beginnt S. III (s. o. Anm. 1). □ 5 U. L., vielleicht: „freudig". □ 6 „wozu er auf der Erde ist" ersetzt: „was er sein soll". □ 7 B. Schmolck, Tut mir auf die schöne Pforte, 2. Strophe (EKG 129). □ 8 Hier endet der aus S. III stammende Einschub. Er ersetzt folgende Passage des Anfangs von S. 4 auf dem

Und nun denken wir wieder an die Geschichte von den Knechten und dem Herrn, von den Menschen und dem Reich, das der Herr Jesus bringen will. Und seht, hier kommen wir auf das, was für uns ganz besonders aus der Geschichte gesagt ist. Wir glauben freilich, daß wir den Weltuntergang nicht mehr erleben, wir alle nicht mehr, und daß es noch viele Jahrtausende dauert, bis Gott es so weit bringt, daß er alles neu macht. Aber wir brauchen auch gar nicht solange zu warten. Das Reich Christi und die Herrschaft[9] Jesu Christi ist uns viel näher, als wir denken, denn es soll ja in uns sein, wir sollen ja jetzt schon Kinder in dem Reiche sein. Der Herr Jesus ruft uns dazu jeden Tag. Wir müssen nur hinhören können. Er klopft bei uns an, genau wie der Herr in der Geschichte von den Knechten und fragt: Bist du bereitet, daß ich bei dir Einzug halten kann. Hast du dein Herzenskämmerchen fein sauber gefegt für den hohen Gast, der kommen will. Siehe, ich stehe vor der Tür und klopfe an.[10] Und hält dann der Herr Jesus und der heilige Geist Einzug bei uns, dann ist's so, wie wir im Gebet sprechen: wo du Wohnung hast genommen ...[11] Ein schlimmer Knecht, der's verschläft, wenn der Herr anklopft und ihm die Tür nicht flugs öffnet. Selig der Knecht, den der Herr wachend findet. Wir haben am Bußtag schon von diesem Wachsein gesprochen; da sagten wir, wir müßten hinhören, ganz in uns hinein, ob wir nicht eine Stimme hören, die uns was zu sagen hat. Seht, am Anfang ist die Stimme ganz leise, und wir müssen schon tüchtig

---

ersten Bogen: „Jesus will uns zuerst einmal sagen: irgendwann einmal wird alles was besteht vergehen und dann wird Gott sein Reich aufrichten, in dem wir von da an leben sollen. Aber er sagt dazu: Lasset ... Das bedeutet nicht etwa, daß wir nun gar nicht mehr schlafen sollen bis das alles geschieht oder daß wir nun an gar nichts andres denken sollen als an das Ende. Da würden wir ja ganz unbrauchbare Träumer sein. Nein, das heißt doch nichts als in allem was ihr tut, denkt daran, daß vielleicht grade jetzt Gottes Reich zu euch kommen will und ihr nun grade jetzt vor Gottes Richterstuhl treten sollt. ‚Bereitet oder nicht zu gehen, er muß vor seinem Richter stehen' [Fr. Schiller, Wilhelm Tell IV. Aufzug, 3. Auftritt. (Sämtliche Werke II, 1013). Welchen der ‚vielen Chorsätze' zu diesem Stück (H. Riemann, Schiller in der Musik, in: Bühne und Welt 7 (1905), 656) die Kinder gesungen haben, läßt sich nicht mehr feststellen]. So habt ihr neulich beim Tode eines lieben Freundes selbst gesungen". – □ 9 Im Ms.: „H", vielleicht: Herrlichkeit. □ 10 Apk 3,20. □ 11 Vgl. Anm. 7.

wach und munter und aufmerksam sein, um sie zu hören, je öfter wir das aber versuchen, desto deutlicher und leichter verstehen wir sie. So werden wir uns bereiten, daß wir den Herrn Jesus recht empfangen. Seht, wie nah sich die Gedanken vom Bußtag [und] vom Totensonntag liegen und wir schon vom 1. Advent ein leises Kommen ahnen.[12]

Nun werdet ihr mir sagen, aber so ganz rechte Kinder Gottes, wie sie sein sollen, sind wir ja doch hier nie, trotz aller Mühe, so ganz „lauter Himmel" ist in uns doch eben hier noch nicht. Und da habt ihr sehr recht. So vollendet, daß wir sagen können: „Nun bin ich vollendet", sind wir hier nie, das hat uns Jesus immer wieder gezeigt und das spüren wir ganz genau, und das ist der Grund, warum wir so oft so traurig sind, weil's denn noch nicht ganz gelingt. Wir hören nicht immer auf das Klopfen des Herrn Jesus. Aber wir wissen doch immerhin, schon hier auf der Erde will Gott bei uns sein, das Himmelreich ist ja ganz nah. Aber einmal, da wird's so weit kommen, daß der Herr Jesus zum letzten Mal bei uns anklopft und diesmal so laut, daß keiner es verschlafen kann. Das ist im Augenblick, wo wir sterben sollen.[13] Und wenn wir das bedenken, dann verstehen wir plötzlich, daß uns die Geschichte von den Knechten noch viel mehr zu sagen hat. Sie sagt: wachsam sollen wir sein nicht nur, wenn der Herr Jesus zum 1. Mal ruft, sondern immer weiter bis zum letzten Mal, d. h. bis der Herr Jesus bei uns anklopft und uns sagt: jetzt wird's Zeit zu gehen. Bist du bereit? Und wie tut er [es] so deutlich, daß es jeder hören muß. O und wie viele sind's, die dann zum erstenmal in ihrem Leben merken, daß sie an das, was nun kommen soll, nie gedacht haben. Bereitet oder nicht zu gehen, er muß vor seinem Richter stehen, so habt ihr neulich selbst gesungen.[14] Seht, die haben den Herrn Jesus und den heiligen Geist, sooft er im Leben bei ihnen angeklopft, nicht hören wollen, sie haben Augen und Ohren verschlossen und geschlafen. Die sind's, die nun, als es

---

12 An dieser Stelle findet sich im Ms. ein Zeichen, das darauf hinweist, daß hier S. V einzufügen ist. □ **13** Der auf dem Halbbogen (S. V) notierte Einschub endet hier. Der folgende unmittelbar vor dem Einfügungszeichen stehende Satz soll offenbar gestr. werden : „Nicht wahr, das ist der Augenblick, in dem wir sterben müssen." □ **14** Vgl. Anm. 8.

zum letzten Gang geht, keinen Schatz im Himmelreich haben. Sie hatten ihren Schatz und ihr Herz nur auf dieser Welt.[15]

Neulich auf dem Ausflug, auf dem wir uns über viele ernste Dinge unterhielten, da[16] sagte auch einer von euch ein Wort, das ich mir behalten habe. Der sagte, wenn ich wüßte, daß ich in 3 Tagen sterben müßte, dann würde ich mir mein Geld aus der Kasse holen und ein großes Stück Schweizer Käse dafür kaufen und immerfort davon essen. Da lacht ihr jetzt drüber und der von euch hat das damals natürlich auch nur im Spaß gemeint. Aber wißt ihr, eigentlich soll man darüber keinen schlechten Spaß machen, auch wenn er gar nicht bös gemeint ist. Und das darum, weil es gar nicht so wenig Menschen gibt, die das ganz wirklich sehr ähnlich so machen würden, wie der, der das neulich sagte. Die haben keine andern Gedanken als Kino und Essen und Trinken. Laßt uns essen und trinken, denn morgen sind wir tot, so hatten's die Leute von Jerusalem zu dem Propheten gesagt.[17] Und woran liegt das wohl, daß es so viele Leute so furchtbar leichtsinnig damit nehmen können, wie wir es gar nicht könnten? Ihr wißt's. Gewiß, weil so viele Leute glauben mit dem Tod ist alles fertig und zu Ende, und die Größeren von Euch haben sich schon oft mit einem unterhalten und gestritten, der das auch glaubt. Und die haben's dann gemerkt, daß das sehr schwer ist, jemanden davon abzubringen. Grade weil wirs alle noch nicht wissen und erlebt haben, können wir eben so wenig davon sagen. Und ich will's gleich sagen: beweisen können werdet ihr's nie, was wir uns heute erzählen. Gottlob läßt sich's nicht beweisen. Aber glauben läßt sich's. Und seht mal, wenn wir wissen, daß Gott sich überhaupt einmal mit uns eingelassen hat, können wir dann dem lieben Gott zutrauen, daß er es plötzlich ganz aus sein läßt mit uns?

---

15 Hier folgt das oben Anm. 1 erwähnte Zeichen: „S. I 2", weshalb hierher der Text von Bogen 1 (= S. VI) zu rücken ist. □ **16** Ersetzt: „Wir wollen, um das ganz zu verstehen, mal ganz woanders anfangen. Auf demselben Ausflug, auf dem wir uns miteinander darüber unterhielten, was es denn eigentlich mit dem heiligen Geist sei, sprachen wir noch über etwas anderes. Wir sprachen vom Weltuntergang und von den Menschen, die nichts tun als ins Kino und in Tanzlokale zu gehen und dann erzähltet ihr von den Indern und der Seelenwanderung. Und da". □ **17** Jes 22,13.

Wir sollen uns doch auf Gottes Treue verlassen. Sonst ist allerdings alles vorbei.[18]

Wenn wir nun aber einmal das Wort des Herrn Jesu mutig glauben wollen, denn ohne Mut kann man nicht glauben, dann müssen wir auch gehen. Jesus wird bei uns allen einmal zum letzten Mal anklopfen und uns zum Fortgehen rufen. Wer weiß, wann! Vielleicht wenn wir 80[19] Jahre sind, vielleicht noch in dieser Woche. Es ist ja eben erst gewesen, daß ein lieber Freund aus unsern Reihen gerissen wurde, wer weiß warum? Wer hätte es eine Woche vorher noch gedacht, und gar als er bei uns im Kindergottesdienst saß. Kinder, ganz furchtbar ist es, wie plötzlich oft der Tod kommt: „Rasch tritt der Tod den Menschen an“[20], habt ihr gesungen. Dummes Zeug reden die, die da vom Naturgesetz und sonst irgendeiner Weisheit reden. Nein schrecklich ist's, grauenvoll, wer das nicht spürt, der hat gewiß kein christliches Herz. Und nun denkt, wie furchtbar für die, die nicht davon wissen, daß sie nach diesem Leben vor ihrem Richter stehen müssen, die nie hören wollten, wenn der Herr Jesus anklopfte.[21]

O nein, mit dem Tode ist's für den Menschen nicht zu Ende, und das ist ein Schrecken für die einen, eine Freude für die andern.[22] Er sagt, der Tod ist ein Kommen, ein Rufen, ein Anklopfen Gottes bei uns; nun stehen wir dem Reich[23] der Herrlichkeit so nah wie nie; es steht vor [der] Tür, ja das Reich Gottes ist nahe gekommen; o wie herrlich haben die frommen

---

18 „Und seht mal ... alles vorbei.“ ersetzt: „Aber glauben läßt sich's. Nur einer bewiesenen Sache nachzulaufen ist keine Kunst, und was würde aus all den vielen werden, die solche Beweise nicht verstehen? – aber zum Glauben gehört ein Mut. Sich ganz frei darauf zu verlassen, nur weil der Herr Jesus es gesagt hatte, das heißt glauben, und das ist für alle gleich schwer und gleich leicht.“ – Der folgende Text findet sich unten auf S. 1 des zweiten Bogens. □ **19** U. L., vielleicht: „90“. □ **20** Fr. Schiller, Wilhelm Tell IV. Aufzug, 3. Auftritt (vgl. Anm. 8). □ **21** „daß sie ... anklopfte“ ersetzt: „daß man sich vor dem Tod nicht zu ängstigen braucht, daß man sich darauf freuen kann“. – Mit dem folgenden Absatz beginnt der von weiteren Umstellungen freie letzte Teil der Ansprache (= S. VIII-X). □ **22** „O nein ... anderen“ ersetzt: „Uns aber hat Jesus mehr davon erzählt und gesagt, man soll sich darauf vorbereiten. Er hat uns gesagt, daß es mit dem Tode nicht zu Ende ist, sondern vielmehr erst eigentlich beginnt. Da wird's sich zeigen, ob einer für die Ewigkeit gelebt hat oder nicht“. □ **23** Im Ms.: „R“.

Männer der Bibel erzählen können vom Reich des Vaters, zu dem wir alle hinstreben sollen[24], von der heiligen Stadt im ewigen Licht mit den goldenen Gassen und Perlentoren[25], von der Majestät Gottvaters und dem Jubel in seinem gewaltigen Reich. Aber das sind ja alles nur ganz schwache Bilder von der Wirklichkeit, und diese Wirklichkeit soll einst unsre werden. Aber Jesus sagt, nur die wachen Knechte, die auf das Kommen ihres Herrn merken, werden auch mit dem Herrn zu Tische sitzen. Nur die, die ihre Lichter nicht auslöschen lassen, werden das ewige Licht sehen. Wer sein Licht nicht ansteckt, der sieht den Herrn nicht kommen; und er wird im Dunkel einschlafen. Zweierlei bedeutet die ernste Mahnung Jesu vom Brennenlassen des Lichts. Zuerst einmal schaut aus nach dem Herrn, zeigt ihm auch, daß ihr wacht. Das heißt für uns gesprochen: Hört wenn der Herr anklopfen will. Dann heißt's aber auch, seht im Lichte der Kerze, ob ihr auch wohl gegürtet und bereitet seid ihn zu empfangen; oder für uns, ob wir bei uns ausgekehrt haben, damit der Herr Einzug bei uns halte, und ob wir bereit sind zu gehen, wenn der Herr heute zum letzten Mal bei uns anklopfen wollte.[26] Nie können wir früh genug anfangen an die Arbeit bei uns zu gehen. Jeden Augenblick kann für uns die letzte Zeit kommen, und dann ist's vielleicht zu spät. Lasset eure Lichter brennen; *Gott* hat das Licht in euch angesteckt, laßt's nicht verlöschen, seht, daß kein Böser es ausbläst, dann wird's dunkel und kalt in und um euch.[27]

Als es einmal ganz Nacht in der Welt geworden war und alles in Finsternis schlief, und die Menschen nicht aus noch ein wußten und schlimme Dinge in nächtlicher Dunkelheit verübt wurden, da sandte Gott vom Himmel Licht in die Welt hinein. Mitten in der Nacht stand da ein Mann mit einer leuchtenden Fackel und leuchtete in die Finsternis hinein. Um ihn herum standen Männer und Frauen, die sahen das und ergriffen Fackeln und entzündeten sie an dessen Licht und trugen sie in die

---

24 Gestr.: „Man hat sich herrliche Bilder ausgemalt". □ **25** Apk 21,18 ff. □
26 Gestr.: „All das tun die Leute, von denen wir vorhin sprachen, gar nicht und darüber ist nicht zu lachen, sondern es ist furchtbar traurig. Was soll denn aus denen werden, die schlafen bis zu ihrer letzten Stunde? Wach auf ..." □
27 Im Ms. kein Absatz.

schwarze Nacht hinein. Und immer mehr Männer und Frauen kamen zu dem seltsamen Wundermann[28] mit der gewaltigen Fackel und entzündeten ihre Lichter an seinem Licht und liefen wieder in die Welt hinein. Aber o wie vorsichtig waren sie, damit dies wundersame Licht nicht verlösche, und gar mancher wandte sich um, achtete nicht auf sein Licht und strauchelte, so daß das Licht verlöschte, und ach wie schwer war der Weg im Dunkeln zurück zu dem Mann mit der Fackel. Immer weiter fort pflanzt sich das Licht, denn nun zündet es der eine am andern an und immer so weiter, bis es immer heller und wärmer in der Welt wurde, und als der Mann mit der Fackel in seine Heimat aus der Welt zurückgekehrt war, da brannte auf der Welt an vielen Herden sein Feuer. Zwar gab es viele, die hatten sich an die Nacht gewöhnt und denen brannte das Licht zu sehr in den Augen, so daß sie ihm entflohen, aber wer es einmal hatte, der achtete darauf wie auf das kostbarste Heiligtum, damit er es nie wieder verlöre. So brennt das Feuerlicht fort und fort und wir sind's, die es hüten sollen.[29] Lasset eure Lichter brennen! Selig der Knecht, den der Herr wachend findet.[30]

Also wenn wir auf's Lichtlein acht haben, dann preist uns unser Herr Jesus Christus selig, auch schon hier, aber für ewig erst im Reich Gottes, wenn wir aus der Welt des Dunkels ins ewige Licht eingehen, wenn wir unser Licht in seine Heimat zurückbringen. Nun haben wir plötzlich gar keine Angst mehr vor dem Tod, wenn nur unser Lichtlein brennt, damit wir ins Reich des ewigen Lichtes Zutritt erlangen. Wir sind auch nicht mehr gar zu traurig, wenn einer stirbt, der sein Lichtlein recht gehütet hat. Ob es wirklich brannte oder ob's uns nur so schien, das sieht Gott allein, nicht wir, die Kinder, laßt uns daran denken, daß Gott will, daß allen Menschen geholfen werde. Laßt uns am heutigen Totentag derer gedenken, die eingegangen sind als treue Hüter ihres Lichtes ins ewige Reich, und laßt uns ganz im Stillen froher Hoffnung sein für alle Menschen, auch für uns selbst. Keine Bilder können uns genügen, um

28 „seltsamen Wundermann" ersetzt: „wunderbaren Mann". □ **29** „fort und fort . . . sollen" ersetzt: „es wird eine Zeit kommen, da brennt's lichterloh und dann wird es keine Finsternis mehr geben, Gott hat alles neu gemacht. Gottes Reich ist gekommen . . ." □ **30** Im Ms. kein Absatz.

solche Freude auszumalen, wie sie dort drüben sein wird, wenn wir Gott und unsern Herrn Jesus von Angesicht zu Angesicht schauen und in ihrem Dienste froh werden. Bis dorthin aber ruft uns Jesus zu: Fürchte dich nicht, du kleine Herde, denn es ist eures Vaters Wohlgefallen, euch das Reich zu geben.[31]

10. ANSPRACHE ÜBER PSALM 24,7[1]

1. Es ist schon lange her und war an einem ganz gewöhnlichen Tage in den Ferien, weit weg von hier im Süden Deutschlands, als ich meinen Morgenspaziergang nach einem der schönsten und ältesten Schlösser machte, das ich je gesehen habe. Ich war fast jeden Morgen in dem uralten Schloß mit seinem herrlichen schweren Portal an der niedrigen Mauer gesessen und hatte oft lange von oben auf das Land und den Fluß heruntergesehen. Und auch heute begegneten mir wie sonst frühe Wanderer[2], die aus dem Schloßportal herauskamen. Sie gingen mit einem Gruß an mir vorüber durch den Schloßhof auf die Straße zu.[3] Wie oft hatte ich das nun schon gesehen seit den vielen Wochen, in denen ich hier wohnte. Aber heute war mirs seltsam zumute. Ich blieb stehen und sah den beiden fremden Menschen nach, bis sie mir aus den Augen gekommen waren. Die wunderten sich natürlich nicht wenig. „Der hat wohl noch nie zwei Menschen gesehen", sagte der eine, und lachend gingen sie weiter. Ich lehnte immer noch an der Mauer und blickte nun auf das hohe Schloßportal.[4] Wieviel Menschen sind nun hier

---

31 Lk 12,32.

1 NL A 15,6; hsl.; Kg zum 1. Advent ohne Titel (vermutlich über Ps 24,7), 29. Nov. 1926, s. S. 636 f. – Bearbeiter: H. Pfeifer. □ **2** U.L. □ **3** Bis hierher Neufassung des Anfangs der Ansprache; sie ersetzt: „Es war an einem ganz gewöhnlichen Tage, als ich von der Arbeit nach Haus kam und mir grade, als ich ins Haus treten wollte, zwei fremde Menschen aus der Haustür entgegentraten und dann an mir vorüber durch den Garten auf die Straße gingen." □ **4** „Ich lehnte ... Schloßportal." ersetzt: „Ich saß immer noch am Hauseingang; dann faßte ich einen Entschluß und ging schnell hinein und in meine Stube. Dort saß ich noch lange und dachte in Ruhe nach."

schon aus und ein gegangen, dachte ich, seit wie langer Zeit, und wie verschieden haben die ausgesehen. Ritter und Fürsten, Burgherren und Knechte, Kinder und Greise, Bettler und Musikanten, Bischöfe und Krieger, Wanderer und Weglagerer, wieviel frohe und wieviel traurige Botschaft ist durch dieses hohe Portal ins Schloß getragen worden, wieviel listige und schlechte Pläne und wieviel gute und fromme Gedanken hat man hier hereingebracht. Gegen wieviele Feinde hat man das Tor verrammelt und wieviel Freunde herzlich aufgenommen. Jetzt war es ein herrlicher Sommermorgen, und man hatte die Tore weit geöffnet, damit die wärmenden hellen Sonnenstrahlen recht weit hinein in die gewaltige Eingangshalle fielen. Aber nachts mußte man das Portal fest schließen, damit nicht der kalte Nachthauch und vielleicht allerlei Gesindel ins Schloß dringe. So hatten es die klugen Hausherrn angeordnet und treue Diener befolgten den Befehl Tag für Tag. Was für Gefahr drohte dem ganzen Schloß, wenn das Tor einmal unbewacht offenstehen würde: zuviel kam auf die Wachsamkeit der Torhüter an. Das Glück des ganzen Schlosses und die ganze Verantwortung lag bei ihnen. Und wie oft mag da ein schlechter Wächter böse Leute hereingelassen haben und wie oft mag er's verschlafen haben, wenn der Herr spät von der Jagd oder dem Kriegszug heimkehrte.[5]

Und so sann ich lang vor mich hin und wußte selbst nicht recht, warum. Da plötzlich mußte ich an ein andres Schloß denken. Das war viel kleiner als das mächtige, vor dem ich saß. Aber noch unendlich viel mehr als in das große Schloß hinein- und hinausging, ging in dem kleinen ein und aus. Das ist ein dauerndes Aus und Ein, den ganzen Tag lang. Und das Allerverschiedenste spaziert da herein, vom Schönsten bis zum Häßlichsten, vom Besten bis zum Abscheulichsten. Und auch an diesem Schloß sitzt ein Torwächter, der auf- und zuschließt, wie fest kann das kleine Schloß verrammelt werden, viel fester als jedes andre. Da kann oft jemand mit dem Eisenklopfer dranpochen, aber drin hört's keiner oder jedenfalls macht keiner auf. Es gilt hier auf der Hut zu sein vor bösen Eindringlin-

5 Im Ms. kein Absatz.

gen, die das kleine Schloß, wenn sie erst mal hineinkommen, im Handumdrehen ganz zerstören, alles Schöne zerschlagen und sich selbst drin breitmachen. Und oft steht das Tor weit offen, um Sonne und Wärme hereinzulassen. Aber der Wächter muß da sein. Und da geschieht's oft, daß der Wächter unachtsam ist, und schon ist der Himmel dunkel und ein scharfer Regensturm fegt ins Haus und wirft um, was ihm entgegen steht. Dann kann er gar nicht schnell genug von seinen Träumen aufspringen und das Tor fest schließen. Oder auch er verschläft's, wenn am Morgen die Sonne kommt oder wenn der Schloßherr heimkommt. Dann muß der vor der Tür stehen und warten, und keiner läßt ihn ein in das Haus, das ihm selbst gehört, er selbst hat's ja noch gebaut und eingerichtet und hat's dann dem Wächter übergeben, als er fortziehen mußte, und nun läßt der ihn nicht rein.

Da muß er stehen und lange warten. Tag und Tag kommt er wieder und begehrt Einlaß in sein Eigentum, und keiner hört, keiner öffnet. Wer weiß, wie lange der Herr noch Geduld hat und wie oft er noch kommt und klopft? Vielleicht ist's heute das letzte Mal! Bis er dann ganz fortgeht und das kleine Schloß – ihr wißt, wie es heißt: das Herz des Menschen – einsam zurückläßt. Der Torhüter hat von all dem nichts gemerkt, und wir selbst sind ja die Torhüter. Aber wie wird's sein, wenn uns der Herr, dem wir sein Eigentum verwehrten, für die Ewigkeit einsam läßt? Wir wollten ja keinen Herrn, nun haben wir unsern Willen für Ewigkeit! Einsam, herrenlos, gottlos sind wir geworden. Weil wir nicht hören wollten, als es noch Zeit war und der Herr anklopfte. Siehe, ich stehe vor der Tür und klopfe an.[6] Herr, laß uns deine heilige Zeit nicht versäumen, die Zeit, wo du rufst und Eintritt in dein Eigentum begehrst. Laß uns rechte Wächter und achtsame Knechte dieses Hauses sein. Machet die Tore weit![7]

2. Weihnachten ist nicht ein Fest für die einzelnen Menschen, sondern für alle zusammen. Warum wohl? Gott kommt in sein Reich, und sein Reich ist die ganze Welt. *Jeder* Mensch gehört ihm, denn er hat ihn gemacht. Wir sind alle Gottes Eigentum,

---

6 Apk 3,20. □ **7** Ps 24,7.

das er nun in Besitz zu nehmen kommt. Wer will dem Herrn sein Eigentum verweigern, wer will sich zum Räuber an Gottes Besitz machen? Wer will sich vergreifen an dem, das ihm nicht gehört? Lasset uns jubeln, daß er kommt, sein Reich einzunehmen, daß wir sein Eigentum sind von Anbeginn der Welt an. Nicht wir allein und die andern nicht, alle, alle will Gott sie haben, über die Verbrechen der Großstädte will er sein Reich bringen, über den Machtkampf der Weltreiche triumphiert die Herrlichkeit seines Reiches. Alle sollen sie Bürger seines Reiches werden. Und der das Werk angefangen hat, der wird's auch vollenden.[8]

3. Ich hörte neulich mal, wie einer in der Stadtbahn laut schimpfte und sagte: Da werde ich nun zu diesen reichen Leuten geschickt, um etwas zu bestellen, und da lassen die mich eine volle Stunde warten, ehe sie herunterkommen. Wer hat denn heute noch zum Warten Zeit? Er hatte ganz recht. Denn es konnte ihm ja passieren, daß er eine Arbeit nicht fertigbrachte und man ihm deshalb keine Arbeit mehr gab und er mit seiner Familie ohne Schuld arbeitslos wurde. Nun sagt ihr einmal, gibt es für uns wohl etwas Schlimmeres als warten zu müssen, auf einen Kameraden, bei einer Besorgung oder wenn man krank im Bett liegt und gern gesund werden möchte oder sonst irgendwann? Nein, warten tun wir alle furchtbar ungern. Oder denkt mal an eine Mutter, deren Junge ihr etwas ganz Böses angetan hat und die nun wartet, bis der Junge kommt und sagt: Verzeih Mutter, bis er ihr seine Herzenstür öffnet und alles Unrechte gegen die Mutter herauskehrt und nur noch Liebe drin wohnen lassen will. Denkt nur, wie sie da warten muß, oft tage- und wochenlang, und der Sohn verschließt sich ganz, und die Mutter wartet vielleicht ihr Leben lang. Vielleicht

---

8 Auf der Rückseite dieses Blattes findet sich auf dem Kopf stehend ein Passus, der vielleicht für den Abschnitt 2 gedacht war: „Kennt ihr den mächtigsten Mann auf der Erde, der über zahllose Millionen Seelen gebietet? Er hat kein großes Reich wie andere Herrscher und ist doch der mächtigste König der Welt. Das ist der Papst in Rom. Und wißt ihr auch, wie der sich nennt? Stellvertreter Christi auf Erden will er sein. Also eigentlich verwaltet er nur das Reich, was einem anderen gehört."

kennt ihr selbst schon so etwas Ähnliches. Oder denkt, wie der Vater auf den verlorenen Sohn wartete.[9]

Und nun denkt daran, daß Tag für Tag in unendlicher Geduld vor unserm Herzen einer wartet, der Einlaß begehrt. Unermüdlich klopft er an, und wir hören's und überhören's über dem Geschrei und Gepolter der Stimmen, die nicht warten können und alles andre übertönen wollen. Aber sagt selbst, bringen die lautesten Schreier immer das Beste mit? Und so muß der geduldige Unbekannte zurückstehen und warten, und er kann warten, und könnte er's nicht von Ewigkeit, so hätte er's bei uns lernen müssen. Gott ist der große unbekannte Vater vor unserm Herzen, den wir so leicht überhören; aber er steht dicht vor unsrer Tür und klopft an. Wollen wir nicht endlich hinhören und auftun? Wollen wir soviel Geringes hereinlassen und den Herrn wie einen Knecht warten lassen? Gott hat Geduld, gewiß, lange Zeit bei denen, die nichts wissen von ihm und seinem Willen, aber wenn wir wissen, daß er wartet, und schließen dann auch nicht auf, dann könnte die Stunde kommen, wo wir einmal Gott nicht mehr vor der Tür finden, „wie wohl wir ihn mit Tränen suchen"[10]. Macht ernst damit. Denkt ihr nicht auch: Ja, ja, er hat ganz recht mit dem allen. Machet die Tore weit!

4. Haben wir uns nun wirklich entschlossen, dem Herrn unsre Herzenstür zu öffnen, wie machen wir das denn in Wirklichkeit. Wir müssen's doch ganz wirklich versuchen aufzuschließen, wenn wir mal mit uns allein sind. Nur vom Reden kommt's doch nicht. Und ganz gewiß, oft ist die Tür schon arg verrostet und schwer aufzubringen. Aber wir müssen's fertigbringen. Da müssen wir zuerst mal all die Stimmen zum Schweigen bringen, die in uns reden wollen von der Schule, von den Kameraden, von den Spielen und von dem Jungen, mit dem wir uns eben noch geprügelt haben, – ganz still muß es in uns werden, und dann, wenn's ganz ruhig geworden ist, dann rufen wir zu dem, der so gern zu uns kommen will. Und ihr könnt sicher sein, daß er kommt. Auch wenn ihr's nicht irgendwie spüren könnt, er ist in euch, und ihr seid plötzlich ganz andre

9 Im Ms. kein Absatz. □ 10 Vgl. Hebr 12,17.

Menschen geworden. Und wenn's dann wieder an die Arbeit geht, dann dürfen wir es nicht wieder so laut in uns werden lassen, daß wir Gottes Stimme nicht mehr hören. Und sollte es doch einmal wieder so kommen, so gehen wir im Gebet ganz still vor Gott. Ohne Gebet geht's einmal nicht – und Gott wird wieder seine Stimme in uns reden lassen und bei uns sein. Und so feiern wir jeden Tag Advent, die Ankunft des Herrn.

5. Ich will euch eine alte Legende erzählen. Es war im Winter hoch im Norden in einer schwarzen Nacht nahe an Weihnachten, der Schneesturm fegte und heulte um die festen Wände eines erleuchteten Häuschens. Weit und breit sah man nichts als Schneefelder. Aber drin im Häuschen wohnen harte kalte Menschen, ein Mann mit seiner Frau. Mit bösem Gesicht aßen sie grade ihr Abendbrot. Da poltert's an der Tür, immer lauter und stärker. Der Mann will nicht heraus, bis es scheint, als ob die Tür zerspringen müßte. Und immer furchtbarer heult draußen der Sturm. Da springt er auf und eilt hinaus und mit einem Fluch öffnet er die Tür, um den Störenfried hereinzulassen. Kaum faßt er die Klinke, da fliegt ihm die Tür auf und herein stürmt eisige Luft und Schnee, aber kein Mensch ist draußen. Der Sturm war's gewesen. Voll Wut schließt und verrammelt er die Tür, so fest er kann. „Nun, hast du ihn rausgeworfen?" fragt die Frau, als er zurückkommt. Ohne Antwort setzt sich der Mann an den Tisch. Da dauert's nicht lange, und wieder klopft's an die Tür. Die beiden drin hören nicht drauf: Es klopft nicht so laut wie vorher, immer noch einmal. „Ach laß nur, das ist wieder der Sturm", sagen sie drin. Da hören sie angestrengtes Rufen einer ermatteten Stimme; aber sie wollen's nicht hören. Sie wollen sich nicht stören lassen. Immer eindringlicher ruft's. „Hör nur, wie der Sturm heult", sagt die Frau und weiß genau, daß es nicht der Sturm ist. Noch einmal ein heftiges Klopfen und letztes Rufen, das wie ein heller Schrei klingt, – dann haben sie wieder Ruhe da drinnen. Nur das gleichmäßige Brausen des Windes und das Knistern des Holzofens, auf dem das Essen kocht, vernimmt man. Ein jeder denkt still für sich: „Gottlob, den wären wir los. Freches Bettelvolk." Vor der Tür aber lag, vom Schnee nun bald bedeckt, ein alter Mann ohne Mantel und Rock und neben ihm ein kleiner Junge, fest in den Sachen des Alten eingewickelt – beide erfroren. In

derselben Nacht aber starb der Mann, der drin im Hause gewohnt hatte. Und seine Seele flog davon zum Himmelstor hinauf. Neben seiner Seele aber flogen zwei andre Seelen denselben Weg herauf, und sie flüsterten leise miteinander, und der Seele des bösen Mannes wurde es plötzlich ganz angst und weh. So flogen sie weiter, die beiden immer ein Stückchen weiter voran, und nun endlich waren [sie] zum Himmelstor gekommen. Da klopften sie an die Pforte, und flugs machte ein freundlicher Mann die Tür auf und ließ die beiden Seelen herein in den herrlichsten Garten; denn die Engel des Herrn kannten die beiden Seelen schon lange und hatten gesehen, wie der Alte noch vorm Tod seinen Rock vom Leib zog, um das Kind zu schützen. Kaum war die Himmelstür wieder verschlossen, kam eine arme Seele voller Angst und klopfte an, und als keiner kam zu öffnen, immer heftiger und lauter. Aber die Tür blieb verschlossen. Und nun erhob sich ein gewaltiger kalter Sturm vor der Pforte, und es fror die Seele entsetzlich und voll Not schrie sie laut um Hilfe. Da hörte sie eine Stimme (Mt 25[11]) und wußte sogleich, daß es die Stimme des Herrn Jesus Christus sei. Ich bin hungrig gewesen, und ihr habt mich nicht gespeist; ich bin durstig gewesen ... Ich bin ein Fremdling gewesen, und ihr habt mich nicht aufgenommen. Ich bin nackt gewesen, und ihr habt mich nicht bekleidet. Da schrie die arme Seele auf: Herr, wann haben wir dich hungrig gesehen oder als Fremdling unter uns? Was ihr einem dieser Geringsten nicht getan habt, das habt ihr mir auch nicht getan. Als du dem Armen, der an deiner Tür klopfte, nicht öffnetest, da stießest du den Herrn Jesus von deinem Haus. Weißt du nun, was es heißt, wenn der Herr sagt: Siehe, ich stehe vor der Tür ... Tue Herz und Haus auf nicht nur für den Herrn Jesus, sondern ganz ebenso für deinen armen darbenden Bruder. Mit jedem armen Bruder, der in dein Haus kommt, zieht der Herr Jesus hinein. Unsre Sammlung für Bethel steht bevor, denkt daran, daß auch wenn die Armen und kranken Brüder nicht immer an die Türe klopfen, sie an unser Herz pochen und um Einlaß bitten. Mit ihnen kommt der Herr. Machet die Tore weit!

11 Mt 25,42 f. 45.

11. ANSPRACHE ÜBER JEREMIA 27–28[1]

Jer 27–28

Jeremia hatte gewarnt. Er hatte erkannt, daß die Wolken, die am Himmel aufzogen, furchtbares Schicksal bargen. Aber man hatte ihn weniger gehört, als je einen Propheten. Er war der Narr, die Abscheu, aber auch – das Grauen der Stadt. Man verhöhnte, man mißhandelte ihn aus tiefer Furcht vor dem, der hinter ihm stand. Man wußte, daß es hier um ein Ganzes ginge. Entweder man glaubte ihm und kehrte um, *oder* – ja oder man suchte sich seiner Person auf irgendeine Weise zu entledigen, und da schien frecher kalter Hohn als das, was das eigene furchtbare Grauen am besten zu übertünchen vermochte. Jeremia hatte die endgültige Erfolgslosigkeit seines Redens längst bemerkt, aber noch immer sprach ja Gott zu ihm – und solange mußte auch er noch reden. „Der Herr spricht, wer sollte nicht weissagen."[2] Jeremia war der unglücklichste Mensch in der ganzen Stadt, denn er kannte Gott *und* die Menschen. Alle andern kannten ja höchstens die Menschen, zumeist wohl auch das nicht. Jeremia hatte die Menschen erst kennengelernt, als er Gottes Wort zu ihnen sprach. Und so mußte er erkennen, daß sein eigenes, vielmehr Gottes eigenes Volk nicht mehr anders konnte, als es tat. „Kann wandeln ein Mohr die Farbe; ein Pardel die Flecken? So wenig kannst du guttun, gewöhnt ans Böse."[3] Und als Jeremia das erkannt hatte, da verfluchte er den Tag seiner Geburt.[4] Denkt doch nur, von geliebten Menschen zu wissen, daß sie bald sterben müssen, wahrhaftig, schon das ist nicht leicht, aber von ihnen zu wissen, daß Gott sie verwarf, daß ihnen das Böse zur unwiderstehlichen Natur wurde durch eigene Schuld, oh diesen Schmerz kann kein Mensch ertragen. Laßt uns Gott danken, daß er uns nicht in diese seine letzten Ratschlüsse einweiht, und laßt uns täglich bitten, daß wir nicht zu denen gehören, denen das Böse zur innersten Natur wurde.

---

1 NL A 15,10; hsl.; Kg, vermutlich Anfang 1927, s. S. 636f. – Bearbeiter: H. Pfeifer. □ **2** Am 3,8; vgl. Jer 25,3. □ **3** Jer 13,23. □ **4** Jer 20, 14.

Jeremias naher Verkehr mit Gott hat ihn zum Fluch über sein Leben gebracht. Kinder, mit Gott sein macht nicht glücklich. Das lernen wir an Jeremia.

Krieg war über Jerusalem gekommen, der König war gefallen.[5] Bestürzung herrschte in Jerusalem. Aber nur kurz dauerte es, so war man wieder auf hohem Roß. Diese Niederlage mußte wohl die Strafe für vergangene Sünde gewesen sein. Tieferblikkende hatten über diese stolze Ausflucht ihren Spott: „Die Väter haben saure Trauben gegessen und den Söhnen sind die Zähne davon stumpf geworden!"[6] Ach hätten diese sonst so selbstsüchtigen Menschen doch grad diesmal ein bißchen mehr an sich gedacht! Jeremia war solchen Reden nicht zugänglich. Wieder einmal hatte für ihn die Stunde geschlagen. Er trat auf dem Marktplatz in großer Versammlung auf und verkündigte den völligen Untergang des Tempels, wollten sie noch nicht umkehren. Gott wohnt nicht im Tempel von Menschenhand gebaut.[7] Gott wohnt bei denen, die ihn hören. Ihr Herz ist sein Tempel. So konnte Jeremia ohne Scheu von der Zerstörung des Tempels durch Gott selbst sprechen. Als Lästerer des Tempels und Gottes lassen ihn die Priester gefangennehmen und man will ihn hinrichten. Aber seine Zeit ist noch nicht gekommen. Er wird durch mahnende Stimmen des Volk[es] freigelassen.[8] Man will kein unschuldig Blut auf sich laden. Und zu klar und deutlich sind die Worte des Jeremia und zu ähnlich denen, die man selbst im Grund des Herzens spürte, als daß man ihn für einen Wahnsinnigen oder Schwärmer halten könnte. So läßt man ihn mit Grauen los.[9]

Jahre vergehen. Jeremia bleibt derselbe, aber auch Jerusalem bleibt dasselbe. Der Herbst, den schon Amos an dem Korb voll Herbstfrüchten sah[10], dieser Herbst war über Jerusalem eingebrochen. Jerusalem fällt von seinem Herrscher Nebukadnezar von Babylonien ab und wird nach kurzer Belagerung erobert, der Tempel und der Königspalast geplündert, der König und sein Hof gefangen nach Babylon abtransportiert, ein neuer Vasallenkönig Zedekia von Nebukadnezar eingesetzt.[11] Jeremia

5 B denkt vermutlich an II Chr 25, 22-27. □ **6** Jer 31,29. □ **7** Act 7,48. □ **8** Vgl. Jer 26,1 ff. □ **9** Im Ms. kein Absatz. □ **10** Am 8,1 f. □ **11** Vgl. II Reg 24,10 ff.

hatte Recht behalten. Aber es hat wohl nie einen Menschen auf der Erde gegeben, der lieber Unrecht mit allen seinen Worten gehabt hätte als Jeremia. Schwer erschüttert stand Jerusalem da. Aber es stand noch und es dauerte nicht lange, so war der alte Übermut wieder da. Priester und Kriegsleute schmiedeten Kriegs- und Befreiungspläne, und das Volk jubelte ihnen mit wenig Ausnahmen zu. Der König schwankt zwischen seinem Treueid an Babel und dem Rat seiner Obersten hin und her. Vor Jeremia hat [er] zu große Furcht, als daß er ihn befragte. Da werden eines Tages im königlichen Palast die Gesandten der Nachbarstaaten von Jerusalem angemeldet, zunächst noch geheim. Zedekia empfängt sie; sie bringen den Vorschlag des gemeinsamen Abfalls von Babylonien und bieten Bundesgenossenschaft an. Zedekia läßt sie warten und ruft seinen Rat zusammen.[12] Wie ein Mann rät man zum Aufstand, zum Krieg. Schon sind durch die Diener des Palastes Nachrichten unter das Volk gekommen, und man läuft zusammen vor dem Palast des Königs. Man hört hin und her die Rufe „auf zur Befreiung Jerusalems", „Krieg gegen Babylon", „Gott ist mit uns", „es ist heiliger Krieg". Immer lauter wird der Trubel vor dem Palast und dem Tempel. Zedekia berät in den Gemächern und ist unschlüssig. Man ruft nach dem Hohenpriester und Stadtpropheten Hananja. Ganz vereinzelt hört man eine Stimme, die ruft: Wo ist Jeremia? Er soll reden! Dann verhallt [sie] unter dem allgemeinen Getöse.

Zur selben Stunde saß Jeremia vor sich hin brütend einsam in seinem Zimmer. Er hörte nichts von all dem Getöse. Aber er hörte etwas ganz anderes. Er war im Gespräch mit Gott und hörte wie Er ihm einen seltsamen Auftrag gab: Mach dir ein Joch und häng es um deinen Hals und geh zum König Zedekia und den Gesandten und sag ihnen, was ich dir sagen werde. Kaum hatte Jeremia das gehört, als er begriff, was das bedeuten sollte, und er ging hinaus und begann sich ein Joch zu zimmern. Wißt ihr, das ist so ein Ding, wie man es den starken Ochsen über den Nacken legt, damit man sie dann führen kann und in der Gewalt hat. Und ihr kennt vielleicht die Geschichte von

---

12 Vgl. Jer 27,3.

dem Joch[13], durch das das ganze Heer der Römer, als sie einmal besiegt waren, hindurchziehen mußte. Das war die größte Schmach, die man einem Volk und einem Menschen antun konnte, wenn man ihm befahl durchs Joch zu gehen. Und nun bekommt Jeremia diesen Auftrag von Gott. In kurzer Zeit hat er sein hölzernes Joch gezimmert und sofort wirft er es sich auf den Nacken und zieht in die Stadt.[14]

Da hört er schon von ferne das Lärmen des Volkes und lenkt seinen schweren Schritt zum Königspalast. Er denkt an nichts als an seinen Auftrag. Hinter ihm keifern die Frauen und die Kinder werfen ihm Steine nach. Grobe Flüche dringen aus dem Munde der Männer. Als er unvermittelt um eine Straßenecke biegt und dort herumstehende Leute ihn so nah erblicken, flüchten sie mit einem Angstschrei davon, und scheu duckt man sich an die Mauern, und kaum ist er vorbei, da fliegen wieder Steine hinter ihm her. Er spürt von alledem nichts. Jetzt ist er dem Platz schon ganz nahe, immer lauter hört [er] das Volk toben und kaum biegt er aus einer Straße auf den Platz, da sieht er schon da oben am Königspalast den Hohenpriester Hananja stehen, dem das Volk zujubelt. Man schreit nach Krieg, nach Befreiung aus dem Joch Babels. Da bahnt sich Jeremia seinen Weg durch die Massen, und ohne daß viele ihn schon bemerkt hätten, steigt er schweren Schrittes unter seiner Last die breiten Treppen zum Palast herauf. Eine Todesstille bemächtigt sich der Masse. Man sieht voll Grauen auf diesen Schrecklichen, der nie fehlt, wo das Volk jubelt, der dort warnt, wo Jerusalem feiert, der dort klagt, wo Jerusalem lacht, der nun im Joch geht, wo Jerusalem Freiheit atmet. Da steht er neben dem Hohenpriester, dem Beglücker als der furchtbare Quäler des Volks und schon dringen die ersten groben Worte herauf zu ihm, schon heben sich Fäuste, fliegen Steine.[15]

Da erhebt er seine Stimme und alles schweigt rundum und er ruft: Der Herr Zebaoth spricht durch meinen Mund, der alles was ist, gemacht hat, Völker und Städte, Könige und Diener,

---

13 Ersetzt: „vom kaudinischen". Gemeint ist die Niederlage Roms an den Caudinischen Pässen (321 v. Chr.) gegen die Samniter. □ **14** Jer 27,1 ff. – Im Ms. kein Absatz. □ **15** Im Ms. kein Absatz.

Länder und Reiche, der Gewalt hat über all das, was Er machte. Er will alle seine Länder unter die Macht des Königs von Babel geben, der soll unser König sein, wir seine Knechte, bis es dem Herrn der Heere[16] gefällt auch ihm das Reich zu nehmen und ihn zum Knecht eines andern zu machen. So will Gott, daß auch Jerusalem seinen Nacken beugt unter das Joch des Königs, wie er mir befahl im Joch vor euch zu erscheinen. Werdet demütig, beugt euch, denn euer Herr ist ja nicht nur der König von Babel, sondern Gott, der den zum König über uns erwählte. Wehe aber dem Volk, das seinen Nacken nicht beugt, wenn Jahwe es befahl, dem wird nicht Babel, sondern Jahwe feind sein. Mit Krieg, Hunger und Pest soll dieses Volk vertilgt werden von der Erde, die Gott gehört.[17]

Laut [hat] er das in die Menge hineingerufen und zur Antwort erscholl tobendes Durcheinander von Für und Wider: „Fort mit dem Feigling, bestochen ist er vom König von Babel." Andre wieder: „Nein, hört ihn, Gottes Wort spricht aus ihm." Da tritt Hananja ehrfurchtsgebietend auf Jeremia zu und das Volk wartet auf das, was nun kommen soll. Da reckt sich Jeremia hoch auf, gewaltig steht er da unter seinem Joch mit erhobener Rechten und ruft: „Laßt euch nicht von euren Propheten verführen, die um eure Gunst buhlen, von euren Priestern, Weissagern wie diesem Hananja hier, der schmeichelnd euch gute Tage und Sieg und Freiheit von Babel vorhersagt und lügt. Nur das Volk, das Gottes Ruf gehorcht und vor Babel sich beugt, wird in seinem Land bleiben und pflanzen und bauen."[18] Da wird seine Rede unterbrochen. Zedekia ist mit seinem ganzen Hof und den Gesandten aus dem Portal des Palastes getreten und staunend und erbebend erblickt er den Mann im Joch, vor dem ihm mehr graut als vorm Feind. Auf den Stufen seines Palastes sprach er zum Volk und Hohenpriester. Als Jeremia den König erblickt, da schreitet er langsam und gewaltig auf ihn hin. Mit bebender Stimme ruft ers halb flehend, halb rasend vor heiligem Zorn aus zum dritten Mal: Ergebt euren Hals unters Joch des Königs von Babel, dient ihm und seinem Volk, so werdet ihr leben. Glaubt nicht den Lüg-

16 U. L., vielleicht: „Herren". □ 17 Jer 27,4. □ 18 Jer 27,9 ff.

nern und Schmeichlern, denn Jahwe spricht: ich habe sie nicht gesandt. Ihr werdet umkommen samt euren Propheten. Gott habt ihr zum Feind, wenn ihr euch Babel nicht beugt.

Erschrocken weicht der König zurück und blickt hin und her zu Jeremia und zum Volk und dann wieder zum Hohenpriester Hananja, wie Hilfe suchend. Da tritt dieser hervor neben den König und die Gesandten mit den Worten: Jahwe spricht: Zerbrochen habe ich das Joch Babels, ehe zwei Jahre um sind, will ich alle die Gefangenen und den König aus Babel nach Hause führen, denn zerbrechen will ich das Joch Babels in kurzem! Laut hatte ers gerufen und ein Jubelruf drang durchs ganze Volk zu ihm und zum König. „Frei von Babel", „auf zum heiligen Krieg". Da reckt Jeremia seine Arme in die Höhe zum Himmel und spricht: Amen; der Herr tue also, der Herr bestätige deine Worte, Hananja. Und vom Volk drang zurück der Ruf: Amen, der Herr tue also. Aber wieder sprach Jeremia: „Aber höret ihr alle ein Wort: Von altersher haben die Propheten Unheil und Krieg und Pest vorausgesagt. Zur Warnung hat sie Gott stets gesandt vor schlimmen Zeiten. Denkt an Jesaja und Amos. Wenn nun ein Prophet Frieden und Gutes voraussagt, so wird man erst erkennen, ob er ein rechter Prophet war, wenn sein Wort erfüllt wird. Da trat Hananja voll Zorn auf Jeremia zu und riß ihm sein Joch vom Nacken und zerschmetterte es an der Steintreppe und rief: Ebenso wird Jahwe Babel[s] Joch über Jerusalem zerbrechen, wie ich dieses zerbrach. Heil der Freiheit Jerusalems.[19] Und wieder erscholl das Echo des Volkes.[20]

Schweigend hatte Jeremia sich das geschehen lassen und langsam schritt er die Treppe hinunter über den Markt durch die Menge hindurch. Man wich vor ihm aus und fürchtete sich vor seinem Schweigen fast mehr als vor seinem Reden. Man ahnte Schlimmes. Jeremia ging durch die einsamen Straßen Jerusalems. Wer hätte wohl mehr als er gewünscht, daß Hananja recht behielte! Aber er wußte, daß nicht der, sondern er selbst Gottes Wort sprach. Im Gebet sprach er dann zu Hause mit Gott und er bekam einen neuen Auftrag. Wieder ging er

---

19 Jer 28,1 ff. □ 20 Im Ms. kein Absatz.

hinaus, es wurde schon Abend, und kaufte sich ein Joch, diesmal aber aus Eisen, und mit dieser noch viel schwereren Last zog er zum Markt. Noch immer tobt die Menge. Man feiert die Bundesschließung[21] mit den Nachbarstaaten. Schrekken überläuft die Menge, als sie Jeremia nahen sieht, man läuft zu Hananja. Eben zu diesem lenkt auch Jeremia seine Schritte. Da treffen sie sich wieder, der stolze Sieger und der nie Besiegte, und Jeremia spricht: „Gott spricht: ein eisernes Joch habe ich um den Nacken des Volkes gehängt, damit sie dem König von Babel dienen; Gott ist mit Babel und straft euch. Lehnt euch nicht auf gegen den, der euch vernichten kann und wird. Dich, Hananja, hat Gott nicht gesandt, verführt hast du dies Volk zum Abfall von Gottes Willen, drum spricht Gott: Vom Erdboden will ich dich vertilgen, noch dieses Jahr sollst du sterben."[22]

Nach diesen drohenden Worten schreitet Jeremia durch die Menge hindurch. Hananja aber war nach 3 Monaten gestorben. Noch monatelang hat niemand den Jeremia anders gesehen als mit dem eisernen Joch auf dem Rücken. Er trug das Joch, das Gott ihm auferlegt hatte, und es war wahrhaftig ein eisernes Joch, und doch: es drückte ihn nie zu Boden. Hätte das Volk es tragen geholfen, es wäre leichter gewesen. Er trug die schwerste Last, die wohl je ein Mensch trug. Nur einmal noch hat Einer eine hölzerne Last getragen, die noch tausendmal schwerer als das eiserne Joch des Jeremia [war], und der trug seine Last nicht für sein Volk, sondern für die ganze Welt, und seine Last war ein hölzernes Kreuz. Nicht wahr, Kinder, den kennen wir alle?

---

21 U. L. □ **22** Jer 28,12 ff. – Im Ms. kein Absatz.

12. ANSPRACHE ÜBER JOHANNES 19[1]

Karfreitag: Joh. 19 und Parallelen

Als Gottes Sohn zu Gott, dem Vater sprach: Mich zieht's zu den Menschen, da sprach Gott-Vater zum Sohne: Es wird ein Weg der Erniedrigung und Demütigung sein müssen, den Gottes Sohn unter den Menschen geht. Und der Sohn antwortete: Ich will ihn gehen. Da spricht Gott-Vater: Mein Zorn ist groß über die Schlechtigkeit der Menschen. Strenge Strafe muß ich verhängen. Und der Sohn spricht: Leg all deinen Zorn und deine Strafe auf mich, ich will für die Menschen, die du schufest, vor dir stehen und gehorsam die Last deines Zornes für die Schuld der Welt tragen. Der Vater spricht: Sohn, mein Zorn ist groß. Und der Sohn antwortet: Vater, deine Liebe ist größer. Ich will mit deinem Zorn und aller Demütigung beladen der Verkündiger deiner Liebe sein. Ich will selbst deine Liebe sein, die auch dort hingeht, wo Schuld und Bosheit und Elend ist, die den Verbrecher lieben will, die *selbst* die Gottverlassenheit schmeckt und verkündigt, daß deine Liebe sich bis zu den an deiner Liebe Verzagenden bringt. Überall wo ich auf der Erde sein werde, soll deine Liebe sein. Da küßte Gottvater den Sohn mit heiligem Kuß. In einem engen Stall aber zu Bethlehem wurde einem armen frommen Elternpaar ein Knabe geboren.

Dreierlei kennzeichnete den Weg Jesu Christi unter den Menschen. Seine grenzenlose Liebe, seine Erniedrigung, die er Tag um Tag erfuhr, und der Zorn Gottes, der sein Werk vor der Welt Augen zum Scheitern brachte. Oft haben wir davon gesprochen. Wir denken heute, wo wir von der Stunde im Leben Jesu reden, in der das Alles drei zusammengefaßt seinen Höhepunkt fand, daran zurück.

Jesus, von Kaiphas zum römischen Landpfleger Pilatus geführt, bekennt, von diesem gefragt, ein König zu sein, dessen Reich nicht von dieser Welt ist, ein König der Wahrheit.[2] Was

---

1 NL A 15,8; hsl.; Kg zum 15. April 1927. – Bearbeiter: H. Pfeifer. □ **2** Joh 18,33-37.

könnte dieser Schwärmer, der so still und ungefährlich vor Gerichte stand, ihm, dem Pilatus oder auch dem römischen Kaiser schaden? Und Pilatus fühlt sich irgendwie getroffen von der Klarheit und Bestimmtheit, mit der dieser König der Wahrheit ihm ins Auge sah. Es war ein Wort gefallen des Inhalts, daß nicht Pilatus, sondern Gott allein die Vollmacht habe über Tod und Leben Jesu zu entscheiden; das hatte sich dem Pilatus in[s] Herz gebohrt. So will er ihn freigeben. Aber das Volk, von den Hohenpriestern aufgereizt, rebelliert. „Gibst du den frei, so bist du des Kaisers Freund nicht." „Wir haben nur einen Kaiser, den Kaiser Roms."[3] Dem hält Pilatus nicht stand. Er liefert der tobenden Masse unter Beteuerung seiner eigenen Unschuld den Angeklagten aus und gibt den politischen Verbrecher Barrabas frei. Unter dem Geschrei: „Laß ihn kreuzigen. Sein Blut komme auf uns und unsre Kinder"[4], sieht die Masse ihre Lust an Jesu Geißelung. Grobe Kriegsknechte pakken Jesus und in hellem Lachen bringt man den Königsschmuck für den gescheiterten König der Juden herbei. Da – die Krone, ein Kranz aus harten Dornen! auf die Stirne gepreßt, fließen die ersten Blutstropfen auf die Erde, auf der er als die Liebe Gottes gewandelt war, und es trinkt die Erde das Blut dessen, der ihres Schöpfers geliebter Sohn war, der sie liebte, wie sie nie einer geliebt hatte. Da – der Königsmantel, ein Purpurkleid, rot wie Blut, wird ihm übergeworfen. Nur das Szepter des mächtigen Königs fehlt noch. Ein zerbrechliches Rohr drückt man ihm in die rechte Hand und dann beugen sie die Knie vor dem Ebenbild ihres eigenen Wahnsinns und sie ergreifen das Rohr und schlagen sein Haupt damit und speien ihm ins Gesicht.[5] Ecce homo, ein Bild grausigen Ehrfurchtgebietens, ein Bild der grenzenlos liebenden Barmherzigkeit.

Jetzt sieht man aus der Ferne einen Trupp Menschen kommen, über ihnen ragen 3 Kreuze. Es wird Zeit sich zu rüsten. Man nimmt Jesus den Purpurmantel ab und erwartet schweigend die Heranziehenden. Nun erkennt man deutlich zwei Verbrecher, die auf den nackten Schultern zwei gewaltige Kreuze tragen und hinter ihnen ein drittes, von einem Kriegsknecht getragen. Man schreitet die Treppen vom Richthaus

3 Joh 19, 12.15. □ 4 Mt 27,25. □ 5 Joh 19,2.5.

hinunter auf den Platz, wo die Ankömmlinge warten. Schweigen herrscht. Da geht ein Aufzucken durch die Menge: der Kriegsknecht hat Jesus sein Kreuz auf den Nacken geworfen. Nun setzt sich der Zug in Bewegung, und mit diesem Augenblick fängt das Schreien, Johlen und Spotten wieder an. Man zieht durch die Tore Jerusalems. Da spielen Kinder auf dem Wege. Als sie den Zug sehen, laufen sie erschreckt davon. Nun aber erkennen sie den unter dem Kreuz, der so oft und so freundlich mit ihnen geredet hatte. Da krampft sich ihr Herz zusammen, und schluchzend, erschrocken wollen sie dem Herrn Jesus entgegenlaufen. Da reißt sie eine grausame Faust aus dem Weg und nur noch einen kurzen Blick voller Liebe sehen sie den Herrn Jesus auf sie richten. Ihr Spiel ist zu Ende, nichts als tiefe Trauer im Herzen schleichen sie nach Haus und nur aus der Ferne noch hören sie den Lärm. Die Sonne flieht, und immer eiliger will man zu Werk. Da bricht lautlos Jesus unter seiner Last zusammen. Eine Bewegung geht durch die Masse: Man hört im Zug ein lautes Aufweinen. Maria ist's, die Mutter des Herrn; gestützt auf einen jungen Mann, Johannes, den Lieblingsschüler des Herrn, wankt sie langsam im Zuge. Das Herz ist ihr zerrissen. Frauen und Mütter, die sie erkennen, können den Anblick nicht ertragen und weinend in innerlich reuigem Schmerz treten sie heraus aus dem Zug und wenden sich ab. Die Spitze des Zuges ist auf der Höhe angekommen, und von dort aus überblickt man die endlose Menge, die sich bis an die Tore Jerusalems zu erstrecken scheint. Auch Jesus ist bald am Ziel. Da kommt ein alter Mann, der in die Stadt will; und als er Jesus erkennt, erbebt er: Gott ist mit dir, ruft er. Nur leise murmelt er vor sich die Prophetenworte: „Er ist um unsrer Missetat willen verwundet und um unsrer Sünde willen zerschlagen. Die Strafe liegt auf ihm, auf daß wir Frieden hätten."[6] Ein Leuchten geht aus Jesu Augen. Er war einer von denen, die er geheilt hatte, und der ihm seitdem getreulich gefolgt war. Ein Schlag des Kriegsknechtes stieß ihn zur Seite.[7]

Man ist angekommen, das Kreuz liegt auf der Erde. Jesus wird entkleidet und auf das Kreuz gelegt. Nagel für Nagel

---

6 Jes 53,5. □ 7 Im Ms. kein Absatz.

befestigt seinen Leib am Holze. Nun fassen die Kriegsknechte das Kreuz und richten es auf. Hoch über allen schwebt nun der Körper Jesu. Ein Schaudern läuft durch's Volk. „Er ist unter die Übeltäter gerechnet", hört man eine Stimme.[8] Das Werk ist getan. Gaffend umsteht das Volk die 3 Kreuze. Und wieder beginnt der Spott: Bist du Gottes Sohn, so steig herab vom Kreuze.[9] Da dringt deutlich vernehmbar aus Jesu Mund in die Herzen der Menge: Vater vergib ihnen ...[10] Jetzt sieht man ganz langsam die Mutter Maria unters Kreuz treten mit Johannes. Mit gefaßtem Blick schaut sie in namenlosem Schmerz und Liebe auf zu Jesus. Da hört man seine Stimme und ringsum wird's still: Weib, siehe das ist dein Sohn. Und zum Jünger: Siehe, das ist deine Mutter.[11] Währenddessen spielten die Wächter unter dem Kreuz um die Kleider des Herrn. Da hört man die beiden Verbrecher reden. Der eine, der den Herrn zu spotten wagte, wird vom andern zurechtgewiesen: Fürchtest du dich auch nicht vor Gott, der du in gleicher Verdammnis bist? Wir empfangen, was wir verdienten. Er aber hat nichts Unrechtes getan. Und zu Jesus ruft er: „Herr, gedenke an mich, wenn du in dein Reich kommst!" Und Jesus spricht: „Wahrlich, ich sage dir, noch heute wirst du mit mir im Paradiese sein."[12] Minuten vergehen wie Stunden. Das Volk verläuft sich allmählich, teils spottend, teils bedenklich, teils klagend. Konnte einer, der noch am Kreuze so sprechen konnte, ein Gotteslästerer sein? Die Sonne brennt entsetzlich auf die bloßen Körper. Da spricht Jesus: Mich dürstet, und man reicht ihm Essig.[13] Nun geht es dem Ende zu. Furchtbar tobt das Blut in seinem fiebrigen Körper.[14]

Der Tod hat schon an sein Herz gerührt, da dringt ein Angstschrei durch die Luft: mein Gott ...?[15] Mitleidig blickt mancher zu dem armen Verzweifelten hinauf. Nun endlich erkennt er selbst es auch, was andre schon längst wußten. Sein Leben war ein schöner Traum gewesen. Ja wahrlich fürchterlich war der Zorn Gottes über Jesus, über die Sünde der Welt. Jesus

8 Jes 53,12. □ **9** Mt 27, 46. □ **10** Lk 23,34. □ **11** Joh 19,25 ff. □ **12** Lk 23,39-43. □ **13** Joh 19,28 f. □ **14** Im Ms. kein Absatz. □ **15** „Mein Gott, mein Gott, warum hast du mich verlassen?" (Mt 27,46).

sollte nicht nur den Tod, er sollte allen Schrecken der Gottverlassenheit schmecken. Aber grade, wenn er auch das tat, dann war er gehorsamer Sohn Gottes geblieben. Er sollte die Angst des Gottfernen spüren, damit der Gottferne erkenne, daß Gottes Liebe selbst[16] hier noch mächtig und wirklich ist. Jetzt dauert es nicht mehr lange, da ist die Stunde des Endes gekommen. In Jesus und um ihn herum ist es ruhig geworden. „Vater, in deine Hände befehle ich meinen Geist", betet er laut.[17] „Es ist vollbracht", damit neigt er sein Haupt und stirbt.[18] Als gegen Abend Knechte kommen, um die Gekreuzigten durch Brechen der Beine schneller zum Tod zu führen, sehen sie mit Staunen, daß Jesus schon tot ist. So brechen sie ihm nicht die Beine, sondern durch einen Lanzenstich in die Seite des Leichnams überzeugen sie sich, daß der Tod wirklich eingetreten ist. Dunkelheit lagert über Jerusalem, furchtbarer denn je. Die Weingärtner hatten den Sohn erschlagen. Was sollte der Herr des Weinbergs tun?[19] Jesus hatte gebetet: Vater vergib ihnen.[20] Jesus, der Herr ist nicht nur für seine Freunde gestorben, sondern für seine Feinde. Es war alles so gekommen, wie es kommen mußte. In Erniedrigung, Schmach und Schande war die Liebe Gottes auf der Erde erschienen, am Kreuze schlug Gottes Zorn seinen eigenen Sohn für die Schlechtigkeit der Welt, oder die Schlechtigkeit der Welt hatte den Sohn ans Kreuz geschlagen. Wir wollen heute am Karfreitag nicht gleich daran denken, daß mit Ostern den Dingen eine neue Wendung gegeben wurde. Wir wollen daran denken, wie die Jünger mit dem Tode Jesu alle Hoffnung zerschlagen sahen. Zerstreut voneinander, in hoffnungsloser Traurigkeit grübelten sie dem nach, was geschehen war. Nur wenn wir den Tod Jesu genauso ernst nehmen können wie sie, verstehen wir recht, was die Auferstehungsbotschaft zu bringen vermag.

---

16 „Gottes Liebe selbst" ersetzt: „Gott selbst". □ **17** Lk 23,46. □ **18** Joh 19,30. □ **19** Mt 21,39 f. □ **20** Lk 23,34.

d) Referat und Katechese für Jugendliche. Examenspredigt. April – Oktober 1927

13. EINLADUNG ZUM ‚DONNERSTAGSKREIS'[1]

Einladung zum Lese- und Ausspracheabend
Jeden Donnerstag 5¼–7 Uhr nachmittags.
Beginn am 29. 4. 27

Programm:

1.) Die Christen und ihr Gott
   a) Was die Christen von Gott denken und wollen
      α) Hat Gott die Welt geschaffen? Gibt es eine Vorsehung?
      β) Wozu das Gebet?
      γ) Wer ist Jesus Christus?
      δ) Wozu eine Kirche (Konfirmation?)
      ε) Was ist die Seele und gibt es ein Leben nach dem Tode?
   b) Was Gott von den Christen will
      α) Seligpreisungen[2] Matth 5,1 ff. Können wir unsre Feinde lieben?[3] Mt 5,38 ff. Dürfen wir dann Krieg führen?[4]
      β) Gibt es eine Notlüge?[5]
      γ) Wie steht das Christentum zu
         I. politischen Parteien?
         II. Armen und Reichen?
         III. Juden.
         IV. Sport und Wandern
2.) Die Götter der alten Germanen
3.) Götter der Negerstämme

---

1 NL A 15, 11 (1); hsl. – Bearbeiter: C.-J. Kaltenborn. □ 2 Vgl. N 77 ff. □ 3 Vgl. N 118 ff. □ 4 Vgl. den Vortrag in Ciernohorské Kúpele (GS I 147). □ 5 Vgl. den Aufsatz „Was heißt: die Wahrheit sagen?" (E 385 ff).

4.) Die antike Götterwelt[6]
5.) Die Mysterien
6.) Die Mohammedaner und ihr Gott[7]
7.) Die Inder[8]
8.) Große Dichter und ihr Gott (Goethe, Schiller)
9.) Große Maler und ihr Gott (Grünewald, Dürer, Rembrandt)
10.) Geistliche Lieder aus 1000 Jahren (Volks- und Kirchenlieder)
11.) Die katholische Kirche
12.) Luther

Jeder Abend beginnt mit einem Referat eines Teilnehmers, dann Aussprache und Zusammenfassung. Das Neue Testament bitte mitzubringen! Außerdem werden aus verschiedensten Schriftstellern Stücke gelesen.

14. REFERAT ÜBER ‚DIE KATHOLISCHE KIRCHE‘ FÜR DEN DONNERSTAGSKREIS[1]

Objektiven göttlichen Charakter wie die Heilige Kirche selbst tragen die von ihren Priestern gespendeten *Sakramente*. Sie sind göttliches Gnadenwirken ohne menschliches Zutun und kommen dem Menschen zugute, *gleichgültig in welcher Gesinnung sie entgegengenommen werden* (ex opere operato[2]). Taufe, Buße und Heilige Kommunion stehen im Mittelpunkt. Firmelung, Ehe, Priesterweihe und letzte Ölung machen, daß das gesamte Leben des Katholiken sakramental begleitet wird. In all

6 Vgl. die Arbeit über Euripides' Philosophie (NL A 5,2) und B's Tegeler Lektüre von W. F. Otto, Die Götter Griechenlands (WEN 363 ff). □ **7** Vgl. den Brief aus Tripoli vom 9. 5. 1924, S. 123 f. □ **8** Vgl. den Brief an H. Rößler vom 18. 10. 1931 (GS I 61), und DB 138.

1 NL A 15,11 (2); hsl.; Anfang bis Mitte Juli 1927. – Bearbeiter: C.-J. Kaltenborn. – Die erste Seite ist nicht mehr vorhanden. Dem Text voran geht ein gestr. Satz: „Nicht nur die Sakramente sind es, die Priestern und Gläubigen die mystische Wirkung [... unl.] bringen sollen.“ □ **2** Dt.: „aufgrund des Vollzugs“.

dem ist Gott gedacht als [der], der sich allen Augen sichtbar in dieser Welt machtvoll offenbart, der in der sichtbaren Kirche jeden Tag neu Fleischwerdende.

Wie erlangt der *Einzelne* in dieser Kirche sein Heil und wie wird er seines Heils gewiß? Das Heil des Menschen ist Tat Gottes aus reinem Erbarmen. Aus dem natürlichen Menschen schafft Gott durch Gnade den übernatürlichen. Aber der Mensch muß sich vorbereitet haben. Hat er die Gnade erlangt, so *verdient* er sich nun durch seine *guten Werke* Vermehrung der Gnade, das ewige Leben und Vermehrung der Glorie, indem er den Geboten der Kirche folgt. Freilich nur unter Beistand der Gnade. Er kann sogar mehr tun als Gott eigentlich verlangt, indem er die sogenannten evangelischen Räte erfüllt: Armut, Keuschheit, Gehorsam (Mönchsgelübde), durch deren Befolgung der Mönch der vollkommene Christ ist. Damit ist eine höhere und eine niedere Sittlichkeit gelehrt. Dem entspricht die Scheidung zwischen läßlichen und Todsünden. Fällt der Christ in Sünde, so kann nur der Priester im Sakrament der Buße Wiederherstellung schaffen, das besteht aus den Teilen 1. der Reue (die schon als unvollkommene, aus Furcht vor Strafe genügt), 2. der Beichte der Todsünden (Ohrenbeichte. Läßliche Sünden sind nur[3] ratsam zu beichten), 3. die Leistung[4] der auferlegten Bußübungen. Ist das Sakrament empfangen, so leben auch die Verdienste, die durch die Sünde völlig ungültig werden würden[5], wieder auf. Weil aber auch der Christ immer wieder sündigt, so kann er seines Heiles und seines Gnadenstandes nie gewiß werden; denn er weiß nicht, wie seine Rechnung zwischen Verdienst und Sünde bei Gott steht. Nur eine besondere Offenbarung kann ihn vergewissern.[6]

Damit stoßen wir aufs Tiefste: Gott wird zum Menschen als in einem Rechtsverhältnis stehend gedacht; der Mensch hat auf Grund seiner Leistungen gewisse berechtigte Ansprüche an ihn, denen er genügen muß. Man kann ihn schon mit wenig befriedigen, aber mit der Größe der Leistung wächst der Lohn.[7] Der

3 U. L. ☐ **4** U. L. ☐ **5** U. L., vielleicht: „geworden waren". ☐ **6** Vgl. Examensklausur, S. 481 f. ☐ **7** Gestr.: „Da hilft es nichts mehr, von Gottes Gnade zu reden, [... unl.] mag seine Gnade noch so groß sein. Nirgends aber ist der".

Gläubige kann aber schließlich nie allein gedacht werden, er steht mitten in der Gemeinschaft der Heiligen, die in Glaube, Liebe und Fürbitte füreinander lebt, und erfährt von ihren vollendeten Gliedern Hilfe und Zuwendung ihrer Verdienste.[8] Von hier aus wird die Heiligenverehrung, der überfließende Schatz der Verdienste verständlich. Dieser Lehre wohnt eine außerordentlich gemeinschaftsbildende Kraft inne.

Unser Haupteinwand richtet sich gegen die katholische Gottesanschauung:[9]

1. Gott hat sich uns als Erlöser *ein für allemal* offenbart in Christus, d. h. für uns in der Schrift. Aber nicht in sichtbarer Herrlichkeit, sondern in Knechtgestalt, in Armut und Niedrigkeit.

2. Gott ist so einzig der Herr, daß der Mensch keinerlei Anspruch an ihn haben kann. Gott stellt immer den höchsten Anspruch an den Menschen, den der steten Gottes- und Nächstenliebe. An diesem göttlichen Willen zerbricht *jeder* Mensch; er kann sich vor Gott nicht in eine niedrigere aber ausreichende Sittlichkeit flüchten. Alles was nicht aus dem Glauben ist, ist Sünde (Röm 14,23). Und keiner kann glauben ohne Gottes Hilfe. Jeder steht allein Gott gegenüber, keine Kirche und kein Heiliger kann etwas von der Last abnehmen. In der Erkenntnis seines völligen Unvermögens kommt Gott dem Menschen zu Hilfe, er schickt ihm heilsame, *vollkommene*, aufrichtige Reue, vergibt ihm seine Schuld und gibt ihm *unbegrenztes Vertrauen*, christlichen *Glauben* auf die Gnade Gottes ins Herz, und indem er den Menschen so *rechtfertigt*, will er ihn auch heiligen, er sieht ihn schon von der Ewigkeit her über allen Zeiten[10] als Heiligen vollendet vor sich, und so ist der Sünder in Gottes Augen heilig. Aber nie hat der Mensch einen Anspruch an Gott, denn er bleibt, so lange er lebt, Sünder und mit *jeder*

---

8 Gestr.: „Die Lehre von der Gemeinschaft der Heiligen als dem Wesen der Kirche ist Gegenpol zu der Lehre von der Kirche als himmlischer Institution." □ 9 „Unser Haupteinwand ... Gottesanschauung:" ersetzt: „Vergleich im Zentrum einzusetzen: Die evangelische Kirche hat ein anderes Gottesbild als die katholische und daraus ergaben sich alle Verschiedenheiten." – Zum Text vgl. B's Predigt über die Kirche (PAM I 165 ff). □ 10 U. L., vielleicht: „unter aller Zeit".

Sünde schneidet er das Band zwischen Mensch und Gott durch. Grade diesen Sünder sucht Gott.[11]

In dem von Gott ins Herz gehobenen Glauben aber haben wir Gott selbst in uns. Luther sagt: „Soviel du glaubst, so viel hast du.“[12] Und so muß jeder volle Gewißheit seines Gnadenstandes haben. Jedes Zweifeln ist ein Mißtrauen gegen Gottes Gnade, also schwerste Sünde.[13] Im Mittelpunkt evangelischen Glaubenslebens steht das Wort Gottes. Es gibt keine Autorität auf der Welt als allein[14] das Wort von Christus, das wir lesen oder hören, das aber zeugt für sich selbst[15], ohne Vermittlung. Unsre Kirche ist Kirche des *Wortes*, sie ruht allein auf dessen Autorität, und alle die sich gläubig, gehorsam um das Wort versammeln, sind wahrhafte Priester und die wahre Kirche Christi, ganz gleich welcher sichtbaren Kirche sie zugehören. Sakramente sind sichtbare Zeichen, unter denen göttliche Gnaden mitgeteilt werden, die aber ebenso wie das Wort *nur* für den Glauben zum Heil wirken. Nur zwei Sakramente leiten sich von Christus her, Taufe und Abendmahl.[16] Alles Äußere an der Kirche ist Menschenwerk. Denn Gott offenbart sich nicht in äußerlichen Institutionen, wie die katholische Kirche will, sondern allein im Geiste in unscheinbarer Hülle; der evangelische Pfarrer ist ein zu Predigt und Sakramentsverwaltung bedienstetes Glied der Gemeinde und nichts mehr. Ihm ist wie allen andern die Ehe gestattet. Ehelosigkeit ist kein Verdienst. Es gibt überhaupt keinen christlichen Beruf, der besser wäre als der andre. Überall kann man Gott dienen. Deshalb soll man nicht der Welt und ihren Nöten entfliehen wie die Mönche. Nirgends kann der Mensch mehr tun als seine Schuldigkeit. Luk 17,10.[17] Damit kommen wir zum 2.

---

11 Gestr.: „Immer wieder muß Gott zum Menschen kommen, um zu vergeben“. □ **12** M. Luther, WA 2,719, 8 (Ein Sermon von dem Sakrament der Buße. 1519) □ **13** Vgl. die Arbeit über Luthers Anschauung vom Hl. Geist, S. 389. □ **14** „Es gibt . . . allein“ ersetzt: „Gott kommt zum Menschen nicht unmittelbar, sondern durch“. □ **15** Ersetzt: „das aber braucht keinen menschlichen Zeugen“. □ **16** Gestr.: „Nur das Jenseitige ist heilig [u. L.] aber ist unsichtbar“. □ **17** Vgl. Predigt über Lk 17,7-10, S. 487. Ferner: A. v. Harnack, Was wir von der römischen Kirche lernen, 247-264.

Unsre Stellung

Die Verdienste, die sich die katholische Kirche im Laufe ihrer Geschichte um europäische Kultur, um die ganze Welt erwarb, sind kaum zu überschätzen. Sie hat barbarische Völker christianisiert und zivilisiert und ist lange Zeit einzige Hüterin von Wissenschaft und Kunst gewesen. Ihre Klöster stehen hier voran. Sie hat eine geistige Macht ohnegleichen entfaltet und noch heute bewundern wir an ihr, wie sie den Grundsatz der Katholizität und der alleinseligmachenden Kirche, Toleranz und Intoleranz verbindet. Sie ist eine Welt für sich. Unendlich Verschiedenartiges ist in ihr zusammengeströmt, und dies bunte Bild gibt ihr den unwiderstehlichen Reiz (Complexio oppositorum[18]). Es hat selten ein Land so verschiedenartige Menschen hervorgebracht wie die katholische Kirche. Mit bewunderswerter Kraft versteht sie ihre Einheit in all der Mannigfaltigkeit zu erhalten, versteht sie die Liebe und die Ehrfurcht der Massen sich zu erwerben und starken Gemeinschaftssinn zu wecken (s. o.). Aber grad an all dem Großen entstehen daher schwere Bedenken. Ist diese Welt wirklich Kirche Christi geblieben? Ist sie nicht, statt auf dem Weg zu Gott ein Wegweiser[19] zu sein, vielleicht zu einem Bollwerk mitten auf dem Weg geworden? Hat sie nicht den allein seligmachenden Weg verbaut? Aber keiner hat je Gott den Weg verbaut. Sie hat die Bibel noch und so lange sie diese hat, dürfen wir auch in ihr heilige christliche Kirche glauben. *Gottes* Wort wird nie leer ausgehen, Jes 55,11, ob es bei uns oder bei der Schwesterkirche gepredigt wird. Wir sprechen dasselbe Glaubensbekenntnis, wir beten dasselbe Vaterunser und haben mancherlei alte Bräuche gemeinsam. Das verbindet uns und was uns betrifft, so wollen wir gern in Frieden neben dieser ungleichen Schwester leben; wir wollen uns aber von dem nichts nehmen lassen, was wir als Wort Gottes erkannt haben. Auf den Namen katholisch oder evangelisch kommt uns nichts an, aber auf's Wort Gottes. Wir werden andrerseits nie den Glauben eines andern vergewal-

---

18 Dt.: „Das die Gegensätze Umfassende". □ 19 Zur Kirche als ‚Wegweiser' s. oben S. 343.

tigen wollen, Gott will keinen erzwungenen Dienst, und er hat jedem sein Gewissen gegeben. Aber wir können und sollen beten, daß unsre Schwesterkirche Einkehr halte und auf nichts schaue als aufs Wort (1 Kor 2,2).[20] Bis es soweit kommt, müssen wir Geduld haben, und wir werden es tragen müssen, wenn die ‚allein seligmachende Kirche' in falschem Dünkel über unsre Kirche das ‚Anathema' (den Fluch) spricht. Sie weiß es noch nicht besser, und sie will ja nicht Ketzer hassen, sondern die Ketzerei.[21] Und so lange wir das Wort unsern einzigen Schutz sein lassen, können wir ruhig in die Zukunft sehen.

[Literatur]
Heim: Wesen des evangelischen Christentums
Heiler: Wesen des Katholizismus
Holl: Luther
Fendt: „Warum evangelisch?"[22]
Adam: Wesen des Katholizismus
Fendt: Grundkräfte des katholischen Dogmas[23]
v. Zezschwitz: „Warum katholisch?"

20 Richtig: I Kor 2,12 f. – Gestr.: „Im 3. Artikel bekennen wir unsern Glauben an die eine heilige, christliche Kirche. Daß sie werde und wachse, dafür können wir nur beten." □ 21 Gestr.: „Aber auch wir werden nicht noch stolz werden, all unser Tun bleibt Menschenwerk, wenn nicht Gott Ja dazu sagt. Aber auch wir wollen's nicht vergessen, wer sich rühmt, der rühme sich des Herrn (1 Kor 1,31)". □ 22 L. Fendt, Erfüllung. Ein Büchlein vom wohlgemuten Luthertum. □ 23 L. Fendt, Die religiösen Kräfte des katholischen Dogmas.

15. MEDITATION UND KATECHESE ÜBER DIE ‚EHRE‘[1]

Meditation

Ehre – Christentum – 16- oder 17jährige junge Leute – wie findet sich das zusammen? Es taucht auf der Nietzschekomplex von der Sklavenmoral des Christentums[2], auf der andern Seite die müde Weisheit eines philosophischen Rationalismus: „Was ist Ehre? was Beleidigung? Mich kann niemand beleidigen. Ich trage meine Ehre in mir. Jede Beleidigung fällt auf den Beleidiger selbst zurück.“[3] Beide Gedankengruppen müssen analysiert werden. Mit ihnen beladen treten wir an das NT heran. Die Bibel kennt Gottes Ehre und des Menschen Unehre.[4] Der Mensch an sich hat gar keine Ehre, er hat sie nur, wenn Gott sie ihm schenkt; d. h. er hat sie als Geschöpf Gottes. Geschöpf Gottes aber ist der Mensch mitten im socialen Leben. Daraus folgt erstens die Ehre der socialen Gemeinschaften[5], zweitens die Gottgewolltheit des Menschen in der Gemeinschaft, d. h. die Gottgewolltheit der äußeren Ehre der Menschen. Äußere Ehre aber ruht[6] auf innerer Ehrenhaftigkeit.[7] Die innere Ehre des Christen aber ist sein Gottesverhältnis, d. h. die Gnade Gottes, die Rechtfertigung.[8] So sind wir auf das Centralproblem christlichen Glaubenslebens geführt. Dieses Gottesverhältnis kann keine äußere Beleidigung zerreißen. Dennoch ist

---

1 NL A 14,4; hsl.; Katechese ohne Titel, im Seminar bei Prof. Mahling (= Korr.), SS 1927. Die erwarteten Antworten der Kinder sind kursiv gesetzt. – Bearbeiter: C. J. Green, C.-J. Kaltenborn. □ **2** Vgl. S. 491 Anm. 2. □ **3** Vgl. unten über Thales Anm. 11 und 12. □ **4** Korr.: „aber doch nur Gott gegenüber. Ist nicht auch hier Ehre und Unehre miteinander gleichgesetzt? Jesus sagt doch auch: Ihr verunehrt mich (Joh 8,49), verlangt er doch, daß sie den Sohn ehren, wie sie den Vater ehren (Joh 5,23). So kennt die Bibel auch der Menschen Ehre. Vgl. zur Ehre besonders Joh Kap. 5 und Kap. 8. Und heißt es nicht im 4. Gebot: Du sollst Vater und Mutter *ehren*“. □ **5** Korr: „Ist dieser Satz wirklich eine Folgerung aus dem vorhergehenden“. □ **6** Korr. ändert in: „sollte ruhen“. □ **7** Zur Unterscheidung von innerer und äußerer Ehre vgl. M. Wundt, Die Ehre als Quelle des sittlichen Lebens, 34. □ **8** Korr.: „D. h. sein aus dem Empfangen der Gnade und Rechtfertigung hervorwachsendes Verhalten, oder die innere Bezogenheit des Gerechtfertigten in seinem Gewissen vor Gott“.

eine solche nicht als gleichgültig zu behandeln und zu ignorieren. Vielmehr ist jede böswillige Beleidigung eine Verletzung nicht nur unsrer Ehre, sondern der Ehre Gottes, von dem wir ‚unsere' Ehre haben. So ist es die Pflicht des Christen böswillige Beleidigung abzuwehren. Dem scheint Mt 5,39 ff zu widersprechen. Der Sinn des christlichen Liebesgebotes aber ist die Überwindung des Bösen, und die grenzenlose äußere Geduld ist nur ein – nicht das einzige – Mittel, das zum Ziel führt. So sind wir zur Wahrung unsrer Ehre verpflichtet, wie zur Wahrung der Ehre unsrer Nächsten, unsrer Gemeinschaften, Stände, wo sie von bösem Willen bedroht ist. Nur wo persönliche Versöhnung gescheitert ist, werden wir an die Öffentlichkeit gehen. Das Duell als Mittel, die verletzte Ehre herzustellen, ist abzulehnen, ebenso der Krieg, soweit er nur diesem Zwecke dient. Ehrengerichte in Schule und Berufständen sind erforderlich. Welche Mittel zur Überwindung des Bösen und zur Wahrung des göttlichen Willens wir auch wählen: Das letzte und das erste Mittel muß in der christlichen Gemeinde das Gebet für den Beleidiger sein. Mt 5,44. Nur der, der innerlich vergeben hat, darf strafen und verfolgen. Nur dann wird erkannt werden, daß all unser Tun ein Tun zur Ehre Gottes ist (1 Kor 10,31).

Es scheint mir wichtiger, die jungen Leute in ein grundsätzliches Verständnis dessen, was man als Christ unter Ehre zu verstehen hat, hineinzuführen, als kasuistisch zu verfahren.[9]

Katechese

Es soll uns in jeder Religionsstunde so sein, als ob wir am weiten Meer stehend Wellen der Ewigkeit heranbrausen hörten an das Gestade unsrer Zeit; oft geschieht's, daß unsere Ohren taub bleiben; wir wissen wohl, daß hier das Meer ist und wir am Ufer stehen, aber wir hören es nicht. – Wie oft geschieht's, daß wir von Gott und Christus in der Religionsstunde reden, und wenn es vorbei ist, dann war es nicht anders, als wenn wir – von Geschichte und Naturkunde geredet haben!

Wir merkten gar nicht, daß wir am Gestade unsrer Zeit

9 Korr.: „richtig".

stehend die Ewigkeit vernehmen sollten, daß Gott reden wollte und wir nur die Menschenstimmen hörten. Gott gebe, daß unsre heutige Stunde vernehmlich mache in unsern Herzen das Wort von der Ehre Gottes und von des Menschen Unehre und von Gottes Ehre und der Ehre, die Gott dem Menschen schenkt. Gott gebe, daß uns der Kelch seiner Ewigkeit unsern Durst lösche!

Es war zu der Zeit, als ich etwa in Ihrem Alter stand, daß unsre damalige Prima durch einen Lehrer schwer in ihrer Ehre gekränkt worden war, und daß wir damals vor derselben Frage standen, vor die ich Sie heute stellen möchte: vor der schweren und ernsten Frage, was es mit des Menschen Ehre auf sich habe und mit ihrer Wahrung und Verletzung. Ich entsinne mich einer Klassenversammlung, in der wir in zwei Lager auseinandertraten; und ich erzähle das nur, weil ich unsre damalige Spaltung für bezeichnend halte für die Stellung unserer gesamten Zeit zu diesem Problem. Unsre verschiedene Stellungnahme entschied sich daran, was wir unter Verletzung der Ehre verstanden.

Was mögen die einen gesagt haben? *Verletzung unsrer Ehre ist jede bewußte Beleidigung.*

Was mögen die andern gesagt haben? *Unsre Ehre kann überhaupt niemand verletzen.*

Was verstanden die ersten unter Ehre? *Etwas Äußeres.*

Was verstanden die andern unter Ehre? *Etwas Inneres.*

Wie könnte man die ‚innere' Ehre noch nennen? *Innere Ehrenhaftigkeit.*

Was bedeutet ihr Verlust? *Ehrlosigkeit.*

Mit welchem Recht konnten die Zweiten sagen, ihre Ehre könne niemand verletzen? *Ihre innere Ehrenhaftigkeit kann ihnen durch äußere Kränkung nicht genommen werden.*

Wie stellen sich solche Leute zur äußeren Kränkung? *Gleichgültig.*

Diese Einstellung ist so alt wie die griechische Philosophie. Thales[10] ging mit einem Schüler auf der Straße. Ihm begegnet ein andrer Schüler; ohne den Meister zu begrüßen, geht er stolz

---

10 Thales von Milet (ca. 624–546 v. Chr.), griech. Philosoph, Mathematiker, Astronom und Politiker.

vorbei. Auf die Frage des andern Schülers, was der Meister nun zu unternehmen gedächte, um diese Beleidigung zu sühnen, antwortete Thales, daß er, wenn ein Esel ihn stoße, diesen nicht wiederzustoßen pflege.[11] Sie verstehen die Analogie. Wie werden wir das Verhalten des Thales nennen? *Vernünftig.*

Gewiß; wie [werden] wir aber daher eine Haltung mit einem Fremdwort nennen, die sich das Verhalten des Thales zum Prinzip macht? *Rationalistisch.*

Was für eine Stellung nimmt der Beleidigte hier gegenüber dem Beleidiger ein? *Eine gleichgültige, überlegene, hochmütige, abgesonderte Stellung.*[12]

Welches sociale Verhältnis zwischen den Menschen wird durch solche Haltung unmöglich gemacht?[13] *Das gemeinschaftliche Verhältnis.*

Wodurch wird ein solches unmöglich gemacht? *Dadurch, daß sich der Eine derart über den Andern stellt, daß ein Verkehr von vornherein ausgeschlossen ist.*[14]

Wie beurteilt ein wie Thales denkender Mann seine Stellung in der Welt? *Er beurteilt sie als völlig gleichgültig.*[15]

Wie nennen wir einen Menschen, der nur seine innere Ehre kennt, der keinen Verkehr mit andern Menschen eingehen [will], sich selbst genug ist, dem die sociale Umgebung, in der er lebt, gleichgültig oder lästig ist? *Wir nennen ihn einen Individualisten.*

So haben wir den rationalistischen, individualistischen Ehrbegriff kennengelernt, der heute in weiten Kreisen herrschend ist. Und hier entspringen für die christliche Betrachtung der Ehre schwierige Probleme. Jedoch wir wollen zunächst einmal nach den Schranken des Begriffes der inneren Ehre fragen; ein kleines Beispiel soll uns hierbei helfen: Ein Junge erzählt in der Klasse in verläumderischer Absicht von einem Klassenkamera-

---

11 Korr. „vgl. die andere Geschichte von Thales". □ 12 Korr: „Könnte es nicht auch so gedacht werden, daß er die Sache nicht für der Mühe wert hält, Vergeltung zu üben, ja daß er überhaupt von dem Vergeltungsgedanken frei ist! Vgl. S. 596 [hier Anm. 40]". □ 13 Korr.: „Und wenn Thales Gleiches mit Gleichem vergolten hätte, wäre dadurch eine Gemeinschaft möglich gemacht worden?" □ 14 Korr.: „Diese Folgerung ist aus dem Beispiel des Thales nicht abzuleiten". □ 15 Korr.: „Muß es nicht heißen: als völlig gesichert und darum durch einen mangelnden Gruß oder eine Beleidigung nicht zu erschüttern?"

den, er wisse genau, daß dieser sich nur aus eigennützigen Motiven bei seinem Lehrer beliebt machen wolle, hinter dem Rücken des Lehrers rede er lauter Schlechtigkeiten von ihm; – oder auch, er wisse, [daß] jener nicht durch Privatstunden zu seinem Geld komme, sondern durch unredliche Quellen etc. Wir fragen, was bei einer derartigen Verläumdung eigentlich vor sich geht. Was will der Verläumder erreichen? *Er will erreichen, daß der Klassenkamerad von den andern als ein schlechter Kerl angesehen wird, daß er sein Ansehen in der Klasse, seine Ehre verliert.*

Wodurch erreicht der Verläumder, daß jener seine Ehre verliert? *Dadurch, daß er jenem die persönliche Ehrenhaftigkeit abstreitet.*

Was ist in diesem Zusammenhang unter Ehre verstanden? *Die äußere, bürgerliche Ehre, das Ansehen, das ein Mensch durch andre Menschen genießt.*

Was bedeutet der Verlust der bürgerlichen Ehre? *Er bedeutet bürgerliche Schande.*

Wem kommt diese bürgerliche Ehre zu? *Allen Menschen, denen eine persönliche Ehrenhaftigkeit eigen ist.*

Was werden wir also eine Beleidigung der Ehre zu nennen haben? *Eine bewußte Verweigerung der bürgerlichen Ehre, bzw. bewußte Bestreitung der persönlichen Ehrenhaftigkeit in böswilliger Absicht ist eine Ehrverletzung.*

Es läßt sich nun schließlich noch denken, daß wir alles uns Umgebende derartig ignorieren, so daß wir selbst bürgerliche ‚Schande‘, Bezweiflung unsrer persönlichen Ehrenhaftigkeit auf uns sitzen lassen. Es besteht doch aber die Möglichkeit, daß sich eine Beleidigung nicht auf meine persönliche Ehre richtet. Gegen wen könnte sie z. B. noch gerichtet sein, so daß ich mich mit getroffen fühle? *Gegen eine Gemeinschaft, an der ich teilnehme oder gegen ein Glied derselben.*

Welche Gemeinschaften kommen dabei in Betracht? *Familie, Freundschaft, Volk, Schulklasse, Berufsstände.*

Nennen Sie mir ein Beispiel aus dem Schulleben für solche Art der Ehrverletzung! *Eine Klasse bezichtigt die andre, beim letzten Sportwettkampf unfair gespielt zu haben. Oder: Ein Glied einer andern Klasse behauptet von einem Glied meiner Klasse verläumderisch Schlechtigkeiten etc. . . .*

Wie würden Sie das Verhalten einer Klasse beurteilen, die auf derartige Angriffe stillschwiege? *Als feig, ehrlos.*

Was fordert man vielmehr von einer derart beleidigten Klasse? *Sie muß öffentlich für ihre oder eines ihrer Glieder innere und äußere Ehre einstehen.*

Mit welchen Mitteln wird sie das tun? *Durch Ansage von Klassenfehde, durch Anrufung des Schülerehrengerichts etc.*

Welche Berufsstände sind es, die diesen Ehrbegriff in besonderem Maße ausbilden? *Der Officiersstand, die Studentenschaft.*

Wie meint man hier eine Beleidigung beseitigen zu können? *Durch das Duell.*

Was geht im Duell vor sich? *Der Beleidigte fordert den Beleidiger auf, für seine Worte mit dem Leben einzustehen und durch den Zweikampf gilt die Ehre als wiederhergestellt.*

Was würde mit einem Officier unsres ehemaligen Heeres geschehen sein, der sich dem Duellzwang nicht unterworfen hätte? *Er mußte den Heerdienst verlassen.*

Warum mußte er den Heerdienst verlassen? *Weil er nicht nur seine eigne äußere Ehre verspielt hat, sondern weil er auf seinem ganzen Stand einen Schandfleck sitzen ließ.*

Der Einzelne steht für die Gemeinschaft wie diese für jenen mit ihrer Ehre da. Es erhebt sich wieder die Frage: ist es nicht ganz gleichgültig, was andre Menschen von meiner Gemeinschaft und mir denken? Hauptsache, daß sie innerlich makellos ist, mögen die Andern schwätzen, was sie wollen, mag die angegriffene Gemeinschaft die Familie, Freundschaft, Klasse oder Volk sein. Sie alle tragen doch ihren Wert in sich selbst. Soll eine innerlich ehrenhafte Gemeinschaft sich einlassen in Fehden und Prozesse ohne Zahl – mit Leuten, die es gar nicht verdienen? Odi profanum vulgus et arceo.[16] Wieder meldet sich die Weisheit des alten Thales an: wer stößt einen Esel wieder, der ihn stieß? Dem steht radikal entgegen die Ansicht, ehrlos, feig und sklavisch sei, wer nicht jede ihm widerfahrene Beleidigung – gleich mit welchen Mitteln – bekämpfe. Wie sollen wir

16 Dt.: „Ich will vom gemeinen Pöbel nichts wissen; er bleibe fern!" (Horaz, carm III, 1). – Vgl. den Aufsatz über Catull und Horaz, S. 201 ff.

uns entscheiden? Wollen wir uns zu jener aristokratisch-vornehmen Zurückhaltung von der Welt bekennen oder zu dieser sich in die Weltdinge ganz verstrickenden Rauflustigkeit? – Das war auch damals die Lage in unsrer Prima und die Mehrzahl hatte sich damals zum ersten Lager geschlagen.

Damit haben wir genug Probleme gefunden, um mit ihnen beladen nun an die Pforte des NT's anzuklopfen, um hier die Last loszuwerden. Ob wir Antwort bekommen? Ob uns die Pforte aufgetan werden wird?[17] Das steht nicht bei uns. Wir wollen Gott bitten, daß er uns sein Wort hören lasse, daß er uns seine Wahrheit zum Maßstab unsrer Erkenntnis gebe.

Von wessen Ehre wird in der Bibel am meisten geredet? *Von der Ehre Gottes.*

Und von wessen Ehre wird nur recht selten gesprochen?[18] *Von des Menschen Ehre.*

Welche Stellen können Sie mir für das letztere nennen? *Ps. 8,6; Gen. 1,26; 1. Kor. 1,31; 2. Kor. 12,9.*

In welchem Zusammenhang wird hier stets von der Ehre des Menschen geredet? *Im Zusammenhang mit einem Willen Gottes.*

Wie kann also die Ehre des Menschen nie vorgestellt werden? *Als losgelöst von Gott, absolut.*

Denn von wem hat der Mensch seine Ehre?[19] *Er hat sie von Gott.*

In welcher Eigenschaft im Verhältnis zu Gott besitzt der Mensch Ehre? *Als Geschöpf Gottes.*

Welche Menschen also ‚besitzen‘ solche Ehre? *Alle Menschen.*

In welchem eigentümlichen Verhältnis hat Gott die Menschen zueinander geschaffen? *In gemeinschaftlichem Verhältnis.*[20]

---

17 Vgl. Mt 7,7. □ 18 Korr.: „vgl. S. 585 [hier Anm. 4], besonders das 4. Gebot“. □ 19 Korr. ersetzt diese Frage durch: „Wodurch, wann und auf welche Weise hat Gott dem Menschen die Ehre geschenkt? Welcher Tatsache verdankt also der Mensch die Ehre, die Gott ihm gegeben hat?“ □ 20 Korr. ersetzt Frage und Antwort durch: „Und in welchem Verhältnis sollen die Menschen zueinander stehen? Sie sollen eine Gemeinschaft bilden“. – Zu dieser und den folgenden Fragen vgl. DBW 1 (SC), bes. 39ff.

Was hat also Gott außer den einzelnen Menschen geschaffen?[21] *Die Gemeinschaften der Menschen.*[22]

Wenn nun alle Einzelnen als Geschöpfe Gottes Ehre besitzen, wem wird dann auch Ehre in diesem Sinne der Geschöpflichkeit zukommen? *Den menschlichen Gemeinschaften.*[23]

Hat nun Gott die Menschen in der Gemeinschaft geschaffen, wo will er dann ihre Ehre gewahrt wissen? *Im socialen Leben.*[24]

Wie nannten wir die Ehre, die im socialen Leben gilt? *Die äußere Ehre.*

Auf welche und auf wessen Ehre erstreckt sich der Wille Gottes?[25] *Auf die äußere Ehre der Einzelpersonen wie auf die der Gemeinschaften.*

Mitten in Volk, Familie, Freundschaft hat uns Gott gewollt. Darum will er auch die Ehre der Gemeinschaften und unsre in ihnen, er will die Ehre unsrer Klasse und er will unsre eigene Ehre, weil beides seine Ehre ist.[26]

Was hat das für unser Verhalten gegenüber anderen Menschen zu bedeuten? *Wir müssen ihnen die schuldige Ehre erweisen.*

Wie nennen wir ein derartiges Verhalten? *Ehrerbietung, Verehrung, Ehrfurcht.*

Was verehren wir in den Andern? *Die Schöpfertat Gottes und den göttlichen Willen zur Gemeinschaft.*

Worin äußert sich unsre Ehrerbietung den andern Menschen

---

21 Vgl. SF 67 ff. □ **22** Korr. ersetzt Frage und Antwort durch: „Wozu hat Gott also die Menschen berufen? Zur Gemeinschaft. Und in welcher Weise kann sich diese Gemeinschaft ausdrücken? In verschiedener Weise", und fügt erläuternd hinzu: „Es würde höchstens der Singular hier folgen können, aber es kann aus dem nicht [u. L.] gefunden, nicht abgeleitet werden, daß Gott die Gemeinschaften geschaffen hat." Korr. fügt dann folgende Frage hinzu: „Welche verschiedenen Gemeinschaften können die Menschen knüpfen?" □ **23** Korr. ändert in: „Der menschlichen Gemeinschaft". □ **24** Korr. ändert in: „Im Leben der Gemeinschaft. Wie nennen wir dies mit einem Fremdwort?" □ **25** Korr.: „Das kann hier nachgewiesen werden an der Hand des 4. Gebotes für die Familie. Von da aus ist die Heranziehung anderer Gemeinschaftskreise erst abzuleiten". □ **26** Gestr.: „Was ist die sittliche Voraussetzung der äußeren Ehre? *Die innere Ehrenhaftigkeit der geehrten Personen.* Was bedeutet das? *Die Ehrenhaftigkeit, d. h. eine gewisse sittliche Würde, die sich in der Wahrhaftigkeit, dem Mut der* Überzeugung, in sittlicher Lebensführung ausdrückt."

gegenüber? *In der Wahrung der bürgerlichen Formen, mit denen man ihnen begegnet.*

Welchen Personen kommt Ehrerbietung in besonderem Maße zu? *Solchen, die in hervorragendem Maße für die Gemeinschaft tätig sind, die sich durch besondere Leistungen auszeichnen.*

Nennen Sie mir Beispiele! *Reichspräsident, Minister etc., Gelehrte.*

Von der Ehrerbietung gegen Obrigkeit und Könige spricht schon das NT (R 13,1; 1 Petr 2,17; 1 Tim 6,1). Was hat der Staat für Mittel gewisse Personen besonders auszuzeichnen? *Titel, Orden.*

Auch wir haben Möglichkeiten besonderer Ehrerweisung. Wo muß aber jede Ehrerweisung des Christen ihre Grenze haben? *Dort, wo sie den andern dahin führen könnte, seine Demut vor Gott zu verlieren.*

Hüten wir uns, den, den wir verehren, zum Knecht seiner Eitelkeit zu machen, vor dem wir den Respekt verlieren müssen.

Was ist die Voraussetzung aller äußeren Ehre?[27] *Die innere Ehrenhaftigkeit der geehrten Person.*

Was bedeutet das? *Die Ehrenhaftigkeit, d.h. eine gewisse sittliche Würde, die sich in der Wahrhaftigkeit, dem Mut der Überzeugung, in sittlicher Lebensführung ausdrückt.*

Worin erblickt der Christ zutiefst seine innere Ehre? *In seinem Gottesverhältnis.*

Kann sich der Mensch in einem ungebrochenen Gottesverhältnis wissen? *Nein.*

Warum nicht? *Weil er sich vor Gott schuldig weiß.*

Wie erlangt der Mensch sein ursprüngliches Gottesverhältnis wieder? *Durch die Vergebung der Schuld, durch Gottes Gnade, durch die ‚Rechtfertigung‘.*

Was aber[28] lebt durch die Herstellung der Gottesgemeinschaft wieder auf? *Die innere Ehre des Menschen.*

---

27 Vom Korr. ersetzt durch: „Was sollte die stillschweigende Voraussetzung aller äußeren Ehre sein?“ □ 28 Vom Korr. ersetzt durch: „Welche Möglichkeit“.

Wodurch besitzt also der Mensch[29] seine innere Ehre? *Durch die Rechtfertigung, die Gott ihm schenkt.*

An Gott hat der Mensch seine ganze Ehre. Nur wo der Mensch keine Ehre[30] mehr hat noch haben will, da hat er sie von Gott bekommen. Wo der Mensch sich seiner Schwachheit vor Gott rühmt, da wohnt die Kraft und die Ehre Christi in ihm. Darum: „Wer sich rühmet, der rühme sich des Herrn"[31]. Was wird der Maßstab des ehrenhaften Tuns des Menschen sein? *Die Ehre Gottes, die an dem Menschen offenbar werden soll.*

Unsre ganze Ehre soll darin bestehen, wie Paulus sagt, Tempel Gottes zu sein.[32] Gottes Ehre soll unsre Ehre sein. Ihm wollen wir Ehre erweisen, indem wir auf unsre Ehre halten in Gedanken, Worten und Taten, an Leib und Seele.

Wer vermag diese unsre innere Ehre allein zu verletzten? *Wir selbst.*

Wer allein vermag sie wiederherzustellen? *Gott.*

Was ist daher über[33] Beleidigungen zu sagen? *Sie betreffen nicht die innere, sondern allein die äußere Ehre.*[34]

Dürfen wir sie darum als gleichgültig und uns letztlich nicht berührend auffassen? *Nein.*

Warum nicht? *Weil auch die äußere Ehre der Menschen auf einen Willen Gottes zurückgeht, wie oben erkannt wurde.*

Was folgt daraus für das Verhalten eines Beleidigten? *Er muß die Beleidigung abwehren.*

Wessen macht er sich schuldig, oder macht die Gemeinschaft sich schuldig, wenn sie die Schande auf sich sitzen läßt? *Der Feigheit, der Ehrlosigkeit, der Unwahrhaftigkeit, der Duldung der Sünde und dadurch selbst der Sünde.*

---

29 Korr. fügt ein: „die Möglichkeit". □ **30** Korr.: „Von hier aus muß nun gezeigt werden, wie diese Möglichkeit sich in die Wirklichkeit umsetzt durch die fortgehende Selbstdarstellung des Menschen in seinem Gewissen vor Gott und wie dies der Begriff der inneren Ehre ist". □ **31** Korr.: „Kein Verdienst mehr haben wollen vor Gott, sondern alles allein der Gnade Gottes verdanken – paßt hier wirklich der Ausdruck ‚Ehre'?" – B zitiert I Kor 1,31. □ **32** Vgl. I Kor 3,16 f. □ **33** Korr. fügt ein: „grundlose". □ **34** Korr.: „*Begründete* treffen natürlich auch die innere Ehre; wir würden dann lieber sagen Anschuldigungen statt Beleidigungen".

Somit ist die Abwehr böswilliger[35] Beleidigung christliche Pflicht. Hier nun werden Sie manche Einwände vorzubringen haben, die aus dem NT selbst geschöpft sind und unsern Gedanken scheinbar stracks entgegenlaufen. Welche Einwände lassen sich z. B. aus der Bergpredigt machen? *Aus Mt 5,39 ff scheint zu folgen, daß jeder Widerstand gegen ein Übel zu unterlassen sei, dort wo das Gebot der Nächstenliebe herrsche.*[36]

Ähnlich steht es mit 1 Kor 6,7. Es widerspricht offenbar dem christlichen Liebesgebot, sich zu wehren, wo einem Unrecht geschieht. Welche christliche Eigenschaft sollte vielmehr in Kraft treten dort, wo man beleidigt und angegriffen wird? *Die Geduld und die Kraft der Vergebung.*

Sie wissen, daß die genannten Sätze der Bergpredigt Anlaß dazu waren, das Christentum als Sklavenmoral preiszugeben, das nichts davon weiß, was Mannesehre und -stolz ist. Und mancher von Ihnen wird dem vielleicht zustimmen. In der Tat, wir bringen es nicht über uns, uns öffentlich beschimpfen und beleidigen zu lassen und dazu stillzuschweigen, als ob der Beleidiger ganz im Recht wäre. Wer könnte es mit ansehen, wie die Ehre seiner Schwester oder seiner Mutter angerührt, wie unser Freund verläumdet wird, wie man unser Volk schmäht und unsre Kirche verspottet? – Ist es wirklich nur ein Stück rohe Natur in uns, das sich hier aufbäumt? Oder ist es nicht vielleicht doch etwas anderes und mehr? Was empört uns als Christen eigentlich am meisten, wenn uns z. B. in der Klasse einer Schlechtigkeiten nachsagt? *Daß der Verläumder Recht und Sieg behält.*

Gewiß. Was meint nun das NT, wenn es sagt, man solle dem Übel nicht widerstehen?[37] – – –

Ich werde Ihnen helfen: Was ist das Ziel des Liebesgebotes Jesu? *Die Herstellung des Gottesreiches auf Erden.*

---

35 Korr.: „Dieser Ausdruck wird hier nun eingeführt und modifiziert etwas die Erörterung“. □ **36** Korr.: „Vgl. dazu die Tatsache, daß Matth 5,38-42 unter dem Gesichtspunkt der *Vergeltung* steht und in allen 4 Fällen deutlich werden soll, daß das nichtkorrekte Verhalten eines anderen nie zum Maßstab meines Verhaltens gemacht werden darf, als dürfe ich auch in Sünde [u. L.] wandeln“. □ **37** Vom Korr. ersetzt durch: „man soll dem Bösen nicht mit Bösem entgegentreten“. – B hat Mt 5,39. im Auge, Korr. dagegen Stellen wie Röm 12,17; I Thess 5,15 oder I Petr 3,9.

Was muß infolgedessen beseitigt werden? *Der böse Wille.*

Ziel der Liebe ist Überwindung des Bösen. Was ist also Ziel der unbegrenzten Geduld und des Nichtwiderstehens? *Die Überwindung des Bösen.*

Wo hat das Gebot der Bergpredigt also seine Grenze?[38] *Dort, wo durch seine Erfüllung das Böse nicht überwunden, sondern gefördert wird.*

R 12,21 sagt Paulus: Überwindet das Böse mit dem Guten. Es gibt mannigfache Wege der Überwindung. Einer davon ist der der grenzenlosen Geduld. Nennen Sie mir ein Beispiel, wo dieser gewiß seine Grenze hat. *Die Notwehr.*

Hier muß das Böse verhindert werden an der Tat, sei es durch welches Mittel es sei. Was folgt also aus all dem für die Wahrung meiner verletzten Ehre oder der meiner Familie etc.? *Sie ist göttliches Gebot.*

Wessen Ehre gilt es nämlich zu wahren? *Gottes Ehre.*

Dort wo wir dem Guten zum Sieg verhelfen, wahren wir Gottes Ehre und Willen. Jeder Schritt, den wir zu Wahrung unsrer Ehre tun, muß getan sein ad maiorem gloriam Dei[39]. Wo aber werden wir eine Beleidigung wirklich als Ehrverletzung auffassen? *Dort, wo Gefahr ist, daß das Böse über das Gute siegt, wo böser Wille zielbewußt am Werk ist.*

Gewiß; die Unart eines Kindes, ungezogene Behandlung in einem Geschäft, die Frechheit eines ungebildeten Grobians sind nicht Dinge, die uns an die Ehre gehen müssen. Was für eine Haltung ist ihnen gegenüber am Platz? *Die des Thales, d. h. die der Gleichgültigkeit gegenüber Lappalien.*[40]

Wie aber beurteilen wir den Schluß, es gäbe überhaupt keine Beleidigungen? *Wir beurteilen ihn als verfehlt.*

Böser Wille, Verläumdung kann uns wirklich ‚unsre' Ehre rauben, wenn wir ihnen nicht rechtzeitig und kräftig entgegentreten. Welche Mittel stehen uns im öffentlichen Leben zur Verfügung zur Wahrung verletzter Ehre? *Der Prozeß.*

---

38 Vgl. N 118 und WEN 15f. □ **39** Dt.: „Zur höheren Ehre Gottes". □ **40** Korr.: „vgl. aber S. 588. Die dortige Beurteilung des Thales war demnach doch nicht ganz richtig. Denn hier wird derselbe [u. L.]. sogar als Beispiel, als Vorbild herangezogen".

Wann werden wir als Christen zu diesem Mittel greifen? *Wenn alle Versuche persönlicher Versöhnung gescheitert sind.*

Gewiß. Allem voran geht der Versuch der persönlichen Einigung, den Beleidiger zurechtzuweisen, ihn mit Geduld zu tragen, ihm zu vergeben. Scheitert das, so müssen wir zu andern Mitteln greifen; woran aber müssen diese ihr Maß haben? *An der christlichen Liebe.*

Welches ist z. B. das im Officiers- und Studentenleben gebräuchliche Mittel der Ehrenwahrung? *Das Duell.*

Wie ist es vom christlichen Standpunkt aus zu beurteilen? *Als unzulänglich.*

Warum? *Weil es*[41] *nicht dazu taugt, das Böse mit Gutem zu überwinden.*

Da heute im Heerdienst niemand mehr zum Duell genötigt ist, wird es die Sorge der christlichen Gemeinde sein, dasselbe ganz zu beseitigen.

Welches Mittel gibt es für beleidigte Völker, ihre Ehre wiederherzustellen? *Den Krieg.*

Ohne hier weiter davon reden zu können, scheint mir auch der Krieg als Mittel für die Überwindung des Bösen durch das Gute unzulänglich, als solches allein sogar verwerflich. Kriege müssen werden, nicht gemacht werden. Wo liegt letztlich sowohl der Maßstab für das, was eine Verletzung der Ehre ist, wie für die Mittel ihrer Wiederherstellung begründet? *Im Gewissen des Einzelnen oder der Gemeinschaften.*

Von der tragenden Geduld bis zur schärfsten Verfolgung des Beleidigers stehen der christlichen Gemeinde Mittel zur Verfügung, das Böse durch Gutes zu überwinden. Ein Mittel scheint mir noch wenig ausgenutzt zu werden. Das sind die Ehrengerichte. Mancher Klassenkrieg, manches Duell könnte hierdurch vermieden werden. Freilich alle diese Mittel sind nur allzuoft Deckmantel schnöder Rachsucht. Die christliche Gemeinde kennt seit der Bergpredigt ein Kampfmittel gegen das Böse, das stärker ist als alle andern, weil es Gott selbst in den Kampf zieht. Welches Mittel meine ich? *Das Gebet für den Beleidiger.*

Dies Gebet ist die Grundlage für alles Vorgehen gegen den Beleidiger.

---

41 Korr. fügt ein: „abgesehen von allen anderen Erwägungen".

Wie muß der Christ sich also zu der Tat des Beleidigers gestellt haben, bevor er gegen diesen vorgeht? *Er muß die Tat vergeben haben.*

In welcher Gesinnung allein darf und muß man gegebenenfalls den Beleidiger selbst in Schande stürzen?[42] *In der Gesinnung der Liebe, der Vergebung.*

Es ist vornehmste Aufgabe des Christen, dort zu verzeihen, wo er strafen muß, es darf keine Wahrung der eigenen Ehre geben, ohne daß wir Gott für unsern Beleidiger um Vergebung anflehen. Bittet für die, so euch beleidigen![43] In welchem socialen Verhältnis bleibt daher der Beleidigte zum Beleidiger nach christlicher Auffassung? *Im gemeinschaftlichen Verhältnis.*

Wodurch wird das bewiesen? *Es wird bewiesen gerade durch die schroffste Bekämpfung des Bösen mit dem Willen es zum Guten zu überwinden, mit dem Beleidiger in Gottes Gemeinde zusammenzukommen.*

Weh dem, der aus Rachsucht seine Ehre wahrt, nicht in Demut vor Gott, von dem allein er seine Ehre empfängt, in einem Zorn, der nicht die vergebende, geduldige Liebe in sich trägt. Mancher wird aus berechtigter Sorge, nicht um Gottes willen, sondern um seinetwillen zu handeln, lieber manches Übel schweigend dulden. Erst wer die Beleidigung völlig überwand, wer seinem Beleidiger vergeben kann, darf in der Öffentlichkeit das Böse seines Unrechts überführen. Wir haben unsre Ehre, aber wir haben sie als Gabe und Aufgabe Gottes. Wie wir die Ehre des Andern wahren sollen, so auch die unsre; aber wir bewahren sie als die Ehre Gottes. Gott allein hat Ehre, alles andre Unehre. „Wer sich rühmet, der rühme sich des Herrn“[44]; das ist unsre ganze Ehre. Unser Handeln aber ordnet sich nach dem Satze: „Überwindet das Böse mit dem Guten“[45]; „segnet, die euch fluchen, bittet für die, so euch beleidigen“[46]; „was ihr tut, so tut es alles zu Gottes Ehre.“[47]

---

42 „selbst in Schande stürzen“ vom Korr. unterstrichen und durch folgende Bemerkung ersetzt: „Dieser Ausdruck ist mißverständlich. Selbst zur Verantwortung ziehen oder ihn dem Gericht zur Verantwortung überliefern“. □ 43 Mt 5,44. □ 44 I Kor 1,31. □ 45 Röm 12,21. □ 46 Mt 5,44. □ 47 I Kor 10,31. – Schlußbemerkung des Korr.: „Drei Punkte in der Katechese bedürfen

16. MEDITATION UND PREDIGT ÜBER LUKAS 9,51–56 FÜR DAS EXAMEN[1]

Predigt über Lukas 9,51–56

Meditation

Die Tatsache, daß unsere Handschriften bis auf D und einige kleine unsere Geschichte mit dem V. 55 ἐπετίμησεν αὐτοῖς abschließen (ob V. 56b ἐπορεύθησαν εἰς ἑτέραν κώμην zu unserer Geschichte oder zum folgenden zu ziehen ist, bleibt ungewiß, V. 56a hat nicht einmal D)[2], zeigt, daß der wesentliche Gedanke der Erzählung bis hierher schon ausgedrückt sein muß, daß die folgenden Sätze in D nur noch Erläuterung bringen. Und so ist es. Die allgemein gehaltenen Sätze aus D erfahren ihre eigentümliche Interpretation erst im Zusammenhang mit dem vorigen[3] und erheben ihrerseits wieder das Individuelle an der Geschichte ins Allgemeingültige. Im Zentrum der Geschichte steht für den Leser die drohende Gebärde Jesu als Anwort auf ein heftiges Wort der Zebedaiden. Wo liegt der Grund für diesen Zwiespalt zwischen Jesus und den Jüngern? Die Jünger haben auf ein Samaritanerdorf[4], das Jesus die

---

noch der ernsten Nachprüfung: 1. Thales. 2. Rechtfertigung. 3. Auslegung von Matth 5,38-42. Andere Einzelheiten sind angemerkt. – Auf das Ganze gesehen ist die Katechese nach Anlage und Durchführung, ebenso nach Form und Inhalt eine recht gute zu nennen."

1 NL A 13,4; masch.; Abdruck der Predigt (S. 603 ff) in: PAM I 118 ff. Das hsl. Titelblatt enthält folgenden Text: „Predigt über Luk 9,51-56/Dietrich Bonhoeffer". Geschrieben Okt./Nov. 1927 (vgl. S. 179), die zahlreichen grammatikalischen Korrekturen, die Sup. Bronisch (= Korr.) vornimmt, werden hier nicht im einzelnen angemerkt. Gehalten wurde die Predigt am 8. 1. 1928 in der Hochmeisterkirche in Halensee; Sup. Diestel hat ihren Vortrag beurteilt. Die Beurteilungen von Bronisch und Diestel s. S. 185-187. Zur verwendeten Lit. vgl. B's Brief vom 8. 11. 1927 (S. 180); vgl. auch den Brief des Vaters vom 13. 3. 1928 (DB 122). – Bearbeiter: C. J. Green, C.-J. Kaltenborn. □ 2 Korr.: „Ist aber ein überaus fruchtbarer Satz". – In neueren Bibelausgaben werden V. 55 b u. 56 a nur in den Anm. wiedergegeben. □ 3 Korr.: „vorhergehenden". □ 4 Im Ms.: „einen Samaritaner dort". Vom Korr. verbessert, dazu am Rand: „Ausdruck".

Aufnahme verweigerte, himmlisches Feuer herabgewünscht, um das Dorf[5] zu vernichten. Es war das ein Aufwallen ihrer eifernden Liebe für Jesus. Zeloten sehen wir in ihnen vor uns. Jesus aber schneidet ihnen schroff das Wort ab und bedroht sie. Der Grund hierfür ist nicht ganz allgemein der Gedanke, den Jesus ausspricht, sondern er erhält seinen eigenartigen Charakter durch V. 53; hier ist gesagt, daß die Samaritaner[6] Jesus nicht aufnehmen, weil er nach Jerusalem reist, d. h. weil er Jude ist. Damit erst geht uns der Sinn der ganzen Erzählung auf. Die Samaritaner handeln nicht aus Bosheit, Feindschaft, Haß gegen Jesus persönlich – sie wissen vielleicht gar nicht, daß Jesus unter den Pilgern ist, oder gar wer er überhaupt ist – sie verwerfen Jesus um der Juden willen, unter denen er sich befindet, d. h. ohne ihn zu kennen, aus Unwissenheit. Dennoch wollen die Jünger ihr Dorf zerstören. Jetzt aber wird der Grund dafür, daß Jesus die bedroht, ganz deutlich. Jesus will sagen: Habt ihr nicht gehört, daß sie ja gar nicht mich verworfen haben, sondern den Pilger nach Jerusalem, sie kennen mich ja gar nicht, wissen ja gar nichts von mir und schon wollt ihr verurteilen und verdammen? Die Worte „wisset ihr nicht welches Geistes Kinder ihr seid" erfahren ihre Interpretation durch das Vorangehende und das Folgende: des Menschen Sohn ist nicht gekommen, der Menschen Seelen zu verderben, sondern zu erhalten. Der Geist, von dem Jesus spricht, ist der Geist der geduldig werbenden Liebe, der dort gewiß nicht verurteilt, wo Unkenntnis der Dinge herrscht.

An diesem Punkt hat offenbar die praktische Auswertung des Textes einzusetzen. Vom Kommen Jesu und vom Aufnehmen Jesu spricht unser Text, vom Jüngerzorn und seine[r][7] Verurteilung und Überwindung. Vor unsere Augen tritt die Großstadt[8], in der wir wohnen, und der Vergleich mit jenem Samaritanerdorf leuchtet wohl ohne weiteres ein: man sieht das Kirchenvolk und verwirft Jesus[9], dies das typische Tun der Samaritaner. Zugleich tritt bei unserer eigenen Haltung als solcher, die in der Kirche ‚gesichert' sind, die Analogie mit den

5 Vom Korr. ersetzt durch „es", dazu am Rand: „Stil [u. L.]". □ **6** Vom Korr. angestrichen. □ **7** Korr. ändert in: „seiner". □ **8** Korr.: „Nur die Großstadt?!" □ **9** Korr.: „Barth!"

Zebedaiden in Sicht, damit aber auch das Drohwort Jesu über solche Gesinnung samt der Erkenntnis, daß Eiferer von der Art der Zebedaiden selbst[10] den Geist Jesu nicht mehr besitzen. Nun hebt die Selbstprüfung an, ob nicht vielleicht auch unsere Kirchengemeinschaft und nicht nur die Welt da draußen, ein Samaritanerdorf ist, das Jesus immer wieder die Aufnahme verweigert. Was heißt Jesus aufnehmen? Ihn als Herren über sich restlos anerkennen, ihm allen Platz einräumen. Tun wir das? Wollen wir das überhaupt? Jedem von uns entschwindet immer wieder das Bild Jesu Christi, auch wenn wir es einmal gesehen haben. Zahllos vieles strömt auf uns ein, und hierüber zergeht uns der Blick für die alles überragende Autorität Jesu, für die absolute Dringlichkeit seines Rufs. Blind und taub sind wir seinem Wort gegenüber. So erkennen wir uns in ähnlicher Lage wie die Samaritaner, indem auch wir allein durch die Liebe Jesu Christi leben. Und[11] damit findet aber auch auf uns das Wort Jesu V. 56 a Anwendung. An ihm finden wir uns wieder zurecht, gewinnen wir Halt in unserer Not. Damit aber zerbricht uns unser zügelloser Zorn, unser Wille zur Vernichtung wird in dem Willen Jesu Christi zur Erhaltung des Lebens durch geduldig werbende Liebe hinein[12] überwunden. Hiermit ist die Aufgabe verknüpft, selbst im Geist dieses Wortes zu denken und zu handeln: Jesus zeigen, geduldig in werbender Liebe verharren, auch wo wir Ablehnung erfahren.

Methodisch besteht die Schwierigkeit der Auswertung der Geschichte darin, daß wir uns selbst nicht ausschließlich auf die Seite der Jünger stellen und hier einfach das Gericht Jesu erfahren, sondern daß wir damit gleichzeitig auf die Bußkraft des Textes hingewiesen werden, indem wir selbst uns als um nichts Wesentliches besser als die Samaritaner wissen, d. h. aber wir stellen uns sowohl zu den Jüngern wie zu den Samaritanern, weil wir von beider Geist noch etwas in uns haben. Der Jüngerzorn wird durch die Bußerkenntnis mit dem Verwerfungsurteil über die Samaritaner sich selbst auch verurteilen, insofern man durch den Zorn aus dem Geiste herausgefallen ist,

10 Korr. placiert das „selbst" hinter „Jesu". □ 11 Vom Korr. gestr. □ 12 Vom Korr. angestrichen, dazu am Rand: „Stil".

d. h. selbst den Samaritanern ähnlich wurde, zerbrochen und überwunden und in der Aufnahme des Gnadenwortes Jesu geläutert[13] und zum Guten gewandt. In dieser Doppelseitigkeit scheint erst der Text voll ausgeschöpft und so wäre es nicht richtig, dieselbe zugunsten der einfacheren Einseitigkeit zu vermeiden.

Ferner ist zum Aufbau des Stoffes zu sagen, daß sich der Versuch, den zweiten und dritten Teil der Predigt zu kombinieren, indem man zunächt durchgehend den Typus des Samaritaners, sodann den der Jünger, schließlich die Worte Jesu bespricht, um so den doppelten Ansatz zu vermeiden, nicht bewährt.[14]

Schließlich soll erwähnt werden, daß durch unseren Text der Ritschl'sche Gedanke des Zusammenhangs von Schuld, Vergebung und Unwissenheit[15] eine gewisse Stütze erhält und trotz seiner Einseitigkeit an Hand des Textes dargestellt werden muß.

Eine Predigt vom Kommen Jesu und seiner Ablehnung, vom Jüngerzorn und seiner Überwindung durch Heilandssinn.[16]

Disposition

I. Die Geschichte wird in psychologischen und historischen Zusammenhängen verständlich gemacht.

II. Die Gestalten der Geschichte und ihr Verhalten als typisch.

1. Die Samaritaner sind die nicht Sehenden und dennoch Verstoßenden, sie sehen in Jesus nur den Juden, die unscheinbare Hülle seines Wesens.
2. Die beiden Jünger als verkehrte Eiferer für die Ehre Jesu.
3. Jesus in seinem Gericht über die Jünger: nicht blinde Begeisterung, sondern Gehorsam gegen das Wort und den Geist Jesu. Die Jünger sind Zerstörer des Werkes

---

13 Zur Passage „Jüngerzorn ... geläutert" bem. Korr.: „Stil". □ **14** Zum ganzen Absatz Korr.: „Stil". □ **15** Vgl. A. Ritschl, Rechtfertigung und Versöhnung III, 241 ff. □ **16** Hsl. Nachtrag von B, der damit das Thema der Predigt angibt. Dazu Korr.: „Kein einheitliches Thema".

Jesu. Jesu Verheißung: der Geist Jesu ist der Geist des Erhaltens der verständnisvoll[17] werbenden Liebe.

III. *Die Geschichte von Jesu Kommen ins Samaritanerdorf – ein Spiegelbild unserer Zeit.*

1. Die Welt der Großstadt als das Dorf der Samaritaner.
2. Wir in der Kirche neigen mit scheinbarem Recht zu der Gesinnung der Jünger.
3. Aber bei tieferer Einsicht sehen wir, daß wir damit auch unser eigenes Urteil sprechen. Denn auch wir in der Kirche gehören zum Samaritanerdorf.
   a) Haben wir Jesus wirklich bei uns aufgenommen?
   b) Wollen wir Jesus wirklich aufnehmen?
   c) Sind nicht auch wir unwissend, blind und taub wie die Samaritaner?
4. Das Wort Jesu Christi von seinem Willen, Menschenleben zu erhalten, von seiner geduldig werbenden verständnisvollen Liebe ist für uns
   a) eine Gabe.
      aa) Wir werden der Liebe Jesu Christi, als der Kraft, von der allein wir alle leben, gewiß,
      bb) so zerbricht der Jüngerzorn an dieser Erkenntnis der übermächtigen Liebe Jesu Christi.
   b) eine Aufgabe.
      aa) Die Liebe, von der wir leben, soll jedem zugewandt werden.
      bb) Vorbedingung dafür ist, daß wir die Menschen sehend machen, ihnen Jesus Christus unermüdlich zeigen, nicht verurteilen.

Predigt über Lukas 9,51 bis 56

Unsere Geschichte führt uns in den Zeitpunkt des Lebens Jesu hinein, als[18] er sich zum Sterben rüstet, als er seinen letzten Weg nach Jerusalem geht. „Er wendete sein Angesicht stracks nach Jerusalem.“ Er weiß um das Schicksal, das ihn am Ende des Weges erwartet; er weiß, daß nun alles zur Entscheidung drängt

---

17 Korr.: „Unklar! Stil!“ □ 18 Vom Korr. ersetzt durch: „da“.

und seine Jünger, die mit ihm sind, wissen es auch.[19] Aber sie haben es noch nicht verstanden, daß der Weg Jesu der Weg göttlicher Liebe ist und nicht der Weg des letzten Gerichts. Es wird Abend. Wieder ist man um einen Tag dem letzten Kampfe näher gerückt. Hastig arbeiten die Gedanken der Wanderer an den kommenden Ereignissen. Müde von der Reise sucht die kleine Schar[20] nächtliche Unterkunft. Boten schickt Jesus voraus in den nächsten Flecken. Der gehörte den Samaritanern.[21] Zwischen diesen und den Juden aber herrschte Jahrhunderte alte Feindschaft, jeglicher Verkehr war abgebrochen. Seit langem schon ging der Weg der frommen Pilger aus Galiläa nach Jerusalem am östlichen Jordanufer auf einem Umweg an Samaria vorbei. Jesus auf dem Weg zum Kreuze, dem Wege der barmherzigen Liebe, zieht auf der Straße durch Samaria stracks nach Jerusalem. Wir können es nur erschließen, der Text selbst sagt es uns nicht, warum Jesus gerade diesen Weg wählt. Aber er mag mit seinen Jüngern oft von dem gesprochen haben, was nun dicht bevorstand. Er mag versucht haben, es ihnen verständlich zu machen, daß sein Weg ein Weg der göttlichen Liebe unter den Menschen ist und daß dieser Liebe der Jude ebenso bedarf wie der Samaritaner, und daß er diese Liebe den Samaritanern zuwenden will wie den Juden. Und zur Bekundung dieser Gesinnung mag er seinen Weg gerade durch Samaria genommen haben. Schwere Überwindung hat dieser Schritt gewiß die Jünger gekostet. Tiefer innerster Abscheu mag die kleine Schar der Mitziehenden bewegt haben, als sie bei sinkender Sonne samaritanischen Boden betrat. Aber die Jünger hatten sich überwunden. Sie wollten es nun zeigen, daß sie an Jesu Geist Anteil hatten, indem sie mitzogen. Zeigen wollten sie gerade den Samaritanern, daß sie über diese Streitfragen äußerlicher Art hinaus waren. Sie wollten mit ihrem Heiland durch Samaria ziehen. Ja, sie hatten sich wirklich überwunden. Als Menschen kamen sie zu Menschen. So war es in des Meisters Geist.

---

19 Korr.: „?" □ 20 B's Schreibweise „Scharr" ist hier und im folgenden von den Bearbeitern korrigiert. □ 21 Korr.: „Samariter! Überall Samariter statt -taner".

Nun war die Nacht hereingebrochen. Man brauchte Unterkunft. Und Jesus hatte einige Jünger vorausgeschickt, die um Herberge bitten sollten für eine müde Schar von Juden, die auf der Pilgerschaft nach Jerusalem ist. Uraltes Recht des Fremdlings war es, auch im feindlichen Land um Herberge zu bitten. Vor dem Flecken wartete die Schar um Jesus auf den Bescheid der Boten. Da kommen sie zurück. Ihre Bewegungen, ihr Gang, ihr Gesicht, ihre Augen sprühen Erregung und Zorn. „Sie haben den Meister nicht aufgenommen, haben ihm die Herberge verweigert!" Höchste Erregung ergreift die Schar. Zornige Rufe dringen an Jesu Ohr. Er aber bleibt unerschüttert ruhig. Immer heftiger wird der Zorn. „Warum wiesen sie ihn ab? Was sagten sie?" „Ein Pilger auf dem Wege nach Jerusalem findet in Samarien keine Herberge." Da dringen durch die Schar die beiden Brüder Johannes und Jakobus auf Jesus ein. Ihr Auge flammt in eifernder Liebe zu ihrem Herrn, in eiferndem Zorn gegen die, die ihn abwiesen. „Herr, willst du, so wollen wir sagen, daß Feuer vom Himmel falle und sie verzehre." Nun wendet sich Jesus um zu der Stimme, die hinter seinem Rücken zu ihm sprach. Und mit heiligem Ernst bedroht er die Sprecher: „Wisset ihr nicht, welches Geistes Kinder ihr seid? Des Menschen Sohn ist nicht gekommen, der Menschen Seelen zu verderben, sondern zu erhalten." Und sie zogen an einen anderen Ort.

Ein kleines Ereignis nur, das sich in wenigen Minuten abspielte – eine gewaltige Predigt an unsere eigene Zeit von Jüngerzorn und Heilandssinn, vom Kommen Jesu Christi und seine[r] Aufnahme.[22] Von Samaritanern, von zornigen Jüngern, und von Jesu hartem Wort über die letzteren, von seinem Trostwort für die ersteren[23] ist die Rede. Was hat das mit uns zu schaffen?

Wir wollen einmal solang in den Text hinein sehen, bis die Mauern der Jahrhunderte, die uns von ihm trennen, fallen und wir der Geschichte auf den ewigen Kern sehen.[24] Dazu fragen

---

22 Korr.: „Thema". □ **23** „Trostwort für die ersteren" vom Korr. angestrichen u. am Rand mit Fragezeichen versehen. □ **24** Vgl. K. Barth, Der Römerbrief[3], XI, aber auch A. v. Harnack, Das Wesen des Christentums, 7 ff; ferner B's Katechese über die ‚Ehre', s. S. 587 und DB 122.

wir zunächst, was für Leute denn eigentlich diese Samaritaner sind. Allem bisherigen nach müssen wir sie doch für ganz rohe und harte Leute halten, so daß wir den Zorn der Jünger recht gut verstehen und nachempfinden können. Wer vor Jesus die Tür zuschlägt, sollte den nicht himmlisches Feuer verzehren? Aber Vorsicht ist geboten, Achtgeben auf den Text! Wir erfahren von[25] unserem Text nicht nur, daß die Samaritaner Jesus nicht aufnehmen, sondern auch warum sie es nicht tun, nämlich „weil er sein Angesicht gewendet hatte, zu wandeln gen Jerusalem". Was heißt das? Ihre Abweisung trifft offenbar Jesus nicht im besonderen, sondern alle pilgernden Juden und so auch ihn. Wir erfahren nichts davon, daß die Samaritaner von Jesu Person wußten, geschweige denn von seiner eigentlichen Bedeutung; nichts auch davon, daß sie ihm persönlich feindlich gesinnt waren. Jesus wird verworfen, abgewiesen – warum – weil er Jude ist als Glied seines Volkes. Die Samaritaner als Volk nehmen Stellung gegen die Juden als Volk. Sie sehen allein auf die äußere Erscheinung, auf die unscheinbare Hülle, in der der ewige Gott sich verbirgt vor den Augen derer, die sehen und nicht glauben wollen. Sie sehen in Jesus den Juden, sie sehen – das Kirchenvolk und schließen auf den Meister. Das heißt aber eben, sie sehen Jesus im Grunde gar nicht und sie verwerfen ihn dennoch, vielleicht aber auch – darum. Solche Leute also sind die Samaritaner.

Und nun die Jünger. Mit größten Hoffnungen und voll frommer Gedanken waren sie ihrem Herrn auf dem Weg durch Samarien gefolgt und nun erfuhren sie solch harte Absage. Ach, es kam ja gar nicht auf sie an. Aber ihr Herr, ihr Meister, er war ja abgewiesen worden. Ihm hatte man die Tür gewiesen und das traf tief in das brennende Jüngerherz hinein. Nun gut, wenn ihr nicht wollt, so geht zur Hölle. Vertilgt vom Erdboden sei, wer Jesus die Aufnahme verweigert. Ewigen göttlichen Zorn hat er verwirkt.

Nun aber Jesus. Mit einem Nu wird es uns klar, daß er zwar nicht über die Samaritaner, aber über seine Jünger in Zorn ausbricht.[26] Sie, die doch eben hörten, warum die Samaritaner

25 Vom Korr. ersetzt durch: „aus". □ **26** Korr.: „!"

Jesus nicht aufnahmen, sie sind verblendet und hartherzig genug, dort auf ewig zu verurteilen, wo noch größte Unkenntnis der Sachlage, wo Blindheit herrscht. Sahen sie nicht, daß sie damit auf einen Schlag nicht nur ein Samaritanerdorf, sondern Jesu ganzes Werk, ja die ganze Welt dem ewigen Feuer übergaben? Hatten sie so wenig davon verstanden, daß Jesu letzter Weg nach Jerusalem ein Weg der Geduld und der Liebe war? Sollte Jesus so von seinem nächsten Kreise mißverstanden aus der Welt gehen? Sollte das sein Vermächtnis sein? Ach, die Jünger verzehrte ja die Liebe und der Eifer für ihren Herrn. Sie wollten ja nur des Herrn Ehre wahren, koste es was es wolle. Das blieb Jesus gewiß nicht verborgen. Aber er kannte hier keine Weichheit. Jesus liebhaben heißt, ihm gehorsam sein, in seinem Geiste wandeln, nicht vergessen, daß man seines Geistes Kind sein soll. „Das ist die Liebe zu Gott, daß wir seine Gebote halten" (1 Joh 5,3). Keine übergroße Begeisterung! Kein Gefühlsüberschwang! Sondern achtgeben auf's Wort, Gehorsam! Nicht auf Jesu leibliches Leben sehen und es lieben[27], sondern auf sein Gebot achten, das ist die rechte Ehre, die Jesus zukommt. Nicht Menschenleben opfern, sondern Menschenleben gewinnen, das gereicht unserm Herrn Jesus zur Ehre. Nun begreifen wir das harte Wort: Und er bedrohte sie und sprach: Wisset ihr nicht, welches Geistes Kinder ihr seid? Freilich von welchem Geist hier Jesus spricht, das wird uns erst in dem Wort klar, das Jesus als Zusammenfassung seines gesamten Wirkens unter den Menschen dem Zornausbruch der Jünger gegenüberstellt: „Des Menschen Sohn ist nicht gekommen, der Menschen Seelen zu verderben, sondern zu erhalten."[28] Jesus spricht zu den Jüngern von dem Leben erhaltenden Geist[29], vom Geist des Rettens und der Geduld, der nie ermattenden, verstehen wollenden, werbenden Liebe. Weh denen, die diesem Geiste zuwider handeln! Geduld aber für die, denen Jesu Arbeit gilt!

Nun ist uns das Bild in allen seinen Einzelheiten klar und durchsichtig geworden. Es ist auch die Mauer der Jahrhunderte gefallen, die uns von der Geschichte trennte. Wir stehen Auge

---

27 Korr.: „unklar". □ **28** Korr.: „wörtlich: ‚retten'". □ **29** Korr.: „Stil".

in Auge Jesus gegenüber. Wir sehen die Samaritaner, hören die Jünger und nun – erschrecken wir nicht vor diesem Bild? Werden wir nicht wach? Bleiben unsere Ohren taub? Erkennen wir nicht in diesem Bild – unsere eigene Zeit? Können wir uns nicht alle selbst recht gut den Platz anweisen, auf dem[30] wir in diesem Bild zu stehen kommen?

Auch heute ist ein solcher Tag, wo Jesus kommen will, ganz ebenso wie damals. Sollte es nicht auch heute noch, wie damals, Samaritaner und eifernde Jünger geben? Sollten es damals die letzten ihres Stammes und ihres Geistes gewesen sein? Ist nicht vielleicht noch heute das Kommen Jesu dem Kommen in das Samaritanerdorf sehr, sehr ähnlich? Sonntag für Sonntag verkündigen uns in der Winterzeit die Glocken Weihnachtsbotschaft.[31] Leis und zart singen sie vom Stall in Bethlehem, machtvoll und stark rufen sie das Wort vom Kommen der Liebe hinein in unsere Großstädte. Wen von uns hätte es nicht schon sonderbar angemutet, wenn er an einem Abend, zur Zeit des Glockenläutens etwa, an der Kaiser Wilhelm Gedächtniskirche vorbeiging, wo[32] das Getöse der Autos und der Straßenbahnen, phantastische Lichtreklame, das Treiben der Menschenmassen zu den zahllosen Vergnügungsstätten ihn kaum zur Besinnung kommen ließ?[33] Wie unendlich verloren klingt das Rufen der Glocken in dieser Umgebung, wie unendlich verloren, wie fremd und einsam nimmt sich hier das Haus mit den hohen Türmen aus![34] Schrecken und oft bitterer Schmerz erfaßt uns bei solchem Anblick. Gibt es für den Lärm der Großstadt auch so etwas wie eine Weihnachtsbotschaft? Eine Botschaft vom Kommen des Herrn Jesus?

Vielleicht packt uns die Lust, hinzutreten und zu rufen aus Leibeskräften, zu schreien in den wahnsinnigen Lärm: Menschen, hört ihr denn gar nichts? Aber wer hört's? Und wenn es einer hört, so wird er lächelnd vorübergehen: „Auch eine Kuriosität der Großstadt!" Geblendet laufen sie vorbei an der Botschaft[35] vom Kommen des ewigen Gottes zu den Menschen

30 Korr. ändert in: „in den". □ **31** Korr.: „nur?" □ **32** Korr. zieht hierher das „ihn" vor. □ **33** Korr.: „Stil". □ **34** Korr.: „übertrieben". □ **35** Korr.: „Metabasis εἰς ἄλλο γένος".

durch Jesus Christus. „Einer von vielen", so sagen sie von ihm, werfen vielleicht einen Blick auf die Leute, die zur Kirche gehen, aufs Kirchenvolk, und glauben Bescheid zu wissen und gehen vorüber.[36] Die Botschaft vom Kommen Jesu ist ins Samaritanerdorf gedrungen.

Wir möchten auffahren in Zorn und Schmerz, möchten für unsern verschmähten, mißachteten Herrn eintreten, möchten vielleicht das furchtbare Wehe über unsere Großstädte rufen, möchten vielleicht himmlisches Feuer dies Babylon verzehren lassen. Keinem von uns ist wohl dieser wilde, leidenschaftlich aufwallende Schmerz, diese grenzenlose Empörung fremd. Wollen sie nicht hören – nun gut, möge das Gericht von[37] Sodom und Gomorrha über sie ergehen. Ach, nun auf einmal verstehen wir die Jünger so gut; vielleicht sind wir gar selbst tätig gewesen, haben gearbeitet an den Menschen, haben ihnen von Jesus erzählt, sind mit den größten Hoffnungen an unser Werk gegangen, Jesus zu zeigen, wie er ist und was er bringt und will. Und das Ende war – ein rundes Nein, ein überlegenes Lächeln[38]. Denken wir an das stille, fromme Wirken der Mission, nicht nur da draußen in weiter Ferne, sondern auch hier in den Städten. Denken wir an die seelsorgerliche Arbeit der Großstadtpfarrer, die sich mit Freuden jeder Geringschätzung aussetzen, wenn nur die heilige Sache, ihr Herr, nicht angetastet wird – und der Erfolg des ganzen ist kalte Ablehnung. Ach, auf uns soll es ja nicht ankommen. Mögen sie lachen und spotten, so viel sie wollen. Aber wie schmerzt es, wenn wir sehen, wie man unsern Herrn unsereinem gleichstellt, ihn mit uns verspottet und in den Schmutz zieht. Wie viel vergebliche Mühe haben wir verschwendet an die, die heute nur noch Worte der Ablehnung und der Geringschätzung für die Sache Jesu Christi übrig haben! Soll das nicht endlich ein Ende haben? – so fragen wir verbittert. Wir brauchen nicht mehr Beispiele. Jeder von uns weiß Bescheid. So lebt in uns der Zorn der Jünger auf, ein Zorn, der uns so gerecht, so heilig erscheint. Verdammen wollen wir und verurteilen, wollen uns abwenden mit dem Wunsche, daß himmlischer Zorn hereinbreche und zerstöre. Ja – wollen wir es

36 Korr.: „!" □ **37** Korr.: „?" □ **38** Hsl. eingefügt: „der Andern".

wirklich? Urteil sprechen über die, die noch nicht einmal gesehen haben, über die Unachtsamen[39], Stumpfsinnigen, Oberflächlichen? Es könnte uns dabei Klarheit aufgehen darüber, daß wir mit solchem Wunsch und Tun beweisen, daß auch wir Jesus nicht aufgenommen haben, von seinem Geiste nichts verspürt haben; daß wir vergessen haben, welches Geistes Kinder wir sind. Mit unserer übermäßigen[40] Liebe zum Herrn haben wir ihn selbst von uns gestoßen, sind wir aus der Gemeinschaft seines Geistes herausgefallen.

Eine ernste Besinnung führt uns auf die Frage: Können wir uns denn wirklich so völlig ohne Verständnis für das Tun der Samaritaner fühlen, daß wir[41] so hartes Urteil sprechen wollen? Sind die Samaritaner wirklich nur da draußen außerhalb der Kirchenmauern? Ein einziger offener Blick auf uns selbst und auf unsere Kirchengemeinschaft belehrt uns, daß die Dinge ganz anders liegen als wir vielleicht glauben möchten, daß auch für uns das Spiel verloren wäre[42], daß es aus wäre mit der Sache Jesu Christi, wenn Johannes und Jacobus ihres Amtes walteten.[43] Nicht nur in der Welt da draußen, nein, hier ganz nahe unter uns lernen wir ein solches Samaritanerdorf kennen. Es ist furchtbar zu denken und zu sagen: Die ganze Geschichte von der wir hörten, spielt nicht nur vor 2000 Jahren im fernen Osten, sie spielt nicht nur heute da draußen im Lärm der Weltstädte, sie spielt immer wieder auch in unserem Kreise.[44] Unter uns wird sie lebendig, zum millionsten Male in der Weltgeschichte. Was heißt das? Was soll das?

Jesus Christus sucht Herberge. Er sucht Einlaß in unserm Geist, in unserm Herzen. Verstehen wir recht, was das heißt? Jesus Christus ist ein herrschsüchtiger, eigenwilliger Gast.[45] Er will unser Herz ganz allein[46] haben. Er verträgt keinen neben sich und mag er ihm auch nur ein klein wenig an seinem Besitz streitig machen.[47] Jesus Christus ist ein unbequemer, selbstherrlicher Gast. Wer ihn zum Gast nehmen will, dem wird er

---

39 Korr. streicht „Urteil ... Unachtsamen" an u. bemerkt dazu: „Diese Voraussetzung trifft aber doch vielfach nicht zu!" □ 40 Korr.: „?" □ 41 Korr.: „!" □ 42 Korr.: „Ausdruck". □ 43 Korr.: „Schiefer Ausdruck". □ 44 Korr.: „in unserem christlichen Kreise". □ 45 Korr.: „Ungeschickt!" □ 46 Korr. fügt ein: „für sich". □ 47 Korr.: „!"

zum Herrscher, dem er dienen muß. Verstehen wir recht, wem wir Herberge geben, wenn wir Jesus Christus aufnehmen? Wollen wir es wagen mit diesem seltsamen[48] Gast? O ja, wir ‚wollen' es ja wohl alle, so sagen und meinen wir jedenfalls. Und darin sind wir von den Samaritanern verschieden. Aber besinnen wir uns lieber vor allzu eiligen Worten recht, was hier ‚wollen' heißt! Hier gibt es kein halb und halb, sondern nur ja oder nein. Gott ganz wollen oder Gott gar nicht wollen, darum geht es. Denn wer Gott halb will, will nicht *Gott*. – Gott ganz wollen aber heißt, ihn schon haben. Wollen wir es wagen zu sagen, wir wollten wirklich ganz, mit unserer ganzen Seele, wir wollten wirklich Jesus zu Gaste haben?

Sollte es sich aber herausstellen, daß viele von uns ein solches Wort lieber nicht wagen wollen, so findet sich vielleicht noch ein anderer Weg zu unserer Rechtfertigung. Wir könnten sagen: Wir wissen doch von Jesus Christus, sind getauft und konfirmiert. Wir haben doch genug von ihm gehört, in jeder Predigt, an jedem Sonntag. Wir sind doch nicht blind wie die Samariter. Ich bitte euch, werdet nicht ärgerlich, wenn ich nochmals frage: Wissen wir wirklich von Jesus *Christus*? Hören wir wirklich jeden Sonntag Jesus Christus bei uns anklopfen? Und sollten wir diese Frage ernstlich bejahen können für manche Augenblicke und Stunden unseres Lebens, so werden wir doch zurückhaltend, sie für unser ganzes Leben zu bejahen. Ich glaube, wir dürfen es sagen: Jedem von uns entschwindet in seinem Leben nicht nur einmal, nein Tag für Tag immer wieder Jesus Christus. Wir sehen und hören ihn entweder gar nicht mehr oder wir sehen ihn noch eben, aber verloren ging uns der Blick dafür, daß hier einer anklopft, an dessen Aufnahme oder Verstoßung alles hängt. Wir überhören die absolute Dringlichkeit seines Rufes, auch wenn wir den Ruf eben noch hören, und bekunden uns eben damit als blind, als die Samaritaner aus unserer Geschichte. Denken wir nun zurück an den Zorn der Jünger, denken wir an unsere eigene Verbitterung, Empörung, an unsern Zorn, der denjenigen vernichten wollte, von dem wir Ablehnung erfuhren – ein Zorn, der uns so gerecht, so selbst-

---

48 Korr.: „!"

verständlich, ja so heilig erschien – und sehen wir sodann auf uns selbst! Mit Recht schrecken wir zusammen bei diesem Gedanken. Wahrhaftig, wir haben nicht den geringsten Grund, dort Gericht und Tod zu verkünden, wo Unwissenheit, Blindheit herrscht. Wir[49], die wir zu wissen meinen und doch nicht danach tun – sie[50], die kaum wissen und auch nicht tun.

Sollte uns nun das alles klar geworden und zu Herzen gegangen sein, so bitte ich im Namen unseres Herrn Jesus Christus: Laßt[51] euch nicht erschrecken von Leuten wie Johannes und Jacobus, sondern seht hin auf das Wort Jesu, mit dem er diese Leute bedroht und auf das Schluß- und Trostwort unserer Geschichte: Des Menschen Sohn ist nicht gekommen, der Menschen Seelen zu verderben, sondern zu erhalten. Nur von dem, der uns seine Gastfreundschaft so schwer macht, kommt der Trost. Er will nicht verderben, sondern erhalten. Er will in dauernder Liebe um uns werben, will unsere Augen sehend machen. Er will unser Leben, d. h. unsere Gemeinschaft mit Gott und mit ihm. Und wenn wir den Weg zu ihm nicht finden, er wird ihn zu uns finden. Er wird Wohnung bei uns machen. Er wird unser Herz zu seinem Tempel machen. Er selbst wird tun, was wir zu tun zu schwach sind. Er hat's versprochen. Er wird's auch tun.

Haben wir das begriffen und zu Herzen genommen, dann ist's vorbei mit dem Jüngerzorn. Er ist endgültig überwunden und zerbrochen an der Erkenntnis unserer eigenen Unzulänglichkeit, d. h. daran, daß wir der Liebe und der Geduld Jesu Christi ebenso bedürfen wie alle andern auch. Nur an der Liebe Jesu haben wir Halt, und an ihrer Übermacht zerschmilzt der Zorn. Der Geist, von dem Jesus spricht, ist die Liebe, von der allein wir leben und die nun auch in uns leben soll. Und indem wir so an unserer eigenen Kraft zweifelhaft werden, setzen wir unsere ganze Zuversicht auf die ewige Kraft und Liebe Gottes und unseres Herrn Jesus Christus.

Damit aber wächst uns eine gewaltige Aufgabe zu, freilich auch die Kraft, sie zu erfüllen: Unser Denken und Tun zu

---

49 Vom Korr. unterstrichen. □ **50** Vom Korr. angestrichen, dazu am Rand: „Stil [u. L.]". □ **51** Korr. fügt ein: „auch".

richten an dem Worte Jesu: Des Menschen Sohn ist nicht gekommen, der Menschen Seelen zu verderben, sondern zu erhalten. Das gilt für unsere Stellung zu denen da draußen und zu denen hier drinnen. Denken sollen wir daran, daß wir des Geistes der Liebe Kinder[52] sind. Mit werbender Liebe die Seelen erhalten und zuallererst Jesus zeigen, wie er der Träger ewiger göttlicher Liebe ist, daß wir nicht unwissend und blind bleiben wie jene Samaritaner, sondern sehend werden. Jesus Christus zeigen nicht als religiöses Genie, als Ethiker, als Philosophen, sondern als den Herrn über Tod und Leben, als das fleischgewordene Wort Gottes, das Anspruch und Verheißung zugleich ist, das ist Tat christlicher Liebe, die wir jedem schuldig sind. Laßt uns das nicht vergessen!

Seht an das Leben unserer Tage, außerhalb und in der Kirche! Wahrhaftig, es schiene, menschlich gedacht, Grund genug, daß Gott nun endlich Gericht ergehen ließe. Aber wir haben es gehört: Gott will erhalten – sollen wir dann zerstören? Gott will Geduld haben – sollen wir ungeduldig werden? Gott will Leben schenken – sollen wir töten? Nein, mit den Augen der werbenden und geduldigen Liebe Jesu Christi laßt uns unsere Zeit ansehen, die Not da draußen in der Welt und die Not hier drinnen in der Kirche, die Not der Blindheit und Taubheit hier und dort. Wir alle haben ein Stück von dem Samaritergeist und ein Stück von dem Jüngerzorn in uns. Wir alle aber leben von der Liebe Jesu Christi und seines Vaters. Gott gebe, daß wir Jüngerzorn und Samaritergeist hinter uns werfen und nur noch den Heilandsgeist in uns tragen; daß wir Jesus aufnehmen und unser Zorn überwunden werde durch Jesu Geist, daß auch wir den Brüdern durch die Liebe ein Christus werden können.[53]

Der Herr öffne uns die Augen, daß wir sehen. Der Herr öffne uns die Ohren, daß wir hören. Der Herr öffne uns die Herzen, daß er eine Wohnstatt finde. Christus spricht: Siehe, ich stehe vor der Tür und klopfe an. Wir aber wollen rufen: Amen, ja komm, Herr Jesu.[54]

---

52 Korr.: „Ausdruck". □ **53** Vgl. DBW 1 (SC), 121. □ **54** Apk 3,20 und 22,20.

Nachwort des Herausgebers

I

Was Dietrich Bonhoeffer aus seiner Kindheit mitbrachte, hat er in den Tegeler Fragmenten selbst formuliert. Dort beschreibt ein Proletarier die Privilegien eines Sohnes aus guter Familie: „Ihr habt ein Fundament, Ihr habt Boden unter den Füßen, Ihr habt einen Platz in der Welt, für Euch gibt es Selbstverständlichkeiten, für die Ihr einsteht und für die Ihr Euch auch ruhig den Kopf abschlagen lassen könnt, weil Ihr wißt, daß Eure Wurzeln so tief liegen, daß sie wieder treiben werden."[1] ‚Tief liegende Wurzeln' hatte das Elternhaus Bonhoeffer vermittelt, in dem die Tradition zweier Familien zusammenfloß, die vollen Anteil hatten am Reichtum der Bildung der vergangenen Jahrhunderte. „Hüter eines großen geschichtlichen Erbes und geistiger Überlieferung"[2] wollte man in dieser Familie sein, wozu freilich auch das liberale Denken der einst revolutionären bürgerlichen Bewegung gehörte, an der aus beiden Familien einige Vorfahren beteiligt gewesen waren und wofür sie hatten einstehen müssen.[3] Diesem Elternhaus verdankte Bonhoeffer „eine Sicherheit des Urteils und des Auftretens, wie sie nicht in einer Generation erworben werden kann"[4]. Solche Sicherheit bewies der Sechzehnjährige etwa angesichts des Rathenau-Mordes, den er mit Abscheu verurteilte.[5] Ein Mitschüler erinnerte sich an dieses Ereignis, „weil ich es bewunderte, daß man so genau wissen konnte, wo man stand"[6].

Entscheidenden Anteil daran, daß dies Erbe nicht zur bloßen Konvention erstarrte, hatte der Vater, von dessen unbestechlichem Urteil die Nachbarskinder – und gewiß oft auch die

---

[1] FT 63.
[2] WEN 322.
[3] DB 32
[4] DB 34.
[5] Siehe S. 43 f.
[6] DB 57 f.

eigenen – sich „durch und durch erschaut", wenn auch zugleich „in Güte verstanden"[7] fühlten. Naturgemäß hat der junge Bonhoeffer diese ‚Selbstverständlichkeiten' in seinen Briefen nicht direkt angesprochen; wenn aber der Obersekundaner sich weigert, in einem Deutschaufsatz „furchtbares Phrasenzeug" zu schreiben[8], dann wird das Vorbild des Vaters einmal unmittelbar deutlich. Dieser Einfluß gewährte Bonhoeffer nicht nur einen beträchtlichen Vorsprung gegenüber den Mitschülern und Kommilitonen, sondern kam ihm während des Studiums sehr zugute, wenn es darum ging, selbständig und unbestechlich theologische Konzeptionen zu prüfen (s. u.).

Eltern und Kinder Bonhoeffer waren sich einig, daß die Familie der entscheidende Erziehungsfaktor sein und bleiben sollte, wozu sich Bonhoeffer noch im Gefängnis bekannt hat.[9] Die Verantwortung für die tägliche Begleitung der heranwachsenden Kinder lag in den Händen der Mutter. Sie hatte in Breslau die jüngeren Kinder selbst unterrichtet und in den ersten Berliner Jahren durch Frau Käthe Horn[10] im Hause unterrichten lassen. Waren die Kinder in den späteren Jahren auf Reisen, so erwartete sie deren Berichte, und die Geschwister Bonhoeffer waren bemüht, ihr täglich einen kurzen Gruß zu schicken oder wenigstens zu telefonieren. Die Briefe dieses Bandes sind weithin aus diesem Motiv heraus zu verstehen; sie enthalten Berichte über viele alltägliche Ereignisse. Bonhoeffer schreibt z. B. vom Pilzesammeln, von einem Waldbrand, vom Absturz eines Flugzeugs, vom Besuch einer katholischen Kirche, er schilderte Natureindrücke, etwa von einer Fahrt auf den Brocken usw.[11] Von der Italienreise wird noch zu reden sein. Aber auch die wichtigen politischen Ereignisse, die konkreten Probleme, die durch den Krieg oder durch die Inflationszeit entstanden, und die Schwierigkeiten der Großmutter mit ihrem schikanösen Vermieter werden kommentiert.[12] Selbstverständ-

---

[7] FT 176.

[8] Siehe S. 30; vgl. WEN 300 und den Brief von R. Held, dem Dietrich Bonhoeffer diese Haltung offensichtlich vermittelt hat (S. 152).

[9] WEN 322 f.

[10] Vgl. Teil I Nr. 1 Anm. 8.

[11] Vgl. S. 27 f.

[12] Vgl. S. 61 f.

lich diente dies alles zunächst dem Bedürfnis der Information über das Wohlergehen der Kinder, aber es bildete doch zugleich den Hintergrund, von dem aus die Mutter ihre Verantwortung wahrnehmen konnte. Sie war in ungewöhnlicher Weise darum bemüht, diese Aufgabe möglichst kompetent zu erfüllen. So las sie die Aufsätze von Troeltsch und Barth, als Dietrich sich mit diesen Autoren beschäftigte[13], um ihn auch während des Studiums noch angemessen beraten zu können. Als es um die Frage ging, bei wem der Sohn promovieren sollte, schrieb sie ihm: „Ich denke immer wieder, ob Du nicht bei Holl eine historisch dogmatische Arbeit machen solltest."[14] Es wäre Bonhoeffer nicht in den Sinn gekommen, dies als eine Bevormundung zu empfinden, denn die Eltern rieten nur, die letzte Entscheidung mußte der Sohn selbst fällen, und sie konnte anders ausfallen, als die Eltern dachten: „So blieb ich also bei Seeberg für alle Fälle und schlug ihm ein Thema vor, das halb historisch halb systematisch ist, und mit dem er einverstanden ist."[15]

II

Bonhoeffer ist in einem Grunewalder Akademikerviertel aufgewachsen; d.h. das Elternhaus lag nicht in einer belanglosen, anonymen Umgebung. Vielleicht kennzeichnet nichts die Atmosphäre dieser Nachbarschaft so sehr, wie die Tatsache, daß vier seiner Geschwister ihre Ehepartner unter den Freunden aus diesem Stadtteil gefunden haben.[16] Bei aller Unterschiedlichkeit[17] herrschte hier eine gemeinsame geistige, politische und ethische Grundhaltung, die dieser Nachbarschaft weit mehr als eine nur räumliche Nähe vermittelte. Eberhard Bethge hat dies

---

[13] Siehe S. 155.
[14] Ebd.
[15] Siehe S. 156.
[16] Karl-Friedrich Bonhoeffer verheiratete sich mit Margarete v. Dohnanyi, Klaus mit Emmi Delbrück, Christine mit Hans v. Dohnanyi und Sabine mit Gerhard Leibholz.
[17] Vgl. dazu Emmi Bonhoeffer in: FT 174f.

am Beispiel der Abendgesellschaft im Hause Delbrück geschildert.[18] Die Briefe lassen erkennen, welche Bedeutung den Freundschaften mit den Nachbarkindern, mit Schulkameraden und Mitkonfirmanden zukam. Auch wenn hier zunächst mehr von den gemeinsamen Unternehmungen, vor allem den Ferienwanderungen die Rede ist[19], so bahnte sich doch eine Vertrautheit und eine gemeinsame Haltung an, die sicher zu den wichtigen Voraussetzungen der Verschwörung gegen das Nazi-Regime gerechnet werden muß. Denn es ist ebenfalls bezeichnend für dieses Milieu, daß einerseits ein nicht geringer Teil der Freunde nach 1933 auswandern mußte, weil sie den Rassegesetzen unterworfen waren, andererseits nicht wenige sich aktiv am Widerstand beteiligt haben und dafür verfolgt wurden.[20] Am Rande sei vermerkt, daß Bonhoeffers Confux Pfizer während seiner Berliner Semester das Haus Bonhoeffer als ein ‚Refugium' empfunden hat, ein Wort, das in der Nazizeit erst seinen tieferen Sinn erhielt. In diesen Häusern war eine Substanz vorhanden, die in der Tat nicht so leicht zu zerstören war. Diese gemeinsamen Jugendjahre mit Geschwistern und Freunden bewirkten eine charakterliche Reife, die Bonhoeffer immer wieder zum gesuchten Freund und Mittelpunkt eines Kreises von Kommilitonen und zum Vorbild und Berater seiner Studenten werden ließ. Sie haben aber auch ihn selbst den Wert einer Gemeinschaft schätzen gelehrt.

Politisch war die Familie Bonhoeffer eigentlich recht nüchtern eingestellt. Es ist bemerkenswert, wie wenig Ressentiment

---

[18] DB 52.

[19] Vgl. besonders die große Bodensee-Tour (S. 45 u. ö.).

[20] Von den in DBW 9 genannten Personen mußten u. a. auswandern: Gerhard Leibholz mit Familie, die Nachbarin Maria Weigert, die Freundinnen Bärbel Hildebrandt und Anneliese Schnurmann, Felix und Mary Gilbert und die Kusine Lotte Leubuscher. An Umsturzvorbereitungen beteiligten sich außer den Familienmitgliedern Hans v. Dohnanyi, Klaus Bonhoeffer und Rüdiger Schleicher, der spätere Ehemann der Klassenkameradin Marion Winter, Peter Graf Yorck v. Wartenburg, Bonhoeffers Mitkonfirmand Hans Bernd v. Haeften, dessen Bruder Werner und natürlich Dietrich Bonhoeffer selbst. Diese sieben waren aktiv an der Verschwörung beteiligt und wurden sämtlich hingerichtet. Die Zahl der am Widerstand Beteiligten ist natürlich größer und kann hier nicht vollständig wiedergegeben werden.

in Bonhoeffers Schüleraufsatz über „Deutschlands Stellung vorm Weltkrieg“ zu finden ist.[21] Zwar erregten die Namen der neuen politischen Führer der Republik bei Bonhoeffer zunächst spontanen Protest: „Es ist doch toll, daß Scheidemann Ministerpräsident ist und Ebert provisorischer Präsident werden soll“[22]; aber bald wird Zustimmung deutlich. Die rechtsradikalen Morde werden ebenso verurteilt[23] wie der Spartakus-Aufstand[24]. Bezeichnend ist sein Urteil aus der schweren Krisenzeit im November 1923: „Alles wartet dort (d. h. in den Kasernen der Reichswehr) nur auf den Augenblick, wo Ludendorff mit besserer, d. h. mit Reichswehrunterstützung die Sache rausreißen wird, das reine Gegenteil zu den Leuten hier auf dem (Igel-)Haus, die den Ludendorff sämtlich umbringen wollen. Alle Leute sind eben heute nach irgendeiner Richtung verhetzt.“[25] In dem geistigen Klima von Liberalität, Nüchternheit und Weltoffenheit war kein Raum für Fanatismus und Ressentiment. Das galt übrigens auch für alle Arten von Vorurteilen, die ja meist nur die Kehrseite dafür sind, daß man sich von der Verantwortung für Benachteiligte dispensieren will. Der Schwager Leibholz war jüdischer Herkunft, was nicht erwähnt wird, weil es für das Verhältnis zu ihm keine Rolle spielte. Die Schwester Susanne fragte ein wenig spöttisch: „Ob die Eltern wegen Antisemitismus dagegen sind?“, als ein Vetter sich weigerte, mit der jüdischen Freundin Anneliese Schnurmann auf eine Wanderung zu gehen.[26] Der bewußte Antisemitismus jener Jahre fand also in diesem Klima keine positive Resonanz. Auch dem Katholizismus ist Bonhoeffer bemerkenswert vorurteilsfrei begegnet, was im damaligen Berlin ebensowenig selbstverständlich war. Ohne die ökumenische Offen-

---

[21] Siehe S. 193 ff.

[22] Siehe S. 20.

[23] Siehe S. 43 f.

[24] Siehe S. 19.

[25] Siehe S. 73.

[26] Siehe S. 171. – Bezeichnend für Bonhoeffers Stellung zum Antisemitismus ist auch die folgende von Werner Milch in einem Bericht über die gemeinsame Konfirmandenzeit mitgeteilte Bemerkung: „Als Pfarrer Priebe die Frage nach der Erbsünde aufwarf, antwortete Bonhoeffer schlagartig: ‚Der Antisemitismus!‘“ (Werner Milch über Manfred Resa, 31).

heit, mit der er seine Italienreise antrat, hätte er die für ihn so wichtigen Erfahrungen im kirchlichen Rom nicht machen können (s. u.).

Wenn hier das Bild einer besonders privilegierten und an geistigen Eindrücken reichen Jugend ausgebreitet wird, so darf dies nicht darüber hinwegtäuschen, daß die ökonomischen Verhältnisse während des Krieges und in der Inflationszeit durchaus prekär sein konnten. Ein Festmahl war im Krieg eine Seltenheit[27], und es war nicht nur schwierig, den Sohn zwei Semester außerhalb der Vaterstadt studieren zu lassen, sondern die Anschaffung von Büchern oder selbst Schuhbändern und Käse konnte während der Zeit der Hochinflation ein erwähnenswertes Ereignis werden.[28] Nimmt man einmal die Schwierigkeiten und Ängste der Großmutter aus, die sich in hohem Alter Sorgen machen mußte, ob sie die Miete würde bezahlen können[29], und deshalb von Bonhoeffers Eltern zum Umzug von Tübingen nach Berlin eingeladen wurde, so haben diese materiellen Engpässe dennoch keine tieferen Spuren bei den Kindern hinterlassen.

Probleme ergaben sich für Bonhoeffer in anderer Beziehung. Es ist ihm nicht immer leicht gefallen, sich gegenüber den älteren Brüdern zu behaupten. Das kommt in einer eigentümlichen Notiz zum Ausdruck: „Er hatte es schon als Knabe geliebt, sich auf dem Totenbett vorzustellen, umgeben von allen, die ihn liebten, und denen nun letzte Worte zu sagen.“[30] Er hatte das Gefühl, um Anerkennung und den Raum für die eigene Entwicklung kämpfen zu müssen.[31] Das unbestechliche Urteil des Vaters und die gar nicht zimperliche Kritik der Brüder führten auch dazu, daß er in seinen Briefen stets ein Stück Selbstkontrolle walten ließ. War er sich einer Beobachtung oder Erfahrung noch nicht ganz gewiß, behielt er sie lieber für sich. Das wird im Vergleich von Tagebuch und Briefen aus Italien in besonderer Weise deutlich. Das Tagebuch enthält eine

27 Siehe S. 9 f.
28 Siehe S. 53 f u. 65.
29 Siehe S. 61 f.
30 GS VI 232.
31 Vgl. WEN 420.

Fülle spontaner Einfälle und Überlegungen, z. B. über Phantasie und Wirklichkeit[32], über Kunstauffassung[33], über Katholizismus und Protestantismus[34], die in den Briefen nicht wiederkehren. Am deutlichsten wird diese Zurückhaltung beim Äußern von ungewöhnlichen Gefühlen, z. B. während des Afrika-Aufenthaltes der Brüder Klaus und Dietrich. Dieses Abenteuer hatte bei Dietrich einen Schock, ein Erlebnis der Fremdheit hinterlassen, das er nicht zu bewältigen wußte. Bei der Rückkehr nach Sizilien heißt es: „Zum erstenmal atmete man wieder auf, wie Fesseln war es, die einem von den Gliedern genommen wurden"[35], und: „Bald aber ist wirkliche Unterstützung durch eingehende Studien vonnöten, damit nicht die Katastrophe [im eigenen Bewußtsein] geschieht; denn es war ungeheuer, was man gesehen hatte."[36] In den Briefen kehrt davon nichts wieder, außer in einer kleinen Andeutung an die Zwillingsschwester Sabine.[37] Freier zum Äußern auch ganz spontaner Regungen fühlte er sich gegenüber der Großmutter in Tübingen, die deshalb zu den wichtigen Briefpartnern der Jugend gehört. Von ihr wird er bei deren Beerdigung sagen: „Sie hatte immer und für alles Zeit, Ruhe und Rat. Und obwohl sie ganz mit jedem einzelnen mitlebte, so kam doch ihr Urteil und ihr Rat immer aus einem weiten Abstand von den Dingen, aus einem unvergleichlichen Wissen um alles Menschliche und aus einer großen Liebe."[38] Es wäre Unsinn, daraus einen Gegensatz zwischen Bonhoeffer und dem Elternhaus konstruieren zu wollen; das Gegenteil bezeugt er im Gefängnis: „Was ein Haus bedeuten kann, ist heute bei den meisten in Vergessenheit geraten, uns anderen aber ist es gerade in unserer Zeit besonders klar geworden. Es ist mitten in der Welt ein Reich für sich, eine Burg im Sturm der Zeit, eine Zuflucht, ja ein Heiligtum."[39] Gleichwohl bedurfte er für den Spielraum, den er auf der Suche

---

32 Siehe S. 97.
33 Siehe S. 106.
34 Siehe S. 89, 91 f u. 109.
35 Siehe S. 100.
36 Siehe S. 101.
37 NL Anh. A 1-6,5 (6).
38 GS IV 458.
39 WEN 56.

nach dem eigenen Weg brauchte, eines Raumes auch außerhalb der Familie.

Bonhoeffer konnte neue Eindrücke fast unbegrenzt aufnehmen und hatte ein großes Bedürfnis danach. Wanderungen und Reisen waren ihm wichtig, wie es in der Jugendbewegung selbstverständlich war.[40] Seine Berichte über Reiseerlebnisse gehören zu den lebhaftesten und anschaulichsten in den Briefen. Die Reisen ermöglichten ihm außerhalb der Familie die Begegnung mit dem Unbekannten, was ja nicht selten der Weg zur Entdeckung des Außerordentlichen ist. Und darum gehört die Italienreise zu den wichtigsten Erlebnissen dieser Jahre. Bereits die Ankündigung löste Begeisterung aus: „... das fabelhafteste, was mir blühen könnte."[41] „Aber die Wirklichkeit ist eben immer noch schöner als die Phantasie"[42], schrieb er in den ersten Berichten. Die Rückkehr hat er als einschneidende Zäsur empfunden: „... und tat dann die verhängnisvollen Schritte über die italienische Grenze."[43] Es ist das Land, die Kunst und die Kirche, die ihn geradezu verzaubern. Und so ist es dann mehr als ein Zufall, daß er den Satz: „Ich fange glaube ich an, den Begriff ‚Kirche' zu verstehen"[44], nicht nach dem Besuch einer Berliner Kirche, sondern in Italien geschrieben hat. Nicht von ungefähr hat C. F. v. Weizsäcker für Bonhoeffers Leben die Formel „eine Reise nach der Wirklichkeit" gefunden.[45]

III

Für Klassenkameraden und Lehrer kam Bonhoeffers Bekanntgabe seines Entschlusses, daß er Theologie studieren wolle, überraschend.[46] Lange hat er selbst geschwankt, ob er nicht

---

[40] Bonhoeffer liebte und praktizierte die Formen der Jugendbewegung, aber schon 1925 „hielt er nichts mehr von ihr" (R. Held, Brief vom 10. 8. 85 an den Herausgeber).

[41] Siehe S. 77.

[42] Siehe S. 82.

[43] Siehe S. 137.

[44] Siehe S. 89.

[45] IBF 1, 33.

[46] GS VI 229. B's Patenonkel ▷Hans v. Hase hat darüber im Familienrund-

doch lieber Musik studieren solle.[47] Direkte Zeugnisse über die Gründe für diese Entscheidung liegen uns nicht vor. Aus Platzgründen mußte auch darauf verzichtet werden, die ersten theologischen Versuche des Schülers zu dokumentieren, obwohl es reizvoll gewesen wäre. So hat er in einem Aufsatz über Julian Apostata eine Art Selbstbesinnung vollzogen, indem er zwei schwer vereinbare, für ihn aber zu jener Zeit gleich wichtige Berufungen zur Darstellung brachte: das Ideal eines genialen militärischen Führers und eines religiösen Reformers.[48] Gleichzeitig gab ihm der frühe Tod dieses Kaisers die Möglichkeit, den Tod des Bruders Walter zu verarbeiten. In seiner Abiturarbeit über die Philosophie des Euripides stellte er unter dem Einfluß seines Philosophielehrers, eines Nietzsche-Kenners, eine religionsphilosophisch begründete Ethik als Antwort auf die radikale Skepsis dar.[49] Auch in den ersten Semestern hat er sich anscheinend vor allem mit religionsphilosophischen Fragen beschäftigt, wie die Briefe des Freundes Dreier zeigen.[50] Bleibende Bedeutung hat von den Tübinger Theologen für ihn wohl nur Adolf Schlatter gehabt. Von Karl Heim, der ihn anfangs wohl auch angezogen hatte, hat er sich später zunehmend distanziert.[51] Wichtig waren ihm die philosophischen Seminare von Groos, die er in beiden Semestern besucht hat.

---

brief („Familien Wandel Brief" Nr. XVI) vom 20. 3. 1923 berichtet: „Noch wird Euch interessieren, daß Dietrich Bonhoeffer sein Abitur gemacht hat und durchaus Theologe werden will. Er möchte gern Akademiker werden und bringt gute Gaben dafür mit. So bricht die alte Tradition auch hier durch. Neben dem Bild des Großvaters und Urgroßvaters hat ihn wohl auch Harnack, der ihn durch die Nachbarschaft kennt und berät, etwas beeinflußt."
Dazu schreibt ▷Hans Christoph v. Hase im Juli 1986: „Ich entsinne mich noch dieses Ferienbesuchs bei uns im Waldauer Pfarrhaus, als er (sc. B) sich mit großem Interesse die Bibliothek meines Vaters zeigen ließ. Darin befanden sich auch viele Handexemplare des Urgroßvater Karl August (von) Hase. Mein Vater schenkte ihm eine ganze Reihe Bücher als Handwerkszeug fürs Studium. Mich interessierten die alten Wälzer damals überhaupt nicht."

[47] Siehe S. 55.

[48] NL A 5,1(3).

[49] NL A 5,1(4); Bonhoeffers Philosophielehrer, Martin Havenstein, hatte ein Buch über „Nietzsche als Erzieher" veröffentlicht.

[50] Siehe S. 138ff u. 142ff.

[51] Vgl. GS III 138ff.

Im übrigen zeigen die Briefe aus Tübingen, daß er ebensoviel Zeit auf dem ‚Igel'-Haus verbrachte wie im Hörsaal. Mit dem Eintritt in den ‚Igel' folgte er zunächst einfach dem Beispiel des Vaters: „... wo ich dann auch den üblichen Schritt jedes Altherrensohnes unternahm und Igel wurde."[52] Bonhoeffer nahm teil am Fechtkurs („für Dietrich nie ein Problem"[53]) und an der Tanzstunde des ‚Igel', wozu Held mitteilt: „... habe ich noch in allerbester Erinnerung die Grazie und Musikalität, mit der D. B. stets tanzte, vor allem Volkstänze und Contretänze."[54] Er hat auf dem Haus viel Klavier gespielt und zur Laute Lieder aus dem Zupfgeigenhansl gesungen. Die besonderen Formen des Verbindungslebens, z. B. die Besuche bei den ‚Alten Herren', fand er etwas zeitraubend und lästig, aber er hat sie nicht in Frage gestellt.[55] Der ‚Igel', mit dem er sich verbunden fühlte, war eine schwarze, d. h. nicht farbentragende Reformverbindung und „damals in guter Form und anziehend"[56]. „Der Igel und überhaupt die Verbindungen gehen vollzählig"[57], war ein wichtiges Argument für die Teilnahme an der militärischen Kurzausbildung. Wirkliche Bedeutung aber gewann der ‚Igel' dadurch, daß er in seiner Confuxia eine Reihe von Freunden fand, die sich eng an ihn anschlossen und ihn zum Mittelpunkt ihrer Gruppe machten, mit denen er diskutieren und Wanderungen unternehmen konnte.[58]

Als Schüler mochte Bonhoeffer an einem Hausfest bei Freunden nicht teilnehmen, weil die Passionszeit begonnen hatte (DB 61). Schon früh also, u.a. auch bei den Tübinger Professoren, interessierte ihn die Frage des christlichen Lebens, d.h. der Nachfolge (vgl. auch S. 517 ff). Während seiner italienischen Reise kam diese Frage in besonderer Weise zum Aus-

---

[52] Siehe S. 55.

[53] Brief von R. Held an den Herausgeber (10. 8. 85).

[54] Ebd. – Hierher gehört auch die Mahnung von Held an den Herausgeber: „Stellen Sie mir meinen jungen Dietrich nur nicht allzu ernst und schwer dar! Er hatte eine goldene leichte und lebensfrohe Ader, die jedenfalls in den jungen Jahren dominierte" (Brief vom 9. 9. 85).

[55] Übereinstimmender Bericht von Th. Pfizer und R. Held.

[56] Brief von R. Held an den Herausgeber (10. 8. 85).

[57] Siehe S. 66.

[58] Hierfür sprechen die Briefe von R. Held, W. Dreier und Th. Pfizer.

druck. Die dogmatischen und apologetischen Diskussionen mit dem katholischen Theologen Platte-Platenius konnten ihn nicht beeindrucken: „Die katholische Dogmatik verhängt alles Ideale am Katholizismus, ohne es zu wissen. Beichte und Beichtdogmatik ist ein gewaltiger Unterschied. ‚Kirche‘ und ‚Kirche‘ in der Dogmatik leider ebenso.“[59] Wenn er dagegen mit dem Meßbuch in der Hand den Gottesdienst verfolgte, konnte er sagen: „Die Texte sind zum größten Teil wunderbar poetisch und klar, alle ausgehend von dem Hauptgedanken in der Messe, dem Opfertod und dessen stetiger Wiederholung im Vollzug des Meßopfers in der Kommunion.“[60]. „Es war fast unbeschreiblich“ und „Gottesdienst in wahrem Sinne. Das Ganze machte einen unerhört unberührten Eindruck tiefster Frömmigkeit.“[61] Die symbolische Deutung der Messe durch die katholische Theologie lehnte er dagegen ab.[62] In diesen Gottesdiensten ahnte er – wohl zum ersten Mal – eine Identität von geglaubter Wirklichkeit und konkreter Realität.[63] So wenig dies schon theologisch durchreflektiert war, so sehr bildete diese Erfahrung einen Markstein, an dem er sich von da an orientierte.

In Berlin hat Bonhoeffer sich mit Max Webers und Ernst Troeltschs religionssoziologischen Arbeiten beschäftigt und darüber häufig mit seinem Freund R. Held diskutiert.[64] Auf die Frage nach der Kirche hat er sich zunächst in der Betrachtungsweise der wissenschaftlichen Theologie eingelassen, die ihm in Berlin begegnete. Deutlicher, als es in den Briefen hervortritt, hat er sich aber auch für soziale Fragen, z. B. Siegmund-Schultzes Soziale Arbeitsgemeinschaft Berlin-Ost, interessiert.[65] Im Nachlaß finden sich überdies Zusammenstellungen über Fragen des Verhältnisses von evangelischer und katholischer Kirche und über die Arbeiterbewegung, die Bertha Schulze, die Seniorin des Harnack-Seminars, für ihn angefertigt

---

59 Siehe S. 94.
60 Ebd.
61 Siehe S. 89.
62 Ebd.
63 Siehe u. das Zitat von J. v. Soosten, S. 627.
64 Brief R. Helds vom 10. 8. 85 an den Herausgeber.
65 Ebd.

hat.[66] Bonhoeffers Interesse in den ersten beiden Berliner Semestern kreiste um das Thema ‚Kirche und soziale Frage'. Es scheint, daß er hierin vorübergehend die Möglichkeit einer Legitimation des Christentums gesucht hat. Gewiß war sein Interesse vielseitig, er las Schleiermacher und Husserl[67], aber das Thema der Kirche hatte doch schon ein besonderes Gewicht. In seiner ersten Seminararbeit nennt er als eines der beiden wichtigen christlichen Themen des 1. Clemensbriefes: „Die ἐκκλησία τοῦ θεοῦ. Alle sind zusammengeschlossen zu einer Bruderschaft, und die Arbeit in dieser, aber auch über sie hinaus (1,2), ist Christentum."[68]

IV

Im Sommersemester 1925 trat die erste orientierende Phase seines Studiums in ein entscheidendes Stadium. Er schrieb zwei größere Seminararbeiten, lernte den schwäbischen Theologen Widmann kennen und kam am Anfang der Ferien zu einer Übereinkunft mit R. Seeberg über seine Promotion. Widmann begegnete ihm im Seminar von K. Holl. Von diesen beiden ist die erste erkennbare und tiefer gehende theologische Anregung auf Bonhoeffer ausgegangen. Holl vermittelte ihm die Begegnung mit der Theologie Luthers und Widmann die mit der dialektischen Theologie. Seine Mutter hat dies sehr genau registriert, wenn sie sich ein wenig darüber wunderte, daß Dietrich nicht bei Holl promovieren wollte, und ihn gleichzeitig bat, ihr Barths Aufsatzsammlung „Das Wort Gottes und die Theologie" zum Lesen zu schicken.[69] Bei Holl schrieb Bonhoeffer eine Arbeit über „Luthers Stimmungen gegenüber seinem Werk"[70], in der er dessen Aufsatz „Luthers Urteile über sich selbst"[71] ergänzte und weiterführte. Holl hatte in dieser Arbeit den

---

[66] NL A 10,11(1)–(4).
[67] Siehe S. 141.
[68] Siehe S. 251.
[69] Siehe S. 155.
[70] Siehe S. 271 ff.
[71] Vgl. K. Holl, Luther, 381–419.

Begriff des ‚Werkzeugbewußtseins' für Luthers Selbsteinschätzung entwickelt und dazu geschrieben: „Jeder Christ, der in der Rechtfertigung die Einheit mit Gott gefunden hatte, konnte und mußte an seinem Orte sich selbst ebenso fühlen."[72] Hierauf bezieht sich Bonhoeffer, wenn er schreibt: „Gott wirkt in uns; d. h. durch uns, d. h. das Werk, das ‚wir' tun, ist Gottes Werk"[73], und: „Trotz des größten Weltpessimismus bleibt die innerliche religiöse Gewißheit in persönlichster Ausprägung bestehen; das haben wir uns einzuprägen."[74] Dies gilt aber auch angesichts heftiger Selbstkritik: „Er [Luther] ist der schlimmste aller Sünder und muß sich der hohen Verkündigung gegenüber wahrhaftig unwürdig fühlen. Aber will Gott durch den Menschen das Wort verkündigen lassen, so wird es eben nie einen Würdigen geben zu der Aufgabe, die auch den Engeln zu hoch ist, und so würde Christus auf dieser Erde nie verkündigt werden."[75] Damit gewann Theologie für ihn auf einmal eine existentielle Bedeutung, war er sich doch in der Selbsteinschätzung seiner Motive für das Theologiestudium ganz unsicher: „Wer redet denn ... mein Glaube? meine Eitelkeit ... Gott ... ich will Theologie studieren", heißt es in einem selbstkritischen Bericht.[76]

Ein weiterer Aspekt der Theologie Luthers ist ihm wichtig gewesen; er hat später mehrmals darauf hingewiesen und es als Zeichen guter Theologie bezeichnet, wenn dieser Gedanke festgehalten wurde[77]: „Unter dem Aspekt dieses Kampfes zwischen Evangelium und Teufel ist die ganze Weltgeschichte zu betrachten und in dieser nun deren letzte Krisis, die in der Neuverkündigung des Evangeliums, d. h. dem Werke Luthers, in Erscheinung getreten ist."[78] Mit dieser Betonung der apokalyptischen Geschichtsauffassung Luthers grenzt Bonhoeffer sich gegen jeden theologischen Fortschrittsoptimismus ab, der in verschiedenartigen Facetten in Berlin vertreten war. An

[72] A. a. O. 419.
[73] Siehe S. 276.
[74] Siehe S. 300.
[75] Siehe S. 277.
[76] GS VI 232.
[77] Siehe S. 351 u. 439.
[78] Siehe S. 279, vgl. 349.

dieser Stelle ist für den jungen Bonhoeffer das Problem der Legitimität theologischer Aussagen aufgebrochen. Es liegt nahe, hier den Einfluß Widmanns und der dialektischen Theologie zu vermuten.

Die zweite Arbeit dieses Semesters behandelt das Verhältnis von Wort Gottes und historisch-kritischer Forschung.[79] Hier nimmt Bonhoeffer das Anliegen der dialektischen Theologie direkt auf: „Christliche Religion steht und fällt mit dem Glauben an die in der Geschichte wirklich, greifbar, sehbar gewordene – freilich für die, die Augen haben zu sehen und Ohren haben zu hören – göttliche Offenbarung“[80], und: „Die erste Aussage aller Pneumatik ist, daß die Bibel nicht nur Wort über Gott, sondern Wort Gottes selbst ist.“[81] Ging es ihm mit der Aufnahme des ‚Werkzeugbewußtseins‘ Luthers um die authentische Legitimation der Existenz des Theologen, so bemüht er sich hier um eine ebensolche Begründung der Theologie als solcher. Seeberg war über diese Arbeit nicht besonders glücklich, wie seine Randbemerkungen erkennen lassen, und hat sie schlecht benotet.[82] Aber auch gegenüber der Theologie Karl Barths ist eine gewisse Abgrenzung erkennbar. Bonhoeffer versuchte, eine Aporie, in die die dialektische Theologie der zwanziger Jahre führen konnte, zu vermeiden. Wenn Barth die Souveränität des Wortes Gottes gegenüber jeder geschichtlichen Wirklichkeit, also auch gegenüber dem geschriebenen Wort der Bibel, unter allen Umständen festhalten wollte, mußte er sich die Frage gefallen lassen, wie er dann der Gefahr entrinnen wollte, daß die Offenbarung der geschichtlichen Wirklichkeit ganz entzogen, weil nur dialektisch aufweisbar sein würde. Bestand dann nicht, wie Bonhoeffer unter der Fragestellung der Luther-Arbeit formulierte, die Gefahr einer Spaltung der Existenz des Theologen in ein irdisches Wesen und einen „himmlischen Doppelgänger“[83]? „Bonhoeffers Theologie ist von den Anfängen an von dem Bewußtsein getra-

---

[79] Siehe S. 305 ff.
[80] Siehe S. 305 f.
[81] Siehe S. 308.
[82] Vgl. S. 307 Anm. 12 u. 14; 308 Anm. 19 u. 323 Anm. 98.
[83] Siehe S. 377.

gen, daß die geglaubte Wahrheit eine in der Wirklichkeit der Welt konkrete sein muß."[84] Daß die Berliner Theologen am konkreten Aufweis der göttlichen Wahrheit in der Geschichte festhalten wollten, hat ihn beeindruckt; daß sie dabei durch ihren geschichtstheologischen oder ethischen Optimismus unglaubwürdig wurden, hat ihn der Kritik Barths zustimmen lassen.

Im Sommer 1925 befand Bonhoeffer sich also in einer theologischen Zwischenposition zwischen Barth und den Berliner Theologen. Daß er sich Barth nicht einfach anschließen wollte, zeigt die Tatsache, daß er trotz des Rates seines Vetters Hans Christoph v. Hase nicht nach Göttingen zum weiteren Studium bei Barth gehen mochte. Es hat aber nicht nur die Mutter verwundert, daß er sich dann für Seeberg als Doktorvater entschieden hat. Er hatte die Möglichkeit, zwischen verschiedenen Professoren zu wählen. Harnack hatte ihn auf Grund seiner Clemens-Arbeit als Promovenden gewinnen wollen, und Bonhoeffers Respekt für den großen Polyhistor blieb ungebrochen, wie noch seine Ansprache bei der Trauerfeier zeigt.[85] Aber dessen Begründung der Theologie mit dem „heiligen Geiste des Christentums"[86] war ihm zu optimistisch und mit Luthers Geschichtstheologie nicht zu vereinbaren.

Daß er aber nicht bei Holl promovieren wollte, ist schon schwieriger zu verstehen. Eine Beobachtung mag hier weiterhelfen. Seit dem WS 1925/26 wird der Dritte Glaubensartikel zum zentralen Thema seiner Seminararbeiten, und man wird nicht fehlgehen, auch die Dissertation in diesen Kontext einzureihen. Für dieses Interesse an Heiligem Geist, Kirche und Eschatologie lassen sich einige Gründe finden. Die konkrete Gegenwart Gottes in der Geschichte kann nicht nur christologisch, d. h. durch die Lehre von der Offenbarung und von der Heiligen Schrift, begründet werden, sie nimmt vielmehr in der Geschichte weitere Gestalten an: „Gottvater in seiner Majestät sendet als Gaben (im weiteren Sinne des Wortes!) den Sohn und den heiligen Geist . . ."[87] Der Heilige Geist wirkt aber nicht nur

[84] J. v. Soosten in: DBW 1 (SC), 308.
[85] GS III 59ff.
[86] GS III 61. – Die Formulierung stammt von B.
[87] Siehe S. 408.

in jedem einzelnen Christen, sondern in der Kirche. Diese ist „Larve Gottes“[88]. Das heißt, die Kirche muß geglaubt werden: „Daher das credo ecclesiam.“[89] Ähnlich konnte auch Holl reden. Wenn es aber bei ihm heißt: „Wie sie (sc. die Kirche) von oben her durch Christus und sein Wort geschaffen wird, so wird sie von unten her durch das innerliche Zusammengehörigkeitsgefühl der Gläubigen wiedererzeugt“[90], so läuft das letztlich doch auf den „Neubau der Sittlichkeit“ hinaus[91]. Diesen sittlichen Optimismus aber konnte Bonhoeffer, darin ganz auf Barths Linie liegend, nicht mehr akzeptieren.[92] Die Kirche bedurfte einer grundsätzlicheren theologischen Begründung.

Für eine Arbeit über die Kirche sah er dann doch die besten Ansatzpunkte in Seebergs Dogmatik, auch wenn er dessen Auffassung, daß die Kirche sich im Lauf der Geschichte zum Reich Gottes entwickelt, nicht teilen mochte.[93] Aber in Seebergs Anthropologie findet sich der Gedanke, daß der Mensch nicht nur durch ‚Historialität‘ sondern auch durch ‚Sozialität‘ begründet ist. Und in dieser Sozialität und der aus ihr zu begründenden menschlichen Gemeinschaft schien ihm der konkrete Ort der Offenbarung gegeben zu sein: „Je länger sich der Blick auf die Bedeutung der soziologischen Kategorie für die Theologie richtete, desto klarer trat die soziale Intention sämtlicher christlicher Grundbegriffe heraus.“[94] Damit konnte er endlich den Spannungsbogen zwischen Theologie der Offenbarung und identifizierbarer konkreter Wirklichkeit theologisch überbrücken. Vermittelnde Begriffe waren ihm die Lehre vom Heiligen Geist und die schöpfungsmäßig gegebene Sozialität des Menschen. Und hiermit ist ziemlich genau das Feld beschrieben, mit dem er sich in der Dissertation beschäftigt hat.

Über die erstaunliche Leistung, die Bonhoeffer mit seiner

---

[88] Siehe S. 277.

[89] Siehe S. 405, vgl. 343.

[90] K. Holl, Luther, 322.

[91] K. Holl, Luther, 155–287, bes. 250 f.

[92] Siehe S. 510 ff.

[93] Vgl. R. Seeberg, Christliche Dogmatik, Bd. II, 348: „Die Kirche ist daher das sich auf der Erde unter der Verfassung des neuen Bundes verwirklichende Reich Gottes.“

[94] DBW 1 (SC), 13.

Arbeit über „Sanctorum Communio" vollbracht hat, ist hier nicht zu reden.[95] Wohl aber ist der Hinweis sinnvoll, daß er sich von Anfang an auch der Grenzen dieser Arbeit bewußt gewesen ist. Es schien ihm notwendig, die volle Gegenwart Gottes in der ‚sanctorum communio' zu behaupten. Wenn Gott sich in seiner Offenbarung in Jesus Christus mit einer konkreten historischen Person identifiziert und identifizieren läßt, dann muß dasselbe auch von der Gegenwart des Heiligen Geistes in der Kirche gelten. Um der Einheit des dreieinigen Gottes willen darf hier nicht abgeschwächt werden: „Die Einführung des Begriffs Potentialität in den *christlichen* Gottesgedanken bedeutet eine Beschränkung der göttlichen Allmacht."[96] Mit diesem Gedanken, den er aus Schleiermachers Glaubenslehre übernommen hat[97], wendet er sich sowohl gegen Barth als auch gegen Seeberg; er begründet seine Lehre von der Kirche also in sehr eigenständiger Weise. Zugleich gerät er damit aber in einen gewissen Konflikt mit der Eschatologie. Das ist ihm bewußt gewesen, und darum heißt es in den Promotionsthesen: „Die Identifizierung von ‚in Christus sein' und ‚in der Gemeinde sein' steht bei Paulus in ungelöstem Widerspruch zu seiner Vorstellung vom Christus im Himmel."[98] Darum vielleicht hat er sich im Lauf des Jahres 1926 so intensiv mit der Eschatologie beschäftigt, denn von Luther herkommend wollte er die Eschatologie in keiner Weise verkürzen. Wenn aber Gott in seiner ganzen Aktualität in der Kirche präsent ist[99], dann wird es schwierig, den eigenen theologischen Sinn der Lehre von der Zukünftigkeit Gottes wirklich festzuhalten. Bonhoeffer ist zu einer Lösung dieses Problems während seines Studiums nicht gekommen, und so stellt er sich uns mit seiner Dissertation nicht als Systematiker mit einem vollständigen dogmatischen Konzept dar, sondern als Theologe, der sich die Ausgangsbasis einer eigenen theologischen Existenz und eines konkreten Engagements in der kirchlichen Wirklichkeit geschaffen hat.

---

[95] Vgl. dazu DBW 1 (SC), 306 ff (Nachwort von J. von Soosten).
[96] Siehe S. 477.
[97] Siehe S. 478 Anm. 11.
[98] Siehe S. 478.
[99] DBW 1 (SC), 100 ff.

V

Diese Darstellung kann nicht ohne einen Hinweis auf den dritten Teil der Schriften Bonhoeffers, die in diesem Band veröffentlicht werden, abgeschlossen werden. Das Konsistorium erwartete von den Studenten, daß sie bei der Zulassung zum Examen eine Beteiligung am kirchlichen Leben nachweisen konnten.[100] Dies war für Bonhoeffer alles andere als eine lästige Zumutung. Vielmehr hat er sich im Kindergottesdienst seiner Gemeinde mit seiner ganzen Person engagiert. Das beweist schon der sehr elementare Zugang, den er für die ersten seiner Ansprachen gewählt hat, indem er sich auf seine eigene Kindheit besann. Das zeigt sich darin, welche Rolle das ‚Haus' spielt, das dann synonym wird mit ‚Schloß', ferner an den Beispielen vom Soldatenspielen, am Umgang mit den jüngeren Geschwistern, worin Frau Susanne Dreß, seine jüngste Schwester, sich wiedererkannt hat, und natürlich an Beispielen aus der Schulzeit. Bemerkenswert sind die Fragen, die sich aus Widmanns Antworten rekonstruieren lassen: Kann man mit Kindern alles besprechen? (Vgl. dazu Widmanns schönen Hinweis auf Dostojewski.[101]) Muß man ein guter Pädagoge sein, um Kindergottesdienst halten zu können? Soll es im Kindergottesdienst zu religiösen Gesprächen mit den Kindern kommen? Wie bietet man die biblische Geschichte den Kindern dar? Wie soll die Ansprache enden, gefühlvoll und rührend? Darf man sich um ‚Erfolg' bei den Kindern bemühen? Wie verhält man sich, wenn Kinder anderer Gruppen in die eigene Gruppe überwechseln wollen? Bemerkenswert sind übrigens auch in jedem Einzelfall Widmanns Antworten dazu.[102] Bonhoeffer hat seine Schwester Susanne zur Mitarbeit in der Gruppenarbeit herangezogen, wofür sie, zum Erstaunen der Mutter[103], bereit war, vorzeitig aus den Ferien zurückzukehren. Die beiden haben mit den Kindern Ausflüge gemacht[104], und als die

---

[100] Vgl. die Bescheinigung, S. 179.
[101] Siehe S. 161.
[102] Siehe S. 161 f.
[103] Siehe S. 168.
[104] DB 123.

Gruppe nach der Konfirmation für den Kindergottesdienst zu alt geworden war, gründete Bonhoeffer mitten in den Vorbereitungen für das Rigorosum und das Erste Examen diesen Jugendlichen zuliebe den ‚Donnerstagskreis'.[105] In seinen Ansprachen hat er sich nicht gescheut, die Kinder sehr direkt und massiv anzureden: „Seht und haben wir unsere Mutter schon so lieb, sollten wir nicht viel mehr den lieben, der uns das alles geschenkt hat, unsere Mutter und unser Haus, unsere Arbeit und unsere Ferien?"[106] Oder: „Aber einmal, da wird's so weit kommen, daß der Herr Jesus zum letzten Mal bei uns anklopft und diesmal so laut, daß keiner es verschlafen kann. Das ist im Augenblick, wo wir sterben sollen."[107] Oder: „Keine Bilder können uns genügen, um solche Freude auszumalen, wie sie dort drüben sein wird, wenn wir Gott und unsern Herrn Jesus von Angesicht zu Angesicht schauen und in ihrem Dienste froh sein werden."[108]

Bonhoeffer hat in dieser praktischen Arbeit seinen eigenen Stil des Umgangs mit den Kindern gefunden, der von diesen auch angenommen worden ist, während die Dozenten seine Ausarbeitungen von Seminar-Katechesen teilweise sehr kritisiert haben. Bemerkenswert ist hier aber die Diskrepanz zwischen der Korrektur seiner schriftlichen Examenskatechese und der Beurteilung des tatsächlichen Unterrichtsverlaufs: „Die Anwendung auf Kinderherzen ist unzulänglich", und: „... oft so überaus doktrinär, daß die Kinder gelangweilt werden", urteilt der Korrektor des Textes[109], während Superintendent Diestel nach der gehaltenen Katechese schreibt: „B. katechesierte mit großer Lebendigkeit. Er fesselte die Kinder."[110]

Die katechetischen und homiletischen Stücke in Teil III sind gleichzeitig ein wichtiger Spiegel von Bonhoeffers eigener theologischer Entwicklung. Die ersten Ansprachen des Jahres 1926 sind noch ganz bestimmt durch Luthers Theologie, wie er sie

[105] DB 126 u. hier S. 578.
[106] Siehe S. 495 f.
[107] Siehe S. 554.
[108] Siehe S. 558 f.
[109] Siehe S. 186 f.
[110] Ebd.

bei Holl kennengelernt hatte. Hier begegnet der Gedanke der Pflicht, die sich in Freude verwandelt, „das Erschrecken vor der Majestät Gottes“[111]. In den gleichzeitigen Predigten tritt der Einfluß Barths stärker hervor, und hier kann er sich auch kritisch zu Holl äußern, wenn er den „Neubau der Sittlichkeit“ als theologischen Irrtum verwirft.[112] Auch in späteren Kindergottesdienst-Ansprachen kommt Luther zur Geltung, und zwar bezeichnenderweise dessen ‚Werkzeugbewußtsein‘[113]. Andererseits tritt im Lauf des Jahres 1926 das ihn auch in seinen wissenschaftlichen Arbeiten beschäftigende Interesse am Problem der Eschatologie stärker hervor (s. o.). In der Kindergottesdienst-Ansprache zum Totensonntag treten präsentische und futurische Eschatologie unverbunden nebeneinander.[114] Dieses Thema ist ihm nicht leicht gefallen, wie die starke Überarbeitung dieser Ansprache zeigt. Aber die wissenschaftliche Problematik tritt schließlich – hier einmal besonders deutlich – in den Hintergrund und verliert ihr Gewicht gegenüber der verkündigenden Aussage. In den praktisch-theologischen Arbeiten kündigen sich aber auch schon künftige Themen der Theologie Bonhoeffers an; so sei besonders auf die Seminar-Katechese über die Nachfolge verwiesen.[115]

Unter dem Eindruck der späteren unmittelbaren Begegnung mit Karl Barth und dann des Kirchenkampfes ist Bonhoeffers eigenes Urteil über seine Berliner Studienzeit kritisch ausgefallen.[116] Erst im Gefängnis hat er diese Sicht ein Stück weit korrigiert: „Die Kontinuität mit der eigenen Vergangenheit ist doch auch ein großes Geschenk.“[117] Beim Lesen von Bonhoeffers frühen Texten wird man seine spätere kritische Distanz genauso zu berücksichtigen haben wie das Bewußtsein der

---

[111] K. Holl, Luther, IV.

[112] Siehe S. 510f.

[113] Siehe S. 566ff u. 573.

[114] Vgl. S. 552f mit S. 554. Insofern wird man mit Bethge M. Honeckers Kritik an Bonhoeffers mangelndem Verständnis für die Eschatologie korrigieren müssen (vgl. DB 117f).

[115] Siehe S. 517ff.

[116] Vgl. GS I 19 und DB 195f.

[117] WEN 301.

Kontinuität; denn nur aus der Verbindung zwischen beiden läßt sich ein Schlüssel des Verstehens finden, der diesen Texten gerecht werden kann. Kontinuität und Veränderung sind aber, so will es dem Herausgeber scheinen, ein Merkmal, das nicht nur für das Verhältnis zwischen dem frühen und dem späten Bonhoeffer Bedeutung hat, sondern sie haben beide immer wieder, in jeder Lebensphase, ihr Gewicht und stellen damit einen nicht unbedeutenden Schlüssel zum Verständnis des Gesamtwerks dar.

Anhang

I. Zur Chronologie der Texte

Grundlage für die Datierung der *größeren Arbeiten* des Bandes (Referate, Seminararbeiten, Predigten und Katechesen) sind vor allem Bonhoeffers eigene Angaben, seine Studienbücher und Vorlesungsverzeichnisse. Auf diese Weise haben sich alle diese Texte mit hinreichender Sicherheit datieren lassen. Für die *Notizen* muß es dagegen bei Vermutungen bleiben, wenn sich nicht ein terminus ad quem dadurch ergibt, daß eine Lesefrucht in Bonhoeffers eigenen Äußerungen auftaucht (vgl. Die Notiz zu Luthers Römerbriefvorlesung und Promotionsthese 8).

Bonhoeffer hat seine *Briefe* selten vollständig datiert und selten die Absendeorte angegeben. Eberhard Bethge hat deshalb die Briefe nach den Poststempeln der – in den fiches nicht enthaltenen – Briefumschläge datiert. Diese Datierungen sind übernommen worden. Es bedarf keiner besonderen Erörterung darüber, daß zwischen Datum und Ort der Abfassung eines Briefes und Tag und Ort der Absendung eine Differenz bestehen kann. Diese Ungenauigkeit konnte nicht beseitigt werden. Das gilt übrigens auch für die Postkarten, die meist auch nur den Poststempel als Hinweis für die Datierung tragen. Gelegentlich konnten Hinweise auf datierbare Ereignisse herangezogen werden (vgl. den Brief vom 25. 6. 1922).

Ein besonderes Problem stellte die Datierung der *Kindergottesdienstansprachen* dar. Hier mußte eine eigene Chronologie erarbeitet werden, die kurz erläutert werden soll. Bonhoeffers Gesuch um Zulassung zum Ersten Examen vom 13. 9. 1927 liegt eine Bescheinigung von Pfarrer Meumann bei, in der dieser bescheinigt, daß Bonhoeffer „2 Jahre hindurch ... Helferdienste im Kindergottesdienst ... getan hat" (vgl. S. 179). Diese Angabe läßt sich noch etwas genauer eingrenzen. R. Widmann geht im Brief vom 13. 3. 1926 auf Fragen Bonhoeffers zum Kindergottesdienst ein, die insgesamt den Eindruck machen, als seien sie aus der Anfangssituation dieser Tätigkeit heraus gestellt. Bei Abfassung des vorangehenden Briefes vom 25. 2. 1926 lagen diese Anfragen offensichtlich noch nicht vor. Da Bonhoeffer im WS 1925/26 mit drei größeren Arbeiten beschäftigt war, von denen zwei erst gegen Ende des Semesters fertiggestellt worden sind, ist es auch unwahrscheinlich, daß er vor Ende des Semesters mit der neuen Tätigkeit in der Gemeinde begonnen hat. Die frühesten Ansprachen im Kindergottesdienst sind also auf März 1926 anzusetzen. Das bedeutet, daß die Ansprachen zum Totensonntag (s. S. 550 ff) und zum Advent (s. S. 559 ff) nicht 1925 sondern 1926 gehalten worden sind.

Dafür spricht auch die Tatsache, daß die Ansprache zum Totensonntag Ausflüge mit den Kindern voraussetzt, mit denen Bonhoeffer erst nach einiger Zeit begonnen hat (DB 123). Andererseits hat Bonhoeffer sehr wahrscheinlich in den Ferien zwischen WS 1925/26 und SS 1926 mit der Arbeit im Kindergottesdienst begonnen, um zu Beginn seines ersten homiletischen Seminars einige praktische Erfahrung vorweisen zu können.

Vier Ansprachen machen einen frühen Eindruck (Nr. 2–4 und NL A 15,9). Sie sind sorgfältig abgefaßt, beziehen eigene Kindheitserinnerungen ein, arbeiten mit Beispielerzählungen und spiegeln andererseits den Einfluß von Holls Luther-Interpretation wider, die 1925 für Bonhoeffer eine große Bedeutung gewonnen hatte. Die erste weist auf die weiteren Ansprachen hin, die sich mit den Forderungen Gottes beschäftigen sollen, und die vierte (NL A 15,9) blickt auf diese Reihe zurück. Nr. 3 (s. S. 498 ff) und 4 (s. S. 502 ff) lassen sich diesen Ansprachen gut zuordnen, und von diesen scheint Nr. 4 die spätere zu sein; sie ist kurz vor den Osterferien gehalten.

Die Ansprachen zum Totensonntag und zum Advent (Nr. 9 und 10 sowie NL A 15,7) lassen eine veränderte theologische Interessenlage erkennen; sie beschäftigen sich mit dem Thema der Eschatologie, worüber Bonhoeffer im Laufe des Jahres 1926 mehrmals gearbeitet hat. Der Herbst 1927 dürfte für diese Ansprachen zu spät sein, da er zu jener Zeit mit Examensvorbereitungen beschäftigt war und sich in der Gemeinde vor allem dem Donnerstagskreis gewidmet hat (vgl. S. 578).

Die Ansprache zum Karfreitag und die ihr verwandte über Jer 27–28 setzen ebenfalls Vertrautheit mit den Kindern voraus, sie können also kaum im Frühjahr 1926 gehalten worden sein. Sie sind so abgefaßt, daß sie eigentlich nur von Kindern aufgenommen werden können, die etwas älter sind, vielleicht kurz vor der Konfirmation stehen. Dies dürfte im Frühjahr 1927 für die Mehrheit der Kinder aus Bonhoeffers Gruppe zutreffen, da er für sie nach Ostern (und Konfirmation) den Donnerstagskreis gegründet hat. Für diese beiden Ansprachen kommt also die Passionszeit 1927 in Frage.

Die Katechesen Bonhoeffers sind auf Grund seiner Angaben und des Themenkatalogs für das Homiletische Seminar bei Prof. Mahling im SS 1926 (vgl. NL A 15,12) zu datieren. Die nichtdatierte Katechese über die ‚Ehre' kann dann eigentlich nur im 2. Homiletischen Seminar, das Bonhoeffer besucht hat, d. h. im SS 1927, gehalten worden sein.

II. Zeittafel 1906–1927

1906	4. Februar	Geburt Dietrichs und Sabines in Breslau
1909	22. August	Geburt Susannes in Breslau
1912	Ostern	Umzug nach Berlin aufgrund der Berufung des Vaters zum Direktor der Universitätsnervenklinik
1913	Ostern	Einschulung in das Friedrich-Werder'sche Gymnasium
		Erwerb eines Ferienhauses in Friedrichsbrunn durch die Eltern
1916	März	Umzug der Familie nach Berlin-Grunewald, Wangenheimstr. 14
1918		Karl-Friedrich und Walter beim Militär
	28. April	Tod Walters im Feldlazarett Marcel Cave in Frankreich
	Juni	Sommerferien in Boltenhagen/Ostsee
	September	Herbstferien in Waldau bei Familie von Hase
1919	Ostern	Schulwechsel zum Grunewald-Gymnasium
1920	Juli	Ferien in Friedrichsbrunn
1921	März	Konfirmation
1922	Juni	Wanderung in der Lüneburger Heide mit Max Delbrück
	Juli	Bodenseefahrt mit Geschwistern und Freunden
1923	März	Abitur
	SS	1. Sem. in Tübingen (u. a. bei Groos, Hauer, Müller, Schlatter)
		Eintritt in den ‚Igel' (Freunde: Dreier, Held, Pfizer, Weynand)
	August	Ferien in Friedrichsbrunn
1923/24	WS	2. Sem. in Tübingen (u. a. bei Groos, Heim, Heitmüller, Rudolph)
	November	Freiwilliger auf Zeit als Jäger in Ulm
1924	April	Aufenthalt in Rom und Sizilien
	Mai	Aufenthalt in Nordafrika
	Mai/Juni	Zweiter Aufenthalt in Rom
	Juni/Juli	3. Sem. in Berlin (u. a. Greßmann, Harnack, Holl, Lietzmann, Maier)
	Sept./Okt.	Wanderung mit Held in Schleswig-Holstein

1924/25	WS	4. Sem. in Berlin (u. a. bei Bertram, Deißmann, Köhler, Sellin, Titius)
1925	April	Wanderung mit den Geschwistern v. Hase im Riesengebirge
	SS	5. Sem. in Berlin (u. a. bei Harnack, Holl, Seeberg, Sellin, Stutz)
		Freundschaft mit Widmann, Beschäftigung mit Karl Barths Theologie
	August	Ferien in Lesum bei Dreiers
	September	Gespräch mit Seeberg über Promotion
1925/26	WS	6. Sem. in Berlin (u. a. bei Deißmann, Holl, Mahling, Seeberg, Stolze)
	Oktober	Erste Predigt in Stahnsdorf
1926	ab Februar	Mitarbeit im Kindergottesdienst der Grunewald-Kirche
	SS	7. Sem. in Berlin (u. a. bei Biehle, Deißmann, Galling, Mahling, Seeberg)
	August	Fahrt mit Karl-Friedrich und Held zum Gardasee
1926/27	WS	8. Sem. in Berlin (u. a. bei Michaelis, Seeberg, Sellin, Spranger)
1927	März	Ferien in Friedrichsbrunn
1927	April	Beginn des Donnerstagskreises für Jugendliche in der Gemeinde
	SS	9. Sem. in Berlin (u. a. Lietzmann, Mahling, Seeberg)
	Juli	Ablieferung der Dissertation und Exmatrikulation
	Okt./Nov.	Arbeit an Examenspredigt und -katechese
	Dezember	Rigorosum und öffentliche Disputation
1928	Januar	Erstes Theol. Examen, Aufnahme in die Kandidatenliste des Konsistoriums

III. Von Bonhoeffer belegte Vorlesungen und Seminare

Eine Übersicht[1]

Tübingen

Sommer-Semester 1923:
Prof. Dr. Groos, Logik
PDoz. Dr. Hauer, Religionsgeschichte I, Die orientalischen Religionen
Prof. Dr. v. Müller, Kirchengeschichte II
Prof. Dr. Schlatter, Erklärung des Evangeliums des Johannes
Prof. Dr. Volz, Erklärung ausgewählter Psalmen
Prof. Dr. Hasse, Die Formen in Beethovens Symphonien

Winter-Semester 1923/24:
Prof. Dr. Heim, Dogmatik II
Prof. Dr. Heitmüller, Erklärung des Römerbriefes
Prof. Dr. v. Müller, Kirchengeschichte III
Prof. Dr. Rudolph, Alttestamentliche Theologie
Prof. Dr. Groos, Geschichte der neueren Philosophie
Prof. Dr. Groos, Philosophisches Seminar
Prof. Dr. Wilbrandt, Sozialpolitik

Berlin

Sommer-Semester 1924:
Prof. v. Harnack, Dogmengeschichte (testiert 21. 6.)
Prof. Holl, Kirchengeschichte II (test. 25. 6.)
Prof. Greßmann, Erklärung der Genesis (*nicht* test.)
Prof. Lietzmann, Einleitung ins NT (test. 25. 6.)
Prof. Heinrich Maier, Erkenntnistheorie (test. 21. 6.)
Prof. Holl, Konfessionskunde (test. 25. 6.)

Winter-Semester 1924/25:
Prof. Sellin, Einleitung ins AT (test. 12. 11.)
Prof. Titius, Dogmatik I (test. 11. 11.)
Prof. Deißmann, Synoptiker (test. 11. 11.)

---

[1] Gemäß Abgangszeugnis Tübingen vom 13. März 1924 und gemäß Anmeldebuch Berlin, hier immatrikuliert 16. Juni 1924, exmatrikuliert 13. August 1927.

Prof. Köhler, Einführung in die Gestalttheorie (test. 11. 11.)
Prof. Wertheimer, Psychologie (test. 1. 12.)
PDoz. Rieffert, Ideengeschichte der Logik (test. 13. 11.)
Prof. H. Maier, Seminar: Freiheit und Notwendigkeit (test. 1. 12., *nicht* abtest.)
Lic. Bertram, Proseminar: Auferstehung Jesu (test. 20. 11., abtest. 26. 2.)

Sommer-Semester 1925:
Prof. Holl, Kirchengeschichte I (test. 15. 5.)
Prof. Seeberg, Ethik (test. 15. 5.)
Prof. Sellin, Geschichte des israelisch-jüdischen Volkes (test. 15. 5.)
Prof. Stutz, Kirchenrecht (*nicht* test.)
Prof. Holl, Seminar für Kirchengeschichte (test. 20. 5., abtest. 29. 7.)
Prof. Seeberg, Systematisches Seminar (test. 29. 5., abtest. 31. 7.)
Prof. v. Harnack, Geschichte der Entstehung des NT's und der apokryphen Evangelien (test. 27. 5., *nicht* abtest.)

Winter-Semester 1925/26:
Prof. Holl, Geschichte der protestantischen Theologie (test. 17. 11.)
Prof. Mahling, Praktische Theologie I (test. 9. 11.)
Prof. Deißmann, Neutestamentliche Theologie (*nicht* test.)
Prof. Holl, Kirchengeschichtliches Seminar (test. 12. 11., nicht abtest., gest. 23. 5. 26)
Prof. Seeberg, Systematisches Seminar (test. 20. 11., abtest. 15. 3.)
Lic. Stolzenburg, Systematisches Proseminar (test. 10. 11., abtest. 11. 3.)

Sommer-Semester 1926:
Prof. Mahling, Praktische Theologie II (test. 17. 5.)
Prof. Seeberg, Neutestamentliche Theologie (test. 21. 5.)
Lic. Dr. Galling, Jesaja (test. 15. 6.)
Prof. Biehle, Liturgik (test. durch Mahling 17. 5., ebenso abtest. 27. 7.)
Prof. Mahling, Homiletisches Seminar (test. 17. 5., abtest. 28. 7.)
Prof. Mahling, Katechetisches Seminar (test. durch Biehle 18. 5., abtest. ebf. 24. 2. 27)
Prof. Seeberg, Systematisches Seminar (test., abtest.)
Prof. Deißmann, NT-Seminar (test. 16. 6., abtest. 28. 7.)

Winter-Semester 1926/27:
Prof. Spranger, Kulturphilosophie (test. 17. 12.)
Lic. Michaelis, Korintherbriefe (*nicht* test.)

Prof. Sellin, AT-Seminar über Hiob (test. 10. 12., abtest 1. 3.)
Prof. Seeberg, Systematisches Seminar I (test. 25. 1., abtest. 15. 3.)
Prof. Biehle, Liturgische und kirchenmusikalische Vorträge (test. 8. 12., abtest. 24. 2.)

Sommer-Semester 1927:
Prof. Lietzmann, Kirchengeschichte IV (*nicht* test.)
Prof. Seeberg, Systematisches Seminar (nicht test.)
Prof. Mahling, Katechetisches Seminar (test 15. 6., abtest. 27. 7.)

Vermerk auf Anmeldebuch Berlin: „Inhaber hat an den akademischen Leibesübungen nicht teilgenommen."

Dazu gesondertes Zeugnis:
Prof. Biehle-Bautzen.
Herr stud. theol. Dietrich Bonhoeffer hat zwei Semester regelmäßig an den Vorlesungen zur Musikalischen Liturgik I u. II teilgenommen.
Unterschrift: Prof. Biehle

IV. Liste des unveröffentlichten Nachlasses aus dieser Zeit

I. Briefe, Tagebuch, Dokumente (ohne Briefe von anderen)

Adressat bzw. Inhalt	Datum	NL-Nummer
Eltern	16. 2. 1918	A 3, 1 (1)
„Ein Traum“ (Theaterstück)	5. 3. 1918	Anh. A 16
Eltern	29. 6. 1918	A 3, 1 (2)
Eltern	3. 7. 1918	A 3, 1 (3)
Julie Bonhoeffer	3. 7. 1918	A 3, 2 (3)
Eltern	11. 8. 1918	A 3, 1 (4)
Julie Bonhoeffer	Aug. 1918	A 3, 2 (4)
Eltern	28. 9. 1918	A 3, 1 (5)
Impfschein	15. 10. 1918	A 6 (5)
Eltern	28. 5. 1919	A 3, 1 (8)
Julie Bonhoeffer	11. 7. 1919	A 3, 2 (9)
Geschwister	20. 7. 1919	A 3, 3 (4)
Eltern	29. 7. 1919	A 3, 1 (9)
Julie Bonhoeffer	3. 5. 1920	A 4, 2 (1)
Eltern	22. 7. 1920	A 4, 1 (1)
Julie Bonhoeffer	19. 8. 1920	A 4, 2 (2)
Eltern	1. 11. 1920	A 4, 1 (4)
Eltern	Ende Dez. 1920	A 4, 1 (5)
Konfirmandenliste	Anfang 1921	A 4, 3 (7)
Segenswunsch Wohlgemuth	1. 3. 1921	A 4, 3 (6)
Postkarte mit hsl. Grabinschriften	17. 5. 1921	A 4, 3 (5)
Eltern	Juli 1921	A 4, 1 (6)
Eltern	8. 7. 1921	A 4, 3 (1)
Eltern	12. 7. 1921	A 4, 1 (8)
Eltern	Mitte Juli 1921	A 4, 1 (9)
Eltern	18. 7. 1921	A 4, 1 (7)
Karl-Friedrich Bonhoeffer	24. 7. 1921	A 4, 1 (10)
Schulzeugnis	28. 9. 1921	A 6 (6)
Hans v. Dohnanyi	22. 7. 1922	A 4, 3 (4)
Eltern	29. 8. 1922	A 4, 1 (14)

Hans v. Dohnanyi	31. 12. 1923	A 7, 2 (8)
Tübinger Studienbuch	SS 1923–SS 1924	D 11 (12) + (13)
Abgangszeugnis Tübingen	13. 3. 1924	D 11 (12)
Julie Bonhoeffer	11. 4. 1924	A 7, 2 (1)
Eltern	29. 4. 1924	A 7, 1 (25)
Sabine Bonhoeffer	April 1924	Anh. A. 5 (6)
Ursula Schleicher	26. 5. 1924	A 7, 2 (5)
Robert Held	2. 6. 1924	(Held)
Sabine Bonhoeffer	25. 6. 1924	Anh. A 5 (10)
Sabine Bonhoeffer	Juni 1924	Anh. A 5 (11)
Sabine Bonhoeffer	4. 10. 1924	Anh. A 5 (12)
Theaterstück (Hochzeit v. Dohnanyi)	Anfang 1925	A 9, 3
Eltern	13. 3. 1925	A 9, 1 (1)
Eltern	3. 4. 1925	A 9, 1 (2)
Eltern	April 1925	A 9, 1 (3)
Eltern	7. 4. 1925	A 9, 1 (4)
Eltern	9. 4. 1925	A 9, 1 (5)
Ursula Schleicher	21. 5. 1925	A 9, 1 (10)
Sabine Bonhoeffer	14. 8. 1925	A 9, 1 (11)
Gästebuch Dreier	23. 8.–1. 9. 1925	(Dreier)
Gedicht (Hochzeit Leibholz)	5. 4. 1926	A 9, 4
Gästebuch Dreier	23.–27. 7. 1926	A 9, 1 (13)
Eltern	16. 8. 1926	A 9, 1 (8)
Bescheinigung Teiln. Liturgik	30. 12. 1926	D 11 (9)
Theol. Fakultät	Juli 1927	(Archiv Humboldt-Univ.)
Studienbuch Berlin	SS 1925–SS 1927	D 11 (11)
Annahme der Dissertation	1. 8. 1927	D 11 (33)
Gästebuch Dreier	2.-6. 8. 1927	(Dreier)
Abgangszeugnis Berlin	13. 8. 1927	D 11 (10)
Prüfungsaufgaben	27. 9. 1927	D 11 (14)
Diestel (vom Konsistorium)	15. 12. 1927	D 11 (18a)
Bescheinigung über Rigorosum	Dez. 1927	D 11 (32)
Aufforderung zur mündlichen Prüfung	Januar 1928	D 11 (23)

II. Arbeiten, Referate, Notizen

Thema	Datum	NL-Nummer
Caesar	Dez. 1920	A 5, 1 (2)
Julian Apostata	4. 2. 1921	A 5, 1 (3)
Euripides' Philosophie	Aug. 1922	A 5, 2 (1)
Einl. AT (Nachschrift)	Winter 1922?	A 5, 2 (2)
Groos, Logik (Nachschrift)	SS 1923	A 10, 3
Fragen der Logik	SS 1923?	A 10, 1 (3)
Müller, KG II (Nachschrift)	SS 1923	A 10, 1 (4)
Schlatter, Joh. Ev. (Nachschrift)	SS 1923	A 10, 1 (6)
Volz, Psalmen (Nachschrift)	SS 1923	A 10, 2
Psalm 34 und 40	SS 1923?	A 10, 1 (2)
Heitmüller, Röm (Nachschrift)	WS 1923/24	A 10, 4
Rudolph, AT Theol. (Nachschrift)	WS 1923/24	A 10, 5
Groos, Gesch. d. Phil. (Nachschrift)	WS 1923/24	A 10, 6
Lietzmann (?) Einl. NT (Nachschrift)	WS 1923/24?	A 10, 1 (5)
Harnack, Dogmengesch. (Nachschrift)	SS 1924	A 10, 7
Lietzmann, Einl. NT (Nachschrift)	SS 1924	A 10, 8
Kladdezettel zu Patr. Apost.	o. D.	Anh. A 19
Barth, Diktatsätze (Nachschrift)	WS 1924/25	A 10, 11 (1)
Sellin, Gesch. Israels (Nachschrift)	SS 1925	A 10, 9 (1)
Holl, KG I (Nachschrift)	SS 1925	A 10, 9 (2)
Seeberg, Ethik (Nachschrift)	SS 1925	A 10, 9 (3)
Schulze, Arbeiterbewegung	SS 1925?	A 10, 11 (2)
Schulze, Unionsbestrebungen	o. D.	A 10, 11 (3)
Schulze, Für Rom – gegen Rom	o. D.	A 10, 11 (4)
Notiz über das Böse	Aug. 1925	A 9, 2 (2)
Lernzettel und Notizen	o. D.	A 10, 10 (1–12)
Kirche und Eschatologie, Kop. B	Jan. 1926	A 12, 2 (b)
Thesen zur Gestalt der Kirche	Mai 1926	A 15, 12
Seeberg, NT. Theol. (Nachschrift)	Mai 1926	A 15, 12
Auszüge aus Paulus zu „Freude"	Mai 1926	A 11, 6 (4)
Freude bei Hermas etc.	Mai 1926	A 11, 6 (3)
Auszug aus Schleiermacher, Glaube	1926?	A 10, 10 (8)
Auszug aus Natorp, Sozialpädagogik	1926	Anh. A 18
Heiliger Geist bei Frank	19. 11. 1926	A 12, 4

Kladdezettel in Schmid, Dogmatik	1927?	Anh. A 22
NT-Examensklausur (Taufe im NT)	14./16. 1. 1928	D 11 (26)
AT-Examensklausur (Am 9,11–15)	14./16. 1. 1928	D 11 (27/28)

III. Seminar- und frühe Gemeindepredigten, Seminarkatechesen und Ansprachen im Kindergottesdienst

Bibeltext oder Thema	Datum	NL-Nummer
Predigt über Lk 17, hsl. B	18. 10. 1925	A 13, 1 (a)
Ansprache über das Gebet	April/Mai 1926	A 15, 9
Liste katechetischer Themen bei Mahling	Anfang Mai 1926	A 15, 12
Ansprache über Lk 9,57ff	Juni/Juli 1926	A 15, 3
Ansprache zum 4. Advent	Dez. 1926	A 15, 7
Katechese über Lk 19,1–9	SS 1927	A 14, 3
Examenskatechese über Mt 8,5ff	Okt./Nov. 1927	A 14, 5

V. Synopse der sowohl in GS als auch in DBW 9 abgedruckten Texte

GS		DBW 9
III	47	476–479
V	17–63	220–271
	64–95	271–305
	95–106	441–452
	106–115	422–430
VI	26	49 f
	27 f	50 f
	28	52
	29 f	53 f
	30 f	55 f
	31 f	56 f
	32 f	57 f
	33 f	59 f
	34	60 f
	34 f	61 f
	35 f	64 f
	36 f	65 f
	37 f	66 f
	38 f	68
	39 f	69
	40 f	71 f
	41–43	72–74
	43	76
	43 f	77 f
	44 f	78 f
VI	45 f	79 f
	47	112 f
	47–49	114–116
	49 f	116 f
	50–54	122–125
	54	126
	54 f	129
	55	129 f
	56 f	134 f
	57 f	135 f
	58	136
	58–90	81–112
	91 f	141 f
	92	144 f
	92 f	147 f
	94	148
	94 f	148 f
	95 f	154
	96	154 f
	96 f	155
	97	156 f

Abkürzungsverzeichnis

Die Abkürzungen im Apparat des Herausgebers folgen dem von S. Schwertner zusammengestellten Abkürzungsverzeichnis der „Theologischen Realenzyklopädie" (TRE), Berlin/New York 1976. Darüber hinaus bedeuten:

AS	Dietrich Bonhoeffer, Akt und Sein. Transzendentalphilosophie und Ontologie in der systematischen Theologie (TB 5), München [4]1976
B	Dietrich Bonhoeffer
B.	Bonhoeffer (als Familienname)
Bem.	Bemerkungen des Korrektors
DB	Eberhard Bethge, Dietrich Bonhoeffer. Theologe – Christ – Zeitgenosse. Eine Biographie, München [6]1986
DBW	Dietrich Bonhoeffer Werke I–XVI, hg. v. Eberhard Bethge u. a., München 1986 ff
E	Dietrich Bonhoeffer, Ethik, hg. v. Eberhard Bethge, München [11]1985
FT	Dietrich Bonhoeffer, Fragmente aus Tegel. Drama und Roman, hg. v. Eberhard u. Renate Bethge, München 1978
GS	Dietrich Bonhoeffer, Gesammelte Schriften I–VI, hg. v. Eberhard Bethge, München 1958–1974
IBF	Internationales Bonhoeffer Forum I ff, München 1976 ff
Kg	(Ansprache im) Kindergottesdienst
Korr.	Korrektor(bemerkung)
N	Dietrich Bonhoeffer, Nachfolge, München [15]1985
N. i.	Nicht identifiziert
NL	Nachlaß Dietrich Bonhoeffer. Ein Verzeichnis. Archiv – Sammlung – Bibliothek, hg. v. Dietrich Meyer und Eberhard Bethge, München 1986
PAM	Dietrich Bonhoeffer, Predigten – Auslegungen – Meditationen 1925–1945, I/II, hg. v. Otto Dudzus, München 1984 f
SC	Dietrich Bonhoeffer, Sanctorum Communio. Eine dogmatische Untersuchung zur Soziologie der Kirche (DBW 1), München 1986
U. L.	Unsichere Lesart
Unl.	Unleserlich
WEN	Dietrich Bonhoeffer, Widerstand und Ergebung. Briefe und Aufzeichnungen aus der Haft. Neuausgabe hg. v. Eberhard Bethge, München [3]1985

Literaturverzeichnis

a) Von Bonhoeffer benutzte Literatur

Adam, K., Das Wesen des Katholizismus, Düsseldorf ^{3}1926 (NL-Bibl.)

Althaus, P., Das Erlebnis der Kirche, Leipzig ^{2}1924

Baedeker, K., Italien. II: Mittel-Italien und Rom. Ein Handbuch für Reisende, Leipzig ^{13}1903

Barth, K., Das Schriftprinzip der reformierten Kirche, in: ZZ 3 (1925), 215–245

–, Das Wort Gottes und die Theologie. Gesammelte Vorträge, München 1924

–, Der Römerbrief, (2. Abdruck der neuen Bearbeitung von 1922) München ^{3}1923

–, Die christliche Dogmatik im Entwurf, I: Die Lehre vom Worte Gottes. Prolegomena zur christlichen Dogmatik, München 1927 (NL-Bibl.) (NA hg. v. G. Sauter, Zürich 1982)

–, Menschenwort und Gotteswort in der christlichen Predigt, in: ZZ 3 (1925), 119–140

Bartmann, B., Lehrbuch der Dogmatik, 2 Bde., Freiburg ^{6}1923 (NL-Bibl.)

Bauer, W., Johannes (HNT 2/2), Tübingen 1912

Beck, J. T., Einleitung in das System der christlichen Lehre oder Propädeutische Entwicklung der christlichen Lehrwissenschaft, Stuttgart ^{2}1870

Bellarmin, R., Prima controversia generalis de verbo Dei quatuor libris explicata, in: Ders., Opera omnia, ed. J. Fèvre, t. primus, Paris 1870 (Nachdr.: Frankfurt 1965, 67–231)

Bengel, J. A., Gnomon Novi Testamenti, dt. von C. F. Werner, Basel ^{3}1876

Bernheim, E., Lehrbuch der historischen Methode und der Geschichtsphilosophie, Leipzig $^{5.6}$1908

Bousset, W., Die Religion des Judentums im neutestamentlichen Zeitalter, Berlin 1903

–, Kyrios Christos. Geschichte des Christusglaubens von den Anfängen des Christentums bis Irenäus (FRLANT NF 4), 2. umgearbeitete Aufl. Göttingen 1921

Budde, K., Das Buch Hiob (HK 2/1), Göttingen ^{2}1913

–, Die Capitel 27 und 28 des Buches Hiob, in: ZAW 2 (1882), 193–274

Bultmann, R., Die Bedeutung der neuerschlossenen mandäischen und manichäischen Quellen für das Verständnis des Johannesevangeliums, in: ZNW 24 (1925), 100–146

–, Jesus (Die Unsterblichen. Die geistigen Heroen der Menschheit in ihrem Leben und Wirken 1), Berlin 1926

Burckhardt, J., Der Cicerone. Eine Anleitung zum Genuß der Kunstwerke Italiens, 2 Teile, 8. verb. u. verm. Aufl. Leipzig/Berlin 1900f

Cohn, L./Wendland, P. (Hg.), Philonis Alexandrini opera quae supersunt, 6 Bde., Berlin 1896–1915

Cremer, H., Biblisch-theologisches Wörterbuch der Neutestamentlichen Gräzität, 10. völlig durchgearbeitete und vielfach veränderte Aufl., hg. v. J. Kögel, Gotha 1915

Deißmann, A., Die neutestamentliche Formel ‚in Christo Jesu' untersucht, Marburg 1892

–, Paulus. Eine kultur- und religionsgeschichtliche Skizze, Tübingen 1911

Dibelius, M., Der Brief des Jakobus (KEK 15), Göttingen ^{7}1921 (Nachdr.: Göttingen 1956)

–, Die Formgeschichte des Evangeliums, Tübingen 1919

Diestel, L., Geschichte des Alten Testamentes in der christlichen Kirche, Jena 1869

Dieterich, A., Eine Mithraslithurgie, Leipzig ^{2}1910

Dilthey, W., Die Entstehung der Hermeneutik, in: Philosophische Abhandlungen. Christoph Sigwart zu seinem siebzigsten Geburtstag, gewidmet von B. Erdmann u. a., Tübingen/Freiburg/Leipzig 1900, 185–201 (wiederabgedruckt in: Ders., Gesammelte Schriften V, Leipzig/Berlin 1924, 317–331)

Dorner, I. A., Entwicklungsgeschichte der Lehre von der Person Christi von den ältesten Zeiten bis auf die neueste. Erster Teil: Die Lehre von der Person Christi in den ersten vier Jahrhunderten, Berlin ^{2}1851

–, Grundriß der Dogmengeschichte, Berlin 1899

Drews, P. (Hg.), Disputationen Dr. Martin Luthers in den Jahren 1535–1545 an der Universität Wittenberg gehalten, Göttingen 1895

Duhm, B., Das Buch Hiob (KHC 16), Freiburg/Leipzig/Tübingen 1897

Egelhaaf, G., Geschichte der neuesten Zeit vom Frankfurter Frieden bis zur Gegenwart, Stuttgart ^{6}1917

Enders, E. L., u. a. (Hg.), Dr. Martin Luthers Briefwechsel, 18 Bde., Frankfurt u. Leipzig 1884–1923

Evangelisches Gesangbuch, nach Zustimmung der Provinzial-Synode vom Jahre 1884 zur Einführung in der Provinz Brandenburg mit

Genehmigung des evangelischen Oberkirchenrats hg. v. Kgl. Konsistorium, Berlin 1894

Fendt, L., Die religiösen Kräfte des katholischen Dogmas, München 1921 (NL-Bibl.)

–, Erfahrung. Ein Büchlein vom wohlgemuten Luthertum (Warum evangelisch? H. 1), Berlin 1923

Ficker, J. (Hg.), Luthers Vorlesung über den Römerbrief 1515/1516 (Anfänge reformatorischer Schriftauslegung 1), Teil I: Die Glosse, Teil II: Die Scholien, Leipzig ³1925 (NL-Bibl.)

Gebhardt, O. v./Harnack, A. (Hg.), Clementis Romani ad Corinthios quae dicuntur epistulae. Textum ad fidem codicum et Alexandrini et Constantinopolitani nuper inventi (Patrum Apostolicorum Opera 1/1), Leipzig ²1876

Gerhardt, J., Loci Theologici, 20 Bde., Tübingen ²1767 ff (NA hg. v. E. Preuß, 9 Bde., Berlin 1863)

Girgensohn, K., Die Inspiration der Heiligen Schrift, in: PBl 67 (1924/25), 121–130, 161–176, 225–256

Greßmann, H., Die Bibel im Spiegel Ägyptens. IV. Tobit, in: PrBl 49 (1916), 278–282

Gundert, E., Der erste Brief des Clemens Romanus an die Corinther, in: ZLThK 14 (1853), 638–658

Harnack, A. v., Das Wesen des Christentums. Sechzehn Vorlesungen vor Studierenden aller Facultäten im Wintersemester 1899/1900 an der Universität Berlin, Leipzig ¹⁷1920 (NL-Bibl.) (NA: Hamburg 1964)

–, Der erste Klemensbrief. Eine Studie zur Bestimmung des Charakters des ältesten Heidenchristentums, in: SPAW 1909, Berlin 1909, 38-63

–, Die Mission und Ausbreitung des Christentums in den ersten drei Jahrhunderten, I: Die Mission in Wort und Tat, 4. verb. Aufl. Leipzig 1924 (NL-Bibl.) (Von B zitiert als: Missionsgeschichte)

–, Lehrbuch der Dogmengeschichte, 3 Bde., 4. neu durchgearbeitete und verm. Aufl. Tübingen 1909/10 (NL-Bibl.) (Nachdr.: Darmstadt 1983)

–, Militia Christi. Die christliche Religion und der Soldatenstand in den ersten drei Jahrhunderten, Tübingen 1905

–, Was wir von der römischen Kirche lernen und nicht lernen sollten, in: Ders., Reden und Aufsätze II, Gießen ²1906, 247–264

Hase, K. A., Handbuch der protestantischen Polemik gegen die Römisch-Katholische Kirche, Leipzig ²1865

–, Hutterus redivivus oder Dogmatik der evangelisch-lutherischen Kirche. Ein dogmatisches Repertorium für Studierende, Leipzig ¹²1883 (NL-Bibl.)

–, Kirchengeschichte. Lehrbuch zunächst für akademische Vorlesungen, Leipzig [10]1877

Hegel, G. W. F., Vorlesung über die Philosophie der Religion, Teil 1: Der Begriff der Religion, in: Ders., Sämtliche Werke XII, hg. v. G. Lasson, Leipzig 1925 (NL-Bibl.)

Heiler, F., Das Wesen des Katholizismus. Sechs Vorträge, München 1920

Heim, K., Das Wesen des evangelischen Christentums, Leipzig [2]1926

–, Leitfaden der Dogmatik. Zum Gebrauch bei akademischen Vorlesungen, 2. T., Halle [3]1923/25

Hirsch, E., Die Reich Gottes-Begriffe des neueren europäischen Denkens. Ein Versuch zur Geschichte der Staats- und Gesellschaftsphilosophie, Göttingen 1921

Holl, K., Gesammelte Aufsätze zur Kirchengeschichte, I: Luther, Tübingen [3]1923 (zitiert als: Luther)

Hollatz, D., Examen theologicum acromaticum universam theologiam thetico-polemicam complectens, Leipzig 1707 (Nachdr.: Darmstadt 1971)

Hollmann, G., Der Jakobusbrief, in: SNT 2/3, Göttingen 1907, 2–24

Holtzmann, H. J., Die Synoptiker. Die Apostelgeschichte (HC 1), 2. verb. u. verm. Aufl. Freiburg 1892

Husserl, E., Ideen zu einer reinen Phänomenologie und phänomenologischen Philosophie, Halle 1922 (NL-Bibl.)

Ihmels, L., Centralfragen der Dogmatik, Leipzig [3]1918

Jülicher, A., Die Gleichnisreden Jesu, 2 Bde., I: Freiburg [2]1899, II: Freiburg 1899

Kaftan, J., Dogmatik (GThW 5/1), Tübingen/Leipzig [3.4]1901 (NL-Bibl.)

–, Zur Dogmatik III. 5: Schrift und Bekenntnis, in: ZThK 13 (1903), 519–559

Kautzsch, E. (Hg.), Die Apokryphen und Pseudepigraphen des Alten Testaments, 2 Bde., Tübingen 1900 (NL-Bibl.)

Klostermann, E., Das Matthäusevangelium (HNT 4), 2. völlig neubearbeitete Aufl. Tübingen 1927

Klostermann, E./Greßmann, H., Das Lukasevangelium, in: HNT 2/1: Die Evangelien, Tübingen 1919, 359–612

Knopf, R., Der Erste Clemensbrief, in: HNT Erg.-Bd.: Die Apostolischen Väter I: Die Lehre der Zwölf Apostel. Die zwei Clemensbriefe, Tübingen 1920, 41–150

Kropatschek, F., Das Schriftprinzip der lutherischen Kirche I, Leipzig 1904

Lemme, L., Das Judenchristenthum der Urkirche und der Brief des Clemens Romanus, in: NJDTh 1 (1892), 325–480

Lightfoot, J. B., The Apostolic Fathers, I/1 u. 2: S. Clement of Rome, London/New York 1890 (Nachdr.: Hildesheim/New York 1973)
Lipsius, R. A., De Clementis Romani epistula ad Corinthios priore disquisitio, Leipzig 1855
Luther, M., Sämmtliche Werke (Erlanger Ausgabe), X, Frankfurt a. M. [2]1868; LXIII, Frankfurt a. M./Erlangen 1854
–, Werke. Kritische Gesamtausgabe (WA), Weimar 1883 ff
Nägelsbach, K. F., Die nachhomerische Theologie des griechischen Volksglaubens bis auf Alexander, Nürnberg 1857
Otto, R., Das Heilige. Über das Irrationale in der Idee des Göttlichen und sein Verhältnis zum Rationalen, Gotha [6]1921
Pfleiderer, O., Der Paulinismus, Leipzig [2]1890
Planck, H. (Hg.), Dr. Martin Luther, Siebenzig Predigten auf alle Sonn- und Festtage des Kirchenjahres, hg. v. Calwer Verlagsverein, Calw/Stuttgart 1888
Przywara, E., Metaphysik und Religion, in: StZ 104 (1923), 132–140 (wiederabgedruckt in: Ders., Ringen der Gegenwart. Gesammelte Aufsätze 1922–1927, I, Augsburg 1929, 403–418) (NL-Bibl.)
Reitzenstein, R., Die hellenistischen Mysterienreligionen, ihre Grundlagen und Wirkungen, Leipzig/Berlin 1918
Ritschl, A., Die christliche Lehre von der Rechtfertigung und Versöhnung, 3 Bde., 2. verb. Aufl. Bonn 1882 f (NL-Bibl.)
–, Die Entstehung der altkatholischen Kirche. Eine kirchen- und dogmengeschichtliche Monographie, 2. durchgängig neu ausgearbeitete Aufl. Bonn 1857
Rothe, R., Theologische Ethik, 5 Bde., 2. völlig neu ausgearbeitete Aufl. Wittenberg 1867–1871 (NL-Bibl.)
Schanz, M., Geschichte der römischen Literatur (HKAW 8), 2 T., München 1909/1911
Schlatter, A., Das christliche Dogma, Stuttgart [2]1923 (NL-Bibl.)
–, Wie sprach Josephus von Gott?, in: BFChTh 14 (1910), Heft 1, 3–82
Schleiermacher, F., Der christliche Glaube – nach den Grundsätzen der evangelischen Kirche im Zusammenhange dargestellt, 2 T., 2 Ausg. Berlin o. J. (NL-Bibl.)
–, Monologen/Weihnachtsfeier, Berlin o. J. (NL-Bibl.)
–, Reden über die Religion. Kritische Ausgabe, besorgt v. G. C. B. Pünjer, Braunschweig 1879
Schmid, H., Die Dogmatik der evangelisch-lutherischen Kirche, Gütersloh [7]1893 (NL-Bibl.) (NA hg. v. H. G. Pöhlmann, Gütersloh 1979)
Seeberg, E., Geschichte der Kirche im 19. Jahrhundert, Leipzig 1903
Seeberg, R., Christliche Dogmatik, 2 Bde., Erlangen/Leipzig 1924 f

–, Lehrbuch der Dogmengeschichte, 4 Bde., 3. verb. Aufl. Leipzig 1917–1923 (NL-Bibl.) (Nachdr.: Darmstadt 1974 f)

–, Offenbarung und Inspiration (BZSF 4/7 u. 8), Berlin 1908

Sellin, E., Das Problem des Hiobbuches, Leipzig 1919

Siegfried, C., Philo von Alexandrien als Ausleger des Alten Testamentes an sich selbst und nach seinem geschichtlichen Einfluß betrachtet, Jena 1875 (NL-Bibl.)

–, The Book of Job. Critical Edition of the Hebrew Text (SBONT 17), Leipzig/Baltimore 1893

Sigwart, C., Logik, 2 Bde., Freiburg ²1889/²1893

Smend, R., Lehrbuch der alttestamentlichen Religionsgeschichte (Sammlung theologischer Lehrbücher: Alttestamentliche Theologie), 2. umgearbeitete Aufl. Freiburg/Leipzig/Tübingen 1899

Soden, H. von, Hebräerbrief, Briefe des Petrus, Jakobus, Judas (HC 3/2), 3. verbesserte u. vermehrte Aufl. Freiburg/Leipzig/Tübingen 1899

Steuernagel, C., Das Buch Hiob, in: E. Kautzsch (Hg.), Die Heilige Schrift des Alten Testaments, II, 4. umgearbeitete Aufl. Tübingen 1923, 323–389.

Thurneysen, E., Schrift und Offenbarung, in: ZZ 2 (1924), 3–30 (wieder abgedruckt in: Anfänge der dialektischen Theologie II, 3–30, hg. v. J. Moltmann, München ³1977, 247–276)

Torczyner, H. (N. H. Tur-Sinai), Das Buch Hiob. Eine kritische Analyse des überlieferten Hiobtextes, Wien/Berlin 1920

Troeltsch, E., Die Soziallehren der christlichen Kirchen und Gruppen (Gesammelte Schriften I/1), Tübingen ²1919 (Nachdr.: Aalen 1977)

–, Vernunft und Offenbarung bei Johann Gerhard und Melanchthon. Untersuchung zur Geschichte der altprotestantischen Theologie, Göttingen 1891

–, Zur Frage des religiösen Apriori. Eine Erwiderung auf die Bemerkungen von Paul Spieß, in: Ders., Gesammelte Schriften II, Tübingen 1913, 754–768 (NL-Bibl.)

Vischer, E., Die Offenbarung des Johannes – eine jüdische Apokalypse in christlicher Bearbeitung, mit einem Nachwort von A. Harnack (TU 2/3), Leipzig 1886

Weber, H. E., Der Einfluß der protestantischen Schulphilosophie auf die orthodox-lutherische Dogmatik, Leipzig 1908 (Nachdr.: Darmstadt 1969)

Weber, M., Gesammelte Aufsätze zur Religionssoziologie, II u. III, Tübingen 1921/1923 (NL-Bibl.)

Weiß, J., Das Lukas-Evangelium, in: SNT 1/1, Göttingen 1906, 378–484

–, Die Predigt Jesu vom Reiche Gottes, 2. neubearbeitete Aufl. Göttingen 1900 (NA hg. v. F. Hahn, Göttingen 1964)
Wendland, P., Die hellenistisch-römische Kultur in ihren Beziehungen zu Judentum und Christentum (HNT 1/2), Tübingen 1907
Wrede, W., Untersuchungen zum Ersten Klemensbriefe, Göttingen 1891
Wundt, M., Die Ehre als Quelle des sittlichen Lebens in Volk und Staat (Fr. Manns Pädagogisches Magazin 1172), Langensalza 1927
Wundt, W., Grundzüge der physiologischen Psychologie, Leipzig [6]1911
Zahn, Th., Das Evangelium des Lucas (KNT 3), Leipzig [1.2]1913
Zauleck, P., Deutsches Kindergesangbuch, hg. v. J. Zauleck, Gütersloh [5]1924
Zezschwitz, G. von, Warum katholisch? Begründung meines Übertritts, Freiburg 1922
Zündel, F., Jesus in Bildern aus seinem Leben, München [2]1923 (NL-Bibl.)

b) Von Briefpartnern Bonhoeffers erwähnte Literatur

Barth, K., Die Auferstehung der Toten. Eine akademische Vorlesung über 1. Kor. 15, München 1924
–, Wünschbarkeit und Möglichkeit eines allgemeinen reformierten Glaubensbekenntnisses, in: ZZ 3 (1925), 311–333 (wiederabgedruckt in: Ders., Die Theologie und die Kirche. Gesammelte Vorträge II, München 1928, 76–105)
Dostojewski, F. M., Der Idiot (Sämtliche Werke III u. IV, hg. v. A. Moeller van den Bruck), München 1910
–, Die Brüder Karamasoff. Roman in vier Teilen mit einem Epilog (Sämtliche Werke IX u. X, hg. v. A. Moeller van den Bruck), München [7]1920
Gogarten, F., Nachwort, in: Martin Luther, Vom unfreien Willen, München 1924, 344–371 (unter dem Titel „Protestantismus und Wirklichkeit" wiederabgedruckt in: Anfänge der dialektischen Theologie II, hg. v. J. Moltmann, München [3]1977, 191–218)
Kierkegaard, S., Angriff. Die agitatorischen Schriften und Aufsätze, übers. u. hg. v. A. Dorner u. Chr. Schrempf, Stuttgart 1896
–, Der Augenblick (Gesammelte Werke XII, hg. v. Chr. Schrempf), Jena [2]1909
Kutter, H., Das Bilderbuch Gottes für Groß und Klein. Römerbrief – Erstes bis viertes Kapitel, Basel [2]1925

Oppenheimer, F., Die Siedlungsgenossenschaft, Leipzig [3]1922
Spengler, O., Der Untergang des Abendlandes. Umrisse einer Morphologie der Weltgeschichte, II: Welthistorische Perspektiven, München 1922
Tillich, P., Kirche und Kultur. Vortrag vor dem Tübinger Jugendring im Juli 1924 (SGV 111), Tübingen 1924 (jetzt in: Ders., Gesammelte Werke IX, hg. v. R. Albrecht, Stuttgart [2]1975, 32–46)
Troeltsch, E., Der Historismus und seine Überwindung. Fünf Vorträge, eingeleitet von F. v. Hügel, Berlin 1924 (Nachdr.: Aalen 1979)
Weber, M., Die protestantische Ethik und der Geist des Kapitalismus, in: Ders., Gesammelte Aufsätze zur Religionssoziologie I, Tübingen 1920, 17–206
–, Gesammelte Aufsätze zur Sozial- und Wirtschaftsgeschichte, hg. v. M. Weber, Tübingen 1924

c) Vom Herausgeber benutzte Literatur

Altenverein der Tübinger Verbindung Igel E. V., Mitgliederverzeichnis, Stand vom 1. März 1955
Anschütz, G., Die Bayrischen Kirchenverträge von 1925, in: Das Bayrische Konkordat und die Schule, hg. von der Schulpolitischen Hauptstelle des Bayr. Lehrer-Vereins, Nürnberg 1925, 313–326
Die Bekenntnisschriften der evangelisch-lutherischen Kirche, hg. im Gedenkjahr der Augsburgischen Konfession 1930 (BSLK), Göttingen [2]1952
Bethge, E., Dietrich Bonhoeffer. Theologe – Christ – Zeitgenosse, München [6]1986
Bethge, E. und R. (Hg.), Letzte Briefe im Widerstand. Aus dem Kreis der Familie Bonhoeffer, München 1984
Binding, K./Hoche, A., Die Freigabe der Vernichtung lebensunwerten Lebens. Ihr Maß und ihre Form, Leipzig 1920
Bodenstein, W., Die Theologie Karl Holls im Spiegel des antiken und reformatorischen Christentums (AKG 40), Berlin 1968. (Darin Beilage I „Luther und der Heilige Geist", Notizensammlung von K. Holl, mitgeteilt von E. Hirsch)
Bonaventura, Opera Omnia II, Florenz 1885
Bonhöffer, E., 500 Jahre Boenhoff-Bonhoeffer, masch. 1934
Bonhoeffer, K., Lebenserinnerungen, in: Karl Bonhoeffer zum Hundertsten Geburtstag, hg. von J. Zutt/H. Scheller/E. Straus, Berlin/Heidelberg/New York 1969, 8–107
Bonhoeffer, L., Erinnerungen. Ein Beitrag zur Familiengeschichte, München 1974

Bracher, K. D., Die Auflösung der Weimarer Republik, Villingen [4]1964
Catull, Liebesgedichte und sonstige Dichtungen, lateinisch/deutsch, Übers. von O. Weinreich, Reinbek 1960
Cohn, L. u. a. (Hg.), Philo von Alexandrien. Die Werke in deutscher Übersetzung I–VI, Berlin [2]1962, VII Berlin 1964
Delbrück, H./Headlam-Morley, J. W., Deutsch-englische Schulddiskussion, Berlin 1921
Deutsches Kirchliches Adreßbuch, hg. vom Evang. Preßverband für Deutschland, Berlin 1927
Eckermann, J. P., Gespräche mit Goethe, hg. von R. Otto, Berlin/Weimar 1982
Eschenburg, Th., Matthias Erzberger. Der große Mann des Parlamentarismus und die Finanzreform, München 1973
Fichte, J. G., Versuch einer Kritik aller Offenbarung 1792 (Sämmtliche Werke V, hg. v. I. H. Fichte, Berlin 1854 f, 11–174) (Nachdr.: Berlin 1971)
Gandhi, M. K., Die Botschaft des Mahatma Gandhi, hg. von Z. Husain und A. Ehrentreich, Berlin 1924
Goethe, J. W. v., Werke. Hamburger Ausgabe in 14 Bänden, hg. v. E. Trunz, München [12]1981 ff
Gramm, E., Die Soziale Arbeitsgemeinschaft Berlin-Ost, in: Lebendige Ökumene. FS für F. Siegmund-Schultze, Witten 1965, 84–118
Green, C. J., Bonhoeffer: The Sociality of Christ and Humanity, Dietrich Bonhoeffer's Early Theology 1927–1933 (AARSR 6), Missoula/Montana 1975
–, Bonhoeffer in the Context of Erikson's Luther Study, in: Johnson, R. A. (ed.), Psychohistory and Religion. The Case of Young Man Luther, Philadelphia 1977, 162–197
Gremmels, Chr./Pfeifer, H., Theologie und Biographie. Zum Beispiel Dietrich Bonhoeffer, München 1983
Groos, K., Der Aufbau der Systeme. Eine formale Einführung in die Philosophie, Leipzig 1924
–, Naturgesetze und historische Gesetze, Tübingen 1926
Hase, G. v., Familientafel. Die Nachkommen von Karl August von Hase und Pauline Amalie von Hase, Stuttgart [2]1984
Honecker, M., Kirche als Gestalt und Ereignis. Die sichtbare Gestalt der Kirche als dogmatisches Problem, München 1963
Horaz, Oden und Epoden, übers. und hg. von B. Kytzler, Stuttgart [3]1984
Kaltenborn, C.-J., Adolf von Harnack als Lehrer Dietrich Bonhoeffers (ThA 31), Berlin 1973
Kant, I., Die Religion innerhalb der Grenzen der bloßen Vernunft, hg. v. K. Kehrbach, Leipzig 1919

Korn, E. (Hg.), Die Jugendbewegung, Düsseldorf 1963
Krummacher, Fr. A./Wucher, A., Die Weimarer Republik. Ihre Geschichte in Texten, Bildern und Dokumenten, München 1965
Kupisch, K., Studenten entdecken die Bibel, Hamburg 1964
Leibholz-Bonhoeffer, S., Vergangen, erlebt, überwunden. Schicksale der Familie Bonhoeffer, Wuppertal-Barmen [5]1971
Lessing, G. E., Ueber den Beweis des Geistes und der Kraft (1777), in: Ders., Sämtliche Schriften III, hg. v. K. Lachmann, Leipzig [3]1897, 1–8
Lütgert, W., Wichern und Mahling. Rede zum Gedächtnis an D. Friedrich Mahling am 29. Juni 1933, in: ZSTh 11 (1934), 171–187
Marc Aurel, Wege zu sich selbst, übers. u. hg. von W. Theiler, Zürich 1951
Melanchthon, P., Loci praecipui theologici (1551), De lege naturae, in: CR XXI, 711–716
Milch, W., Werner Milch über Manfred Resa, in: Die Alte Schule 91, 1979, 29–32
Nietzsche, F., Werke. Kritische Gesamtausgabe VI/6.2, hg. v. G. Colli u. M. Montinari, Berlin 1968
Otto, W. F., Die Götter Griechenlands. Das Bild des Göttlichen im Spiegel des griechischen Geistes, Bonn 1929
Pfeifer, H., Das Kirchenverständnis Dietrich Bonhoeffers. Ein Beitrag zur theologischen Prinzipienlehre, Heidelberg 1963
–, Die Gestalten der Rechtfertigung. Zur Frage nach der Struktur der Theologie Dietrich Bonhoeffers, in: KuD (1972), 177–201
Pfizer, Th., Im Schatten der Zeit 1904–1949, Stuttgart 1979
Reventlow, Graf E. zu, Politische Vorgeschichte des Großen Krieges, Berlin 1919
Riemann, H., Schiller in der Musik, in: Bühne und Welt 7 (1905), 651–656
Schabert, O., Baltisches Märtyrerbuch, Berlin 1926
Schiller, F., Sämtliche Werke, München 1958 ff
Die Schuld am Kriege. Dokumente, geschichtliche Überlegungen, zusammengestellt vom Verein Auslandskunde e.V. (Mitteilungen des Vereins Auslandskunde H. 13/14), Berlin 1919
Schwarz, A., Die Weimarer Republik, in: Handbuch der Deutschen Geschichte IV/1, hg. von O. Brand/A. O. Meyer/L. Just, Konstanz 1958
Seneca, I. A., Philosophische Schriften III, hg. u. übers. von M. Rosenbach, Darmstadt 1974
Sombart, N., Jugend in Berlin, München 1984
Staats, R., Adolf von Harnack im Leben Dietrich Bonhoeffers, in: ThZ 77 (1981), 94–122

Stock, K., Annihilatio mundi. Johann Gerhards Eschatologie der Welt (FGLP 10/42), München 1971

Thomas von Aquin, Opera Omnia I, hg. v. R. Busa, Stuttgart 1982

Tertullian, Q. S. F., Opera Omnia, in: PL 1 u. 2, Paris 1841

Tödt, H. E. u. a. (Hg.), Wie eine Flaschenpost. Ökumenische Briefe und Beiträge für Eberhard Bethge, München 1979

Troeltsch, E., Psychologie und Erkenntnistheorie in der Religionswissenschaft. Eine Untersuchung über die Bedeutung der Kantischen Religionslehre für die heutige Religionswissenschaft, Tübingen ²1922

Weizsäcker, C. Fr. v., Gedanken eines Nichttheologen zur theologischen Entwicklung Dietrich Bonhoeffers, in: Genf 1976. Ein Bonhoeffer-Symposion (IBF 1), München 1976, 29–50

Widmann, M., Zum Gedenken an Paul Schempp (1900–1959), in: EvTh 42 (1982), 366–381

Wright, J. R. C., „Über den Parteien". Die politische Haltung der evangelischen Kirchenführer 1918–1933, Göttingen 1977

Yorck von Wartenburg, M., Die Stärke der Stille. Erzählung eines Lebens aus dem deutschen Widerstand, Köln 1984

Zahn-Harnack, A., Adolf von Harnack, Berlin ²1951

50 Jahre Walther Rathenau-Schule (vormals Grunewald-Gymnasium) 1903–1953, hg. von W. Padberg, Berlin 1953

75 Jahre Walther Rathenau-Oberschule (vormals Grunewald-Gymnasium) 1903–1978, Berlin 1978

Biogramme der Familie Bonhoeffer/von Hase – soweit sie in DBW 9 erscheinen –

Bonhoeffer Dietrich (4. 2. 1906/Breslau–9. 4. 1945 ermordet im KZ Flossenbürg), Sohn von ▷Karl und ▷Paula B., Zwillingsbruder von ▷Sabine Leibholz; am 17. 1. 1943 verlobt mit Maria v. Wedemeyer. – 1927 Lic. theol. 1930 Privatdozent in Berlin, 1931 Pfarrer, 1935 Direktor des Predigerseminars des altpreußischen Bruderats der Bekennenden Kirche in Finkenwalde, 1940 als sog. V-Mann der „Abwehr" des Oberkommandos der Wehrmacht „u. k. gestellt" (d. h. vom Militärdienst zurückgestellt), beteiligt am konspirativen Widerstand gegen das Nazi-Regime, seit 5. 4. 1943 in Haft.

Bonhoeffer, Emilie, gen. Emmi, geb. Delbrück (13. 5. 1905/Berlin – lebt in Düsseldorf), Tochter des Historikers Hans Delbrück und seiner Frau Lina, geb. Thiersch, verh. mit ▷Klaus B.

Bonhoeffer, Friedrich, (16. 7. 1828/Oberstetten–11. 1. 1907/Tübingen), Sohn von Sophonias B. und Luise, geb. Haspel, am 6. 10. 1863 verh. mit ▷Julie, geb. Tafel; Vater von ▷Otto, Gustav Adolf (früh gest.), ▷Karl und Walter (früh gest.). – Landgerichtspräsident in Ravensburg und Ulm.

Bonhoeffer, Julie, geb. Tafel (21. 8. 1842/Oehringen–13. 1. 1936/Berlin), Tochter von Christian Tafel und Karoline, geb. Oswald; verh. mit ▷Friedrich B.

Bonhoeffer, Karl-Friedrich (13. 1. 1899/Breslau–15. 5. 1957/Göttingen), Sohn von ▷Karl und ▷Paula B.; am 22. 3. 1930 verh. mit ▷Margarete, geb. v. Dohnanyi, Vater von Karl, Friedrich, Martin B. und Katharina, verh. Schmidt. – Prof. für physikalische Chemie in Leipzig, Berlin und Göttingen.

Bonhoeffer, Karl Ludwig (31. 3. 1868, Neresheim/Würt.–4. 12. 1948, Berlin), Sohn von ▷Friedrich und ▷Julie B. Am 5. 3. 1898 verh. mit ▷Paula; Vater von ▷Karl Friedrich, ▷Walter, ▷Klaus, ▷Ursula, verh. Schleicher, ▷Christine, verh. v. Dohnanyi, ▷Dietrich, ▷Sabine, verh. Leibholz, und ▷Susanne, verh. Dreß. – O. Prof. für Psychiatrie und Neurologie in Breslau, Berlin u. a. Seit 1912 Direktor der Universitätsnervenklinik in der Charité, Berlin; 1936 emeritiert, aber bis 1938 im Amt.

Bonhoeffer, Klaus (5. 1. 1901/Breslau–23. 4. 1945 von SS in Berlin erschossen), Sohn von ▷Karl und ▷Paula B.; am 3. 9. 1930 verh. mit ▷Emmi, geb. Delbrück; Vater von Thomas B., Cornelie, verh. Grossmann, und Walter B. – Dr. jur., Syndikus der Lufthansa, beteiligt am konspirativen Widerstand gegen das Nazi-Regime.

Bonhoeffer, Lola, geb. Schattenmann (12. 8. 1898/Augsburg–8. 9. 1971/Starnberg) verh. mit ▷Lothar B. – Sprachlehrerin.

Bonhoeffer, Lothar (4. 7. 1893/Elberfeld–9. 5. 1971/Planegg bei München) Sohn von ▷Otto B. und Hedwig, geb. Meyer; verh. mit ▷Lola, geb. Schattenmann; Vater von Friedrich Otto, Gerhard, Ilse, verh. Quest, Burkhart und Bernhild, verh. Lippl. Am 9. 8. 1914 kriegsverletzt, darauf fast erblindet. – Direktor der Behringwerke (I.G. Farben) in München.

Bonhoeffer, Margarete, gen. Grete, geb. v. Dohnanyi (7. 3. 1903/Budapest – lebt in München), Tochter des Komponisten Ernst v. Dohnanyi, Schwester von ▷Hans v. Dohnanyi; verh. mit ▷Karl-Friedrich B.

Bonhoeffer, Otto (22. 8. 1864/Neresheim–8. 1. 1932/Düsseldorf), Sohn von ▷Friedrich B. und ▷Julie B.; verh. mit Hedwig B., geb. Meyer; Vater von Fritz (im 1. Weltkrieg gef.) ▷Lothar, Gertrud, verh. Wedell, und Werner (im 1. Weltkrieg gef.). – Dr. rer. nat., Dr. med. h.c. Leiter der Elberfelder Werke der I.G. Farbenindustrie AG.

Bonhoeffer, Pauline, gen. Paula, geb. von Hase (30. 12. 1976/Königsberg–1. 2. 1951/Berlin), Tochter von ▷Karl Alfred und ▷Clara v. Hase; verh. mit ▷Karl Bonhoeffer.

Bonhoeffer, Sabine, s. Leibholz

Bonhoeffer, Susanne, s. Dreß

Bonhoeffer, Ursula, s. Schleicher

Bonhoeffer, Walter (10. 12. 1899/Breslau–28. 4. 1918 bei Marcel Cave einer Kriegsverletzung erlegen), Sohn von ▷Karl und ▷Paula B.

Bonhöffer, Eugen (18. 4. 1852/Unterheimbach–1. 5. 1938/Stuttgart), Sohn von Adolf Bonhöffer und Christiane, geb. Pistorius, Vetter 4. Grades von ▷Karl B.; am 7. 9. 1882 verh. mit Eugenie, geb. Höring; Vater von Gertrud, verh. Zeller, Hildegard Bonhöffer, Hedwig, verh. John, und Elisabeth, verh. Nägele. – Pfarrer, Direktor der Höheren Handelsschule Stuttgart. – Hat sich mit Familienforschung beschäftigt.

Brückner, Karl (27. 12. 1851/Meiningen–18. 8. 1938/Meiningen); am 27. 12. 1851 verh. mit Margarethe, gen. Gretchen, geb. Domrich, einer Enkelin von ▷Karl August v. Hase; Vater von ▷Elisabeth, verh. Hansen, Konstantin Brückner und ▷Helene, verh. Küstermann. – Amtsgerichtsrat.

Delbrück, Emmi, s. Bonhoeffer

Dohnanyi, Christine von, gen. Christel, geb. B. (26. 10. 1903/Königsberg–2. 2. 1965/Kassel), Tochter von ▷Karl und ▷Paula B.; verh. mit ▷Hans v. Dohnanyi. Beteiligt am Widerstand gegen das NS-Regime.

Dohnanyi, Hans von (1. 1. 1902/Wien–9. April 1945 ermordet im KZ Sachsenhausen), Sohn des Komponisten Ernst v. Dohnany, Bruder von ▷Margarete Bonhoeffer; am 12. 2. 1925 verh. mit ▷Christine, geb. B.; Vater von Barbara, verh. Bayer, Klaus und Christoph v. Dohnanyi. – Dr. jur., Referent im Reichsjustizministerium, Reichsgerichtsrat, seit 25. 8. 1939 einberufen in die Zentralabteilung der „Abwehr" des Oberkommandos der Wehrmacht; mit General Oster führend im konspirativen Widerstand gegen Hitler.

Dohnanyi, Magarete von, s. Bonhoeffer

Dreß, Susanne, gen. Susi, geb. Bonhoeffer (22. 8. 1909/Breslau – lebt in Berlin), Tochter von ▷Karl und ▷Paula B.; verh. mit ▷Walter Dreß.

Dreß, Walter (18. 6. 1904/Berlin–6. 7. 1979/Berlin); am 14. 11. 1929 verh. mit ▷Susanne, geb. B., Vater von Michael und Andreas Dreß. – Pfarrer der Bekennenden Kirche in Berlin-Dahlem, Prof. für Kirchengeschichte in Berlin.

Goltz, Graf Georg Conrad von der (5. 10. 1902/Berlin–6. 3. 1985/München), Sohn von ▷Rüdiger und ▷Hannah von der Goltz; am 10. 2. 1925 verh. mit ▷Wanda, geb. Hjort, Vater von Lilian, verh. Müller-Elmau, später verh. von Nerée, Conrad, Karin, Viktoria, verh. Wegner, und Gottfried. – Dr. jur., Rechtsanwalt.

Goltz, Gräfin Hannah von der, geb. v. Hase (19. 7.1873/Hannover–20. 3. 1941/Berlin), Tochter von ▷Karl Alfred und ▷Clara v. Hase, Zwillingsschwester von ▷Hans v. Hase; verh. mit ▷Rüdiger von der Goltz.

Goltz, Graf Rüdiger von der, gen. Onkel Rudi (8. 12. 1865/Züllichau in der Mark–4. 11. 1946/Bernbeuren), am 5. 3. 1893 verh. mit ▷Hanna, geb. v. Hase, Vater von Rüdiger, Hans (im 1. Weltkrieg gef.) und ▷Georg Conrad. – Generalleutnant.

Goltz, Gräfin Wanda von der, geb. Hjort (2. 11. 1902/Bergen, Norwegen–Nov. 1983); verh. mit ▷Georg Conrad von der Goltz.

Hansen, Elisabeth (31. 3. 1883/Wasungen–19. 2. 1941/Meiningen), Tochter von ▷Karl und Margarethe Brückner; verh. am 26. 9. 1903 mit Generalleutnant Karl Hansen, Mutter von Ottomar und Klaus.

Hase, Ada Amalie von, geb. Schwarz (16. 3. 1881/Liegnitz–24. 8. 1956/Heidelberg); verh. mit ▷Hans v. Hase.

Hase, Benedikt von, „Onkel Bubi" (18. 12. 1890/Potsdam–25. 12. 1979/Berlin), Sohn von ▷Karl Alfred und ▷Clara v. Hase. 1914–19 in französischer Kriegsgefangenschaft. – Kunstmaler und Radierer.

Hase, Clara von, geb. Gräfin von Kalckreuth (17. 10. 1851/Düsseldorf–2. 12. 1903/Breslau), Tochter des (Malers) Stanislaus Graf v. Kalckreuth und der Anna Eleonore, geb. Cauer, Schwester von ▷Pauline Gräfin v. Kalckreuth und ▷Helene Gräfin Yorck v. Wartenburg; verh. mit ▷Karl Alfred v. Hase.

Hase, Elisabeth von (15. 6. 1872/Hannover – vermißt seit dem Luftangriff auf Dresden am 13./14. 2. 1945), Tochter von ▷Karl Alfred und ▷Klara v. Hase.

Hase, Hans von (19. 7. 1873/Hannover–25. 5. 1958/Marburg), Sohn von ▷Karl Alfred und ▷Clara v. Hase; am 30. 4. 1906 verh. mit ▷Ada, geb. Schwarz, Vater von ▷Hans Christoph, ▷Klara, verh. Pernice, Dorothea, verh. Schröter, Renate, verh. Ruhenstroth-Bauer, Rosemarie, verh. von der Hagen, Traute, verh. de Vasconcellos, und Walter; Patenonkel von ▷Dietrich B. – Pfarrer und Superintendent in Großwandriß, in Waldau, Kr. Liegnitz, und seit 1925 in Frankfurt/Oder.

Hase, Hans Christoph von, gen. Hänschen (4. 5. 1907/Großwandriß – lebt in Kassel), Sohn von ▷Hans und ▷Ada v. Hase; am 23. 9. 1943, verh. mit Clara, geb. Schwalfenberg (gest. am 9. 10. 1982), am 15. 12. 1983 verh. mit Agnes, geb. Carrière; Vater von Christoph, Hans Michael, Ragnhild, verh. Fiebig, Wolf Rüdiger, Ulrike, verh. Siberski-v. Hase, und Dietrich. – Dr. theol., Wehrmachtsoberpfarrer, Direktor in der Hauptgeschäftsstelle des Diakonischen Werkes der EKiD.

Hase, Karl Alfred von (12. 7. 1842/Jena–1. 1. 1914/Breslau), Sohn von ▷Karl August und Paule v. Hase; am 19. 7. 1871 verh. mit ▷Clara, geb. Gräfin Kalckreuth, Vater von ▷Elisabeth, ▷Hans, ▷Hannah, verh. Gräfin von der Goltz, ▷Paula, verh. Bonhoeffer, Gottfried und Benedikt. – Hofprediger in Potsdam, Oberkonsistorialrat und Prof. der Theologie in Breslau.

Hase, Karl August (von) (25. 8. 1800/Niedersteinbach–3. 1. 1890/Jena); am 12. 11. 1831 verh. mit Pauline, geb. Härtel, Vater von ▷Karl Alfred v. Hase. – Wirklicher Geheimer Rat. Prof. für Kirchengeschichte in Jena. – Der ihm verliehene sächsisch-ernestinische Adelsstitel wurde von ihm nicht benutzt.

Hase, Klara von, Tochter von ▷Hans v. Hase, s. Pernice

Hjort, Wanda, s. von der Goltz

Kalckreuth, Gräfin Clara von, s. v. Hase

Kalckreuth, Gräfin Pauline von (1856/Düsseldorf–1929/München), Tochter von Stanislaus Graf v. Kalckreuth und Anna Eleonore, geb. Cauer, Schwester von ▷Clara v. Hase und ▷Helene Gräfin Yorck von Wartenburg.

Küstermann, Helene, gen. Leni, geb. Brückner (14. 10. 1886/Wasungen–31. 5. 1960/Neheim-Hüsten), Tochter von ▷Karl Brückner und Margarethe, geb. Domrich; am 28. 9. 1908 verh. mit Paul Küstermann, geschieden am

26. 4. 1922; Mutter von Marlen, verh. v. Coelln, Esther-Maria, verh. v. Coelln, und Ingeborg, verh. Dittmann.

Leibholz, Gerhard, gen. Gert (15. 11. 1901/Berlin–19. 2. 1982/Göttingen); am 6. 4. 1926 verh. mit ▷Sabine, geb. B., Vater von Marianne und Christiane. – Prof. für Staatsrecht, Bundesverfassungsrichter. – Mußte mit seiner Familie unter dem Druck der NS-Rassegesetzgebung nach England auswandern.

Leibholz, Sabine, „Bina“ (4. 2. 1906/Breslau – lebt in Göttingen), Tochter von ▷Karl und ▷Paula B., Zwillingsschwester von ▷Dietrich B., verh. mit ▷Gerhard Leibholz.

Leubuscher, Charlotte, gen. Lotte Leu (24. 7. 1888/Jena–2. 6. 1961/London), Tochter von Georg Leubuscher und Elisabeth, geb. Vermehren, einer Enkelin von ▷Karl August v. Hase. – Prof. für Kolonialrecht; mußte unter dem Druck der NS-Rassegesetzgebung nach England auswandern.

Pernice, Klara, gen. Klärchen, geb. v. Hase (25. 11. 1909/Großwandriß – lebt in Marburg), Tochter von ▷Hans und ▷Ada v. Hase; am 2. 3. 1941 verh. mit Wolfgang Pernice, Mutter von Gudrun, verh. Ise, Irmhild, Rüdiger, Hartmut, Walter und Ingolf.

Schleicher, Hans-Walter (21. 2. 1924/Berlin – lebt in Oberried bei Freiburg); Sohn von ▷Rüdiger und ▷Ursula Schleicher; am 14. 3. 1949 verh. mit Anja Eva, geb. Ritschl, Vater von Rüdiger, Johannes, Andreas und Ursula. – Dr. rer. nat., Direktor der EURATOM Sicherheitsüberwachung i. R.

Schleicher, Rüdiger (14. 1. 1895/Stuttgart–23. 4. 1945 in Berlin von SS erschossen), Sohn von Dr. med. Otto Schleicher; am 15. 5. 1923 verh. mit ▷Ursula, geb. B., Vater von ▷Hans-Walter, Renate, verh. Bethge, Dorothee, verh. Bracher, und Christine, verh. Korenke. – Leiter der Rechtsabteilung im Reichsluftfahrtministerium, Hon. Prof. und Leiter des Instituts für Luftrecht der Universität Berlin. – Beteiligt am konspirativen Widerstand gegen das NS-Regime.

Schleicher, Ursula; geb. B. (21. 5. 1902/Breslau–7. 10. 1983/Hamburg), Tochter von ▷Karl und ▷Paula B., verh. mit ▷Rüdiger Schleicher.

Schöne, Helene, geb. Härtel (1. 6. 1844/Leipzig–Juni 1928/Berlin), Kusine von ▷Karl Alfred v. Hase; verh. mit ▷Richard Schöne.

Schöne, Johanna (28. 2. 1878/Berlin–5. 10. 1920/Berlin bei einer Grippeepidemie). Tochter von ▷Helene und ▷Richard Schöne. – Malerin, Bildhauerin.

Schöne, Richard (5. 2. 1840/Dresden–5. 3. 1922/Berlin); verh. mit ▷Helene, geb. Härtel, Vater von Georg, ▷Johanna, Clara, verh. Zinn, und Friedrich. – Wirklicher Geheimer Rat, Generaldirektor der Königlichen (preußischen) Museen.

Volkmann, Antonie, gen. Toni (Lebensdaten n. i.), italienische Adoptivtochter von ▷Richard von Volkmann.

Volkmann, Richard von, gen. Leander (17. 8. 1830/Leipzig–28. 11. 1889/Jena), Sohn von Alfred Volkmann und Adele, geb. Härtel; Vetter 1. Grades von ▷Karl Alfred v. Hase. Dr. med. und Schriftsteller („Träumereien an französischen Kaminen" 1871), Generalarzt der preußischen Armee.

Yorck von Wartenburg, Gräfin Helene, geb. Grävin v. Kalckreuth (1852/Düsseldorf–1925/Breslau), Tochter von Stanislaus Graf v. Kalckreuth und Anna Eleonore, geb. Cauer, Schwester von ▷Clara . Hase und ▷Pauline, Gräfin v. Kalckreuth, verh. mit Hans Graf Yorck v. Wartenburg, einem Patenonkel von Dietrich B.

Register

Kursive Seitenzahlen verweisen auf die Anmerkungen des Herausgebers.

A) BIBELSTELLEN

B) PERSONEN

Herausgeber, Übersetzer und in Buchtiteln genannte Eigennamen bleiben im Register in der Regel unberücksichtigt.

C) SACHEN